한국기독교와 민족의식

—— 한국기독교사연구논문 ——

한국기독교와 민족의식

초판 1쇄 발행 1991. 8. 10.
초판 5쇄 발행 2018. 8. 7.

지은이 이 만 열
펴낸이 김 경 희
펴낸곳 (주)지식산업사
본사 ● 10881, 경기도 파주시 광인사길 53(문발동)
전화 (031) 955-4226~7 팩스 (031) 955-4228
서울사무소 ● 03044, 서울시 종로구 자하문로6길 18-7
전화 (02) 734-1978 팩스 (02) 720-7900
영문문패 www.jisik.co.kr
전자우편 jsp@jisik.co.kr
등록번호 1-363
등록날짜 1969. 5. 8.

책값 20,000원

ISBN 89-423-6930-8 92230

이 책을 읽고 저자에게 문의하고자 하는 이는
지식산업사 전자우편으로 연락 바랍니다.

책 머리에

1

저자는 가끔 기독교인으로서 민족주의를 어떻게 생각하느냐는 질문을 받는다. 그 질문의 밑바탕에는, 기독교는 민족주의를 초월한 보편적 종교인데 그 보편원리에 역행하는 듯한 민족주의를 포용할 수 있는가 하는 문제의식이 깔려 있다. 민족주의는 보편성보다는 개성에 근거해 있다고 흔히들 판단하고 있기 때문일 것이다.

민족주의가 기독교와 조화를 이루지 못한다고 생각하는 데에는 또 다른 이유가 있다고 본다. 제2차 세계대전중, 독일·일본 등의 폭력화한 민족주의가 보였던 광란성은 기독교적인 가치관인 인권과 자유·정의·평화를 짓밟았다. 그들은 민족의 이름으로 인간을 살해했고 전쟁의 폭력성을 정당화했으며, 다른 민족을 말살하려 했을 뿐만 아니라 기독교조차 민족주의에 봉사해 주기를 강요했다. 독일과 일본의 어용화된 기독교단은 이 요구에 충실히 순응했다. 그 이후 민족주의는 물론 민족이란 단어조차 우상시되고 금기시되었다. 2차대전 이후 한동안 민족주의가 퇴색해진 것은, 민족을 강조할 수 없었던 소련과 미국이 냉전논리를 심화·확산시킨 데에도 그 원인이 있었지만, 그 못지않게 민족(주의)의 이름으로 수백만을 학살한 2차대전 때의 저 만행들과 무관하지 않다고 본다. 때문에 과거 독일과 일본이 보여준 '민족주의'는 반기독교적이었다고 분명히 확인할 필요가 있다. 그러한 점에서 본다면 기독교와 민족주의는 공존할 수 없으며, 기독교인들은 선택의 여지없이 반'민족주의' 노선에 설 수박에 없다.

민족지상을 부르짖으며 민족을 수단시하여 그 이름으로 갖은 만행을 저질렀던 저 '민족주의'가 기독교인의 입장에서는 분명히 타기해야 할 대상임에도 불구하고, 우리의 현실 속에서 민족은 중요한 가치와 목적으로 존재하고 있음이 사실이다. 여기에서 한 물음이 주어질 수 있다. 즉 과거의 저 민족(지상)주의가 분명히 거부되어야 할 이념이었다면, 기독교인들에게는 그 민족주의의 실체인 민족도 함께 거부해야 할 대상인가 하는 점이다. 결론은 그럴 수 없다는 것이다. 기독교 신앙은 민족을 초월한 보편적 이념에 입각한 것이지만, 기독교인에게는 하나님이 일반은총으로 주산 민족의 범주 속에서 생을 영위하도록 하였기 때문이다.

성경에 의하면, 하나님은 인류가 하나님을 발견토록 하기 위해 민족을 두셨다고 하였다. 즉 "인류의 모든 족속을 한 혈통으로 만드사 온 땅에 거하게 하시고 저희의 연대를 정하시며 거주의 경계를 한하셨으니, 이는 사람으로 하나님을 혹 더듬어 찾아 발견케 하려 하심이라"(사도행전 17：26~27)고 써놓았다. 저자의 소박한 기독교적 민족관은 바로 이러한 말씀에서 출발하고 있다. 민족이 하나님의 창조의 산물이라면, 하나님이 부여한 자질과 개성을 살려 그분께 영광을 돌려야 한다는 것이다. 창조의 질서 속에서 부여받은 그 개성을 계속 살려나가자면, 민족적 개성을 말살하려는 침략세력에 대항해야 할 뿐만 아니라 약소민족을 자기민족에게 동화시키려는 세계의 강대민족(국가)의 질서에 대하여 굴종할 수 없는 것이다. 그래서 기독교인은 민족(지상)주의자는 아닐지라도 항상 민족의식은 가질 수 있고, 자신의 민족이 하나님 앞에서 귀중한 존재이듯이 다른 민족도 하나님의 창조질서에서 귀중한 위치를 차지하고 있음을 확인하게 된다. 인종적 모습과 문화적 전통 등에서 나타나고 있는 민족적 개성도, 기독교적 관점에서는 절대적인 가치를 가질 수 없는 것이지만, 하나님께 영광돌리기 위해서는 얼마나 보배로운 그릇들인지 가볍게 평가할 수 없다고 본다. 이리하여 민족이나 민족적 개성의 가치는 절대자 하나님 앞에서 상대화되어야만 비로소 자신의 참위치와 가치를 발견케 되는 것이다. 여기서 민족은 우상적인 존재로 교만하게 취급될 수도 없거니와 반대로 멸시의 대상으로 비굴하게 될 수도 없으며, 또 다른 민족을 침략하는 존재가 되어서도 안되거니와 반대로 침략을 받으며 무릎을 꿇는 존재가 되어서도 안되는 것이다.

민족적 개성과 관련, 민족문화의 문제도 여기서 새로운 기독교적 조명을 받을 수 있게 된다. 하나님은 각 민족에게 적당한 양과 질의 문화적 은사를 주었다. 문화적 은사의 목적은 그 민족이 개성을 따라 풍부하고도 질 좋은 삶을 영위하며 궁극적으로는 하나님을 영화롭게 하는 데 있다. 그러나 인간들은 자신의 향락과 욕심을 따라 그 문화적 은사를 낭비해 왔으며, 그 결과 창조 때의 그 순수성이 파괴되고 오염된 것도 사실이다. 파괴되고 오염되었다고 해서 문화적 은사가 하나님과 끊어진 것은 아니다. 오히려 하나님 앞에서 치유·정화함을 받아 문화 본래의 사명에 복무토록 해가야 할 것이다. 여기에 민족적 개성으로서의 문화가 기독교적 관점에서 어떤 의미를 가지며, 기독교인으로서 민족문화에 대하여 어떤 자세를 가져야 할 것인지, 좀 더 분명한 이해에 도달할 수 있게 된다. 이러한 이해의 바탕 위에서 기독교인은 이때껏 외면해 왔던 민족문화의 창달에 적극적인 관심과 사고의 폭을 넓힐 필요가 있을 것으로 본다.

민족과 민족문화를 이렇게 이해할 수 있다면, 우리는 다시 앞에서 제기했던 문제에 부닥치게 된다. 즉 기독교와 민족주의는 서로 이해하고 공존할 수 없는가 하는 문제이다. 독일·일본에서 보았던 것처럼, 침략·배타적이며 인권·자유·평화에 역행해 왔던 국수주의적 민족주의는 마땅히 지양되어야 할 것이다. 그것은 차라리 민족의 이름을 내걸고 위장한 폭력주의에 불과한 것이다. 그러나 하나님의 창조질서에서 보인, 민족을 정당하게 회복하기 위해 수립된 민족주의 이념은 어떻게 보아야 할 것인가. 민족과 민족문화가 하나님의 영광에 복무토록 하기 위한 이념으로서의 민족주의가 가능하다면, 기독교인의 입장에서 우리는 이를 어떻게 받아들여야 할 것인가. 이것은 저자에게 오랫동안 던져진 물음이자, 독자 여러분들에게도 주어진 질문일 것이다. 그러나 분명한 것은 기독교적 가치에 역행하는 어떠한 민족주의도 기독교인에게는 용납될 수 없다는 것이다. 이것은 반대로 기독교적 가치에 합치되는 민족주의는 기독교와 공존할 수 있다는 논리적 귀결에 이르게 된다는 뜻도 된다.

2

저자는 '신앙과 민족과 역사'라는 기본구도 위에서 한국 기독교사 탐구에 접근해 왔다. 이 세 개념들간에는 때로는 긴장관계에 있는 듯이 느껴지기도 한다. 기독교(신앙)와 민족(주의)간의 갈등도 그 한 예일 것이다. 이것은 넓게는 보편성과 개별성 사이의 문제로 정리될 수 있을 것이다. '신앙과 민족' 사이의 문제는 때때로 평면적 시간적인 시각에서는 긴장·대립관계로 보이지만, 입체적 영원적인 시각에서는 보완관계로서 나타나기도 한다. 이것은 역사적인 시각에서는 '신앙과 민족'의 문제가 풀려질 수 있다는 것을 암시하고 있다. 즉 민족문제를 역사적인 안목으로 이해하려 할 때 거기에서 하나님의 뜻과 섭리를 발견할 수 있다는 것이다. 이리하여 역사학은 하나님의 섭리가 우리 민족사에 어떻게 나타났으며, 우리 민족은 하나님의 역사(役事)에 어떻게 동참하게 되었는가를 구명하는 학문이 될 수 있다.

저자가 이 책에서 묶으려고 한 논고들은 대체로 위에서 말한 취지에 맞는 것들이며, 책의 제목을 《한국기독교와 민족의식》이라 한 것도 이러한 취지를 표현해 보려는 뜻에서다. 따라서 저자는 곳곳에서 한국 기독교사가 종래 선교사(宣敎史)의 차원에서만 서술 해석된 것에 이의를 제기하고 문제접근에 민족사적인시각을 삽입해보려고하였다. 기독교 초기와 관련해서는 전파 혹은 선교라는 시각보다는 수용(受容)이라는 입장을 분명히하려고 했다. 그러자니 자연히 보편적인 기독교를 말하기보다는 한국적인 상황에 반응하는 기독교(인)의 동태에 더욱 관심을 기울이게 되었다.

10년 전에 저자는 '신앙·민족·역사'라고 하는 관점에서 《한국기독교와 역사의식》을 펴낸 바 있다. 《한국기독교와 역사의식》은 1980년의 5공출범과 함께 졸지에 당한 충격 속에서 주로 1970년대의 한국 기독교에 대한 논설들을 정리한 것으로서 거기에는 주 없는 글도 더러 있었다. 이번의 《한국기독교와 민족의식》은 '신앙·민족·역사'의 같은 관점에서 출판한 《한국기독교와 역사의식》보다는 연구 영역이 좀더 넓어지고 연구에 이용된 자료가 풍부해졌다는 점을 느낄 수 있을 것이다. 그것이 가능했던 것은 저자가 80년대에 겪은 인생여정과 관련이 있다. 80년대초에 겪은 4년간의 해직기간이 신앙과 역사를 좀더 풍부하게 경험케 했을 뿐만 아니라 해외에 가서 '한국기독교사' 관계자료들도 풍부하게 수집할 수 있게 해주었기 때문이다. 지금에 와서야 그 '4년'의 섭리적 의미를 어렴풋이 깨닫게 되는 한편, "항상 기뻐하라 쉬지 말고 기도하라 범사에 감사하라 이는 그리스도 예수 안에서 너희를 행하신 하나님의 뜻이니라"(데살로니가 전서 5：16~18)고 하신 말씀의 진의를 체험하게 된다. 고난은 인생을 의미있게 하고 신앙적 체험을 깊게 하며, 역사를 이해하는 안목을 풍부하게 한다.

이 책은 크게 다섯 부분으로 되어 있다. 서설부분은 한국 기독교 100년을 민족사적 관점에서 정리해 보려는 의도에서 마련된 것으로, 《한국기독교와 역사의식》을 축약한 성격도 띠고 있다. 제1부는 한국 기독교의 기원문제를 종래의 선교사적 관점을 벗어나, 만주를 통한, 그리고 한국인들에 의한 복음수용이라는 시각에서 정리해 보려는 것으로 저자의 이 방면에 대한 관심과 열의가 뚜렷이 보이는 부분일 것이다. 제2부는 복음을 수용한 한국 기독교가 민족과 사회에 어떻게 반응했는가를 주로 다루어보았다. 이승훈의 신앙을 같이 묶은 것은 그가 한국 기독교사에서 차지하는 비중을 높이 평가했기 때문이다. 제3부는 한국 기독교의 형성에 세계 기독교가 어떻게 작용하였는가를 살펴보고자 한 것으로, 미국과 러시아의 세력은 오늘날도 한반도에 영향력을 미치고 있다는 점에서 시사하는 바가 크다. 끝의 제언부분은 1세기 이상의 역사를 지닌 한국 기독교가 자신의 역사를 총체적으로 살펴보면서 과거 부족했던 점을 성찰, 개혁하는 한편 앞으로 힘써야 할 과제가 무엇인가를 생각해 보자는 뜻에서 시도된 것이다. 이것은 평소에 저자가 한국 기독교를 두고 고민하면서 과거를 반성하는 데에 자주 적용했던 시각(관점)이자 미래의 비전을 제시하는 준거의 틀이기도 했다.

책을 묶으면서 보니 여러 가지로 걸리는 것이 있다. 논문을 개고·보완했지만 아직도 논지가 명쾌하지 못하고 자료가 적절하게 구사되지 못한 부분이 있다. 또 비슷한 내용이 중복되는 것이 있는데, 특히 자료의 인용에서 두드러지게 나타난다. 논제가 다르고 접근하는 시각이 다르지만, 같은 시대를 다루다 보니 이렇게 비슷한 내용과 중복되는 부분이 노출되고 있다. 독자들의 넓으신 이해를 구한다.

3

이 책을 펴내게 된 직접적인 동기는 저자가 봉사하고 있는 '할렐루야교회'의 성도 김경현(金京鉉) 선생의 격려와 후의에 힘입어서이다. 김선생 내외분은, 저자에게 연구 외의 짐은 줄이고 연구활동에만 전념할 수 있도록 연구비를 후하게 마련해 주시면서 지금까지 남모르게 격려해 주고 있다. 두 분의 은근한 뜻에 보답하고 앞으로 더욱 연구에 매진할 것을 새롭게 다짐하는 뜻에서 이 책을 펴낸다. 아울러 학문과 학자를 아낄 줄 아는 김선생 내외분의 아름다운 뜻이 이 책을 읽는 이들에게 길이 간직되었으면 한다.

저자는 이 책에 실린 논문을 작성할 때에 신앙과 학문의 동지들로부터 도움을 받았다. 그분들에게 감사드리며, 특별히 옥성득(玉聖得)·류대영(柳大永) 두 분에게는 각별한 뜻을 표한다. 끝으로 좋은 책을 출판하기 위해 노력하는 지식산업사의 김경희 사장과 편집부의 여러분들에게 감사드린다.

4·19혁명 서른한돌 되는 날에,
청파골 서재에서 저자

차 례

서설 : 민족사적 관점에서 본 한국 기독교 100년

I. 여는 말——'민족사적 관점'이라는 전제와 관련하여

그동안 한국 기독교사에 관한 많은 연구업적들이 있었다. 그러나 그러한 업적들은 최근의 많은 변화에도 불구하고, 선교사(Mission History)의 입장에서 한국 교회사를 정리한 것이거나, 혹은 교회 내적인 제도나 성장, 영적인 문제를 주로 다룬 것이 대부분이었다. 1929년에 출간된 백낙준의 영문판 *The History of Protestant Missions in Korea, 1832~1910*[1] 이래 각 선교부의 후원 아래 편찬된 선교의 역사들도 여기에 속한다.[2]

이들의 일련의 연구는 사료취급면에서 외국인의 것이 많았고, 따라서 그 역사인식의 측면이 선교사 혹은 선교본부의 것에 치중하였다. 그래서 자연히 선교 현지의 한국인의 기독교에 대한 반응이 소홀하게 취급되었다.

이러한 자세는 신학사상이나 교리, 교회의 제도 등이 선교부의 기준에 입각해서 평가되고 그 역사적 신앙적 가치가 부여되는 결과를 가져오게 되었

1) 이 책은 그 뒤 1970년에 연세대학교 출판부에서 影印된 바 있고, 1973년에는 이를 토대로 하여 《韓國改新敎史》(연세대학교 출판부)가 번역형태로 간행되었다.

2) 여기에 해당되는 것으로는 다음과 같은 것들이 있다.
Harry A. Rhodes, ed., *History of the Korea Mission, Presbyterian Church in the U.S.A. 1884~1934,* Vol. I ; Harry A. Rhodes & Archibald Campbell, ed., *1935~1959,* Vol. II ; George T. Brown, *Mission to Korea,* 1962, Board of World Missions, Presbyterian Church U.S. ; Edith A. Kerrv & George Anderson, *The Australian Presbyterian Mission in Korea, 1889~1941*, 1970, Australian Board of Missions ; William Scott, *Canadians in Korea, A Brief Historical Sketches of Canadian Mission Work in Korea,* 1975, United Church of Canada Archives ; C.D. Stokes, *History of Methodist Missions in Korea, 1885~1930*, 1947, New Haven ; J. S. Ryang, ed., *Southern Methodism in Korea,* 30th Anniversary, 1930, Board of Missions, Korea Annual Conference, Methodist Episcopal Church, South, Seoul.

다. 그리하여 피선교국인 선교 현지에서 일어나고 있던 움직임은 자칫하면 이단시되거나 배척당하게 되어서 그 자주적인 성격이 이해되기에는 여러 가지 문제가 있을 수밖에 없었다. 이러한 사고는 교회사 인식의 식민주의적 경향을 의미하였을는지도 모른다. 이런 상황에서는 자기의 것이 비하·멸시되지 않을 수 없었고, 따라서 한국의 주체적인 기독교사 인식에 많은 그늘을 드리우게 했을 것으로 짐작된다.

한편, 종래 한국 교회사 연구에서 교회 내적 제도와 영적 성장을 강조했던 점은, 한국 기독교의 대(對)사회적 민족적 역할과 그 기능을 볼 수 있도록 하는 안목을 가리게 하였다고 지적될 수 있다. 이것은 교회와 세속을 엄격히 구분하려 했던 저간의 한국 교회의 보수적인 풍토와 깊은 관련이 있다고 생각된다. 이러한 교회사 인식은 적어도 다음과 같은 몇 가지 결과를 초래했다고 생각된다.

한국 기독교사에 나타난, 민족사와 관련된 문제들이 종래 피상적으로 다루어졌을 뿐만 아니라, 거기에 대한 신학적 해석이 거의 시도될 수 없었다. 따라서 그러한 사건들과, 사건에 대한 해석들은 한국에서 자생한 신학 혹은 신앙에 대해 그 역사적 의미와 신학적 위상을 설정시키지 못하도록 만들었다. 가령 일제하 민족말살기에 받았던 한국 기독교의 수난의 경험을 성경의 중요한 수난의 맥락과 관련시켜 '고난의 신학' 같은 것을 성립시켜 볼 만도 했겠는데, 우리는 그러한 고난의 경험을 십자가의 고난과 관련된 우리의 신앙체험으로 승화시키지 못했던 것이다.

위의 문제 못지않게 종래 한국 교회사 연구에서 교회의 내적인 문제를 강조하다 보니 한국 기독교사에 관한 많은 업적들이 당해 시기를 연구하는 일반 한국사가들에게 학문적 업적으로 수용되지도 못했고, 당해 시기의 민족사 기술에 수렴될 수도 없는 결과를 초래하게 되었다. 그리하여 한국 기독교사는 어떤 의미에서는 민족사와는 무관하게 되어, 한말 일제하의 기독교도들에 의한 사회 민족운동이 민족사에서 자기 몫의 가치나 위치를 차지하지 못하게 되었던 것이다. 한말 이후 기독교와 관련된 사건으로, 개화문제나 105인사건, 3·1운동 등이 기독교인과 관련되었다는 측면에서 거론되고는 있지만 그런 사건들이 제대로의 역사적 평가를 받지 못했고, 그래서 그 사건의 구조를 해명하는 데에도 일정하게 한계가 주어졌다. 이렇게 볼 때 종래의 한국 기독교사의 연구로는 근대민족사 인식의 중요한 부분을 차지하고 있는 기독교사 인식에 구멍을 메우지 못하는 실정이며, 그 결과 기독교사와 관련되어 메워져야 할 근대민족사의 인식에도 부분적으로 허점을 드러낸 채로 있다고 지적하지 않을 수 없다.

그러면 논제가 보여주듯이 '민족사적 관점에서 본 한국 기독교사'는 어떠한 의미를 함축하고 있는 것일까. 그리고 어떻게 하면, 한국 기독교사를 민족사의 입장에서 볼 수 있을 것인가.

여기서 우리는 먼저 민족사의 입장에서 한국 교회사를 보는, 그러한 입장에 대한 타당성 여부는 논외로 하겠다. 그리고 이 시각이 교회사를 민족주의적 입장에서 지나치게 편협화시킬 가능성이 있다는 우려에 대해서도 잠시 유보적인 입장에 서겠다. 가능하다면 그러한 우려도, 과거의 선교사적 입장이나 교회 내적인 면을 중심으로 한국 교회사를 보려고 했던 그런 관점과 마찬가지로, 한국 기독교사를 조명하려는 한 시각이 되었으면 하는 바람은 있다.

우리는 먼저 '민족사의 입장에서 한국 기독교사를 보려는' 관점에 대한 나름대로의 범주나 방법을 설정하는 것이 순서라고 생각된다. 그렇지 않으면 자의적이요 주관적인 판단은 있을지 모르겠으나 객관적인 역사이해는 불가능하겠기 때문이다.

민족사의 입장에서 한국 기독교사를 보자면, 그간의 민족사가 진행된, 그리고 민족사가 진행되었어야 할 당위적 방향에 대한 검토가 앞서야 한다. 이것은 한국 근대사의 진행방향과 또 그 시대사를 보는 관점과 깊은 관련이 있다 할 것이다.

저자는 한국 근대민족사를 정리해 온 중요한 흐름이 종래 반(反)봉건—사회개혁운동—개화운동—근대화운동이라는 측면과, 반침략(反侵略)—반외세(反外勢)—자주독립(自主獨立)운동—항일(抗日)민족운동이었다는 데에 유의한다. 이러한 명제들은, 민족사뿐만 아니라 세계사의 발전 방향을 규명하는 연구업적들에서도 지적되었듯이, 역사 주체자의 양적 증가와 역사의 주체자라 할 인간을 좀더 자유·평등·정의롭게 하는 문제들과도 관련되어 있다고 본다.

반(反)봉건·반(反)침략의 역사적 명제들은 특히 한말 일제하의 한국의 근대민족사와는 불가분의 관계에 있었던 것이며, 이 시대의 역사를 점검하는 중요한 척도가 되기도 한다. 그후 민족해방이 되면 민족사를 평가하는 이러한 척도들은, 본질적으로는 의미를 같이하면서도 그 표현에서는 민족문제·민주화문제·인권문제 등으로 대체되지 않을 수 없다.

우리가 한국 기독교 100년사를 민족사적 입장에서 보자면, 따라서 한국 근대 100년사를 점검하던 척도였던 반봉건·반침략·항일민족운동·민족문제·민주화와 인권문제 등의 여러 관점과 관련시켜 검토해 보아야 할 것이다. 여기서 한국 기독교 100년사를 민족사와 관련하여 반성해 볼 수 있는 객관적 안목도 가능해질 것이다.

Ⅱ. 반봉건·사회개혁의 문제와 기독교

개신교 계통의 기독교를 한국에 전파하려는 노력은 19세기 중엽부터 시작되었는데,[3] 문호개방이 이루어지던 시기에 이르러서야 기독교는 만주지방에와 있던 영국계 선교사들과 한국에 들어온 미국계 선교사들에 의해 소개되었다. 이 시기는 한국이 반봉건·개화에 지극한 관심을 가졌을 때였다. 한때는 개화를 추진하던 소위 개화파 세력이 개화를 추진하기 위해서는 기독교를 도입하지 않으면 안되겠다고 할 정도로 기독교와 개화를 관련짓기도 하였다. 1884년 선교사가 정식 입국하기 전에, 일본에 선교사로 와 있던 매클레이(R. Maclay) 목사가 그해 6월 개화파의 알선에 의해 한국을 다녀갔는데, 그는 이때 학교·병원설립의 가능성을 타진했고 국왕으로부터 긍정적인 반응을 얻고 돌아갔던 것이다.[4]

1884년 9월 북장로교 소속의 의료선교사 알렌(H. Allen)이 미국공사관의 공의로 입국하였다. 그해 12월 4일에 일어난 소위 갑신정변은 본래의 신분을 감추고 활약하던 알렌에게 선교의 문을 넓히는 좋은 기회를 제공했다. 그 이듬해 장로교의 언더우드(H. G. Underwood)와 감리교의 아펜젤러(H. G.

---

3) 1832년 독일인 선교사 K. Gützlaff가 홍주만 고대도에 상륙·체재한 것과, 1865~1866년의 Robert Thomas 목사의 내한·순교를 말한다.

4) Robert S. Maclay, "Korea's Permit to Christianity," *Missionary Review of the World*, 1896. 4., pp. 289ff.

Appenzeller)가 입국했을 때, 구한국 정부는 이들이 교금(敎禁)의 대상이 되는 야소교(耶蘇敎)의 선교사들이라는 것을 알았지만 이들의 입국을 저지하지 않았다. 이들은 교사라는 애매한 직책을 내세워, 한국정부와 선교본부 상호간에 체면을 유지시켜 주면서 선교활동을 시작할 수 있었다.

그렇다고 그들이 처음부터 복음전파에 곧바로 뛰어든 것은 아니었다. 선교사들은 오히려 처음에는 선교의 방편으로서 학교·병원을 세우고 자선사업 및 출판사업을 일으켰다. 한국의 근대적 의료사업과 교육, 출판문화의 보급이 야소교라는 이름의 기독교로부터 시작되었다는 것은 주지의 사실이다. 이러한 문제와 관련하여, 저자는 이미 〈기독교의 전래에 따른 한국사회의 개화〉라는 글을 발표한 바 있다.[5] 저자는 이 글에서 당시 기독교가 근대적인 교육·문화운동을 일으켰을 뿐만 아니라 당시 우리 사회의 미풍을 크게 해치고 있던 술·담배·아편을 금지시켰으며, 형식화되고 번잡스럽게 된 혼례·장례 등을 점차 개선해 갔다고 지적하였다. 또 기독교는 인간평등론에 입각하여 신분의 차별을 철폐하는 데 노력하였고, 여성의 사회적 지위를 인정하고 여성 교육을 통하여 여성의 권리를 신장시키는 데에 크게 공헌하였다.

특히 한국 근대화와 관련하여 빼놓을 수 없는 기독교의 역할은 한글의 재발견과 그 민중문자화를 위한 노력이다. 1870년대말과 1880년대초에 시작된 만주와 일본에서의 성경의 한글판 번역,[6] 그후에도 줄곧 계속된 번역사업과 한글판 성경의 보급에 기독교는 크게 공헌했을 뿐만 아니라 번역사업에서 드러난 문법문제를 공개적으로 논의하게 되었으며, 새로 일어난 교회에서까지도 성경을 읽히기 위하여 한글을 가르치는 데 힘을 기울였다. 거기에다 1890년에 채택된 네비우스(Nevius) 선교방법을 기초로 하여 한국 장로교는 1893년에 10가지의 선교정책을 채택하였는데, 그중 부녀자들과 하층민들의 전도에 주력해야 한다는 것과, "모든 문서는 한글로 기재한다"는 정책이 기독교를 대중화하는 데 크게 공헌했던 것이다. 기독교의 이러한 한글보급정책은, 1895년경 우리나라를 여행했던 비숍(I. Bishop) 여사에게는, 한글의

5) 《淑大史論》 제 7 집 및 이만열, 《韓國基督敎와 歷史意識》, 1981, 지식산업사 참조.
6) 만주에서는 1882년 3월과 5월에 〈누가복음〉과 〈요한복음〉이 각각 번역·출판되었고, 일본에서는 1885년초에 李樹廷이 〈마가복음〉을 번역·출판하였다.

보급이 민족의식을 고양하고 있었던 것으로 비쳐지고 있었던 것이다.[7)]

기독교의 수용과 교회의 발전은, 기독교적 윤리와 정의관을 우리 사회에 수반시키게 되었다. 오늘날의 표현으로 인권의 신장과 부정부패의 방지에 기독교인들은 앞장서게 되었다. 물론 여기에는 미국 등 외세에 의지하여 한국관리들에게 항거하는, 외세의존형적인 인권신장과 부정부패 방지 등이 없지 않았다.[8)] 아마도 당시 치외법권적인 존재였던 선교사들의 한국 관헌들에 대한 자세가 그동안 눌려 살아온 한국인에게 자신의 권리주장을 펼 수 있는 한 계기가 되었을 것이라고 추측된다. 하여튼 한말, 아직도 관리들이 백성들을 안하무인격으로 다스릴 수 있었고 매관매직 등의 부패풍조 때문에도 더욱 기승을 부리고 있던 관리들의 탐학에 대해, 기독교인들은 인권과 사회정의를 들고 나오게 되었던 것이다.[9)] 그 첫째가 재판에 의하지 않고도 백성의 인권을 유린할 수 있었던 관리들의 횡포가 각처에서 기독교인들의 저항을 받게 되었다는 점이요, 둘째는 관리들의 불법적인 가렴주구의 잔폐가 여러 곳에서 기독교인들에 의해 저지되고 있었다는 사실이다. 이런 사태들 때문이었는지, 어떤 군수는 자기가 발령받은 지역이 기독교인들이 있는 지역이라고 해서 기독교인들이 없는 지역으로 그 부임지를 변경해 달라고까지 정부에 요청하게 되었던 것이다.[10)]

초기의 이러한 반봉건·개혁의식은 소극적으로 관리들의 부정부패에 항거하는 자세로 나타났지만, 그들의 의식이 좀더 철저해지면서 일제의 통감부·총독부하에서는 적극적인 부정세금 불납운동 내지는 조세저항운동으로 나타나게 되었다.

한편 기독교인들은 기독교의 중요한 자유·평등·공의의 가치관을 사회화하기에 노력하였다. YMCA운동을 통하여 '청년'이란 말을 보편화시키고 일제하에 들어가서는 형평운동에 적극 참여하였으며, 3·1운동 후에는

---

7) Isabella Bird Bishop, *Korea and Her Neighbours*, 1970, Yonsei Univ. Press, p. 21.

8) 이 점에 대해서는 이만열, 〈韓末 基督敎와 관련된 外勢依存의 問題(1)〉, 《東方學志》 제61집, 1989. 3., 연세대학교 국학연구원, p.119ff 참조.

9) 이만열, 〈韓末 기독교인의 민족의식 형성과정〉, 《韓國史論》 1, 1973. 5., 서울대학교 한국사학회, pp. 353ff 참조.

10) 《대한 그리스도인 회보》 3-9, 1899년 3월 1일자. 이 책에 수록된 논문(p. 236) 참조.

민중지도자의 출현에도 크게 공헌하였다. 그리하여 우리 사회의 전통적인 신분질서를 개혁하는 데에도 기독교는 일정하게 기여하였던 것이다.

대내적인 반봉건·사회개혁의식은, 대외적인 반침략·자주독립의식과 표리관계에 있음을 역사에서는 종종 보여주고 있다. 그러기에 한말 기독교인들의 반봉건의식은 반침략의식으로 곧바로 연결될 수 있었다.

이 의식은 특히 19세기말, 청·일·러시아 등 주변 외세의 한국에 대한 침략적 야심을 극복하기 위하여 나타났던 것이다. 그리하여 1896년경에 조직된 독립협회 등을 통하여 기독교인들의 국가자주·반침략 의식이 적극적으로 표현되었다. 독립협회에는 다수의 개신교계통의 인사들이 참여하였다. 윤치호·서재필·이승만을 비롯하여, 아직은 기독교에 입신하지는 않았지만 적극적인 관심을 보이고 있던 남궁억·이상재 등이 그 지도자들이었다. 그들은 일찍이 서구에서부터 발달한 민권사상을 고취시켜, 나라의 독립을 굳건히 하려고 하였다.

Ⅲ. 한말 反침략·자주독립운동과 기독교

최근에 독립협회에 관한 연구들이 있었지만, 그것이 기독교와 밀접한 관계가 있었다는 점에 대해서는 별로 언급이 없었다.[11] 그러나 독립협회에서는 기독교인들의 활동이 두드러지게 나타나고 있었다. 앞서 말한 독립협회의 지도자들이 기독교계통이었는데, 그들은 이미 신앙고백을 했거나 그 사건 후에 곧 신앙을 고백했던 사람들이었다. 회원 중에도 기독교계의 인물들이 많았고, 인천과 평양에서는 대부분이 기독교인들로 지회를 조직하였다. 인천의 복정채 등 기독교인들, 평양의 한석진·방기창·김종섭·안창호 등의 기독교인들이 그곳 지회의 중심인물이었다. 뿐만 아니라 만민공동회 때 기독교인들은 두 차례에 걸쳐 시위에 참가하고 있으며, 평양에서도 서울의 시위운동을 적극 지원하는 움직임이 야소교인들에 의해 주도되고 있었다. 서울에서는 보부상의 대표들이 교회와 기독교계통의 학교를 두고 독립협회

11) 그 대표적인 것으로 愼鏞廈 교수의 《獨立協會硏究》, 일조각, 1976 등을 들 수 있는데, 이 연구 등에서는 독립협회운동과 관련된 기독교의 역할에 대해서 거의 관심을 기울이지 않았다.

와 깊이 관련되어 있다고 비난하였으며, 황해도지방에서도 독립협회원을 검거할 때 야소교인을 붙잡았던 것이다.[12] 그러기에 당시 일본공사관측에서도 이같은 개신교측의 민족운동을 두고,

> 新教側의 이 두 教派(장로교와 감리교)는 당시 서로 前後하여 새로운 宣戰을 시도하고 同教各派의 先頭에 앞서 소위 獨立協會와 밀접한 연락을 가져[13]

라고 기록했던 것이다.

한말 기독교인들의 반침략·자주독립의식의 노력으로는, 국기게양, 애국가의 보급, 국왕탄신일의 국민적 차원에서의 축하 등에서도 보였다. 국왕탄신일의 축하는 각 교회에서 오전중에 나라를 위한 특별예배를 드리고, 오후에 각 지방에서 연합집회로 모여 예배드리고 애국하는 연설도 하도록 만들었던 것을 이른다.[14] 이러한 집회는 정치적인 성격을 띤 것으로 뒷날 만민공동회의 민중운동을 가능하게 했던 것이다.

그러나 이들의 반침략의식의 구조에는 한계가 있었다. 청·일·러시아를 경계하는 의식은 있었으나 미국에 대한 것은 거의 보여지지 않았다. 이것은 당시 미국이 우리나라에 우호적이었다는 것만으로는 설명되지 않는 것이다. 오히려 이들 반외세·자주독립운동의 배후에는 미국계 선교사들의 세력과 밀접히 관련을 맺은 기독교세력이 있었기 때문이라는 해석이 순리적일 것이라 생각된다.[15]

1905년 러일전쟁의 종식단계에서부터 일본은 영국·미국·청·러시아 등 세계 열강의 동의 아래 한국에 대한 독점적 지배권을 행사하기 시작하였다. 외교권을 박탈한 을사조약에서부터 시작하여 그들은 각종 조약을 강제로 체결하여 한국의 행정권·군사권·사법권·경찰권 등을 강탈하고 1910년 8월 나라를 강점하기에 이르렀다.

---

12) 이 점에 관해서는 이만열, 〈韓末 기독교인의 민족의식 형성과정〉, 《韓國史論》 1집, 1973, 서울대학교; 宋吉燮, 〈만민공동회운동에 있어서의 초기 감리교도들의 활동상황 연구〉, 《神學과 世界》 1985년 가을호, 감리교신학대학을 참조.

13) 《日本公使館記錄》 1908~1909, 〈基督教狀況〉 高秘收 제 6262 호의 1 및 機受 제 1386 호.

14) 이런 점들에 대해서는 이만열, 1973, pp. 357~362 참조.

15) 이만열 편, 《아펜젤러 —— 한국에 온 첫 선교사》, 1985, 연세대출판부, pp. 401 ff 참조.

이에 앞서 한국 기독교계는 독립협회사건 때문에 정부로부터 극심한 박해를 받게 되었다. 즉, 독립협회가 정부와 보부상의 핍박을 받아 해체되자, 독립협회에 관련되었던 많은 기독교인들이 박해를 받게 되었던 것이다. 이러한 상황이고 보면, 교회가 시련 가운데 빠졌을 것은 당연하다. 이 무렵 1900년에는 중국에서도 의화단(義和團)사건이 일어나 서구계의 사람들이 곤란을 겪게 되었다. 의화단사건은 한국 국경지대에 영향을 끼쳐 기독교인들이 수난을 당하는 경우도 있었다.[16]

이러한 핍박의 소용돌이에서, 1901년 9월에 열렸던 장로교공의회에서는 소위 〈교회와 정부 사이에 교제할 몇 조건〉이라는 정교(政教)분리를 주요골자로 하는 선언을 발표하였다. 이 선언은 선교사들만으로 조직된 공의회(영어회기)에서 채택된 것으로 장황하지만 그 내용을 현행 맞춤법으로 정리해 보면 이렇다.

1. 우리 목사들은 대한나라 일과 정부 일과 관원 일에 대하여 도무지 그 일에 간섭하지 아니하기를 작정한 것이오.

2. 대한국과 우리 나라들과 서로 약조가 있는데 그 약조대로 정사를 받되 교회 일과 나라 일은 같은 일 아니라 또 우리가 교우를 가르치기를 교회가 나라 일 보는 회가 아니요, 또한 나라 일은 간섭할 것도 아니오.

3. 대한 백성들이 예수 교회에 들어와서 교인이 될지라도 그 전과 같이 백성인데 우리 가르치기를 하나님 말씀 거슬림 없이 황제를 충성으로 섬기며 관원을 복종하며 나라 법을 다 순종할 것이오.

4. 교회가 교인이 사사로이 나라 일 편당에 참여하는 것을 시킬 것 아니요, 금할 것도 아니요, 또 만일 교인이 나라 일에 실수하거나 범죄하거나 그 가운데 당한 일은 교회가 담당할 것 아니요, 가리울 것도 아니오.

5. 교회는 성신에 붙인 교회요 나라 일 보는 교회 아닌데 예배당이나 교회학당이나 교회 일을 위하여 쓸 집이요, 나라 일 의논하는 집은 아니오. 그 집에서 나라 일 공론하러 모일 것도 아니요 또한 누구든지 교인이 되어서 다른 데 공론하지 못할 나라 일을 목사의 사랑에서 더욱 못할 것이오.[17]

위의 내용은 정부와 교회의 상호불간섭, 정무(政務)와 종무(宗務)의 상이성(相異性), 교인의 국법준수와 국가에의 충성, 교인의 정치참여의 자유, 정

---

16) 《皇城新聞》 光武 4년 9월 24일 '美使照會'조 및 F. A. Harrington, *God, Mammon and the Japanese* (1966), p. 78 참조.
17) 《그리스도 신문》 5-40호(1901년 10월 3일).

치활동에서 교인·교회의 책임의 한계, 교회당의 정치무대화 금지 등을 골자로 하고 있다. 말하자면 정·교의 분리를 강력히 내세움으로써 교회의 비(非)정치화를 시도한 것이라고도 하겠다.

우리는 이러한 선언이 나오게 된 배경을 앞에서 잠깐 살폈거니와, 여기서 다시 주목해야 하는 것은 이러한 선언을 하지 않으면 안될 정도로 긴박한 사태가 당시에 선교사들을 긴장시키고 있었다는 점이다. 그것은 곧 한국 기독교가 독립협회 이후 그만큼 국가의 자주성 확립을 위해 정치문제에 깊이 개입하였다는 점이다.

우리나라에서 가장 먼저 정교분리문제에 언급한 이 선언은, 그 뒤 한국 교회에 다소 영향을 끼쳤다. 일부 교회에서는 이 선언의 정신에 따라 의세자(依勢者)들을 교회에서 추방하였고, 교회를 정치적 와중으로부터 보호하게 되었던 것도 사실이다. 또 그 전과는 달리 기독교회가 국가의 자주독립문제 등의 정치적 문제에 개입하는 것을 비교적 삼가하고 있었다.

그러나 노일전쟁을 계기로 일본의 국토강점, 주권침략의 사태가 노골화되었다. 일본의 이러한 침략을 의식한 기독교인들은 다시 반침략의 의지를 가다듬고 항일운동을 전개하게 되었다 항일운동의 양상은 조직적인 기도회, 매국원흉들에 대한 테러사건과, 을사조약·정미7조약 등에 대한 반대시위운동, 시장세반대투쟁과 부정세금불납(不正稅金不納)운동 및 국채보상운동 등을 통한 경제적인 항일운동, YMCA 및 기독교적 단체들의 반일진회(反一進會)·반합방(反合邦)운동 등의 정치적 측면의 항일운동을 들 수 있다.

먼저 교회의 종교적 의식인 기도회를 통한 항일운동의 경우를 보자. 노일전쟁이 끝나고 일제의 한국침략의 징조가 심상치 않음을 느낀 1905년 9월의 제5회 장로회공의회에서는, 당시 참석자의 한 사람인 길선주(吉善宙) 장로가 발의하여 그해 11월 감사절 다음날부터 7일간 전국 교회가 나라 위한 구국기도회를 갖기로 결의하였다. 또 그해 11월 을사조약이 발표되자 서울의 기독교인들은 전덕기(全德基)·정순만(鄭淳萬)의 인도로 상동(尙洞)교회에서 수천명이 모여 연일 구국기도회를 열었으며, 1907년경에 이르면 이러한 기도회는 전국적으로 상호 유기적인 관련을 가지고 진행되었다.[18] 교회의 이

18) 이만열, 1973, pp. 393~394.

러한 구국기도회는 신자들에게 애국애족심을 고취시키는 데 크게 공헌하였으며, 일제하에서도 계속되어 민족의식을 보존하고 교회로 하여금 민족운동의 온상이 되게 하는 데 크게 기여했던 것이다. 그리고 최근까지 계속되고 있는 교회의 이러한 전통은 나라와 민족을 하나님 앞에서 만나게 하고 하나님 앞에서의 차원높은 애국 애족심을 갖도록 하였던 것이다.

둘째로, 1905년 이후 기독교인들의 항일운동에는 행동적인 적극성도 보인다. 시위운동과 항일테러운동이 그것이다.

저자는, 기독교는 어떤 행위의 목적을 고상하게 해야 한다는 것과 동시에 그 수단과 방법도 정당해야 함을 가르친다고 믿고 있는 입장이다. 그러나 여기서 우리는 소위 매국 원흉(元凶)들에 대한 폭력행위가 성경적으로 정당한가 하는 여부는 잠시 보류하겠다.[19)]

을사조약 후 많은 유생들의 상소와 함께 기독교인들의 시위운동 또한 눈에 띈다. 야소교도인 최재학(崔在學)·이시영(李始榮) 등이 평양에서 상경하여 조약의 철폐를 주장하는 격문을 서울 거리에 살포하였고, 11월 27일에는 대한문 앞에서 을사오적(乙巳五賊)의 처단을 요구하다가 일본 순사들과 충돌하여 경무청에 70여 일간 구금당하게 되었다.

또 야소교인인 김하원(金河苑)·이기범(李基範)·김홍식(金弘植)·차병수(車炳修) 등도 그해 11월 30일 종가(鐘街)에서 2천만 동포에게 경고하는 글을 뿌리고 운집한 시민들에게 격렬한 구국연설을 하였는데, 이로 인해 이들과 합세한 시민들과 일본 순사·헌병간에 충돌이 벌어졌다. 궁지에 몰린 일본군은 헌병들의 증파(增派)를 받아 군중을 해산시키고 연루자 수백명을 포박하여 일본군 사령부에 구금했던 것이다.

1907년에 이르러서는 기독교인들 가운데서 나라를 위해 자살하는 자들도 나오게 되었다. 대표적인 사람으로 정재홍(鄭在洪)과 홍태순(洪太順)을 지적할 수 있다. 정재홍은 기독교인이며 교육사업에 관심을 둔 지사로서, 박영효(朴泳孝)의 환영축하연회에서 당시 통감으로 있던 이토 히로부미(伊藤博文)

---

19) 여기서 기독교와 폭력과의 관계를 규명해 볼 필요가 있는데, 기독교가 '정당방위'를 인정한다는 것은 상식으로 되어 있다는 것만 지적해 두겠다. 폭력에 대한 성경적 입장을 다룬 책으로 John Stott, *The Issues Facing Christians Today*, 박영호 역, 《현대사회문제와 기독교적 답변》, pp. 115~121 참조.

를 살해하려다 뜻대로 되지 않게 되자 가지고 있던 권총으로 자살하였다. 홍태순은 야소교목사(?)로서 고종(高宗)이 양위한 다음날 대한문 앞에서 자살하였다. 홍태순의 자살은 국민적 분노의 한 표현으로, 그 뒤 이어서 전중추원의관(前中樞院議官) 이규응(李奎應)의 자살과 각지에서의 민심의 소요를 수반하게 되었다.[20]

나라의 앞날을 걱정하던 기독교인 중에는 1905년 이후 소위 매국 원흉들에 대한 암살이라는 극단적 행동을 취하는 사람들도 나오게 되었다. 앞서 말한 정재홍은 이토 살해에 실패한 경우이지만, 그 뒤 안중근(安重根)과 같이 이토 포살(砲殺)에 나섰던 우연준(禹連俊, 본명, 德淳)이 기독교인이었으며,[21] 친일적인 미국인 스티븐스(須知分)를 살해한 장인환(張仁煥)도 열렬한 기독신자였던 것이다. 을사조약 후 상동교회의 전덕기는 교우인 평안도의 장사를 모집하여 친일 매국 원흉들을 누차 암살하려고 하였으나 이들이 일본 병사에 의해 신변보호를 받고 있었기 때문에 뜻을 이룰 수가 없었다. 이완용(李完用)을 살해하려 했던 이재명(李在明) 역시 기독교인이었고, 그 뒤에는 기독교 청년들의 집단적인 이완용·이용구(李容九) 살해계획이 추진되고 있었다. 이 계획에는 24세의 이학필(李學必)이라는 목사도 가담하고 있었다.[22]

이렇게 무력 행동에 가담한 기독신자들은 그들의 애국적인 민족의식을 '암살'이라는 극단적인 행동을 통해 표출하려 했는데, 무력항쟁의 이러한 양상은 일제하에도 계속되어 이동휘(李東輝)·강우규(姜宇奎) 같은 기독교 민족운동가들에게 이어졌던 것이다.

셋째, 경제적인 측면의 항일운동은, 앞서 지적한 바와 같이, 부정세금불납운동, 시장세반대투쟁 및 국채보상운동 등의 측면에서 뚜렷하다. 이러한 운동은 함경도지방의 경성과 성진에서와, 평안도의 진남포와 순천·안주·영변 등지에서, 그리고 국채보상운동의 경우 전국적인 규모로 교회와 교회학교에서도 열의를 보였던 것이다.[23] 기독교인들 중에서는 선교사와 한국인

20) 이만열, 1973, pp. 396~397.
21) 禹連俊(德淳)이 安重根과 함께 의거한 사실에 대하여는 한국기독교사연구회, 《한국기독교의 역사 Ⅰ》, 기독교문사, 1989, pp. 340~341 참조.
22) 이만열, 1973, pp. 396~397.
23) 위의 글, pp. 397~398.

조사(助事)들이 행하는 설교에서 다음과 같은 내용을 들을 수 있었다.

> 야소교도들에게는 특권상 暴者의 학대, 그중 일본군대의 압박 등을 면할 수 있을 뿐만 아니라, 문명적인 교의에 기초하여 생명·명예·재산 등에 관한 권리를 얻었으므로 전제적 정치의 법령, 즉 人道에 反하는 禁制 및 苛稅에는 복종할 수 없다.[24]

이러한 설교가 행해지고 있었던 정황을 고려한다면, 전국적인 규모로 일어나고 있었던 경제적 측면의 기독교인의 항일운동은 한두 사람의 선각적인 기독교인에 의해 이루어진 것이라기보다는 거교회적인 차원에서 이루어진 것이라는 점과, 그 운동이 단순히 '편협한' 민족의식에 입각한 것이라기보다는 인류 공동의 어떤 보편의식에 뿌리를 두려고 노력하는 흔적을 보여준다는 것이다.

넷째로, 한말의 기독교인들의 항일운동은 정치적인 성격을 띤 것으로 특히 기독교도와 관련이 깊은 YMCA, 서북학회(西北學會) 및 신민회(新民會)와 관련지어 볼 수 있다. 이들의 운동은 반일진회·반합방운동으로 나타나기도 하였고, 적극적으로 국민계몽을 통하여 항일운동을 선도하기도 하였다. 헤이그 밀사사건이 상동파 기독교인들과 YMCA계가 깊이 관련되었다는 점은 널리 알려져 있지 않고, 신민회의 주요 멤버가 기독교도들이라는 사실과 그 비밀적인 조직 역시 기독교회와 관련되어 있다는 점도 일반 사학계에 알려져 있지 않은 실정이다.[25]

1909년에 이르러 일진회에서 합방청원을 했을 때, 많은 기독교도들——배동현(裵東鉉)·이승규(李昇圭)·오상근(吳祥根)·조규수(趙奎洙)·이용태(李用台)·김창환(金昌煥)·노익순(盧益淳)·김진호(金鎭浩)·이수영(李遂榮)——은 연명으로 합방반대성명을 발표하고 반(反)일진회의 기치를 들었다고 일본공사관 기록에서 보여진다. 성명문의 일절은

> 오호라. 이 魔說(합방청원서—저자)을 주창하는 자는 1백 40명 逆黨에 불과하거늘 통감부 長書文에는 2천만중 대표라 冒稱하고 그 성명서에는 曰 政合邦이

24) 《日本公使館記錄》, 清津理事官機密警察月報(明治42년 4월분) 발췌.
25) 尙洞派와 新民會의 기독교와의 관계에 대하여는 최근 韓圭茂, 〈尙洞青年會에 대한 연구, 1897~1914〉, 《歷史學報》 126호, 1990; 尹慶老, 《105人事件과 新民會 硏究》, 일지사 1990 등에 소개되었다.

> 오 合併은 아니라 하고 上疏文에도 曰 日韓合邦新造一大帝國이라 하야 그 容喙가 極端至險하고……今頂天履地한 자는 所宜齊聲共憤하여 그 窟을 破하고 그 恨을 拔할지라. 擬以來 11일 土曜 하오 2시에 左定한 처소에 齊會하여 성토할 방침을 의정하고 且각 지방에 수의하여 일대악균을 소멸코자 하노니 光臨하심을 敬要[26]

라고 썼다. 기독교인들의 이러한 구국활동은 이밖에도 교육 등 여러 분야에 걸쳐 진행되었던 것이다.

한말 기독교인들의 항일운동이 고조되고 있을 무렵 기독교회내에서는 1907년을 전후하여 소위 대부흥운동이 일어나고, 1909년경에는 다시 백만인구령운동이 전국적인 규모로 전개되었다. 이와 함께 주목되는 점은, 앞서 본 바와 같은 기독청년들의 매국원흉에 대한 격렬한 테러사건에도 불구하고, 1907년에 그 절정에 오른 항일의병운동에는 기독교인들의 참여가 활발하지 못한 것으로 고찰되고 있다.[27] 그 이유가 어디에 있었는지 분명히 밝혀지지 않고 있다.

여기서 우리가 짚고 넘어가야 할 것이 있다. 그것은 일제의 침략이 노골화하던 저 민족모순의 시기에 교회사적으로 대부흥운동이 일어났던 것을 어떻게 보아야 할 것인가 하는 점이다. 일찍이 선교사들의 문서를 검토하여 《한국개신교사》를 저술한 백낙준 박사는, 이 점과 관련하여 "더우기 베어드는 이 운동(대부흥운동과 백만명구령운동—저자)에 관심이 쏠림으로써 한일합병의 시련기에 있어서 국내 평화와 질서를 유지하게 하였다고 믿었다"고 지적하였다.[28] 그렇다면 당시의 망국의 민족적 분노마저 종교적 열정으로 변화시키게 한 대부흥운동과 백만인구령운동이 당시 기독교인들의 민족적 분노의 폭발을 저지시키게 했던 중요한 요인이 되지 않았을까 하고 추측해 볼 수도 있다. 이러한 점에서 한말 기독교인들의 항일운동에는 일정하게 한계가 그어지는 셈이 되며, 더 나아가서는 한국 교회사에서 그렇게 높이 평가되고 있는 1907년을 전후한 시기의 대부흥운동과 백만인구령운동도 민족사

26) 《日本公使館記錄》 一進會上書에 関한 書類二, 警秘 제 248 호(1909. 12. 8) ; 《韓國獨立運動史》, 國史編纂委員會, p. 479.
27) 이만열, 〈의병과 기독교와의 관계〉, 《기독교대백과사전》 12권, pp. 1017~1020, '의병운동' 참조.
28) 백낙준, 《韓國改新教史》, 연세대출판부, 1973, p. 405.

적으로 어떤 의미를 갖게 되는 것인지, 오늘의 기독교의 부흥운동과도 관련하여 다시 음미해 보지 않을 수 없게 된다.

Ⅳ. 일제하 민족운동과 기독교

여기서 먼저 민족운동이라 함은, 나라의 주권이 빼앗긴 상태에서 취해진 국권회복운동을 비롯하여 일제하의 민족의 고난에 직접 동참하면서 벌였던 각종 사회운동을 포함시켜서 말한다.

일제하 기독교인들의 국권회복과 관련된 운동은 그 범주를 설정하는 가치관에 따라 여러 가지로 설명될 수 있다. 그 대표적인 것은, 105인사건,[29] 3·1운동, 상해임시정부운동 및 만주 등지에서의 무장항일투쟁을 비롯한 해외독립운동, 국내의 무실역행운동, 농촌계몽운동 및 각종 사회운동, 그리고 1930년대의 민족말살정책하에서의 신사참배반대투쟁(神社參拜反對鬪爭)과 우리말·우리 역사 지키기운동 등으로 나열해 볼 수 있을 것이다. 위에서 열거한 이러한 대표적인 기독교 민족운동에 대한 것은 저자가 이미 밝힌 바 있으므로[30] 여기에서는 1920년대에서 1930년대의 사회·민족운동에 국한해서 그 몇 가지만 간추려 언급하는 정도에 그치겠다.

먼저 1920년대에서 1930년대의 이러한 운동들에서 기독교인들은 매우 적극적이었다. 기독교 지도자들 중에는 마치 일제의 통치를 수용하는 듯한 오해의 가능성이 있음에도 불구하고 국내에 남아 민족과 교회를 지키며 민족운동을 지도하기도 하였는데, 이상재·남궁억·조만식이 그런 분들이다. 특히 1920년대의 국산품애용운동을 포함한 무실역행운동 등에는 기독교계 인사들이 많이 참여하였고, 이와 맥락을 같이하는 것으로 기독교내의 절제운동이 있었다. 여기에 대하여 일반사학계에서는 '개량주의적'이라는 측면을 강조하면서 평가하고 있는 듯하다. 우리는 그러한 평가에 일면 유의한다.

---

29) 尹慶老, 1990 참조. 105인사건은 기독교지도자들이 직접 적극적으로 국권회복운동을 벌이다가 드러난 사건이라기보다는 일제가 기독교세력을 제거하기 위하여 꾸며낸 사건으로 알려져 있다. 그러나 한국기독교 민족운동사에서는 빼놓을 수 없는 사건임에 틀림없다.

30) 이만열, 〈한국기독교 민족운동의 전개과정〉, 《韓國基督敎와 歷史意識》, 1981, 지식산업사, pp. 281~353.

그러나 3·1운동 이후의 민족운동의 전체적인 방향과 식민지 민중이 처했던 객관적인 조건을 고려하면서 이 문제는 좀더 조심스럽게 재검토해야 할 것이다. 3·1운동 후, 민족운동의 새로운 가능성을 발견한 애국지사들 중에는 국권회복운동을 좀더 적극적으로 전개하기 위하여 해외로 뛰쳐나가는 경우도 있었고, 국내에 남아서 실의에 빠진 민중들을 계도하면서 몸부림쳤던 이들도 없지 않았다. 후자의 경우, 일제가 허울좋게 내건 소위 문화통치의 환상에 휘말려든 자도 없지 않았지만, 그러나 나라의 고난과 민중의 아픔에 깊이 동참하면서 민족의 소망을 이 어두운 식민지 현실 속에 심어보려고 노력한 기독교인이 많았다. 우리는 1920년대의 기독교 민족운동의 한계를 지적하기 위해서는 좀더 진지하게 이 어두웠던 시대에 대한 연구를 게을리하지 않아야 한다.

1920년대에 이르러, 3·1운동 이후에 풍미하던 기독교계의 내세지향주의와, 그와 관련된 민족문제에 대한 무관심주의는 많은 젊은이들에 의해 비판을 받게 되었다. 특히 사회주의사조가 파급됨에 따라 기독교계의 저같은 자세는 민족문제마저 등지는 은둔주의로 비판되기도 하였다. 그래서 젊은 기독청년들은 기독교는 이제 '사회혁명의 대본영'이 되어야 하며, "정의를 성립하는 수단에 들어가서 다른 방법이 없을 때에는 무력으로써 변형함도 기독교 진리에 위배되지 아니한다"고까지 주장하게 되었다.[31] 그리하여 식민지의 어려운 현실 속에서도 가능한 방법을 동원하여 민족운동을 전개하려고 하였다. 1920년대에 일어났던 각종 사회운동으로서의 민족운동이 그것이며, 여기에는 앞서 말한 무실역행운동과 절제운동 외에 농촌운동·형평운동 등도 포함될 수 있을 것이다. 우리 사회에 대한 이러한 관심이 1932년에는 사회신조로 나타나게 되었는데, 사회신조의 전문에는 "하나님의 사랑과 정의와 평화가 사회의 기초적 이상으로 생각하는 동시에 일체의 유물교육·유물사상·계급적 투쟁·혁명수단에 의한 사회개조와 반동적 탄압에 반대한다"고 하면서, 당시 이미 상당히 만연된 공산주의사상과 일제의 반동적 탄압에 대한 비판을 가하고 있음이 주목된다. 12조로 된 사회신조는 이렇다.

① 인류의 권리와 기회의 균등

---

31) 《청년》 1927년 3월호, pp. 115~117.

② 인종 및 민족의 무차별대우
③ 혼인신성, 정조에 남녀동등책임
④ 아동의 인격존중, 소년노동의 금지
⑤ 여자의 교육 및 지위개선
⑥ 公娼폐지, 禁酒촉진
⑦ 노동자 교육, 노동시간 축소
⑧ 생산 및 소비에 관한 협조기관의 설치
⑨ 傭人 被傭人간에 협조기구의 설치
⑩ 소득세 및 상속세의 고율적 누진법의 제정
⑪ 최저임금법, 소작법, 사회보험법의 제정
⑫ 일요일 공휴법의 제정, 보건에 관한 입법 및 시설[32]

우리는 사회신조가 당시의 정황으로 보아 실현성이 희박함에도 불구하고, 그 주장의 진보성과 식민지적 현실에 대한 예리한 통찰, 민중의 고난에 대한 참여적 태도가 뚜렷이 나타나 있다고 생각한다. 그리고 1930년대초의 저러한 주장은, 50여 년이 경과한 오늘날의 한국 교회의 지성이 뒤따르지 못하는 진보적인 면이 있음을 아울러 지적할 수 있다.

1930년대 국내에서 민족운동의 가능성을 거의 찾아볼 수 없었던 일제의 혹독한 민족말살정책의 시기에 기독교계에서는 신사참배반대 민족운동에 나서는 한편, 국사·국어보존운동에도 상당수 기독교인들이 참여한다. 이 시기에 국내에서의 항일민족운동은 거의 불가능하였다. 그런 속에서도 기독교 지도자들은 일본의 조상신·전쟁무사신을 모신 신사에 참배하라는 일제의 정책에 정면으로 맞섰다. 표면적으로는 우상숭배하지 말라는 기독교의 계명에 위배된다는 주장을 내세웠다. 일제는, 신앙상 문제를 내세워 신사참배를 거부하는 기독교 지도자들을 민족주의자로 취급하였다. 신사참배 거부문제를 일제의 시각에서 그렇게 본 것은 당연하였을 것이다. 왜냐하면 그것은 일본의 국체(國體)문제와 관련된다고 보았기 때문이다. 신사참배를 거부한 그리스도인들의 성장배경, 그들의 진술내용, 그리고 민족말살통치하에서 기독교인들이 그런 방식으로밖에는 일제에 저항할 수 없었다는 정황 등을 고려해 본다면, 신사참배거부는 일제에게 국체를 거부한다고 보았을 정도로

32) 《조선기독교연합공의회 제9회 회의록》, 1932. 사회신조에 관한 연구로는 백낙준, 〈韓國基督敎會의 社會信條〉, 《한국교회사학회지》 창간호, 1979 참조.

신앙적 민족적 의미를 동시에 띤 것으로 해석할 수 있을 것이다.

일제는 강점 이후 그들의 한국 침략과 식민정책을 역사학적인 측면에서 정당화하려고 하였다. 이러한 역사학을 '식민주의사학'이라 한다. 일제 초기에 식민주의사학에 대하여 투쟁한 사람은 박은식·신채호 등이다. 1930년대 민족말살기에도 식민주의사학에 저항하는 기독교인들이 있었는데, 안재홍·남궁억·김교신·함석헌 등이다. 뿐만 아니라 국어학 분야에서도 일제의 한국어 말살정책에 저항하는 이윤재·최현배·김윤경·장지영 등 기독교 지성인들이 있어서 민족문화의 보존에 크게 공헌하였다. 이들 중에는 후일 '조선어학회사건'으로 옥고를 치룬 분들도 있었는데 그런 와중에서 이윤재는 옥사하였다. 이윤재의 신앙과 민족문화에 대한 애정 등으로 보아서 그의 옥사는 신사참배거부투쟁에 나섰다가 옥중에서 순교한 주기철 못지않게 한국 기독교사에 기념되어야 할 것이다.[33]

일제의 민족말살하에서 한국 기독교는 민족사에 떳떳한 일만 남긴 것이 아니다. 신사참배반대투쟁이 민족사에 긍정적으로 평가될 수 있다면, 일제의 신사참배강요로 많은 기독교계 학교가 폐교되어야 했을 때에 일제에 동조하는 기독교계내의 움직임이 있었고, 이때에 새로이 문을 여는 신학교 등의 기독교계 학교도 있었다. 신사참배반대투쟁으로 투옥되는 지도자가 있었던 반면에는 묵시적으로 혹은 적극적으로 일제에 동조하면서 신사참배의 신학적 정당성마저 주장하는 '지도자'들도 나오게 되었다. 그리하여 일제 말엽 한국 기독교 지도부는 정치적으로는 거의 일제의 어용적 기관으로 전락되고 말았다.

Ⅴ. 민족문제와 기독교

해방이 되었을 때 한국 기독교는 민족 앞에 다시 설 수 없을 정도로 만신창이가 되었다. 그러나 희미하게나마 새 소망이 있었다. 하나님은 그러한 암흑 속에서도 그루터기를 남겨두셨기 때문이다.

일제에 적극적으로 협조하지 않았거나 혹은 신사참배반대투쟁으로 투옥되

33) 이만열, 1981, pp.345~353 참조.

었던 지도자들이 해방된 조국에서 무너진 제단을 수축하고자 한국 교회에 대해 회개운동을 외치고 나섰다. 교계정화운동이요, 역사적 용어를 빌자면 기독교계내의 일제식민지잔재 청산운동이라 할 것이다. 한국 기독교는 이때 하나님과 민족 앞에 '굵은 베옷을 입고 재를 무릅쓰고 식음을 전폐하는' 회개운동이 나왔어야 했다.

너무나 갑자기 그리고 강대국의 도움에 의해서 주어진 것이라고 인식되어 그랬을까. 해방은 우리에게 감당 못할 감격은 주었으나 분수에 알맞는 자성(自省)은 주지 못했다. 적어도 남한의 경우, 일제에 협력했던 일부 기독교 지도자들은 그들의 기반을 더 이상 기독교 안에서 지키기가 곤란했던지 아니면 미군정을 좋은 기회로 여겨서 그랬던지, 정치와 사회사업 등에 눈을 돌렸다. 일부 지도자들은 근신하는 자세도 보였다. 그러다가 이승만정부가 들어서자 국기를 든든히 한다는 명분 아래 그나마 자중하던 친일세력을 등용하면서 일제식민지잔재 청산운동이 흐지부지되자 기독교계내의 회개운동——다시 말하면 신사참배 등의 기독교계내의 일제의 잔재를 청산하자는 운동——도 실패하게 되었다. 일제 말기 이후의 교권론자들이 다시 세력을 잡고 회개운동을 외치는 자들을 교단 밖으로 추방하는 사태가 벌어졌다. 이것은 기독교의 수치라기보다는 차라리 민족적 비극이었다.

우리가 민족문제와 관련하여 여기서 간과치 말아야 할 것은, 해방 후에 들어서서 4·19로 인해 무너진 정권의 종교적 성격이다. 후세의 사가들이 무엇이라 규정할 수 있을까? 과거 삼국·통일신라·고려왕조의 종교적 성격을 불교정권이라 하고, 조선왕조를 유교왕조라 할 수 있다면, 해방 후의 정권은 기독교'적' 정권이라 할 수 있을 것이다. 그것은 정권의 담당자, 정권의 중추세력 그리고 그 정권의 성립과정에서 보여준 서방 기독교국가의 후원 등에 의해서 추정해 본 것이다.

그렇다면, 그 기독교적 정권은 해방 후의 민족문제에 어떻게 임하고 있었는가? 남북분단과 국내 정파간의 암투문제 등은 잠깐 논외로 하자. 여기서 우리가 주목하고자 하는 것은 식민지에서 독립한 나라의 정부가 의당 가져야 할 식민지잔재 청산의 과제에 대해서이다. 이승만정권은 경험 있는 관료·경찰·군인을 등용하여 국기를 든든히 한다는 구실 아래 과거 친일했던 인물들을 대거 등용했다. 이리하여 모처럼의 민의에 의해 제정됐던 '반민

법'(反民法)을 사문화시켜 버리고 말았다. 나라의 독립을 위해 북풍한설 이역만리에서 고초를 겪었던 많은 애국지사들은 독립된 조국에서 냉대와 멸시를 받게 되었고, 끼니를 걱정해야 할 그들의 자녀들은 교육조차 제대로 받을 수 없게 되었다. 이리하여 우리 사회에는 지조보다는 훼절이, 신의보다는 기회주의가, 비판보다는 아첨이 더 통용되는 풍토가 조성되기 시작했고, 그러한 사회적 가치관하에서는 변신의 재주가 지능적으로 발달할 수밖에 없게 되었다.

이러한 소위 기독교적 정권이 식민지잔재 청산에 실패하게 되자, 일반 사회의 이러한 풍조는 기독교내에도 영향을 끼쳐 일제 때로부터의 교권주의가 기독교의 중심세력이 되어 해방 후 기독교의 회개운동은 실패하게 되었던 것이다.

우리가 또 하나 주목해야 할 것은 저 소위 기독교적 정권 때에 일어났던 민족분단 및 6·25와 기독교의 분열상이다. 이것은 서로간에 아무런 상관관계가 없는 것같이 보인다. 그러나 일제 때부터 서울지방과 서북지방의 대결과 상극 속에서 지내던 장로교회가 6·25와 같은 민족 비극의 와중에서 교단의 분열을 경험하게 된다는 사실이다. 그후 장로교회는 분열을 거듭하여, 근간에는 그 유래를 알 수 없는 교단을 포함하여 70여 개나 되는 장로교단이 존재하게 되었다. 남과 북, 동과 서, 무슨 지역, 무슨 학맥, 무슨 연고 등으로 마치 분열이 숙명적인 비극처럼 되어 있는 우리 민족에게 기독교단조차 또 갈가리 찢겨져 있다. 이것은 민족의 고난과 아픔에 동참하려는 기독교의 자세가 결코 될 수 없다. 기독교는, 사랑과 화합이 가장 중요한 치유제로서 제공되어야 할 민족의 병고에, 바로 그 사랑과 화해와 일치를 보여주고 시범해 보여야 할 것이다. 아마 이것이야말로 한국 기독교가 민족문제에 공헌하는 가장 중요한 길이 아닌가 생각된다.

Ⅵ. 닫는 말——민주화·인권·기독교문화 문제와 관련하여

기독교가 최근 한국 사회의 위와 같은 문제와 관련하여 어떠한 위치에 있는가 하는 물음은 중요한 의미를 갖는다. 이것은 오늘의 시점에서 한국 기독교 100여 년을 적어도 민족사적 입장에서 보는 중요한 척도가 될 수 있겠기 때문이다.

민주화는 초기 기독교가 도입되면서부터 교회 및 기독교기관을 통하여 훈련받아 온 것이다. 이 문제는 특별히 민주주의 제도를 소개·정착시킨다는 목적 아래에서라기보다는, 교회운영의 필요성에서 혹은 민권의 신장을 통한 국민국가 성립의 문제와 관련되어 있었다. 특히 초기 기독교와 관련이 깊은 독립협회·협성회 및 기독교계통의 학교에서 민권신장을 위한 훈련을 쌓아 왔던 것은 주지의 사실이다. 한편 교회와 교단적 차원에서는 정치적 의미의 민권의 신장이라는 측면보다는 장로교회 등이 갖는 제도상의 문제로 민주화의 훈련이 강조되었다고 지적할 수 있을 것이다.

우리가 특히 주목하는 것은 해방 이후의 한국 기독교가 한국의 민주화에 어느 정도 공헌하였는가 하는 점이다. 앞서 말한 바와 같이, 4·19로 무너진 정권의 종교적 성격이 '기독교적'이었다고 하면, 한국 기독교는 한국이 그렇게도 갖기 어려웠던 중대한 민주화의 기회를 놓치게 하였다고 지적할 수 있을 것이다. 심하게 말하면, 해방 후의 한국 기독교는 오히려 어느 시기에는 반민주화에 방조 내지는 협조했었다고 비판받을 수 있을지도 모른다. 1960년대 이후 우리나라가 민주화에 극심한 진통을 겪고 있는 것은 그 책임의 상당한 부분이 저 '기독교적' 정권과 관련될 수 있다고 본다. 그런 의미에서 한국 기독교는 한국 민주화를 위한 책임과 그것을 이룩하지 못한 데 대한 부끄러움을 동시에 느껴야 할 것이라 생각한다.

한국 기독교의 인권에 대한 자각은 전래 초기부터 없었던 것은 아니지만, 시각을 최근에만 국한하겠다. 한국 기독교는 1960년대 이후에 와서, 그나마도 극소수의 기독교인들만이 인권문제를 제기하면서 온갖 위협 속에서도 천부의 인권을 수호하려고 노력하였다. 그것은, 이 무렵부터 민주화에 대한 진통이 계속된 데다 산업화에 따른 인권유린의 사태가 심각하게 대두되었기 때문이기도 하겠고, 한편으로는 1950년대의 한국 기독교에 대한 구체적인 반성을 민족과 사회 앞에 표면화시키는 한 방법으로서도 나타나게 되었다고 본다. 그리하여 1970년대 이후 인권과 사회정의 문제에 관한 한, 한국 기독교는 '광야의 소리'로서 민족 앞에서 책임을 수행하려고 노력하였고, 이 때문에 수난도 많이 겪었다. 그리고 이 문제는 정치적으로 우리 사회의 민주화를 추진하는 점과도 깊이 관련되어 있다고 본다.

그러나 여기서 유의할 것은, 사회참여에 대한 신학적 입장과 역사의식의 차이에 따라 민주화·인권·사회정의 및 통일문제를 보는 한국 기독교인들의 가치관과 시각이 매우 상이하였다는 것이다. 따라서 우리는 이러한 문제들에 관하여 전혀 무관심한 많은 수의 기독교인들이 있음도 부인하지 않는다. 그러나 1980년대를 거치면서 한국 기독교계의 소위 보수와 진보 사이의 종래 현격했던 시각차이는 점차 그 간극을 좁히고 있는 점도 사실이다. 이것은 한국 기독교의 민족사적 책임 공유(共有)를 위해서 대단히 바람직한 상황전개가 아닐 수 없다.

끝으로 오늘날 기독교인들이 전인구의 25퍼센트를 능가한다는 상황과 관련, 기독교적 가치관이라 할 자유·평등·정의·평화의 질서가 우리 사회에 어느 정도 성숙되었으며, 우리 사회의 윤리적 성장이 어느 정도 이루어지고 있는가 하는 문제가 제기될 수 있겠다. 이 점은 기독교문화에 관한 문제로서, 역시 민족사적 입장에서 한국 기독교사를 보는 중요한 기준이 될 수 있을 것이다.

그러나 저자의 편견인지는 몰라도, 수백만이 회집되는 '민족복음화'의 슬로건과, 세계 선교사상 유례없는 결실의 증거로서 손꼽기를 좋아하는 '한국 기독교 100주년=1천만 신자의 등식에도 불구하고 한국 기독교의 전반적인 자세는 현재 민족사의 당위적인 진로(민주화·자주화 및 민족통일)와 관련하여 긍정적으로 공헌하고 있다고는 생각되지 않는다.

이러한 평가와 더불어, "소금이 만일 그 맛을 잃으면 무엇으로 짜게 하리오. 후에는 아무 쓸데없어 다만 밖에 버리어 사람에게 밟힐 뿐이니라"고 하신 말씀을 기억하면, 그렇게 될까 두려워한다.

그럼에도 불구하고 100여 년의 역사를 맞이하면서 우리는 한국 기독교가 하나님 앞에서 자신을 회개하고 민족 앞에서 자신의 사명을 자각하여 어두운 많은 세대에 그러했듯이, 다시 민족의 빛과 소금으로서의 자기의 위치를 회복하기를 간절히 바란다. (《月刊朝鮮》 1983년 9월호)

제1부 한국 교회의 뿌리

1880년대 서간도 한인촌 기독교공동체 연구

徐相崙의 행적에 관한 몇 가지 문제

勸書에 관한 연구

1880년대 서간도 한인촌 기독교공동체 연구

I. 머 릿 말

'한국 교회 쪽의 고백과 증언'을 찾아 정리하는 일에 평생을 헌신하신 매산(梅山) 김양선(金良善) 목사님은 일찍이 한국 기독교의 시발이 되는 만주에서의 로스(J. Ross, 羅約翰) 목사의 한글성경 번역과 의주 청년들의 개종, 그리고 '로스본'(Ross Version)의 출판·보급에 의한 한국 최초 기독교회들의 성립을 여러 자료들을 근거로 밝히시면서, '서간도한인촌교회'(西間島韓人村敎會)가 그 가운데서 처음으로 설립된 교회임을 지적하였다.[1]

저자 역시 평소 한국인들의 주체적인 참여에 의해 이루어진 만주로부터의 기독교 수용과 선교활동에 대해 적잖은 관심을 가지고 자료를 수집하면서 그와 관련된 몇 편의 글도 발표하였다.[2] 한국 기독교사에서 이 부분에 대한 정확한 자리매김이 없이는 주체적이고 민중적인 한국 기독교사 연구의 실마리를 찾기란 거의 불가능하다고 생각했기 때문이다.

그동안 한국 기독교사가 선교사 중심의 역사인식을 강조해 온 결과, 초기 한국에서의 복음전파 주체와 성경번역·교회설립 등의 역할이 모두 외국선교사에 의한 것으로 인식되었을 뿐만 아니라, 그들이 소개한 신학과 신앙, 문화와 가치관 등이 기독교 본래의 진수인 것처럼 이해하게 되었다. 따라서 서양 선교사들이 전해 준 문화가 기독교문화이며, 그들이 전해 준 교리가

---

1) 김양선, 〈한국의 성서번역사〉, 《聖書韓國》, 1955~1960 ; 〈Ross Version과 韓國 Protestantism〉, 《白山學報》 제3호, 1967. 11. 참조.

2) 이만열, 〈徐相崙의 행적에 관한 몇 가지 문제〉, 《韓國基督敎史硏究》 제19호, 1988. 4. 5. ; 이만열, 〈勸書에 관한 연구〉, 《東方學志》 제65집, 1990. 3. 두 논문 모두 이 책에 수록되어 있음.

기독교의 정통교리라고 인삭케 되었다. 그 결과 한국인에 의한 신학화 작업이나 기독교문화 창출 가능성은 거의 배제되었다.

그런데 이러한 선교사관적인 역사이해를 반성·극복하려는 노력으로 민족사관적·민중사관적 시각이 대두되었다. 민족교회론에 입각한 전자는 그동안 상당한 학문적 업적을 이루었으나, 민중적 시각에 입각한 한국 교회사의 이해는 그 주장의 요란함에 비해 사료에 근거한 사실 서술은 거의 도출되지 못한 실정이다. 저자는 현재 자료적 근거가 제시되지 않은 채 기독교계 일각에서 주장되고 있는 민중사관적 시각의 역사서술에 동의하는 바는 아니지만, 어떤 사관을 주장하려면 먼저 자료적 근거가 제시되어야 한다고 주장하면서, 민중사관적 근거를 제시하기 위한 한 구체적인 작업으로 시도한 것이 저자의 〈권서(勸書)에 관한 연구〉였다.

한국 기독교사의 첫장이 되는 서간도 한인촌의 기독교공동체의 성립과 발전에 관한 이 글은, 따라서 김양선 목사님의 선구적인 연구를 이어 조금이나마 그 실체에 접근하려는 의도를 가진 동시에, 한인촌 공동체가 '하나님의 백성'들에 의해 주체적으로 형성되었고, 이들에 의해 초기 서북지방의 선교의 기초가 마련되었음을 밝힘으로써, 권서연구와 함께 민중적인 한국 기독교사 이해와 서술에 보탬이 되었으면 하는 바람으로 씌어졌다. 관심있는 분들의 조언과 충고를 기다리겠다.

Ⅱ. 한·중 국경상황과 한인촌의 형성

청(淸)은 만주 일대를 청 태조의 발상지라 하여 이를 성역으로 규정하고 거주민의 유입을 금지하는 소위 봉금(封禁)정책을 폈다. 조선측과의 분쟁과 교류를 막기 위해서 위원(威遠)·영액(英額)·왕청(旺淸)·성창(城廠)·요양(遼陽)·고려(高麗) 등 6개문을 연결하는 장책(長柵)을 설치하였는데, 조선의 사신과 상인의 왕래통로를 고려문(高麗門; Corean Gate)에 국한시켰다.[3]

조선은 이에 대항, 청조에 대한 독립의식을 상징하는 변방정책을 시행하

3) J. Ross, "Visit to the Corean Gate," *Chinese Recorder and Missionary Journal*, 1875, 11., 12.; 김양선, 〈Ross Version과 韓國 Protestantism〉, p. 414.

여 두만강·압록강을 경계로 이를 넘어 만주로 이주하는 것을 엄금하였고, 정조 9년(1785) 월강자는 사형에 처하도록 하였다.[4]

그러나 양국의 국력이 해이해진 19세기 중반부터 만주로 이주하는 농업이민이 나타나기 시작했다. 산동인(山東人)을 중심으로 한 한족(漢族)의 만주 유입은 1860년대에 급격히 늘어났고, 1875년 러시아가 동지(東支)철도를 완성하고 대규모 만주이민을 계획하자, 청은 이에 대한 견제책으로 이후 5년간 200만 명을 만주로 이주시키는 한편 1877년 남만주지역을 안동(安東)·관전(寬甸)·회인(懷仁)·통화(通化)의 4개현으로 분할하였다.[5]

조선인의 압록강 대안으로의 이주는 헌종 11년(1845)경부터 시작된 것으로 보인다. 변방금령이 점차 해이해지면서 관리의 가렴주구에 시달린 농민들이, 비옥한 대안의 농토와 관헌의 관대한 자세를 동경하여 도강해 갔다. 철종 12년(1861)에는 청인의 혼강(渾江) 벌목사업에 참여했던 벌목꾼들이 그 땅의 비옥함과 개간의 용이함을 보고 즉시 농업에 종사하였는데, 이때 "한인(韓人)의 부락적(部落的) 이주(移住)를 하는 자(者)가 있기에 이르렀다."[6] 특히 고종 6년(1869)의 대흉년은 기아에 쫓긴 한인들을 앞다투어 월강하게 만들었고, 이후 계속된 5년간의 기근은 조선의 국시로 고수되어 온 변방정책을 허구화시켰으며, 압록강 대안(對岸)계곡에 대규모 한인마을을 형성시켰다. 이에 1870년에는 한인의 보호를 위해 평안북도 강계부사(江界府使)가 왕명을 기다리지 않고 대안을 28개면으로 구획하여 강계(江界)·초산(楚山)·자성(慈城)·후창(厚昌)의 4개군에 편입시키고 관할케 하였다.[7]

이 28개 한인촌(Corean Valley)을 1884년에 답사한 로스와 웹스터는 그 주민이 약 3만명이라고 보고하는데,[8] 4개군의 군수는 다투어 대안 한인의 관

---

4) 고승제, 〈만주 농업이민의 사회사적 분석〉, 《白山學報》 제10호, 1971. 6, pp.173~175.

5) 朝鮮總督府, 〈國境地方視察復命書〉, 1915;《白山學報》 제11호, 1971.12, p.197. 1880년대 만주 거주 중국인의 대부분은 산동반도에서 이주해 온 자들로, 이들은 芝罘 등지에서 외국인들을 이미 보았고 기독교가 낯선 것이 아니었다. 그래서 예배당에 쉽게 왔고, 만주 선교를 용이하게 하는 한 요인이 되었다[J. Webster, "Journey to the Corean Valleys," *United Presbyterian Missionary Record*(이하 *UPMR*로 약칭함), 1885. 10. 1, p.322].

6) 朝鮮總督府, 위의 글, p.196.

7) 위의 글, p.197.

8) 露國大藏省 편, 《滿洲通志》, 中野二郎·縣文夫 역, 1906, p.241(고승제, 앞의 글,

할을 확장하려고 그 관할면을 폐합·증감하였다. 고종 26년(1889) 당시 한인촌의 행정구역은 다음 표 1과 같이 24개면으로 편성되어 있었다.[9]

표 1. 압록강대안 한인촌의 행정구역 명칭(1889)

관 할 郡	소 속 面 명칭
江界郡	新兵堡(興京), 大荒(大荒溝), 小篁(通溝) 八道江(八道江), 九龍(痲泉溝), 泰平(大平溝) 楡樹(楡樹林子), 新上(大淸溝門子), 新下(冷水泉河) 福江(江甸子), 芦靑(拉占河)
慈城郡	帽兒山(帽兒山), 流靑(七十二道河子) 葦沙(葦沙河), 詳和(三道溝)
楚山郡	雲上(外岔河下流), 雲下(外岔河上流) 連上(二服流), 連下(双岔河), 橫道(橫道川) 邱山(馬鹿淘門), 中島(冷水泉子)
碧潼郡	水上, 水下

(　) 안의 명칭은 淸國의 명칭임

광무 원년(1897)에는 서상무(徐相懋)가 서변계관리사(西邊界管理司)에 임명되어 대안 일대의 한인을 보호하였는데, 당시 거주자는 약 3만 7천명이었다고 한다.[10] 이 인구수는 이 무렵 한국에서 내각보좌관으로 있었던 쓰네야(恒屋盛服)의 보고와 일치한다. 그는 만여 호로 구성된 요동 한인부락이 압록강대안에 형성되어 한국 고유의 언어와 풍속을 유지하면서 부락자치제를 이루고 있다고 기록하고 있다.[11] 그러나 통감부는 융희 원년(1907)에 간도문제를 해결하면서 대안의 이 한인촌면 관리를 폐지했고, 이로써 한인부락은 완전히 중국영토에 귀속되었다.

그런데 이보다 앞서 1880년대초까지 압록강 대안은 실제적으로 중립지역(Neutral Territory)으로 존재했고,[12] 이것이 한인들의 자유로운 이주를 가능케 하였다. 청국의 경계인 장책과 조선의 국경인 압록강 사이의 지역은 어

p.175에서 재인용).

9) 朝鮮總督府, 앞의 글, p.197.

10) 위의 글.

11) 恒屋盛服, 《朝鮮開化史》, 1901, p.136(고승제, 앞의 글, p.176에서 재인용).

12) J. Ross, "Corean Version of the New Testament : How I came to make it, Part I," *United Presbyterian Magazine*, 1883. 4. 9, p.167. 로스가 1883년 고려문을 두번째 방문할 때 이용한 지도에는 장책과 압록강 사이가 'Neutral Territory'로 표시되어 있었다.

느 나라에도 속하지 않은 채로 있었고, 양국의 행정력이 제대로 미치지 않는 반자치지역이었다.

이주 한인들은 거의 농민들이었는데, 이들에 의해 비옥한 서간도가 개간되고, 조선의 전통 수리법에 의해 만주의 미작농업이 개척되었다. 그러나 그 생활수준은 높지 못했다.

> 그들이 경작하는 좁은 땅은 중국인들로부터 빌린 것으로, 여기에 세금까지 부과되어 높은 소작료를 물어야 했으므로, 열심히 일해야만 겨우 손해를 안볼 수 있었다. 하지만 우리는 전혀 불평을 듣지 못했다. 이웃에 사는 만주인들의 말로는 한국인들이 본국에서 가혹한 관리들에 의해 늘 가렴주구를 당했다는 것이다.[13)]

한편 생활고를 해결하기 위해 이주한 자들과는 달리 일부 이주자는 영리를 목적으로 한인촌에 왔다. 이들은 한국에서 생활이 가능했으나 좀더 여유 있는 대안에서 사업경영을 하기 위해 자금을 가지고 도래하였다. 극히 일부이지만 정치적 동기로 온 자도 있었는데, 뒤에서 살펴보겠지만 임오군란(壬午軍亂;1881) 후 변방에 좌천된 군인들의 집단적인 망명이주가 그 예이다.

주민들 가운데는 행상이나 밀무역에 종사하는 자도 있었다. 당시 고려문에서 이루어진 관무역인 책문후시(柵門後市) 외에 국경에서의 암거래도 성행하였는데, 금·납·문종이·소가죽·가발·고려홍삼 등이 수출되고, 영국 맨체스터산 면제품·차·설탕·사치품 등이 조선으로 수입되었다. 의주 상인을 비롯하여 일부 한인촌의 행상들은 홍삼이나 약 등을 판매하였다. 1881년 한해 동안 매킨타이어(J. Macintyre;馬勤泰) 선교사가 거주하고 있던 영구(營口)항에 900명의 한국인 상인들이 들른 것만 보아도[14)] 당시의 활발한 국경무역을 짐작해 볼 수 있다.

그러나 청이 영토관리와 국경확장에 뒤늦게 관심을 가지게 되면서 1883년 간도개간을 명목으로 이 중립지역에서 조선인 철수를 요구했고, 책문후시를

---

13) J. Webster, op. cit., *UPMR* 1885. 10., p. 325 ; "Mr. MacIntyre's Work," *UPMR*, 1883. 1. 1, p. 220. 영구항의 세관장 영국인 헌터(Hunter;河文德)의 조선어학교 교사 李益世의 통계이다.

14) 中江開市는 압록강의 蘭子島를 중심으로 인조 때부터 교역되던 春秋定期 官貿易인데, 중간에 폐지되었다가 1883년 2월 중강통상장정의 체결과 10월의 비준으로 재개되었다.

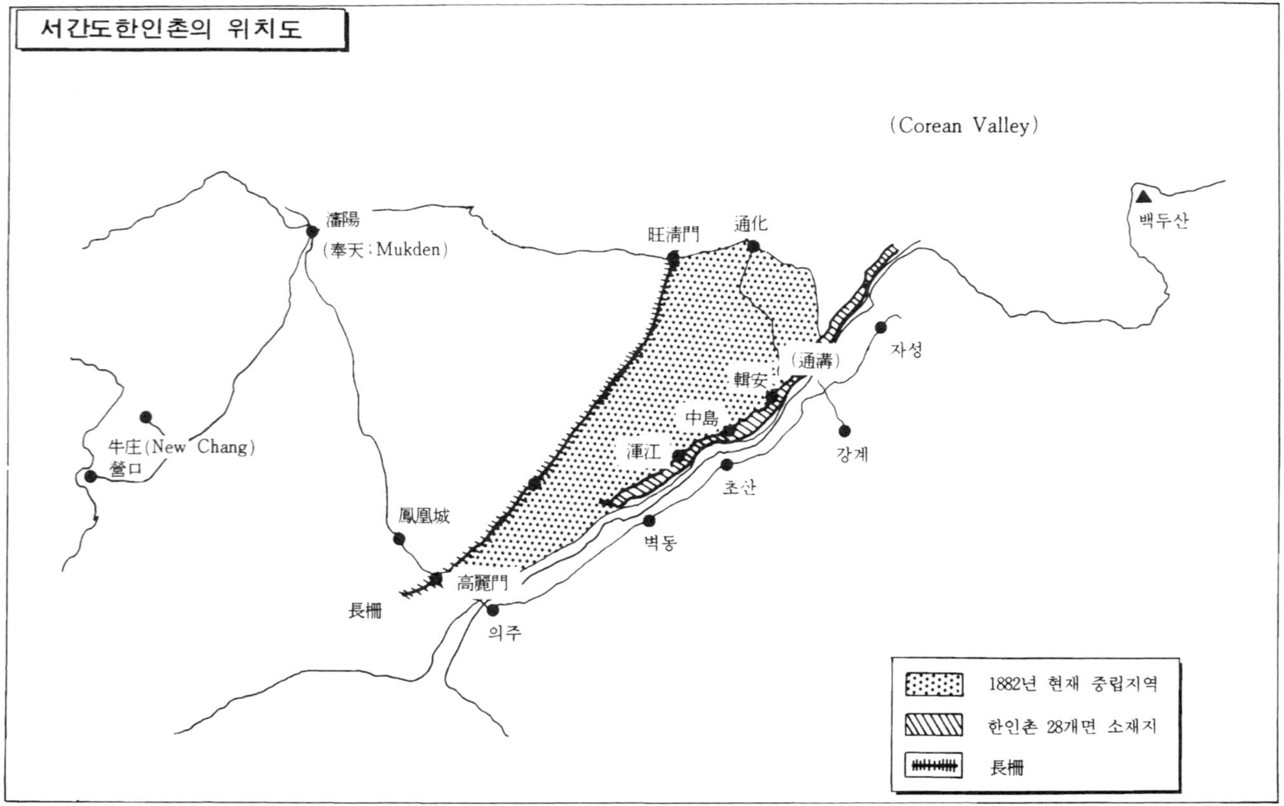
서간도한인촌의 위치도
(Corean Valley)
백두산
瀋陽
(奉天 : Mukden)
旺清門
通化
(通溝)
輯安
中島
渾江
자성
강계
초산
벽동
의주
牛庄(New Chang)
營口
鳳凰城
高麗門
長柵
1882년 현재 중립지역
한인촌 28개면 소재지
長柵

중강개시(中江開市)로 옮기는 '중강통상장정'(中江通商章程)을 체결함으로써 사실상 '중립지역'을 백지화시켰다. 이해에 맺어진 한중수륙무역통상장정(韓中水陸貿易通商章程)과 함께 이 '중강통상장정'은 조선의 변방정책 폐기를 의미하는 동시에, 중국의 국경이 압록강까지 확대되는 첫 단계가 되었다.

Ⅲ. 로스의 한국 선교준비

한인촌 선교의 배경이 되는 로스의 고려문 방문과 성경번역, 그리고 의주 청년들의 개종을 먼저 간단히 살펴보자.

스코틀랜드 연합장로교 선교부는 1872년 10월 로스를 만주의 개항장인 영구(營口)로 파송했다. 그가 한국 선교에 관심을 갖게 된 것은 스코틀랜드 성서공회(NBSS) 중국지부 총무 윌리암슨(A. Williamson)으로부터 토머스(R. J. Thomas) 목사의 평양순교와 고려문에 관한 이야기를 듣고 나서였다.

로스는 1874년 10월 9일 영구를 출발하여 첫번째 고려문 방문에 나섰다.[15] 그는 고려문에서 한국 상인들을 만나 한문성경을 팔며 전도를 시도했으나 실패하였다. 그들은 복음보다는 영국산 '양목'에만 관심을 표할 뿐이었다. 그러나 여관에 있는 로스에게 50대의 상인 한명이 찾아왔다. 로스는 그와의 대화를 통해 대원군의 쇄국정책 등 한국정세에 관한 정보와 한국어의 발음을 배웠으며, 그 상인에게 〈신약전서〉(新約全書)와 〈훈아진언〉(訓兒眞言)을 건네주었다.[16] 로스는 고려문의 이용가치만을 확인한 채 1차 여행을 마치고 돌아왔다. 그러나 로스에게서 성경과 전도문서를 받아간 그 상인은 그 책들을 자신의 아들과 그 친구들에게 주어 읽게 하였는데, 이들이 뒷날 한국 개신교 최초의 수세자들이 되었다. 그 상인은 바로 백홍준(白鴻俊)의 부친이었다.[17]

---

15) J. Ross, "Visit to the Corean Gate," pp. 471~472. 고려문은 음력 3~6월, 8월(3주간), 9~10월(6주간), 12월 등에만 개방되었다.

16) Ibid. 및 "Mr. MacIntyre's Work," pp. 278~279.

17) C. Robson, "The Korean Mission of the Presbyterian Church (North) of the United States of America," *UPMR*, 1892. 10. 1, p. 345.

로스의 두번째 방문은 1876년 3월에 체결된 강화도조약이 자극이 되어 4월말에 이루어졌다. 이때 로스는 선교거점을 심양(奉天)으로 옮겨와 있었다. 로스는 이 여행에서 한국어 어학선생을 얻고자 여러 차례 시도한 끝에 의주 상인 이응찬(李應贊)을 만날 수 있었다.[18] 로스는 이미 '흑암에 사는 1200만의 영혼'을 위해 한글성경을 번역해야 한다는 강렬한 사명감에 불타고 있었으며, 선교의 문이 열릴 때를 바라보고 있었다.

로스는 곧 봉천으로 돌아와 한국어 공부를 시작했고, 이응찬의 도움을 받아 이듬해인 1877년 미래의 한국 선교사를 위한 한국어 교재 *Corean Primer*를 발간하였다.

이어서 한글성경 번역에 착수하여, 1878년 봄까지 이응찬과 한두 명의 한국인의 도움으로 〈요한복음〉과 〈마가복음〉이 초역되었다. 이 무렵 영구의 매킨타이어로부터 전도를 받은 서상륜(徐相崙)이 이응찬을 이어 〈누가복음〉을 번역하였다. 이때 로스는 소수 식자층이 사용하는 한문이 아닌 민중의 문자인 한글의 용이성과 정확성을 주목하고 순한글로 성경을 번역하였다.

그런데 1879년 로스가 안식년 휴가를 준비하던 1월부터 4월까지 영구의 매킨타이어를 찾아온 의주 청년 2명이 세례를 받는 '사건'이 일어났다. 이들은 백홍준의 부친이 로스로부터 받은 한문성경과 소책자를 읽어온 자들로 생명을 걸고 신앙을 고백하였다.

첫 수세자의 이름은 알 수 없으나, 그는 중국 교회에 출석하면서 매킨타이어의 번역을 계속 도왔고, 두번째 수세자인 백홍준은 몇 개월간 번역을 도운 후 곧바로 의주로 가서 전도활동을 벌였다. 그는 뒷날 투옥의 핍박에도 굴하지 않고 전도인의 삶을 살아 의주교회의 초석이 되었다.[19]

두 사람의 수세에 용기를 얻어 7월경에 이응찬이 매킨타이어에게서 세례를 받았고, 그를 따라 영구에 온 한의사요 이응찬의 친척인 청년은 번역일을 돕다가 12월경에 세례를 받은 후 의주로 돌아갔다. 이로써 1880년초에

---

18) J. Ross, "Corean Version of the New Testament : How I came to make it," pp. 206~208.

19) 상세한 수세과정에 대해서는, 한국기독교사연구회, 《한국기독교의 역사 I》, 기독교문사, 1989, pp. 144~145를 참고. 백홍준에 대해서는, 이덕주, 〈백홍준〉, 《韓國基督教史研究》 제 19 호, 1988. 4를 참조.

영구와 의주에 각각 2명의 수세자가 있게 되었다.

이렇게 한국 개신교 최초의 수세 소식을 영국에서 접한 로스는 다음과 같이 감격적으로 말하였다.

> 매킨타이어는 또한 4명의 학식있는 한국인들에게 세례를 주었다. 이들은 앞으로 있게 될 놀라운 수확의 첫 열매들이라고 확신한다.……이들 외에도 기독교의 본질과 교리를 탐구하는 11명의 다른 사람들이 있고, 현재 동일한 수의 사람들이 한국 민족을 위해 성경과 기독교문학을 준비하는 우리의 문서사업을 위해 7, 8일이 걸리는 우리 선교본부까지 기꺼이 올 것으로 기대된다. 그러므로 바로 여기에 기독교회를 향해 열려 있는 새 민족, 새 나라, 새 언어가 있는 것이다.[20]

이같은 서북 청년들의 주체적이고 능동적인 기독교 수용태도는 다음의 백홍준의 예에서처럼 한·중 국경지역에서 이후 10여 년간 계속되었다. 이들로 인해 한글성경 번역이 촉진되었고, 쇄국의 담을 넘어 '인쇄된 하나님의 말씀'이 의주 일대와 평양·소래·서울 등지로 확산되었던 것이다.

1880년 의주에 있던 2명의 수세자와 구도자 10여 명의 요청으로 매킨타이어는 과학서적들과 한문성경 한 상자를 보냈으나, 국경 검문소에서 짐이 압수되고 편지가 발각되면서 의주의 백홍준은 3개월간 투옥되었다. 천주교인이 아니라서 풀려난 그는 보석금으로 인해 대부분의 재산을 잃었음에도 불구하고 "자신을 위해 돌아가신 주님을 위해 받는 핍박을 즐거워한다"고 고백하였다.[21] 백홍준에게서 보이는 신앙의 열기는 1880년 한해 동안 30여 명이,[22] 이듬해에는 100여 명의 한국인들이 매킨타이어를 찾아가 성교공부반에 참석하여 며칠에서 일주일간 머물다가 돌아오는 것으로 발전하였다.

한편, 로스의 안식년 기간이었던 1879년 4월부터 1881년 5월까지 2년 동안 성경번역은 이응찬, 최성균(崔成均) 등 한국인들의 적극 참여와 매킨타이어의 노력으로 활발히 진행되었다. 그들은 신약의 초역, 어휘집의 작성, 언해

---

20) J. Ross, "Manchuria Mission," *UPMR*, 1880. 10. 1, pp. 333~334.

21) J. MacIntyre, "Newchwang," *UPMR*, 1881. 7. 1, p. 271. 및 "Mr. MacIntyre's Work," *UPMR*, 1883. 1. 1, p. 220.

22) J. MacIntyre, "Newchwang," pp. 270~271. "……나는 최근에 한국인 번역자의 방에서 한국인들을 위한 저녁집회를 조직하였는데, 최소한 8명이 참석하고 있다.…1880년 10월까지 1년간 30여 명의 한국인들이 가르침을 받았다.……전혀 상업적인 동기는 없었다."

본과의 비교·검토, 《한불자전》(韓佛字典)을 통한 의주방언의 한계성 인식, 한국 상인들을 상대로 번역원고를 직접 시험하면서 대중에게 적합한 문체의 조절 등 많은 진전이 있었다.[23)]

스코틀랜드성서공회로부터 한글성경 출판 지원을 약속받은 로스는 1881년 6월 봉천으로 돌아와 번역을 본격화하고, 인쇄시설을 준비하였다.

로스가 채택한 번역원칙은 본문의 뜻과 일치하면서 한국어 어법에 맞는 절대직역을 하는 것이었고, 영어본보다는 그리스어 신약 개역본을 기준으로 하였다. 번역방법은 서울의 관리 출신 학자가 한문 〈문리신약전서〉(文理新約全書)에서 1차번역을 하면, 로스와 이응찬이 그리스어 성경을 참고하여 2차번역을 하고, 이것을 제1번역인이 정서해 주면, 다시 로스·이응찬이 재수정하고, 로스가 원문과 성구사전, 주석 등을 대조·참고하면서 어휘를 통일하는 과정을 채택하였다. 번역의 진행은 1883년에 사도행전까지 최종역을 만들었고, 1884년부터 서신서 번역이 본격화되어 1886년 가을에는 신약전서가 완료되었다.

"한국인 학자가 1명이라도 없었다면 나는 속수무책이었을 것이다"라는[24)] 로스의 말대로 1882년 초기 번역에서는 한국인 번역자들에 의해 거의 모든 번역이 이루어졌다. 1883년 9월 이응찬이 사망할 때까지는 주로 의주상인들에 의해 번역이 이루어졌으나, 1882년초부터 의주방언의 한계를 극복하기 위해 서울 출신의 학자나 관리, 한인촌 출신의 학자들이 번역에 다수 참가하였으며, 이후 어학에 능한 로스의 한국어 실력도 상당한 수준에 이르렀을 것으로 보여 로스의 수정·번역량도 점차 늘어났을 것이다.[25)]

한글성경의 출판은 1881년 7월에 요코하마에서 주조된 음절별 활자 3만 5,563개가 도착하고, 인쇄기가 구입되면서 그 준비가 시작되었다. 기독교인이라는 이유로 일반 인쇄소에서 해고된 두 명의 중국인이 인쇄공으로 채용되고, 이어서 한인촌의 집안(輯安, 集安) 출신, 매약행상인 김청송(金靑松)이 식자공으로 고용되었다. 그리하여 1881년 9월부터 '심양문광서원'(瀋陽文光

---

23) Ibid., p.271.
24) J. Ross, "The Corean Work," *UPMR*, 1882. 7. 1, p.244.
25) 로스는 1882년에 1877년의 *Corean Primer*(89면)를 증보하여 *Corean Speech with Grammer and Vocabulary*(101면)를 낼 만큼 한국어 실력이 향상되어 있었다.

書院)은 인쇄에 들어갈 수 있었다. 성경인쇄 전에 소책자로 시험 인쇄가 있었는데, '한글로 인쇄된 최초의 기독교 문서'라고 할 〈예수셩교문답〉과 〈예수셩교요령〉이 10월초에 각각 수천부씩 간행되었다.[26]

성경인쇄는 1881년말에 시작되었다. 1882년 3월에 〈예수셩교누가복음젼셔〉가, 5월에는 〈예수셩교요안ㅣ복음젼셔〉가 각각 3천부씩 발간되었다. 이것이 한국 개신교 최초의 성경이었다.

1883년부터 한글성경 사업은 영국성서공회(BFBS)의 도움을 받게 되었는데,[27] 이해 10월에는 〈예수셩교셩셔 누가복음 뎨자힝젹〉과 〈예수셩교셩셔 요안ㅣ복음〉이 간행되었다. 매킨타이어가 준비한 원고로 발간한 앞서의 두 복음서를 수정하여 낸 것으로 각 3천부가 찍혔다.

1884년에는 〈예수셩교셩서 맛ㅌ복음〉과 〈예수셩교셩셔 말코복음〉 각 5천부, 1885년에는 〈예수셩교 요안ㅣ복음 이비쇼셔신〉 1만부가 발간되었다. 그만큼 수요가 늘어난 것은 서북지방과 한인촌의 기독교인의 성장을 반영하는 것으로 생각된다. 이렇게 단편이나 합본 등의 형태로 나오다가 '예수강셰일쳔팔빅팔십칠년'에 드디어 한글 최초의 신약전서인 〈예수셩교젼셔〉가 출간되었다.[28] 이미 '예수셩교본'(로스본)은 수만 권이 반포되어 복음을 듣지 못하던 한국인들의 영혼에 복음의 '글빛'(文光)이 되었고 따라서 로스가 믿고 바랐던 '풍성한 수확'이 곳곳에서 이루어지게 되었다.

Ⅳ. 서간도 한인촌의 전도

1. 김청송의 권서활동

1881년 여름 로스는 한글성경 인쇄를 위해 연활자와 인쇄기를 준비하고 중국인 인쇄공을 채용하였다. 그러나 문제는 한글을 아는 식자공이 필요하였다.

---

26) 〈예수셩교문답〉(4면)은 성경 교리를 요약한 것이고, 매킨타이어가 준비한 〈예수셩교요령〉(2면)은 누가복음 서문격으로 사용될 신약의 요약문이었다.

27) *BFBS Annual Report for* 1888, p. 287.

28) 그 뒤에도 수정본이 나왔는데, '예수셩교본'(로스본)의 최종 발간은 1891년 〈예수셩교셩셔 맛ㄷ복음〉(5천부)이었다.

> 그때 당시는 한국인을 찾아보기 힘든 때였고, 더욱이 고용한다는 것은 어려운 일이었다. 그러나 또 한번 섭리적인 사건(a providential accident)을 통해 도움이 왔다. 한국산 약품은 중국인들 사이에 대단한 인기가 있어서, 말주변이 좋은 약장수는 금방 돈을 벌었다. 하지만 말이 어눌해서 겨우 매일매일 입에 풀칠이나 할 정도로 '금환', '은환'을 파는 자가 나타났다. 약을 다 팔고 나자 그는 돈이 떨어졌고, 여관비가 없었다. 집까지 간다는 것은 더 불가능하였다. 그는 선교사 집에 거지로 찾아왔고, 기쁘게 일을 맡았다. 다른 사람이 있었다면 이 사람은 고용되지 못했을 것이다. 그렇게 가망없는 자는 본 적이 없다. 눈은 침침했고, 손재주가 없는 데다가, 걸음은 굼뜨고, 이해력은 느렸다. 어떤 과정을 이해시키려면 보통 사람보다 네 배나 더 설명을 해주어야 했다. 그래서 두 인쇄공이 3천부를 찍어내는 동안 (겨우) 4면을 조판할 정도여서 일이 되질 않았다. 그러나 비록 느렸지만 그는 신실했고 주어진 일이라면 만족하게 해냈다. 식자를 할 때 그는 원고를 자세히 음미하지 않을 수 없었다. 그는 관심을 가지고 잘 훈련된 기독교인인 인쇄공들에게 엉터리 중국어로나마 이런저런 용어와 내용을 묻기 시작했다. 누가복음이 발간될 무렵 그는 세례요청자가 되었다. 내가 너무나 놀란 것은 그가 기독교 진리를 잘 알고 있다는 것이었고, 얼마 안 있어 그는 세례를 받았다.[29]

식자과정에서 김청송은 마음판에 복음을 새겼고, 1882년 3월경에 한국개신교의 다섯번째 수세자가 되었다.[30]

그런데 이보다 앞서 1882년초에 동지사 수행원 가운데 청년 한 명이[31] 식자공으로 고용되었다. 그는 김청송과 정반대로 민첩하고 손재간이 좋은 사람이었다.

이에 로스는 행상으로 이골이 난 김청송을 '최초로 완성된 복음서를 가진 전도자'[32] 겸 권서로 삼아 한글성경의 반포가 가능한 서간도 한인촌지역에

---

29) J. Ross, "The Christian Dawn in Korea," *The Missionary Review of the Wold*, 1890. 4., p. 243.

30) 김양선, 〈Ross Version과 韓國 Protestantism〉, p. 426에는 김청송을 여섯번째로, 서상륜을 다섯번째 수세자(수세년 1879년)로 지목하였으나, 서상륜은 1882년 4월에 세례를 받았다(이만열, 〈徐相崙의 행적에 관한 몇가지 문제〉, p. 8).

31) 이 청년의 이름은 류춘천(Lieu Chun-tien)이다. 1883년 5월 모친 위독으로 고향인 평양에 갈 때 로스는 그를 서상륜에 이어 두번째 국내 권서인으로 파견하였다. 류춘천은 토머스 목사에 이어 평양에 성경을 반포한 두번째 전도자로, 1888년까지 서북지방 권서로 활동하였다(1883. 11일자 Ross가 Dr. Wright에게 보낸 편지 및 *BFBS Annual Report for* 1884, p. 250).

32) 1882. 12. 10일자 Ross가 W. J. Slowan에게 보낸 편지.

파송하였다. 김청송은 자신의 고향이자 고구려의 고도 국내성(國內城;通溝)이었던 집안을 중심으로 28개 한인부락을 돌며 수백 권의 〈누가복음〉과 〈예수셩교문답〉 및 〈예수셩교요령〉을 반포하였다. 주민들은 깊은 관심을 표하며 책들을 읽었고, 6개월간의 권서활동 결과 한인촌에는 세례를 희망하는 자까지 생겼다. 김청송은 이를 로스에게 보고하였으나, 로스는 믿지 않았다. 그러나 성경과 소책자를 다시 들고 다른 한인촌에 간 김청송은 6개월 후 동일한 이야기를 로스에게 보고하였다.[33] 벌써 1882년에 한인촌에는 수백 권의 〈누가복음〉·〈요한복음〉, 그리고 전도소책자들이 읽혔고, 다수의 개종자와 세례요청자들이 존재하게 되었던 것이다.

2. 임오군란 후 좌천·망명한 군인의 수세와 전도

1881년 경상도 유생 이만손(李晩孫) 등은 기독교 도입과 《조선책략》(朝鮮策略)을 공박하는 〈만인소〉(萬人疏)를 올렸다. 그리고 이듬해 7월에는 무위영(武衛營) 군인들이 폭동을 일으킨 임오군란이 발생했으며, 이어서 대원군(大院君)이 청의 천진으로 납치되었다. 얼마 후 만인소를 올렸던 보수 척사위정파들은 대원군이 청에 감금되었음에도 불구하고 이를 묵인하는 왕에게 상소를 올렸고, 이 상소에 서명한 자들은 대부분 개화파에 의해 사형되거나 투옥, 변방으로 유배되었다. 유배된 군인들의 경우 일부는 다시 현지에서 처형되었다고 한다.

> 주모자 중의 한사람으로 양반이요 최고의 문학적 교육을 받은 자는 조상의 음덕으로 사형을 모면했다. 그러나 여러 달 한직생활이 계속되자 불안을 느꼈고, 기회를 틈타 국경을 넘어 중국 영토인 한인촌으로 갔다. 그는 나의 권서〔김청송〕가 책을 팔 때 그곳에 있었는데, 그 책들의 내용에 관심을 갖게 되었고, 더 배우고 싶어서 이 도시〔심양〕로 걸어왔는데, 여행비는 내 권서가 지불했다. 이곳에서 그는 곧 내가 가지고 있는 모든 한문 기독교서적들을 탐독했다. 그는 한글보다 한문에 더 능숙했는데, 놀랍게도 그는 한글은 읽기조차 싫어했다. 그는 마음이 매우 상해서 왔기 때문에 눈이 상하는 것은 문제가 아니었다. 그는 얼마 되지 않아 그의 마음이 유일한 구세주를 통해 참 하나님 안에서 안식을 발견했다고 선언했다. 비록 그는 내가 영어를 읽듯이 한문을 읽고 쓸 줄

33) J. Ross, "The Christian Dawn in Korea," pp. 243~244. 및 J. Orr, "The Gospel in Corea," *UPMR*, 1890. 6. 2.

> 알지만, 중국어는 한마디도 못했다. 그는 두 달쯤 이곳에 있다가 세례를 받았다. 그의 기독교 지식이 정확한 것에 만족한 나는 그를 한인촌으로 가서 이곳에서 배운 복음을 전하도록 허락했다. 그의 고향에는 재산과 30명의 종이 있는 것 같았다. 재산은 팔 수 없지만, 그는 그의 가족과 식솔들을 한인촌으로 데려오고 싶어했다. 이들이 그에게 집을 한 채 지어 줄 수 있을 것이고, 그러면 자비로 복음을 전하려는 자신의 소망을 실현할 수 있으리라고 말하면서, 그는 내게 가끔 세례요청자들을 문답하고, 그들을 기독교회로 입교시키기 위해 방문해주기를 요청하였다.[34]

1882년말 국경으로 유배되었다가 한인촌으로 피신한 일단의 군인들 가운데 가장 연장자인[35] 이 사람은 한인촌에서 김청송으로부터 받은 전도문서와 복음서를 읽고, 한인촌 사람들이 '하나님'을 예배하는 것을 본 뒤, 더 많은 것을 배우고자 심양의 로스를 찾아갔고, 2개월간 성경번역을 도우면서 다수의 한문 기독교서적을 독파한 후 세례를 받고, 다시 한인촌으로 돌아와 전도하였다. 1883년 가을의 일이었다.

이 인물이 누구인지 현재로서는 알 수 없으나, 현재 찾고 있는 국내자료에서 발견되면 보충해서 새롭게 소개될 것으로 믿는다.

한편 한인촌은 아니지만, 국경으로 유배된 보수파의 한 사람은 두만강을 건너 러시아령으로 피신했다가, 심양의 한 덕있는 영국인이 한국인들을 맞아 기독교를 가르쳐준다는 소식을 듣고 1884년 가을에 로스를 찾아오기도 했다. 그의 한문실력이 로스의 성경번역을 도왔음은 물론이다.[36]

3. 한인촌 학자의 전도

1883년 9월에 로스를 오랫동안 도와온 수석 번역조사인 이응찬이 사망하였다.[37] 이어서 중국어와 한문에 능한 한 조력자가 나타났다.

> 그러나 나의 수석 조사가 사망한 후 번역일에 큰 도움이 되어준 다른 사람이 있다. 이 사람은 만 2년 전에 처음으로 발간된 누가복음과 요한복음을 받았고,

---

34) J. Ross, "Corean Converts," *The Missionary Review*, 1891. 12., p. 208.
35) J. Ross, "The Christian Dawn in Korea," p. 245. 선교사측 문헌에 나타나는 이 사람에 대하여 필자는 현재 한국측 문헌을 통해 확인중이다.
36) J. Ross, "Corean Converts," op. cit., p. 209.
37) Ibid. 및 1883년 9월 29일자 Ross가 Dr. Wright에게 보낸 편지.

> 얼마 전에 이곳에 왔는데, 기독교를 배우기 위해서가 아니라, 세례를 받기 위해서였다. 기독교의 근본들에 대한 그의 지식은 완벽하게 정확했고, 한달간의 시험 후에 세례를 받았다. 이 사람 역시 처음부터 그 한인촌에 전도하러 가기를 몹시 바랬다. 그는 그곳에 있는 동료들이 본국에서 받는 사회적 정치적 방해들로부터 자유롭기 때문에 복음을 가장 손쉽게 수용할 것이라는 자신의 믿음을 피력했다. 수만 명의 이주자들이 사는 그곳에 학교는 물론 학자, 곧 한문에 능한 자는 한 명도 없는 듯했다. 이 사람은 중국어를 모국어처럼 유창하게 말하고, 한글 쓰듯이 한문도 척척 쓴다.[38)]

1882년 김청송으로부터 전도를 받은 한인촌의 이 학자는 1884년 가을에 심양의 로스를 찾아가 한달 만에 세례를 받았다. 그는 앞의 양반처럼 한인촌에 돌아가 동포들에게 복음을 가르치기를 심히 원했고, 학교를 세울 생각도 가졌던 것 같다.

사실 1885년에는 한인계곡에 학교가 설립되어 스코틀랜드연합장로교회 선교부에서 10파운드를 지원했는데,[39)] 이 학자의 전도와 교육열의 결과로 짐작된다. 한국 기독교 초기의 전도와 교육의 만남의 전통이 벌써 이때부터 시발되고 있었음을 확인할 수 있다.

V. 한인촌 기독교공동체의 형성과 발전

1. 75명 수세와 가정교회들의 성립

1882년과 1883년 각 6개월씩 한인촌에서 전도한 후 수많은 개종자와 세례요청자가 발생했다는 김청송의 보고에 대해 로스는 수세요청자까지 있다는 것은 자신을 기쁘게 하기 위한 말이라고 관심을 기울이지 않았으나, 임오군란 후 피신해 온 양반 출신 무관과 한인촌 학자의 세례사건과 그들의 전도열, 그리고 많은 신자들이 세례받기를 희망하고 찾아온다는 사실 앞에 자극과 충격을 받지 않을 수 없었다.

그래서 한인촌 출신 학자에게 세례를 준 1884년 11월 중순 로스는 동료 선교사인 웹스터(J. Webster)를 동반하고 한인촌 방문에 나섰다. 두 사람은

38) J. Ross, "Corean Converts," Op. cit., p.209.
39) *UPMR*, 1886. 4. 1, p.132.

혹한 속에서 600마일의 긴 여행 끝에 묘이산(猫耳山;Cat's Ear Hill)에서 시작되는 한인촌에 도착했다.

> ……영하 20도의 추위는 우리를 몹시 괴롭혔다. 황혼에 우리는 첫 한인촌에 도착하였는데, 약 30명의 흰 두루마기를 입은 한국인들이 우리를 반갑게 맞아주었다. 우리는 마을의 유지 집에 유숙하였다. 그 집은 오두막집에 불과하였으나 모든 좋은 것들, 돼지고기·쌀밥·닭고기·감자와 벌꿀 등으로 대접하였다. 그들의 호의와 친절은 말로 다할 수 없었다. 이 온순한 농민들은 지난 20년간 이 골짜기를 개간하고 농사를 지어왔다. 그들의 유일한 염원은 그저 하루하루 탈없이 살아가는 것이었다. 그런데 2년 전에 그들의 생에 큰 변화가 일어났다. 그것은 그리스도의 복음이 이 계곡에 들어온 것이었다. 그리하여 수백 명의 한국인들이 구원의 길을 찾아 날마다 즐거운 생활을 보내고 있다. 이 운동의 유래와 과정, 그리고 그 결과는 하나같이 놀라운 것이다. 한 명의 선교사도 찾아온 일이 없는 이곳에, 다만 심양에 와서 진리의 영향을 받았던 몇 사람의 개인적인 증거와 함께, 로스에 의해 준비하고 보내진 복음서와 소책자들이 이 놀라운 결과를 일으킨 도구들이었다. 이들 계곡에서 본 일은 우리를 겸손케 하였다. 한 계곡에서 다른 계곡으로 가면서 매일 우리는, 어제는 이교의 암흑 속에 살았으나 지금은 예수 안에서 죄사함을 받고 하나님과 세상이 화목하게 되었다는 지식으로 인해 기뻐하는 자들을 만났기 때문이다. 우리는 다만 '가만히 서서 하나님의 구원을 바라볼' 수밖에 없었다. 모두 4계곡에서 75명의 영혼이 세례를 받고 교회 안으로 들어왔다. 수년 후에 이 기초가 자라서 계곡들의 기독교회가 되고, 그들의 고국에 복음을 전해 주며, 한국의 전 북부지방에 퍼지는 기독교 진리의 누룩이 될 것을 희망한다. 우리는 그들을 하나님과 그의 은혜의 말씀에 맡기고 돌아왔다.[40]

웹스터의 기록에 따르면 1884년 12월 6일 오후에 세례문답을 거쳐 20명이 세례를 받았고, 저녁에는 5마일 떨어진 마을에서 온 10명이 세례를 받았는데, 이중에 6명은 묘이산에서 온 자들이었다. 12월 7일에는 얼어붙은 압록강 위를 걸어 10마일 떨어진 마을에서 25명이 세례를 받았는데, 일부 신자들은 세례문답을 두려워했고, 외국인에게 은신처를 제공하는 자들에게 협박하는 중국인들을 두려워하기도 했으나, 이 마을 신자들은 스스로 예배당을 건축하려고 터까지 마련해 놓고 있었다. 세번째 마을에서는 12월 10일, 10명이 문답을 거쳐 세례를 받았는데, 다른 마을과 마찬가지로 한 명의 영적

---

40) "A Bright Light in Northern Korea," *Foreign Missionary*, 1886. 9., pp. 151~152.

인 지도자가 있었고, 교인들에 의해 장로가 세워져 있었다. 12월 12일 네번째 마을에서도 10명이 세례를 받았는데, 그중 1명은 학교 교사였다.[41]

로스의 글에 의하면 첫 계곡에서 환영한 자들은 김청송의 친구들과 피신한 보수파 군인들이었다. 이미 세례를 받은 최연장자의 가르침을 받아오다가 6명의 망명군인들이 모두 이때 세례를 받았다.[42] 75명의 수세자의 연령은 16세부터 72세까지로 대부분 한 가정의 가장들이었다. "그들의 부인과 아이들도 신자라고 했으나, 젊은 사람들은 받아들일 수 없다고 생각했으며, 여자들은 사회적인 이유 때문에 남자들이 만나는 곳에 나타날 수 없다는 것이었다."[43] 수세자들은 엄격히 선별되었고, 더 많은 수의 문답자들이 다음 기회로 연기되었으며 문답을 거치지 않은 훨씬 더 많은 수의 수세 희망자가 28개 마을에 산재해 있었다. 로스는 "이러한 결과를 보니 몇 권의 책을 번역하는 것이 얼마나 가치있는 일인가!"[44]라고 감사했고, 웹스터는,

> 그들의 동기와 정신, 이해, 모든 것이 사람의 일을 넘어서는 어떤 것임을 알 수 있다. 나는 이 계곡들에서 일을 시작하신 분이 하나님이라고 믿어 의심치 않는데, 바로 이것이 '한국을 어떻게 복음화할 것인가'라는 문제를 해결해 줄 것이라고 확신한다.[45]

고 고백하였다.

2. 핍박 속의 성장과 흩어짐

수많은 세례요청자들을 본 로스는 이듬해 1885년 초여름 두번째 한인촌 방문에 나섰다.

> 이듬해 초여름 우리는 계곡들을 재방문했다. 그러나 비록 우리를 기다리던 안내인들이 다른 계곡으로 인도했지만, 사태가 그렇게 된 데에는 우리의 불친절하고 비기독교적인 태도 때문이라고 결론을 내렸다. 왜냐하면 심각한 박해가

41) J. Webster, "Journey to the Corean Valleys," *UPMR*, 1885. 10., pp. 325~326.
42) J. Orr, "The Gospel in Corea," *UPMR*, 1890. 6. 2, p. 187.
43) J. Ross, "The Christian Dawn in Korea," p. 245.
44) J. Webster, "The Maker of the Manchuria Mission —— An Appreciation of the Late Rev. John Ross, D. D.," *The Missionary Record of the United & Free Church of Scotland*, Vol. 15, 1915, p. 394.
45) "A Bright Light in Northern Korea," p. 152.

> 개종자들에게 가해졌기 때문이다. 지주들은 중국인이었고 한국인들은 농부들이었다. 우리가 방문하고 관심을 기울인 것이 한국인들뿐이었으므로, 중국인들이 자신들의 이익을 해치기 위한 어떤 음모가 이루어지고 있다고 결론을 내린 것은 어쩌면 자연스러운 것이었다. 사전에 소요를 방지하기 위해, 그들은 주로 한국인 소작인들로 구성된 '야비한 마적단'을 고용해서 칼이나 다른 무기로 무장을 시킨 다음 새로운 운동과 연관된 주요인물들을 덮치도록 하였다. 사망자는 없었지만, 많은 사람들이 중경상을 입었다. 죽이려는 의도는 없었고 폭력으로 위협하려 했던 게 분명했다. 그 결과 많은 사람들이 손수 지은 집과 개간한 농장을 포기하게 되었다. 그래서 우리는 중국인들의 잘못된 오해를 풀기 위한 약간의 일 외에는 다른 일을 하지 않았다. 그러나 얼마의 사람들이 세례를 받았다. 핍박이 있거나 없거나 교회에 들어오려고 원하는 자들이었다.[46)]

1885년 여름 두번째 방문 때 핍박을 두려워하지 않고 세례를 받은 자의 수는 25명이었다. 그만큼 한인촌 기독교공동체의 신앙이 자라 있었던 것이다. 이로써 1884년 겨울부터 이듬해 여름까지 모두 100명의 남자들이 세례를 받았다.[47)] 이들이 대부분 가장이었으므로 최소한 100가정에서 세례받은 사람이 나오게 되었던 것이다.

그런데 로스의 첫번째 방문 이후 중국인 지주들이 새로운 기독교운동을 의심하여 심한 박해를 가했고, 이것이 두번째 방문 때에 그전보다 활발해진 전도와 수세에 대한 열성을 가로막았다. 그러나 핍박으로 인해 집과 농토를 잃게 된 수세자들로 인해 복음의 큰 진보가 있게 되었다.

> 얼마 후 개종자들의 대부분은 한인계곡들을 떠나 고국으로 돌아갔다. 그러나 그들은 복음을 들고 갔고, 미국 선교사들이 북부지방에 들어갔을 때 이곳저곳에서 압록강계곡의 옛 거주지에서 신앙지식을 받아들였던 믿는 무리들(groups of belivers)을 발견하였다.[48)]

한국 교회사에서 최초로 발생한 이 디아스포라(diaspora)로 인해 한인촌 신자들이 압록강 남쪽 연안이나 서북지방으로 흩어지게 되었고, 백홍준·서상륜 등의 의주 전도와 더불어, 이들의 전도로 인해 1885년경에 600여 명의

---

46) J. Ross, "The Christian Dawn in Korea," p. 246.
47) "A Bright Light in Northern Korea," p. 152.
48) J. Webster, "The Maker of the Manchuria Mission," p. 396.

세례 요청자가 압록강 연변에 있게 되었으며,[49] 1890년경에는 "매일 가정예배를 드리고 하나님의 말씀을 읽은 수천 가정들이 있다"[50]는 소문이 한인촌 방문자들의 입을 통해 심양과 서울에 퍼지게 되었다.[51] 그리하여 이것은 "그리스도 왕국의 불가항력적인 전진의 놀라운 실례"[52]로 세계 선교계에 알려지게 되었다.

3. 한인촌 선교에 대한 선교사들의 평가

1880년대에 성장·발전한 한인촌의 가정교회 형태의 기독교공동체에 대한 국내 선교사들의 인식이나 태도, 혹은 평가들을 살펴봄으로써, 우리는 한인촌 교회의 발전과 서북지방교회, 나아가서는 한국 교회에서 차지하는 그들의 위치를 파악할 수 있을 것이다.

1891년 2월 마펫(S.A. Moffett;馬布三悅)과 게일(J.S. Gale;奇一)은 서상륜의 안내로 의주와 한인촌에서 '이미 이루어진 일을 돌아보기 위해' 여행에 나섰고, '희어져 추수하게 된 들판'인 의주를 보고 놀랐으며, 심양의 로스를 만나 한인촌 사역에 대한 설명을 들은 뒤 직접 한인촌까지 가서 한국인들을 만나보게 된다.[53]

이들의 전도여행 보고가 반영된 것으로 보이는 1892년의 북장로교 연례보고서는 다음과 같이 기록하고 있다.

> 선교사들은 예상치도 못하게 한국인들에게 개신교 기독교 영향력의 누룩이 퍼져 있는 것을 발견했는데, 특히 만주와 경계를 이룬 북부와 서북지역에서는 선교사들이 서울에 도착하기 몇 년 전부터 사역이 이루어졌다. 이것은 만주의 심양에 거주하는 아일랜드장로교선교회의 로스 목사에게 교육을 받은 몇 명의

---

49) 1885년 3월 8일자 Ross가 Rev. Wright에게 보낸 편지.

50) J. Orr. "The Gospel in Corea," *UPMR*, 1890. 6. 2, p.188.

51) *Annual Report of the Board of Foreign Mission of the Presbyterian Church in the U.S.A. for* 1890, pp.133~134. 이 보고서는 "만주뿐만 아니라 한국의 전도사역의 시작은 로스에게 돌아가야 한다"고 인정하면서 로스의 한글성경 번역작업과 한인촌, 서울 지역의 권서, 전도사업결과를 상세히 기록하고 있다.

52) 1892년 3월 9일자 M.C. Fenwick가 *The Chinese Recorder* 편집자에게 보낸 편지. *The Chinese Recorder*, 1892. 4., p.182.

53) S.A. Moffett, "Evangelistic Tour in the North of Korea," *The Church at Home and Abroad*, 1891. 10., pp.329~331; J.S. Gale, "To the Yaloo and Beyond," *The Korean Repository*, 1892. 3., pp.83~85. 백홍준도 심양, 한인촌 방문에 동행했다.

한국인 조사들의 노력에 기인한다. 서울에서 발견된 일부 구도자들은 이 경로를 통해 유익한 영향을 받았다.[54]

그러나 국내 선교사들 가운데 일부에서는 로스의 사역에 대해 신빙할 수 없다는 반응을 보인 경우도 있다. 펜위크(M. C. Fenwick ; 片爲益)는 1892년,

한국에 있는 대부분의 개신교 선교사들은 전국에 '거듭난' 자들이 50명이나 되는지 심히 의심하고 있다. 어떤 선교사들은 12명도 채 되지 않는다고 생각한다. 로스역으로 알려진 신약전서도 실은 로스와 매킨타이어의 지도하에 한국인들이 만든 것으로, 그 의미를 이해하는 한국인은 한 명도 없다.[55]

라며 로스의 성경을 통한 개종자들의 실체와 번역본을 비판하였다.

로스는 펜위크의 비판에 대해 다시 한번 압록강 양안에 수천 명의 고백적인 기독교 신자들(professed adherents of Christianity)이 있음을 확인하고, 이들이 성경뿐만 아니라 요리문답서 등을 통해 기독교의 기본 진리들을 함께 배운 자임을 강조한 뒤, 자신이 번역한 성경이 9년간 수만권 반포되어 왔으나 오역으로 지적된 부분이 아직 없었다고 자신있게 말했다.[56]

일부 국내 선교사들의 이러한 로스본과 로스의 사역을 통한 개종자에 대한 인색한 비판은 당시 한국 선교의 주도권 다툼과 어떤 연관이 있지 않나 추측된다.[57] 다음에 인용하는 털리(R. T. Turley)의 표현처럼, 비록 많은 씨가 돌밭이나 가시밭에 떨어졌겠지만, 사실은 옥토에 떨어진 씨앗들의 풍성한 결실이 있었던 것이다.

개신교 선교사들이 은자의 왕국에 들어올 수 있기 전에 성서공회는 로스 목사의 열심있는 노력을 통해 한글 신약전서를 번역했고, 단권성경들은 행상이나 권서 등 모든 가능한 수단을 통해 평양과 심지어 서울까지 뚫고 들어갔다. 이 씨의 많은 부분이 필경 손실되고, 가시밭에 떨어졌지만, 여기저기 뿌리를 내리

54) *Annual Report of the Board of Foreign Mission of the Presbyterian Church in the U. S. A. for* 1892, p. 171.

55) 1892년 3월 9일자 Fenwick의 편지, op. cit.

56) 1892년 6월 8일자 Ross가 *The Chinese Recorder* 편집자에게 보낸 편지, *The Chinese Recorder*, 1892. 8., pp. 388~389.

57) 1892년 어간은 '로스본'에 대한 언더우드 등의 비판이 비등하던 때로 1893년 상임성경실행위원회(The Permanent Executive Bible Committee)가 조직되는 것을 기점으로 한글성경 번역의 주도권이 국내선교사들에게로 넘어오게 된다.

고 무성하게 되었음이 분명하지만, 적절한 손질이 없어서 종종 성장이 억제되었다. 선교사들은 의주와 평양에서 말씀에 의해 깨끗함을 받은 적지 않은 신자들을 발견했다. 비록 많은 수가 실패했지만, 적어도 이 불쌍하고 병든 문둥병자 열 명 가운데 한 명은 주님에 대한 신실한 증거를 간직했고, 어떤 사람들은 교회의 기둥이 되었다.[58]

털리는 1898년말에 스코틀랜드선교회의 그래함(J. M. Graham)과 영국 성공회 복음전파회(S. P. G)의 스프렌트(F. H. Sprent)와 함께 압록강 한인촌을 따라 강계까지 여행하였는데, 이때 집안면(통구)·유수면(유수림자)·태평면(대평구) 등 한인촌에서 수십 명씩의 구도자를 만났고, 그래함 목사는 30명에 가까운 사람들에게 세례를 베풀 수 있었는데,[59] 뒷날 털리는

> 우리는 몇 주일간의 여행을 통해 기독교인이 되고자 고백하고 우상숭배의 모든 흔적을 없앤 후 세례받기를 갈망하는 600명이 넘는 戶主들의 명단을 가질 수 있었다. 어떤 사람은 기독교회에 입교하기 위해 7, 8년간 기다리고 있었고, 교사만 보내주면 봉급을 지원하겠다고 했다.[60]

라고 당시 한인촌 상황을 회고하였다. 그렇다면 한인촌을 중심한 압록강 연안에는 1885년이나 1898년에 다같이 세례를 요청하는 가장(家長)들만 600여 명이 있었던 것이 된다.

이러한 로스와 털리의 증언을 증명하듯 1885년 한인촌 수세식이 있은 이후에도 로스를 비롯한 만주 선교사들을 초청해서 세례문답을 하고 세례를 받는 한국인들이 계속 있었으며,[61] 강계를 비롯 서북지방과의 관계도 계속되었다.

---

58) R. T. Turley, "Sketches from the East —— I. Ping Yang in Korea," *The Bible Society Monthly Reporter*, 1895. 7., p. 143.

59) J. M. Graham, "Notes of an Eastern Journey," *UPMR*, 1898. 5., pp. 159~162.

60) R. T. Turley, "Rev. John Ross, D. D., of Manchuria —— Pioneer Translator of the New Testament into Korean," *KMF*, Vol. 11. No. 11, 1915. 11., p. 315.

61) 로스는 1897년 通化에서 한동안 잊고 있었던 한국인 21명에게 세례를 주었다(1897. 1. 26일자 로스 편지, *UPMR*, 1897. 7. 1, p. 239). 이듬해에도 한인촌의 권서는 "기독교회에 들어오기를 간절히 원하는 수천 명이 있다"는 절박한 소식을 전했다(J. Ross, "A Record of Spiritual Harvesting," *UPMR*, 1898. 3. 1, p. 94). 이에 1898년 3월 通化로 간 로스는 通化에서의 55명을 비롯하여 부근에서 95명의 한국인에게 세례를 베풀었다(J. Ross, "Baptisms of Coreans," *UPMR*, 1898. 12. 1, p. 232).

다음은 1891년 8월 15일에 쓴, 로스의 보고서 일부이다.

> 지난 겨울말 한국의 강계에서 한국인 한 사람이 심양으로 와서 그곳 주민들과 이웃에 사는 자들 가운데 많은 사람들이 신자라고 말했다. 로스는 런던기독교 서회와 연결하여 한인촌에서 권서사업을 지도하고 있는데, 몇 년간 동 서회가 한국을 위해 인쇄한 성경 요리문답서(Bible Catechism)가 강계와 그 인근의 가정 안으로 파고들어갔다.……이 사람은 로스의 표현을 빌리면 '학사 서씨'(Graduate Tsui)로, 이해력이나, 성격, 예의나 열정 모두가 너무나 좋은 인상을 주는 사람이다. 그와 그의 부친, 그리고 그 동생은 한국에서 관직을 그만두었는데, 부자를 제외하고는, 한국에서 관직은 백성들에게서 돈을 후려먹는 자리를 의미한다. 그는 심양에 세례를 받기 위해 왔다. 곧 이어서 한인촌의 권서와 함께 다른 사람이 도착했는데 같은 이야기였다. 그리고 강계부에서 두번째 서열에 었는 관리로부터 서씨에게 편지가 왔는데, 가능하다면 기독교 교리서들을 보내달라는 부탁의 내용이었다. 상당량의 복음서와 신약전서, 그리고 매우 많은 요리문답서가 보내졌다. 그리고 로스는 심양에서 한글 소책자를 재인쇄하기 위해 있는 기독교인 식자공인 공(Gong)씨를 불러오게 해서, 강계의 고백적인 신자들의 상황에 대한 정보를 얻는 것이 좋을 것으로 판단하여, 인쇄를 중단시키고, 강계로 보냈다. 이번 기회에 많은 가르침을 받았으나 아직 세례를 받지 못한 서씨도 함께 보냈다.
>
> 로스에게 보내온 그들의 조사 결과는 위에 언급한 관리의 서신이 보고되어 있다. 로스의 번역을 보면 관리는 수많은 '예수성교의 책'들에 감사하고, 그 책들을 강계·자성·후창 3개 도시에 있는 신자들에게 배포하였다고 했다. 그 자신은 그 책들과 서씨가 보낸 편지 속의 교훈들을 열심히 공부하고 있었는데 서씨와 공씨가 와서 '그에게 교리의 원리와 규칙들을 설명해 주었다.' 관리의 말에 의하면 '이 두 양반과 함께 나는 강계·자성·후창의 신자들을 방문했습니다. 강계에서 우리는 100여 명을 심사했는데 10명은 진리를 잘 알았습니다. 자성에서는 90여 명 가운데 7명이 철저히 이해하고 있었고, 후창에는 150여 명 가운데 15명이 잘 알았습니다. 여기 후창 관청의 서명 봉인을 받아 32명의 명단을 제출합니다.……'[62]

우리는 여기서 최소한 1890년대 초반까지 강계·자성·후창 지역의 교인들까지 로스로부터 성경과 교리서들을 제공받고, 자체적인 교리교육과 예비세례문답을 시행한 후 로스를 찾아가 배우고 세례받기를 요청하는 관계에

---

62) J. Ross, "A Remarkable Awakening in Corea," *UPMR*, 1891. 12. 1., pp. 328~329.

있었음을 확인하게 된다. 따라서 의주·벽동·초산·강계·자성·후창을 연결하는 압록강 남쪽 연안지방과 그 대안의 한인촌지역은 1880년대 초반부터 10여 년 이상 로스의 영향하에서 자생적인 가정교회공동체가 형성 발전되어 나갔으며, 이것이 1890년대 중반부터 본격화되는 국내의 장·감 선교사들의 서북지방 선교의 기초가 되었음을 알 수 있다. 앞서 인용한 로스의 강계지방 보고서에서 우리는 뒷날 1908년 북장로교 선교부가 강계를 선교거점(Mission Station)으로 설정하게 되는 배경까지 읽어낼 수 있게 된다.[63]

Ⅵ. 맺는 말

김양선 목사님은 이미 20여 년 전에 1884년 겨울의 한인촌 75명 수세식에 대해서,

> 1884년 겨울에 서간도 한인촌에는 75명의 세례교인을 가진 한국 최초의 Protestant 교회가 설립되었다. 여기서 우리가 주시해야 할 것은 선교사의 선교 이전에 한인촌의 사람들이 자진하여 복음을 맏아들인 사실과 한국 최초의 Protestant 교회가 고조선의 고지였고, 고구려의 수도였던 輯安縣 裡楊子에 설립되어 모국 교화의 교두보가 되었던 사실이다.[64]

라고 평가했다. 한국 교회의 출발이 되는 한인촌 교회의 주체성과 고토 서간도에 한국 개신교의 뿌리가 있다는 점을 강조하신 것은 글을 쓸 당시인 1960년대 한국 교회뿐만 아니라 오늘의 한국 교회가 귀기울여야 할 부분이 아닐 수 없다.

이 글은 목사님의 선구적인 논문이 있었기에 가능하였다. 가신 지 20주기를 맞이하면서 삼가 이 작은 글이나마 그분께 바치는 것은 한국 교회사에서 선구적으로 남겨놓으신 그 자취를 조금이나마 기념하기 위함이다.

---

63) cf. H. A. Rhodes, *History of the Korea Mission Presbyterian Church U. S. A.* 1884~1934, Seoul, 1934, pp. 322~328. 로드스는 강계전도가 1880~1885년 로스(로스본)에 의해 복음과의 첫 접촉이 이루어졌고, 1889년 언더우드부부의 신혼여행, 1891년 마펫, 게일의 심양-한인촌-강계 전도여행시의 접촉으로 이루어졌다고 기록한 후, 1898년경에 처음으로 신자들이 있은 것으로 보고 있다.

64) 김양선, 〈Ross Version과 韓國 Protestantism〉, 《白山學報》 제 3 호, p. 437.

지금까지 앞에서 논의해 온 사실들을 통해 우리는 서간도 한인촌 기독교 공동체의 형성과 발전, 그 성격과 의의에 대해 다음과 같이 정리할 수 있게 되었다.

1. 1860년대 이후 20여 년간 서간도 한인촌의 형성은 압록강 대안이 정치 사회적으로 청과 조선 어느 나라의 제재도 받지 않는 중립지대였으므로 가능했고, 이것은 쇄국금교하의 조선 국내와는 달리 새로운 종교인 기독교 전파에 유리한 조건을 제공했다.

2. 한인촌 이주민은 대부분 극빈과 가렴주구를 피해 월강해 간 농민들로, 그들이 처했던 불안한 정황 때문에도 초월자에 의지하려는 강렬한 종교심이 발동되었을 것으로 해석된다. 임오군란 후 피신 혹은 유배되어 간 군인들의 경우도 동일한 심리적 배경과 회심동기를 찾을 수 있을 것이다.

3. 1880년대 한인촌 전도의 기초가 된 것은 로스의 고려문 탐방과, 로스와 매킨타이어의 지도하에 이루어진 한국인들의 성경번역이었다. 한인촌 전도의 수단은 인쇄된 하나님의 말씀인 성경과 요리문답서를 비롯한 전도책자들, 그리고 한국인 권서와 자원적인 한국인 신자들의 증거였다.

4. 한인촌의 첫 전도는 1882년 집안 출신의 한국인 권서 김청송에 의해 이루어졌고, 6개월간의 전도의 결과 다수의 개종자들이 생겨났다. 이어서 1883년의 김청송의 6개월간의 전도로 개종자와 수세요청자가 다수 나타났다. 이렇게 되자 김청송은 로스에게 한인촌을 방문하여 수세요청자에게 세례베풀기를 여러번 요청하였다.

5. 한인촌 기독교공동체 형성의 전환점이 된 것은 임오군란에 연루된 망명(유배)군인들의 개종, 그리고 그 최연장자의 수세였다. 그는 김청송에게 전도를 받은 후 로스를 찾아가 세례를 받았으며 그의 전도로 집안에 있던 망명군인들이 모두 개종하게 되었다.

6. 1885년경 압록강 북쪽의 28개면의 한인촌에는 수백 개의 가정교회가 존재했고 600여 명의 수세요청자들이 있었다. 한인촌의 신앙공동체는 1884년에 75명, 1885년 초여름에 25명이 또 세례를 받았는데, 후자는 중국인들의 심한 박해 속에 이루어진 것이었다.

7. 1885년초에 벌어진 중국인 지주들의 박해로 대다수 수세자들이 압록강을 건너와서 서북지방으로 흩어졌는데, 이들 흩어진 신자들은 선교사들의

입국 후 서북지방 교회설립의 기초로 다시 등장하게 되었던 것이다.

(《崇實史學》 제 6 집, 梅山金良善敎授20週忌紀念號, 1990)

徐相崙의 행적에 관한 몇 가지 문제

Ⅰ. 문제의 제기

위대한 인물이나 사건에는 거기에 덧붙여진 일화들이 보통 있게 마련이다. 때로는 그것이 시대를 지나는 동안에 바른 역사인식을 제자리에서 내몰아버리고 자신이 사실의 위치에 군림해 버리는 경우도 없지 않다. 그와는 달리 우연히 덧붙여진 것이 아니고, 학자나 연구자들의 학문적인 오류에 의해 그릇된 역사인식이 남겨질 수도 있다. 이럴 경우 그 학자의 학문적 권위 때문에 그릇된 역사인식이 좀처럼 시정되기 어렵다는 것도 사실이다.

경우야 어떻든, 기존의 역사인식에 의문점이 제기될 때에는 일단 그 의문점을 공론에 부쳐 문제를 제기하고, 그 정확한 사실을 찾아보려고 노력하는 것이 바람직한 자세일 것이다. 그런데 종래 우리의 자세에는 그런 의문점을 제기하는 것이, 마치 시체에 손을 대면 부정탄다고 꺼려 했듯이 망설이는가 하면, 때로는 기존의 역사인식에 대해 눈치만 보아왔던 경우도 없지 않았다. 진실에 접근하려는 학문적 신념과 용기가 부족했기 때문일 것이다.

말머리에 굳이 이런 것을 언급하는 것은 초기 한국 기독교사에 관련된 이 같은 문제를 하나 제기하려고 하기 때문이다. 다시 말하면 한국 기독교의 초석의 한 분인 서상륜(徐相崙)에 관한 기존의 이해에는 그분이 유명한 그만큼 문제점이 많이 발견되고 있으므로 이를 제기하여 학계의 공정한 의견을 물어보려고 한다.

서상륜에 관한 일반적인 역사인식은, 선교사가 한반도에 입국하기 전에 만주에 가서 스코틀랜드 장로교 계통의 선교사를 통하여 그곳에서 복음을 받아 입신·수세하였고 성경 번역과 성경 보급에 헌신하였으며, 한국 최초의 교회의 하나인 황해도 장연군 소재 소래교회를 건립하였고, 1887년 9월말 서울의 새문안교회가 창립될 때에 장로로 피택되어 그 며칠 후에는 안수까지 받아 한국 교회 최초의 장로가 되었다는 것이다. 이러한 기존의 인식은 표 1에서 보이듯이, 여러 학자들이 그들의 저술에서 언급하고 있다.

서상륜의 행적에 관한 기록으로는 일찍이 그 자신의 기술에 의한 것으로 보이는 "셔션싱 샹륜의 경력"과 "예수 성교가 조선에 시입(始入)한 역사"가 있다. 전자는 1901년 9월 19일자 《그리스도 신문》(5권 38호)에 실려 있고, 후자는 《평양신학교 학우회보》 제2호(1921)에 게재되어 있다고 하는데, 뒤의 글은 김양선의 〈Ross Version과 한국 Protestantism〉이라는 논문에 그 일부가 인용되어 있을 뿐 그 글이 게재되었다는 잡지의 현존 여부조차 밝히지 못하고 있는 형편이다.

서상륜이 썼다는 두 글은 필요에 따라 뒤에서 종종 인용될 것이기 때문에 여기서 먼저 그 내용을 살피지 않겠다. 그러나 그의 행적이 한국 교회에 넓게 알려질 수 있었던 데에는 그의 사후에 보도된 "고(故) 서상륜씨(徐相崙氏) 약력(略歷)"과 관련 있을 듯하다. 당시 기독교계 신문에 게재된 그의 행적이 그 뒤의 연구와 어떤 관계가 있는지를 이해하기 위해서라도 전문을 현행 맞춤법에 따라 고쳐 옮겨본다.

> 先生은 本是 平北 義州城內 出生으로 幼時에는 漢文을 工夫하고 漸次 商業에 從事하여 多年間 淸國에 往來하는 中 一八七一年에는 淸國 奉天省 遼陽縣 營口港에 逗留하다가 不意의 身病이 나서 苦痛을 받더니 親舊의 紹介 英人 宣敎師 馬勤泰氏를 만나서 곧 그의 주선으로 英人 醫士에게 治療를 받아 二週內에 全快되고 즉시 馬氏의 傳道를 받아 主를 믿기 始作하였다. 一八七二年에 로스 牧師에게 洗禮를 받고 같이 奉天省으로 가서 二個年間 道를 연구하였다. 一八七四年에 朝鮮人 信者와 함께 처음 朝鮮國文으로 新約 中 福音 몇 冊을 翻譯하여 淸國에 來留하는 義州人 白鴻俊 金靑松 張珍國 三氏와 같이 賣書 傳道人으로 떠나 平北 江界 慈城 厚昌 等地로 다니며 秘密히 傳道하여 많은 生命을 主께로 引導하였다. 一八七六年에 다시 奉天으로 가서 로스 牧師에게 完全히 朝鮮 賣書 傳道의 職分으로 派送을 받고 朝鮮으로 들어올 때에 聖經冊을 나귀에 싣고 奉天서 六百五十里를 七八日 동안 徒步하여 舊義州에 들어와 旅館에 留宿할 時에 行李 搜索을 當하여 天主學黨이라고 被捉되었다. 이때는 大院君 當時인데 天主學黨이라면 是非를 不問하고 死刑을 執行하는 때이었었다. 幸히 先親의 友人인 金天鍊 金孝淳 兩氏의 周旋으로 깊은 밤에 騎馬逃走하여 京城으로 向하고 押收되었던 聖經冊은 舊義州 城內 鍾路四街에서 焚燒하였었다. 先生이 京城에

> 留할 때에 로스 牧師가 上海 聖書公會에서 聖書와 傳道冊을 보내어 京城에서 傳道하는 中 一八八二年에 元杜尤 宣敎師를 만나 同役하여 京城에 처음 敎會를 設立하였다. 一八八四年에 元杜尤씨와 監理敎會 宣敎師 亞片薛羅씨와 같이 長淵郡 大救面 松川에 留하면서 傳道하여 敎會를 創設하고 그後 季氏 徐景祚 牧師와 같이 黃海 京畿 平安 各地에 傳道하여 敎會를 設立한 곳이 적지 아니하다. 一九〇四年에 다시 松川으로 돌아와 敎會를 돕다가 그後 長淵郡 苔灘으로 가서 餘年을 보내던 중 一九二五年 十二月 十六日에 永眠의 길을 밟았다.[1]

서상륜이 돌아간 직후에 《긔독신보》(基督申報)에 보도된 이 "고 서상륜씨 약력"에는 우선 연대상의 착오가 쉽게 눈에 뜨인다. 그의 행적과 관련된 연대에 대해서는 뒤에서 정리되겠지만 당시의 상황과 관련된 점만 보더라도 1876년을 대원군 당시로 본 것과, 1882년에 서울에서 언더우드 선교사를 만나 교회를 세웠다는 것, 그리고 1884년에 언더우드·아펜젤러 목사와 함께 송천에 갔다는 것 등의 연대는 적어도 3년 이상의 착오를 범하고 있는 것이다.[2]

위의 약력에서 또 하나 주목되는 것은 그가 장로로 피택·안수되었다는 내용이 전혀 언급되어 있지 않다는 것이다. 이 약력은 고인의 영결식에서 낭독되었을지도 모르는 내용인 데다가 당시 이미 한국 교회도 '장로직'에 대한 상당한 이해가 있었을 법한데, 전혀 언급이 없는 것은 일단 문제로 제기되지 않을 수 없다. '장로'와 관련된 문제는 1901년 《그리스도 신문》에 게재된 "셔션싱 샹륜의 경력"에도 전혀 보이지 않는 바이다.

이렇게 서상륜과 관련된 기록을 검토하다 보면 우리의 기존의 인식에 상당한 허구성이 있지 않는가 하는 의구심을 갖게 된다.

저자는 이런 의문을 근거로 서상륜 자신의 진술을 포함하여 그동안의 그에 관한 서술을 검토해 보기로 하였다. 그 결과 다음 표 1을 만들 수 있었다.(표 1 참조)

표 1에서 보듯 서상륜의 행적은, 우리 학계의 다른 측면에서도 그러하듯

1) 《긔독신보》 1926년 1월 20일자.
2) 참고로 말하면, 대원군 집정이 끝난 해가 1873년인데, 앞의 약력에서는 1876년 현재 대원군이 집정하고 있는 것으로 파악하고 있으며, 1882년에 언더우드 목사를 만났다 했으나 언더우드가 내한한 것이 1885년이며, 언더우드·아펜젤러 목사가 함께 북쪽으로 선교여행을 떠난 것도 1884년이 아니라 1888년이다.

○ 인정 △ 정확한 언급 없음
× 불인정 — 언급 없음

표 1. 서상륜의 경력에 대한 여러 서술

발표문헌			성경 번역 개시년	최초 수세년	서상륜							
성명	제목	발표연대			입만	수세	번역	첫권서 출발	첫소래 이주	소래교회 설립	서울전도 개시	장로 안수
서상륜	셔션싱 샹륜의 경력	1901	—	—	1874 1877?	1875 1878?	1879?	1880	×	—	1880	—
	예수성교가 조선에 시입한 역사	1921	—	—	1878	1879	1880	—	—	—	—	—
〈기독신보〉	고 서상륜씨 약력	1926	—	—	1871	1872	1872 ~ 1874	1876	×	1884	1882	—
Wagner	Through the Hermit's Gate with Suh Sang Yun	1938	1873	1873	1873	1873	1873 ~ 1882	1883 봄	×	—	1883	—
김양선	한국의 성서번역사	1956	1876	1876[2]	1880	1881 봄	1881 1882	1883 봄	1883	△	1884	○[5]
한태동	새문안교회 70년사	1958	1874	〃	1881	1881	1881 ~ 1882	〃	1883	△	△	○
김양선	Ross Version과 한국 Protestantism	1962	1875	〃	1878	1879	1879 ~ 1882	〃	×	△	1883	○
	한국기독교사연구	1971	〃	〃	〃	〃	〃	〃	×	1887	〃	△
민경배	새문안 85년사	1973	〃	—	—	—	1875 ~ 1882	—	—	1884	△	○
김광수	한국기독교인물사	1974	〃	1876	1878	1879	1879 ~ 1882	1883 봄	1883	1885	1883	○
백낙준	한국개신교사	1976	△	〃	〃	〃	〃	〃	〃	1884	1885	△
민경배	한국기독교회사	1982	1873	〃	1873	△	1873 ~ 1882	〃	〃	〃	△	△
김정현	라약한 한국의 첫 선교사	1982	1877[1]	〃	1878	1879	1878 ~ ?	—	—	—	—	△
민경배	대한예수교장로회백년사	1984	〃	〃	1877	〃	1877 ~ 1882	1883 봄	1884 봄	1884	1883	○
이덕주	초기 한글성서 번역에 관한 연구	1985	〃	1879[3]	1878	1881	1881 ~ 1882	〃	1883	△	△	○
	로스본의 번역·출판·권서사업	1987	〃	〃	〃	1882[4]	1878 1882	1882[4] 10.6	×	△	1883	△

이만열	본고	1988	〃	〃	〃	〃	〃	〃	X	서경조 1884 서상륜 1885	〃	X

주 : 1) 김정현은 이응찬과 로스가 *Corean Primer*를 만든 1877년 이후부터 성경번역이 가능했던 것으로 보고 있다.

2) C. C. Vinton, "The Presbyterian Mission," *The Korean Repository*, 1895. 6., pp. 19~22.

3) "Mr. Macintyre's Report," *United Presbyterian Missionary Record*, 1880. 7. 1., pp. 278~279.

4) 1882년 10월 9일자 및 1885년 3월 8일자 Ross Letter to Rev. Wright.

5) 김양선, 〈한국의 성서번역사(7)〉, 《성서한국》 제2권 3호(1956. 7.), pp. 22~23. 서상륜과 백홍준의 장로 안수는 김양선의 이 글이 시발이다.

이, 좀더 정확하게 구명해야 할 부분이 있음을 알게 되었다. 이 작업을 위해서는 더 정확한 1차 자료의 발굴이 요청되는데, 다행히 그동안 우리는 많은 동학들의 관심과 노력에 의해 한국 기독교 초기 자료를 접할 수 있었다. 뿐만 아니라 저자가 이 문제에 감히 접근할 수 있을 만큼 이 방면에 관한 학계의 업적도 온축되고 있는 실정이다.

저자는 그동안의 학계의 업적과 새로 발견된 자료들을 토대로 서상륜의 생애에 관해 그 의문점을 중심으로 살펴보려고 한다. 지금까지 문제로 부각되는 것은 그의 수세 연도와 번역·권서 업무, 소래교회와의 관계, 그의 장로직 문제 등인데 거기에 덧붙여 그의 사상의 일면과 사회활동 등에 대해서도 살펴보려고 한다. 동학들의 질정을 기대하겠다.

Ⅱ. 개종·수세 연도

서상륜의 행적을 밝히는 데 그 실마리가 되면서 일차적으로 중요한 것은 그가 언제 개종하고 세례를 받았는가 하는 문제이다. 당시 상황을 구체적으로 이해하기 위해서 약간 길지만 1901년에 발표한 서상륜 자신의 고백적인 경력을 현행 맞춤법으로 고쳐 인용하는 것이 좋을 줄 안다.

> 자료-1 천지를 지으신 하나님은 곧 영화의 주시오 만사를 자기 뜻대로 행하시는 구세주시니 사람이 마땅히 공경하고 두려워할지어다. 하나님께서 이 세상을 위하사 허락하시고 행하신 가운데 나도 있어 그 은혜를 믿고 허락하신 바가

이루시는 날을 바라노라. 모든 영광과 권능이 우리 구주 하나님에게 영원히 계시옵나이다. 아멘 아멘.

우리 구주 예수 그리스도의 무한하신 은혜를 입으신 대한국 형제와 자매들이여 내가 이십칠년 전에 대청국 광동성 우장당방 영구라 하는 항구의 여간 사소한 장사를 갔다가 뜻밖에 신병이 나서 거의 죽을 지경에 당하였나이다. (나의 사랑한 형제들이여) 그때에 감사하신 그리스도께서 그곳에 있어 전도하시는 대영국 목사 마근태씨에게 감동하사 나를 객점에서 자기집으로 옮기고 동국 의사를 청하여 매일 이삼차씩 진병하며 복약하매 거의 두 주일 동안에 회생하였나이다. (나의 사랑한 형제들이여) 그때에 나는 알지 못하였으나 감사하신 그리스도께서 그때부터 나를 부르셨나이다. 그때 처음 마근태 목사에게 그리스도 예수씨 복음을 듣고 성경책도 얻어 보았나이다. 감사하신 그리스도께서 항상 나를 도우사 고향에는 몸을 의탁할 곳이 없게 되매 모든 옛일을 다 떨치고 한 해 후에 다시 그곳에 갔나이다. 마침 본국에 들어갔다가 나오시는 대영국 목사 로스를 만나니 비록 초면이나 그 사랑하심이 친민하여 수삭 동안에 그리스도를 내게 밝히 증거하였나이다. 나는 근본 평안도 의주 생장인데 열네살에 부모가 구몰하시매 일찍 교훈을 받지 못하고 자행자지하여 여간 조업을 수년간에 탕패한지라. 외모로는 공맹자의 도를 숭봉하며 문벌을 자뢰하고 안으로는 교만과 궤휼과 거짓과 간음과 탐남을 품어 남의 생명을 해하고 재물을 속이며 남을 업수이 보고 나만 잘 생긴 체하니 보는 사람이 이름하기를 면주자루에 개똥이라 하여도 오히려 부끄러움을 알지 못하고 도리어 나의 지혜를 칭하였으니 이 세상에 나와 같은 어리석고 불쌍한 자가 또 있겠느뇨. 진실로 한심하고 무섭도다. 그때에 로스 목사가 진실히 사랑하심으로 나를 권하며 경계하시는지라. 내가 생각하되 내 나라 친구와 친척은 오히려 나를 인물 좋은 도적놈이라고 흉만 보고 말도 아니하며 버린 물건같이 보는데 타국의 보도 듣도 못한 모색 다른 사람은 도리어 나를 친 부형같이 사랑하여 권하며 경계하니 이것이 어쩐 연고뇨. 일년 전에 마근태 목사가 객점에서 죽을 인생을 그같이 구원하여 내셨기로 내가 아무리 무인정하고 무염치한 놈이라도 그때에 그 애쓴 은공과 약식 갑살 걱정으로 말한즉 마근태 목사가 말씀하시기를 네 생각은 좋은 마음이나 재물이 없으니 할 수 없거니와 네가 진실로 고마운 마음이 나거든 하나님께 감사하고 그 말씀대로 예수씨를 믿으면 이에서 더 기쁨이 없겠다 하시더니 지금 로스 목사가 또 이같이 참사랑으로 권하시니 예수씨를 믿는 사람은 참 하늘나라 백성이로다. 이같이 생각할 때에 내 마음이 감동하여 고맙고 반가운 마음이 일어나거늘 이에 로스 목사를 찾아보고 내 마음이 반가움과 이전 불의를 행한 것이 매우 부끄럽고 절통하여 뉘웃는 말을 하니 로스 목사가 묵묵히 듣다가 가라대 그러하면 예수 그리스도와 상관이 매우 중대한지라 그리스도씨 앞에 나아와 그 명하신 대로 믿고 순복하는 것이 마땅하다 하고 이에 세례를 베풀매 내가 매우 반가히 그리스도 앞에 나아와 작정하고 목사와 대청국 여러 교우들 앞에서 세

> 례를 받고 주의 무리가 되었나이다. 그때를 내가 자세히 기억지는 못하나 짐작건대 주강생 일천팔백칠십년간이외다. 그곳에서 북편으로 이백팔십리쯤 상거되는 봉천부로 로스 목사가 솔권하여 가는 길에 내가 같이 가서 거의 일년 동안을 함께 있어 주의 은혜를 무한히 받았나이다. 그때에 나는 알지 못한 것이 많으나 감사하신 그리스도 예수씨께서는 내 영혼과 육신이 죄의 결단이 나서 죽음에 빠진 것을 건져 구원하사 영생하는 자기 나라으로 옮겨 주시고 그뿐만 아니라 또 로스 목사에게 감동하사 조선에 전도할 사무를 맡기심에 주 앞에서 로스 목사와 그 부인과 함께 엎디어 주께 도와주시며 보호하심을 기도하고 서로 작별한 후 내가 봉천부에서 떠나 바로 조선국 한양으로 올라와서 석달 동안은 남에게 붙여 있다가 남대문안 창동으로 집을 정하고 옮겼나이다. 그때는 주 강생 일천팔백팔십년 봄쯤 됩나이다. 사랑한 형제들이여 내가 주의 무리 된 지가 이미 이십사오년 동안에 한날이라도 주께서 나를 돌아보시지 아니하신 날이 없으사……[3)]

이 글에서 서상륜은 27년 전인 1874년에 영국에 장사차 갔다가 병에 걸렸는데, 매킨타이어(J. Macintyre, 馬勤泰) 목사의 도움으로 살아났고, 이듬해 1875년 영구 중국인 교회에서 로스(J. Ross, 羅約翰) 목사로부터 세례를 받은 것으로 말하고 있다. 그러나 이 글은 자신의 고백처럼 '그때를 자세히 기억지 못하나 짐작'한 것으로서, 사건의 흐름은 어느 정도 인정하더라도 그 연대는 글 자체내에서도 모순이 있을 정도로 신빙성이 적다고 하겠다.

앞의 표에서 보듯이 지금까지 서상륜의 수세 연도는 1962년 이래 김양선에 의해 '1879년'으로 알려져 왔으나, 1985년 이덕주의 '1881년'설이 새로이 제기되면서 '1879년'설은 수정되지 않으면 안되게 되었다. 그러나 '1881년'설도 2차 자료에 그 근거를 두고 있기 때문에 확정적인 것은 아니었다. 서상륜의 회고와 로스의 당시 편지 및 글 등을 바탕으로 이상의 두 설을 검토한 다음 저자의 '1882년'설을 살펴보기로 하자.

1. '1879년'설

김양선은 〈한국의 성서번역사〉(《성서 한국》 2권 2호, 1956. 4., p.27)에서 처음으로 서상륜의 세례를 언급하면서 "그는 약속대로 신앙을 고백하고 세례를 받아 둘째번의 한국 최초 신교 신자가 되었다. 때는 바로 1881년 봄 어떤

---

3) 서상륜, 〈셔션싱 샹륜의 경력〉, 《그리스도 신문》 5권 38호, 1901년 9월 19일자. 원문에는 필자가 표시되어 있지 않으나 글 내용상 서상륜 자신이 쓴 것이다.

날이다"라고 하였으나, 6년 뒤인 1962년 〈Ross Version과 한국 Protestantism〉(《白山學報》 제3호, 1962, p.426)에서는 "1879년에 서상륜이 우장에서 로스 목사에게 세례를 받고 다섯번째의 프로테스탄트 신자가 되었다"라고 수정하였다.

김양선의 1879년 수세설 주장은 이후 20여 년간 무비판적으로 받아들여졌는데, 이는 서상륜 자신이 쓴 다음 글을 그대로 인정한 결과였다.

> 자료-2 나는 1878년 戊寅에 아우 相祐와 함께 장사차 營口에 갔다가 熱病에 걸려서 危至死境이 된지라. 이때에 同鄕 親舊들의 주선으로 영국 선교사의 병원에 入院하여 치료할새 馬勤泰 목사가 매일 병원에 와서 절절히 위로하여 주면서 예수를 믿으라 권하므로 병이 나으면 예수를 믿겠다고 약속하였더니 월여 동안 의사의 정성어린 치료로 완쾌된지라. 약속대로 예수를 믿기로 작정하였더니 라 목사가 영국으로부터 돌아오매 1879년에 그에게 세례를 받았고 그의 권고로 그 익년에 심양으로 올라가서 일편으로 성경을 우리나라 말로 번역하고 일편으로 성경을 인쇄하기 시작했다.[4]

그러나 수세 후 약 40여 년 후에 회고한 글이므로 이 진술은 신빙성이 약하다. 사실 로스 목사가 첫 안식년 휴가를 마치고 돌아온 것은 1881년 5월이므로 최소한 1881년 5월 이후라야 로스 목사를 만날 수 있었던 것이다.

2. '1881년'설

앞의 자료 2에서 서상륜은 수세 후에 심양에 가서 한글성경 번역과 인쇄에 참가했음을 말하고 있는데, 로스에 의해서 심양(봉천)에 문광서원이 설치되고, 인쇄에 들어간 것이 1881년 9월[5] 이후이므로, 그가 1879년에 세례를 받고, 그 익년에 인쇄에 참가했다는 것은 잘못된 기억이라고 하겠다. 이덕주는 이와 함께 다음의 롭슨(Robson)의 글을 인용하여 '1879년'설 대신 '1881년'설을 주장하고 있다.

> ……차차로 진리의 빛이 그의 마음을 파고들어가 마침내 그는 재차 봉천여행을 떠났고, 거기서 그는 로스 목사에게 세례를 받았다. 이것은 12년 전에 있었

---

4) 서상륜, 〈예수 聖敎가 朝鮮에 始入한 歷史〉, 《평양신학교 학우회보》 제2호, 1921, 김양선, 〈Ross Version과 한국 Protestantism〉에서 재인용.
5) 이만열, 〈로스본의 번역·출판·권서사업(Ⅱ)〉, 《빛과 소금》 1987년 9월호, p.200.

던 일로서 그는 현재 서울에서 선교 일에 최고 동역자로 활약하고 있다.[6)]

이덕주는 이 글이 1892년에 씌어졌으므로 12년 전은 1881년이 되고, 이것은 로스의 귀환과 봉천에서의 인쇄 시작 사실과 부합된다고 보았다.[7)] 그러나 롭슨의 이 진술에는 두 가지 오류가 있는데, 서상륜의 수세(受洗) 장소와 그 연대이다. 서상륜은 자신의 경력을 말하는 앞의 두 자료 1, 2(1901, 1921)에서 수세 장소를 모두 영구로 밝혀놓고 있는데, 다음에서 살펴보는 대로 수세 연대는 1882년이었던 것이다.

3. '1882년'설

이것은 다음 네 가지 사실에 근거를 둔 것으로, 모두 1881년에서 1886년에 씌어진 로스의 글에 언급되는 것이다. 첫째, 1882년 3월까지 한국인 수세자는 4명뿐이었다는 점이다.[8)] 따라서 1879년 4명의 수세자[9)] 이후 1880, 1881년 2년간은 수세자가 발생하지 않은 것이 된다. 둘째, 1883년 3월에 쓴 로스의 글에는 "개신교와 관련된 한국인 개종자들은 6명으로 대부분 학식이 있는 자들이며, 영구와 봉천에서 세례를 받았다"고[10)] 되어 있는데, 따라서 1882년 4월부터 1883년 3월의 1년간 2명의 한국인이 세례를 받았음을 확인할 수 있다. 그런데 이 기간에 세례를 받은 자로 이미 알려져 있는 한 사람은 김청송(金靑松)이다. 그는 1882년 3월 《예수셩교누가복음젼셔》가 출판될 때, 식자공으로 일해 왔는데, 〈누가복음〉 출간 후에 세례를 받고 집안현을 비롯한 서간도 한인촌에 권서인으로 파견되었다.

셋째, 서상륜이 한국의 첫 대영성서공회(BFBS)의 권서인으로 3개월의 권

---

6) C. Robson, "The Korean Mission of the Presbyterian Church(North) of the United States of America," *United Presbyterian Missionary Record*, 1892. 10., p. 345.

7) 이덕주, 〈초기 한글성서 번역에 관한 연구〉, 《한글성서와 겨레문화》, 그리스도교와 겨레문화연구회 편, 기독교문사, 1985, pp. 473~474. 그러나 상식적으로 볼 때 1892년의 12년 전은 1880년이 된다.

8) 1881년 10월 11일자 Ross Letter to Rev. Wright(라이트는 당시 BFBS 번역 편집부장(Superintendent of The Translating and Editorial Department)이었다. "A Bright Light in Northern Korea," *Foreign Missionary*, 1886. 9., p. 149.

9) 이만열, 〈로스본의 번역·출판·권서사업(Ⅰ)〉, 《빛과 소금》 1987년 8월호, pp. 203~205.

10) "Corea Open to the Gospel," *The Missionary Review*, 1883. 11., p. 420.

서행로에 나선 것은 1882년 10월 6일이었는데, 그 6개월 전에 세례를 받았다는 사실이 다음 로스의 두 편지를 연결시킬 때 확인되기 때문이다.

자료-3 이름을 '휘'(Hü) 혹은 자신의 모국어로는 '셔'(Swi)로 쓰는 한국인이 세례받은 지 6개월이 지난 후 이곳을 떠나 자신의 본국 수도로 갔는데, 그곳 서울에서 귀 공회의 권서인으로 일해 오고 있습니다.[11)]

자료-4 ……3일 전에 나는 한 권서인 편으로 500권의 복음서와 동일한 양의 소책자를 함께 보냈습니다.……앞에서 언급한 권서인은 최초의 한국인 개종자로서 여러 해 전에 나와 함께 누가복음을 한국어로 번역하였고, 번역이 끝나자 나에게 세례를 요청했습니다. 한동안 나는 그를 미심쩍어했으나 그는 오랫동안 좋은 행동을 함으로써 신임을 회복했습니다. 상해에 있는 귀 공회의 대리인이자 나의 좋은 친구인 뮈헤드(Muirhead)씨를 통해서 이 사람은 3개월간 귀 공회와의 관련하에서 권서행로에 나섰습니다. 그는 한국 전역을 여행할 수 있지만 우선 압록강 동쪽 연안의 언덕에 아름답게 위치해 있는 의주로부터 시작할 것입니다. 그곳에는 이미 한 명의 전도인(백홍준—저자)이 있으며, 주로 호기심 때문이기는 하지만 성경에 대한 매우 간절한 요구가 있어 왔습니다. 왜냐하면 그곳 사람들은 이미 오랜 전부터 이 번역이 진행되어 온 것을 알고 있었기 때문입니다.[12)]

이 권서인이 서상륜이라는 사실은 다음의 로스의 두 글에서 명확하게 확인된다.

자료-5 계속해서 성경을 요구하는 소식이 전해졌습니다. 며칠내로 나는 서씨(The Man Tsui)를 3개월간의 여행을 보낼 생각인데, 그는 여러 해 동안 신자였으며, 전도인으로 행동할 자격은 없지만 좋은 권서인이 되리라고 생각합니다. 그는 처음 활동을 서부 도시들에 한정할 것인데, 그곳은 그가 잘 알려져 있고 그의 많은 친척들이 이미 그의 방문들을 통해 기독교를 알고 있는 지역입니다.[13)]

---

11) 1885년 3월 8일자 Ross Letter to Rev. Wright. 이 편지 일부가 *BFBS Annual Report for* 1885, p.215에 실려 있다. 서상륜의 이름이 영어표기로 완전히 드러나보이는 것은 *BFBS Annual Report for* 1884, Appendix A. p.377에 "Tsui Shung Yun"이 처음이다.

12) 1882년 10월 9일자 Ross Letter to Rev. Wright. cf. 민경배, 《한국기독교회사》, 대한기독교출판사, 1982, p.169에는 이 편지 일부가 발췌·번역되어 있다.

13) *BFBS Annual Report for* 1883, p.187. cf. 백낙준, 《한국개신교사》, 연세대출판부, 1976, p.57.

> 1883년 1월에 그는 책들을 주로 한국 서부에서 판매함으로써 배부하였다고 말하고 있습니다.……[14]

> 자료-6 1,000권이 넘는 기독교 서적을 팔고 배부하기 위해 공개적으로 떠났던 권서인은, 친구들로부터 이전에는 유령처럼 푸대접을 받았으나, 지금은 그가 돌아오기를 기다리고 있으며, 친구들 중 몇 명은 스스로 기독교가 어떤 것인지 듣고 보기 위해 이곳으로 왔습니다. 그는 5년 전에 내게 왔는데 자살할 정도로 절망에 빠져 있었습니다. 나는 그보다 앞서서 번역을 위해 한국인들을 거느리고 있었습니다. 그의 유일한 희망은 내게 있었습니다. 나는 내키진 않았으나 그에게 번역거리를 주었습니다. 그는 재능이 있었으며, 무신론적 자살의 검은 구름 아래에 있었으나 누가복음 번역을 마치자 세례를 받겠다고 했습니다. 그는 정부 당국의 어떤 심각한 괴롭힘도 두려워하지 않습니다.[15]

이상의 여러 글들을 종합하면, 서상륜은 〈누가복음〉 번역을 마친 후 1882년 봄에 세례를 받았고, 그 6개월 후인 1882년 10월 6일에 권서행로에 나서 약 3개월간 의주 등 한국 서부지역에서 권서활동을 한 것으로 정리된다.

넷째, 로스는 1882년 봄부터 한국에 보낼 권서인 한 명에 대한 지원을 영국의 아딩턴(Arthington)과 상해의 뮈헤드에게 요청하고 있었으며, 이때 한 명의 한국인 수세자를 같이 언급하고 있다는 것이다. 먼저 아딩턴에게 보낸 1882년 3월 24일자 로스의 편지를 보자.

> ……귀하께서 원하신다면 10 내지 12파운드로 권서인 한 명을 채용할 수 있는데, 6천 권의 복음서가 1년 안에 만주 해안지역에서 일본 해안에 걸친 여러 중심지들에서 반포되고 전파될 수 있습니다.……[16]

아딩턴으로부터 답장을 받지 못한 로스는 1882년 6월과 9월 두 차례에 걸쳐 BFBS와 상해의 BFBS 남부 중국지부 임시대리인으로 있던 뮈헤드에

---

14) 위의 책.

15) "Corea Open to the Gospel," p.420. 이 글이 인용될 때 흔히 김양선, 앞의 논문, p.422를 그대로 재인용하고 있으나, 원문에는 '서씨'라는 말이 없으며, "세례를 받고 누가복음을 번역하는 사람으로 변화된" 것이 아니라 "누가복음을 번역한 후 세례를 요청"했다고 되어 있다. 그리고 이 글이 실린 잡지명도 *The Missionary Review of the World*가 아니라 *The Missionary Review*인데, 후자는 1889년부터 전자로 제호를 변경하였다.

16) 1882년 9월 21일자 Arthington's Letter to Rev. Wright에 나오는 1882년 3월 24일자 Ross(New Chwang), Letter to Arthington. 아딩턴은 스코틀랜드 리즈시의 교인으로 선교사업, 특히 로스의 한글성경에 많은 지원을 한 사람이다.

게[17] 권서인 파견 지원을 요청하였다.

만일 당신이 한국에 한 사람을 보내려고 한다면 나는 마태·마가복음 출판을 서두를 것이고 가능하면 누가·요한복음 개정본도 서두르겠습니다. 그러나 이 모든 것을 내가 부담하면서까지 빨리 진행할 수는 없습니다. 나는 현재 4명의 한국인과 2명의 인쇄공을 고용하고 있으므로 즉시 자금을 지원해 주지 않으면 더 이상 채용할 수 없을 것입니다. 나는 하루 빨리 대영성서공회로부터 답장을 받기 원하는데, 약 3개월 전에 서신을 보낸 바 있습니다.

나는 서울 출신의 한 젊은 한국인 학자를 데리고 있는데, 그는 최근에 세례를 받았습니다. 그는 지금까지의 모든 번역을 수정하고 서울말로 바꾸고 있습니다. 나는 그를 앞으로의 모든 일에 이용할 생각입니다.[18]

이 요청들은 모두 서상륜이 뮈헤드의 지원으로 권서행로를 떠나기 얼마 전에 이루어졌다는 점에서, 우리의 지대한 관심을 끈다. 로스가 편지에서 언급하고 있는 이 서울 출신의 청년학자는 누구인가? 그가 "최근에 세례를 받았다"는 사실은 1882년 6월 6일자 로스 편지에 언급되고 있다.

자료-7 얼마 전에 한글 요한복음 사본을 보냈습니다.……일종의 추신으로 앞으로의 모든 번역은 모든 지역에서 이해될 수 있는 서울말로 할 예정이라는 것을 말해도 되겠습니까? 나의 우편 주소인 영구를 떠나 이 도시(봉천)로 오기 직전 안식일에, 나는 서울에 속해 있는 한 사람에게 세례를 주었는데, 그의 선조들은 관리들이었으며, 현재 그의 친척 몇 명은 서울에서 벼슬을 하고 있습니다. 그는 궁중 언어를 완벽하게 말하고 쓸 수 있습니다. 나는 가능한 한 그를 오랫동안 붙잡아두어 비평을 듣고 필요하면 두 번역인의 작업을 수정하려고 합니다.[19]

로스가 말하는 이 서울 출신의 청년은 《예수셩교요안ㅣ복음젼셔》가 간행된 이후인 1882년 5월말쯤[20] 영구에서 세례를 받고, 로스와 함께 봉천으로

17) 이때 총무 다이어(Dyer)는 영국 휴가중이었으므로 뮈헤드가 임시 대리인으로 있었다.
18) 1882년 9월 25일자 Dyer's Letter to Rev. Wright에 나오는 Ross' Letter to Muirhead.
19) 1882년 6월 6일자 Ross' Letter to Rev. Wright.
20) 로스가 글을 쓴 6월 6일은 화요일이므로, 주일은 6월 4일, 5월 28일, 5월 21일 등이 된다. 로스는 5월 12일 《예수셩교요안ㅣ복음젼셔》를 발송하고 얼마 동안 우장에 머물다가 봉천으로 돌아왔는데, 우장에서 심양까지의 거리는 약 280리로 3일 이상의 행로가 되므로, 자료 1 중의 "영구를 떠나 이 도시(봉천)로 오기 직전 안식일에……세례를 주었다"는 구절과 관련, 6월 4일에 세례식을 베풀었다고 보기는 힘들

올라가서 번역 일에 동참했는데, 특히 서울말로의 수정작업을 맡았음을 알 수 있다.

여기서 다시 제기되는 문제는 과연 이 청년을 서상륜과 동일인물로 볼 수 있겠는가 하는 점이다. 이 문제 제기와 관련, 다음 몇 가지를 부연하겠다.

① 그가 서울 출신(a native of the capital) 혹은 서울에 속하는 자(a man of belonging to the capital)라는 문제 : 서상륜은 의주 태생으로 그곳에서 성장하였음은 주지의 사실이다. 그러나 로스가 그를 서울 출신으로 보는 이유는 무엇일까? 《대구서씨세보》(大邱徐氏世譜) 정사본(丁巳本, 1977)에[21] 의하면 서상륜의 가계는 증조부 때부터 의주에 거주했고, 그 이전의 선조는 모두 경기·서울에서 살았음을 알 수 있다. 따라서 자료 7에서 "그의 선조들은 관리들이었으며, 현재 그의 친척 몇 명은 서울에서 벼슬을 하고 있다"는 로스의 지적은 서상륜의 가계에 근거해서 그를 서울 출신으로 여겼기 때문에 그와 같이 표현된 것이 아닐까?[22]

② 이 청년이 우장에서 세례를 받고 봉천에 가서 번역 일을 도왔다는 사실 : 이것은 서상륜 자신의 회고(자료 1, 2)와 일치한다. 그는 영구에서 세례

다. 따라서 5월 28일이 가장 유력시된다. 그리고 이 청년을 서상륜과 동일인물로 간주한다면, 그가 1882년 10월 6일 권서행로를 떠나기 6개월 전에 세례를 받았다고 했으므로(자료 3), 5월 28일경에 수세했으리라는 추측은 사실과도 부합된다. 따라서 서상륜의 수세는 1882년 5월 28일 주일 영구에서 거행되었을 것이라는 잠정적인 결론을 얻게 된다. 그러나 이 잠정적인 결론이 확정되기 위해서는 더 명확한 자료와 토론이 필요할 것이다.

21) 丁巳刊本에 의하면, 서상륜은 承仕郎公派로, 그의 직계 선조는 12世 徐久의 庶子 崑에서 출발된다. 崑－瀅－景霞－應履－文柱－宗潤－命德－浚修－有默－晶輔－奭淳－相崙으로 내려오는데, 15世 景霞 이하는 모두 獨子로 되어 있어 서상륜에게 가까운 친척이 없는 것으로 되어 있다. 한편 己未刊本(1979)의 大邱徐氏世譜에 의하면 앞의 丁巳本을 僞譜라고 하면서 正譜로 인정치 않고 있으며 久의 庶子 崑은 無后로 명기해 놓고 있는데, 이는 壬子本(1852)·戊寅本(1878) 족보와도 동일하다. 따라서 이 丁巳本 《대구서씨세보》에 나오는 서상륜의 선조는 후대에 삽입시켰을 가능성을 전혀 배제할 수 없는 것으로, 그 신빙성이 약하다고 하겠다. 특히 의주 이거 후인 有默부터 상륜까지 生沒年代가 표기되어 있지 않는 것도 주목된다.

22) 서상륜의 고조부가 丙戌(1776)년에 사망하여 지금의 서울 金谷洞에 묘를 썼고, 서상륜이 己酉(1849)생이므로, 증조부 유묵부터 약 80년간 의주에 거주했다고 볼 수 있다. 따라서 로스는 서상륜의 조상이 대대로 서울에서 살았으며 관직에 많이 있었고, 현재에도 벼슬에 나간 자들이 있다는 말에 근거해서 그를 '서울에 속하는 자' 혹은 '서울 출신'이라고 했을 가능성은 없을까? 그러나 이미 서상륜의 말은 의주방언으로 굳어 있었으므로 1883년에 나온 《예수셩교셩셔누가복음뎨자힝젹》은 로스, 서상륜의 노력에도 불구하고 서울말의 채용이 별로 이루어지지 못했다고 보여진다.

를 받은 후 로스의 권고로 심양(봉천)에 올라가서 "일편으로 성경을 우리나라 말로 번역하고 일편으로 성경을 인쇄하기를"[23] 약 6개월간 했던 것이다.

우리는 지금까지 서상륜의 1882년 수세설을 뒷받침하는 여러 자료들을 네 가지로 구분해서 살펴보았다. 네번째 항목에서 1882년 5월말경에 세례를 받은 서울 출신의 청년을 서상륜과 동일한 인물로 잠정적으로 간주하는 것은, 좀더 조사를 해보아야 하겠지만, 앞의 세 항목에서 인용한 자료들을 살펴볼 때 일단 문제제기의 필요성을 느꼈기 때문이다.

Ⅲ. 번역활동

서상륜의 한글성경 번역활동에 대해서는 일반적으로 와그너(E. Wagner)의 글 "Through the Hermit's Gate with Suh Sang Yun"(1938)이[24] 재인용되어 오면서 통설로 굳어졌는데,[25] 그는 서상륜이 1873년부터 로스의 어학교사 겸 번역인이 되어 1882년까지 약 10년간 번역을 했으므로, 'Ross Version'으로 부르기보다는 'Suh Version'으로 부르는 것이 타당하다고 하였다. 그 정도로 서상륜의 성경 번역활동을 높이 평가했던 것이다.

그러나 서상륜 자신은 1901년에 쓴 자료 1에서 직접적으로 번역활동을 언급하지 않고 다만 수세 후 로스 목사를 따라 봉천에 가서 "거의 일년 동안을 함께 있어 주의 은혜를 무한히 받았나이다"라고 말하고 있으며, 성경 번역에 참가하였다는 자료 2의 진술도 수세받은 후 "그 익년에 심양으로 올라가서 일편으로 성경을 우리나라 말로 번역하고 일편으로 성경을 인쇄하기 시작했다"라고만 하여, 자신의 번역기간을 수세 이후부터 권서인으로 파견되기까지의 약 1년으로 한정하고 있다.

한편, 앞의 표에서 보듯이 김양선·김광수·백낙준 등은 서상륜의 진술을 받아들이되, 수세 연대를 1879년으로 보고 권서 파견을 1883년 봄의 사건으

---

23) 서상륜, 〈예수 성교가 조선에 시입한 역사〉.
24) E. Wagner, "Through the Hermit's Gate with Suh Sang Yun," *The Korea Mission Field*, 1938. 5., pp. 93~96.
25) 전택부, 《토박이 신앙산맥》, 대한기독교출판사, 1977, pp. 231~234; 민경배, 《한국기독교회사》, 대한기독교출판사, 1982, pp. 168~169. 민경배는 《대한예수교장로회 백년사》(1884)에서 번역기간을 1877년부터 1882년까지로 수정해 놓고 있다.

로 간주하여 그 중간기간을 번역기간으로 삼고 있으며, 이덕주는 수세 연대를 1881년으로 봄에 따라 번역기간을 1881, 1882, 양년간으로 잡고 있다. 그러나 민경배는 계속 수세 이전 입만(入滿) 때 번역에 참가한 것으로 보고, 1877년에서 1882년간을 주장하고 있다.

이처럼 서상륜의 번역활동에 대한 서술들이 서로 상당한 차이를 보이는 것은 모두 서상륜의 부정확한 기억과 회고를 그대로 받아들였거나, 그것을 바탕으로 쓴 자료를 무비판적으로 수용했기 때문이다. 그러므로 우리는 앞에서와 마찬가지로 그의 성경 번역활동에 대해서도 그 1차적인 자료라고 볼 수 있는 로스의 글들을 바탕으로 추론하는 것이 좀더 신빙성이 있을 것으로 생각된다.

첫째, 우선 문제가 되는 것은 그가 언제 영구에 갔다가 열병(장티푸스)을 앓고 매킨타이어를 만나 전도를 받았는가 하는 문제이다.

서상륜은 자료 1(1901)에서는 1874년으로, 자료 2(1921)에서는 1878년으로 밝혀놓고 있고, 와그너는 1873년 서상륜의 나이 20세 때였다고 했으며, 이덕주는 자료 2와, 다음의 서경조 글을 바탕으로 1878년으로 인정하고 있다.

> 자료-8 本人은 主 一千八百五十二年 壬子年 十二月 十四日 義州 出生이라. 一千八百七十八年에 觀光차로 舍伯과 其外 四人이 淸國 營口에 들어가서 마침 義州 친구 三人을 만나니 海關稅務使 英國人 河文德의 朝鮮語學敎師 李益世와 英國 牧師 마근태의 朝鮮語學敎師 李應贊과 聖經을 朝鮮語로 번역하는 崔成均이라.……[26]

그러나 이응찬이 매킨타이어의 어학교사가 된 것은 1879년 5월 로스가 안식년 휴가를 떠난 뒤 번역사업을 매킨타이어가 담당할 때 있던 일로서, 매킨타이어가 번역자로서 최성균과 이응찬을 데리고 있었다는 점에서 자료 8에 보이는 서경조의 방문은 최소한 1880년 이후로 생각된다. 그리고 자료 1에서 서상륜이 재차 영구를 방문하여 마침 휴가를 마치고 돌아오는 로스를 만났다고 했으므로, 자료 8의 방문은 로스가 귀환한 1881년 5월 이전으로 추측된다.

---

26) 서경조, 〈徐景祚의 信道와 傳道와 松川敎會 設立歷史〉, 《神學指南》 1925년 10월호, p. 88.

그렇다면 서상륜과 로스의 첫 대면은 과연 자료 1에서의 서상륜의 회고처럼 로스가 안식년 휴가를 마치고 돌아온 1881년 5월 이후로 보아야 할 것인가? 로스의 기록은 이와는 달리 그것은 1878년이었다고 말하고 있다. 즉 1882년에 쓴 자료 4에서는 '여러 해 전'에, 1883년에 쓴 자료 8에서는 '5년 전'에 서상륜을 만나 〈누가복음〉을 번역하도록 했다는 것이다.

따라서 우리는 사건발생에서 좀더 가까운 시일에 씌어진 로스의 진술을 받아들여 서상륜이 1878년 입만(入滿) 때에 로스를 처음 만났다고 보는 것이 더 타당하겠다. 그리고 당시 서상륜이 "무신론적 자살의 검은 구름 아래서 절망하고 있었다"는 점에서, 바로 열병을 앓다가 매킨타이어의 도움으로 완쾌된 그때에 로스에게 소개되지 않았을까 추측된다. 그러나 이 점은 앞으로의 과제로 남겨두어야 할 것 같다.

둘째, 서상륜의 번역 참가기간과 번역내용 문제이다. 이 기간을 정확히 밝히기 힘든 이유는 서상륜이 영구와 의주를 자주 오갔기 때문이다. 앞에서 정리한 대로 번역은 1878년에 이루어졌다. 1878년 봄, 이응찬 등이 〈요한복음〉과 〈마가복음〉을 번역한 후 의주로 돌아가자 번역인이 필요하게 된 로스에게 서상륜이 나타났고, 서상륜은 영구에서 이해 가을이나 겨울까지 〈누가복음〉을 번역한 것으로 보인다.[27] 제 2 차 번역은 수세 후 봉천에서 약 5개월간(1882. 6.~1882. 10. 6.) 이루어졌는데, 이때 작업한 내용은 주로 〈누가복음〉을 수정하는 것이었다.

따라서 서상륜의 번역 참가기간은 약 1년밖에 되지 않고, 번역내용도 〈누가복음〉에 국한된다. 이렇게 보면 와그너의 '로스본'을 '서상륜본'으로 보는 견해는 잘못이다. 오히려 이응찬을 비롯한 여러 명의 한국인의 힘으로 실제 번역되었다는 점에서 '로스본'이라는 용어보다는 '예수셩교본'이라고 부르는 것이 더 타당하지 않을까 생각된다.

Ⅳ. 초기 권서활동

서상륜은 《예수셩교본》의 번역·인쇄에서보다는 그 권서사업을 통해 서울

27) 이만열, 〈로스본의 번역·출판·권서사업(Ⅰ)〉, 《빛과 소금》 1987년 8월호, p. 202.

과 소래 등 여러 지역 교회들의 기초를 놓는 데 지대한 공을 세운 분이다. 그 번역이 로스·매킨타이어 주도하에 10여 명의 한국인의 힘으로 이루어졌다는 점과 함께, 한글 최초의 복음서가 한국인 청년 서상륜의 손에 의해 서울에서 반포되었고, 그 열매들이 선교사 입국 이전에 이미 상당수 맺히고 있었다는 점은 우리 교회사의 큰 자랑으로 보아야 할 것이다.

지금까지 서상륜의 초기 권서활동에 대해서는 일반적으로 다음과 같이 정리되고 있다.

> 1883년 봄 봉천을 떠나 첫 권서(매서)행로에 나섰으나 별정소에서 체포되어 투옥되었으며, 친척 관리의 도움으로 야간 탈출하여 의주로 왔다. 거기서 신변의 위협을 느껴 동생 서경조와 함께 친척이 살고 있는 황해도 송천동으로 피신해 와서 은밀히 전도하였다. 이듬해 1884년 봄 로스가 인천해관으로 보낸 6,000여 권의 성경을 받아 본격적으로 서울과 소래에서 전도한 결과 수십 명의 구도자를 얻었고 소래교회를 설립하였다. 서상륜은 1886년까지 계속 로스가 서울에 와서 세례를 베풀고 교회를 조직해 줄 것을 요청하였으나, 로스의 방문이 연기되자 드디어 1886년말에 언더우드(H. G. Underwood)를 찾아가서 소래 교인들에게 세례를 베풀어줄 것을 희망하였다. 이듬해 봄 이들 중 3명이 상경, 세례를 받아 소래교회 첫 수세자가 되었다.[28]

는 것이다.

그러나 이상의 서술에는 여러 오류들이 있는데, 항목별로 나누어보기로 하자.

첫째, 서상륜의 첫 권서행로 출발일은 자료 4에 의하면 정확히 1882년 10월 6일이었다. 이날 로스 부부는 서상륜과 "함께 엎디어 주께 도와주시며 보호하심을 기도하고 서로 작별"하였던[29] 것이다.

둘째, 첫 행로에서 별정소 검문시 성경을 압수당하고 투옥되었다가, 한국측 검문소 관리인 김효순과 김천련에 의해 야간 탈출하여 압록강을 건너 의주로 왔다는 문제이다. 이것은 사실과 다르다. 서상륜이 1898년 켄뮤어(A. Kenmure)에게 전해 준 서상륜의 말을 들으면, 로스 부부와 함께 기도한 후

---

28) 김광수, 《한국기독교인물사》, 기독교문사, 1974, pp. 28~37; 백낙준, 《한국개신교사》, 연세대출판부, 1976, p. 51, 147, 161, 162; 민경배, 《한국기독교회사》, pp. 170~172.

29) 〈셔션싱 샹륜의 경력〉.

무거운 성경상자를 지고 봉천에서 고려문까지 가던 도중에 두 명의 한국인을 만나 그들의 도움으로 쉽게 여관까지 올 수 있었다. 여관에서 하룻밤 묵고 있을 때 세관 검사관이 오고 있으니 압록강 위쪽으로 올라가서 기회를 엿보아 국경을 건너가라는 경고의 말을 전해 들은 서상륜은 이를 거절하였다. 그는 곧 검사관을 만났고 그 앞에 불려갔다.

> 검사관이 물었다. "성명은?" "서상륜", "사는 곳은?" "의주", "짐 속에 밀수품은 없는가?" "없습니다." 짐을 풀라는 명령이 내려졌다. 책문 순검은 두 손에 가득 책을 들고는 즉시 소리쳤다. "양인 야소교 책입니다!" 검사관은 책 돌을 옆에 따로 놓은 뒤 묶어서 포장하라고 했다. "서씨, 당신은 밀수품이 없다고 했는데 어찌된 것이오?" "이 책들은 다만 사람들에게 올바른 일을 하라고 가르치는 것으로, 나는 이 책들이 결코 밀수품이라고는 생각지 않습니다." 그러나 그는 "좋소, 이번만은 밀수품을 반입한 것이 처음이니까 모르고 한 것으로 보고 용서해 주겠소. 하지만 물건은 압수요, 다시는 이런 일이 없어야 하오. 그리고 당신 행적을 계속 알아봐야 하겠으니 의주 주소를 대시오." 나는 주소를 알려주고 풀려나왔다. 두 동행인은 나를 보자 깜짝 놀랐다. 그들은 내가 최소한 태장은 맞으리라고 확신하고 있었던 것이다.
>
> 우리는 곧 안전하게 의주에 도착했다. 내가 의주에 며칠 머물고 있을 때 한 양반이 나를 찾아왔다. 들어오라고 하자, 너무나 놀랍게도 바로 그 책문 검사관이 민간인 복장을 한 채 서 있는 것이 아닌가. "서씨, 만나서 기쁩니다. 잘 지내시는지요. 지난번에는 가까스로 위기를 면하셨는데, 그 때문에 언짢지나 않았는지요. 저는 아시다시피 공무를 수행치 않을 수 없었습니다. 그러나 당신이 가졌던 그 책들은 매우 좋은 것들이었습니다. 나는 그것들을 읽어 왔는데 매우 좋았습니다. 압수한 사실에 대해 미안하게 생각합니다. 그러나……" 그러면서 그는 헐렁한 바지 깊숙한 곳에서, 또 늘어진 소매 깃 속에서 책들을 한 권씩 꺼내어 놓고는 사람들에게 나누어주라고 했다.
>
> 이 이야기를 마치면서 서상륜은 말했다. "만약 당신이 옳은 일을 하고 있다면 결과를 두려워하지 말고 밀고 나가라. 만일 내가 강 위쪽으로 가서 책들을 밀반입하려고 시도했다면, 나는 우호적인 검사관도 만나지 못했을 것이고, 또 만일 체포되었다면 밀수범으로 처벌받았을 것이다. 나는 내가 옳은 일을 하고 있다는 것을 알았다. 그래서 나는 앞으로 나아갔고, 여호와께서 보호해 주셨던 것이다."[30]

30) A. Kenmure, "Customs and Colportage in Korea," *The Bible Society Monthly Reporter*, 1898. 10., pp. 205~206.

서상륜은 검사관으로부터 받은 책들로 의주에서 약 3개월간 전도활동을 한 것으로 보인다. 그는 10월부터 3개월간 권서행로에 대한 경제적 지원을 받고 있었으므로, 1월에 그 결과를 로스에게 편지로 보고하였는데, 앞의 자료 5가 그것이다. 그가 말하는 한국 서부지방에서의 권서활동은 의주를 말하는 듯하다. 이 활동으로 신변에 위험을 느낀 때문인지, 아니면 원래 권서활동의 목적지가 서울이었기 때문인지 서상륜은 의주를 떠나 일단 상경하게 되었고, 이 무렵 서경조도 소래로 이거하여 당숙 집에서 지내게 되고, 서상륜은 "한양으로 올라와서 석달 동안은 남에게 붙여 있다가 남대문안 창동으로 집을 정하고"[31] 전도의 기회를 엿보게 된다.

셋째, 따라서 서상륜이 의주를 떠나 1883년에 동생 경조와 함께 소래에 정착하였다는 것은 잘못이다. 서상륜은 1883년 1월경에 상경하였고, 그 사실을 로스에게 알렸던 것이다. 성경이 없어 권서활동이 어려워진 서상륜에게 로스는 5월 22일 제2식자공인 평양 출신의 청년편으로 〈요한복음〉 300권과 〈누가복음〉 100권을 전달해 주었고,[32] 이것으로 그해 연말까지 6개월간 서상륜은 서울에서 은밀히 전도할 수 있었다.[33] 결과 그는 여러 명의 개종자를 얻었고, 로스에게 편지하여. "서울로 와서 세례를 원하는 13명의 친구들에게 세례를 베풀어 교회를 조직해 주기를 요청"하였던[34] 것이다.

넷째, 1884년 봄 로스가

> 上海 聖書公會에 委託하야 鮮文으로 譯刊한 聖經 六千餘本을 朝鮮 京城 徐邸에

---

31) 〈셔션싱 샹륜의 경력〉.

32) 이만열, 〈로스본의 번역·출판·권서사업(Ⅲ)〉, 《빛과 소금》 1987년 10월호, p. 196. 여기서 저자는 5월 22일 봉천을 출발, 평양으로 간 전 식자공을 김청송으로 잘못 서술하였다. 김청송이 아닌 그의 후임으로 일한 전 동지사 수행원이었던 평양 출신의 청년이었다. 그의 성은 류씨로 추측되며(*BFBS Annual Report for* 1884, p. 377), *BFBS Annual Report for* 1890, p. 239에 나오는 'Lien Chien tan'이 이 사람을 말하는지도 모른다. 뒷날의 숙제로 남긴다.

33) *BFBS Annual Report for* 1884, Appendix A, p. 377. 참고로 서상륜은 1884년 8월(음력)경에도 서울에 머물면서 매서(권서)로 전도활동을 전개하는 한편 청나라 상인들과 함께 淸州 등지에 왕래하며 牛皮장사를 하고 있었다.(《舊韓國外交文書》 제8권 淸案 1, p. 149 〈淸州牧使의 淸商牛皮攘奪事件의 虛僞에 關한 照會〉)

34) J. Ross, "The Christian Dawn in Korea," *The Missionary Review of the World*, 1890. 4., p. 247; J. Orr, "The Gospel in Corea," *United Presbyterian Missionary Record*, 1890. 6. 2., p. 188. 이 두 글에서 로스는 서상륜과 임오군란시 망명했다가 로스로부터 세례와 훈련을 받고 서울로 파송된 청년을 혼동하고 있다.

> 輸送케 한 것이 仁川海關에서 發覺되어 押收하고 不測의 事가 生케 되었더니 適其時 外衙門協辦 穆仁德의 婦人은 篤實한 信者라 傳道에 有意하더니 로스 牧師의 致書囑托으로 穆協辦이 徐相崙을 密招하야 事由를 聞知하고 政府에 善言하야 무사이 되었으며 書箱은 徐邸에 送致됨으로 徐君은 隱密히 傳道에 從事하[35]

였다는 문제에 대해서이다.

이것은 다음 서경조의 회고와 일치한다.

> 자료-9 一千八百八十三年 癸未年 長淵 松川洞에 移住하게 된지라. 이때에 伯氏는 심양에 들어가 라 목사에게 受洗하고 매서 직분을 받고 조선 경성에 移居하시고 上京하란 下書를 받고 上京하니 마침 그때 尋陽으로부터 책 상자가 淸商便으로 비밀이 나온지라. 新約全書와 덕혜입문 등 서를 가지고 下來하여 ……[36]

그러나 서경조의 진술대로 로스가 보낸 책이 《신약전서》와 《덕혜입문》 등이었다는 점에서 우리는 그것이 일단 모두 한글복음서는 아니었음을 알 수 있다. 다음으로 발송한 책 수량이 문제인데, 은밀히 들여보내는 상황에서 6천여 권은 비현실적이라 생각된다.[37] 와그너의 표현대로 책 한 상자로 본다면[38] 그 경우 책 수량은 약 500권에서 1천 권 정도였을 것으로 생각된다. 그리고 1884년 봄이라는 시기문제는 전후 상황을 고려할 때 타당하게 여겨진다. 1883년말까지 400여 권의 성경을 반포한 서상륜은 성경 공급을 재요청하였을 것이고, 임오군란 후 활발해진 청의 조선 진출로 개설된 상해-제물포간의 항로를 이용해서[39] 로스는 BFBS 상해지부를 통해 성경상자를 보낼 수 있었을 것이다.

다섯째, 1885년초 서상륜이 봉천의 로스를 방문하고 한국 상황을 설명한

---

35) 차재명, 《朝鮮예수教長老會史記》, 新門內禮拜堂, 1928, p. 8.

36) 서경조, 앞의 글, p. 89. 이 글에서도 1883년 서경조의 소래 정착과 서상륜의 서울 이주를 확인할 수 있다.

37) 성경책 1상자당 수량을 보면, 1882년 서상륜의 첫 입국시 약 1천권, 1883년 제2권서인 입국시 400~1,000권이었으므로, 6천 권을 발송할 경우 최소한 6상자는 되어야 한다.

38) E. Wagner, 앞의 글, p. 95.

39) 1882년 9월에 朝中商民水陸貿易章程이 조인되고 이어 1883년 10월부터 상해—제물포간 기선항로가 개통된다.

후 직접 로스를 초청하여 국내 개종자들에게 세례를 베풀어줄 것을 요청했으며, 이때 다시 책문을 거쳐 입국하다가 검거, 투옥되었을 것이라는 점에 대해서이다.

이것은 저자의 생각으로서 명확한 근거가 없으므로 앞으로 더 천착해 볼 문제이지만, 적어도 다음과 같은 의문이 제기될 수 있다.

그것은 왜 지금까지 서상륜이 첫 행로에서 투옥 탈출하였다가 소래로 피신한 것으로 인식되어 왔던가 하는 점이다. 와그너의 글 "Through the Hermit's Gate with Suh Sang Yun"(1938)과 그보다 앞서 서술된 차재명의 《조선(朝鮮)예수교장로회사기(長老會史記)》(1928)에서 이 점을 처음으로 언급하고 있는데, 이들은 모두 서상륜의 뒷날 회고를 바탕으로 하여 무비판적으로 기술한 데서 연유되었다. 그러나 그렇다고 해서 이 투옥·탈출사건 자체가 없었던 일로 보기는 어렵다. 저자는 이것이 1885년 서상륜이 두번째 압록강을 건너올 때 발생한 사건이 아닐까 하고 일단 문제를 제기해 본다. 즉 1883년 봄부터 이듬해말까지 2년간의 전도 결과 약 70명의 개종자가 국내에 있게 되자, 여러 차례 로스에게 편지하여 로스가 와서 세례를 베풀어줄 것을 요청하였으나, 로스의 한국 방문이 이루어지지 않게 되자 서상륜은 1885년 3월초에 봉천의 로스를 직접 방문하여, 국내 사정을 설명하고 방문해 줄 것을 재요청하게 된다.[40] 로스는 봉천의 선교업무와 한국의 정세로 인해 방문을 할 수 없는 형편이었다. 그리하여 서상륜은 다시 성경을 짊어지고 봉천을 떠나 의주로 향했다. 그러나 이때 조청(朝淸)의 국경상황은 1882년과는 상당히 달라져 있었다. 1883년에 청은 간도 개간을 위해 조선인의 철수를 요구하는 한편, 책문호시(柵門互市)를 의주 대안의 중강(中江)으로 옮기는 등 그들의 국경 영토를 확장하고 국경무역 관리를 강화하였다. 조선정부는 또한 1884년 12월 갑신정변을 계기로 더욱 보수화의 경향을 띠며 야소교나 서양인의 침투를 경계하고 있었던 것이다. 이런 배경하에서 서상륜이 검거되어 투옥되었고, 친척 관리들의 도움으로 야간 도주하였을 것으로 생각된다. 그렇기 때문에 서상륜은 의주에서 신변의 위험을 느낀 나머지 곧바로 동생이 살고 있는 소래 마을로 피신해 갔고, 거기서 기존의 구도자들을 지도하

---

40) 1885년 3월 8일자 Ross' Letter to Rev. Wright. 이 편지 일부가 *BFBS Annual Report for* 1885, pp. 215~216에 실려 있다.

며 신앙공동체를 형성해 갔던 것이 아닌가 추측되는 것이다.

Ⅴ. 소래교회의 설립

일반적으로 한국 개신교회의 요람지로 불리는 소래교회는 서상륜에 의해서 1883년에서 1884년경에 설립한 것으로 인정되고 있다. 그러나 앞에서 이미 살핀 바와 같이, 서상륜은 1883년부터 1884년에 소래에 장기 거주한 증거가 없고 그 대신 이 기간에 서울에서 전도하고 있었으며, 1885년 3월에는 로스를 만나러 만주에 들어갔던 것이다. 따라서 소래교회의 출발문제는 일단 서상륜의 동생인 서경조와 관련시켜 보는 것이 좋을 것이다. 서상륜이 서울로 오던 1883년초에 서경조는 소래로 가서 거처를 잡았기 때문이다.

서경조가 쓴 〈서경조(徐景祚)의 신도(信道)와 전도(傳道)와 송천교회(松川教會) 설립역사(設立歷史)〉(1925)에 의하면, 소래로 갔던 그는 1884년 봄에 그의 형 상륜의 부름을 받아 상경하여 《신약전서》와 《덕혜입문》 등의 책자를 받아 돌아왔고, (자료 9 참조) 그것을 여러 번 읽으면서 마음의 갈등을 거듭하다가 반년 만에 믿게 되었다고 다음과 같이 술회하였다.

> 下來하여 비밀이 신약을 두어번 보아도 알 수 없는지라. 그러나 이 책 속에 奇異한 術法이 있으리라 하고 차차 모를 것은 심히 생각하여 보기를 수차 내려보니 더러 알 것이 있는 동시에 전에 기이한 술법을 얻어보려 하던 마음은 없어지고 예수교 할 마음이 깊이 들어가는 동시 그 교를 하면 被殺하리라 하는 마음이 또 생겨 心中戰이 일어나는지라. 이는 이전에 조선서 天主교인 죽이던 일이 있으므로 나도 이 교를 하면 죽으리라 함이라. 그러나 예수를 믿어 속죄함과 구원 얻는 줄은 알지 못하더니 로마人書를 많이 본 후 信이 속죄 두 구절을 좀 알았으나 心中戰은 여전하여 信할 心과 懼死心이 서로 싸우기를 기지 반년이나 受苦하다가 使徒 바울의 죽음을 무릅쓰고 두려움이 없는 마음을 보고 내 생각에 바울도 사람이라 어찌 죽기를 두려워 아니하리오 하고 깊이 생각하다가 聖神 받는 일에 대하여 생각이 나기를 죽는 것은 잠깐 동안이오 죽을까 두려운 마음이 실상 어려우나 성신을 받아 두려운 마음이 없으면 죽는 것이 두려울 것 없고 또한 死生이 天主의 뜻대로 되리라 하고 信心을 定하였으나 그래도 간간이 죽기 두려운 마음이 있어 聖經을 많이 상고하여 보고 위로를 많이 받으니라.[41]

우리는 위의 글에서 한국 초대교회의 초석의 한 분이었던 서경조의 회심 과정을 보게 되는데, 당시 예수를 믿는 것이 곧 죽음을 의미하는 저 위급한 상황에서 사생을 결단하는 심정으로 그는 신심을 정하였던 것이다. 이어서 그의 개종 결심이 1884년 후반이었음도 밝히고 있다. 따라서 소래교회의 설립시기는 최소한 최초의 신자인 서경조의 개종시기인 1884년 가을 이후가 되어야 한다.

여기서 우리는 다시 서상륜의 권서활동을 소개하고 있는 로스의 편지를 보자.

> 자료-10 ……그가 2년 동안 노력한 결과 현재 70명이 넘는 세례 청원자가 있으며 그 가운데 몇 명은 주목할 만한 사람들입니다. 그가 개종시킨 사람들 중에 한 명이 세례받기 위해 함께 이곳으로 왔는데, 그의 말을 빌리면 그는 서울의 서쪽에 있는 한 도시에 '설교당'을 개설하였고 그곳에 18명의 신자가 있는 것으로 보입니다. 또한 서울 남쪽의 한 도시에 있는 다른 한 개종자는 '20명 이상'의 세례 청원자를 가지고 있다고 합니다.[42]

여기서 말하는 '서울 남쪽의 한 도시'는 소래로 생각되며, 20명 이상의 세례 청원자를 가진 개종자는 서경조로 여겨진다.[43] 그는 1884년말에 회심하고 이어 소래 주민들에게 열심히 전도한 결과 1885년초에 20명이 넘는 구도자들을 얻었다. 그러나 아직까지 예배처소는 존재하지 않았음이 확인되고, 어떤 신앙공동체적 활동도 서경조의 신앙 정도로 볼 때 기대하기 어려웠을 것으로 판단된다.

소래에서의 교회공동체 활동은 1885년 3월 이후 서상륜의 소래 정착으로 가능케 된다. 앞에서 살펴본 대로 별정소에서 탈주해 나온 서상륜은 의주를 거쳐 소래로 도피해 왔고, 여기서 1886년말까지[44] 은거하다가 소래 교인들의

---

41) 서경조, 〈徐景祚의 信道와 傳道와 松川敎會 設立歷史〉, 《神學指南》 제 7 권 4호 (1925. 10), pp. 89~90.

42) 1885년 3월 8일자 로스의 편지

43) 김양선, 〈Ross Version과 韓國 Protestantism〉, 《白山學報》 제 3 호, 1962, p. 113 참조. 자료 10에서 말하는 서울의 서쪽 도시는 의주로서, 소래보다 먼저 의주에 한국 개신교 최초의 신앙공동체와 예배처소가 설립되었음을 알 수 있다.

44) 1886년 3월에 서울을 방문한 BFBS 중국 북부지부 총무 브라이언트(E. Bryant)는 언더우드를 통해 권서인 서상륜을 만나고자 수소문했지만 끝내 실패하고 돌아간다. 그때 서상륜은 소래에 은거해 있었기 때문이다. *BFBS Annual Report for* 1887, pp. 270~272 및 H. G. Underwood, *The Call of Korea*, 1908, p. 107.

수세문제로 서울의 언더우드를 찾아가게 되었던 것이다.

> 현재 우리 선교부의 신실하고 믿음직한 수석조사인 서상륜씨는 1886년에 내게 왔는데, 나는 그때 처음으로 그와 대면했다. 그는 자기가 살고 있는 마을로 내려와서 과거 얼마 동안 그리스도를 믿어온 몇 사람에게 세례를 베풀어달라고 요청했다. 그때 서씨는 누구에게도 고용되어 있지 않았다. 하지만 중국의 로스에게서 그리스도를 배웠고 그에게서 세례를 받았다. 나는 갈 수가 없었고, 그는 자신의 마을인 장연으로 내려갔다. 얼마 후 그는 4명의 세례 지원자를 뽑아 데리고 왔다. 그들은 알렌 의사와 헤론 의사, 그리고 내 앞에서 엄격한 세례문답을 치렀다. 그들은 서울에 머무는 며칠 동안 계속 우리와 만났다. 마지막 날 우리는 세례를 거절할 권리가 없음을 느끼고 서로 의견을 나눈 뒤 그들에게 세례를 주었다. 물론 그들은 적지 않은 여행경비와 숙박비 일체를 스스로 부담했다.[45)]

이 세례식은 언더우드가 베푼 것으로서는 국내 두번째이며, 1887년 1월 23일 주일에[46)] 거행되었는데, 세례를 받은 사람은 서경조·최명오·정공빈 3명이었다. 1887년 1월 22일자 언더우드의 편지를 보자.

> 다음 주일에 몇 명 세례를 베풀 예정인데, 세례 요청자들은 모두 신실한 자들임이 증명되었습니다. 이들은 로스 목사가 북쪽에서 뿌린 씨앗에서 맺혀진 열매의 일부입니다. 로스 목사는 한 사람에게 세례를 주고 그에게 한글 및 한문성경을 들려 내려보낸 후 그것들을 가지고 어떻게 하는가 지켜보았습니다.
>
> 그는 이것들을 가지고 활동해 왔으며 지금은 세례지원자가 약 2,30명에 이르고 있다고 합니다.……
>
> 우리는 3명을 문답했는데, 그들은 훌륭하게 문답에 통과했습니다. 기독교의 근본들과 구원교리를 잘 알고 있는 것 같았습니다. 그들의 대답은 명백하고 정확했습니다. 그들은 자기들의 목숨이 위험할 것이라는 사실도 인식하고 있었습니다. 그들 중 한 명은 "하나님께서 우리를 구원해 주셨으니 임금님이 우리를 처형한다고 해도 괜찮습니다"라고 말했으며, 다른 한 명은 "하나님을 섬긴다는 이유로 임금님이 내 목을 자른다 해도 상관치 않습니다"라고 고백하였습니다.
>
> 이러한 증언을 하고 세례를 받겠다고 했으므로 우리는 허락하지 않을 수 없었습니다.
>
> 이 사람들은 지금까지 주일마다 예배를 드려왔으며, 그 소식을 전하려고 애

---

45) H. G. Underwood, "Today from Korea," *Missionary Review of the World*, 1893. 11., p.816. 이 글에서 언더우드는 서상륜을 조사(helper)로 호칭하고 있다.

46) H. G. Underwood's Letter to Dr. Ellinwood, 1887년 1월 22일자 및 1887년 1월 27일자.

쓰고 있고, 각자가 모두 빛을 비추는 자들이 되기를 소원하고 있습니다.

이것이 바로 한국 초대교회를 창건했던 신앙 선배들의 모습이었던 것이다. 우리는 여기서 생명의 위험을 불사하고 자신의 경비로 서울의 선교사들을 찾아와서 세례를 받은 이들 소래 교인들이, 이미 "자신들이 개인 집에서 얼마 동안 예배를 드려왔음"에[47] 주목하게 된다. 그들은 서상륜의 지도하에 1885년이나 늦어도 1886년부터 예배처소를 마련하고 매주일 예배를 드리면서 하나의 신앙공동체를 형성하였는데, 이는 한국 교회의 주체적이고 자립적인 출발의 한 전형적인 예였던 것이다.

이 수세식이 있은 몇 달 후에 다시 소래교인 한 명이 올라와서 세례를 받고, 언더우드를 재초청하였다. 이러한 계속된 초청에 자극된 언더우드는 더 이상 연기할 수 없어 1887년 11월 소래 여행을 떠나 4명의 신자들에게 세례를 주고 돌아오게 된다.[48] 이처럼 초기에 내한한 선교사들은 씨를 뿌리기 전에 추수하기 바빴던 것이다.

이상의 소래교회의 설립과정을 정리하면 다음과 같다. 소래교회의 설립은 1884년말 서경조의 회심과 전도에서 시발되었고, 1885년 봄 서상륜의 참가로 공동체가 형성되어 늦어도 1886년에는 이미 예배처소를 마련하고 주일마다 정기적인 예배를 드림으로써 의주에 이어 한국 두번째 교회가 되었으며, 1887년 1월 23일 서경조·최명오·정공빈의 수세에 이어 1887년까지 10여 명의 수세자가 존재하는 활기찬 교회로 성장해 나갔던 것이다.

Ⅵ. 장로직 문제

서상륜에 대하여 한국 기독교사에서 일반적으로 인식되고 있는 점의 하나는, 그가 새문안교회가 창립될 때에 장로로 안수되어 한국 기독교의 초대 장로의 한 사람이 되었다는 점이다. 즉 1887년 9월 27일 선교사 언더우드와

---

47) *BFBS Annual Report for* 1887, pp. 271~272.

48) H. G. Underwood, *Today from Korea*, pp. 816~817 및 1887년 11월 27일자 Underwood's Letter to Dr. Ellinwood. 이 편지에서 언더우드는 1887년 11월 현재 장로교 수세자를 25명으로 밝혀놓았는데 그 내용은 다음에서 언급될 것이다. 그후 소래교회 수세자는 이듬해 1888년 4월 언더우드의 소래 방문시 6명이 추가되는데, 이때 서경조의 아들 서병호가 최초의 유아 세례자가 된다.

14명의 한국 신자들이 새문안교회를 조직하던 날 저녁에 2명의 장로가 선출되었고 그 다음 주일에 이들을 안수했는데, 이 두 사람은 곧 서상륜과 백홍준이라는 것이다.[49] 이 통설은 새문안교회사를 비롯하여 여러 기독교사 관계 서술과 기독교 인물사에도 수십년간 그대로 통용되고 있는 실정이다.

그러나 이 문제는 한국의 기독교사, 특히 장로교회에서 최초의 조직교회와 최초의 장로를 밝히는 점과도 관련하여 대단히 중요한 문제일 뿐만 아니라, 1930년대말까지의 문헌에서 '최초의 장로'로서 서상륜이 거론되지 않다가 1950년대에 와서 갑자기 거론되어 통설화되었다는 점에서도 한번 짚고 넘어가야 할 문제라고 생각된다. 표 1에서 보였듯이, 서상륜 자신의 진술이나 그의 동생 서경조의 진술, 그리고 서상륜이 작고한 후 《긔독신보》에 발표된 "고 서상륜씨 약력"에서도 그를 장로로 인식한 점은 전혀 보이지 않는다. 또 1929년에 간행된 백낙준의 *The History of Protestant Missions in Korea*(1832~1910)와, 1934년에 간행된 노해리(Harry A. Rhodes)의 *History of the Korea Mission, Presbyterian USA*(1884~1934)에도 새문안교회 조직시에 두 장로를 세웠다는 것은 서술되어 있으나 그들이 서상륜과 백홍준이라는 지적은 없다. 이렇듯 두 사람의 이름이 명시되지 않다가 1950년대에 와서 구체적으로 지적되는 것은, 그럴 만한 이유가 있겠지만 결코 믿을 만한 전거를 바탕으로 한 것이 아니다. 따라서 우리는 서상륜이 1887년 9월에 새문안교회의 초대 장로로 피택, 장립되었다는 점에 대하여 근원적인 의문을 가지게 되었고 이 의문을 근거로 문제를 제기해 보는 것이다.

서상륜의 장로직에 대한 문제 제기는 몇 단계로 나누어 생각할 수 있다. 첫째는, 새문안교회가 창립될 때에 선출 장립된 장로가 서상륜이라고 거론되고 한국 기독교사에 통설화되게 된 경위가 어떠한가 하는 점이다. 둘째는, 그러면 새문안교회의 창립과 장로 장립문제에 대한 1차 자료는 어떻게 증언하고 있는가 하는 점이다. 아울러 그 자료들에서 서상륜이 거론되고 있는가 혹은 다른 사람이 거론되고 있는가 하는 점도 검토되어야 할 것이다. 이런 점들을 검토한 후에 우리는 서상륜이 새문안교회의 창립 때에 '최초의 장로'로 되었다는 기존의 통설이 전혀 근거가 없다는 것을 발견하게 될 것

49) 이 통설의 전거는 표 1 "서상륜의 경력에 대한 여러 서술" 참조.

이다. 정직한 역사인식은 이러한 학문적 검증을 통해야만 이룩될 수 있다는 교훈을 서상륜의 장로직 문제에서도 발견할 수 있을 것이다.

1. 서상륜의 '최초의 장로' 장립설

앞에서 언급한 바 있듯이, 백낙준의 저서(1929)와 노해리의 저서(1934)에서는 새문안교회의 창립과 두 장로의 장립에 관한 서술이 보이긴 하나, 그 장로가 서상륜이었다는 지적은 전혀 없다. 다만 노해리는 교회의 창립시에 장로를 선출한다는 것이 믿기 어려웠다는 듯이, "중요한 일은 두 사람을 장로로 선출하는 것이었다"는 로스의 증언을 소개하는 대목에서 이렇게 주를 달아놓고 있다.

> 서대문(새문안)교회의 몇몇 노인 신자들은, 이 두 사람들이 집사로서 장립받은 것이며, 그들의 이름은 염준호와 이승원이었다고 주장한다.[50]

노해리는 1887년 9월 27일의 장로 장립에 대해 자료에 보인 대로 소개는 하였지만, 위와 같은 주를 달아둠으로써 오히려 장로 장립이 있었다는 자체를 의심하고 있었다. 그 대신 그는 그때의 사건을 집사 장립으로 보았던 것이다.

그러니까 두 사람의 '최초의 장로'가 누구라는 지적은 적어도 1930년대의 연구에서까지는 나타나지 않았다. 그것이 비로소 나타난 것은 1950년대의 서술에서였다. 우리가 현재까지 조사한 바에 의하면, 김양선의 다음의 글이 그 효시로 보인다.

> 이 때로부터 서상륜과 백홍준은 함께 서울과 송천과 의주에 내왕하면서 전도를 계속하였다. 1887년 9월에 로스 목사가 서울에 왔으므로 서상륜과 백홍준도 함께 서울로 올라와 선교사들과 상의한 결과 세 사람의 전도사를 택정하고 그들에게 구역을 나누어 맡겨 전도하게 하였다. 이 때로부터 한국 교회는 본격적인 진전을 보게 되었다.
>
> 1887년 9월 30일 북장로교 선교부는 한국 교회의 초석을 놓은 원래의 귀빈 로스 목사를 주빈으로 하여 한국 장로교회의 최초의 당회를 조직하였다. 이날 밤 세례교인 14명이 모여 장로 두 사람을 선정하였는데, 그들은 곧 서상륜, 백홍준

---

50) Harry A. Rhodes, *History of the Korea Mission, Presbyterian Church U.S.A. 1884~1934*, p.79.

> 양인이었다. 그리고 전기한 바와 같이 북장로교 선교부는 유급전도사 3인을 선정하여 각각 담임구역을 맡기었는데 백홍준은 서북지구, 서상륜은 중부지구, 최명오는 영남지구에 임명되었다.[51)]

김양선의 서술에는 9월 30일이라는 날짜에도 착오가 있지만, 위 서술의 핵심을 교회의 설립에 두지 않고 "장로교회의 최초의 당회를 조직"하였다는 데 두고 있는 점이 주목된다. 이 점은 로스 목사가 그날 밤의 가장 중요한 일을 두 사람의 장로 선출에 있었다고 보았던 점과 같다.

두 장로가 서상륜·백홍준이었다는 김양선의 주장은 그 전거를 정확히 제시하지 않았지만, 당시 김 목사의 학문적인 위치로 보아서 여기에 대한 반론이 나올 수가 없었다. 오히려 이것이 출발점이 된 듯 그 주장에다 학문적인 치장을 가하는 작업이 나타나기 시작했다. 그 결정적인 계기가 된 것이 한태동의 《새문안교회70년사》이다. 1958년에 간행된 이 책에서 한태동은 새문안교회의 당회의 조직을 서술하면서 "우리 새문안교회가 언더우드 목사에 의하여 설립되던 때로부터 1904년까지는 우리 교회에는 사실상 장로(주 3)가 없었던 것이다"라[52)] 쓰고 '장로'를 설명하는 주 3)에서 그는 이렇게 부연하였다.

> 로스가 스코틀랜드 선교본부에 보낸 보고서와 언더우드 박사가 미국 북장로교 선교부에 보낸 보고서 중에는 백홍준, 서상륜 두 분을 장로라고 기록하고 있다. 그들은 선교지에 있어서 처음 선택되는 장로이였음으로 우리나라 교회역사에서는 장로란 인정을 받지는 못하였다. 그러나 언더우드 박사는 우리 교회를 세우는 날에 위의 두 분을 따로 직분으로 선택한 것은 사실이다.[53)]

한태동의 기술에는 얼른 납득할 수 없는 부분이 있다. 그의 주장과 같이 "백홍준, 서상륜 두 분을 장로라고 기록"된 것이 사실이라면, "선교지에 있어서 처음 선택되는 장로"라는 이유만으로 "우리나라 교회역사에서는 장로란 인정을 받지는 못하였다"는 설명은 쉽게 납득되지 않는다. 현재까지 우리나라 교회사가, 새문안교회에서 1887년에 장립된 장로들을 '우리나라 최

---

51) 김양선, 〈한국의 성서번역사(7)〉, 《성서한국》 제2권 3호, 1956년 7월호, pp. 22~23.
52) 한태동, 《새문안교회70년사》, 1958, p. 47.
53) 위의 책, p. 63.

초의 장로'로 인정하는가에 대해서 분명한 입장표명을 하지 않는 것은 사실이지만, 그렇다고 그것이 "선교지에 있어서 처음 선택되는 장로"였기 때문이라고는 생각되지 않는다. 그것은 오히려, 뒤에서 다시 언급하겠지만, 그때 장립된 장로들이 얼마 안 있어 불명예스럽게 교회를 떠나야 했기 때문에 그분들을 한국 교회 장로 반열의 역사에 올려놓는 것이 합당한가에 대한 의문이 제기되었을 것 같고, 또 그로 인해 장로직이 잠시 중단되기도 하여 그 때문에 장로직 역사에서 그분들이 잊혀져간 것이 아닌가 생각된다.

한 박사가 그 전거로 제시한 로스와 언더우드의 보고서는, 뒤에서 소개되겠지만, 그의 글에서 주장한 "백홍준, 서상륜 두분을 장로라고 기록"한 대목을 전혀 보여주지 않는다. 그는 자료를 정독하지 않았거나, 당시 김양선에 의해 유포된 그 장로설이 새문안교회의 분위기를 이끌어가는 상황에서 적당히 타협하려는 자세를 취했던 것이 아닌가 생각된다.

서상륜의 최초의 '장로' 장립설에 대한 두 분의 견해는 교회의 안팎에서 적당한 간격을 두고 점차 확대되어 갔다. 1973년에 출판된 민경배의 《새문안85년사》에도 한태동의 《새문안교회70년사》의 기록을 근거로 서상륜·백홍준의 장로설을 답습하였다.[54] 김광수는 한걸음 더 나아가, 이때의 두 장로의 장립이 로스와 언더우드의 의논에 따라 이루어졌다고 하면서 그 과정을 다음과 같이 생동감 있게 그려놓고 있다.

> 이때 서울에는 만주 우장으로부터 로스 목사가 입국해 있었고, 그는 자기가 전도하여 믿게 한 만주의 국경 방면 한국인 신도들을 한국 교회로 이관하겠다고 제의하면서 한국 전체 교회를 영위할 장로 장립에 관한 문제를 언더우드 목사와 토의하였다. 아직 개척단계에 있는 한국 교회의 사정을 참작하여 지역이나 자타 교회의 관념을 초월하여 지금까지 복음 전파를 위해 뛰어난 업적을 쌓아올린 두 인물, 즉 백홍준과 서상륜을 아무 이의없이 장로로 장립하기로 하였다. 이때에 서상륜은 로스 목사와 함께 입경하여 있었고 백홍준은 성서 보급을 위하여 서울에 체재중이었다.[55]

김광수의 이같은 주장도 《새문안교회70년사》 이상의 어떠한 전거도 제시

54) 민경배, 《새문안85년사》, 1973, p.49. 민경배는 《대한예수교장로회백년사》, 1984, p.15에서도 두 사람을 두고, 언더우드의 보고에는 서상륜과 백홍준으로 돼 있고 로스의 글에는 '두 사람이 봉천에서 나간 사람의 조카들'이라고 돼 있다고 하였다.
55) 김광수, 《한국기독교인물사》, 기독교문사, pp.24~25.

하지 않은 채 서술된 것이다. 김양선·한태동의 서술이 눈덩이처럼 불어나 여기에까지 이르렀던 것이다.

서상륜과 백홍준이 새문안교회 창립 때에 '최초의 장로'가 되었다는 것은 1차 자료에서는 전혀 확인되지 않는 것이다. 그럼에도 불구하고 그 주장은 1950년대부터 학자들에 의하여 주장되기 시작하여 오늘날에는 교계 일반의 상식으로 통설화되어 버렸다. 그래서 이러한 통설이 근거가 없다고 비판하거나 거부하는 자세는 오히려 이단시되거나 매도당하는 실정이다.

여기서 우리는 역사적 오류가 얼마나 쉽게 형성될 수 있는 것이며, 그 오류를 시정하려는 노력이 얼마나 어려운 것인가를 느끼게 된다. 그리고 오류를 바로잡으려는 노력은, 가능한 한 사건 당시의 자료를 근거로 하지 않으면 안될 것이다. 따라서 새문안교회 창립 때의 자료를 중심으로 그 장로 장립문제가 어떻게 거론되었는가를 살펴보자.

2. 새문안교회 창립과 장로 장립

1885년 4월 5일 한국에 도착한 북장로교회의 언더우드(H.G. Underwood)는 제중원의 일을 도우면서 직접적으로 선교에 나설 수 있는 기회를 엿보고 있었다. 서울에서는 1885년 6월 28일경부처 선교사들만으로 주일예배를 드리고 있었으며, 그 이듬해(1886) 1월부터는 저녁예배에 한국인 몇 명이 참석하고 있었다. 이해 7월 18일 오후 언더우드는 노도사란 별명을 가진 노춘경에게 세례를 주었는데, 아펜젤러가 이를 도왔다.[56] 이러한 활동에도 불구하고 언더우드가 서상륜을 만나게 되는 것은 1886년 3월 이후가 된다.

한편 BFBS 권서로서 1883년초부터 서울에서 성경과 기독교서적을 보급하며 전도활동을 펴고 있던 서상륜은 1885년초 그러니까 언더우드가 내한하기 전에 다시 만주로 가서 로스를 만났다. 앞에서 이미 언급한 바와 같이 그는 귀국하면서 그의 동생 서경조가 있던 소래로 가서 조용하게 복음활동을 전개하였다. 1886년 3월, 서울을 방문한 BFBS 북중국 총무 브라이언트

56) 노춘경의 수세 일자에 대해서, 아펜젤러는 그의 일기(이만열 편, 《아펜젤러—한국에 온 첫 선교사》, 연세대출판부, p.287)에서 7월 18일로 썼고, 언더우드는 1년 뒤의 회상(1887년 6월 17일자 언더우드의 편지)에서 처음으로 7월 11일이라고 밝혔다. 언더우드의 이같은 회상은 그 뒤에도 되풀이되었고 이를 근거로 그의 부인은 언더우드 전기(*Underwood of Korea*, p.105)에서 7월 11일설을 확정했던 것이다.

(E. Bryant)가 서상륜을 만나고자 애를 썼지만 성사되지 못한 것은 서상륜이 소래에 있었기 때문이다. 그 직후 서상륜은 소래 교인들의 수세문제로 서울에 나타나 언더우드를 처음 만나게 되었고, 그후 여러 차례 서울과 소래를 왕래하면서 1887년 1월 23일 주일에 서경조·최명오·정공빈 3인을 비롯하여 여러 사람들을 언더우드에게 세례받도록 했던 것이다. 새문안교회는 서상륜·서경조를 중심한 소래 교인들과 서울의 언더우드와의 이같은 만남과 협력에 의하여 창립될 수 있었다.

1887년 9월 27일 화요일 저녁, 새문안교회가 조직되고 두사람의 '장로'(elder)가 선출되었다고 여러 자료들은 전하고 있다. 우리의 관심을 서상륜의 장로직에 국한시키려고 하지만, 그것이 새문안교회의 창립과 불가분의 관계에 있기 때문에 먼저 그 창립에 관계된 자료를 살펴보려고 한다.

언더우드는 새문안교회를 창립한 사흘 뒤인 9월 30일자로 다음의 편지를 선교본부에 보냈다.

> 자료-11 이곳에서의 사업은 제가 생각했던 것보다 훨씬 빠르게 열리고 있습니다. 지난 화요일 저녁 우리는 한국 땅에서 첫번째 기독교회의 조직을 14명의 등록교인으로 완료하였으며 지난 주일에 한 명이 더 등록하였음을 덧붙여 알려드립니다.
>
> 한국인들은 한 명씩 한 명씩 꾸준히 교회로 찾아오고 있으며 사업도 매일 성장해 가고 있음을 목도합니다. 저는 모든 시간을 순수한 기독교사업에만 바쳤으면 합니다. 그것이 가능하다면 지금 하고 있는 것 이상의 성과를 낼 수 있을 것입니다. 북부·남부·서부지역에서 사람들은 자기들에게 와서 보고 세례 지원자들을 試取해 달라고 요청하고 있지만 저는 가르치는 일에 너무 얽매여 있어서 가볼 수가 없습니다. 저희들은 전도사(evangelist) 한 명을 채용하였는데, 그는 매우 잘 일하고 있습니다. 몇 명 더 훈련시켜서 그들을 내보내었으면 합니다. 대부분의 교인들은 아주 신실한 사람들이라서 약간만 훈련을 받으면 곧 일하면서 배워갈 수 있을 것 같습니다. 그들은 이미 열심히 일하고 있으며, 교인으로 누군가를 데려와서 복음을 공부하도록 인도한 경험이 없는 사람은 거의 없습니다.
>
> 우리는 이 땅의 여성들을 위한 사업을 시작하기를 원합니다. 그들은 여성들에 의해서만 접촉할 수 있습니다. 그래서 집 한 채를 구입해서 우리의 한국인 개종자들 가운데 한 명을 책임자로 임명하고 그의 아내로 하여금 공부하기를 원하는 자들을 모아들이도록 하자는 제안이 있었습니다. 우리는 이것을 위한 자금이 없습니다. 그리고 사전에 그들에게 요청할 수 없는데, 그것은 이것이

우리 손으로 개시해야 하는 사업이기 때문입니다. 우리가 이 일을 하던가 아니면 감리교 형제들에게 그것을 하도록 요청해야 하는데, 그들에게는 자금이 있기 때문입니다. 우리가 이 일을 하지 않았으면 하는 것이 아니라 본국에서 허락해 주기 전에 선교자금을 다시 한번 다 써버릴 마음이 내키지 않는 것입니다.[57)]

시간적으로 보면 새문안교회를 조직하고 난 뒤에 가장 먼저 썼을 것으로 보이는 이 자료에는, 뒷날 로스가 그날 저녁의 '가장 중요한 일'로 회상했던 '두 사람의 장로 선출'에 대한 사건은 전혀 언급되어 있지 않다. 인사문제에 관해서는 단지 한 명의 전도사를 채용해 왔었다(have employed)라고만 보고하고 있을 뿐이다. 우리는 미 북장로교 선교본부에 보낸 이 편지에서 언더우드가 그 '중요한 일'을 왜 빠뜨렸는지 이해할 수가 없다.

그러나 날짜로 보면 선교본부에 보낸 위의 편지보다 일주일 후인 10월 7일에 써서 잡지사로 보낸 듯한 다음의 글에서 언더우드는 우리가 궁금하게 여기는 '장로 선출과 그 장립'문제에 관해서 〈한국의 첫 교회〉라는 제목하에 간단하게 언급하고 있다. 이 글은 그 내용이나 순서를 앞의 9월 30일자 편지와 비교해 볼 때 서로 비슷한 점이 매우 많이 발견된다. 그런 점들에 대해서는 뒤에서 검토하기로 하고, 우선 10월 7일자 편지의 전문을 옮겨본다.

자료-12 이곳의 사업은 웅대하게 진행되고 있다. 일주일 전 화요일에 우리는 두 사람의 장로를 선출하여 한 장로교회의 조직을 완료하였는데, 우리는 그 선출된 장로들을 지난 주일에 장립하였다. 우리는 14명의 교인으로써 조직하였고 주일날에 한 사람이 더 늘었다. 그 교회는 나날이 성장하고 있다고 말할 수 있다. 세례받기를 원하는 사람들이 많이 있는데, 그들은 모두 진지한 태도를 지니고 있는 것 같다. 저는 북부·남부·동부지역으로부터 여러 한국인들에게

57) 1887년 9월 30일자로 서울에서 미 북장로교 선교본부에 보낸 언더우드의 편지. 그러나 타이핑된 이 편지는 발신란에서 밝힌 날짜와는 달리 그 내용은 10월 2일(일요일)이 지난 주간에 썼던 것 같다. 왜냐하면 내용 중 화요일(9월 27일) 저녁에 교회를 조직했고 지난 일요일에는 1명의 신자가 더 불었다는 점에서, 지난 일요일은 그 화요일 다음의 날 즉 10월 2일이 되어야 하며 따라서 이 편지는 10월 2일 뒤에 썼다고 해야 하기 때문이다. 그와는 달리 이 편지를 9월 30일에 모두 작성했다고 한다면 새문안교회의 창립일이 한주일 당겨져야 할 것이다. 그러나 다음에 보이는 자료 12(10월 7일 작성)와 대조해 볼 때 이 편지는 10월 2일이 지난 후에 썼던 것 같고, 새문안교회 창립도 9월 27일로 보는 것이 자연스럽다고 생각한다.

> 세례를 베풀어달라는 요청을 받고 있지만 학교의 일 때문에 가볼 수가 없다. 지금 이곳 서울에는 한 명의 한국인 권서와 한 명의 전도사가 있다. 우리는 다른 한 명을 평안도에 곧 파송할 계획이며, 이어서 현재 서울에 있는 그 권서를 남쪽으로 보낼 것이다. 백성들은 점점 더 기꺼이 복음을 받아들이는 듯하다.
>
> 우리는 이제 막 약간의 여성사업을 시작하고 있다. 우리는 여성을 위한 일종의 복음센터가 필요함을 느꼈는데, 그곳에서 여성들이 예배를 위해 모일 수 있고, 성경 등을 배부받을 수 있으며, 몇 명이 성경사업을 위해 훈련받을 수 있을 것이다. 여성들은 너무나 격리되어 있으므로 그들을 위한 진정으로 분리된 사업을 하지 않으면 안된다. 우리는 한옥 한 채를 구입했는데 장로들 중의 한 사람과 기독교인으로 몇 년 동안 믿어온 그의 아내를 그곳에 있도록 할 예정이다. 우리는 이와 같은 사업이 여학교를 시작하게 되었을 때 그 공급처도 되기를 희망한다. 이렇게 사업은 개시되었지만 이 모든 일을 누가 충분히 감당할 수 있는가? 우리는 무엇을 할 수 있는가? 이미 우리는 넘치는 일들로 인해 일손이 모자라는 형편이다. 세속적인 학교사업, 매주일의 교회 예배들, 권서인 감독 등 그리고 이 새로운 사업 등 우리는 빈손이 아니다.[58)]

앞에서도 언급했듯이 자료 11과 12는 약 1주일의 간격을 두고 쓴 것으로 그 순서와 내용이 거의 비슷하며, 서울에서의 선교사업 이야기, 교회 조직과 장로 장립, 수세 청원, 전도사와 권서 및 그 파견계획, 여성사업 등의 순서로 되어 있다. 장로 장립문제는 자료 12에서만 보이고, 11에서의 전도사 한 명이 12에서는 한 명의 권서와 전도사 한 명으로 불어났고 그 파견계획이 더 구체적으로 보이며, 여성사업과 관련하여 집 한 채를 구입하되 11에서는 개종자 중 한 명과 그 아내로 관리케 하겠다는 것이 12에서는 장로들 중의 한 명과 그 아내에게 맡기겠다는 정도가 차이라고 하겠다.

그러나 자료 12를 통해 우리는 9월 27일 화요일 저녁에 14명의 교인들로 교회를 조직하면서 두 사람의 장로를 선출했고 이들이 그 다음 일요일에 장립되었음을 확인할 수 있다. 그렇게 함으로써 "한 장로교회의 조직을 완료하였다"고 보고하고 있는데, 이는 다음의 자료 13에서 보이는 바와 같이 장로교 헌법에서 규정한 '정규 조직교회'의 탄생을 의미하는 것이었다. 또 여성사업을 위해, 장립된 장로들 중의 한 사람을 활용하려는 것과, 그 부인이 몇 년 동안 믿어온 신자라는 것을 말함으로써 그 장로의 가정이 어떠하다는

58) H. G. Underwood, "*First Church in Korea*," *The Church at Home and Abroad*, Vol. 3, 1888. 2., pp. 196~197.

것도 어렴풋이 알게 되었다.

장로들 중 한 사람을 활용하겠다는 것과 그 부인에 관해 언급한 부분은 대단히 중요하다고 생각된다. 그것은 종래 우리가 한국 교회에서 처음 보이는 이 장로 장립문제에 대해 "화요일 저녁에 선출하였고 그 다음 주일에 장립되었다"는 것 외에는 어떠한 내용도 알려진 바가 없었기 때문에 그의 가정에 대해서는 물론 심지어는 장로의 선출, 장립 자체도 더 이상 확인해 볼 수 없는 어떤 사항으로 간주하여 왔었기 때문이다. 따라서 이것을 계기로 이 첫 장로문제에 대하여 앞으로 더 추적할 수 있는 실마리를 얻게 되었다고 본다.[59)]

장로가 장립되었으므로 새문안교회는 '조직교회'가 되었다. 언더우드는 조직교회가 탄생한 지 2개월째 되는 이해 11월 27일에 그 탄생된 기쁨을 이렇게 썼다.

> 자료-13 그러나 이것은 단지 교육사업이다.……우리는 그들을 가르치기 위해 최선을 다해 왔다. 오늘날 우리는 20명이 넘는 한국인 구성원으로 된 '정규 조직장로교회'를 갖고 있다.……중국·일본 및 다른 지역들에서 첫 개종자를 얻게 된 것이 상당히 오랜 기간을 기다려야 했던 것에 비해, 이곳 한국에서는 선교부가 설립된 지 채 3년도 되기 전에 20명이 넘는 구성원으로 된 '정규 조직교회'(a regularly organized church)가 있게 되었으니, 하나님께서 하신 일이 얼마나 놀라운가.[60)]

우리는 위의 자료 13에서 '정규 조직장로교회' 혹은 '정규 조직교회'라는 용어를 본다. 따라서 우리는 위의 자료 11, 12와 13을 통해 1887년 9월 27일에 창립된 교회가 두 분의 장로를 선출 장립하였으므로 장로교회에서 말하는, 최초의 정규적인 조직교회로 한국에서 탄생하게 되었음을 확인할 수 있게 되었다.

---

59) 그렇다고 그날 저녁에 '장로'가 선출되었음이 확실히 입증되었다고 아직 단언할 수 없다. 그것은 '장로'라는 표현이 문서에 따라 달리 나타나는 것과도 관련된다. 10월 7일자 편지에서 "장로들 중의 한 사람"을 활용하겠다는 계획을 그 며칠 전의 편지에서는 "개종자 중의 한 사람"으로 표현했을 뿐만 아니라 1890년도 북장로교 선교보고서(p.134)에서는 '두 장로'라고 표현해야 할 부분에 이 교회의 "두 교인"(two members of this church)이라고 표현하고 이들이 봉천에서 로스에게서 훈련받은 '그 사람'의 사촌이라고 표현하고 있기 때문이다.

60) H. G. Underwood, "A Powerful Appeal from Korea," *The Missionary Review*, 1888. 3., p.210.

자료 11, 12, 13을 통해 보더라도 우리는 장로 2인에 대한 해답을 명확하게는 얻을 수 없다. 때마침 교회가 조직되던 '그날 저녁'의 모임에는 만주에서 왔던 로스가 거기에 참석했다. 그는 이 일이 있은 3년 후인 1890년에 '그날 저녁'의 일을 다음과 같이 증언한 바 있다.

> 자료-14 신약성경의 일 때문에 배를 타고 서울에 갔는데 배로 가는 것이 여행을 가능하고 편하게 해주었다. 도착한 날 저녁에 나는 특별한 의의를 느꼈다. 나를 손님으로 맞아준 언더우드 목사는 말하기를, 그날 저녁에 작은 무리로써 장로교회를 조직하기 위해 작은 예배당에 가야 한다는 것이었다. 나는 그의 친절한 초청을 기꺼이 받아들여 그와 그의 동료 의사를 따라갔다. 이미 어둠이 도시 전체를 뒤덮고 있었다. 넓은 간선도로들을 건너갔는데, 동양의 모든 도시의 거리들처럼 가로등이 없었기 때문에 조그마한 등불을 든 한국인이 길을 안내하였다. 좁은 골목길을 따라가다가 마침내 작고 빈 안뜰로 들어섰고 문을 두드리자 열어주었다. 종이로 바른 문을 두드리자 문이 열리어 우리 일행은 방안으로 들어갔다. 의복을 정제하고 학식이 있어 보이는 남자 14명의 무리가 거기에 있었다. 이들 가운데 한 명이 그날 밤에 세례를 받았다. 그러나 가장 중요한 일은 두 사람을 장로(elder)로 선출하는 것이었다. 두 사람이 만장일치로 선출되었고, 그 다음 안식일에 안수받았다(ordained).
>
> 알고 보니 이 두 사람은 봉천에서 갔던 자의 사촌(cousin)들이었다. 그들은 6년간 신자로 지내왔다고 했는데, 그 무리의 첫 신도들이었음에 틀림없다. 그리고 교회를 구성한 세례교인 14명 중 열세 명이 봉천에서 갔던 그 사람이나 그 뒤를 이어 봉천을 출발했던 다른 사람의 전도로 개종한 자들임이 또한 밝혀졌다. 그러나 무엇보다 나의 관심을 끈 것은 그 도시에 그들과 같은 계층의 신자가 300명 이상이 있다는 사실이었다. 그들은 여러 가지 이유로 그때까지 아직 공개적으로 교회에 들어올 준비가 되지 않은 자들이었다.
>
> 이러한 주목할 만한 운동을 시작하는 데 쓰임받는 도구가 된 사람은 그때 다른 지방에 가 있었는데, 선교사들에게 종종 편지를 보내며 그가 그 지방에서도 같은 일을 하고 있음을 알렸다.[61]

로스의 이 회상문은 만주 쪽에서 본 한국 개신교의 수용과정을 그린 것으로 1882년과 1883년 부문의 회상에는 더러 착오된 부분이 있으나, 이 글을 쓰기 3년 전의 1887년 9월말의 사건에 대한 회상은 일단 신빙성이 크다고 생각된다.[62] 로스가 이때 한국을 방문하게 된 것은 그해 2월 7일 서울의 선

61) John Ross, "The Christian Dawn in Korea," *The Missionary Review of the World*, 1890. 4., p. 247.

교사들이 성경번역을 위해 위원회를 조직하여 로스를 초청한 것이 그 계기가 되었지만, 로스로서도 자신이 파견한 권서로부터 이미 몇 년 전부터 서울을 방문해 달라는 요청을 받은 적이 있는 데다가, 이해에 출판한 《예수셩교젼셔》가 서울에서 제대로 이해되고 있는지를 확인할 필요도 있어서[63] 이루어진 것이었다.

앞에서 인용한 언더우드와 로스의 글을 정리하면 표 2와 같다.(표 2 참조)

표 2. 새문안교회의 창립과 장로 장립

자료번호	필(편집)자	집필·게재일자	교회 창립	장로 장립	장로의 인적사항	기 타
11	언더우드	1887. 9. 30	•14명으로 교회창립 •다음 주일에 1명 추가	—	—	•이 글은 10.2. 이후에 씀 •개종자 1명과 그 아내로 여성교육을 위한 가옥관리 계획
12	언더우드	1887. 10. 7	•14명으로 교회 창립 •다음주일에 1명 추가	2명의 장로를 선출·장립함	—	•장로 중 1명과 그 부인으로 여성교육을 위한 가옥을 관리토록 계획중
13	언더우드	1887. 11. 27	•현재 20명이 넘는 구성원으로 된 정규 조직장로교회를 가짐	—	—	•정규 조직(장로) 교회라는 용어를 씀
14	로 스	1890. 4월호 (MRW)	•14명으로 교회 창립 •1명은 그날 저녁에 수세함 •정제한 의복에 학식있는 사람들	2명의 장로를 선출·장립함	•두 장로는 봉천에서 온 사람의 사촌들 •6년간 신자였음 •그 무리의 첫 신도	•14명 중 13명은 봉천에서 온 두 사람의 전도로 신자가 됨 •서상륜은 다른 지방에 있었음
주63에 인용된 자 료	로스의 연설을 J. Orr가 발 췌	1890. 6월호 (MRUPC)	•14명으로 교회 창립 •민첩하고 깨끗하며 학식있게 보이는 사람들	2명의 장로를 선출·장립함	—	—

62) 이와 관련, James Orr가 정리한 로스 목사의 강연 초 "The Gospel in Corea" (*The Missionary Record of the United Presbyterian Church*, 1890. 6. 2., pp. 186~188)도 이 부분에 관해 로스의 회상문과 일치한다.

63) ……봉천으로 갔던 망명자들 중 강건한 성격을 가진 좋은 가문의 청년이 세례를 받았다. 고향에 가서 친구들에게 복음을 전하는 것이 그의 소원이었다. 로스는 그를 두 달 동안 교육시킨 뒤 책들을 주어 서울로 파송하였다. 한국 상류층은 교육받은 사람들로서 한문을 이해하는데, 속어(언문)로 쓰인 책은 경멸한다. 따라서 보낸 책들 중 상당수는 한문 고전체로 기록된 것이었다. 이듬해 이 청년으로부터 그의

표 2의 자료들에 의해, 새문안교회의 창립과 장로 장립에 관한 문제는 일단 이렇게 요약된다. 1887년 9월 27일 저녁 14명의 교인으로 새문안교회가 창립되었고 그날 저녁 두 사람의 장로가 선출되었으며, 그 다음 주일인 10월 2일에 이들이 안수받았다. 장로가 된 두 사람은 봉천에서 로스가 파견한 사람의 사촌들이며 첫 신자들로서 6년간이나 신앙생활을 계속했다는 것이다. 여기서 두 장로의 신앙경력이 1887년 현재 6년이나 되었다고 하면, 그들의 복음수용은 1881년경이 되는데, 이러한 추론은 '봉천에서 로스가 파견한 사람'의 서울도착이 일러도 1883년초에 앞서지 못할 것이라는 우리의 주장과는 적어도 1년 이상 차이가 난다. 이러한 차이가 로스의 기억착오에 의한 것인지 아니면 새롭게 검토해야 할 대상이 될 것인지는 현재까지의 자료로써는 쉽게 단정하지 못하겠다.

이러한 요약을 염두에 두면서 언더우드와 로스의 여러 다른 기록들을 종합하여 새문안교회 창립 및 장로 장립문제와 관련, 다음 몇 가지 중요한 사실을 지적하고자 한다.

첫째는, 자료의 혼선에도 불구하고 새문안교회가 창립되던 날 저녁에 모였던 개종자들은 봉천에서 온 두 사람――'그 사람'과 그 뒤를 이어 출발했던 '다른 사람'――의 전도를 받아 서울과 지방에서 신자가 되었다는 점이다. 자료에 따라, 그것은 로스의 기억상의 혼선 때문이겠지만, '그 사람'이 강조되기도 하고 뒤에서 서상륜으로 밝혀질 '다른 사람'이 더 부각되기도 한다. 브라이언트에게 보낸 편지에서 로스가, "한국 최초의 교회 교인들이 내 앞에서 그들 교회를 조직하였습니다. 그런데 이들은 거의 전부가 귀하(BFBS를 이름-저자)의 권서 서씨의 결실들입니다"라고[64] 한 것은 서상륜의 역할을 높이 평가한 것이다. 그러나 자료 14에서 언급한 "교회를 구성한 세례교인 14명 중 13명이[65] 봉천에서 갔던 그 사람이나 그 뒤를 이어 봉천을

친구 13명이 세례받고 교회를 조직하기를 원한다는 편지가 왔다. 이듬해 수세 준비가 된 자가 79명이 있다는 다른 편지가 왔다. 그러나 로스는 갈 수가 없었다. 2년 뒤 한국의 4개 항구가 개항되었다. 미 장로회는 선교사업을 수행하기 위해 2명을 파송하였다. 드디어 로스는, 출판된 신약성서 《예수셩교젼셔》가 이해되고 있는지를 알아보기 위해 한국의 수도에 갔다." James Orr, 앞의 글, p.188.

64) *BFBS Annual Report for* 1888~1889, Vol.84~85, p.287.

65) '14명 중 13명'이 봉천에서 온 사람들에 의해 개종했다는 것으로 보아 나머지 1명은 1886년 7월에 언더우드로부터 세례받은 노춘경으로 생각된다.

출발했던 다른 사람의 전도로 개종한 자들임이 또한 밝혀졌다"고 한 것에서나, 로스의 이 자료를 보고 미 북장로교 선교부에서 새롭게 편집한 뒤에 인용된 자료 15, 로스의 연설을 정리한 오르(J. Orr)의 기록[66] 등에서는 '그 사람'이 더 부각되고 있는 듯한 느낌이다. 아뭏든 이 문제는 새문안교회 창립과 관련, 이제까지 서상륜만이 거론되어 왔던 저간의 업적과 관련시켜 볼 때 새로운 진전이 아닐 수 없다.

둘째로, 새문안교회가 조직될 당시 교인들의 출신(지역)과 수세자 숫자에 관한 것이다. 새문안교회는 창립되던 날 저녁에 세례받은 1명을 포함하여, 14명으로 조직되었다. 이들은 "총명·깨끗하며 학식이 있어 보였던"(bright, clean, and intelligent looking) 사람들로서, 로스에게는 식자계층으로 보였다. "그 도시에 그들과 같은 계층의 신자가 300명 이상이 있다"는 것과, 이들이 "아직 공개적으로 교회에 들어올 준비가 되지 않은 자들"이었다는 점에 비추어, 이들의 사회적 신분이 어렴풋이 짐작되기도 한다.

14명이 세례교인이라 할 때, 이들이 모두 서울 출신은 아니었다. 언더우드가 입국한 이후에는 서상륜과 봉천에서 온 '그 사람'의 노력에 의해 소래와 서울의 신자들이 세례를 받게 되었다. 1887년말까지 언더우드 목사에게 세례를 받은 사람은 25명이었다.[67] 1887년 9월 27일에 모였던 14명이 언더우드 목사로부터 당시까지 받은 수세자의 총수라고 한다면, 1887년말까지의 25명은 표 3과 같이 정리될 수 있을 것이다.

표 3에 의하면 새문안교회 창립에는 소래 출신의 신자들과 서울지방 출신의 신자들이 같이 참여하였음을 엿볼 수 있다. 서울지방에서는 노춘경을 포함, 적어도 5명 이상이 참여하였다. 이런 점은 초기 새문안교회의 성격을 구명하는 데에 중요한 실마리가 된다.

---

66) J. Orr, 앞의 글, p.188. "모인 사람들 중 13명은 로스가 보낸 사람이 개종시킨 사람들이다. 만약 선교거점(station)이 개설된다면 300명 이상의 사람들이 합류할 준비가 되어 있다고 한다. 이미 언급한 그 사람은 다른 지역으로 파송받았는데 6~20명이 세례를 기다리고 있다고 소식을 전해 왔다. 그 사역의 구체적인 예로서, 캐나다에서 온 장로회 선교부 주재원이 어느 시골에 갔을 때 그는 그곳 사람들이 모두 기독교인—봉천에서 훈련받은 다른 사람에 의한 개종자들임을 발견하였다는 것이다." 이 자료에서도 '그 사람'과 서상륜의 행적이 혼동되고 있음이 나타난다.

67) 미 북장로교 연례보고서 1888년 통계 및 1887년 12월 16일자 Heron의 편지 참조.

표 3. 언더우드 목사에 의한 세례교인(1886~1887)

	일 시	장소	수세자	근 거 자 료	비 고
1886	7/18	서울	노춘경	1886년 7/24. 아펜젤러의 일기	1887년 6/17. 언더우드는 그의 편지에서 7/11로 처음 언급함
1887	1/23	서울	서경조 최명오 정공빈	1887년 1/22. 1/27. 언더우드의 편지	
	4?/	서울	소래교인 1명	언더우드의 "Today from Korea" 〈M. R. W〉 1983. 11., p.816	M.R.W=The Missionary Review of the World
	4~6/	서울	서울교인 4명	1887년 6/17. 언더우드의 편지	"현재 9명이 수세, 이들 중 4명은 220마일 떨어진 곳에서 세례받기 위해 왔던 자임" 9명중 위의 4명과 노춘경을 제외하면 4명임
	7~9/4	서울	2명	1887년 9/4. 헤론의 편지	"현재 한국에서의 수세자 11명임"
	9/5~9/26	서울	2명	1887년 10/7. 언더우드의 편지	수세자 13명이 새문안교회 창립에 참가
	9/27	서울	1명	로스의 "The Christian Dawn in Korea," 〈M. R. W〉 1890. 4., p.247	새문안교회 창립에 참가한 14명 중 1명이 수세
	10/2	서울	1명	1887년 9/30 및 10/7. 언더우드의 편지	10/2 주일에 등록교인 1명이 증가함
	?	?	3명(?)	?	—
	11	소래	소래교인 4명	1887년 11/27. 언더우드의 편지	소래교인 수세자 합계 9명, 정동교회 예배수세자 7명 참석
	12	서울	정동교인 3명	1887년 11/27. 12/14. 언더우드의 편지	수세자 누계 25명

3. 최초의 두 장로 문제

이제 1887년 9월 새문안교회 창립 때에 선택 안수된 두 사람의 '최초의 장로' 문제에 대하여 접근해 보자. 이 문제는 또 그때 선출 안수된 것이 과연 오늘날의 '장로'와 같은 것인가 아닌가 하는 문제와, 두 장로로 표현된 사람들이 만주에서 온 사람의 사촌들이라고 했는데 그러면 누구의 사촌들인가 하는 두 문제로 나누어진다. 전자에 관해서는 앞에서도 언급했듯이 잠시 유보해 두고, 후자에 관해서 추적해 봄으로써 우리의 논제인 서상륜과의 관계를 검토해 보자.

로스는 자료 14에서 "알고 보니 이 두 사람은 봉천에서 갔던 자의 사촌들이었다"고 말하고, 이어서 "14명 중 13명이 봉천에서 갔던 '그 사람'(that man)이나 그 뒤를 이어 봉천에서 출발했던 '다른 사람'(another)의 전도로 개종한 자들"이라고 언급함으로써 봉천에서 온 사람들을 '그 사람'과 '다른 사람'으로 구분하고 있다.

'그 사람'과 '다른 사람'을 규명하기에 앞서 우리는 먼저 로스가 보낸 두 사람을 검토해 보자. 한 사람은 두말 할 것도 없이 서상륜인데, 그는 1883년 1월경에 서울에 도착하였다. 또 한 사람은 임오군란으로 망명했던 인사 중의 한 사람으로서 1885년초에 서울에 도착했을 것 같은데,[68] 이 사람에 대해서는 로스가 이미 "The Christian Dawn in Korea"에서 언급한 바 있고 그것에 근거하여 미 북장로교 연례보고서에서도 소개하고 있다.

그러면 장로로 세움받은 두 사람의 사촌되는 '그 사람'은 봉천에서 온 위의 두 사람 가운데 어느 사람일까. 로스의 위의 글과 북장로교 연례보고서의 '그 사람'에 대한 묘사는 주 63)에 인용된 오르의 글과 비슷하다. '그 사람'은 임오군란 혹은 그와 관련된 사건에 연루되어 국경지방에 피신했던 사람으로, 한문을 잘하는 양반계층이었고 서울에 친척들이 있었다는 것이며, 그가 서울에 와서 전도하여 처음에는 13명, 뒤에는 79명의 개종자가 나왔다고 로스에게 보고했다는 것이다. 그리고 그 시기가 미국 선교사들이 한국에 들어오기 전이었다는 것이다.

여기서 우리는 로스 자신이 기억에 혼란을 일으키고 있음을 본다. 지금까지 우리의 논의로는 미국 선교사가 오기 전에 서울에서 활동하여 13명 혹은 70여 명의 개종자를 낸 사람은 서상륜이었다. 그렇게 보면 '그 사람'은 서상륜이어야 한다. 그러나 서상륜은 그의 선조가 서울사람이었던 것 같긴 하

---

68) 이 추론은, 로스가 1884년 11월 중순에 출발, 동역자인 Webster와 함께 만주의 한인촌을 방문하여 세례를 주었는데 이때 이 젊은 사람이 세례를 받고 서울의 자기 친척들에게 복음을 전하고 싶다고 하여 로스로부터 약 2개월간 훈련을 받은 후(이 점에 대하여 J. Orr의 앞의 글, p.188 참조)에 귀국하였다는 기록에 근거한 것이다. 이와 관련, 로스가 1884년 12월 1일자로 *United Presbyterian Missonary Record*에 "Promising Work on the Borders of Korea"라는 제목으로 쓴 글의 일절을 상기하는 것이 좋겠다. "그가 떠난 지 얼마 안 되어, 같은 보수파에 속한 다른 사람이 찾아왔는데, 그것은 그가 러시아 국경지방에 피신해 있다가 봉천에 '덕 있는' 영국인이 있는데 한국인을 환대하면서 기독교를 가르치고 있다는 소식을 들었기 때문이다. 그는 지금 여기에 있다. 그도 역시 최고의 전문적인 학자계층이었고 지금까지의 그에게서 입증된 학문성으로 볼 때 그의 이야기가 사실임은 분명했다." 여기서 러시아에서 온 그 사람이 로스에게서 2개월간 훈련받고 서울에 파송된 그 사람이라면, 그는 1884년 12월경까지 봉천에 있었음이 틀림없다.

지만, 그렇다고 위의 자료들에서 보이는 '그 사람'처럼 서울에서 양반 친척을 가졌다거나, 더구나 임오군란에 관련되어 그 자신이 국경지역에 피신하지는 않았다. 따라서 로스의 자료 14에 '그 사람'이 먼저 들어오고 '다른 사람'이 그 뒤에 출발한 것처럼 나타나고 있기 때문에 문맥상 '그 사람'을 서상륜에, '다른 사람'을 임오군란에 관련되었던 청년으로 비정하는 것이 순리인 듯이 생각되는 측면이 없지 않지만, 우리는 '그 사람'을 서상륜으로 단정하는 것을 주저하지 않을 수 없다.

그렇다고 '그 사람'을 서상륜 대신 임오군란에 관련되었던 그 청년으로 비정하는 데에도 문제가 없지 않다. 13명과 79명의 개종자를 내었던 혁혁한 전도활동은 선교사들이 한국에 들어오기 전에 이루어졌다고 했는데, 임오군란에 관련되었던 그 청년이 1885년초에 서울에 왔다는 것을 염두에 둔다면 전도활동의 결과는 미국 선교사의 입국 이후에 나타나야만 한다. 거기에다 자료 14에 의하면 봉천으로부터 왔던 사람(들)의 전도로 개종하여 장로가 된 사람들은 6년간 신자로 있었다고 했는데, 6년이란 기간은 서상륜의 입경시기(1883년 1월, 음력으로는 12월일 듯)와 관련시킬 수는 있어도 다른 한 사람의 입경(1885년 초) 시기와는 관련시키기 곤란하다는 측면이 있기 때문이다.

로스의 회상기를 통해서 두 장로의 사촌에 해당되는 '그 사람'을 추적한다는 것은 이미 곤란하게 되었다. 로스의 회상이, 봉천에서 서울로 보낸 두 사람(서상륜과 다른 청년)을 혼동하고 있기 때문이다. 따라서 우리는 '그 사람'을 암시해 주는 다른 자료를 추적할 수밖에 없게 되었다. 그런 점에서 다음에 소개하는 미국 북장로교 연례보고서의 일절은 문제해결에 좋은 암시를 준다. 이 연례보고서는 로스가 발표한 자료 14를 그들 나름대로 이해하여 그들의 연례보고서에 요약해 놓은 것이다.

> 자료-15 로스는 드디어 서울을 방문했고 언더우드의 손님이 되어 그와 함께 작은 신자들의 무리로 장로교회를 조직하는 데 참석하였다. 그 교회의 두 교인은 로스가 봉천에서 사업을 위해 훈련시켰던 사람의 사촌들임이 밝혀졌다. 그들은 6년 동안 신자로 지내왔다. 또한 수세자 14명 중 13명이 그 사람(that man)이나 그보다 먼저(earlier) 봉천을 떠났던 사람의 전도로 개종했다는 것도 드러났다.[69)]

---

69) *The 50th Annual Report of the Board of Foreign Missions of the Presbyterian Church in the U. S. A.* 1890, p. 134.

위의 문장에서 분명해진 것은 "그보다 먼저 봉천을 떠났던 사람"은 서상륜이고, '그 사람'으로 표현된 사람은 앞에서 말한 서울 출신의 양반이다. 그리고 다른 자료들과 관련시켜 볼 때, '그 사람'이 곧 "로스가 봉천에서 사업을 위해 훈련시켰던 사람"이며, '그 사람'의 사촌들이 곧 '이 교회의 두 교인'으로 표현된 두 장로들이었다고 판단된다. 여기서 우리는 장로로 선출, 장립된 두 사람이 서상륜의 사촌이 아니라 '그 사람'으로 표현된 다른 한 사람의 사촌임을 이해하는 실마리를 얻게 되었다. 우리가 갖고 있는 현재의 자료로는 '그 사람'으로 표현된 서울 출신의 전도인과, 바로 '그 사람'의 사촌으로 장로로 장립된 두 사람에 관해 더 이상 알 수 없다. 이 문제는 다시 앞날의 과제로 미루어야 하겠다.

우리가 여기서 짚고 넘어가야 할 것은 교회가 조직되던 날 저녁에 서상륜이 그 회중에 참여하였느냐의 문제다. 이 점과 관련하여 자료 14의 끝 문단과 주 66)에 인용된 오르의 글을 주목할 필요가 있는데, 이 두 글에서 "다른 지방에 가 있는" 사람은 곧 서상륜을 가리킨다고 생각한다. 다른 지방에 가 있으면서 "선교사들에게 종종 편지를 보내며 그가 그 지방에서도 같은 일을 하고 있음을 알렸다"고 한 것으로 보아 이 무렵 그는 소래에 가 있었던 것으로 보인다.

그가 그날 저녁에 참석하지 못했을 가능성은 로스의 회상기의 문맥에서 또 감지된다. 그날 저녁 교회를 창립한 세례교인 14명 가운데 13명이 봉천에서 갔던 사람들의 전도로 개종한 자들이라는 점에서다. 이 말은 14명 가운데 1명만이 봉천에서 왔던 사람들의 전도로 개종한 사람이 아니라는 점을 나타낸다. 그 1명은 봉천에서 온 두 사람 중의 하나일 가능성을 배제할 수 없지만, 그보다는 선교사들과의 직접적인 만남을 통해 언더우드로부터 그 전해에 세례받은 노춘경일 가능성이 더 짙다고 생각한다.

이러한 우리의 추론이 정확하다면, 서상륜은 새문안교회가 창립되던 때에 서울에 있지 않았다. 그렇다면 그날 저녁에 서상륜이 장로로 선출되었다는 것은 더구나 있을 수 없는 일이었다.

또 하나 여기에서 유념해야 할 것은, 이때 장로로 장립되었다면, 그 뒤의 한국 교회사에서 장로직의 기원을 다루면서 두 사람의 이름이 왜 드러나지 않는가 하는 점이다. 그 이유로는 애당초 장로가 선출되지 않았다는 주장에서부터 여러 가지 억설이 있을 수 있겠지만, 우리는 김양선이 언급한 "한국 교회에 있어 장로의 임직은 언더우드 목사의 창설한 서울 정동장로교회(새문안교회의 전신)가 1887년 9월 30일(27일의 잘못—저자) 두 사람의 장로를 선거하여 10월 5일(2일의 잘못—저자) 주일에 안수 장립한 것이 그 효시가 된다. 그러나 그들은 1894년에 정동장로교회를 떠났고 후속 장로가 없었으므로 1904년 송순명(宋淳明)이 장로로 장립될 때까지 17년간 미조직교회로 환원되어 있었다"는[70] 설명 중에 "그들이 1894년에 정동장로교회를 떠났다"는 주장에 유념하고자 한다.

김양선은 그같은 주장이 어느 자료에 근거한 것인지는 밝히지 않았다. 그러나 우리는, 1890년에 선교사로 내한하여 1893년 선교지 개척을 위해 평양에 가기까지 서울에 머물며, 1890년 10월부터는 새문안교회의 당회장으로 언더우드 학당 일을 맡았던 마펫(S. A. Moffett, 馬布三悅)의 보고서에서 두 장로의 거취문제를 접하게 된다.[71] 마펫은 1891년 2월의 새문안교회의 당회 보고에서 '출교(excommunicated) 1명'을 거론하고 있는데, 출교된 사람이 '두 장로' 가운데의 한 사람이라는 사실이 그 뒤의 보고서에서 다음과 같이 밝혀지고 있다.

> 제 생각에 한국인 교회(새문안교회)의 상태는 전에 비해 훨씬 좋습니다. 등록 교인들 가운데는 상당수 背敎者(backsliders)도 있고 냉담자(indifferent)도 있읍니다. 이 한국인 교회는 지금까지 내려오면서 한번도 그런 종류 교인이 없었던 적이 없었읍니다. 제가 여기에 왔을 때 두 장로(both elders) 징계가 방금 끝났는데 한 사람은 출교되었읍니다. 교인수는 90명으로 보고되고 있으나 그중 상당수는 제가 3년간 있으면서 한번도 본 적이 없고 어떤 사람들은 세례받고 나서 한번도 나타난 적이 없읍니다. 제가 여기에 온 후에도 교회에 출석치 않은 교인들이 허다합니다.[72]

위의 보고에 의하면, 1887년에 안수받은 두 장로는 1891년 2월 이전, 그러니까 마펫이 한국에 도착한 지 얼마 안되어 징계를 받았는데 그중 한 사람

---

70) 金良善, 《韓國基督敎史硏究》, 기독교문사, 1971, p. 98.
71) 이덕주, 〈백홍준——몇가지 오류와 문제점을 중심으로〉, 《한국기독교사연구》 19집, 한국기독교사연구회, 1988. 4., p. 31.
72) S. A. Moffett, Letter to Dr. Ellinwood, 1892. 11. 9., 이덕주, 1988, p. 31에서 재인용.

은 출교되었다는 것이다. 1887년에 안수받은 두 장로가 한국의 장로 역사에서 기억되지 않는 것은 아마도 이 때문이 아닌가 생각된다.

두 장로가 징계를 받고 있을 즈음인 1891년에서 1893년경에 서상륜은 서울을 중심으로 미국 북장로교 선교부의 유급(有給) 전도인으로 활약하고 있었다.[73] 그렇다면 1887년에 세워졌고 1891년에 이미 징계를 받고 있던 두 장로 중에 서상륜이 해당되지 않는 것은 자명하다. 더구나 서상륜이 1926년에 돌아갔을 때 한국 교회는 장로회 총회장(葬)으로 받들었을 정도로 그를 추앙했다는 주장이 있고,[74] 1938년 제27회 장로회 총회에서는 그를 기리는 뜻에서 묘비를 세웠을 정도로 그를 기념했다고 한 것으로 보아[75] 그는 1891년에서 1893년경에 징계를 받거나 출교를 당하여 교회에서 영영 떠나게 되었다고는 생각되지 않는다.

이런 점들을 종합해 볼 때, 1887년 9월 27일 새문안교회가 조직될 때 안수된 두 사람의 장로 가운데 한 사람이 서상륜이라는 종래의 통설은 사실과는 다르다고 단언하지 않을 수 없다. 아울러 '최초의 두 장로' 중의 또 한 사람이 백홍준(白鴻俊)이라는 통설도 근거없는 것으로 지적되고[76] 있음을 아울러 부언해 둔다.

4. 서상륜의 장로직 문제와 교회사의 증언

지금까지 우리는 서상륜이 새문안교회의 창립 때에 '최초의 장로'로 안수되었다는 통설의 성립과정을 살펴보고, 그것을 초기의 교회사 자료에 입각하여 검토하였다. 그 결과 서상륜이 새문안교회 창립 때에 장로가 되었다는 것은 뒷받침할 자료가 없다는 것을 알게 되었다.

그러나 서상륜이 '최초의 장로'였다는 통설이 진실에 근거하지 않았음이 밝혀졌다고 해서, 장로직에 얽힌 그의 행적이 모두 해명된 것은 아니다. 그가 뒷날 다른 기회에 장로로 피택 안수받았을 가능성을 배제할 수 없는 데다가, 자료에 따라서는 그를 두고 '장로'로 불렀던 흔적이 발견되기 때문이다.[77]

---

73) 이덕주, 1988, p. 31 참조.
74) 박용규, 《한국교회인물사》 6 장로편, 한조문화사, 1978, p. 60.
75) 〈조선예수교장로회 총회 제27회 회록〉, 1938, p. 39.
76) 이덕주, 1988, pp. 31～32.

먼저 미국 북장로교 선교부 보고서에 장연교회와 정동(새문안)교회를 언급하면서 'elder Saw'라는 기록이 다음과 같이 보인다.

> 탁월한 지도자인 서장로(elder Saw)는 집사(deacon, steward)들과 함께 매우 활동적인 지휘본부(board of direction)를 만들었다.[78]

여기서 elder Saw는 문맥으로 보아 서상륜·서경조 형제 중 한 분에 해당되는 것임은 틀림없다. 그러나 elder라는 말에 유념할 필요가 있다. 그 뒤에 나오는 집사(deacon, steward) 등으로 보아 elder는 '장로'로 이해하는 것이 순리일 것이다. 그러나 'elder Saw'라는 말을 두 서씨 중 '형님 서씨'로 이해할 수 있다는 점도 배제할 수 없다. 선교보고서에 씌어진 elder Saw가 '서장로' 혹은 '형님 서씨' 중 어떠한 의미로 씌어진 것인지 현재로서는 정확하게 판단할 수 없다. 'elder Saw'가 '서장로'의 의미라면 두 서씨 중 한 분은 1898년경에 선교사들에 의해 이미 '장로'로 불려지고 있었던 것으로 보인다. 참고로 지금까지의 한국측 자료에 의하면, 동생 서경조(徐景祚)는 1900년에 장로에 피택된 것으로 알려져 있다.[79]

1900년대에 들어서서 서상륜을 두고 '장로'로 호칭한 자료들이 신문지상에 다음과 같이 보이고 있다.

> 자료-16 靑年講說, 今日 下午七点에 鍾路 靑年會에 査經會를 開하고 徐長老相崙氏가 講說한다는데 有志紳士가 多數光臨하심을 希望한다더라.[80]

> 자료-17 이 셔 장로는 작년 1월에 이 세상을 떠났는데 이 사람이 조선서 처음 신교신자로 작년까지 50년 동안 조선의 신교신도가 26만 6천명에 달한 것을 본 이다.[81]

---

77) 저자는 이미 발표한 〈徐相崙의 행적에 관한 몇 가지 문제〉, 《한국기독교사연구》 19호, p.22에서 "우리는 한국 장로교의 공식적인 기록에서 '서상륜의 장로'설을 뒷받침할 만한 전거를 찾지 못하였다"고 하여, 서상륜이 장로로 불렸다는 사실 자체까지도 없었던 것처럼 기술한 적이 있다. 이 점이 독자의 오해를 불러일으켰다면, 전 논문에서 분명치 않았던 점을 이 책에서는 서상륜을 두고 '장로'로 불렀던 자료가 있었음을 밝힌다.

78) *The 58th Annual Report of the Board of Foreign Missions of the P. C. U. S. A.*, 1898, p. 155.

79) 郭安連, 《長老教會史典彙集》, 1918, p. 19.

80) 《大韓每日申報》 1907년 11월 8일자 雜報. 이 자료는 同學 韓圭茂씨가 제공해 준 것으로 氏에게 감사한다.

위의 자료 가운데 자료 16은 한국에서 대부흥운동이 한창 진행되던 당시, 그 부흥운동을 가능케 한 성경공부모임인 사경회의 하나를 '서 장로 상륜'이 서울에서 인도한다는 기사로서, 서상륜이 《대한매일신보》 기자에 의해 '장로'로 호칭되고 있음을 보여주고 있다. 자료 17은 미국 북장로교 선교사로 한국에 와서 뒷날 연희전문학교 교수를 역임한 노해리가 《긔독신보》에 〈한국기독교 약사〉를 연재하면서 자신이 6년 전에 장연 구미포(九尾浦)에 갔을 때에 서상륜으로부터 들은 바대로 서상륜이 관계된 한국 교회 초기 역사를 소개하는 내용 가운데의 일절이다. 노해리는 이때 서상륜을 '장로'로 지칭했던 것이다. 자료 16과 17을 종합해 볼 때 일부에서나마 서상륜을 '장로'로 불렀던 것이 관행이 되어 있었다고 생각된다. 그렇다면 이 관행은 1900년대 초기에서 1920년대 그가 돌아가기까지 계속되었던 것으로 보아야 할 것이다.

문제는 서상륜을 '장로'로 불렀던 당시의 관행이 교회제도에 근거하여 교회가 인정한 사실이었는가 하는 점이다. 즉 서상륜에 대한 '장로' 호칭이 교회의 적법한 절차를 거쳤는가 하는 점이다. 교회의 적법한 절차를 거쳤다면 공식문서 등에서 확인될 수 있을 것이다. 그러나 이 점은 아직도 교회의 공식적인 문서를 통해서는 확인된 바가 없다. 앞에서 이미 인용한 바 있는, 《그리스도 신문》 1901년 9월 19일자의 "셔 션싱 샹륜의 경력"(자료 1)에서나, 그가 돌아간 후 《긔독신보》에 발표된 "고 서상륜씨 약력"(주 1) 참조)에서도 그가 '장로'였다는 내용을 발견할 수 없었다. 그 이유가 무엇일까? 그것은, 그가 한국 초대교회에서 존경받는 분으로서 관행적으로 '장로'로 불려지긴 하였지만 교회법의 정식절차를 밟은 장로가 아니었기 때문이 아닐까. 이 점과 관련, 우리는 서상륜이 한국 교회 특히 장로교회에서 매우 높이 존경받았음에도 불구하고 그가 교회의 공식적인 기구를 통해서는 '장로'라는 호칭을 받지 못하였음을 다음 기록을 통해 확인할 수 있다.

> 고 서상륜 선생 기념비 보고는 여좌히 받기로 가결하다. 소화 11년 9월 제25회 총회에서 허락하옵신 고 서상륜 선생의 기념비는 고 5척 5촌, 광 2척,

---

81) 魯解理, 〈朝鮮基督教 略史 11〉, 《긔독신보》 1928년 4월 11일자. 본문 가운데 서상륜의 사망연월은 1년간의 차이를 보이고 있다.

> 후 8촌 5분 화강석재로 구진하여 大小 자수 6백 20자를 정각하여 본년 8월 24일에 선생 묘전에 건립하였사온 바 제막식은 10월 27일에 거행할 예정이오며 이시 통지는 기독신문을 통하여 앙고하겠사오니 혜량하심을 앙망하나이다.[82]

위의 기록은 1938년 조선예수교장로회 제27회 총회에서 채택한 보고서이다. 이 보고는 그보다 2년 전인 1936년 제25회 총회에서 황해노회의 헌의를[83] 받아들여 이같이 가결하였던 것이다. 총회의 이름으로 기념비를 세워줄 정도로 한국 교회에 공헌하였고 또 존경을 받고 있던 서상륜이 교회법에 따른 '장로'였다면, 총회의 기록인 이 공식문서에서 서상륜 '선생' 대신 '장로'라고 씌어졌을 것이라고 생각된다.

저자는 서상륜의 장로직 문제와 관련하여 후손의 한 분인 새문안교회의 서재현(徐載賢) 장로의 증언을 들은 바가 있음을 밝힌다.[84] 증언자는 "큰할아버지(서상륜—저자)께서 '장로'라고 한 말을 들어본 적이 없는데, 성서공회의 모금인들이 '서상륜 장로'라고 가끔 말하는 것을 듣고 이상하게 생각했다"는 것이다. 덧붙여 그는 부친(서병호 장로—저자)으로부터 그의 큰할아버지가 장로로 피택은 받았으나 시취, 안수를 받지 않았는데, 이는 가정문제 때문이었다는 것 같다고 들었다는 것이다. 그래서 소래교회에서도 서상륜을 두고 '장로'란 말을 들은 적이 없고 영수직도 받지 않았으며 평신도로서 교회를 도왔다는 것이다.

지금까지의 우리의 논의로 보아서 '서상륜의 장로직' 문제는 다음과 같이 정리될 수 있다. 첫째, 서상륜이 1887년 9월 새문안교회의 창립과 더불어 장로가 되었다는 통설은 전혀 근거가 없다. 이 통설은, 그가 한국 초대교회사에 끼친 공적에 의해서 혹은 그것을 주장한 학자의 무게 때문에, 너무 쉽게 당연시되었고 통설로 굳어졌던 것이다. 따라서 각종 한국 교회사에 서술되어 있는 서상륜의 '최초의 장로'설은 마땅히 수정되어야 한다. 둘째, 서

82) 〈조선예수교장로회 총회 제27회 회록〉, 1938, p.39.

83) 〈조선예수교장로회 총회 제25회 회록〉, 1936, p.14. 내용은 이렇다. "2. 황해로회장의 조선 최초 전도에 가장 공헌이 많으신 고 서상륜 선생의 묘소 기념비석 1좌 건설 청원은 재정부로.(당석에서 해 안건은 황해로회로 하면 총회는 후원하기로 가결함.)"

84) 이 증언은 1988년 1월 24일 오후 5~6시에 서울 강남구 대치동 소재 국제아파트 1동 302호 서재현 장로님의 자택에서 부인 金明鎭 권사와 아들 元錫씨와 함께 들었다.

상륜이 '최초의 장로'는 아니었지만, 한국 교회사에서 그가 장로로 호칭되어 왔던 흔적에 관해서이다. 교회의 공식적인 기록을 통해서는 서상륜에게 '장로'의 호칭이 주어지지 않고 있는 점에 비추어, 이 관행은 교회법의 엄격한 적용을 통해서 인정된 것이 아니었다고 생각된다. 즉 그에 대한 '장로' 호칭은 교회법이 정한 절차에 따른 것이 아니었다는 것이다. 그런데도 서상륜을 '장로'로 부른 것은, 그의 한국 교회에서의 공헌으로 보아 그를 존경하는 뜻에서 부른 것이었거나, 혹은 서병호의 증언과 같이 그가 가정문제 등으로 끝내 안수를 받지는 않았으나 한때 장로로 피택받은 적은 있기 때문에 자연스럽게 '장로'로 불리어졌을 수도 있었으리라고 생각된다.

서상륜의 장로직과 관련, 한국 교회사의 바른 이해를 위해, 몇 가지 덧붙여 생각할 것이 있다. 첫째는, 그렇다면 한국 교회에서 장로직의 기원을 언제부터로 잡아야 하는가 하는 점이다. 이 점에 대하여 장로회공의회 같은 공식기구에서는 장로 선출 자체를 아예 1900년부터 시작하였다고 못박고 1900년에 선출된 장로는 서경조·김종섭·이영은(李永恩)이었는데, 이영은은 안수하기 전에 돌아갔다고 기록해 놓고 있다.[85] 이에 의하면 1900년 이전에는 한국에 장로가 없었다는 것이다. 미국의 남북장로교회 한국 선교부가 서로 손잡고 공의회를 설립한 것이 1893년 1월로, 새문안교회의 창립으로부터는 불과 6년밖에 되지 않았는데, 장로회공의회의 기록에서 1887년 교회 설립과 장로 안수를 확인할 수 없었다는 것은 앞으로의 이 문제의 논의를 위해서도 유념해 두어야 할 부분이라고 생각한다. 둘째는, 한때 새문안교회의 담임목사로 있었던 차재명(車載明)이 새문안교회의 설립을 1890년으로 보고, 그 이전에는 신자 10여 명이 선교사 언더우드의 사저에서 회집 예배했다고 기록한 내용에[86] 대해서도 면밀한 검토가 있어야 할 것이다. 이런 공식적인 기록에 의하면, 새문안교회의 창립과 장로장립은 훨씬 뒷날에 이루어진 것이 된다. 차재명은 그 자신 1911년 이래 새문안교회에서 조사·장로·목사를 역임했음에도 불구하고, 그가 쓴 《조선예수교장로회사기》(1928)에서 새문안교회가 밀접한 관련을 가졌던 서상륜의 장로설에 대해 침묵을 지켰을 뿐만 아니라 새문안교회의 설립 자체도 통설보다 늦게 잡고 있는데 그 이유가

85) 郭安連, 《長老教會史典彙集》, 1918, p. 19.
86) 車載明, 《朝鮮예수長老會史記》, 1928, p. 11.

무엇인지 이 또한 우리의 숙제가 아닐 수 없다.

저자는 지금까지 한국 교회가 당연시하고 있는 서상륜의 행적에 대해 몇 가지 문제를 제기하였다. 바라기는 이 문제제기를 계기로 활발한 학술적 토론이 유도되어 역사에서 왜곡되고 흐려진 부분들이 좀더 정확하게 인식되는 계기가 되었으면 한다.

(《韓國基督敎史研究》 제 19 호, 한국기독교사연구회, 1988, 改稿)

勸書에 관한 연구

Ⅰ. 머 릿 말

'권서'는 성서공회에 고용되어 성경책과 전도책자를 파는 행상을 이르는 말이다. 권서들은 성서공회에 고용되어 성경판매를 맡은 일종의 외판원으로서, 1804년에 세계 최초로 영국성서공회가 설립된 이후 성경을 전파하기 위한 한 기구로서 생겨났다. 성경을 전하는 대표적인 세 기구는 권서·성경보급소·성경교사(bible reader)인데,[1] 한국에서는 문맹률이 비교적 낮고 권서(특히 부인권서)들이 성경교사의 역할도 겸했기 때문에 성경교사제도는 시행되지 않았다.

권서제도는 특히 서세동점기에 영국성서공회(British and Foreign Bible Society ; 이하 BFBS라 함)와 스코틀랜드성서공회(National Bible Society of Scotland ; 이하 NBSS라 함), 그리고 미국성서공회(American Bible Society ; 이하 ABS라 함)가 세계로 진출하며 각국에서 경쟁적으로 반포활동을 할 때 발전했다.[2] 각 공회는 진출한 지역의 현지 교인을 권서로 고용하여 반포활동

---

1) H.O. Dwight, *The Encyclopedia of Mission*, "Bible Distribution," London : Funk & Wagnallo Co., 1904, pp. 83~84.

2) 이 글에 자주 인용된 자료의 약자를 먼저 소개한다.
BFBS AR : *Annual Report of the British and Foreign Bible Society*(영국성서공회 연례보고서)
NBSS AR : *Annual Report of the National Bible Society of Scotland*(스코틀랜드성서공회 연례보고서)
ABS AR : *Annual Report of the American Bible Society*(미국성서공회 연례보고서)
KMF : *The Korea Mission Field*
BIW : *The Bible in the World*(*A Record of the Work of the* BFBS)
BSR : *Bible Society Record*(of ABS)
BSMR : *The Bible Society Monthly Reporter*(*Monthly Reporter of the* BFBS)
CSC : *Minutes of China, Japan and Korea Sub-Committee*(of BFBS)

을 했는데, 그것은 외국인이 성경을 반포하는 데 따르는 여러 가지 부작용을 최소화시키고 반포의 효율성을 높이기 위해서였다. 개화기 이전의 한국처럼 외국 종교의 수용과 외국인의 활동이 엄격하게 제한된 곳에서는 특히 권서제도가 선교활동을 위해서 매우 효과적이었다.

선교 초기부터 그 발전이 놀라웠던 한국 기독교는 그 발전요인을 여러 각도에서 거론할 수 있지만, 무엇보다 성경의 번역·반포라는 측면을 먼저 강조하지 않을 수 없다. 그것은 외국 선교사가 한국에 정착하기 전에 성경의 일부가 만주·일본에서 번역되었고, 그것이 권서에 의해 몰래 국내에 반포되어 신자가 생겨났다는 점에서도 그렇다. 한국 교회가 성경반포를 통하여 설립되고 자라갔다는 것은 교회사에서 성경반포가 그만큼 중요했다는 것을 말해 주고, 아울러 그 성경반포를 직접 담당했던 사람들의 역할이 대단했을 것이라는 점을 미루어 짐작할 수 있게 해준다. 한말 일제하 민족수난기라는 역사의 현장에서 '복음짐'을 메고 다니며 반포사역을 감당했던 '권서전도자'들은 적어도 한국 초기교회 형성의 선구자들이었다. 따라서 그들의 복음전파에 대한 헌신과 희생적 노력이야말로 한국 교회 설립의 모태가 되었으며 그 발전의 자양분이 되었다. 우리가 권서연구에 임하게 된 첫째 동기는 권서야말로 한국 교회 설립의 주체였을 것이라는 점에 착안했기 때문이다.

저자는 그들의 활동에 대한 정확한 인식과 그에 따르는 자리매김이 없이는 한국 초기 기독교사를 주체적으로 인식할 수 없을 것이라는 점을 강조한 적이 있고, 그들에 대한 후일의 연구를 약속한 바가 있다.[3] "이름도 없이 빛도 없이," 영적으로 무지 황폐한 한국의 방방곡곡을 찾으며 조용히 자신의 사명을 다했던 그 믿음의 선조들에 대해 우리는 무거운 빚을 지고 있다. 그러기에 그들의 발자취와 목소리를 추적하며 그들이 짊어졌던 남루한 '복음짐'을 끌러보는 것은 초기 한국 기독교 전도의 실질적 민중적 주체를 파악하는 것이며, 또 한국 기독교사에서 그들을 발견한다는 것은 비록 역사 속에서나마 그들의 복음사역에 간접적으로 참여하는 기쁨이 아닐 수 없다.

그런데 그동안 한국 기독교사는 선교사 중심의 역사인식을 강조해 온 결

3) 이만열, 〈한국의 성서반포사업(1882~1940)〉, 《神學正論》 3-2호, 합동신학교, 1985. 1., pp. 348~349 ; 이만열, 《韓國基督教文化運動》, 대한기독교출판사, 1987. 5., pp. 168~169.

과, 초기 한국에 대한 복음전파의 주체와 성경번역·교회설립 등의 역할이 모두 외국 선교사에 의한 것으로 인식되었을 뿐만 아니라, 그들이 소개한 신학과 신앙, 문화와 가치관 등이 기독교 본래의 진수인 것처럼 이해하게 되었다. 다시 말하면 서양 선교사들이 전해 준 문화가 기독교문화이며 그들이 전해 준 교리만이 기독교의 정통교리라고 인식하게 되었다. 이것은 반대로 한국인에 의한 신학화 작업이나 기독교문화의 창출 가능성을 배제시키는 결과를 가져왔다.

이러한 선교사적 관점과는 달리 민족적 민중적 입장들을 강조하는 기독교사 이해시각이 있었다. 민족적 입장과 관련해서는 상당한 학문적 업적이 온축되었고, 그런 바탕 위에서 민족사적 이해시각이 도출되었던 것이기 때문에 학문하는 자세로서는 어느 정도 수긍이 간다. 그러나 민중적 시각과 관련해서는 그것을 구체화시키려는 개별적 역사연구가 거의 없는 상태이다.[4] 이 말은, 한국 기독교사 이해의 민중중심적 인식이 그 주장의 요란함에 비해 실제적인 사실기술은 거의 도출해내지 못했다는 것을 의미한다. 따라서 저자는, 한국 기독교 역사의 민중적 이해란 그 사실적 기술이 뒷받침되어야 한다는 신념하에서 한국 기독교사 연구에 임해야 한다는 입장을 견지해 왔다. 권서연구는 말하자면 그러한 시도의 하나이다.

권서에 관해 연구하려 할 때, 자료가 엉성함을 느낀다. 자료래야 기껏 성서공회 한국지부에서 발행한 연례보고서와, 그것을 토대로 다시 작성한 성서공회 본부의 연례보고서 가운데 한국부분, 성서공회 관계자나 선교사들이 잡지에 기고한 내용이 그 전부에 가깝다. 그리고 그 대부분은 와국인에 의해 외국어로 작성된 것이다. 따라서 그 논조가 그들의 시각에 의해 걸러진 것이라는 점이 이 작업을 수행하는 데에 큰 걸림돌이 되었다. 특히 권서들이 가졌던 민족인식과 역사의식에 대한 평가를 하기 위해서 꼭 필요한, 그들 자신이 남긴 일차적인 자료들이 거의 없기 때문에, 일차자료 발굴작업은 앞으로의 과제로 미뤄놓을 수밖에 없다. 다만 우리가 그동안 권서들이 남긴

4) 한국 기독교사 연구의 민중적 시각을 주장한 것으로 朱在鏞의 〈韓國基督敎百年史——民衆史觀의 立場에서의 그 分析과 批判〉, 《神學硏究》 1979년 가을호 所收(이 글은 뒷날 〈한국민중과 개신교사〉라는 제목으로 《民衆과 韓國神學》, NCC 신학연구위원회 편, 한국신학연구소에 수록하였다)를 들 수 있으나, 역사적 사실에 대한 뒷받침이 없이 이루어진 것이기 때문에 설득력이 매우 약하다.

일기・수기・회의록・보고서 등의 발굴을 위해 노력하였지만 여의치 못했다는 점만 지적하고 이 작업에 임하고자 한다.[5)]

이 연구는 먼저 권서 일반에 관해 주목하면서 한국에서 권서제도가 정착 발전하는 과정을 역사적으로 개관하였다. 그런 후에 권서들의 선발기준과 방법, 그들에 대한 교육을 살펴보았고, 선정된 권서들의 활동방법과 활동상황을 다루었으며, 활동 중에 나타난 애로점에 관해서도 언급했다. 여기서 특히 그들의 활동이 선교사들의 눈에 어떻게 비쳤는가 하는 점에도 관심을 기울였다. 그들의 활약상에 대한 성서공회와 선교사들의 평가는 그들을 객관적으로 평가하는 중요한 근거가 될 것이다. 부인권서에 대해서도 그런 순서로 언급하였다. 그후에 권서의 민중적 민족적 성격을 교회사와 관련하여 다루어보려고 하였다.

그런데 권서에 관하여 기술할 경우에는 자료를 분석하는 것도 중요하지만 그 활동의 구체적인 사례를 보여주는 것이 더욱 중요하다. 다행히 현존 자료들에는 권서들의 많은 활동사례가 반복하여 보이기 때문에 가급적 이들을 몇 가지 범주로 묶어 대표적인 것들을 소개하였다. 따라서 앞에서 말한 각종 보고서에는 이 연구에 인용된 것 외에도 비슷한 사례들이 흔하게 나타나고 있음을 알 수 있다.

이 글은, 한국 기독교가 선교 초기부터 놀라운 발전을 이룩한 데에는 '권서'와 같은 중요한 요인이 있어서 가능했다는 점을 제시함과 동시에, 이 연구가 한국 기독교사 연구에서 주체적 민중적인 시각을 가능하게 하는 구체적 작업의 하나가 되기를 바라는 뜻에서 초해졌다. 아울러 저자는 동학(同學)의 질정(叱正)을 간절히 기대하면서, 권서들이 짊어지고 전국 방방곡곡을 누비던 그 '복음짐'을 풀어보고자 한다.

---

5) 그 예로 대한성서공회에서 1988년 10월초 기독교계 각 신문에 권서들의 자료를 수집한다는 광고를 대대적으로 낸 바 있으나, 거기에 호응한 내용은 불과 몇 사람의 회상기에 지나지 않은 실정이다.

Ⅱ. 권서제도와 그 발전

1. 권서의 임무와 종류

권서란 앞에서 언급한 것처럼, 성서공회에 고용되어 성경책과 전도책자를 파는 사람을 이르는 말이다. 권서라는 직은 "성서공회에서만이 사용하는 특유한 직책"이라고 주장되기도 하지만,[6] 대한기독교서회의 전신인 대한(조선)성교서회에서도 서회의 간행물을 판매하기 위하여 매서(賣書) 혹은 권서의 직을 두었다. 즉 서회가 초기에는 성서공회의 권서편에 간행물을 판매하였으나, 1915년경부터는 서회가 자체적으로 매서인을 전임으로 고용하였으며, 그 10년 후에는 그들이 "자기들의 명칭을 고쳐서", 책을 사서 읽도록 권하는 사람이란 뜻의 '권서'라고 하였다는 것이다.[7] 그러나 이 글에서는 성서공회에 소속한 권서에 대해서만 언급하도록 하겠다.

권서(colporteur)라는 말은 프랑스어의 'col'(목)이라는 말과 'porteur'(운반한다)라는 말로부터 왔는데, 목 혹은 어깨에 걸어 물건을 운반한다는 뜻으로, 행상인을 가리켰다. 그 말이 현대에 와서는 성경을 전파하는 사람을 가리키는 데만 국한해 사용하게 되었다. 즉 "콜포터(勸書)는 성서를 가지지 아니한 사람에게 성서를 가지게 하려고 노력하는 사람"을 뜻한다는 것이다.[8]

외래어인 콜포터라는 단어가 우리말로 정착하는 순서는 '매서'라는 말에서 '권서'라는 말로 변천하는 과정을 밟은 듯하다. 성서공회에 관련된 보고서가 초기에는 영문으로 된 것밖에는 없는 실정에서, 우리말로 정착하는 과정을 정확하게 파악한다는 것은 무리이다. 이런 상황에서 우리는 우리말 문서에서 다음 표와 같이 매서·권서의 용례를 연대별로 추적해 보았는데, 이를 통하여 우리말로 정착되는 추이를 엿볼 수 있을 것이다.

표 1을 통해, 초기에는 주로 '매서'로 통용되다가 1916년경부터 '권서'라는 말이 등장하여 그 뒤에 통용되고 있었음을 알 수 있다. 그러나 '권서'라는 말이 등장한 뒤에도 '매서'라는 말이 완전히 사라진 것은 아니어서,

---

6) 박영대, 〈권서사업과 그 전망〉, 《성서한국》 8-3호, 1962년 7월호, p. 8.
7) 李章植, 《大韓基督教書會百年史》, 대한기독교서회, 1984, pp. 178~187.
8) 박영대, 앞의 글, p. 8.

표 1. '매서'·'권서' 용어의 용례

1909	ᄆᆡ셔(장로회 독노회록)
1911	ᄆᆡ셔(장로회 독노회록)
1912	ᄆᆡ셔(함경), ᄆᆡ셔인(경상)
1913	남매서·녀매서(함경), ᄆᆡ셔인(경상)
1914	매서(함경), ᄆᆡ셔인(경상)
1915	남매서인·녀매서인(함경)
1916	권셔(총회록)
1918	권셔인(전북)
1919	권셔인(전북), ᄆᆡ셔인(총회록)
1920	권셔(전북), 권셔(ᄆᆡ셔)(경기·충청), 권셔(경북)
1921	권셔(총회록)
1923	ᄆᆡ셔인(총회록)
1926	권셔·쟈급권셔(경안)
1927	권셔인(경안)
1928	성서공회 권서, 션교회 권셔(경북)
1934	권서(감리회 서부연회록)
1935	유급권서(총회록)
1939	권서·매서(전북)

주 : (　) 안 지방이름은 해당지방의 노회 노회록을, 총회록은 조선예수교장로회 총회록을 가리킨다.

1939년의 전북노회록에 '매서'라는 말이 보일 뿐 아니라, 북간도와 시베리아의 보고서에 의하면 그곳에서는 '매서'인이라는 단어만 뒷날까지 계속 통용되고 있었음이 주목된다.

성서공회와 관련을 가지고 성경판매를 주목적으로 하여 활동한 권서들도 크게 두 가지로 분류될 수 있다. 첫째로 성서공회에 고용되어 그 월급을 받은 유급권서(有給勸書, 혹은 專務勸書)가[9] 있고, 둘째로 교회와 선교회에 고용되어 교회에 설치된 성경보급소나 책방을 관리하여 신자들에게 성경을 공급하거나 외판하면서 판매수수료를 그 수입원으로 했던 무급권서(無給勸書, 혹은 自給勸書)가 있었다.[10] 이중에서 유급권서를 일반적으로 권서라고 하였는데, 이들은 단순히 성경을 팔 뿐 아니라, 전도자·교사·설교자의 역할을

9) 梁柱三·鄭泰應 편, 《閔休先生實記》, p. 39 ; 《죠션예수교쟝로회 뎨三十六회 회록》, p. 47.

10) 梁柱三·鄭泰應 편, 위의 책 ; 《죠션예수교쟝로회경안로회 뎨十一회 회록》, p. 40.

담당하면서 초기 한국 기독교회를 창건한 주역이 되었다. 이 글에서 권서라고 칭하는 것은 특별한 경우를 제외하고는 이들 유급권서를 이르는 것이다.

무급권서제도는 1890년대 후반부터 시작되어 1900년대에 들어선 후에 체계화되었는데 뒤에서 차차 설명될 것이다. 초기에는 이들을 영문으로 단순한 '북셀러'(bookseller)라고 하였기 때문에 우리말로는 매서인(賣書人)이라고 불렀다.

그러나 이들에 의한 판매가 성서공회의 판매방법으로 정립된 이후에는 영문으로 '커미션 셀러'(commission seller)라고 하였다. 이 용어는 이들이 성서공회에서 받아오는 책자의 값과 그것을 사람들에게 판매하는 가격과의 차액(수수료 ; commission)을 수입원으로 했기 때문에 붙여진 것으로 보인다. 따라서 성서공회가 이들에게 월급을 지불하지 않는다는 의미에서 무급권서 혹은 자급권서라고 불렀던 것이다. 또한 무급권서들은 선교회에 소속된 권서들이었기 때문에 선교회권서라고[11] 불리기도 했다. 즉, 매서(인)·무급권서·자급권서·선교회권서라는 명칭은 대부분 교회나 선교사에게 고용되어 주로 교인들에게 성경을 판매하였던 책판매인을 지칭하는 용어임을 확인할 수 있다. 따라서 이들은 성서공회 소속의 권서로 간주되지 않았고, 성서공회의 권서통계에도 들어가지 않았다.[12]

무급권서들은 교인들을 상대로 판매활동을 하였기 때문에 신·구약전서와 성경전서를 주로 판매하였다. 이 점은 불신자를 대상으로 단편복음서를 판매하였던 유급권서들과 특히 구별되는 점이다. 예를 들어서 1938년도에 조선예수교장로회 경북노회에 소속된 권서는 유급이 1인, 무급이 2인이었는데, 유급권서는 성경전서 8권, 신약전서 155권, 단편복음서 1만 620권을 판매한 데 비하여, 무급권서는 두 사람이 구약전서 150권, 신약전서 600권을 판매하였던 것이다.[13] 이 사실은 유급권서가 일차적으로 불신자를 대상으로

11) 《죠션예수교쟝로회 경북로회 뎨二十四회 회록》, p. 19. "몇해 전에는 十여인의 권서가 있었으나 근자에 영국성서공회권서가 감하여지고 지금은 성서공회권서 四인과 선교회권서 1인 합 五인 밖에 없습니다."(웃점 — 저자)

12) 예를 들어 《죠션예수교쟝로회 경북로회 뎨三十六회 회록》, p. 47에 나오는 유급권서 김병희가 BFBS 통계표에 들어가 있는 데 반해, 무급권서인 박병훈·서주봉이 통계에 나타나 있지 않는 것은 이 때문이다.

13) 《죠션예수교쟝로회 경북로회 뎨三十七회 회록》, p. 35.

한 전도사업에 힘썼기 때문에 단편성경을 많이 판매했음에 비하여, 무급권서는 기존 신자들에게 성경을 공급하였기 때문에 단편성경보다 성경전서 혹은 신·구약전서를 다수 판매하여 성경자급을 이루게 했다는 것을 극명하게 보여주는 좋은 예이다.

한편 유급권서를 매서인[14] 혹은 매서전도인이라고[15] 칭한 경우도 있다. 이것은 매서인이라는 용어가 일반적으로 서적을 판매하는 사람을 두루 지칭하는 용어였기 때문에, 권서의 역할 가운데 책판매를 특히 강조하는 의미로 그렇게 표현한 것으로 보이는데, 앞에서 언급한 용례(用例)에서 보았듯이 대부분 초기의 문서에 이런 경향이 많다. 매서인이란 용어가 책판매인을 뜻하는 보통명사였다는 것은 예수교서회의 기독교 책자를 판매하는 사람을 예수교서회 매서인이라고 한 데서도 찾을 수 있다. 그러나 그후 성서공회에 고용된 권서들과 다른 매서인들을 구별해서 쓸 경우, 비교적 초기에는 성서공회의 권서들만을 권서라고 하여 다른 매서인들과 구별하였다. 이것은 권서라는 용어가 성서공회에 고용되어 성경을 팔면서 전도하는 매서전도인을 지칭하는 특수한 용어로 정착되어 갔음을 말해 준다.

성서공회 소속의 권서와 일반매서를 구별하는 기준의 하나가 교회에서 지급하는 봉급을 받는가 그렇지 않는가에 있었기 때문에, 여기서 권서의 봉급 문제를 간단히 짚고 넘어가는 것이 좋겠다.

권서들이 공회로부터 받은 봉급의 액수나, 당시의 생활비와 연결시켜 산출된 봉급의 가치를 현재로서는 연도별로 정확하게 통계로써 제시할 수 없다. 다만 각종 보고서를 종합해 보면 대략 다음과 같이 정리된다.

표 2는 부산의 아담슨(A. Adamson)의 감독하에 있던 권서들의 봉급이다. 아담슨은 중국에서 성서공회 부총무로 일한 경험이 있던 자였으므로 권서사업을 관리하는 데 남달리 초기부터 체계적이었고 그만큼 그의 보고는 신빙성이 있다고 하겠다. 이 표에서 보듯이 1900년도 전후의 초기 권서들은 연

---

14) 《朝鮮예수敎長老會史記》, 조선예수교쟝로회총회, 1928, pp. 7~8;《예수교쟝로회죠션총회뎨二회 회록》, p. 58. 또한 《조선미감리교회 년회일긔 뎨七회》, p. 33에도 '믹셔인'이란 용어를 사용하고 있다. 그러나 이들이 주로 단편성서를 판매한 것으로 보아 성서공회 권서였던 것으로 판단된다.

15) 〈고 서상륜씨 약력〉, 《긔독신보》 1926년 1월 20일자. 여기서는 서상륜·백홍준·김청송·장진국 등을 賣書傳道人이라 칭하였다.

표 2. 아담슨 목사의 권서사업 분석(1896~1902)

연도	권서수	판매부수	판매액(¥)	봉 급	여 행 비	총봉급(¥)	1부당비용
1896	3	402	5.64	254	59.50	313.50	1 : 55.96
1897	3	698	17.48	221	54	275	1 : 15.73
1898	3	696	18.04	293	72	365	1 : 20.23
1899	3	711	11.75	280	70	350	1 : 30.15
1900	3	602	13.76	337.15	—	337.15	1 : 24.61
1901	5	1200	23.48	352	88	440.	1 : 18.74
1902	6	1866	30.41	422	104	526.	1 : 17.29

주 : 1) 이 표는 1903년 3월 19일자로 켄뮤어가 Ritson에게 보낸 편지에 의해 작성.
2) 위 표에서 '1부당 비용'이라 함은 성경 1권을 판매하는 데 소요되는 권서의 비용을 말함. 참고로 1부당 권서비용은 부산 외의 다른 지방에서는 이보다 양호한 편으로 1902년의 경우 1 : 10.36이었다.

봉 10파운드(100엔) 정도를 받았다. 이것은 월 16.6실링에 해당되는 것으로, 1899년에 부인권서의 월봉이 16실링에 해당되었다는 표 3에 의하면, 초기에는 권서와 부인권서가 동일한 월급을 받았음을 말해 주는 것이다.

그러나 러일전쟁의 영향으로 생활비가 급등한 1904년에는 권서들의 봉급 인상이 불가피했는데, 여기에 한국의 화폐가 평가절하(55→35냥)됨으로써 권서들의 부담이 가중되었기 때문이다.[16] 그 결과 봉급의 50퍼센트가 인상되었는데,[17] 서울의 이화춘(李和春)의 경우 월급 10엔(1파운드)을 받게 되었다.[18]

한편 1904년부터 본격적으로 논의된 봉급제도에서 구전(commission)제도를 도입하였는데, 이 제도는 그후 연합공회를 거치면서 점차 자리를 잡아갔다. 1914년에는 권서들에게 최저 1.10.0파운드부터 최대 2.7.0파운드의 월급이 허락되었는데,[19] 여기에 단편성경 50퍼센트, 신·구약 및 성경전서 20퍼센트의 판매구전이 권서에게 주어졌다.[20] 1923년의 권서 1인당 평균 연봉은 1900년의 5배인 50파운드였다.

16) 1904년 3월 10일자로 켄뮤어(A. Kenmure)가 ABS·BFBS·NBSS 3본부 총무에게 보낸 편지. 당시 번역에 참가한 조사들에는 각각 6~10엔씩의 월급이 인상되었다.
17) *CSC*, 1904년 5월 13일자.
18) *BFBS AR for* 1905, p. 278. 참고로 외국인 권서의 경우 1904년에 일본인에게 월 30엔, 1908년에 일본인에게 월 15엔, 중국인에게 월 25엔이 지급되었다.
19) *CSC*, 1914. 3.
20) *CSC*, 1914. 7.

권서 봉급제도에서 특이한 사항은 은급의 지급이었다. 1935년 78세로 23년간 권서로 근무한 남정만 권서가 은퇴하게 되었는데, 공회에서는 그 공을 인정하여 월 15엔을 지급하기로 했던 것이다.[21] 참고로 1938년 33년간 근무했던 송순명 권서시찰(勸書視察)이 은퇴하였는데 당시 그의 봉급은 월 110엔이었다.[22]

한편 부인권서의 급료에 대해서는, 초기 BFBS 한국지부의 총무였던 켄뮤어(A. Kenmure)와, 버크월(H. O. T. Burkwall)의 보고서를 통해 다음과 같이 종합해 볼 수 있다.

표 3. 부인권서의 봉급표(1898~1904)

연도	권서수	총 예 산	1인당 급료		기 타	자 료
			월 봉	연 봉		
1898	15	128. 8. 0파운드	14실링	지방 6파운드 서울 9. 8. 0파운드	켄뮤어의 연봉 350파운드	1898. 7. 28일자 켄뮤어의 편지
1899	15	144. 0. 0 〃	16실링	9. 6. 0 〃	예산요청·허락	1899. 4. 26일자 켄뮤어의 편지
1900	30	226. 16. 0 〃	12. 6실링	7. 5. 6 〃	예산 청구	1900. 4. 28일자 켄뮤어의 편지
1901	15	87. 4. 5 〃	약10실링	5. 16. 3 〃	결 산	1901. 11. 9일자 버크월의 편지
1902	19	94. 14. 1 〃	8실링	5 〃 〃	결 산	1902. 12. 12일자 버크월의 편지
1903	19	105. 0. 11 〃	9실링	5. 10. 7 〃		1903. 2. 4일자 버크월의 편지
1904	24	163. 4. 0 〃	11. 4실링	6. 16 〃	예산 청구	1903. 4. 21일자 켄뮤어의 편지

주 : 위의 표에서 영국화폐의 단위는 파운드(pound ; 20실링), 실링(shilling ; 12페니), 페니(penny)의 3단위로 되어 있다.

표 3에서 1899년의 월봉 16실링은 당시 남자권서의 봉급과 비슷하였다. 그러던 것이 1900년대에 10실링 이하로 떨어졌는데 이는 이 무렵의 영국 파운드화가 평가절상된 것과 관련이 있지 않나 생각된다.

---

21) *CSC*, 1935년 5월 16일자. 남정만은 3년 후인 1938년 3월에 사망했다.

22) *CSC*, 1938년 6월 12일자. 그런데 박영대는 앞의 《성서한국》 8-3호의 〈권서사업과 그 전망〉에서 만 31년간 권서시찰을 지낸 양익환 목사와의 인터뷰를 소개하였다. 양목사는 당시 매서(권서)의 월급이 7원이었음을 말하고, 당시 물가는 계란 1개에 1전(복음 한 권 값)이었다고 소개하고 있다.

권서들의 급료는 대부분 성서공회 본부의 지원에 의해 운영하고 있던 한국지부의 예산에 따라 집행되었지만, 해외의 독지가나 기관의 지원을 받는 경우 혹은 국내의 지원을 받는 경우도 있었다. 서울에서 20여 년간 권서로 활동하던 신형희(申瑩熙)는 한때 이집트의 한 여인으로부터 지원을 받았고, 권서 서(Soh)씨는 캐나다 캘거리(Calgary)의 루카스(Lucas)양으로부터 지원받고 있었으며,[23] 미국 북감리회 소속의 서울지역 여선교사 하디(Hardie)양의 감독 아래에 있던 부인권서 김사라는 호주(New South Wales)의 아미데일(Armidale)의 교우들이 지원하고 있었다.[24]

한편 국내에서도 권서를 지원하고 있었다. 캐나다 선교사 푸트(W.R. Foote) 목사는 한 지역에서 성경공부반이 끝났을 때, 한 달에 8엔씩 부인권서를 지원할 수 있는 기금을 내놓으며, 빨리 적당한 부인권서를 선정해 달라는 한국인들의 요구를 받은 적이 있으며,[25] 간도에서 활동하던 캐나다 선교사 프레이저(E.J.O. Fraser) 목사는 공회 소속의 권서 윤창화를 위해 부분적으로 돕겠다는 한 교회의 제의를 받은 바 있었다.[26] 또 다음의 경우는 원산교회가 1905년에 이미 한 명의 권서를 지원하는 책임을 떠맡고 있음을 보여주고 있다.

> 우리 원산교회는 신자가 약 60명인데 지난 2월에 한 명의 권서를 지원하기로 결정했다. 그들은 어떤 선교사의 도움도 없이 그 일을 수행했고, 그 권서의 봉급을 올리기까지 했다. 그들 중 어떤 이들은 십일조 이상을 이 권서 한 사람을 위해 내고 있다. 그들은 성서공회들이 이 나라를 위해 하고 있는 수고에 감사하며, 이런 방법으로 그들의 감사를 표함과 동시에 성경을 그들의 백성들에게 주는 직접적인 사역을 감당하려고 노력하고 있다.[27]

한국 교회의 이같은 노력은 권서 개인에 대한 지원에 그친 것이 아니다. 한국 교회는 성서반포사업의 중요성을 인식하면서부터 성서공회주일을 설정, 헌금하는 등 거교회적인 지원체제를 갖춰나갔던 것이다.

급료와 활동비 등 권서활동의 경제적 배경 등은 선교비문제와 밀접한 관

---

23) *BFBS AR for* 1934, p. 245.
24) *BIW*, 1919. 1., p. 28.
25) *BFBS AR for* 1910, p. 355.
26) *BFBS AR for* 1926, p. 230.
27) *BFBS AR for* 1905, p. 277.

계가 있으므로, 뒷날 한국 선교에 관한 사회경제적 분석을 시도할 때에 본격적으로 다루어보고자 한다.

2. 권서제도의 발전과정

한국에서 권서가 시작된 것은 1882년 만주에서 〈누가복음〉·〈요한복음〉이 한글로 번역 간행될 즈음이었다. 만주에서 활동한 스코틀랜드 선교사 로스(J. Ross)에 의하면, 이 무렵 이미 간행된 〈누가복음〉·〈요한복음〉이 여러 한국인들에 의해 한국으로 반입되었는데, 한국인들은 무보수·자발적으로 수백 권의 단편성경을 팔거나 배포했다는 것이다.[28] 로스는 1882년 10월 6일 한국 최초의 권서 가운데 한 사람인 서상륜(徐相崙)에게 500권의 단편성경과 그밖의 기독교 관계 소책자들을 주어 의주로 가게 했는데, 그곳에는 이미 전도자가 있었고 성경에 대한 열렬한 욕구가 있었다는 것이다. 서상륜은 이때 영국성서공회와 3개월간의 계약관계를 맺고 일을 시작했지만, 그 뒤 계속 BFBS의 권서명단에 보이는 것으로 보아 그의 권서업무는 수년간 계속되었던 것으로 보인다.

로스의 또 다른 편지에 의하면,[29] 권서 이씨는 식자공(植字工)이었는데, 2년 전에 〈누가복음〉·〈요한복음〉 몇 권을 가지고 입국했으며, 그중 한권은 뒷날 동생과 함께 만주에 가서 번역일을 돕고 세례를 받은 바 있는 장씨에게 전해졌다. 또 로스의 식자공이었던 류춘천(Liu Chun-tien)은 1883년 고향 평양에 그의 어머니를 병문안차 방문하였다가, 봉천으로 돌아와서 로스에게 특별히 부탁, 평양전도를 자원하였다. 이에 류춘천은 복음서 두 상자를 가지고 다시 평양으로 와서 권서활동을 시작하였다.[30] 두 상자의 책 가운데 한 상자는 서울의 서상륜에게 전달되어 1883년 서울 전도를 가능하게 하였다.[31] 여기서 우리는 류춘천의 전도가 토머스 목사 이후 실질적인 최초의 평양 전도였다는 점에 주목하게 된다. 그는 이후 6여 년간 권서로 일하다가 1888년에 순직하였다.

---

28) 1882년 10월 9일자 J. Ross의 편지 ; *BSMR*, 1883. 2., p. 31.
29) 1884년 3월 20일자 J. Ross의 편지 ; *BSMR*, 1884. 7., p. 127.
30) *BFBS AR for* 1884, p. 250.
31) 1883년 6월 11일자로 Ross가 Dr. Wright에게 보낸 편지.

서상륜은 1883년에서 1884년까지 2년간 서울에서 전도활동을 하면서, 봉천의 로스에게 서울에 와서 세례를 베풀고 교회를 조직해 줄 것을 수차 요청하였으나 이루어지지 않자, 1884년말에 직접 로스를 방문하고 그때까지의 활동결과를 보고하였다. 여기서 서상륜은 한국에 70명 이상의 세례청원자가 존재하며, 서울 서쪽에는 설교당(preaching hall)이 개설되어 있다는 것 등을 보고하였다.[32)]

초기의 권서들은 국내에서만 활동한 것이 아니었다. 그들 가운데는 국내는 물론 압록강 북쪽 만주의 한인촌을 상대로 반포활동을 펴기도 하였다. 한국인을 상대로 하여 활동을 전개하고 있던 권서들 가운데는 다음 표에서 보이는 바와 같이 하몬(F. Harmon) 같은 BFBS 소속의 영국인 권서도 있었고, 스코틀랜드성서공회 소속의 일본인 나가사카(長坂)도 있었다.[33)]

초기의 성서반포활동은 BFBS나 NBSS가 중국과 일본 등지에 그들의 지부를 설치한 채 한국을 상대로 하여 활동을 전개하고 있었다. 그러다가 1895년에 BFBS가 켄뮤어를 파견, 한국지부를 설치하게 됨에 따라 한국의 성경사업(번역·출판 및 반포)은 새로운 단계로 접어들게 되었다. 우리는 일단 1894년까지의 BFBS 소속 권서들과 그 활동을 BFBS 연례보고서에 근거하여 다음 표 4와 같이 작성해 보았다.

1894년에 일어난, 동학혁명과 청일전쟁이 끝난 후 한국에서는 성경이 폭발적으로 요구되었다. 국가적 위기와 사회적 불안이 종교적 욕구를 유발시킨 데다가, 서양 선교사들과 기독교에 의지하여 생명과 재산을 보호받으려는 인간적인 계산도 깔려 있어서 이즈음부터 기독교를 찾는 자들이 많았기 때문이다. 이와 때를 같이하여 1895년 4월에는 BFBS가 켄뮤어를 한국에 파견, 그들의 한국지부를 정식으로 개설하게 되었다. 이어서 그 다음달(5월)에는 피터스(A. A. Pieters)가 미국성서공회 일본주재 총무 루미스(H. Loomis)에 의해 권서로 발탁되어 한국에 파견되었다. 피터스는 거의 3년간 ABS의 권서로서 한국에서 활약하다가 1898년 7월 1일부터 BFBS 한국지부

32) *BSMR*, 1885. 7., p. 109.

33) *NBSS AR for* 1883, p.37. 또 1884년 5월 1일자 *United Presbyterian Missionary Record*의 "Japan : Two Native Evangelists —— Corea Visited"라는 제목의 글에도 보인다.

표 4. BFBS 한국(한인촌) 반포내용(1883~1894) (통계마감일 : 11월 30일)

연도	권서	활동한주	판매량				근거(연례보고서)
			성경전서	신약전서	단편성서	계	
1883	서상륜(Tsui Shung Yün)	26	—	—			
	이씨(Li)[1]	26	—	—	1917	1917	1884, p. 377.
	류씨(Liu)	22	—	—			
1884	하몬(Harmon)	—	—	—	2520	7588	1886, p. 245, 398
	한국인들	—	—	—	5068		1887, p. 272
1885	3명의 한국인	총78	—	—	3907	3907	1887, p. 272 1886, p. 398
1886	서상륜	—	—	200	—	4197	1887, p. 435
	2명의 한국인		4	12	3981		p. 272
1887	류춘천(Liu Chuin tien)	63	5	25	1593	6060	1888, p. 475
	이영(Li Yung)[1]	63	5	25	1593		
	비전무권서(half-time)	—	—	—	883		
	자원권서들(volunteer helpers)	—	1	5	1925		
1888	류춘천	40	4	12	1010	4948	1889, p. 415
	이영호(Li Yung-ho)	40	4	12	1010		
	2명의 비전무권서[2]	—	2	21	2608		
	2명의 자원권서	—	—	—	265		
1889	이영호					7331	
	류춘천	52	7	113	3214		1890, p. 239
	이지(Li-Zi)[3]						p. 415
	2명의 비전무권서	52	—	132	2080		
	6명의 서울(söual)권서들	—	39	315	1431		
1890	—	—	47	517	4485	5049	1892, p. 249
1891	서울의 2명, 만주 4명	—	68	740	8832	9640	1892, p. 249
1892	이영호(Yi Yung-huo)	52	—	100	2645	5223	1893, p. 384
	이이(Yi yih)[3]	52					
	2명의 비전임권서	2	8	470	2000		p. 232
1893	—	—	—	—	—	3925	1894, p. 229
1894	존스(Jones)의 권서	43	—	2	13	561	1895, p. 424
	맥길(McGill)의 권서	43	—	30	516		
계			194	2731	53496	60346	

주 : 1) 1883년의 이(Li)씨와 1887년의 이영(Li Yung)은 이영호(Yi Yung-ho)와 동일인인 것으로 여겨진다.

2) *BEMR* 1888년 4호, p. 90에 의하면, 이들은 성씨와 임씨로 나타나 있다.

3) 이지(Yi-Zi)와 이이(Yi-yih)는 동일인물로 보인다.

의 부총무로 근무하게 되었다.

이렇게 19세기말에 한국에서 이미 활동을 전개하기 시작한 BFBS·NBSS 및 ABS, 세 성서공회는 1903년부터 1907년에는 연합공회를 구성하여 활동하였고, 1908년부터 1919년까지는 연합공회가 해체되고 BFBS와 ABS가 경쟁적으로 사업을 전개하였으며, 1919년 3월 ABS가 필리핀으로 철수하게 되자 그때부터 1941년까지는 BFBS가 단독으로 성경사업을 추진시켰다.

초기의 권서들은, 기독교 전파의 자유가 없는 상황에서, 그 활동에 제약을 받지 않을 수 없었다. 그러나 청일전쟁이 끝난 후에는 성경배포를 위한 여행이 훨씬 자유로워졌다. 1899년 2월에서 3월에는 켄뮤어와 피터스의 제주도 방문이 가능하였다. 이해에 서울의 권서들은 금강산을 지나 동해안으로 파견되기도 했고, 서해안 도시지역을 여러 번 방문하며 권서활동을 폈다. 그리하여 1902년에 이르면 전국 주요도시에서 총 63명의 권서와 19명의 부인권서가 활동하게 되었다.

권서의 활동이 전국적으로 확산되는 것은, 각 교파의 선교사들이 입국함에 따라 선교지역 분할이 활발히 진행되었고 자신들의 선교지역에 대한 선교활동을 강화하는 것과 때를 같이한다. 1884년에서 1885년에 미국의 북장로회와 북감리회의 입국에 이어, 호주 장로회와 침례교(1889), 성공회(1890), 미국 남장로회(1892), 미국 남감리회(1896), 캐나다 장로회(1898)가 속속 입국하였고, 20세기초에 안식교(1904)·성결교(1907) 및 구세군(1908)이 차례로 선교활동을 폈다. 이들 가운데 각국의 장로회와 미국 남북감리회는 서로간의 약정을 통해 선교지역을 분할하게 되었다.[34] 이들 선교부들은 한국에 진출한 성서공회들과 연결, 적극적인 선교방법으로서 성경반포에 힘썼던 것이다. 이때 성서공회는 각 지역 선교사들의 관할하에 권서들을 배치하고 선교사들이 권서들의 업무를 감독하도록 하였다.

선교 초기부터 1940년까지 활동한 권서의 수가 얼마나 되는지 정확하게 확인할 수는 없다. BFBS의 연례보고서 등에 한국인 권서명단이 영문으로

---

34) 이 점에 대해서는 한국기독교사연구회 편, 《한국기독교의 역사 Ⅰ》, 기독교문사, 1989, pp. 213~218 참조.

제시되고 있으나, ABS와 NBSS의 자료에는 정확하게 나타나지 않기 때문이다. ABS의 경우, 한때 한 해에 활약한 권서의 수가 170여 명이 넘었던 때도 있었기 때문에 ABS가 한국에서 활동한 전기간을 통해서 볼 때 일시적으로 임용된 권서까지 합치면 그 수가 수백 명에 이를 것으로 추측된다. ABS의 권서명단이 발견되지 않는 상황에서 한국에서 활동한 전체 권서의 통계를 작성한다는 것은 무리라고 느껴지기 때문에, 현단계로서는 ABS 소속 권서들은 제외하고 BFBS 소속의 권서통계만이라도 다음 표 5와 같이 각 지역(도)별로라도 제시할 수밖에 없다. 통계에 포함된 권서들 가운데에는 몇 주밖에 활동하지 못한 분들도 포함되어 있다. 또 통계작성의 근거가 된 BFBS 권서명단과, 그들의 소속교단·감독·활동기간·성경판매량 등은 저자가 준비하고 있는 다른 저서에서 자세히 제시될 것이다.[35]

표 5. BFBS 도별권서인수 총계(1898~1934)

도 명	교 파	인 원	비 고
강 원	남감·북감	116	
경 기	북장, 남감·북감	299	성공회 4, 구세군 3
경 북	북 장	138	구세군 2
경 남	호 장	92	
전 라	남 장	238	제주 2
충 청	북장·북감	102	성공회 1, 구세군 4
평 안	북장·북감	220	
함 경	캐 장	220	
황 해	북장·북감	158	
간 도	캐 장·감	78	북장 1
외국인	·	6	일본인 3, 중국인 3

주 : 1) 북감=미국 (북)감리회, 남감=미국 남감리회
북장=미국 북장로회, 남장=미국 남장로회
호장=호주 장로회, 캐장=캐나다 장로회, 감=남북감리회
2) 이 총계는 BFBS 연례보고서에 의해 작성하였는데, 연례보고서 가운데 부록에 권서 통계가 없는 해(1891, 92, 94, 96, 97, 99, 1900, 01, 04, 05, 07, 22, 28, 30)가 있으므로 다른 자료에서 해당연도의 권서통계 혹은 권서명단이 발견되면 위의 통계는 다소간의 변화가 있을 것으로 추측된다.

19세기말에 연평균 30명대를 밑돌던 권서수가 20세기에 들어서서 1908년

35) 근간될 저자의 《대한성서공회사 Ⅰ》을 참조.

까지 평균 70명대까지 증가하였고, 1910년대에 이르러 매년 평균 권서수 100명선을 돌파하게 되었고 총 권서수는 238명선에까지 이르게 되었다.[36] 그러나 1930년대 이후에는 다시 100명선을 밑돌게 되어 그 활동이 저조하게 되었다. 증감폭이 현저한 연도에 대한 설명은 뒤에 간단히 언급하겠지만, 1930년대에 권서의 수가 감소되는 것은 한국 교회에 대한 일제의 핍박이라는 일반적인 추세에다 재정압박이 큰 요인으로 작용하였으며, 거기에다 교세확장과 유통구조의 개선 등 사회 전반의 변화 때문에 그전에 권서가 맡았던 성경판매와 개척전도 등 역할의 필요성이 그만큼 감소되었을 것이기 때문이다.

다음의 표 6은 1895년 이래 1940년까지의 BFBS의 연간 권서수를 집계한 것이고, 표 7은 ABS의 권서수를 추출해 본 것이다. 두 통계는 모두 두 성서공회의 연례보고서에 의해 작성되었다.

표 6이 나타내는 권서들의 증감동태에서 쉽게 눈에 띄는 시기는, 1901년・1909년・1920년 및 1933년 등이다. 이 연도들을 계기로 하여 권서들의 수가 대폭 증가하거나 감소되고 있기 때문이다. 그 증감의 요인들은 성경번역 상황, 종교 사회적 환경의 변화 및 재정상태 등을 손꼽을 수 있다.

1901년에 권서가 급증한 것은, 1900년에 국내에서 신약전서의 번역과 출판이 완료되었기 때문에 그 판매를 위한 권서활동이 활발해졌던 것으로 보인다. 1909년의 경우는, 특히 백만인구령운동이 벌어졌던 해로서, 1910년 3월초까지 60만 권 이상의 〈마가복음〉이 판매되는 등 성경보급에 열성을 기울였다. 이때 한국인 신자들 가운데는 자원봉사자로 성경보급에 힘쓴 사람들도 많았다. 거기에 비해서 1920년에 권서의 수가 줄어든 것은 1919년 3・1운동의 결과 권서활동이 위축되었기 때문이다. 그것은 권서들이 독립운동과의 관련 때문에 체포되어 경찰에 의해 엄한 조사를 받았고, 더러는 감옥에 갇히기도 하였기 때문이다. 따라서 권서활동은 여러 주 동안 '침체'되었던 것이다.[37]

평균 권서수 100명선을 유지하던 권서수가 1933년부터 80명 혹은 그 이하

36) 평균 권서수는, 권서들의 활동기간이 각각 일정치 않으므로, 모든 권서들이 활동한 총기간(주일) 수를 52주로 나누어 산출한 수를 말한다.
37) *BFBS AR for* 1920, p. 187.

표 6. BFBS 한국지부의 연도별 권서수(1895~1940)[1)]

연도	권서수			연도	권서수		
	평균권서수	총권서수	부인권서수[2)]		평균권서수	총권서수	부인권서수
1895	6		1	1918	144(148)		
96	7		1	19	145		
97	13	18	3	20	(114)		12
98				21	(131)		
99	20		10	22	132(139)	163	11
1900	21		16	23	115(119)	157	9
01	40		15	24	116		
02	51		19	25	111		8
03	49[3)]		21	26	112(118)	124	8
04	49[3)]		20	27	112(120)	124	8
05	53		15	28	105(108)		8
06	26		16	29	102	109	(7)
07	64		18	30	102		
08	66(70)[4)]		17	31	103(104)		(6)
09	102		19	32	103		(5)
10	114		31	33	83		3
11	148(146)		30	34	71		3
12	157		33	35	68		3
13	182		34	36	66		2
14	184		33	37	66(67)		2
15	161(165)	206	29	38	65(78)[5)]		2
16	154(161)	211	25	39	(54)		
17	152	215	25	40	(46)		

주 : 1) 이 통계는 BFBS 연례보고서에 의해 작성한 것으로 자료에 따라서는 이와 다른 수치도 보이고 있음.

2) 부인권서수는 평균권서수나 총권서수에 포함되지 않았음.

3) 추정치임.

4) ( ) 안에 있는 수치들은 연례보고서의 부록(Appendix) 통계표에 나오는 것이다. 연례보고서 본문의 수치와 부록의 수치가 일치할 경우에는 따로 표시하지 않았다.

5) 본문과 부록의 수치가 크게 어긋나는데, 1938년도 총반포량 가운데 권서반포량이 779,478권이고, 권서 1인당 반포량이 11,990권이므로 본문의 수치인 65명이 옳다고 판단된다(*Minutes of China, Japan and Korea Subcommittee*, BFBS, 1939. 4. 27.).

로 떨어지게 되는데, 이는 재정문제와 관련이 깊다. 성서공회사업 중 가장

표 7. ABS의 권서수

연 도	권수 평균	권수 총계	부인권서수 평균	부인권서수 총계
1895		1		
96		1		
97		1		
98		1		
99				
1900				
01		1		
02	연합공회	4		
03	연합공회	4		
04	연합공회			
05	연합공회			
06	연합공회			
07	연합공회			
08	0			
09	0			
10				
11				
12				
13	106		13	
14	103	173	20	29
15	90	175[2)]	10	
16	49[1)]			
17		98		8
18	57		11	
19				

주 : 1) 부인권서가 포함된 듯함.
2) 부인권서가 포함됨.

비용이 많이 드는 분야 가운데 하나는 권서운영 비용이었다. 이 때문에 앞 표 6에서 나타나듯이, 1923년과 1929년에 BFBS는 이미 10명 내외의 권서를 각각 줄인 바 있다. 부득이 이런 조치를 취했지만, 성서공회는 성경사업의 중요성을 인식했기 때문에 권서를 최대한 유지하려고 노력하였다. 1931년에 장·감연합공의회 의장직에서 물러나던 케이블(Cable) 박사가

가장 기억할 만한 일의 하나는, 이같은 전세계적인 경제공황의 시대에도

> BFBS가 그의 평상적인 예산을 유지하고 한국에서 하나님나라를 위한 위대한 봉사를 유지하려 했다는 점이다.[38]

라고 한 바와 같이, BFBS는 성경사업을 위한 재정확보에 매우 노력하고 있었다. 그러나 1933년에는 재정압박 때문에 무려 20여 명의 권서를 줄이지 않을 수 없었다. 1933년의 경우, BFBS 한국지부의 지출이 12만여 원인 데 비해 한국내에서의 수입금은 4만여 원에 불과하였다. 그 때문에 부족액 8만여 원은 런던의 BFBS 본부에서 보충해 주는 실정이었다. 이런 형편에 런던의 BFBS 본부 또한 심각한 재정난에 허덕이고 있었다. 3년 동안에 수입이 160만 원이나 삭감되었기 때문이다. 런던본부의 이같은 재정압박은 세계 각지의 해외지부에 대한 재정지원을 삭감하는 정책을 세웠으며, 이에 따라 한국지부에서도 20여 명이나 되는 권서들을 감원시키지 않을 수 없었던 것이다.[39]

그러면 한국의 이러한 권서활동이 다른 지역의 권서활동과 비교해 볼 때, 세계 선교사상 어떤 위치를 점하고 있는가. 한국은 전세계적으로 선교의 성공지로 손꼽히는 만큼, 기독교의 초기 선교과정에서 큰 역할을 담당한 권서들의 활약이 두드러졌던 것은 당연하다. 다음의 표 8은 한국에서 권서활동이 가장 활발했던 시기인 1917년도 BFBS 연례보고서에 나오는 통계로서 세계 각 지역에서 활약한 BFBS 소속 권서들의 활동상을 보여주고 있다. 이 표를 통하여 우리는 한국에서의 권서사업이 대단히 활발하게 전개되고 있음을 알 수 있는데, 세계에서 두번째로 많은 수의 권서들이 그만큼의 성경을 판매하였음을 확인할 수 있다. 한국에서 활동한 BFBS의 평균 권서수는 앞에서 이미 밝힌 바 있는데, 1907년 이후 그 수효는 세계에서 두번째 혹은 세번째로 많았다. 영토와 인구가 한국의 수십 배에 달했던 중국에서 언제나 가장 많은 수의 권서들이 가장 많은 성경을 반포하였으며, 한국과 인도가 그 다음을 차지하였다. 권서의 수는 때때로 인도가 한국보다 더 많기도 하였으나 반포량은 한국에서 이루어진 것이 항상 더 많았다. 따라서

38) *BFBS AR for* 1932, p. 235.

39) 《조선예수교장로회총회록》, 1933, p. 12. 그런데 《총회록》의 보고에서는 10명을 감축했다 하나 사실은 20명이 감축된 것이다. 이어서 1935년 《총회록》에도 런던본부에서 5만여 원을 보조했음을 명기하고 있다.

표 8. SUMMARY OF COLPORTAGE

Agency	Average of Colportours at work in 1916.	Sales, 1916.				Average of Colporteurs at work in 1915.	Total Sales in 1915.	Average of Colporteurs at work in 1914.	Total Sales in 1914.
		Bibles.	Tests.	Portions.	Total.				
France	26	1,000	18,545	70,725	90,270	28	101,699	32	109,697
Belgium	2	221	147	672	1,040	2	5,122	3	9,637
Germany	—	—	—	—	—	—	87	17	82,300
Austria-Hungary								34	107,532
Italy	13	1,320	3,293	54,257	57,160	20	82,346	22	80,030
Spain	18	4,654	4,739	52,060	61,453	18	61,026	18	50,345
Portugal	4	1,674	1,655	3,213	6,542	4	6,342	4	6,770
Russia	38	4,896	63,279	111,189	179,364	50	215,848	64	175,205
Siberia	3	110	2,703	3,084	5,897	4	9,259	10	19,436
Turkey and Greece		No	details	received	27,008	24	33,132	26	35,528
Egypt	14	2,590	7,260	26,449	36,299	15	42,140	22	66,225
North Africa	14	1,354	2,576	26,098	30,028	14	30,259	11	21,357
Cape Colony	2	524	35	25	584	2	1,010	3	3,777
Central South Africa	3	4,070	5,355	1,724	11,150	3	11,824	4	10,785
Madagascar	5	482	801	499	1,782	4	1,396	7	1,140
Manritius	6	260	83	3,637	3,980	5	3,880	5	3,145
Persia	10	1,461	2,393	19,699	23,556	8	14,280	10	5,020
India	157	4,105	5,292	315,025	324,422	159	292,341	157	314,534
Ceylon	16	914	572	48,777	50,263	18	54,045	17	49,108
Burma	23	573	1,206	85,877	87,656	23	93,502	23	97,339
Malaya	21	1,436	2,958	108,280	112.674	22	126,673	23	125,346
Philippine Islands	18	5,043	6,195	79,587	90,825	18	100,548	15	64,444
China	392	696	12,591	2,186,616	2,199,903	333	2,246,393	365	2,495,409
Japan	24	414	14,415	165,934	180,763	23	142,736	28	219,649
Korea	161	557	6,834	680,903	688,294	165	707,470	184	661,493
Australia	1	64	207	24	295	3	3,300	4	11,719
Argentine	9	4,117	5,731	27,609	37,457	6	29,731	8	32,852
Brazil	12	5,000	12,318	22,391	39,709	16	74,920	15	67,348
Republics of the Andes	12	3,401	5,729	65,841	74,971	12	56,719	14	68,596
Venezuela	2	64	72	2,087	2,223	2	3,344	2	6,382
Canada	46	13,981	26,063	24,207	64,251	35	73,804	27	56,035
Totals	1,052	64,981	213,048	4,184,779	4,489,819	1,036	1,625,176	1,174	5,058,165

중국·인도와 한국의 영토와 인구를 감안한다면 한국에서 권서활동이 얼마

나 활발했는지를 짐작할 수 있다. 이것은 또한 한국 권서들의 세계 선교역사에서의 역할과 위상을 짐작케 해주는 것이기도 하다.

Ⅲ. 권서의 선발·교육 및 그 조직

1. 권서의 선발과 교육

권서 사역은 그 특성상 사명감이 투철하고 신앙이 좋으며 특히 책판매에 소질이 있는 사람을 필요로 했다. 즉 권서는 "'은총과 처세술과 적극성'을 가진 사람"이어야 했다.[40] 권서의 일이 단지 책을 판매하는 것이 아니고 궁극적으로 사람들을 그리스도에게로 인도하는 것이었기 때문에 공회와 선교회는 권서의 선정에 아주 신중할 수밖에 없었다. 권서 선정방법은 각종 자료에 여러 형태로 나타나지만 대체로 다음과 같이 정리할 수 있다.

권서는 일반적으로 안정된 생활을 하는 한 가정의 가장으로 건강하고 중년의 나이에 이른 사람 가운데 선교사나 현지 교회가 추천함으로써 선발되었다. 권서로 선정되기 위해서는 먼저 격심한 육체노동에 견딜 수 있는 강건한 신체를 가져야 했다. 또한 그들의 훌륭한 성품은 물론 영혼을 구하고자 하는 정열을 가져야 했고, 주위로부터 칭찬받고 또 잘 알려져 있는 인물이어야 했다.[41] 무엇보다 신앙면에 흠이 있어서는 안되었다. 따라서 권서로 임명되기 위해서는 그의 담당 목사로부터 추천을 받아야 했다. 성서공회가 추천을 한 목사에게 권서로 추천된 사람에 관하여 문의할 때, 주로 하는 두 가지 질문은 "그의 기독교적 인격(christian character)은 어떠한가?", "이 특별한 일에 대한 그의 능력은 어떤 것인가?"라는 것이었다.[42]

권서로 선정되기 위해서는 신앙이 깊고 신뢰할 수 있는 성품을 가지고 있어야 했을 뿐 아니라, 반감을 주지 않고 효과적인 방법으로 성경을 전파하는 능력을 가지고 있어야 했다. 그래서 공회는 가능하면 사업경험이 있고 세상과 인간에 대해 잘 아는 사람을 선호했다.

거기에다 권서는 성경을 판매하여 그 판매대금을 관리하고 회계장부를 기

40) H. Miller, "Colportage," *KMF*, 1914. 5., p. 138.
41) R.T. Turley, "Colporteurs on the Far East," *BIW*, 1905. 5., p. 148.
42) T. Hobbs, "Gospel Sellers in Korea," *BIW*, 1917. 1., p. 11.

록해야 했기 때문에 금전적인 면에서 유혹을 받을 수 있는 사람은 권서로 임용하지 않는 것이 원칙이었다. 다른 수입원이 없이 하나의 직업으로서 권서 일을 하고자 지원하는 사람들, 특히 경제적으로 궁핍한 처지에 있는 사람들은 권서 선발에서 일반적으로 배제되었다.[43] 그래서 "권서원으로 택함을 받는 사람들은 봉사의 중임(重任)을 깨닫는 남녀 곧 권익 얻기를 목적하지 않고 사람에게 빛을 전하기를 목적하는 남녀"이어야만[44] 했다.

실제로 권서로 활동한 사람들은 주로 해당지역의 기독교 지도자였다가 권서일을 위해 사임한 사람들로서, 상당한 영적 지도력과 지적 능력을 갖춘 사람들이었다. 그들은 대부분 한문을 잘 하는 사람들로, 한글성경밖에 읽지 못하는 사람들은 거의 없었다. 특히 젊은 사람들인 경우에는 기독교계 학교에서 현대식 교육을 받은 사람들도 있었는데, 젊다고 하더라도 결혼하지 않은 사람은 거의 없었다. 많은 권서들은 성경에 관한 해박한 지식이 있어서 필요한 경우에 성경구절을 자유롭게 인용할 수 있었다.[45] 남감리교 선교사 하디(R. A. Hardie ; 河鯉永) 박사의 감독하에 있던 윤성근(Yun Sung Kun)은 항상 신약성경을 가지고 다녔는데, 그는 "죽기 전 삼 년 이상 신약성경에 관한 한 살아있는 성구사전(a living concordance)"이라는 평판을 받을 정도로 성경에 정통하였다.[46]

자격이 갖춰져 선정된 사람은 먼저 6개월 정도 경험 있는 권서를 따라다니며 수습기간을 거쳤다. 그후 능력이 인정되면 정식으로 채용되어 공회본부나 각 지점에 배치되었다. 권서들은 정식으로 채용된 이후에도 모여서 특별훈련을 받기도 하고, 몇 년 동안 수업과정을 거치며 때때로 시험도 치러야 했다.[47] 권서와 부인권서에 대한 교육은 1900년대에 들어서 본격적으로 시작된 것으로 보이는데, 1902년도 영국성서공회 보고서에 나타난 남감리회 선교사 콜리어의 아래의 말은 권서교육이 있었음을 증명해 준다.

---

43) R. T. Turley, 앞의 글, p. 148.
44) 화잇 부인, 《勸書傳道者》, 시조사, 1931, p. 10.
45) T. Hobbs, 앞의 책, p. 12. 양익환 목사의 회고에 의하면, 당시 권서가 되기 위하여 선교사의 추천을 받으려면, "성경을 적어도 50번, 100번 이상 통독해서 알아야" 한다고 하였다. 《성서한국》 8-3호, p. 9.
46) *BFBS AR for* 1909, p. 357.
47) R. T. Turley, 앞의 글, p. 148.

> 내 밑에 있는 권서들은 훌륭히 사업을 수행하고 있으며 그 가치는 그들이 보다 완전히 자격을 갖출 때 더 높아질 수 있다. 단순한 책판매는 그들에게서 기대할 수 있는 매우 일부분에 지나지 않음을 믿기 때문에 우리 선교회는 현 상황에서 최대한 가능한 대로 권서들이 완벽한 수업과정(a course of study)을 받도록 하는 데 상당한 비용을 써왔다. 이런 방법으로 남감리교회는 성서공회와 연합하고 있으며, 그 결과는 우리를 실망시키지 않으리라고 믿는다.[48]

한편 1901년도 미국공회 월례보고서에는 부인권서들이 일을 잘 하고 있으나 기대에 못미치고 있기 때문에 부인성경학교(a biblewomen's school)를 개설했다는 스크랜튼의 말이 소개되어 있다.[49] 이런 부인성경학교는 전문적인 부인권서 교육기관은 아니었지만, 선교회가 주최하는 성경학교는 권서들이 교육을 받는 중요한 장소로 사용되었다.

우리는 성서공회에서 특별한 기관을 설립하여 권서들을 교육했다는 분명한 기록을 아직 발견하지 못했다. 다만 8명의 평양신학교 제2회 졸업생은 거의 대부분 입학 전에 성서공회의 '권서학교'(the school of colporteurs)에서 최초의 기독교 훈련을 받았다고 한 영국성서공회 임시총무 버크월의 말과,[50] 1912년 3월 4일에 서울의 성서위원회가 총무 재량에 따라 매년 4주간씩 유급으로 권서교육을 실시하기로 결정했다는 기록은[51] 성서공회에서 직접 운영한 권서교육기관이 있었음을 말해 주고 있다. 그러나 그것이 언제 어떻게 생겼으며, 어떻게 운영되었는지는 아직 정확하게 밝혀지지 않고 있다. 영국성서공회의 경우 권서교육은 베시(F.G. Vesey)에 이어 1913년부터는 홉스(T. Hobbs)가 맡았다.

권서들이 받은 교육의 내용은 판매하고자 하는 집에 어떻게 들어가고, 말을 어떻게 시작해야 하는가 하는 실제적인 판매방법으로부터 중국 고전에 이르기까지 다양했다. 여기서 중국 고전을 교육받았다는 것은 흥미롭다. 그

---

48) *BFBS AR for* 1902, p. 292.

49) A. Kenmure, "Our Biblewoman in Korea," 1901. 4., p. 88. 여기서 'biblewoman'이란 용어는 부인권서와 여교역자(전도부인)에 대하여 두루 쓰이는 용어였기 때문에 해석에 혼란을 야기시킨다. 그러나 선교회에서 설립한 이런 유의 기관은 일차적으로 자기 선교회에 소속된 전도부인을 교육 양성시키는 기관이었다.

50) "Here and There," *BIW*, 1909. 10., p. 318에 실린 6월 10일자 버크월(H. O. T. Burkwall)의 편지 내용.

51) 《BFBS 자료집》, "Colportage," p. 2.

것은 뒤에서도 보이지만, 유교적인 지적 풍토에서 어느 계층에게나 대화를 유연하게 유도하고, 양반 식자계층과도 접촉할 수 있도록 하기 위함이었을 것이다. 교육의 내용은 주로 믿지 않는 사람들에게 효과적으로 성경을 판매하기 위해 도움이 되는 각종 과학적 지식과 성경 지식이 그 기본이었다. 예를 들어 미신적 사고방식을 가진 사람을 만났을 경우, 그것의 잘못됨을 깨우쳐주기 위해 기본적인 과학적 지식을 교육받았다. 그 결과 권서에 따라서는 진화론을 토론하고 산신숭배자들을 개종시키기도 했다. 다음은 캐나다 장로교 선교사 바커(A.H. Barker) 목사의 감독을 받으며 연해주 지방에서 활동하고 있던 권서 안용환의 경험이다.

> 향남동이라는 마을에 갔다.……명목상의 러시아교회 교인인 잘 교육받은 두 젊은이와 오랜 동안 진화론을 토론했다. 그날 저녁 안씨는 집회를 열었는데, 그 두 사람을 포함한 열 사람이 믿기로 결심했다. 이 마을 사람들은 山神에게 희생물을 바치는 풍습을 갖고 있었다.……희생물은 일 년에 한두 번 제공되었는데, 소나 돼지를 잡아 바쳤다.……믿기로 결심한 두 사람 중에 한 분이 선택된 祭主였으나, 그가 그 희생의식에 참여하기를 거부하자 대리자를 뽑는 것이 불가피하게 되었다. 이 마을에서는 아무도 그 책임을 맡으려 하지 않았다. 동네 사람들이 모두 믿기로 결심했거나 믿으려고 했기 때문이다. 그 결과 산신숭배는 단념하지 않을 수 없었다. 그 마을에는 단지 20가구가 살았는데 그중 10가구가 현재 기독교 신자가 되었는데 그들은 교회를 세우려고 계획하고 있다.[52]

권서들은 유교의 식자계층과도 만났다. 그들과도 당당하게 변론하기 위해서는 중국 고전에 대한 어느 정도의 지식을 갖추어야 했다. 거기에다 무엇보다도 성경에 대한 해박한 지식을 가질 수 있도록 교육되었는데, 그것은 구매자가 처한 상황에 따라 가장 적절한 성경구절을 자유롭게 인용할 수 있도록 하기 위함이었다. 예컨대 노인이나 병자, 비관적이거나 구도자적인 사람, 슬픔당한 자나 고통당한 자에게 성경 가운데 어떤 부분이 상대방에게 가장 적절한지 알도록 교육받았으며, 또 유교를 믿는 사람에게는 모세 율법을 인용하여 설득하고, 도교나 불교신자에게는 예언서나 예수님의 말씀을 가지고 접근하도록 가르쳤다. 그러나 신학적으로 의견이 분분한 문제는 언

52) T. Hobbs, "Among Korean Settlers in Siberia," *BIW*, 1920. 9., p. 134. 또 같은 해 3월호, p.43에 의하면 권서 문씨가 산청군에서 활동하여 어느 노인이 점치는 데 사용한 책과 기물을 불태워버리는 그러한 변화를 가져오게 했다.

급하지 말도록 교육하였다.[53)]

성경에 대한 해박하고 정확한 지식은 권서사역에 필수적이었기 때문에 권서들을 감독했던 각 선교회는 이 일에 특히 노력을 기울였다. 이와 관련하여 1909년도 영국성서공회 보고서도

> 몇몇 권서 감독들은 자기들이 소속된 선교회에서 매년 개최하는 성경공부반에 권서들을 참석시키고 있다.……우리 권서들의 수준이 점점 향상되고 있으며 그들을 그런 수준에 이르게 하려는 노력이 있음을 기쁘게 목격하고 있다. 훈련은 효율성을 증대시키고 있는데, 이 효율성이야말로 우리의 큰 목표이다.[54)]

라고 언급하였다. 이것은 각 선교회가 자기들이 감독하고 있는 권서들을 교육시켜서 그들의 수준을 향상시키고, 그리하여 판매의 효율성을 증대시킬 수 있었음을 말해 주는 대목이다. 선교 초기에는 마땅한 권서 후보자를 구하기 어려웠기 때문에 개종자를 권서학교에서 훈련시켜 배출하기도 했지만, 교회가 성장하여 권서로 쓸 만한 사람을 구하는 데 어려움을 겪지 않게 되자 성서공회가 운영하는 권서학교는 없어지고, 각 선교회가 주관하는 성경공부반을 통하여 권서들을 재교육시켰을 것으로 판단된다.

당시의 권서들이 구체적으로 어떤 교육을 받았는지 한국측의 자료를 통해서는 확인되지 않는다. 그런 상황에서 우리는 1900년대초에 매서활동을 한 바 있는 구춘경과 김영달이 쓴 매서인에 관한 글들을 통해 당시 권서들이 어떤 자세로 그 직분에 종사하고 있었으며 그들이 받았을 권서교육의 내용이 어떤 것이었는지도 어렴풋이 확인할 수 있다. 구춘경이 쓴 10개 항목의 〈매서인의 직분〉을 요약하면, 매서인은 ① 그들이 파는 책이 하나님의 묵시로 된 성경이며, 세상사람이 책을 사서 보고 구주 예수를 믿어 구원과 영생을 얻도록 하기 위한 것임을 먼저 알아야 하고, ② 겸손한 자세로써 사람을 존경하고 사랑해야 하며, ③ 온유한 말과 화평한 뜻으로 하나님나라 복음을 전파할 것이며, ④ 핍박을 받더라도 악을 악으로 갚지 말고 욕을 욕으로 갚지 말라고 하신 말씀을 항상 외울 것이며, ⑤ 숙식할 때에 교우나 외인들에게 폐가 되지 않도록 식비를 넉넉하게 갚을 것이며, ⑥ 가난한 사람에게는

53) R. T. Turley, 앞의 글, pp. 148~149.
54) *BFBS AR for* 1909, p. 356.

책을 외상으로 주거나 거저 줄 것이며, ⑦ 성서공회가 정한 법대로 책값을 받고 가감하지 말 것이며, ⑧ 책을 가지고 괴로움과 즐거움, 귀하고 천한 이를 각기 처지대로 만나는 대로 복음을 전할 것이며, ⑨ 찬송의 곡조를 공부하여 좋은 소리로 찬송하여 사람이 많이 모이도록 하여 전도할 것이며, ⑩ 책값 받는 것과 목사에게 책값 갚는 것을 소상하게 할 것 등이었다. 이렇게 〈매서인의 직분〉 열 가지를 강조한 구춘경은

> 무릇 이 직분 맡은 자들은 조심하고 항상 하나님께 기도하여 성신이 항상 우리에게 계시기를 구하며 도와주시기를 바랄지라. 시방 때는 악한 때라 추수 할 것이 많되 일꾼은 적사오니 어서 이 일꾼들이 많이 일어나기를 바라옵나니다.[55]

라고 당부했던 것이다.

김영달도 〈칙파난 사람의 직분〉에서

> 대개 우리 파는 책은 성경복음과 전도서이니 성경이라 함은 거룩한 글이라 함이오 복음이라 함은 복스러운 소식이라 함이오 전도서라 함은 도리를 해석한 책이라 이 책을 보면 하나님의 뜻을 알 수 있어 천지만물을 창조하심과 우리를 사랑하사 어떻게 구원하심과 순종치 아니하는 자의 정죄하심을 밝히 알게 하심과 믿는 자에게 영생을 허락하신 명령이라 우리는 하나님의 명령서를 전하는 직분인데 판다 함은 종이값을 받는 것이오 장사함은 아니라 그런고로 이 직분을 담책한 자는 마땅히 여섯가지 긴요한 바 있으니.[56]

라고 성경과 권서직분의 중요성을 거론한 후, 그 여섯 가지를 학문, 믿는 마음, 기도, 지혜, 기쁨, 열심이라고 하였다. 그는 권서가 이 열심을 가지고 부지런히 일하여 전국 동포의 죽어가는 영혼을 깨우고 악한 시대에 인심을 변하여 천국을 만들며 날로 하나님 대전에 개가를 부르고 책을 많이 팔므로 교회를 흥왕하게 하고 하나님께 영광 돌리기를 원한다고 하였다.[57]

우리는 구춘경과 김영달의 글들을 통하여 당시 권서들이 받았을 교육의 내용을 어렴풋이 짐작할 수 있다. 그것은 매서인이 지녀야 할 신앙적 인격과 대인관계의 자세, 책을 파는 방법 및 책값정리, 사무처리 등이었다. 주

---

55) 구춘경, 〈매서인의 직분〉, 《신학월보》 4권 3호(1904. 3.), pp. 125~128.
56) 김영달, 〈칙파난 사람의 직분〉, 《신학월보》, p. 128.
57) 위의 글, p. 130.

목되는 것은 1900년 초기에 가난한 자에게 책값을 받지 않아도 된다고 한 것은 1910년대 이후에 취했던 무료반포 금지정책과는 다르다. 즉 돈이 없으면 곡식이나 계란·생강·옷감 등의 물건이라도 받도록 한 것이 1910년대 이후의 반포정책이었다. 이렇게 초기의 정책이 전환된 것은 한국사람들은 공짜로 받은 것을 중요하게 여기지 않는다는 사실을 뒷날 경험적으로 알게 되면서,[58] 물물교환 형식으로라도 부담을 지우는 것이 성경을 읽도록 하는 데에 효과적이라고 판단했기 때문이다. 앞서 든 두 편의 글 내용은, 대부분 뒷날에도 그대로 적용되고 있었다는 점에서 권서교육의 지속성을 엿볼 수 있다고 생각된다.

이렇게 교육받았던 권서들은 일반적으로 훌륭한 신앙인격을 갖춘 진지하고 영적인 사람들이었지만, 믿지 않는 사람을 대상으로 판매행위를 할 때는 어떻게 하는 것이 효율적인지를 모르는 사람들도 많았다. 특히 연합공회가 해체되고 영국성서공회와 미국성서공회가 독자적으로 반포사업을 실시하게 된 1908년 이후, 두 공회가 경쟁적으로 반포사업에 열을 올리게 되어 권서의 수가 급증하자 여러 가지 부작용이 발생했다. 한 해에 이삼백 명의 권서들이 활동하게 되자 권서선발에 문제가 생길 수밖에 없었고, 또 그 많은 권서들을 효과적으로 교육 감독할 수 없어서 권서의 인격적 자질성과 권서제도의 효율성에 의문이 제기되기도 했다. 이 점과 관련, 권서사업에 관계했던 선교사 필립스(C.L. Phillips)는 자기 감독하에 있는 권서들에 대해 다음과 같이 말한 적이 있다.

> 나는 그들 대부분이 실패작이라고 생각한다. 그들은 일을 하지 않는다. 그들은 월급을 받은 만큼 일하지 않는다. 그들은 우리가 생각하는 것만큼 일하지 않는다. 권서사업을 성공시키기 위해 무슨 조치가 있어야 한다. 그것도 속히 있어야 한다. 그들은 주로 우리가 그들로 하여금 실패하게 방치했기 때문에 실패해 왔다.[59]

필립스는 이러한 '게으른 책판매인'들이 오히려 교회에 누를 끼치고 다닌다는 것을 설명한 후 선교사들이 반포사업과 권서들에 대하여 더욱 관심을

58) T. Hobbs, "Colportage in Korea," *BIW*, 1913. 7., p. 216.
59) C.C. Phillips, "Distribution of Christian Literature," KMF, 1915. 5., p. 139.

기울여야 한다고 주장했다. 그런데 한 가지 주목되는 것은 권서들이 열심을 내면 효과적으로 판매활동을 할 수도 있다는 것을 말하면서, 필립스는 성서공회에서 파견한 권서시찰들과 같이 일할 때 그들의 판매량이 급증한다는 것을 예로 들었다는 점이다. 즉 한 달에 100권도 채 팔지 못하는 사람들이 권서시찰들과 같이 일하면 못파는 사람이 하루에 50권에서 60권, 많이 파는 사람은 심지어 하루에 200권도 판다는 것이었다. 이와 같이 1910년대 이후의 반포사업과 권서교육에서 절대적인 역할을 담당했던 것이 권서시찰이었으므로, 우리는 이제 이들을 중심으로 한 권서조직체계를 살펴보기로 하자.

2. 권서의 조직

권서들은 성서공회와 연관을 맺고 있었으나 반포활동에도 종사하는 선교사들의 감독을 일차적으로 받았다. 다음의 표 9는 1918년도 권서통계 가운데 북장로교 통계의 일부이다.[60] 표 9에 의하면 선교사들은 영국성서공회의 지원을 받아 평균 3, 4명의 권서를 자신의 교구에 고용하여 감독하고 있음을 알 수 있다. 한 선교사가 감독한 권서의 수는 적게는 1명, 많으면 20명까지 되었다.[61] 이들 선교사 감독들은 공회로부터 권서들의 봉급과 성경책을 지원받고, 그 활동을 공회의 총무에게 보고하였기 때문에 '거래처'(correspondent)로도 불렸다.

그런데 이러한 권서감독(superintendent)은 초기에는 선교사들만 담당했으나 한국인 목사의 수가 점차 증가하고, 한국 교회와 한국인 지도자들의 역량이 성장하는 1910년대 후반부터 한국인 목사들도 권서를 고용 감독하였다. 1918년 북감리회의 경우, 9명의 권서감독 가운데 4명(이필주·박용래·김종우·이익모)이 한국인 목사였으며,[62] 북장로교의 경우는 1920년대부터 한국인 목사가 권서를 감독하기 시작하였다.

60) *BFBS AR for* 1919, Appendix, p. 39.

61) 1918년도 BFBS 권서통계에 나오는 권서수는 215명이다. 그런데 이들 모두가 52주 동안 계속해서 활동한 것은 아니므로 평균 권서수는 148명으로 처리되고 있다. 이것은 215명의 총 활동한 주일을 52로 나눈 것이다. 참고로 215명 가운데 52주 동안 활동한 권서는 83명이었다.

62) *BFBS AR for* 1919, Appendix, p. 38. 참고로 '매서인 감독'이란 말도 사용되었던 것 같은데 윤성렬(尹聲烈) 목사가 1915년부터 1916년에 원주지방에서 그 직책에 있었다(윤정옥, 《산초의 씨름》, 지식산업사, 1988, pp. 61~63).

표 9. 권서감독과 권서의 예(1918)

Colporteur	Province	Years of service	Weeks of work	Sales			
				Bibles	Tests	Portions	Total
Presbyterian Mission, North							
Rev. C.F. Bernheisel							
Chung Ye Chum	S. Pyeng An	3	12	2	69	236	307
Choi Chung Pil	S. Pyeng An	1	48	4	79	2,903	2,986
Rev. W.N. Blair							
Kim Sun Kwan	S. Pyeng An	7	16	—	58	1,063	1,121
Kim Taik Chin	S. Pyeng An	5	16	—	11	929	940
Kim In Cil	S. Pyeng An	5	13	—	—	920	920
Kim Sang Kyu	S. Pyeng An	4	8	—	—	556	556
Rev. C.L. Phillips							
Kang Chan Kyu	S. Pyeng An	3	52	4	91	4,500	4,595
Kang To Won	S. Pyeng An	2	26	12	317	2,862	3,191
Cha To Ram	S. Pyeng An	5	52	2	45	4,308	4,353
Rev. C.A. Clark							
Kim Kyung Duk	Kyengkei	5	12	—	5	904	909
Han Tuk E	Kyengkei	5	52	5	42	5,011	5,058
Kim To Chin	Kyengkei	5	30	—	5	2,899	2,904

한편, 한국 교회의 성장으로 나타난 또 하나의 현상은 노회내에 권서부(勸書部)가 설치되었다는 점이다. 1920년도 경북노회에서 제안된 다음 안건에서 우리는 이를 확인할 수 있다.

> 래노회부터는 권서들의 일한 성적도 노회에 보고하는 것이 합당하온즉 권서위원에게 권서에 대한 간섭권 주기를 바라나이다.[63]

이 제안은 받아들여져서 경북노회의 경우 노회의 차원에서 권서부를 두어 권서를 감독하게 하였다. 다른 교단이나 노회의 경우는 권서부와 같은 전담기관이 없는 경우도 있었지만, 경북노회의 이러한 예는 권서사업이 교회의 관심과 지원을 받았음을 말해 주고 있다. 그렇기 때문에 권서는 장로·집

63) 〈죠션예수교쟝로회경북뎨七로회록〉, p. 28. 한편 남감리교의 경우에는 권서들이 직접 선교사의 감독을 받기보다는 구역담당 조사들의 지휘를 받았다("Korea Mission Methodist Episcopal Church, South, Minutes 1912," p. 56).

사·영수·조사 등과 더불어 교회의 여러 직에 속하는 것으로 여겼으며,[64] 특히 전도사와 함께 포교의 업무를 맡은 자로도 인식되었다.[65]

전국에 걸쳐 많은 권서들이 활동하게 되자, 이들을 더욱 잘 교육하고 관리하기 위해 성서공회 본부에서는 권서 담당 부총무와 몇몇 한국인을 권서 시찰(superintendent colporteur)로 파견하였다. 이들은 성서판매에 특별한 능력을 가진 전문가들로서 권서들을 방문하여 같이 다니면서 성서판매를 지도 격려하고 각종 집회를 인도하였다. 이들이 언제부터 시찰(시찰원)로 활동했는지는 분명하지 않으나 1913년경에 이미 그 활동이 나타나고 있다.[66] 영국성서공회의 경우 부총무로 있었던 베시와 그의 후임 홉스가 이 일을 담당했고, 한국인으로는 이홍주(Yi Hong Ju) 목사, 송순명(宋淳明) 장로, 양익환(梁翊煥) 목사 등이 이 일에 헌신하였다.[67] 미국성서공회에서는 후커(J. T. Hooker)가 1913년 여름부터 권서시찰로서 크게 활약하였다.

이들은 전국을 다니면서 일정한 지역에서 활동하는 권서들을 모아 시찰전도대를[68] 조직하고 한두 주일 정도 같이 판매활동을 하는 방법으로 권서들을 교육하고 격려하였다. 회령에서 활동하던 선교사 맥도널드(D. A. McDonald)는 다음과 같이 권서시찰 활동의 효용성을 언급하였다.

> 지난 몇 년 동안 공회에 의해 채택된 새 방법은 특별히 자격있는 사람 한둘을 각지에서 권서들과 같이 한 달 동안 지내게 하는 것이었다. 이 방법은 크게 도움이 되고 활력을 주는 것으로 판명되었다. 권서들은 훨씬 나은 방법을 배우게 되었고 자기들이 세계적인 조직에 속해 있다는 것을 더 느끼게 해주었다.[69]

64) 〈朝鮮耶蘇教長老會全北老會第六·七回會錄〉, '림시회의록', p. 11. "교회가 진흥하려면 제직이 먼저 은혜를 받아야 할 것인즉 로회내에 진흥예비사경회를 개최하고 본로회 지경내에 있는 장로 집사 영수 권서는 일제히 회집하야 공부케 하되……"
65) 〈基督教朝鮮監理會第七回年會會錄〉, p. 162. 권서를 권서 전도자라고 칭하였다.
66) *BFBS AR for* 1914, p. 396. 및 "Remarkable Progress in Korea," *BSR*, 1915. 5., p. 67. 여기에 후커(J. T. Hooker)의 활동이 언급되고 있다.
67) 박영대, 〈권서사업과 그 전망〉, 《聖書韓國》 8-3, 1962. 7., p. 9에서는 "……한국인 감독을 선출하여 제3대 권서 감독으로 송순명·양익환·이홍주·김용호씨 등 구역별 감독을 증원하여……"라고 하여 김용호의 이름도 보이고 있으나, 김용호는 BFBS측 자료에서 확인되지 않는다.
68) 〈죠션예수교쟝로회전북로회뎨二十九회 회록〉, p. 42. 이를 '성서공회복음전도대'라고 표현한 곳도 있다(〈죠션예수교쟝로회전북로회뎨二十八회 회록〉, pp. 54~55).
69) *BFBS AR for* 1919, p. 243.

권서시찰들이 활동할 때의 구체적인 일과는 뒤에서 다시 언급되겠지만, 성경공부와 복음집회를 인도할 뿐 아니라 판매방법도 지도하였다. 1921년도의 홉스의 보고에 의하면, 그들의 활동은 이랬다.

> 1921년 동안 권서들을 방문하여 도와주려는 목적으로 여덟 번의 여행을 했다. 이 여행은 북의 성진(Songjin)에서 남의 제주도까지 수행되었다. 일반적으로 우리는 어떤 지역에서 선교사의 감독하에 일하고 있는 권서들을 다 모아서 하루 정도의 모임을 가진다. 그후 선정된 지역으로 전도하러 간다. 오전 9시경에 기도회와 성경공부 시간을 가짐으로써 일과를 시작하고, 하루 종일 기독교를 믿지 않는 마을을 방문하며 보낸 후 저녁에는 전도집회를 가진다.……우리의 조력 감독들인 송씨와 양씨는 각각 아홉 번씩 여행을 했다. 이들은 진지하고 능력있는 조선인 지도자이며 그들의 방문은, 본부에 보내지는 편지들이 보여주듯이, 높이 평가받고 있다. 그들의 방문은 권서들에게 사역방법을 가르쳐주고, 그들의 어려움을 도와주고 새로운 노력을 하도록 격려하는 기회를 제공한다.[70]

권서시찰들은 권서들이 악조건 속에서도 최상의 사역을 할 수 있도록 가르쳤는데, 그래서 이들이 방문하면 어느 곳에서나 양적으로나 질적으로 권서사업이 크게 진전되었다. 영국성서공회의 예를 들어보면 권서시찰들이 활동하기 전인 1908년에 권서 1인당 월평균 판매량이 70권이었는데, 이들의 조직적 훈련이 결실을 맺기 시작하던 1913년에는 그것이 297권으로 증가하였다.[71]

물론 이 두 시기의 권서 판매량에 차이가 나는 데에는 다른 요인들도 있을 수 있지만, 당사자인 성서공회가 그 주요인으로서 권서시찰 활동을 꼽은 것은 주목된다.

또 다른 예를 들어보자. 재령지방의 미국 북장로교 선교사 헌트(W. B. Hunt)는 권서시찰의 지도 이후 비신자들에 대한 성경 판매량이 급증했다는 것을 다음과 같이 언급하였다.

> 우리는 복음서들을 전혀 팔지 못하고 있었고 서고에는 600권의 복음서가 쌓여서 낡아가고 있었다. 권서들은 복음서를 가지고 다니는 것은 쓸모없으며, 믿지 않는 사람들에게 어떤 책이라도 파는 것은 거의 불가능하다고 말했다. 우리

---

70) *BFBS AR for* 1922, p. 233.
71) "Matters of Moments," *BIW*, 1914. 8., p. 277.

는 공회에게, 가장 어려운 이 지역에서 불신자들에게 어떻게 복음서를 팔 수 있는가를 보여주고, 모임(conference)을 열어줄 것을 요청했다. 홉스 씨와 한 명의 한국인 조력자가 왔다. 그들은 우리 권서들과 함께 모임을 가진 후 그들의 일을 지도했는데 다음 표 10과 같은 결과를 낳았다.[72]

특히 영국성서공회에서 활동한 세 명의 한국인 권서시찰들의 활동은 주목할 만한데, 그들의 활동을 수치로 확인해 본다. 1930년의 경우, 세 명의 한국인 권서시찰들이 전국을 방문하여 134명의 권서와 함께 활동하였는데 이것은 당시 전국에서 활동하던 모든 권서를 방문한 것이 된다. 그동안에 15만 7,168권을 팔고, 431회의 집회를 가져 1,957명이 예수를 영접하거나 이름을 적어내었다.[73] 이렇게 좋은 결과를 낳게 되자 각 선교회에서는 이들이 자기 관할하의 권서를 더 자주 방문해 줄 것을 요청하였는데, 특히 한국인 목회자가 담당하고 있던 지역으로부터의 요구가 더 많았다. 그래서 부흥집회를 가질 경우에는 먼저 이들을 초청하여 분위기를 조성하는 것이 관례화되었다.[74]

표 10. 권서들의 판매실적

권서 이름 / 날짜	정원렬 Chung Won Ryul	박기철 Pak Ki Chul	정용윤 Chung Yong Youn	김한박 Kim Han Pak	임선호 Eim Sun Ho	강유선 Kang You Sun	황경구 Whang Kyung Koo	이장운 Yi Chang Un	계
4월14일	30	30	31	50	59	30	39	32	301
15일	37	34	24	20	43	9	24	32	223
17일	30	13	14	24	49	10	8	35	183
18일	35	35	20	14	60	19	28	38	269
19일	25	17	16	26	50	21	25	46	223
20일	47	35	37	26	32	22	24	38	291
21일	22	12	13	19	30	19	16	28	159
계	226	176	155	196	323	130	174	249	1,629

당시 권서시찰이 지방의 권서와 함께 어떻게 전도와 성경판매 등의 권서

72) W.B. Hunt, "A Colporteur's Conference," *KMF*, 1913. 5., p. 133.
73) *BFBS AR for* 1931, p. 209.
74) 〈죠션예수교쟝로회경북로회뎨七로회록〉, p. 27. "교회에서 사경회나 부흥회를 하고자 할시는 일주일전에 권서를 청하야 교회교인과 합동하야 성서도 전하며 전도도 힘씀으로 신령한 터를 미리 예비할 일"을 노회에서 채택하였다.

활동을 하였는지 그 구체적인 사례를 송순명의 경우를 들어 살펴보자. 송순명은 그가 1915년 10월에 평북 초산군에 가서 '대영성서공회 전도인'으로 "권서하는 몇 형제로 더불어" 전도하였는데, 그가 쓴 〈겸손은 감화력의 요소가 됨〉이라는 다음 글은 당시 '복음전도대'가 어떤 식으로 활동했고, 어떤 성과를 얻었는지를 어렴풋이나마 짐작할 수 있게 해준다.

> 본인이 작년 시월분에 평북 초산군과 서간도 지방에 전도할 차로 권서(勸書)하는 몇 형제로 더불어 초산지경에 이르러 전도할 새 하루는 첩첩한 산중으로 들어가 한 집주인을 찾은즉 주인의 아들이 나와서 전도하는 말을 잘 듣고 복음한질 책을 받을 때에 그 부친이 이웃집으로 좇아와서 복음책을 못받게 강경히 반대하야 거절하는 고로 본인이 섭섭한 마음으로 돌아서서 다른 집을 향하여 복음책을 팔고 그 집에 돈이 없으므로 비사리 한 뭇을 대신 받아들고 가더니 반대하던 주인이 본인에게 물어가라대 비사리는 무엇에 쓰려고 얻어가지고 가느뇨 하거늘 본인이 겸손한 모양으로 대답하기를 이것은 아 산중 빈한한 사람에게서 받았습니다. 하나님의 귀한 복음책을 주고 인쇄비로 돈이나 기타 물품을 조금씩 받더니 이 사람은 복음책을 받고 돈과 다른 물품이 없다 하기로 참도의 말씀을 전하려면서 돈이 없다는 말을 듣고 그저 빨리 지나가는 것이 옳지 못한 고로 그 사람에게 유익되기만 생각하고 이것이라도 받고 주었노라 한즉 그 사람이 홀연히 감동이 되어 가라대 이는 참 도덕의 말씀이오 하고 전에 발노하던 얼굴이 온유한 모양으로 책 한 질을 달라 하여 받았아오니 사람을 감화시켜 책을 받게 하는 도리는 전도할 때에 남을 유익하게 하고 자기 체모를 낮추어 겸손함에 있고 외모의 화려함과 언어의 활발함에는 있지 아니 하오니 이 글을 보시는 형제는 빈한한 사람을 생각하여 본 공회에서 복음전파할 때의 인쇄비로 사소한 물품이라도 조금씩 받고 주는 것을 보고 세속을 따라 부끄러워하시지 마시기를 깊이 바라오며 또 참이치의 합당한 일은 세상풍속에 구속되지 아니하는 줄로 믿나이다.[75]

가난한 사람에게 '복음책'을 팔고 그 대가로 '비사리 한 뭇'도 즐겨 받았던 권서들의 겸손한 활동이 복음을 반대하던 사람을 감동시켰다는 위의 증언은 권서시찰 및 권서활동의 한 아름다운 모습을 보여준다. 위의 글은 권서들이 가난한 사람들을 생각하며 "세상 풍속에 구속되지 아니하는" 일종의 재량마저 보여주고 있다.

이와 같은 권서시찰의 활동은 성서공회와 선교회 및 교회로부터 거교회적

---

75) 송순명, "겸손은 감화력의 요소가 됨", 《긔독신보》 1916년 5월 3일자.

인 주목을 받았는데 그 몇 가지를 들어보자.

> 공회 권서들의 시찰인 양(양익환-저자)씨가 우리 지역을 두 번 방문하였는데 그 방문은 일에 새로운 생명을 불어넣었다. 양씨는 3월에 와서 한 달 동안 네 사람과 같이 일했다. 그는 크게 도움이 되었는데 단지 책을 파는 데뿐만 아니라 여행중에 방문한 십여 개의 교회에 새로운 마음을 가져다주는 데서도 그러했다. 그리하여 많은 사람들로 하여금 기독교인이 되겠다는 표시로 이름을 제출하게 하였다.[76]

> ……지난 3월에 셩셔공회 시찰원 리홍주 목사가 와서 권셔와 복음 一千六百 여권을 젼한 일이며……[77]

> 송장로님을 칭찬하는 말을 몇 마디 해야겠다. 그분은 이곳의 우리 교회에서 주일을 보내었다. 내 자신이 그의 설교를 아주 재미있게 들었다. 그분은 교인들에게 많은 이익이 되었고 몇 사람이 믿기로 작정했다. 다시 오면 이 지역에서 일을 하기로 했는데, 나는 그가 모임을 열기를 바란다.[78]

한국인 권서시찰들은 권서들과 함께 성경을 판매하고 그 판매법을 지도한 전문권서일 뿐 아니라, 각지에서 복음집회를 열어 개종자를 만들었던 부흥사였다. 그런 점에서 권서시찰은 일반 지역권서와 함께 한국의 개척전도 및 한국 교회 부흥의 역사에서 주목되어야 할 증인들임에 틀림없다. 특히 양익환은 1911년부터 1937년까지 권서시찰로 활동했고, 그후에는 권서감독으로 활약했던 분으로 반포활동과 일제하의 교회사에서 지대한 역할을 담당했던 인물로 기억되어야 할 것이다.

권서조직에서 한 가지 더 언급해야 할 것은 성서공회 본부의 조직과 그 직원들이다. 총무와 부총무는 외국인들이 맡았고, 간사 즉, 중앙보급소의 서기나 교정과 같은 행정직 종사자와 권서시찰, 보급소 관리 등은 한국인이 맡았다. 1937년 영국성서공회의 간사에는 정태응(鄭泰應)·양익환·송순명·서상경(徐相絅)·원창식(元昌植)·김영원(金榮源)·방효남(方烋南) 등이 근무하고 있었다.[79] 그리고 수직(守直)은 41년간 근무해 온 최흥준(崔興俊)과 23

---

76) *BFBS AR for* 1921, p. 213. 캐나다 장로교 선교회 선교사 프레이저(E. J. O. Fraser)의 말이다.
77) 〈죠션예수교쟝로회경남로회뎨二十二회 회록〉, p. 46.
78) *BFBS AR for* 1924, p. 255. 선교사 탈메이즈(J. V. N. Talmage)의 말이다.
79) 梁柱三·鄭泰應 편, 앞의 책, pp. 18~19.

년간 근무한 김영조(金永祚)가 맡았다.

Ⅳ. 권서의 활동

1. 활동방법

앞에서 이미 언급한 바와 같이 권서활동의 전모를 체계적으로 보여주는 자료——예를 들면 권서들의 일기·편지·보고서·기행문 및 그들의 자서전이나 전기 등——는 좀처럼 발견되지 않는다. 그러나 각 성서공회의 연례보고서에는 그들의 활동이 어떠했는가를 짐작할 수 있게 해주는 많은 단편적인 사례들이 언급되어 있다. 우리는 이 자료들을 통하여 권서들이 어떻게 활동하였으며, 그 활동이 끼친 영향이 무엇이었는지를 어림으로 짐작할 수 있다. 하지만 그 많은 사례들을 일일이 효과적으로 소개한다는 것은 거의 불가능하다.

비교적 초기의 권서의 활동상을 보여주는 원산 거주 캐나다 선교사 푸트의 보고서에서 그 활동방법을 포괄적으로 이해할 수 있다. 당시 200여 명의 원산교인들이 대부분 권서의 신실한 사역의 결과로 이뤄졌다고 하면서 푸트는 이렇게 썼다.

> 매달 첫날 권서들은 등에 책보따리를 메고 지정된 관할구역으로 여행을 떠난다. 그들은 이 동네 저 마을을 방문하며 복음을 전하고 책을 판다. 그들이 좋아하는 계획은 주막이나 친구집에 가서, 사람들이 모일 때까지 큰소리로 낭독하거나 찬송을 부른 후, 모인 사람들에게 구원의 도리를 가르치고 그리스도의 요구와 하나님의 말씀연구의 필요성을 강조한다. 관심을 갖게 되면 그들은 같은 마을에 2~3일간 머문다. 그들은 처음에는 천주교 사제들의 선전자(agent)로 오인받았으나 지금은 따뜻한 환영을 받고 있다.[80]

여기서 우리가 어렴풋이 확인할 수 있는 것은, 권서들이 지정된 관할구역을 매월 초하루에 출발하며, 사람들의 관심을 끌기 위해 성경을 크게 낭독하고 찬송을 부르는 방법을 사용한다는 것이다.

초기에는 좀처럼 보여지지 않던 권서의 활동모습이지만, 우리는 연합공회

---

80) *BFBS AR for* 1902, p. 293.

가 해체된 이후 1910년대에 들어서서 권서시찰들이 활동하기 시작하면서부터 그들의 활동을 체계적으로 보여주는 자료들을 대할 수 있게 된다. 권서시찰들은 권서들의 활동현장에서 직접 권서들과 같이 활동한 사람들이었기 때문에 그들의 보고서는 권서들의 활동을 이해하는 데 좋은 자료가 된다.

따라서 1910년대 이후 권서시찰들을 중심으로 한 권서들의 활동에 대해서 중점적으로 이해하는 것도 한 방법이다. 그리고 권서시찰들이 활동하기 이전의 권서활동은 앞으로 소개될 사례들을 통하여 충분히 파악될 수 있으리라고 생각한다.

1910년대 이후 권서들의 전형적인 일과표는[81] 다음과 같다.

오전	6 : 30	기상 세면
	7 : 00	찬송 기도 성경공부
	8 : 00	아침식사
오전	9 : 00	판매시작
	⋮	판매활동
오후	1 : 00	점심식사와 휴식
	⋮	판매활동
	6 : 00	기착지 도착

이 일과표에 의하면 찬송과 기도로 하루를 시작한 권서들은 8시경에 아침식사를 하였는데 권서시찰들과 같이 다닐 때에는 각자 자기 식량을 가지고 다니면서 스스로 음식을 준비해서 먹었다. 일과가 시작되면 권서들은 배당량을 가지고 여러 지역을 다니면서 판매한 후 다음 기착지로 갔고, 운송 담당자——시찰 전도대를 구성하여 다닐 경우에는 권서 외에 운송 담당자가 따로 있었다——는 직접 다음 기착지로 주문량을 가지고 갔다. 권서들의 배당량은 전날의 판매량을 기준으로 할당되었는데, 하루에 100권에서 150권씩 가지고 다녔다. 점심식사는 주로 길에서 하는 경우가 많았으며, 아침에 준비한 찬밥과 짠지가 식사의 전부였다. 너무 덥거나 길이 험하면 식사 후

81) 이 일과표는 BFBS측 자료인 "From Korea," *BIW*, 1915. 1., p. 10과 ABS측 자료인 *ABS AR for* 1915, pp. 433~434를 종합하여 만든 것이다. 이 표는 정확히 말하자면 권서시찰이 어떤 지역을 방문했을 때 인근의 권서들과 함께 권서전도대를 만들고 그것을 중심으로 활동했을 경우의 일과를 보여주는 것이다.

1시간 정도 휴식하기도 했지만 오가는 사람들에게 전도해야 하기 때문에 사실상 거의 쉴 수가 없었다. 저녁 6시에 기착지에 도착하면 휴식을 취할 수 있었지만 판매에 열중한 권서들이 9시나 되어야 오는 경우도 많았다. 휴식을 취하고 나면 판매량을 점검하고 다음 날의 판매량을 배정한 후 저녁식사를 하였다. 저녁식사를 마친 후에는 전도모임을 가졌는데, 근처에 교회가 있으면 그곳에서 모였고 없으면 객사에서 모였다. 전도모임에서 개종자가 생기면 근처 교회에 연결시켜 주었고, 그 지역을 담당하는 권서는 이후 계속하여 그들을 돌보아주었다. 전도모임은 밤 늦게까지 계속되었기 때문에 권서들은 한밤중에야 잠자리에 들 수 있었다.[82]

일년 중 권서들이 권서시찰과 같이 활동하는 기간은 일반적으로 약 2주일 정도였다. 따라서 권서들은 대부분의 기간을 혼자서 혹은 같은 지역에서 활동하는 동료들과 더불어 독자적으로 사역하였다. 그러나 서울 같은 대도시에서는 지방과는 다른 방법을 쓸 수밖에 없었는데, 이 점과 관련, 1911년도 영국성서공회 연례보고에서 밀러(H. Miller)는 이렇게 언급했다.

> 서울에는 가정 방문 사역을 하는 권서가 14명 있고 또한 시내의 교회로부터 11명의 자원자가 확보되었기 때문에 매일 25명이 일하고 있는 셈이다. 우리의 계획은 권서들이 아침 8시에 와서 한 시간의 기도회 모임을 갖고 둘씩 둘씩 짝지어 담당 지역으로 가게 하는 것이다. 점심 때까지 일을 한 후 오후 3시에 다시 모여 한 시간 동안 성경공부를 하는데 이것은 선교사가 지도한다. 4시에 다시 각자의 구역으로 일하러 가서 어두워질 때까지 일한다. YMCA가 친절하게도 이런 권서모임을 하는 데 쓸 수 있는 방 하나를 마련해 주었다.[83]

밀러의 이 보고 내용을 살펴보면 앞에서 소개한 지방의 일과표와 대체로 비슷하다는 것을 알 수 있다. 그런데 여기서 한 가지 주목할 것은 권서들이 짝을 지어 다니며 활동했다는 부분이다. 권서들을 홀로 보내지 않고 둘씩 짝지어 보냄으로써 서로 격려하고 경쟁하여 한 사람씩 활동할 때보다 더 좋은 결과를 얻었다.[84] 그래서 이 방법이 각 지역으로 전파되었는데, 이 방법을 쓰기 위하여 1년간을 완전히 고용하는 권서의 수를 줄이고 단기간 고용

82) *ABS AR for* 1915, pp. 433~434.
83) *BFBS AR for* 1911, p. 333.
84) 권서사업의 효율성에 대해 비판했던 C.C. Phillips는 권서를 짝지어 보내는 이 방법을 개선책의 하나로 제시했다(C.C. Phillips, 앞의 글).

하는 권서의 수를 늘리기도 했다. 예를 들어 블레어는 4명의 권서를 일년 동안 고용하는 대신 6명을 반년씩 고용한 후 둘씩 짝지어 활동하게 하여 큰 성과를 거두었다.[85] 단기고용 권서들은 짧은 기간 동안 열심히 사역하여 보통 권서들보다 많은 판매량을 기록하는 것이 일반적이었다. 그래서 선교사 밀러(F.S. Miller)는 "특별(단기) 권서들 10명이 보통 권서 15명 정도의 일을 한다"고까지 말한 바 있다.[86] 그러나 단기 권서를 고용했을 경우 판매량에서는 효율적이었겠지만 전도하는 것, 신자모임을 가르치고 관리하는 것 및 교회를 세우는 일 등은 거의 기대할 수 없었을 것이다.

이런 사실들을 통해, 우리는 권서들이 전국 방방곡곡을 다니면서 책을 팔고 전도할 뿐 아니라 그 결과를 회계장부에 기록하고 보고서를 작성하여, 그들을 감독하는 선교사와 성서공회에 보고했던 것을 알 수 있다.

2. 판매활동

권서들의 업무 가운데서 가장 중요한 것이 성서판매였다는 것은 말할 필요도 없다. 그들은 보급소에서 성경책과 찬송가·교리문답서·선교달력(Korean Primer's Calendar) 등을 배급받은 후, 그것들을 '복음궤짝'이라고 불리던 상자에 넣거나 헝겊으로 만든 가방에 넣어 짊어지고 다니면서 팔았다. 어떤 권서들은 당나귀나[87] 자전거에[88] 성경을 싣고 다니기도 했지만 대부분의 권서들은 그 '복음짐'을 지고 걸어다니면서 성경을 판매하였다. 주로 가지고 다녔던 성경은 비신자들에게 팔기 위한 쪽복음서·사도행전·잠언 등이었고, 신약전서나 성경전서가 발행된 이후에는 그것을 몇 권씩 가지고 다녔다. 권서들의 판매활동을 알려주는 사례는 각종 보고서에 수없이 나타나는데, 그중 가장 일반적인 것을 예로 들어보겠다.

> 때때로 그는 하루 종일 한 권도 팔지 못한 채 돌아다니기도 한다. 그러나 그

85) *BFBS AR for* 1916, p. 291.
86) *BFBS AR for* 1912, p. 344.
87) 권서 김성호(Kim Sung Ho)의 당나귀 '종달새'는 각종 자료에 언급될 정도로 유명했고(*ABS AR for* 190, p. 194 및 "The Colporter and What Some Missionaries Think of Him," *KMF*, 1908. 4., p. 74), 그것이 죽었을 때에는 그 죽음을 알리는 기사도 실렸다(*BFBS AR for* 1912, p. 349).
88) 권서 김조호(Kim Cho Ho)는 자전거를 이용하여 사람들의 관심을 끌어 판매효과를 올렸다(*BFBS AR for* 1909, p. 357).

는 언제나 기회를 잡아서 복음서 이야기를 해준다. 그는 책을 팔지 못할지라도 그의 노력이 헛된 것이 아님을 안다. 종종 그는 알려져 있지 않은 퇴락한 마을에 도착한다. 몇 명 되지 않는 마을 주민들은, 구세주에 대해서는 들어본 적이 없지만 그가 자신의 경험으로부터, 죄에서 구해 주고 파괴된 인생을 변화시키고 치료해 주는 복음의 능력을 이야기할 때 열심히 듣는다. 이렇게 하여 그들의 관심을 불러일으킨 후 그들을 위해 함께 그들의 마음이 성령님에 의해 감화받고 구원을 주는 진리에 접하게 하기 위해 기도한 후, 기록된 '말씀'이 팔렸고 그들이 얼마라도 (그 말씀을) 읽을 것임에 틀림없다는 것을 기뻐하며 떠나갈 것이다.[89]

권서들은 성경을 팔기 위해서 가능한 모든 곳까지 갔다. 가가호호 방문하기도 하고 길거리에서 팔기도 하고 여인숙에서 만나는 사람들에게 팔기도 했다. 그런데 사람이 많이 모이는 곳일수록 판매에 효율적이기 때문에 권서들은 학교·서당·공동작업장·잔칫집 등에 어김없이 찾아갔는데, 그중에서도 권서들이 가장 즐겨 가는 장소는 장터였다.

권서가 사람들과 접촉하기 위해 잘 쓰는 방법은 5일에 한번씩 많은 사람들이 사방에서 모이는 장터를 방문하는 것이다. 아침 일찍이 장이 서는 마을에 도착하여 책을 펼쳐놓을 장소를 하나 마련한다. 그리고 찬송가를 부르고 설교를 함으로써 사람들의 관심을 끌고 때로는 책이 팔리기도 한다.……권서는 일반적으로 많은 사람들이 흥분되기 전인 오후 일찍 장터를 떠난다. 왜냐하면 한국에서는 다른 곳과 마찬가지고 흥분한 사람들이 항상 義를 선포하는 권서를 기꺼이 조롱하기 때문이다. 만약에 그가 그 마을에서 하루를 묵어야 하는데도 그곳에 기독교인이 없으면 권서는 조용한 여인숙을 하나 고른다. 그리고는 흥미가 있거나 호기심이 있어서 찾아오는 사람들에게 기독교를 가르치고 함께 토론할 것을 기다리며 앉아 있는다.[90]

그러나 격동기에 처해 가난하고 고통받고 있는 백성들에게 성경을 판매한다는 것은 실로 어려운 일이었다. 성경은 생활필수품도 아니고 기호품도 아니기 때문에 구매자의 입장에서 볼 때 없는 돈으로 그것을 꼭 사야 할 이유가 없었다. 따라서 단 한 권의 성경을 팔기 위해서도 권서들은 끈질기게 설득하고 구매동기를 불어넣어야 했다. 이와 관련하여 미국성서공회의 권서시

---

89) *ABS AR for* 1906, p. 181.
90) H. Miller, "Scripture Distribution," *KMF*, 1911. 10., p. 283.

찰이었던 후커는

> 한국인 권서들의 또 다른 특징은 끈질김(stickability)이다. 그들은 (상대방이) 책을 사거나 아니면 결코 사지 않을 것이라는 것이 밝혀질 때까지 물고 늘어진다.[91]

라고 권서들의 집요함을 칭찬하였다. 그러나 이러한 끈질김이 마구잡이식의 무원칙적인 판매방법을 의미했던 것은 물론 아니다. 권서들은 처음에 일반적이고 단순한 말로 인사를 하면서 자기를 소개하여 상대방의 관심을 끈 후 설득력 있게 기독교의 진리를 말해 주는 식으로 접근하였다. 그러나 대부분의 사람들은 글을 모른다든지 돈이 없다든지 하는 핑계를 대면서 책을 사지 않으려 했다. 이런 핑계는 대부분 거짓말이었다. 그래서 권서들은 끈질기게 설득하고 대화하여 성경을 팔고자 하였다.

후커는 주의환기, 흥미유발, 사고 싶은 욕심 유발, 결심이라는 4단계 판매방법을 권서들에게 교육한 바 있는데, 그에 의하면 대부분의 한국인을 3단계까지는 쉽게 유도할 수 있었다. 왜냐하면 당시에는 얼마간의 소설책을 제외하면 한글로 된 책이 거의 보급되어 있지 않았고, 그래서 한글로 된 책을 읽으려는 사람들에게 성경은 좋은 교재가 될 수 있었기 때문이었다.[92] 따라서 성경에 대해 관심을 보이는 사람들에게 사도록 결심하게 만드는 유인(誘因)이 필요했다.

예를 들어서 성서공회는 글을 읽을 수 없는 사람들에게 성경을 팔기 위해서 한글자모표를 만들어 필요로 하는 사람들에게 제공하였다. 그리고 권서들은 자모표를 나누어줄 뿐 아니라 일과가 끝난 후 한글을 배우고자 하는 사람들을 모아서 가르치기도 했다. 따라서 성경책이 한글을 배우는 교재로 사용되었는데, 권서들이 방문하면 마을의 학동들이 성경을 가지고 와서 글을 가르쳐달라고 하기도 했다. 특히 부녀자들은 대부분 글을 읽지 못하였기 때문에 부인권서들은 여자들에게 글을 가르치는 것을 중요한 임무로 여겼다.[93]

---

91) *ABS AR for* 1915, p. 430.

92) 위와 같음.

93) *ABS AR for* 1905, p. 179 : 1906, p. 189, 191 : 1908, p. 199 ; *BFBS AR for* 1910, p. 354 : 1912, p. 350 : 1924, p. 257 : 1938, p. 232 ; *NBSS AR for* 1922, p. 34.

가난은 권서활동의 가장 큰 장애요인이었다. 그러나 권서들은 원칙적으로 무료배부를 할 수 없게 되어 있었다. 따라서 성경을 사고자 하는 사람이 정말 돈이 없을 때에는 물물교환식으로 성경을 팔았는데, 우리는 앞서 송순명의 경우에서도 그 점을 보았다.[94] 특수한 경우가 아니면 무료배부를 하지 않았는데, 이와 관련하여 홉스는 다음과 같이 말했다.

> 아마도 누군가 이렇게 물을 것이다. "그렇게 가난한 사람일 경우에는 복음서를 그냥 주면 되지 않겠소?" 그러나 경험으로부터 우리는 한국 사람들이 공짜로 받은 것을 중요하게 여기지 않는다는 것을 안다. 복음서 한 권의 값은 빈민이 아니면 쉽게 살 수 있다. 한 권에 1전(sen)이면 살 수 있는데 이것은 영국돈 1파딩이다.[95]

물물교환으로 성경을 팔 경우에는 성경값에 해당하는 값어치의 물건과 바꾼다기보다는, 성경을 무료로 주지 않도록 하기 위해 물건을 받았기 때문에 온갖 물건과 다 교환하였다. 성경과 바꾸었던 물건에는 쌀·콩·팥·보리·기장·후추·수수·옥수수 등 곡식뿐 아니라 생선·계란·생강·무·감자·옷감·성냥·가위·칼·헌책 등이 있었다.[96]

이렇게 물물교환으로 성경을 판 이유 가운데 하나는 가난한 사람들일수록 성경을 사고자 하는 간절한 마음을 가지고 있는 경우가 많았기 때문이었다. 권서 안교철(An Kio Chul)의 경험을 예로 들어보자.

> 사람들이 돈이 없으면 때때로 복음서 값으로 계란이나 쌀을 받는다. 내가 어떤 집에 가서 남자를 불렀더니 그의 아내가 나와서 남편이 출타중이라고 말했다. 나는 하나님의 말씀을 팔러 왔다고 설명하고 사서 읽으라고 권했다. 그러나 그 여인은 너무 가난해서 복음서를 살 돈이 일전도 없다고 말했다. 그래서 내가 곡식이나 계란도 받겠다고 말했더니 그 여인은 하루에 한 끼씩 먹는데 오늘은 그것도 먹지 못했다고 하면서 복음서 값으로 줄 것이 아무것도 없다고 말했다. 내가 언문을 읽을 수 있느냐고 물었더니 좀 읽기는 하지만 잘 못 읽는다고 했다. 그 여인은 자기의 말만큼이나 가난하게 보였다. 그래서 복음서 한 권을 주며 내가 책값을 내겠으니 읽어보라고 말했다.

---

94) 송순명, "겸손은 감화력의 요소가 됨", 《긔독신보》 1916년 5월 3일자.
95) T. Hobbs, "Colportage in Korea," *BIW*, 1913. 7., p. 216.
96) *BFBS AR for* 1914, p. 330 ; *ABS AR for* 1914, p. 399 ; *ABS AR for* 1916, pp. 418~419.

잠시 후 그 여인은 한 푼(penny)을 가지고 와서 "저는 이것이 하나님의 책이라는 것을 알았습니다. 그래서 하나님의 책을 한 푼도 내지 않고 받을 수 없다고 생각해서 이웃집에서 빌려왔습니다. 이 돈을 책값으로 받아주십시오" 하고 말했다. 내가 그 여인에게 괜찮다고 말했지만 그 여인은 고집을 꺾지 않았다.[97]

이렇게 가난하고 어려운 곳에 오히려 복음의 씨앗이 자랄 옥토가 마련되어 있었다. 실제로 한 권서의 경험에 의하면 학식 있는 사람들과 부유한 사람들과 하류층, 이 세 부류의 사람들 가운데 하류층 사람들이 가장 우호적이었다. 이들 가운데 학식 있는 사람들은 자신의 학식을 믿는 자만 때문에, 부유한 사람들은 그 풍요로움에 빠져 말씀 듣기를 거부했다. 그러나 가난하고 평범한 사람들은 길가나 여인숙 등지에서 하나님의 말씀을 즐겨 듣고 기뻐했다.[98] 따라서 권서들의 사역도 이들을 주대상으로 하였음은 말할 필요도 없다.

한편 많은 한국인들이 성경에 대해 관심을 보이면서도 선뜻 사지 못했던 이유 가운데 하나는 성경 구입에 대해 한국인들이 가졌던 독특한 태도와도 관계가 있다. 한국과 중국에서 오랫동안 권서사업을 했던 콜리어는 이와 관련하여 다음과 같이 말했다.

중국에서처럼 그들은 책을 기꺼이 사려고 하지 않았다. 한국에서는 책을 사도록 만들려면 호기심을 능가하는 더 큰 동기가 필요하다. 대부분의 경우 복음서 한 권을 산다는 것은 교회에 가입하기로 자신을 헌신하는 것이라고 여겨진다. 이것이 책판매에 장애가 되고 있다.[99]

한국인들의 이와 같은 태도가 콜리어의 말대로 성경 판매부수를 늘리는 데 장애요인이 되기도 했지만, 한국인 권서들은 오히려 이런 요인을 잘 이용하여 열매 있는 성경 판매사업이 될 수 있게 노력하였다. 즉 권서들은 단지 성경을 팔고 마는 것이 아니라 복음서 한 권을 삼으로 해서 구매자가 마음속에 가졌던 그 '씨앗'을 부단히 자극하고 성숙시켜 열매 맺도록 해갔던 것이다.

권서들이 얼마나 성경을 반포하였는가 하는 실적은 저자가 이미 제시한

97) *ABS AR for* 1918, pp. 295~296.
98) *ABS AR for* 1916, p. 419.
99) *BFBS AR for* 1902, p. 292.

바 있는[100] 통계를 통해 잘 알 수 있다. 다음의 두 표는 한국에 지부를 갖고 있던 영국 및 미국의 성서공회가 한국에서 반포한 성경의 통계를 제시한 것이다. 이 표에 의하면, 성경의 판매활동을 맡은 권서들의 활동이 더욱 두드러지게 나타나고 있다. 성경을 반포하는 기구 내지 방법은 남녀권서와 보급소, 무급권서, 무료배부 및 거래처(correspondents) 판매 등으로 나눌 수 있다. 표 11에서 보이는 바 BFBS의 경우, 전체 기구별 성서반포가 계속 보이는 1908년부터 1940년의 통계에서 남자권서들이 79.5퍼센트, 부인권서들이 3.0퍼센트, 거기에다 무급권서의 2.7퍼센트까지 합치면 전체 판매량의 85.3퍼센트를 권서들이 반포했다. 무급권서의 판매를 남녀 전임권서들의 반포에서 분리시킨다 하더라도 BFBS 한국지부의 성경반포 가운데 82.6퍼센트가 남녀권서들에 의해서 이뤄졌던 것이다.

ABS 한국지부에서 성경을 반포한 실적은 권서들의 역할을 한층 돋보이게 한다. 표 12에 의하면, 성경반포기구의 활동이 전부 계속적으로 나타나는 1913년에서 1918년 통계에서 남녀권서의 반포량이 전체의 97.79퍼센트에 달하고 나머지 2.19퍼센트가 보급소·거래처 및 무료배부에 해당된다. ABS의 경우, 1901년에서 1903년에 권서들의 판매가 90.7퍼센트이던 것이, 시간이 경과할수록 권서에 의한 반포가 늘어나는 추세다. 이것은 성경의 보급이 늘어날수록 권서들의 활동이 증대되어 갔음을 의미한다. 따라서 한말과 일제하를 막론하고 성경의 반포는 권서들의 '복음짐'과 부르튼 발에 의해 대부분 이뤄졌음을 알 수 있다. 그들의 노고가 아니었던들 세계에서 유례를 찾아볼 수 없는 한국에서의 성서판매량은 불가능했을 것으로 생각된다.

성서공회에서는 권서들의 판매활동을 독려하기 위해 그들의 사기를 북돋우는 행사를 마련하기도 하였다. 1915년 10월 1일 서울의 승동교회에서 회집된 권서총회가 바로 그런 행사이다. 이때 전국 13도의 권서 172인이 모였는데, 이 기간이 마침 박람회(共進會)가 열리고 있는 기간인지라, 이 총회는 성서공회가 권서들의 노고를 위로·격려하려는 의도에서 소집한 것이었다. 8일간이나 같이 유하면서 권서들은 '간친하는 담화를 교환하며 협조하는 의사를 소통'하는 한편 아침마다 유명한 선교사를 청하여 성경의 진리와 권서

100) 이만열, 〈한국의 성서번역과 그 반포사업〉, 《한국기독교문화운동사》, 대한기독교출판사, pp. 165~167.

표 11. BFBS 한국지부 연도별 기구별 성경반포 통계

연 도	권 서	보 급 소	부인권서	무급권서	무료배부	총 계
1896	1,377	1,620	—	—	—	2,997
1897	4,420	1,657	258	—	—	6,335
1898	6,105	28,146	512	—	50	34,813
1899	17,505	28,107	509	—	—	46,121
1900	28,949	8,019	918	—	120	38,006
1901	12,612	1,994	655	—	1,553	16,814
1902	18,906	7,164	1,933	—	713	28,716
1903	16,707	7,820	3,998	—	328	28,853
1904	35,593	7,747	5,253	—	3,410	52,003
1905	68,826	23,303	6,299	—	70	98,498
1906	63,829	50,662	5,878	6,885	15	127,269
1907	57,894	88,576	4,395	—	365	151,230
1908	60,581	95,016	4,385	2,644	61	162,687
1909	53,996	288,298	4,280	9,765	278	356,617
1910	95,252	550,057	8,680	10,432	1,757	666,178
1911	115,893	136,074	6,717	1,615	2,997	263,296
1912	141,445	31,945	8,884	603	968	183,845
1913	311,278	52,222	24,461	571	869	389,401
1914	661,493	41,664	41,277	9,094	1,582	755,380
1915	707,470	59,839	38,589	20,081	656	826,635
1916	688,294	73,276	38,040	2,340	866	802,816
1917	666,643	40,073	36,278	8,265	702	751,961
1918	519,382	46,614	30,746	6,371	1,728	604,841
1919	507,234	38,579	30,033	4,258	1,296	581,400
1920	405,528	47,910	25,513	3,749	740	483,440
1921	461,036	68,536	25,609	8,855	960	564,996
1922	498,118	58,260	21,542	12,740	798	591,458
1923	503,344	37,348	17,064	6,680	1,329	565,765
1924	518,773	40,277	18,542	27,413	470	605,475
1925	522,533	45,014	16,422	25,816	1,691	611,476
1926	549,065	63,289	15,874	9,860	1,819	639,907
1927	599,597	39,509	18,516	8,956	769	667,347
1928	560,501	49,304	19,356	13,445	1,990	644,596
1929	536,634	49,448	17,960	11,508	1,864	617,414
1930	562,701	61,362	13,503	7,118	773	645,457
1931	575,875	60,173	14,987	28,603	465	680,103
1932	604,841	71,410	15,031	34,468	4,487	730,237
1933	540,022	65,317	17,968	29,861	2,338	655,506
1934	529,591	83,065	15,298	30,936	2,216	661,106
1935	637,219	96,089	15,767	26,515	1,733	777,323
1936	705,420	110,164	14,586	29,887	2,391	862,448
1937	702,356	114,914	15,119	38,863	1,569	872,821
1938	779,478	120,250	16,081	22,342	2,265	940,416
1939	676,674	138,539	16,040	36,992	133	868,378
1940	413,735	101,398	7,326	66,880	1,410	590,749
합계(1908	16,412,002	2,975,233	630,474	557,526	46,240	20,621,475
~1940)%	79.5%	14.4%	3.0%	2.7%	0.2%	

자료 : 이만열, 《韓國基督敎文化運動史》, pp. 165~166에 의한 것임.

표 12. ABS 한국지부 연도별 기구별 성경반포 통계

연 도	권 서		보 급 소	거 래 처 판 매	무료배부	계
	남	여				
1901	1,994	12,612	655	—	1,553	16,814
1902	7,164	18,906	1,933	—	713	28,716
1903	22,805	3,998	1,722	—	328	28,853
1904	—	—	—	—	—	20,801
1905	—	—	—	—	—	39,399
1906	—	—	—	—	—	50,908
1907	—	—	—	—	—	60,492
1908	—	—	—	—	—	24,206
1909	—	—	—	—	—	70,187
1910	—	—	—	—	—	116,492
1911	—	—	—	—	—	43,124
1912	87,598	(거래처 판매처분)	522	—	114	88,214
1913	172,989		281	3,531	79	176,880
1914	451,741		931	5,980	42	458,694
1915	475,776		517	5,101	37	481,431
1916	422,368		633	4,559	40	421,600
1917	261,239		327	17,595	15	279,716
1918	208,416		262	4,799	262	213,739
1919	—		—	—	—	42,922
소계(1913 ~1918)	1,992,529		2,951	41,565	475	2,037,520
%	97.79		0.14	2.03	0.02	100
총 계						2,668,648

자료 : 이만열, 《韓國基督教文化運動史》, p.167에 의한 것임.

의 사업과 목적, 위생문제 등에 관해 강연을 듣고, 그후에는 하루씩 서울의 명소를 탐방하고 공진회장을 관람하며 권서사업을 협의하였으며, 혹은 만찬 접대를 받기도 하였고 연합전도관에서 전도하여 446인을 새로 입교시키기도 하였으며, 하루는 구역을 나누어 전도하여 2천여 권의 복음서를 전파하기도 하였다. 이런 내용을 전한 《긔독신보》는 공진회 기간중에 모인 권서총회를 두고 이렇게 평가하고 있다.

> 권서 제원이 예정대로 8개일을 지난 후 각기 고향으로 무사히 발정하였으니 하나님의 보호하시는 은택을 더욱 감사하오며 다만 이 여러 형제가 다 이번 기회를 인하여 전보다 문견을 더 넓혔으며 그들의 친애하는 바 공회의 사업이 얼

마나 큰 것을 더 알았으며 성서전파에 열심을 더 얻었으며 자기들의 섬기는 바 하나님께 더 가까이 하여 공회의 성서 사업이 완전히 성취되기를 간절히 바라고 깊이 믿노라.[101]

그런데 우리가 여기서 유의할 것은 성경의 판매가 증가되는 그만큼 수지타산면에서는 더욱 많은 적자를 내고 있었다는 점이다. 그럼에도 불구하고 권서사업은 선교비의 가장 적절한 사용처였다고 지적되었다. 회령을 중심으로 하여 함경도지역에서 선교활동을 펴고 있던 캐나다 선교사 맥도널드는 권서사역에 쓰이는 경비를 두고,

수지계산에 따르면 이곳에서 1전짜리 복음서 한 권을 판매하는 데 공회는 7전을 부담해야 한다. 이것은 책의 원가가 제외된 것이다. 금전적인 관점에서 본다면 이것은 손해보는 사업이다. 하지만 조선을 복음화한다는 관점에서 본다면 이익이 남는 광산이다.[102]

라 하였다. 또한 역시 함경도지역에서 활동하던 캐나다 선교사 영(L. L. Young) 목사도 권서들이 여인숙을 발견하지 못하는 지역에서는 숙식이 어려워 서당에서 지내거나 노숙까지 한다고 하면서 권서사역을 이렇게 평가하였다.

나는 조선권서들에게 최대한의 경의를 표한다. 그들의 일은 어렵지만 그들은 즐겁게 수행해내며 거의 예외없이 좋은 결과를 낳는다. 선교지역에 사용되는 모든 외국 돈 중에서 가장 값어치 있는 것은 권서사역에 쓰여지는 돈이라는 것이 나의 솔직한 의견이다.[103]

결국 권서사역이 수지계산상으로는 적자이지만 "외국돈 중에서 가장 값어치 있는" 사업으로 지목된 것은, 그것이 복음화, 즉 전도사역이었기 때문이다.

3. 전도활동

성경반포의 궁극적인 목표는 그것을 구입한 사람들이 말씀을 통하여 그리

101) "勸書總會", 《基督申報》 1915년 12월 7일자.
102) *BFBS AR for* 1917, p. 242.
103) *BFBS AR for* 1918, p. 133.

스도와 사귀게 되고 하나님나라의 백성으로 만드는 것이라는 점은 말할 필요도 없다. 따라서 권서사역의 성공 여부도 결국 그들이 반포한 성경을 통해 얼마나 많은 사람들이 그리스도 앞에 나아가 회개하고 빛 가운데 거하게 되었느냐 하는 것으로 판단되어야 할 것이다. 권서들이 열악한 환경과 싸우면서 희생적인 노력으로 성경을 팔러다닌 것은 잃어버린 양을 구하고자 하는 사명감과 열심이 충만했기 때문이었다. 그리고 그들이 '영혼을 구하는 자들'로 칭찬을 받은 것은 그런 '열심'이 많은 결실을 맺었기 때문이었다.

권서들의 전도활동에 대한 놀라운 평가는 비교적 초기부터 나타났다. 그것은,

> 조선 주재 8개의 개혁교회 선교회 소속의 10만여 명의 수세자와 신자들은 겸손한 권서와 부인권서가 전해 준 성경에 의해 예수께로 향하게 되었다.……이들 선교사들 중의 한 사람은 그의 감독하에 진행된 성공적인 사업을 선교본부에 보고하면서, 결과의 7할은 온전히 성서공회의 권서사역에서 직접 기인한 것이라고 확신하였다.[104]

는 데서 이미 나타나고 있었다. NBSS는 또 아시아의 권서상황을 설명하면서, 성경과 권서가 한국만큼 환영받는 나라는 없으며, "있다 하더라도, 영혼을 개종시키고 그리스도의 교회를 세우는 데에 권서들이 그렇게 축복받은 나라는 없다"고[105] 믿고 있었다.

대구지역에서 활동하던 미국 북장로교의 블레어(H. E. Blair) 선교사가 1914년에 대구에서 성경공부반을 열었을 때 참석한 50여 명의 교인들에게 기독교를 믿게 된 동기를 물어보았다. 그 결과 개인적인 전도를 통해 믿게 된 사람이 12명, 교회에 구경하러 갔다가 믿게 된 사람이 2명, 그리고 전도지를 읽고 믿게 된 사람이 2명이었는 데 비해, 권서가 전한 복음서를 읽고 믿게 된 사람들이 무려 20명 이상이었다. 블레어는 이에 대해 "이것은 약간 평균치보다 많은 것이지만 값싼 복음서가 강력하다는 것을 암시해 준다"라고 평했다.[106] 우리는 이 예를 통해 다른 어떤 전도방법보다 권서활동의 방법이 효과가 컸다는 것을 짐작할 수 있다.

---

104) *NBSS AR for* 1905, p. 47.
105) *NBSS AR for* 1906, p. 55.
106) *BFBS Report of the Korean Agency for* 1914, p. 5.

이것을 뒷받침해 줄 수 있는 다른 자료들도 많이 발견되는데, 예를 들어 1902년의 경우 송도에 있던 콜리어가 5년간의 활동으로 자기 지역에 307명의 교인이 생겼는데 적어도 그 70퍼센트가 권서사업의 직접적인 결과라고 말한[107] 것도 그런 것이다.

권서의 판매·전도활동은 그들의 교회설립과 밀접하게 관련되어 있다. 때문에 전도와 교회설립을 따로 떼어서 설명한다는 것은 어색하지만, 편리상 교회설립 부분은 뒤에서 다시 언급하겠다. 다만 여기서 지적하고 싶은 것은 권서들이 선교사업의 전위부대로서 한국 기독교 개척자의 사명을 잘 감당하였다는 점이다. 권서들은 '복음짐'을 짊어지고 가지 않은 곳이 없었다. 그들은 자신이 책임 맡은 구역이면, 사람들이 밀집해 사는 대처나 궁벽한 산골을 거듭해서 다녔으며, 그들이 만나는 어떠한 신분의 사람들에게나 가리지 않고 성경을 반포하고 복음의 말씀을 전했다. 그러기에 1912년 봄에 사임하기까지 4년 동안 한국에서 활동하면서 권서를 감독해 왔던 BFBS 한국지부 부총무 베시 목사는 성경반포의 상황을 이렇게 썼다.

> 오늘날 한국에는 성경이 뚫고 들어가지 않는 곳이 없다. 성경은 교도소와 병원, 나환자 수용소, 매춘굴, 도박판, 아편소굴 그리고 궁궐과 가게를 통과했다. 성경은 추악한 거지소굴과 산중의 절간, 가난한 초가집, 어부의 거룻배와 뱃사공의 나룻배 그리고 학교와 대학에까지 들어갔다. 그리하여 성경을 읽음으로써 이러한 모든 곳에서부터 '중생한 사람들'(twice-born men)이 나타나고 있다.[108]

권서들의 전도활동이 이렇게 결실을 풍성히 맺을 수 있었던 것은 그들이 단지 성경 외판원의 역할뿐 아니라 전도자로서의 사명을 감당했기 때문이다. 이와 관련하여 1901년에 켄뮤어는

> 내가 방문하고 있었던 지역에서 권서들의 노고로 인해 형성된 몇 개의 작은 모임들을 발견했다. 권서들은 성경을 사든지 안사든지간에 성경에 관심을 보이는 모든 사람을 주의깊게 따라가고 있는 것 같다. 그런 사람의 집을 방문하여 최선을 다하여 성경을 설명하고 있다.[109]

---

107) *BFBS AR for* 1903, p. 287.
108) F. G. Vesey, "Korean Vignettes," *BIW*, 1912. 8., p. 242.
109) *Korea Mission Methodist Episcopal Church South, Minutes* 1903, pp. 36~38.

라고 권서들은 칭찬하였다.

권서 한덕니(Han Tuk Ni)의[110] 예를 들어보자. 그는 서울지역에서 활동했는데, 단지 책파는 일에 만족하지 않고 그 책의 의미를 가르쳐주고 성경이 꼭 전해져야 할 사람들의 손에 성경을 전해 주었기 때문에 그를 감독했던 클라크(C.A. Clark)는, 그를 "나의 '별'과 같은 권서"(my 'star' colporteur)라고 칭찬하였다. 클라크는 어느 날의 그의 행적을 이렇게 썼다.

> 얼마 전 나는 그가 아침에 큰 책봇짐을 지고 출발하여 저녁 늦게 거의 걸을 수 없게 된 지친 모습으로 돌아오는 것을 보았다. 그날 그는 10마일 정도의 산골길을 다니면서 작은 마을과 동떨어진 집들을 방문하며 각종 책을 팔았다. 나는 그에게 하루에 얼마나 많은 집을 방문할 수 있었는지를 물었다. "전부 다 해서 기껏해야 서른 집밖에 못갔어요. 목사님도 아시다시피 저는 단지 책만 팔고 그냥 가려고 하지 않습니다. 그렇게 하면 쉽지요. 그러나 저는 책을 산 사람들에게 설교를 하는데 그러자면 시간이 걸립니다." 주민들이 항상 집을 지키고 있는 것은 아니기 때문에 물론 그는 모든 가옥을 방문하지 못한다. 그러나 그는 하루에 서른 집을 완벽하게 들르고 있다.[111]

많은 권서들이 이와 같은 전도의 열심을 가지고 활동했기 때문에 그들이 단순한 성경 판매원에 머무르지 않고 전도자로서의 사명을 감당할 수 있었던 것이다. 이런 열심으로 권서들은 한국 교회 대부흥의 역사를 이루어낸 주역이 되었으며 선교사들로부터 그 가치를 인정받았다.

권서들이 얼마나 훌륭히 전도의 사역을 감당했었는가 하는 것은 그들과 관계했던 선교사들이 남긴 각종 발언들 속에서 잘 발견할 수 있다.[112] 각종 자료에 나타나 있는 선교사들의 평가는 권서들이 한국 기독교 선교에서 어떤 위치를 점하고 있었으며, 선교사들이 그들에게 얼마나 의존하고 있었는지를 잘 보여주고 있다.

> 권서들의 가장 큰 장점은 아마도 그 과감성에 있을 것이다. 권서들은 미리

---

110) 〈경기충청노회 제5회 정기회의록〉, p. 4에 의하면, 1913년 12월 3일 상오 9시에 계속 개회한 노회의 출석원에 '장로' 한덕이(혹은 한덕니, 韓德履)가 보이는데, 이로 보아 그는 이 무렵에 이미 장로가 되었음을 알 수 있다.

111) *BFBS AR for* 1919, p. 217.

112) *KMF*, 1908. 4., pp. 74~77에는 "The Colporter and What Some Missionaries Think of Him"이라는 제목으로 여러 선교사들의 권서에 대한 평이 소개되어 있다.

여러 가지 일을 하여 선교사의 길을 예비해 놓기 때문에 선교사는 권서가 담당했던 지역에 가보면 그곳 사람들이 그 겸손한 책 판매원으로 인하여 준비된 마음으로 그의 도착을 열렬히 기다리고 있다는 것을 종종 발견한다.[113)]

우리 사역의 역사가 완전히 알려지게 될 때 교회 성장의 많은 부분이 이 사람들 덕분이었다는 것이 드러날 것이다. 그들은 여름이나 겨울이나, 추우나 더우나, 집에서, 외떨어진 곳에서, 길에서, 여인숙에서, 학교에서, 시장터에서, 공공장소에서, 많은 거부와 때로는 상당한 박해를 받아가며 '말씀'을 설교하고 팔았다.[114)]
스미드—

권서는 선교사의 선구자이다. 그는 씨를 뿌리고, 우리는 그 수확을 거둔다.[115)]
하운셀—

마지막으로 공회와 공회에 관계된 모든 분들이 권서들의 노고가 없다면 지금 한국에서 행해지고 있는 善 가운데 아주 많은 부분이 불가능하리라는 것을 충분히 알아주시기 바랍니다. 이곳의 진정한 복음 전파자는 어쨌든 권서들입니다.[116)]
영—

내 생각으로는 이 선교지에서 사용되는 어떤 돈도 권서들을 유지하는 돈만큼 유용하게 쓰여지고 문자 그대로 '복음'을 들어본 적이 없는 수천 수만의 사람들에게 효과적으로 복음을 제공하는 데에 더 직접적인 것은 없다.[117)]
크레인—

한국 권서들은 이곳 저곳으로 다니는 것을 볼 때, 공회와 교회에서 그 가치를 평가할 수 없이 중요한 종들이다. 더구나 진정으로 적극적인 복음사역에서 절대적으로 없어서는 안될 존재들이다.[118)]
후커—

우리 권서들에게는 평범한 일이 없고 또한 쉬운 일도 없다. 그들의 사역은 모든 선교사역 중에서 가장 어려운 것이고 전도사역의 척후병 역할이다. 그들은 영원히 전진하는 십자군의 공병이요 지뢰제거병들이다. 이 적대적인 땅에서 하나님의 왕국을 더 빨리 나아가게 하려고 길을 예비하고 있다.[119)]
베시—

---

113) *ABS AR for* 1904, p. 165.
114) *ABS AR for* 1908, p. 194.
115) 위와 같음.
116) *BFBS Report of the Korean Agency for* 1911, p. 16.
117) *BFBS AR for* 1916, p. 292.
118) "The Value of the Korean Colporteur," *BSR*, 1915. 5., p. 68.
119) F. G. Vesey, "Colportage in Modern Korea," *BIW*, 1926. 11., pp. 190~191.

권서들이 이렇게 선교사들로부터 크게 칭찬받은 것은 그들이 선교사들의 첨병으로서의 역할을 잘 감당했기 때문이었음을 알 수 있다. 이것은 그들이 서양 종교와 서양 사람들에 대해서 한국 사람들이 가지는 선입관을 최소화 시키는 역할을 했다는 것을 말해 준다.[120] 서구인들이 전해 준 낯선 종교를 접하게 되는 한국인들의 입장에서 볼 때, 같은 외모를 가지고 있으며 같은 말을 쓰는 동족으로부터 그것을 전해 받는 것이 훨씬 자연스러웠을 것이다. 현지인 권서를 이용하여 복음을 전하는 것은 보편적인 선교정책에 속하지만 한국에서는 그것이 유난히 성공하고 있었던 것이다.

여기서 우리는 권서들이 맡았던 판매활동과 전도활동의 두 가지 활동의 관계를 성서공회의 판매정책을 통해 간단히 살펴보는 것이 좋겠다. 주목되는 점은, 성서공회의 권서정책이 시간의 경과에 따라 불신자 상대의 판매활동 쪽으로 권서들의 활동을 이끌어갔다는 점이다. 19세기말에 권서활동은 이미 복음이 전해지지 않은 지역에 제한하는 경향을 보였는데, 이는 복음이 전해진 지역에는 선교사나 전도자들이 순회할 때에 반포할 성경을 가지고 다녔기 때문이다.[121] 20세기초에 들어서서도 권서에 따라서는 그의 사역이 주로 불신자들을 상대로 이뤄지고 있었는데, 그것은 대부분의 교회나 예배당에는 보급소(depot)가 설치되어 개종자들에게 신약전서를 팔고 있었기 때문이었다.[122] 권서의 사역이 복음이 전해지지 않은 지역과 불신자들을 상대로 하고 있었다는 점에서, 우리는 권서에 의한 성경반포가 단순히 성경을 판매하는 데에만 그치는 것이 아니라 그 못지않게 복음전파를 겸하고 있었음을 이해하게 된다. 따라서 앞에서 본 바와 같이 권서에 의한 성경보급률이 높아진다는 것은 그만큼 불신지역·불신자에 대한 전도가 강화되고 있음을 의미한다고 하겠다.

1907년을 전후하여 대부흥운동이 절정에 달하여 성서공회가 "현재 우리는 성경을 충분히 빨리 공급할 수 없다"고[123] 즐거운 비명을 지르고 있을 때, BFBS 한국지부 총무인 밀러(H. Miller;閔休)는 권서들을 불신지역·불신자

120) H. Miller, "Colportage," *KMF*, 1914. 5., p. 137.
121) *ABS AR for* 1898, p. 158.
122) *BFBS AR for* 1903, p. 288.
123) J.H. Ritson, "Matters of Moment," *BIW*, 1907. 8., p. 227.

들에게 집중적으로 투입하려는 정책을 수립한다. 그것은,

> 한국에서의 기독교 발전은, 밀러가 교회들이 현재 많이 있고 잘 자리잡혀진 지역에서는 한국인 권서들을 철수시키고 있다는 사실에서 유추될 수 있을 것이다. 밀러는 기독교공동체(교회)가 그 지역 사람들의 손에 성경을 전해 주는 책임을 지게 하는 한편 권서들을 복음화되지 않은 지역으로 점차 집중시키려 하고 있다.[124]

고 한 데서 감지되고 있다. 여기에서도 우리는 권서들에 의한 성경 판매정책이 점차 복음화되지 않은 지역과 불신자들에 대한 전도를 강조하는 방향으로 성격지어져 갔던 것이다. 따라서 밀러의 그같은 정책에 의하면, 앞에서 이미 보인 바와 같이, 시간의 경과에 따라 권서들에 의한 성경 판매활동의 실적이 높아갔던 것은, 그 실적이 높아간 그만큼 권서들의 불신지역·불신자에 대한 전도활동이 강화되어 갔음을 의미하는 것이라고 판단된다.

4. 권서행로상의 '시련과 승리'

세례 요한처럼 복음전도의 개척자로서 복음짐을 지고 활동하던 권서들에게 그 사명완수에 따른 어려움이 있었다. 어려움이 있었기에 그 임무의 수행은 더욱 빛나게 되었다. 그 어려움은 피곤한 보행과 숙박, 복음에 대한 핍박과 옥고 등이었다. 우선 선교사들에게 "가난하고 무지하고 미신에 사로잡혀 있으며 서양 종교에 대한 나쁜 선입관을 가지고 있다"고 비친 한국 백성들에게 성경 한 권을 판다는 것은 결코 쉬운 일이 아니었다. 권서들은 주로 선교사들의 발길이 미치지 않는 시골이나 산간 벽지에서 활동했기 때문에 단 한 권의 책을 팔기 위해 하루에도 수십, 수백 리를 걸어다녀야 했다. 예를 들어 선교사 밀러의 감독하에 있으면서 충청도 북부에서 활동했던 김성호(Kim Sung Ho)는 1908년 한 해 동안 37주를 일했는데, 2,325마일을 걸어다니면서 84개의 시장을 방문했다. 그동안에 947권의 단편성경과 신약전서를 팔았고 4,688명을 만나 전도하였다.[125] 이것은 그가 하루 평균 너댓 권의 책을 팔기 위해 약 20킬로미터를 걸어다녔다는 것을 말해 준다. 무작정

124) "Matters of Moment," *BIW*, 1908. 1., p. 6.
125) "BFBS Report of the Korean Agency for 1908," p. 47.

걸어가는 것이 아니라 사람이 사는 곳을 찾아다니고, 만나는 사람마다 책 사기를 권해야 한다는 점을 생각해 보면 그가 걸어다닌 거리가 결코 짧은 것이 아님을 알 수 있다. 거기에다 당시에는 도로와 교통시설이 전혀 발달되어 있지 않았다는 점까지 염두에 두고 보면 권서일이 일단 육체적으로 대단히 힘들었다는 것을 짐작할 수 있다. 미국성서공회의 보고서는 이런 애로점을 다음과 같이 썼다.

> 권서들은 종종 등에 복음짐을 메고 비가 오나 눈이 오나 돌아다녀야만 한다. 형편없는 식사를 해야 하고 더럽고 벌레가 득실거리는 객사에서 자야 하기도 한다. 이에 더하여 사람들로부터 경멸과 모욕을 당하고 무심한 사람들로부터 수없이 방해받는다. 그래서 권서가 되어 그리스도를 위해 그런 어려움을 견디려면 튼튼한 육체뿐 아니라 강인한 성품을 가져야 할 것으로 보인다.[126]

기본적으로 겪는 이런 육체적인 고통은 말할 것도 없고 권서들이 믿지 않는 사람들이나 천주교인들로부터 받은 박해는 무척 심했다. 특히 1900년대 초까지의 반포 초기에는 심각할 정도였다. 경우에 따라서는 권서들의 목숨이 위협당하는 경우도 있었다. 콜리어(C. T. Collyer)의 감독하에 있던 권서 유석현(Yu Sok Huin)이 그랬다. 남천에 갔을 때 난봉꾼들이 옷을 벗기고 칼을 들이대며 협박했지만 그는 두려워하지 않고 자신이 살아 있는 한 계속 올 것이고 죽인다면 다른 사람이 올 것이라고 말하며 그들에게 강렬한 인상을 주었던 것이다.[127]

용기와 사명감으로 이런 각종 어려움을 이겨내는 것은 대부분의 권서들이 지녔던 미덕이었다. 그래서 그들의 경험담은 선교사들에게 큰 감명을 주었다고 생각된다. 예를 들면, 그리어슨(R. Grierson)은 권서 김순원(Kim Soon Won)의 사역에 대하여 언급하면서 "그의 판매량은 굉장했다. 또한 그의 여행 이야기를 들어보면 마치 사도행전의 한 장을 읽는 것 같다"고까지[128] 말하였다.

권서들이 겪었던 이런 '사도행전적 고난'은 그들을 혹사시켰다. 그들은 산속에서 100리 길을 걷는 것을 단지 하루 일과의 일부분으로 여겼다.[129] 그

126) *ABS AR for* 1906, p. 180.
127) *BFBS AR for* 1902, pp. 294~295.
128) *ABS AR for* 1908, p. 195.

러기에 영국성서공회 보고서에는 이러한 혹사가 권서들을 자주 바뀌게 한다고 다음과 같이 썼다.

> 사람들의 정신을 고양시키는 데 도움이 되는 이 사업은 결코 쉽지가 않다. 그리고 사실상 권서사업은 그중에서 가장 어려운 분야이다. 권서명단의 이름들이 계속 바뀌는 것은 이런 어려움을 나타내준다. 그 일은 신경과 근육을 혹사시킨다.[130]

권서들이 겪어야 했던 고통과 어려움이 너무나 컸기 때문에 순직하거나 병들거나 일찍 은퇴해야 하는 경우가 많았다. 그래서 극동지역의 권서사업을 지도했던 영국성서공회 소속의 털리는

> 공회의 사역을 감당하면서 머리가 하얗게 된 현지 권서들보다 하나님나라와 왕께 더 소중한 사람은 없다.[131]

고 평했던 것이다. 이렇게 힘든 일을 감당해야 했기 때문에 권서들은 "헌신적이고 열심이 있으며 육체적으로 강인해야"만 했다. "그렇지 않으면 한 달도 일을 견더내지 못할"[132] 정도였다.

권서들의 일은 육체적으로 극히 힘들었을 뿐 아니라, 그 일을 행하는 데 수많은 장애들이 가로놓여 있었다. 백성들의 가난·무지·문맹·편견 따위의 기본적인 어려움은[133] 말할 것도 없고, 행정관서의 비협조적 태도와 미신이나 각종 타종교들의 견제와 박해도 있었다. 다음의 스크랜튼의 보고는 관청의 박해가 어떠했는가를 보여준다.

> 두 명의 권서가 11개월간 고용되어 서울 남부의 경기도에서 신실하게 일하고 있다. 이 기간 동안 남부지방에는 다소간의 관청에서의 박해가 계속되었다. 이것은 대단한 실망을 야기시켰고 당연히 성경판매량도 줄게 만들었다. 오미 장터(market town of Omi)와 여러 곳에서는 기독교를 비난하는 관청의 회람(榜, official bulletin)이 돌았다는 소문이 파다했다. 사실이야 어찌 되었든 그 마을의 모든 기독교 책자들은 즉시 불태워졌으며, 내가 그 마을을 최근 방문해 보

129) *BFBS AR for* 1917, p. 242.
130) *BFBS AR for* 1916, p. 289.
131) R. T. Turley, "Colporteurs in the Far East," *BIW*, 1905. 5., p. 150.
132) H. Miller, "Scripture Distribution," *KMF*, 1911, 10., p. 283.
133) *BFBS AR for* 1897, p. 243 : 1901, p. 290 : 1902, p. 292.

니, 우리의 이전 사업의 흔적은 발견할 수 없었다.[134]

한말 지방관에 의한 박해는 일제하에서는 일본 총독부의 경찰들에 의한 방해로 대치되었다. 권서들에 대한 경찰의 감시와 방해·투옥은 특히 3·1운동 후에 빈번히 나타난다.[135] 이 점은 뒤에서 언급될, 권서들의 민족운동과도 관련되었을 것으로 생각된다. 3·1운동 후 경찰은 권서사업을 방해하고 있었으며,[136] 1921년에는 2명의 권서가 21일간 투옥되어 심하게 채찍을 맞은 적이 있고, 다른 권서 한 명은 18개월간의 투옥 후 석방되어 교회에서 공개적으로 하나님께 감사했기 때문에 "천황에게 속한 것을 하나님께 돌렸다"는 죄목으로 10엔의 벌금을 물었으며, 또 다른 한 권서는 거리에서 책을 판다는 이유로 3엔의 벌금을 물었던 것이다.[137] 1932년에는 경찰이 불심검문을 위해 권서들을 여관에 투숙할 것을 요구하기도 했다.[138] 심지어 같은 해 5월 20일자 밀러의 편지에서는 권서 김창모의 여행중의 독살이 보고되고 있었다.[139] 이렇게 권서들은 일제의 감시와 눈초리의 표적이 되어 고문과 옥고를 치루기도 했던 것이다.

시련은 또 있었다. 권서들은 산속을 헤매다가 산적이나 짐승에게 해를 당하기도 했고,[140] 혹은 시장바닥이나 길거리에서 책을 팔다가 돌팔매나 몰매를 맞기도 했으며,[141] 혹은 젊은이들의 볼셰비키적 마음의 태도와 유물론적이고 무신론적인 공산주의와 계속적으로 만나야만 했으며,[142] 혹은 만주나 간도 어느 곳에서 눈 속을 헤매다가 동사하기도 했으며, 도둑떼의 피해는[143] 물론 심지어 국경지역에서 독립군에게 돈을 빼앗기기도 하였다.[144] 그리고

---

134) *BFBS AR for* 1899, p. 282.
135) *ABS AR for* 1912, p. 367; *BFBS AR for* 1913, p. 358; *BFBS AR for* 1920, p. 187.
136) *CSC*, 1920년 6월 15일자, 58항.
137) *CSC*, 1921년 11월 10일자, 26~28항.
138) *CSC*, 1932년 6월 29일자 및 4월 8일자 Miller의 편지.
139) *CSC*, 1932년 6월 29일자.
140) *BFBS AR for* 1901, pp. 289~290 : 1928, p. 283 : 1935, p. 254.
141) *ABS AR for* 1918, p. 295.
142) "In the Land of Morning Calm," *BIW*, 1925. 10., pp. 157~159; F. G. Vesey, "Colportage in Modern Korea", *BIW*, 1926. 11., pp. 190~191.
143) *BFBS AR for* 1897, p. 243.
144) *BFBS AR for* 1926, p. 229.

민란이나 전쟁 등 정치 사회적 혼란이 일어났을 때는 그런 혼란의 와중에서 직접적으로 피해를 당하기도 했다. 때로는 권서들이 '귀신의 종으로 천주의 책을 파는 놈'으로 오인되어 장터에서 돌멩이를 맞기도 했다.[145] 이렇게 그들은 그들에게 맡겨진 복음사역을 감당하기 위해 전도자 바울이 당한 것과 같은 환난(고후 11 : 23~27)에 기꺼이 참여했던 것이다. 한국 교회가 초기에 광범위한 지역에서 견고하게 설 수 있었던 것은, 고통과 환난을 즐겁게 감내하며, 복음사역에 투신했던 이들 권서들의 피땀어린 희생과 노력이 있었기 때문이다.

권서들의 행로상에는 시련만 있었던 것이 아니었다. 시련을 겪으면서도 그것을 극복하는 데에 힘과 격려가 된 많은 기쁨과 승리가 있었다. 끝없는 사막의 길을 걷는 듯한 지친 여로에서 그들은 간간이 목을 축이고 쉴 수 있는 오아시스가 마련된 것을 경험했다. 그들은 성경을 사모하는 많은 영혼들과, 성경을 통해 문자를 해독한 '문맹자'들을 보았고 회개하고 새사람되는 술망나니들의 놀라운 변화를 보았다.

권서 행로상에는 관리들에 의한 핍박이 있음을 보았다. 그런 상황에서도 기독교를 이해하고 권서를 적극적으로 도와준 지방관도 없지 않았다. 송도 지방을 맡고 있는 선교사 콜리어의 보고다.

> 최근에 두 명의 다른 권서들이 여기서 얼마 떨어지지 않은 현리에서 책을 팔았다. 현감이 이를 보고 포졸을 보내 불러오라고 했다. 권서들은 동헌에 도착하여 영접을 받고 놀라움을 금치 못했다. 현감은 그들에게 자신이 서울에 있던 몇 해 전에 신약전서 한 권을 샀으며, 그것을 읽어왔는데 그 속에 있는 교훈에 큰 감명을 받았노라고 말했다. 그는 "가서 당신들의 목사에게 안부를 전하시오. 그리고 내 지방에 온 것을 기쁘게 환영하며, 이곳에 교회를 세우는 데 무엇이나 도와주겠다고 말하시오"라고 했다.[146]

이 지방관의 호의가, 그의 말대로 성경을 읽고 감동을 받아 그렇게 된 것인지, 아니면 당시 기독교 및 선교사와 결탁된 외세의 영향력을[147] 의식한 때문인지는 얼른 판단이 가지 않으나, 20세기에 들어올 무렵에 기독교와 권

145) *BFBS AR for* 1899, p. 282.

146) *BFBS AR for* 1900, pp. 279~280.

147) 이만열, 〈韓末 基督教와 관련된 外勢依存의 問題(1) — 宣教師의 勢力擴大 과정을 중심으로〉, 《東方學志》 제61집, 연세대 국학연구원, 1989. 3., pp. 119~174.

서에 대하여 악감 대신 호감을 표시한 관리들이 있었음은 이로써 확인되고 있다.

권서들을 가장 기쁘게 한 것은 역시 그들이 반포한 성경에 의해 문맹과 무지가 퇴치되고 예수를 믿게 되는 것을 보는 것이었다. 이런 점들에 대해서는 따로 언급되겠기에 여기서는 상론하지 않겠다. 그중에서도 권서들이 승려와 불교도를 개종시킨 것이나,[148] 조상숭배의 예민한 문제에 부딪혀 성경으로 설득, 개종시키는 것들은 그들의 용기를 보여주는 실례들이다. 서울 지역의 김창규의 한 경험이다.

> 서대문 밖에서 제사를 드리고 있는 한 弓手를 만났다. 그에게 성경을 사라고 권했지만 그는 몹시 화를 내면서 조상숭배를 허락하지 않는 종교와는 어떤 관계도 가지지 않겠다고 말했다. 나는 그에게 부모가 돌아가신 뒤에 좋은 음식을 드리는 것보다 살아계실 때 변변찮은 음식이라도 드리는 것이 훨씬 낫다고 말했다. 그리고 그가 드려야 할 제사는 로마서 12장 1절에 언급된 것과 같은 제사라고 지적해 주었다. 우리는 오랫동안 이야기를 나누었고, 결국 그는 복음서 한 권을 사고 교회에 출석할 것을 약속했다. 몇 주 후 그를 다시 만났는데, 그는 조상의 신주(ancestral tablets ; 죽은 조상의 이름을 써놓은 나무판, 조선 사람들은 죽은 사람의 영혼이 거기에 살고 있다고 믿는다)를 어떻게 해야 하느냐고 물었다. 나는 그의 집에 가서 기도드리고 찬송을 부른 후 그 판을 내려놓고 부숴버렸다.[149]

조상숭배와 관련된 문제들은 권서들에게 많은 시련을 안겨주기도 했다. 그러나 이같은 미신·타종교숭배·조상숭배의 관습에서 한국인들이 돌아서고 있었던 것은 권서들에게 '시련' 속에서도 '승리'의 기쁨을 안겨주었다. '시련과 승리'의 균형된 경험이 그들의 지속적인 권서행로를 가능하게 했던 한 요인이었다.

이러한 요인에다 또 하나 권서들이 이와 같은 육체적 정신적 고난을 극복하고 영혼을 구하는 자들로서의 임무를 수행할 수 있었던 것은 무엇보다도 인내와 믿음이었다. 한국에서의 권서사업에 오랫동안 관여했던 베시는 이렇게 말했다.

---

148) *BFBS AR for* 1917, p. 244 : 1938, pp. 231～232.
149) H. Miller, "With the Biblemen in Korea," BIW, 1920. 3., p. 43.

> 약간 경험이 있는 우리들은, 충실하게 수행된다면, 권서들과 부인권서들의 이와 같은 씨뿌리는 일보다 더 인내력과 신앙을 요구하는 것이 없다고 자신있게 말할 수 있다.[150]

그들이 때로는 벌레가 들끓는 여인숙에서 한숨도 자지 못하고, "다니엘이 사자굴에서 지냈을 때에도 그날 밤의 나보다는 더 평화스러운 시간을 가졌을 것이다"고[151] 하소연하기도 하였지만 '믿음과 인내'가 있었기에 그 책임을 감당할 수 있었다. 그래서 밀러는 서울지역의 안골·용산골·상심리(上心里) 등지에서 활동했던 권서 박웅용을 두고 이렇게 썼다. 그리고 이 말은 당시의 권서들 전체에게 주어져야 할 찬사였을 것이다.

> 그의 삶은 공회의 일꾼들 중 가장 훌륭한 위치에 해당된다. 그는 순교자들 속에서 발견되는 자질들로 만들어졌다. 믿음과 인내가 줄곧 그의 동행자들이다.[152]

권서들의 믿음과 인내가 권서업무를 가능하게 했다고 보았던 선교사들이 자주 크레인(J.C. Crane) 목사의 다음과 같은 내용의 평가를 했던 것은 무엇보다 권서행로상의 고통을 이해했기 때문이었고, 감독업무를 맡고 있던 선교사들의 이같은 이해와 평가는 또한 권서들의 고통을 극복케 하고 시련에서 승리케 하는 중요한 격려가 되었을 것이다.

> 내 생각으로는 이 선교지에서 사용되는 어떤 돈도 권서들을 유지하는 돈만큼 유용하게 쓰여지고, 문자 그대로 '복음'을 들어본 적이 없는 수천 수만의 사람들에게 효과적으로 복음을 제공하는 데에 더 직접적인 것은 없다.[153]

V. 부인권서와[154] 그 활동

1. 부인권서

내외 구분이 엄격하게 지켜지던 상황하에서 남자권서들은 부녀자들에게

150) F.G. Vesey, "Colportage in Modern Korea," pp. 190~191.
151) *BFBS AR for* 1915, p. 336.
152) *NBSS AR for* 1911, pp. 57~58.
153) *BFBS AR for* 1916, p. 292.
154) 부인권서를 英文으로 biblewoman이라고 표기하였다. 그런데 biblewoman이라는

직접 성경을 팔기 어려웠다. 부녀자들은 봉건적 관습과 사회구조의 가장 저변에 위치하여 있었고, 가장 수난받는 계층이었다. 그들은 날 때부터 환영받지 못했고, "그들의 일은 노예의 그것과 거의 다를 바가 없"었다.[155] 가정을 중심으로 극히 제한된 자유밖에 누리지 못하는 그들에게 성경을 전하기 위해서는 그들의 방 속에 직접 찾아갈 수 있는 여자권서들이 필요했다. 이와 관련하여 스코틀랜드성서공회의 연례보고서는 다음과 같이 부인권서의 활동영역을 지적하였다.

> 권서들은 종종 자기들이 접근할 수 없는 집들을 발견한다. 그러나 부인권서들은 다르다. 모든 문이 그들에게 열려 있다. 비록 그들이 부녀자들을 만날 수 있는 유일한 곳이 부엌 속일지라도 그러하다.[156]

부인권서들은 부녀자를 대상으로 전도활동을 하는 사람들이었지만, 그들이 권서라는 테두리 속에 있었기 때문에 선발기준은 앞서 언급된 바 있는 일반적인 권서 선발기준에 의해 선발되었을 것으로 보인다. 그러나 당시 우리나라 여성들은 극히 폐쇄적인 관습 아래 놓여 있었기 때문에 부인권서의 일을 할 수 있는 사람들이 많지 않았다. 그래서 혼자된, 비교적 자유로운 부인이나 믿는 가정의 주부로서 중년 이상의 믿음 좋은 부인들이 선호되었다.[157] 부인권서 가운데는 가끔 김사라같이 양반계층 출신도 있었다.[158]

부인권서로 선발되기 위한 중요한 자격 가운데 하나는 한글을 읽을 수 있어야 한다는 것이었다. 그러나 명문가나 개화된 집안이 아니고서는 여자에게 글을 가르치지 않았기 때문에 이런 조건을 갖춘 사람을 처음부터 구하는 것이 쉽지 않았다.[159] 따라서 다른 조건이 합당한 경우에는 선교사들이 글을

용어는 앞서 지적한 바와 같이, 부인권서·여전도사 등 여성 교역자들을 두루 일컫는 말이었다. 따라서 선교회나 교회측의 자료에 표기된 biblewoman은 거의 모두 여전도사인 傳道婦人을 지칭하는 말이고, 성서공회측 자료에 나오는 것은 여자권서 곧 부인권서를 가리킨다. 그러나 여성사역자들이 부족했던 초기에는 양자간의 구별이 크게 없었던 것 같다. 양자간의 구분이 언제 분명해지는지는 차후에 더 연구해야 할 과제이다. 아무튼 1910년대를 지나 교회의 성장과 함께 傳道婦人의 수는 점점 늘어났으나, 婦人勸書의 수는 줄어들었다. 이 글에서는 성서공회 소속으로 공회의 월급을 받는 부인권서만을 논의의 대상으로 삼았다.

155) L.E. Frey, "The Bible Woman," *KMF*, 1907. 3., p. 42.
156) *NBSS AR for* 1912, p. 62.
157) H. Miller, "Scripture Distribution," *KMF*, 1911. 10., p. 284.
158) Miss Hardie, "Lamp bearer in Korea," *BIW*, 1919. 2., p. 28.

가르쳐서 부인권서로 삼기도 했다.

부인권서들이 일반적으로 비교적 개화되고 자유로운 집안 출신이기는 했으나 당시의 관습 아래에 있었기 때문에 이름이 없는 사람이 많았다. 따라서 교회에 나온 후 선교사들로부터 처음으로 이름을 받는 경우가 허다했다. 이때 주어지는 이름은 주로 성경에 나오는 믿음의 여인들 이름이나, 성경의 위인들 이름을 여성화시킨 것이 많았다. 즉, 마리아·마르다·한나·에스더·사라·다비다·바울리나(Paulina) 등이 부인권서의 이름으로 중복하여 나타난다. 물론 이외에도 선교사들의 개인적 취향에 따라 요세파(Josepha)·코르델리아(Cordelia)·줄리엣(Juliet) 등 각종 문학작품의 여주인공이나 그저 흔한 영미식 이름을 주는 경우도 있었다.[160]

우리가 갖고 있는 BFBS 한국지부 연례보고서(1917~1938)에 의하면 39명의 부인권서를 발견할 수 있는데, 그 명단은 다음과 같다. 즉, 고수은(高受恩)·권덕은(權德恩)·김로데·김리디아·김마리아·김미리암·김세선(金世善)·김신경·김안나·김애선(金愛善)·김한나·김해란·박광주·박두레(Pak Tule)·박춘신·신마리아·신율리아·손경신·안홀다·오경신·오실비아·원다비다·윤마르다·여부가(Yo Pooka)·이녹음·이드릴라·이미리암·이수산나·이춘심·이희정·임마리아·정기반(鄭基盤)·정혁신·최에바·한미리암·한선경·허회(Hu Hoi) 등이다.

약간 특수한 경우이긴 하지만, 우리는 원다비다(Tabitha Won) 부인이 복음을 받아들이고 부인권서로 선발되기까지의 과정과 그후의 활동상을 소개한 글을 통해 이 당시 부인권서의 실제적인 한 면모를 살필 수 있을 것이다. 원다비다는 믿은 지 4년 되던 해에 글을 배웠고, 63세의 나이로 1개월에 267마일의 산길을 가을의 찬바람을 무릅쓰고 다니면서, 복음서 40권과 신약전서 5권, 구약 1권 및 기타 단권성경을 팔고 790명에게 설교했으며,[161] 65세의 노령에도 불구하고 지방의 산간벽지를 다니며 3천 명에게 설교하고 1,750권을 판매하며 어느 곳에서나 '평화의 어머니'(the Pyeng An Mother, the Mother of Peace)로 알려진 부인권서인데,[162] 그는 70이 넘은 후에도 부인

159) *ABS AR for* 1906, p. 187.
160) "Korean Snapshots," *BSMR*, 1902. 4., p. 185.
161) *BFBS AR for* 1913, p. 362.
162) *BFBS AR for* 1916, pp. 296~297.

권서로 활약하다가 1925년 6월, 75세의 나이로 돌아갔다. 그때 그녀를 가까이에서 접했던 로브(Robb) 양은 이렇게 썼다.

> 지난 6월, 1912년부터 성서공회의 신실하고 열성적인 성경반포자였던 이 주님의 종은 부르심의 상을 받았다. 15년 전 원씨 부인은 자식 없는 불행한 과부였는데, 주막에서 일하며 생계를 꾸렸다. 그러던 어느 날, 한 기독교인 부인의 초청으로 호기심에 그 마을의 작은 교회에 같이 가게 되었다. 몇 번 교회에 참석한 후, 원씨 부인은 예수를 따르는 자가 되었고, 새생활의 첫 단계로 술·담배를 끊었으며, 새친구들의 도움을 받아 좀더 쾌적한 일을 찾았다. 그때 원씨 부인의 나이는 거의 60에 가까웠으나, 그녀는 스스로 성경읽기를 원했다. 그 나이에 읽는 것을 배우는 것은 너무나 가망 없는 것이었다. 그러나 단호한 결심이 그 열매를 맺게 하였고, 마침내 그녀는 그가 사랑한 복음서 이야기를 읽을 수 있었다. 나는 그녀가 그후로 하루도 빠짐없이 매일 성경을 읽었다고 생각한다. 그녀가 읽은 유일한 책은 성경과 찬송가였다 해도 잘못이 없을 것이다.
>
> 원씨 부인의 그 다음 야망은 매년 열리는 부인 사경회에 참석하는 것이었다. 그것은 240리나 떨어진 함흥에서 열렸다. 그녀와 다른 부인은 아무런 어려움도 느끼지 않고 두 개의 재를 넘어 걸어갔다. 원씨 부인은 새생활이 너무 즐거워서 많은 사람들에게 '복음'을 말해 주고 인쇄된 말씀을 주기를 원했다. 그래서 그 이듬해 다시 함흥 사경회에 갔을 때 자신이 저축한 돈의 전부인 약 6달러를 1센트짜리 복음서들과 몇 권의 찬송가를 사는 데에 '투자했다'. 당시에는 소활자 복음서가 아직 출판되어 있지 않았으므로, 그것은 매우 무거운 짐이었다. 그래서 원씨 부인은 기꺼이 짐을 날라주겠다고 하는 다른 부인과 함께 머리에 이고 날랐다. 한국 여인들은 손으로 나르는 것보다 머리에 이고 나르는 것을 더 편하게 여긴다. 그리고서 원씨 부인은 그녀가 살던 마을과 복음이 전혀 침투해 들어가지 않고 있던 산간지역을 다니면서, 복음서를 나눠주고 들으려고 하는 모든 사람들에게 예수님과 그의 사랑을 말해 주었다. 책을 모두 다 나눠준 후 그녀는 피곤한 몸으로 그러나 행복하게 집으로 돌아갔다.
>
> 이 무렵 원씨 부인은 세례를 받았고, 성경에 나오는 이름인 '다비다'라는 이름을 받았으며, 그 이름대로 그녀는 선행으로 가득차 있었다. 그녀가 믿은 지 4~5년째 되던 해, 그 지방을 책임 맡고 있던 선교사는 영국성서공회 총무로부터 부인권서 1명을 고용해도 좋다는 허락을 받고 다비다를 선택했다. 그녀는 하나님의 소명으로 알고 대단히 기쁘게 받아들였다. 그녀는 그때부터 마지막 아플 때까지 너무나 충실하게 여행하고 일하였다. 다비다는 낙천적인 기질의 대단하고 강인한 여인이었다. 비록 때때로 어려운 일에 봉착하였지만, 그녀는 여름장마와 겨울의 폭설을 견뎌냈는데, 그것은 오직 주께서 그녀를 강하게 붙들어 주었기 때문이었다. 그녀가 험하고 가파른 산길을 갈 때는 외우고 있던 찬송을 부르면 얼마나 놀라운 힘이 생겼는지를 말하곤 하였다. 그녀의 면류관

> 에는 많은 별들이 있을 것이다. 거할 곳이 많은 아버지 집으로 부르는 소리에 부인권서 다비다는 기쁨으로 응답했던 것이다.[163]

부인권서는 가장 많을 때에도 전국적으로 고작 수십 명이었다. 그러나 이 수효는 권서의 경우와 마찬가지로 세계적으로 손꼽히는 규모였다. 이것은 우리나라에서 부인권서 활동이 그만큼 활발하고 효과가 있었다는 것을 말해 준다.

2. 부인권서의 활동

부인권서들은 성서공회의 월급을 받지만, 여자선교사 밑에 있으면서 그의 감독을 받았다. 경우에 따라서는 성서공회 외에 선교회나 교회의 부분적인 지원을 받았는데, 이런 경우에는 성서공회로부터 지원받는 봉급의 비율만큼 성경판매에 시간을 할당했다.[164] 남자권서들과는 달리 부인권서들은 선교회로부터 많은 간섭을 받았고, 여자선교사 밑에서[165] 전도부인들과 같이 일했기 때문에 그들의 일도 사실상 전도부인의 일과 크게 다를 바가 없었다. 부인권서들은 부녀자의 방에 들어가서 성경을 읽어주고 그 진리의 말씀을 설명해 주며 성경을 판매하는 것을 주업무로 했다. 당시에는 대부분의 여자들이 글을 읽지 못했기 때문에 성경을 읽어주어야 했고, 스스로 성경을 읽고자 하는 사람들을 위해서는 따로 시간을 정하여 글을 가르쳐주어야 했다. 그들은 가정에서 문제가 생겼을 때, 병자가 있을 때, 그리고 귀신 들린 사람이 있을 때 초대되어 문제를 해결해 주고 기도해 주었다.[166] 그리고 부인권서들은 각 가정을 방문하여 말씀을 전하고 성경을 팔 뿐 아니라 기초적인 위생·보건상식을 가르쳐 생활을 개선하도록 계몽하기도 했다.

부인권서들의 활동 가운데 가장 주목할 만한 것이 한글을 가르치는 일이었다. 부녀자를 대상으로 한 권서활동에서 맞이하게 되는 많은 어려움 가운데서도 특히 문맹으로 인한 어려움이 컸다. 왜냐하면 글을 모르는 부녀자들은 성경을 사고자 하는 마음을 잘 갖지 않을 뿐 아니라, 글을 가르치려 해

163) *BFBS AR for* 1926, pp. 230~231.
164) "Native Bible Women," *KMF*, 1910. 5., pp. 109~110.
165) H. Miller, "Scripture Distribution," *KMF*, 1911. 10., p. 284.
166) 위와 같음.

도 잘 응하지 않았기 때문이었다. 그래서 그들을 설득하여 글을 배우게 만드는 일은 대단히 중요하면서도 어려웠다. 그것은 그들의 지성을 일깨워 믿는 마음을 가능케 하는 작업으로도 통했다. 모리스(C.D. Morris) 부인은 이와 관련하여 다음과 같이 썼다.

> 가장 어려운 일 중 하나는 부녀자들로 하여금 글을 배우게 하는 일이다.…… 지금은 그들의 머리가 굳어서 쓸모 없는 것처럼 보인다. 그들은 우리가 하는 말을 들어도 이해하지 못한다. (그래서) 아주 미숙하게라도 글을 배우는 것은 그들의 지성을 일깨워서 새로운 마음을 만들어낼 것이다.[167]

부인권서들은 보통 하루의 일과가 다 끝난 후에 글을 배우고자 하는 사람들을 모아서 가르쳤다. 그러나 먼 곳에 있거나 저녁에 모일 수 없는 사람들이 있을 경우에는 그들을 일일이 찾아가서 글을 가르칠 수밖에 없었다. 이렇게 하여 글을 배우게 된 부녀자들은 그 의식이 깨어나고 영원한 것을 사모하게 되었던 것이다. 부인권서를 감독했던 존스(Jones) 부인은 부인권서들이 글을 가르친 효과를 다음과 같이 표현했다.

> 나를 가장 기쁘게 만드는 것은 읽기를 배운 사람들의 수를 보는 것이었다. 강화에 있는 우리 교회에 3년 전에는 한 사람도 글을 읽을 수 있는 사람이 없었는데 (지금은) 29명이 자기들의 성경을 읽고 있는 것을 보았다. 옛날에는 부인권서가 오면 다른 부녀자들은 질문 없이 단지 듣기만 하고, 스스로 읽고자 하는 욕망이 없었다.…… (이제는) 가르치는 시간이 되면 부인권서의 성경만이 나타나는 것이 아니라, 많은 부녀자들이 소중하게 간수했던 책을 가지고 나온다.[168]

이러한 부인권서들의 노력으로 많은 부녀자들은 문맹과 자포자기하려는 마음을 극복해 나갈 수 있게 되었다. 뒷날 여러 곳에서 부인들의 사경회가 자주 열렸는데, 사경회에 참석한 부녀자들은 대부분 예수 믿은 후에 국문을 깨우치게 되었다고 한다.[169] 이 또한 부인권서들의 역할과 무관하지 않을 것이다. 중요한 것은 국문을 깨우친 바탕 위에서 진행된 이 사경회에 의해 한

---

167) *ABS AR for* 1906, p.189.
168) A. Kenmure, "Our Biblewomen in Korea," *BSMR*, 1901. 4., p. 89.
169) *BFBS AR for* 1901, p.290. 이 글의 V.1 "한국 교회의 '성경기독교적' 성격" 참조.

국인의 영적 각성 및 대부흥운동이 가능해졌다는 것이다.[170)]

부인권서들은 이와 같이 성경을 판매하는 것 이외에 담당했던 일이 많았고, 일반적으로 남자들에 비해 부녀자에게 책을 파는 일이 어려웠기 때문에 남자권서와 비교해 볼 때 이들의 판매량은 상대적으로 적었다. 물론 특출한 부인권서들은 오히려 남자권서보다 많이 팔기도 했다.[171)] 그러나 통계수치가 나타내는 판매량에서보다 권서들의 다양한 활동에서 의미하는 것이 많았다는 것을 지금까지의 논의과정을 통해 확인해 왔는데, 부인권서의 경우는 특히 그러했다.

부인권서들의 이러한 숨은 희생과 봉사는 그들과 관계했던 많은 선교사들에게 감명을 주었다. 예를 들어 부산의 아담슨(Adamson) 부인은 자기가 맡고 있던 두 명의 부인권서에 관해 보고하면서

> 그들이 하고 있는 것과 같은 일의 가치를 완전히 평가하는 것은 불가능하다. 통계는 기껏해야 그들의 노고와 같은 일의 정도와 가치를 단지 불완전하게 전해 줄 뿐이다. 그 노고가 없었더라면 (지금은) 계몽되고 의식이 고양된 사람들이 여전히 슬프고 희망 없는 상태로 있을 것이다.[172)]

라고 말했다. 또한 원산에서 활동했던 로브(A. T. Robb) 부인은 자기 부인권서가 "옛날 순교자들의 정신이 죽지 않고 한국의 여성 기독교인들의 가슴속에 살아 있다는 것을 보여준다"고[173)] 말했으며, 평양에서 일했던 웰스(Wells) 부인은 자기 밑에서 일하던 부인권서 고씨의 여행 사연들을 언급하면서, 그것이 "마치 사도시대의 전도여행과 같다"고[174)] 표현했다. 영국성서공회의 켄뮤어 역시 다음과 같이 부인권서들을 칭찬한 바 있다.

> 나에게 충격을 준 것 중 가장 중요한 것은 그 부인(부인권서)들을 가장 가까이 알고 있는 사람들의 마음과 가슴에 생긴 인상이다. 그것은 언제나 좋은 것이다. 부인권서들의 근면함, 진지함, 지적이고 영적인 한계에 대한 점증하는 인식, 그리고 그들의 노고를 뒤따르는 성공은 자주 언급되는 경탄의 대상들이

170) 이만열, 《한국기독교사특강》, 성경읽기사, 1987, pp. 81f.
171) 예를 들어 무스 부인(Mrs. Moose) 밑에서 일했던 김씨 부인은 그 지역(서울과 근교)을 맡고 있던 전체 권서들의 판매량을 상회했다.
172) *ABS AR for* 1906, p. 191.
173) 위의 글, p. 189.
174) 위의 글, p. 190.

다.[175]

부인권서들이 전한 복음의 진리와 그리스도가 당시 한국의 여인들에게 가져다주는 기쁨은 말로 표현할 수 없을 정도였다. 가난하고 소외되어 희망없고 비참한 지경에 빠져 있던 부녀자들에게 기독교적인 자유와 행복을 전해 주었던 부인권서들이야말로 가장 어두운 곳에 빛을 전해 준 전도자들이었다. 그래서 역설적으로, 사회가 개화되어 여자들에게 형식적인 자유가 주어지게 되자 부인권서들의 역할은 점점 감소되어 갔다. 다음에 인용된 영국성서공회 회의록은 이 점을 적절하게 지적해 주고 있다.

> 위원회는 휴가중인 밀러 씨를 환영하였다. 그는 사업의 몇 가지 문제에 관한 질문에 대하여, 자기 생각에는 공회가 한국인 부인권서를 공회기금으로 고용하는 것을 점차 그만두어야 한다고 말했다. 부인권서는 근본적으로 선교회의 일꾼(servant)이고, 교육의 증대와 나라의 '개방화'(opening up)에 따라 여성들이 더 이상 격리되어 있지 않게 되었으며 (반대로) 선교사들의 영향력이 더 잘 미칠 수 있다는 것이다.[176]

이것은 1917년 1월 26일의 영국성서공회 중국·한국·일본 소위원회에서 밀러가 발언한 내용이다. 밀러의 발언내용을 통하여 우리는 사회가 개화되어감에 따라 부인권서의 고유영역이 줄어들고 있으며, 그런 상황하에서는 선교사들에 의한 사업이 오히려 더 효과적이라는 것을 확인할 수 있다. 밀러는 이런 판단에 따라 부인권서의 수를 줄여나갔다. 그래서 1910년대에 20, 30명이었던 부인권서의 평균 인원이 1920년대에는 10명 이하로 줄어들었고, 1930년대에는 전체 인원이 2,3명밖에 안되었다. 사회가 점차 개방적으로 되어갔기 때문에 규방만을 상대로 하는 부인권서들의 역할이 상대적으로 줄어들 수밖에 없었던 것이다. 이것은 반대로 부녀자들의 상황이 어려우면 어려울수록 부인권서의 역할이 돋보인다는 것과, 그래서 부인권서들의 사역이 그만큼 어렵고 희생적이었다는 것을 말해 준다고 하겠다.

175) A. Kenmure, 앞의 글, p. 88.
176) *CSC*, 1917년 1월 26일자.

VI. 권서와 한국교회

지금까지 우리의 논의로 보아, 권서는 원래 성경반포를 맡은 일종의 행상이었지만, 그들의 역할은 단순히 성경의 판매에 그치지 않고 성경의 진리를 풀어 깨우쳐주기도 하고, 때로는 사경회나 부흥집회를 인도하는 전도자의 역할을 감당하기도 하였으며, 한평생 동안 문자와 바깥 사정에 접하기 어려웠던 벽지 한국인의 문맹과 무지를 깨우쳐주는 메신저로서 가능하기도 하였다. 권서의 이해는 지금까지의 소개로써 어느 정도 가능할 것이다.

그러나 우리는 권서의 존재와 그 활동이 한국 교회사와 나아가서는 민족사에 어떤 의의를 갖느냐에 대해 관심 갖지 않을 수가 없다. 그것이 규명되어야만 머릿말에서 이미 문제로 제기한 바 있는, 한국 기독교사의 민중중심적 이해와 자주적 기독교사 인식이 권서 이해를 통하여 어떻게 시도될 수 있을 것인지가 좀더 분명해질 수 있기 때문이다. 이런 관점에서 권서와 관련된 몇몇 분야를 간단하게 검토해 보도록 하겠다.

1. 한국 교회의 '성경기독교적' 성격

1907년 미국 북장로교 한국 선교부가 부산에서 연차회의를 개최했을 때, 성서공회의 역할에 대하여 다음과 같은 감사말을 채택하였다.

> 이 땅에서 발전되고 있는 기독교는 출중하게도 성경기독교(Bible Christianity)이다. 복음전도자들이 전도하기 위해 가져가는 것은 성경이다. 믿어지고 있는 것은 하나님의 말씀이며 그것에 의해 사람들이 구원받고 있다. 한국 기독교인들이 매일 먹고 마시는 양식은 성경이다.……성경은 이 땅에 사는 수많은 사람들의 정신적이고 영적인 자양분 중에서 가장 중요한 자리를 차지하고 있다.[177]

위의 글에서 한국의 기독교를 '성경기독교'라고 부르고 있다는 점이 주목된다.

한국의 기독교는 선교사의 입국에 앞서 성경이 번역되었다. 1882년 만주

---

177) "Matters of Moment," *BIW*, 1907. 3., p. 70.

에서 〈누가복음〉과 〈요한복음〉이 우리글로 번역 발간되었고, 그 5년 후에는 신약전서인 《예수셩교젼셔》가 간행되었으며, 일본에서는 이수정이 번역한 〈마가복음〉이 1885년초에 간행되어 그해 일본을 거쳐 한국에 입국하는 언더우드·아펜젤러가 그것을 휴대하게 되었다. 이는 성경번역사상 가장 놀라운 일임에 틀림없다. 만주·일본에서의 번역은 국외에서 이루어진 데다가 몇 가지 문제점을 안고 있었기 때문에 뒷날 한국주재 선교사들의 번역으로 대치되었다. 비록 로스 같은 외국인의 도움을 받기도 하였고, 평안도 방언에 편중되었다는 지적이 있긴 하였으나, 선교사 입국 이전에 이루어진 이 번역은 한문성경으로부터 우리말·우리글로 성경을 정착시키는 최초의 열매로서 한국 기독교사상에 기억되어야 할 것이다.

'성경기독교'라는 말은, 밀러(H. Miller)가 한국 기독교인의 특징 가운데 가장 먼저 꼽은 바 있는, '성경을 사랑하는 기독교인'(bible-loving christian)이라는[178] 말과도 밀접하게 관련되어 있다. 이를 이해하기 위해서는 다음의 과정설명이 필요할 것이라 생각된다.

한국인들은 기독교 전래 초기부터 성경번역에 대한 간절한 열망을 나타냈다. '울부짖는 요구'(crying need)에[179] 직면하여 번역 간행된 성경이고 보니, 그 독서열과 보급률 또한 증가될 수밖에 없었다. 성경의 보급은 결과적으로는 한국 기독교의 성장과 한국 사회의 변화 그것을 가져왔다고 하겠지만, 단계적 효과로서는 우리 사회에 국문의 보급과 한국 교회의 사경회운동과 부흥운동을 가져왔다.

기독교의 전파로 국문이 보급되고 한글이 민중의 문자로 화하였다는 것은 저자가 이미 거론한 바 있지만,[180] 그것을 권서들의 역할과 관련시켜 거론하거나 지적한 적은 아직 없었다. 성경을 보급하고 읽히려는 권서들의 노력을 한국 근대화의 맥락에서 보면, 한글의 민중문자화에 기여하였고 문맹을 퇴치하는 운동으로 평가될 수도 있다. 권서사업에 관여했던 북감리회 선교사

---

178) 위의 글, 1903. 9., p. 263. "Our Annual Meeting," *BIW*, 1924. 6., p. 105에는 "The Korean Christian is a Bible lover"라 표현되어 있다.
179) "Annual Report of the Foreign Missionary Society of M.E.C for 1891," p. 274.
180) 이만열, 〈基督敎의 傳來에 따른 韓國社會의 開化〉, 《韓國基督敎文化運動史》, pp. 54~60.

존스(G.H. Jones) 목사의 다음 지적은 권서사업의 의의가 한국인의 '무지와 문맹의 사슬을 끊도록' 하는 데에도 있었음을 잘 보여주고 있다.

> 현재 한국의 복음상황에서, 성서공회의 권서사업을 단지 그들의 판매실적으로만 측정한다면, 그들의 사역 가운데 가장 중요하고 현저한 특징을 무시하게 된다. 그들은 그리스도와 그의 진리에 대한 민중들의 편견과 반대를 타파하는 선구자들이며, 입술과 그들의 삶을 통해 끊임없이 하나님의 말씀인 씨를 뿌리는 자들이다. 그들은 읽는 법을 가르쳐주고 스스로 하나님의 거룩한 책의 영광들을 보게 함으로써, 자기 백성들을 얽매고 있는 무지와 문맹의 사슬을 끊도록 지속적으로 영감을 불어넣는 자들이다. 현재 나의 목회를 받고 있는 1,500명의 개종자들 가운데서, 글을 읽지 못하거나 부분적으로나마 신약성경을 가지고 있지 않은 자는 한 사람도 없다. 남자나 여자나 동일하게 자신이 스스로 하나님의 말씀을 읽으려 하는 강렬한 소망들이 있다.[181]

이 보고서가 활자화된 해가 1901년이라는 점에 유의한다면, 개종자들 가운데 문자를 해독하지 못하는 사람이 없다는 보고는 놀라움을 금치 못하게 한다. 실제로 이 무렵의 국내자료에서도 성경보급에 의한 문맹퇴치의 놀라운 실적들이 발견되고 있다. 북감리교 선교사 스웨러(W.C. Swerer)의 감독하에 있던 소용대(So Yong-dai)는 "예전에는 여자 10명 중 한 명도 채 글을 읽지 못했는데, 이제는 3,4배나 많은 사람들이 한글을 안다"고[182] 권서에 의한 한글해독의 성과를 보고하고 있다. 여자권서들의 역할이 특히 한글 가르치기에서는 두드러지게 나타나고 있다. 앞에서 이미 존스 부인이 강화에서 거둔 효과에 관해 언급하였거니와[183] 서울에서 활동하던 김부인은 병자를 방문하여 성경을 읽어주고 기도해 준 것을 포함하여 1만 110명에게 성경을 읽어주었고 150명에게 글을 가르쳤으며 한 해 동안 1만 3,066권의 성경을 판매하였고, 함경남도 지역에서 활동하던 이 부인은 2,268권의 성경판매에 4,500명에게 성경을 읽어주고 180명에게 글을 가르쳤는데, 그의 활동을 지켜보던 선교사는 이 부인권서를 두고 "위대한 스승인 바울처럼 이 종은 많은 박해를 받지만 그런 때마다 하나님의 약속이 너무나 소중하고 또한 하나님께서 지키시고 도우신다는 것을 안다"고 감탄하였다.[184]

---

181) *BFBS AR for* 1901, p. 290.
182) *BFBS AR for* 1914, p. 330.
183) A. Kenmure,"Our Biblewomen in Korea," 앞의 책, p. 89. 주 164) 참조.

권서들의 이같은 국문보급은 곧 성서공회 활동의 중요한 결과로서 평가되었다. 1926년 11월 14일 오후 2시에 서울의 승동(勝洞)교회당에서 개최된, 영국성서공회 조선지부 설립 30주년 기념식에서 행한 윤치호(尹致昊)의 연설은 이 점을 분명히 드러내주고 있다. 윤치호는 먼저 공회의 창립과 번역된 성경의 방언수, 보급된 수와 권서의 수를 열거한 후에,

> 공회가 조선에서 성취한 것을 보면 복음을 보급시킨 동시에 언문을 장려하였다.…… 조선인이 조선문을 얼마나 경시하였는지 한 가지 목도한 사실은 30년 전에 그때 외무대신으로 개진파에 속한 金弘集 각하가 미국공관에서 담화 중에 미국공사가 발언하여 금후로는 照會에 어려운 한문을 쓰지 말고 간이한 조선문을 쓰기로 제의하니 김대신이 변색한 怒顔으로 말하기를 본인은 언문을 모른다 하였다.…… 이렇듯 언문을 문법대로 다시 정리하여 현재의 권위를 유지하도록 통용시킨 기관은 성서공회이다. 우리 교도는 공회에 대하여 우리의 방언으로 번역한 성서를 위하여 감사하는 것이 依例이지마는 만일에 우리가 非教人일 뿐더러 기독교를 반대하는 사람이 되었더래도 공회에 대하여 조선의 字母를 부활시켜 유행케 한 큰 사업만을 위하여 감사하여야 될 것이다.
>
> 근자에 와서야 조선인 중에 문맹을 퇴치하는 운동이 성행하지마는 성서공회는 벌써 30년간이나 이것을 실행하였다. 現今으로 그 운동에 아무리 용력하더래도 공회에서 얻은 성공은 기대키 불능이라, 최대의 곤란은 재정이니 이 운동에 대하여 일 년에 10만 원을 쓰려는 조선인의 기관이 어디 있느뇨. 공회에서는 이같은 거액을 매년에 비용하나니 우리는 공회가 조선인 중에서 문맹퇴치의 운동을 장구히 계속하여 유력하게 진행할 줄 예언한다.[185]

고 성서공회의 성경번역·성경보급에 의한 언문장려·문맹퇴치를 높이 치하하였다. 성경의 한글번역과 성경보급은 한국 사회에 이렇듯 문자상의 큰 효과를 나타내고 있었던 것이다. 우리는 앞에서 부인권서의 활동을 언급하면서 국문보급이 여성들의 근대의식을 일깨웠음을 지적하였다. 국문해독자들이 성경을 읽게 된다는 것은 기독교의 전도를 가속화시키고 교회의 성장을 가져오게 되었는데, 한국인같이 '글을 읽는 민족'(a reading people)에게는 그 점이 특별히 더 나타났다. 캐나다 선교부 스코트(W. Scott) 목사의 다음 관찰은 국문해독을 권서의 전도사역과 관련시키고 있다.

184) *BFBS AR for* 1938, p. 232; cf. *BFBS AR for* 1939, pp. 199~200.
185) 梁柱三·鄭泰應 편, 앞의 책, pp. 36~37.

> 저는 권서사역이 조선을 복음화시키는 데 가장 가치있는 도움이 된다고 생각합니다. 한국인들은 글을 읽는 민족이기 때문에 깊이 생각할 만한 문서가 없는 종교는 그들 속에서 거의 성공할 수 없습니다.……한국에 처음 온 저로서는 모든 기독교 가정에서 손때묻은 성경을 보고 있다는 것이 무엇보다 충격적이었습니다.[186]

성경이 보급되자 한국인들은 그것을 읽고 묵상하며 외우는 데에 많은 시간을 보내고, 성경을 너무 사랑하여 어디를 가든지 메고 다니고 여자들은 허리에 차고 다녔다. 성경은 사람들로 하여금 하나님께 오도록 하는 최고의 도구라고 생각게 되었던 것이다.[187] BFBS 초대 한국지부 총무로 활동했던 켄뮤어는 권서사업이 하나님의 왕국을 앞당기는 가장 귀한 도구라고 하면서 한국에서의 성경보급의 결과를 이렇게 전망하였다.

> 말씀은 읽혀지고 있고 암송되고 있다. 말씀은 이 생기없고 영감없는 백성들의 피와 뼈와 살 속으로 파고들어가고 있으며, 그들을 반드시 새로운 남자와 여자로 만들 것이다.[188]

이 놀라운 변화는 하나님의 말씀의 능력에 의한 것이다. 동시에 그것은 권서들의 사역의 직접적인 결과였다.

권서들이 보급한 성경이 때로는 인간의 전도나 설교 없이 사람을 회심시키는 경우도 있었다. 홀드크로프트(J. G. Holdcroft) 목사의 감독하에 곡산지역을 담당했던 권서 최형송(Choi Hyeng Song)은 그가 전한 책이 생명력 있는 책이라는 새로운 증거를 한 노인의 경험을 통해 소개했다. 그 노인은, 자기 집이 불탔지만 그 속에서 건져낸 〈마가복음〉·〈누가복음〉서만을 읽고, 전적으로 '성령님의 가르침을 받아' 개종했던 것이다. "왜냐하면 신자가 되기 전에 그는 어떤 설교자나 기독교 교사를 만난 적이 없기 때문이다." 이를 보고한 최형송은 "정말로 하나님의 말씀은 생명을 준다"고 실토했던 것이다.[189]

---

186) *BFBS AR for* 1916, p. 294.
187) G. T. B. Davis, "Five Hundred Mile's Pilgrimage for a Bible," *BIW*, 1910, 10., p. 301.
188) *BFBS AR for* 1901, p. 291.
189) *BFBS AR for* 1913, p. 360.

성경의 보급은 성경 연구모임인 사경회운동으로 연결되었다. 1890년대 후반부터 경향 각지에서 불붙기 시작한 사경회는, 1900년 국내 선교사들 번역의 신약전서가 단편성경 형태로 광범하게 보급되었다는 것과, 권서들이 전해 준 성경을 '읽고 묵상하는' 중에 진리를 더욱 확실하게 이해하려는 한국 신자들의 자세와 깊은 관련이 있다. 초기 사경회의 인도자는 대부분 남녀 선교사들이었고 때로는 한국인 조사·장로도 있었다. 그러나 후대에 갈수록 한국인들의 인도가 늘어났다. 권서들도 차츰 소그룹의 집회를 인도하였고, 권서시찰들은 지역권서들의 요청으로 사경회 등의 집회를 인도했다.[190] 권서들은 성경 보급과정에서 성경을 가르쳤을 뿐만 아니라, 각지에서 개종하는 사람을 소그룹으로 묶어 성경을 가르치면서, 뒤에서 보이는 것처럼 그것을 교회로 성장시켜 갔던 것이다.

사경회는 보통 선교 거점지역의 교회나 학교에서 약 2, 3주 내외의 단기간 동안 개최되었다. 1901년부터 1902년, 평양에서 열린 사경회에는 300리 떨어진 삭주·창성 지방에서 온 자매들이 있었는가 하면, 목포·무안 지방에서 온 형제들도 있었다.[191] 밀러의 보고에 의하면, 1909년에 한 여인은 10일간의 성경공부를 위해 머리에 쌀자루를 이고 300마일을 걸어왔고, 다른 이들은 거기에다 아이들까지 업고 왔는데, 그들의 성경은 손때가 묻었고 잘 닳아 있었다.[192] 거의 2천여 명이나 참석한 1934년의 평양 여자사경회는 대부분이 기숙사와 교실의 마룻바닥에서 11일간 포개 잤으며, 어떤 이는 이부자리와 책·식량 등을 이고 100마일이나 걸어왔던 것이다. 이때의 프로그램은 새벽기도·아침예배·성경공부(2회)·저녁집회 등이었다. 그래서 선교사들은,

> 성경은 한국에서 제일 공부가 많이 되는 책이다. 교회생활의 매우 뚜렷한 특징은 성경공부에 있다. 성경공부반은 겨울에 열흘에서 2주일 동안 중심지에서 열린다. 겨울마다 족히 12만 5천 명의 사람들이 성경을 공부하기 위해 모이는 것으로 추정된다. 그 목적은 단지 개인적인 유익을 위해서가 아니고 배운 것을

---

190) *BFBS AR for* 1921, p. 213의 프레이저의 말과 1924, p. 255의 탈메이즈의 말을 참조.

191) 《그리스도 신문》 6-5호, 1902년 1월 31일자. "이달에 사나이 사경회를 하였는데……전라도 무안 목포에서 온 사람들도 있었는데……"

192) "Matters of Moment," BIW, 1909. 9., p. 263.

출신교회에 전달해 주기 위한 것이다.[193]

한국 교회의 주목할 만한 성장과 발전은 성경을 체계적으로 가르친 때문이라는 것이 충분히 관찰한 사람들의 확신이다. 성경공부는 이곳의 특징적인 선교사업의 하나이다. 아주 작은 교회를 제외한 모든 교회에서 매년 열리는 집중적인 성경공부반이 선교사들에 의해 행해졌다.[194]

라고 성경반포에 의한 사경회운동을 한국 교회의 발전과 연관시켜 언급했다. 특히 1890년대부터 성행하기 시작한 사경회운동이 지속적으로 확산되면서 1907년을 전후한 시기의 '대부흥운동'으로 발전하게 되었는데, 우리는 그 시기의 일제의 침략이 강화되는 등 조국의 현실에 대한 민족적 울분이 탈역사적인 것으로 변모되는 한 현상으로서 대부흥운동이 일어났다는 지적도 간과할 수 없다.[195]

이렇게 보면 성경은 "조선교회의 설립과 성장에 가장 기여를 많이 한 단일기구"였고,[196] 그런 의미에서 한국 기독교를 성경기독교라고 부르게 되었던 것이다. 그러기에 미국 북장로교 선교사인 마펫(S. A. Moffett) 목사는 한국에서의 성경의 독특한 성격을 이렇게 설파했다.

물론 성경 그 자체가 모든 나라에서와 마찬가지로 복음화에서 가장 두드러진 요소이다. 그러나 한국의 성경은 좀 독특한 위치를 차지해 온 것이 분명하다. 한국 교회는 그 힘과 영성과 기도 속의 위대한 신앙과 관대함을 온교회가, 말하자면 성경지식에 함빡 젖어왔다는 사실에서 몰아오고 있다. 성경공부와 성경공부반은 한국 교회의 발전에서 가장 독특하고 가장 중요한 요소이다. 그것들 속에서 신앙과 지식의 기초를 놓아 왔다.[197]

그러면 한국 교회의 이같은 성장을 가져오고 '성경기독교'로서의 성격을 갖게 한 성경은 누가 주로 반포했는가. 한국에서 성경반포의 주역을 담당한 주인공은 바로 권서들이다. 권서들이 성경반포의 주역을 담당하였고, 그 반포의 구체적인 방략과 활동 및 반포 숫자 등에 대해서는 이미 앞에서 언급하였다.

193) *NBSS AR for* 1917, p. 32.
194) *NBSS AR for* 1930, p. 104.
195) 이만열, 《한국기독교사특강》, 성경읽기사, 1987, pp. 81~82.
196) *BIW*, 1932. 10., p. 149.
197) S. A. Moffett, *BSR*, 1916. 11., p. 216.

2. 권서와 교회설립

BFBS 한국지부 총무로 있던 밀러의 전기인 《민휴선생실기》(閔休先生實記)에는 교회를 설립한 권서들의 노고를 감사하는 서신이 공회에 답지한다고 언급하면서, 그중 캐나다 선교사 푸트(W.R. Foote) 목사의 편지 한 통을 이렇게 소개하고 있다.

> 拜啓者 本人은 加那多長老派宣教部의 一員으로 大英聖書公會의 事業에 對하야 感謝합니다. 만일 貴公會의 供給하는 勸書와 聖書가 업섯더면 本教會가 今日의 進就를 도모지 엇지 못하였겟습니다. 勸書諸員은 單純히 福音傳播人뿐이아니라 朝鮮教會로 하여곰 今日의 成功을 엇도록 動作한 活力입니다. 每年에 그들이 傳道한 結果로 新教會가 創立되야 처음 禮拜를 行할 때마다 그 奉仕의 貴重한 것을 더욱 感覺합니다. 1908年 2月 日 富斗一[198]

위의 서신에서 우리는 한국 교회의 초기의 설립과 발전에는 권서가 널리 관련되어 있음을 우선 쉽게 알 수 있다.

우리는 앞의 '권서의 활동' 부분에서 권서들이 교회를 설립했을 가능성을 지적하였다. 즉 권서들은 복음서를 들고 각 지방에 다니면서 책을 팔고 성경을 가르치며 기독교의 진리를 해설하여 많은 개종자들을 얻게 되었던 것이다. 우리는 선교사들이 비교적 선교 초기에 "권서의 신발보다 더 위대한 설교단은 없다"고[199] 술회했을 때만 해도 권서들이 교회의 설립에 직접 관련되었다고 하는 보고는 흔하게 나타나지 않았다. 그러나 권서들이 반포하는 성경이 보급소에서 판매하는 것보다 많아지는 1900년경(표 11 참조)부터 권서들이 교회설립에 관련되었다는 보고서가 자주 나타나고 있다. BFBS 한국지부 총무 켄뮤어는 1901년 5월 30일자 보고에서, 한국의 남녀권서들이 일을 잘해내고 있으며 성경판매량도 많지는 않지만 증가하고 있음을 설명하면서, "내가 방문하고 있던 지역에서 권서들의 노력으로 몇몇 작은 모임(congregation)들이 이루어진 것을 발견했다"고[200] 하였다. 이것은 권서들이 신앙공동체 즉 교회를 형성하고 있음을 보고한 것이다. 이 무렵 NBSS 역

---

198) 梁柱三·鄭泰應 편, 앞의 책, p. 40.
199) *BFBS AR for* 1898, p. 267.
200) *BSMR*, 1901. 9., p. 208.

시 한국에서 성경이 가난한 사람들의 손에 더욱 전파되고 있으며, 권서가 개척자로서 기독교에 대한 한국인들의 편견과 반대를 제거해 가고 있음을 언급하면서,

> 많은 소규모 기독교 공동체가 권서들의 발걸음에 따라 생겨나고 있으며, 어떤 경우에는 선교사업이 그들의 일에 크게 신세지며 성공적으로 행해지고 있다.[201)]

고 보고하고 있다. 1890년대말부터 선교사들이 자리잡고 있던 중요 거점 이외의 지역에서도 교회가 설립되고 있었는데,[202)] 위의 보고들은 이들 교회의 설립이 권서들에 의해 추진되었음을 연상케 하는 것이다.

1902년경 우리는 개종한 가정들이 위패와 우상·부적 등을 불태워버리고, 작은 모임 즉 교회를 시작했다는 사실을 해주(海州)지방의 권서 이근선의 활동을 통해 본다.[203)] 같은 보고서에서 우리는 유석현이 당한 권서행로상의 수난과 교회설립에 관한 콜리어의 보고를 다음과 같이 듣는다.

> 지난 겨울 권서 유씨는 남천을 방문해서 몇 권의 책을 팔았다. 5주 후 다시 갔을 때 난봉꾼들이 기독교가 그 마을에 뿌리내리는 것을 방해하기로 작정한 것을 알았다. 그들이 그를 잡아서 웃통을 벗긴 다음 칼을 들이댔다. 그는 "당신들은 나를 협박할 수 없다"고 말하고, 살아 있는 한 이곳에 계속 올 것이고 만일 죽인다면 다른 사람이 올 것이라고 하였다. 그가 보여준 용감한 태도가 몇 사람에게 강렬한 인상을 주었고 그들은 니고데모처럼 밤에 찾아와 영생에 관해 물었다. 이 사건을 들은 里長 자신이 기독교에 관해 조금 알고 있었는데, 교회가 시작되면 좋겠다는 말을 전했다. 이러한 우호적 분위기 속에서 믿음으로 뿌린 씨가 발아하는 데는 그리 긴 시간이 들지 않았다. 우리는 지금 4명의 세례교인과 12명의 학습교인들로 조직된 교회를 가지고 있으며 그들 자신의 예배당에서 모이고 있다.[204)]

콜리어는 이어서 경기·황해의 경계선 계곡에 있는 물모두미(Mulmotumi)

---

201) *NBSS AR for* 1901, p. 45.

202) 《朝鮮예수교長老會史記》(1928)에 나타난 19세기말의 한국 장로교의 교회설립상황은 이만열, 〈남강 이승훈의 신앙〉, 《南岡 李昇薰과 民族運動》, 남강문화재단출판부, 1988, pp. 293~295의 표 참조. 이 표에 의하면, 1893년에서 1899년까지 장로교회만 전국적으로 154개의 교회가 설립되었다.

203) *BFBS AR for* 1902, pp. 293~294.

204) 위의 글, pp. 294~295.

마을에서 활동한 권서 이기찬이 그곳 지주를 개종시키고 주일지키는 법을 가르쳐 주막을 교회 예배당으로 변화시킨 사례를 소개하였다.[205]

권서들이 교회를 설립한다는 것은 기독교 수용이 비교적 용이했던 서북지방에서만 나타난 현상이 아니다. 오스트레일리아 장로교 선교부가 활동하던 경남지역에서도 거의 같은 시기에 권서들이 선교사에 앞서 교회설립의 토대를 마련하고 있었다. 다음은 부산에 왔던 한 오스트레일리아 상인의 보고를 옮긴 것이다.

> 부산에서 나(한 호주상인)는 호주장로교 선교부의 엥겔(George O. Engel) 목사를 만나서 그가 일하는 방법을 물어보았다. 그는 성서공회의 일꾼(권서)들이 먼저 가서 지역을 넓히고 관심을 일깨운 후 선교사들에게 영구적인 결과가 있을 곳을 알려주면 선교사가 가서 모임을 만들고 교회를 조직하기 시작한다고 말했다.[206]

이같이 선교사에 앞서 권서들이 교회설립의 터전을 일구었다는 것은, "권서는 선교사의 선구자다. 그는 씨를 뿌리고 우리는 그 수확을 거둔다"고[207] 말한 선교사 하운셀(C.H. Hounshell)의 고백에서도 보이거니와, 이와 거의 같은 무렵 영국성서공회 부총무로 활동하던 베시의 보고에서도 보인다. 즉 그가 각 지방을 순회하다가 한 선교사를 만나 권서들의 노고를 통해 교회가 시작되거나 기독교에 대한 관심이 일어나게 된 사례가 있느냐고 묻자 다음과 같은 대화가 오가게 되었다.

> "명백한 결과들이죠. 거의 대부분의 교회는 우리가 마을에 가기 전에 시작됩니다"라고 그가 대답했다.
> "어째서 그렇습니까?"라고 내가 물었다.
> "글쎄요. 귀 공회에서 권서들을 지원해 주는데, 그들이 이런 새로운 지역에 들어가서 성경을 팔고 설교하고 가르치고 또한 시골 사람들 속에서 새 삶(the New Life)을 실천합니다. 이런 것이 선교사를 직접 보고 싶어하는 마음을 낳게 하고, 권서는 목사님을 모시고 오겠다고 문의자들에게 약속한 다음 출발합니다. 가능하면 빨리 나는 권서가 방문했던 곳을 같이 가는데 거의 틀림없이 마을 사람들 사이에 진리를 알고 해방되기를 바라는 진지한 마음이 있다는 것

205) 위의 글, p. 295
206) *BFBS AR for* 1904, p. 303.
207) *ABS AR for* 1908, p. 194.

을 발견합니다. 귀하는 내가 이런 시골 지역에는 일 년에 두세 차례밖에 갈 수 없다고 말씀드리면 성경 판매의 중요성을 깨닫게 될 것입니다. 따라서 많은 마을을 돌보는 것은 귀공회 권서들의 손과 마음에 달려 있게 됩니다."[208]

위에서 언급된 선교사의 말로부터 우리는 권서들이 사실상 교회를 시작하게 되고 선교사는 그것을 정식 교회로 조직하는 역할을 맡았음을 알 수 있다. 즉 권서들이 선교사업의 전위부대로서 개척자의 사명을 담당했던 것이다. 이와 관련된 보고서를 몇 가지 더 보도록 하자.

> 권서들은 우리 선교사업의 최전방에 있다.……전방에서 선교사에게 이런 소식이 온다. "우리 마을로 즉시 좀 와주십시오. 당신이 우리 신자들을 교회로 조직해 주시기 원합니다. 우리는 다 준비되어 있고 기다리고 있습니다. 서둘러 주십시오."[209]
>
> 선발대(pioneer corps)와 군대의 관계는 권서와 교회의 관계와 같다. 다른 예를 들자면 권서는 세례요한이다. 그는 교회조직의 일부분으로서, 안수받은 일꾼의 손길이 아직 미치지 않는 지역으로 먼저 들어간다.[210]
>
> 모임(group)과 교회를 추적해 보면 그들(권서)의 사역에서 출발했음을 확인할 수 있다.[211]
>
> 복음이 전파되지 않은 지역에서 일하고 있는 권서들의 사역은 새 교회설립으로 열매 맺고 있다. 그들은 교회를 설립할 목적에 집중하지는 않지만, 마을에서 마을로 이 집 저 집 다니면서 관심을 가지는 사람들 혹은 신자였다가 이사와서 교회에 나가지 못하는 사람들을 근처의 교회와 전도사들에게 보고하여 담당하도록 한다. 신자가 몇 사람 있지만 교회가 너무 멀어서 갈 수 없는 경우에는 한 집에다 모임을 시작하는데 이 작은 시작에서 교회가 발전한다.[212]

위의 인용들을 통해 권서가 교회설립에 관여하는 경위는 대략 다음과 같다. 권서들은 성경을 산 사람이 기독교에 대해서 흥미를 느끼거나 결신하게 되면 곧 근처의 선교사나 교회에 알려서 그를 돌보게 하였다. 그러나 지역이 너무 외지거나 근처에 조직된 교회가 없을 때에는 적당한 집에 모일 장

208) F.G. Vesey, "First Impression of Korea," *BIW*, 1909. 2., p. 61.
209) *ABS AR for* 1910, p. 347.
210) H. Miller, "Colportage," *KMF*, 1914. 5., p. 137.
211) *BFBS AR for* 1933, p. 232.
212) *BFBS AR for* 1939, pp. 198~199.

표 13. 권서에 의한 교회설립의 예(1894~1918)

성 명	연도	교회명(지역)	지 역	출 전	비고
이성환	1894~1902	강화도12개교회	강화도	BFBS 1903-288	북감
金興順	1897	고양읍교회	경기 고양	남감 30년	남감
金周鉉	1898	송도교회	경기 송도	BFBS 1900-278	남감
白士兼	1900	장단읍, 개성남부 등	경기 송도	BFBS 1900-280〈기백〉	남감
이근선	1901	정산	해주 정산	BFBS 1902-293	북감
유석현	1901	남천교회	경기	BFBS 1902-294	북감
이기찬	1901	물모투미교회	경기·황해경계	BFBS 1902-295	남감
구춘경	1901	노로목교회	경기 이천	북감연회록 1902-47	북감
김익희	1901	아리실교회	경기 수원	북감연회록 1902-45	북감
주찬은	1902	거제	경남 거제도	BFBS 1903-287	호장
呂賢基	1905	조치원교회	조치원	사기 140	북장
崔興瑞	1905	개복동교회	군산	사기 138	남장
李德秀	1905	춘천중앙감리교회	춘천	〈남감 30년〉-58	남감
박응용	1905	덕바위, 안골, 용산골	경기 양평	NBSS 1911-57	북장
박응용	1906	상심리 교회	경기 양평	NBSS 1911-58	북장
金聖皓	1906	건지산교회	청주 오창	사기 150	북장
羅奉植	1906	춘천	강원 춘천	BFBS 1907-303	남감
朴昌仁	1908	서산리교회	충남 강진	사기 265	북장
金在元	1908	금성리교회	제주	사기 265	북장
康熙鍊	1908	신창교회	함북 북청	사기 312	캐장
韓辰昭	1908	신홍리교회	함북 이원	사기 313	캐장
최봉석	1908~10		평북 삭주	BFBS 1938-231	최권능 목사
김홍윤	1911	소창	평남 맹산	BFBS 1912-348	북장
金聖皓	1911	백암	충북 청주	BFBS 1912-349	북장
나태화	1912	당모로	함남	BFBS 1913-361	캐장
정수원	1912	거제·통영	경남	BFBS 1913-360	호장
전학순	1913	가산	충남 공주	BFBS 1914-330	북장
정석창	1914	지석리	함북 성진	BFBS 1915-337	캐장
김정모	1916	벽동	평북 벽동	BFBS 1917-243	북장
김기철	1916	삭주	평북 삭주	BFBS 1917-243	북장
金恒默	1916	홍천	강원 홍천	〈BIW〉 Jul, 1917-127	남감
정기천	1918	용정리	함남 용홍군	BFBS 1919-215	캐장
윤석주	1918	압록강상류	평북	BFBS 1919-216	북장

주 : '출전'란은, 가령 맨 앞의 BFBS 1903-288의 경우, BFBS 연례보고서 1903년도의 p. 288이라는 뜻으로 읽는다. 〈기백〉은 《한국기독교대백과사전》이다.

소를 마련하고 그 모임을 인도했는데, 이런 모임들이 대부분 그 지역의 교회로 발전해 갔다. 선교사들은 주로 대도시의 선교거점을 중심으로 활동했기 때문에 그들의 손이 잘 미치지 않는 벽지의 많은 교회들은 이렇게 권서들을 통해 형성되고 자라갔던 것이다.[213]

권서들이 교회설립의 기초를 닦았다거나 교회를 설립했다는 통념적인 증언들이 많이 있음에 비해 그러한 역할을 감당한 권서들의 이름과 교회설립의 행적이 구체적으로 밝혀진 경우는 많지 않다. 우리가 살펴본 제한된 자료에는 몇몇 권서들의 이름 정도가 겨우 보이는데 위에 대충 정리해 보았다. 비록 시기(1894~1918)가 제한된 것이기는 해도 앞의 표 13은, 많은 권서들이 교회를 설립했다는 여러 선교사들의 증언에도 불구하고 그러한 사실이 자료상으로는 거의 확인되지 않음을 잘 반영해 주는 것이다.[214] BFBS 소속만해도 1,600여 명이 넘는 권서 가운데서 불과 수십 명만 교회설립자로 확인된다는 것은, 앞으로 그들을 찾아내어 역사에 떠올려야 하는 우리에게 통렬한 책임을 느끼게 할 뿐 아니라, 이 작업이 아직은 시작에 불과하다는 것을 보여준다. 이렇게 교회를 설립한 권서들의 구체적인 행적이 밝혀지지 않는 중에서도 하디(R.A. Hardie) 목사의 다음 증언은 우리로 하여금 권서들의 실제적인 업적인식에 접근하게 한다. 하디는 한국의 중부지방을 선교지역으로 분할받았던 남감리회의 중진 선교사로서 이 증언을 할 무렵에는 한국의 대부흥운동(1907)을 일으키는 데에 큰 역할을 감당했던 인물로 간주되고 있다.

> 拜啓者 貴公會가 朝鮮聖書事業을 百年에 四分一되는 二十五年間에 力行하야 발서 多大한 成就를 엇으심은 中心으로 感頌하기를 마지아니함니다. 우리 宣教會가 朝鮮에셔 奉仕한 歲月은 貴公會에 比하면 半分에 不過하나 經營하던 最初부터 貴公會의 贊助를 多受하엿나이다. 우리 宣教會가 朝鮮의 中部를 通하야 今日까지 設立한 教會와 祈禱所가 二二五處이오 記錄된 信徒와 願入者가 三五四五人임니다. 教會나 祈禱所가 잇는 各地方은 依例히 貴公會의 勸書가 몬져 福音을 傳播한 곳이오 信徒들의게 엇더케 入教한 經歷을 무르면 자조 重疊되는 同一한 答語는 다만 貴公會의 傳道人인 某氏가 福音을 勸한 것입니다.

213) "Korean Mission Methodist Episcopal Church, South, Minutes 1903," pp. 36~38.

214) 후손들의 증언도 거의가 교회설립을 강조하고 있다.

一九〇八年 十二月　　日
南監理教會宣教師 河鯉泳[215]

그는 위의 증언에서 남감리회가 1896년 이래 약 12년간 개설한 225개 교회의 대부분이 권서들에 의하여 이뤄졌다고 했다. 이같은 증언은 대소·강약의 차이는 있다 하더라도, 선교사들의 여러 증언을 종합해 보면, 한국 초기 선교의 전지역에 해당되었던 것이라고 판단된다.

위의 증언을 보증이라도 하듯, 우리는 최봉석이라는 권서가 권서시절을 포함하여 전생애에 걸쳐 개인적으로 얼마나 많은 교회를 설립하였는가를 보여주는 자료를 대한다. 최봉석은 뒷날 평양신학교를 졸업하고 전도에 주력하여 많은 개종자를 낸 '최권능' 목사로 알려진 분이다. 최봉석과 같은 경험들이 자료나 증언으로 남겨진 것은 거의 없다. 그러나 권서들 가운데는 이같은 업적을 실제로 남긴 경우가 적지 않았을 것으로 생각된다.

> 최봉석(Choi Pong Suk)은 젊은 시절에 불행하였다. 그는 삭주라는 조그마한 고을에 가서 금광에 손댔다가 실패하였다. 하루는 박규현이라는 성서공회 권서를 만나 75푼을 주고 신약전서를 사서 그의 권고대로 요한복음의 처음부터 읽었는데 다른 책보다 이해하기 쉽다고 생각했다. 그날 저녁 저녁식사 후 호롱불 밑에서 요한복음 3장 16절을 읽고 크게 감동함을 받았다. '세상을 향한 하나님의 사랑!'……그날 저녁 꿈을 꾸었고 ……삭주교회의 조배경 장로를 찾아가 신자로 등록하고……세례를 받았다. 그후 그 지역을 담당한 휘트모어(N. C. Whittemore) 목사로부터 삭주와 다른 네 군 담당 전도사로 임명받았고 5년간 사역하여 57개의 교회를 세웠다. 3년간 성서공회의 권서로 일한 후 그는 조사로서 교회를 돌보았고 7년 후 신학교에 입학하였고 졸업 후에는 벽동(Pyukdong)에 교회를 시작하여 지금은 700여 명이 모이고 있다. 그후 그는 소학교를 시작, 약 300명의 학생들이 모이며 교장이 되었다. 몇 년 후 만주지방으로 가서 15년 동안 회인(Hoi-in)·홍경(Hsingking)·집안(Chipan) 등지에서 35개의 교회를 세웠다. 다시 한국으로 돌아와 10개 이상의 교회를 세웠는데 일생 동안 교회설립에서 하나님께 쓰임 받아 100개가 넘는 교회를 세웠다. 그가 세례 준 사람만도 2천 명이 넘는데 현재 그는 20만이 넘는 도시 평양에서 사역하고 있다. 하나님의 권능이 매우 위력있게 이 사람에게서 나타났으므로 그는 '권능'(Kwul Lung ; 'power')이란 이름으로 알려져 있다.[216]

215) 梁柱三·鄭泰應 편, 앞의 책, pp. 28~29.
216) *BFBS AR for* 1938, pp. 230~231.

3. 민중적 지도력과 민족운동

권서는 이미 살펴본 바와 같이, 불타는 전도꾼들이었다. 그들은 한 사람을 구원하기 위해서는 복음짐을 끌고 눈비를 가리지 않았고 산과 강을 두려워하지 않았다. 전도현장에서 얻은 이러한 소중한 경험들은 실제 목회현장으로 연결되는 경우가 많았다. 처음에 일종의 성경 행상인으로 행로에 나선 권서들이 개척 전도자의 역할을 감당하였고, 사경회를 인도하고 조사·목사 등 교회의 지도자로서 성장해 갔던 것은 이런 사실을 입증해 준다. 평양지역에서 사역하던 북장로교 선교사 블레어(W. N. Blair)의 증언이다.

> 권서의 일은 모든 전도사역 중 가장 어려운 것이다.……이 일을 잘하기 위해서는 강건한 사람이 필요하며 이 이유 때문에 권서들이 자주 바뀌어서 공회의 일에 지장을 준다. 약한 사람은 실패하여 낙오하게 된다. 유능한 사람은 반드시 교회에 알려지게 되어 조사의 위치에 놓이게 되고 신학교로 가는 길이 열려 복음을 전하는 목회자가 된다. 이 지역에는 네 명의 조사와 목사가 있는데, 이들은 과거에 권서들이었다.[217)]

블레어 목사의 증언처럼, 초기로 거슬러올라갈수록 권서들은 전도자(evangelist)나 조사(helper)를 거쳐 신학교에 진학하여 목사가 되는 경우가 많았다. 참고로 남감리회의 경우 1924년까지 목사로 안수받은 37명 가운데 15명이 권서(매서) 출신이었다.[218)] 이들은 대개 수세 후 1, 2년내에 매서직을 맡았고, 평균 2년 정도 매서활동을 한 후에 구역장이나 전도사로 나갔으며, 매서를 시작한 후 약 10년내에 집사목사가 되었다.

1924년 런던에 갔던 밀러는 영국성서공회 연례회의에 참석하여 한국에서의 반포사업에 관해 연설하는 자리에서, 권서와 부인권서(bible woman)의 유용성을 언급하면서, "권서사역은 목회의 훈련장이다"라고[219)] 말한 바 있다. 그는 한국에서 받은 어떤 편지에 한국 교회 목사들 가운데 70, 80퍼센

217) *BFBS AR for* 1922, pp. 233~234.

218) 梁柱三 편, 《朝鮮南監理教會三十年紀念報》, 조선감리교회전도국, 1930, pp. 195~205. 15명은 金興順·李和春·尹相殷·申公淑·庾錫弘·尹滋學·李錫源·裵善範·朴鎭夏·韓士淵·元翊常·田炳龍·張炳翼·洪淳寬·崔壽永 등이다. 최수영의 경력에 매서가 빠져 있으나, 그는 1899년 수세후 Collyer 밑에서 김홍순과 함께 매서활동을 하였다.

219) "Our Annual Meeting," *BIW*, 1924. 6., p. 105.

트가 공회의 권서로 출발하였다고 언급한 것이 있었다고 소개하면서, 자기 생각에는 비율이 그렇게 높을 것 같지 않지만 그런 추정을 한 사람이 자기보다 훨씬 더 정확하게 평가할 수 있는 위치에 있는 사람이라고 말했다.[220]

이런 사정 때문에 평양의 장로교신학교에서는 심지어 매서활동 경력을 입학 추천요건에 넣기도 하였다.[221] 그러나 모든 권서들이 목회의 길로 들어선 것은 물론 아니었다. 권서사역이 독특한 개성과 역할을 지닌 전도사역이기 때문에 대부분의 권서들은 '세례 요한'과[222] 같이, 그 일 자체에 사명감과 보람을 느끼며 이름도 없이 빛도 없이 충성하다가 사라져갔던 것이다.

기독교에 입신한 신자들은 대부분 고위신분이나 부유한 계층에 속하지 못했다. 이것은 1893년 미국 남북장로교 선교사들이 설정한 선교의 주대상을 노동자계층의 하층신분과 부녀자층으로 설정한 결과이기도 했다. 관료 진신 가운데도 국가의 개화 부강을 목적으로 기독교에 입교하는 경우가 더러 있었으나 극히 드물었다. 약간의 한문해독층이 있었다 하더라도 권서들 또한 사회 경제적으로는 지배계층일 수 없었다. 따라서 권서들이 목회현장의 지도자로 등장할 수 있었다면, 그들은 새 종교인 기독교에 의해 영향력 있는 사람으로 점차 변화되어 갔음을 의미한다. 그러기에 선교보고서는 권서들을 두고,

> 이것(굳센 믿음)이 그들의 사회적 지위가 줄 수 없는 커다란 영향력을 행사케 해서 때때로 그들은 조언자가 되기도 하고 권서 일과 직접적으로 관련되지 않는 일에도 관계하게 된다. 그들은 또한 학자들 앞에 서서 토론도 할 수 있었는데 그런 곳은 약한 자들이라면 무시당하기 마련이었다.[223]

고 그들이 한국 사회에 영향력 있는 지도자로 점차 등장하고 있음을 암시하였던 것이다.

권서들은 민중의 고난과 삶의 현장을 자주 목격할 수 있었다. 그들은 한말 일제하 봉건 말기의 부패와 혼란, 외세침략기의 수탈정책의 희생물로 되어가던 농촌현실을 돌아보면서, 기독교복음을 통해 이 민족에게 위안과 소

---

220) 위와 같음.
221) 〈예수교장로회죠션합경로회뎨四회회록〉, pp. 20~21.
222) H. Miller, "Colportage," *KMF*, 1915. 5., p.137.
223) *BFBS AR for* 1901, p. 290.

망을 안겨주려고 하였다. 그들이 "책을 팔 뿐 아니라 흩어져 있는 외로운 교인을 방문하여 용기를 북돋아줄"[224] 수 있었던 것은 이 때문이다. 뿐만 아니라 항상 이곳 저곳을 돌아다녀야 했던 권서들은 복음의 소식뿐 아니라 나라와 세계의 소식을 전하는 메신저 역할도 감당할 수 있었다. 때로는 나라를 잃고 불안과 좌절 속에 처한 민중에게 독립운동의 소식을 전해 주고 자극과 격려를 주기도 했을 것이다. 3·1운동이 발발했을 때 권서들에 대한 일제 경찰들의 검속과 방해가 심했던 것은, 그들이 기독교인이라는 점도 있었지만 그 못지않게 독립운동의 정보를 이곳 저곳에 전하는 '아름다운 소식을 전하는 발'이 되었을 것이기 때문이다. 권서들이 기본적으로는 성경판매를 맡은 일종의 행상이면서 민중의 고난과 민족의 독립운동에 어쩔 수 없이 관여할 수밖에 없게 된 까닭은 바로 여기에 있다.

권서들의 활동에서 초기부터 민족운동을 적극적으로 주도한 것 같은 점은 쉽게 보이지 않는다. 그들의 권서행로가 의병과 일본군 사이에서 첩자라는 오해를 불러일으킨 경우는 이미 한말에 보이고 있다. 1908년을 전후한 시기에 권서들 가운데는, 대결하고 있던 의병(insurgent)과 일본군인 사이에서 더러는 포박되어 매를 맞고 가진 것을 다 빼앗기는 등의 고초를 받았다. 권서들의 복음짐은 늘 수색받았고 생명은 위협받았으며 신분은 의심받았고 그래서 어떤 곳에서는 반포활동이 거의 불가능했다고 하면서 다음과 같은 한 권서의 경험을 말했다.

> 한 권서가 외딴 길에서 폭도들에 의해 저지를 받았는데, 그들은 그를 일본군 첩자로 여겼다. 그러나 그는 자신의 결백성을 입증할 수 있었는데, 그의 짐보따리는 첩자가 아니라 예수그리스도의 군사임을 증명했던 것이다. 그래서 그들은 그를 풀어주었으나, 그는 쉽게 물러나지 않았다. 그들은 이제 그의 포로였고, 그는 그들을 보내기 전에 그들을 복음의 탄알의 목표물로 삼았다.[225]

처음에 일본군의 첩자로 오인받았던 권서들은 오히려 의병들에게 성경을 팔 수 있었다. 그것이 기독교에 대한 당시 한국인들의 일반적인 관념 때문인지 아니면 다른 특별한 이유가 있었는지 알 수 없다. 그러나 다음의 사건

224) R. T. Turley, "The Colporteur in the Far East," *BIW*, 1905. 5., p. 150.
225) F. G. Vesey, "First Impression of Korea," 앞의 책, p. 61.

들은 권서들의 활동이 일본측에게 민족문제와 관련있는 듯이 비쳐진 것으로 해석되는 느낌이 없지 않다. 만주·시베리아 지방에서는 10만 명이 넘는 교민들에게 성경을 반포하던 ABS 권서 4명이 체포 투옥된 적이 있었는데, 그들은 감옥 속에서도 전도했고, 벽에다 성경구절을 써놓아 다른 사람들이 보게 했다.[226] 일제 강점 후 북청·홍원·함흥 지역에서는 헌병들이 배치되어 있는 큰 도시와 마을에서는 권서사업이 제약을 받게 되었다.[227]

반포활동을 통해 한국 민중과 부단히 접촉할 수 있었고, 그와 함께 곳곳에 스며든 일제의 무단통치와 제국주의적 수탈을 피부로 체험하면서 민족문제로 고민했을 권서들이 그들의 발걸음과 복음짐을 가지고 민족운동에 직접 개입하게 되는 것은 3·1운동 때였던 것으로 보인다. 자기가 맡은 지역의 지리와 사정에 정통했을 권서들이 3·1운동의 지방확산을 위한 연락책 역할을 하기에는 안성맞춤이었을 것이다. 때문에 권서들은 이 민족사적인 사건에서 중요한 역할을 담당할 수 있었던 것이다. 다음의 기록은 이 점을 밝혀주고 있다.

> 한 해 동안의 권서사역은 특별히 어려웠다. 어떤 권서들은 '독립'운동과의 관련 때문에 체포되어 경찰에 의해 엄한 조사를 받고 있고, 몇몇은 아직도 감옥에 있다. 여러 주 동안 권서활동은 침체되었다.……경찰은 이 집 저 집 혹은 이 마을 저 마을로 다니는 사람들을 매우 의심한다. 왜냐하면 그들이 불온문서를 퍼뜨리거나 '위험한 사상'을 전파할까 두려워하기 때문이다. 우리 권서들이 한 해 대부분을 어려움 속에 지냈다라고 단순히 말하는 것은 이 사람들이 겪어야 했던 어려움을 거의 나타내지 못한다. 그러나 1919년 후반기에는 조선인들이 기꺼이 책을 사거나 권서들의 말을 들으려 한다고 (권서들이) 보고했다는 것도 사실이다. 이것은 과거에는 경험하지 못했던 것이다.[228]

위의 증언에서 우리는, 3·1운동에 권서들이 직·간접으로 관여하였다는 것과 그로 인해 투옥되었다는 것, 그리고 권서들의 이같은 독립운동 참여가 종래 권서와 성경에 대해 무관심했던 한국인들의 마음을 움직이고 더 큰 신뢰를 획득하게 되었다는 점을 이해하게 되었다.

---

226) 1911년의 S. A. Becker의 보고 "Depot of Korea Agency for the year ending Dec. 31, 1911."

227) *BFBS AR for* 1913, p. 358.

228) *BFBS AR for* 1920, p. 187.

당시 대부분의 선교사들은 자신들이 '독립소동'에 개입되지 않았다는 점을 강조하는 분위기였음을 감안할 때, 권서들이 3·1운동으로 체포 수감되었다는 이 사실은 그들의 민족의식이 선교사들의 의식과 달랐다는 것을 말해 주는 것이다. 선교사들의 소극적이고 방관자적인 태도는 한국 기독교인에 대한 일제 당국의 핍박을 가중시키는 계기가 되었음직하다. 따라서 3·1운동 이후 종교집회를 포함한 공공집회를 금지한 일제는 호별방문활동을 벌이던 권서들에 대해서도 집중적인 감시와 방해공작을 일삼았다. 이와 관련된 미국성서공회 연례보고서의 일절이다.

> 경찰은 권서들을 이 집 저 집으로 따라다니면서, 방문했던 집의 사람들에게 왜 성경을 샀느냐고 묻는다. 그러면서 성경을 사지 않으면 나라에서 더 잘 봐줄 것이라고 공공연히 말한다.[229]

이러한 감시와 방해에도 불구하고, 우리는 권서들이 자신들의 사역에 충실하여 교회부흥에 기여하였을 뿐만 아니라, 앞에서도 언급했듯이, 종래 한국인들이 권서와 기독교에 대해 가지고 있던 선입관과 편견을 변화시키는 데에 결정적인 역할을 했다는 자료들을 발견한다. 다음의 두 보고서가 그것이다.

> 가장 참기 어려운 환경하에서 경찰로부터 온갖 모욕과 방해를 받았지만 그들은 참을성 있고 충실하게 수많은 사람들에게 성경을 팔았다. 약한 교회들이 부흥되고 있으며 새로운 신자모임이 시작되고 있다. 일 년 동안 모든 구역을 다 다녀보았을 때 전지역이 흥분되어 전반적으로 막 부흥하려는 찰나에 있는 것처럼 보였다. 이것의 대부분은 우리 권서들의 지치지 않는 사역의 공로 덕택이다.[230]

> 권서들이 봄에 있었던 정치적 혼란 동안 어려움을 겪었다고 보고했다. 그러나 그들은 1919년 7월 이래로 교회에 대한 대중의 태도에 놀라운 변화가 있다는 것을 주목하게 되었다. 일본 경찰은 교회가 모든 혼란을 야기시켰다고 계속해서 말하고 있다. 그것은 그때나 지금이나 사실이 아니다. 그러나 이것이 예전에는 잠깐 동안도 주의를 기울이지 않던 수많은 사람들이 복음에 귀를 기울이게 만들고 있다. 사람들이 어느 곳에서나 우리말에 귀를 기울이고 있다.……

229) *ABS AR for* 1920, p. 343.
230) *BFBS AR for* 1920, p. 190.

일단 그들이 공감하면서 듣기만 하면 열 명 중 다섯은 개종시킬 수 있다.[231]

3·1운동을 계기로 권서사업에 대한 일본경찰의 방해가 노골화하자 밀러는 이에 대해 직접 경찰당국에 항의하였다.[232] 그러나 경찰의 간섭과 방해는 빈번히 나타났다. 캐나다 선교사 맥도널드는 그의 감독하에 있는 두 명의 권서가 21일간 투옥되어 심하게 맞았음을 보고했으며, 다른 어느 권서는 18개월간 감옥에서 지내다가 석방된 적이 있는데, 그는 그의 석방을 교회 앞에서 공개적으로 감사했기 때문에 10엔의 벌금을 물었으며, 다른 한 권서는 거리에서 책을 판다고 하여 3엔의 벌금을 물었던 것이다.[233]

경찰의 방해공작은 국내에 국한된 것만은 아니고 만주에서도 나타났다. 즉 NBSS의 권서로 만주에서 활동하던 이근식과 관련하여서는, 중국 마적들에 의해 한 일본인이 살해되자 이를 빙자하여 마을에 들어온 일본군이 4명의 권서를 체포하였고 이씨는 "거의 목이 달아날 뻔"했으며, 천여 채의 가옥과 20개의 교회, 15개의 학교가 불태워지는 지경에 이른 사건이 벌어졌던 것이다.[234]

3·1운동 이후 해외독립운동이 활발하게 전개되었다. 만주·시베리아 지역의 무장투쟁과 상해 임시정부 등의 다각적 투쟁이 그 대표적인 것이다. 해외독립운동이 활발해짐에 따라 국내 동포들을 상대로 독립운동자금을 모금하지 않을 수 없었다. 권서출신 가운데에는 주남고(朱南皐, 朱南善)같이 군정서(軍政署)의 군자금 모금에 관계하였다 하여 체포·투옥된 경우도 있었다.[235] 평안도 북단을 책임맡은 미 북장로회 선교부 베어드(R. H. Baird) 목사는 자신의 감독하에 있는 권서 김인도(Kim In Do)를 소개하면서 권서들이 경찰에 의하여 자금모집책으로 조사받은 사실을 다음과 같이 말하고 있다.

올해의 판매량은 작년보다 줄어들 것으로 예상했으나 비슷했다. 우리 사업은

---

231) *BFBS AR for* 1920, p. 188.
232) *CSC*, 1920. 6. 15.
233) *CSC*, 1921. 11. 10. —1921년 5월 6일자의 H. Miller의 편지.
234) *CSC*, 1921. 1. 24. 그러나 *NBSS AR for* 1920, p. 35. 일본군대는 이곳으로 이주한 항일 한국인들을 멸절시키기 위해 파견되어 이근식과 다른 4명의 권서를 체포, 산모퉁이에 끌고 가 목베었다고 보고하고 있다.
235) 심군식, 《해와 같이 빛나리》(죽지 못한 순교자 주남선목사 전기), 성광문화사, 1976, p. 46f, 421f.

국경을 따라서 활동하는 '폭도'들 때문에 점점 더 어려워지고 있다. 권서 김인도가 일하는 초산군은 특별히 타격을 입었다. 김인도는 내게 다음과 같이 말했다. 그는 일하는 중에 여러 번 독립군(the Tong nips-agitators)들을 만났는데, 매번 가진 돈을 그들에게 빼앗겼다. 그들은 일반적으로 기독교에 대해 우호적이고, 때로는 그의 책들을 가져가기도 한다. 비록 늘 그 값을 치르지는 않지만. 하지만 독립군들과 간혹 만나는 그런 어려움보다는 경찰이 내리는 통행제한, 특히 이곳 저곳으로 돌아다니는 사람들에 대한 통제가 더 큰 어려움이다.

경찰의 그런 조치에 대해 불평할 것이 못된다. 왜냐하면 경험으로 볼 때 지방을 돌아다니는 자들은 한국 독립군을 위해 모금하러 다니는 자들이었기 때문이다. 그래서 권서들은 특별감시의 대상인 것이다. 그들은 지방 경찰주재소를 지날 때마다, 길에서 경찰을 만나 가방을 다 열어 보여주고 조사받기 십상이었으며, 심지어 신상조사까지 받았다. 폭도들이 특히 활발히 활동하는 여름에는, 경찰들이 밤에 돌아다니는 사람은 누구나 사살할 권한을 가진다. 이것은 밤이 내리면 권서들은 재빨리 좋든 나쁘든 가까운 집으로 뛰어들어 다음날 아침 햇빛이 그의 일을 계속하도록 할 때까지 머물러야 함을 의미한다.

이런 상황은 권서들의 사업을 더욱 힘들게 할 뿐만 아니라, 계속되는 불안으로 지방 사람들이 기독교에 대해 관심을 갖지 못하도록 한다.[236]

권서들은 그 업무의 과중하고 고통스러움 때문에 그 직책을 오랫동안 감당하는 경우가 드물었다. 따라서 앞에서 본 바와 같이, 소수를 제외하고는 교회의 지도자로 진출하지 못했고, 그럴 경우 독립운동에 종사했다 하더라도 그 행적이 기록으로 거의 남지 못했다. 예를 들면, 권서로 활동하면서 예배당과 여학당을 자기 마을에 세웠고 군자금모금 등 독립운동에도 관여한 것으로 그 후손에 의해 기억되고 있는[237] 노병두(盧炳斗)의 경우도 BFBS 연

---

236) *BFBS AR for* 1926, p. 229.

237) 미국 남감리회 평산지방 권서 노병두의 둘째딸 盧貴玉(1911년생)이 1988년 10월 대한성서공회에 제출한 회상의 일절이다. "선친께서는 복음짐을 지고 다니시는 틈틈이 독립운동에도 가담하셔서 이승만 박사의 상해임시정부에 독립운동 연락원이 가끔 온다. 그뿐 아니라 며칠에 한 통씩 상해에서 편지가 오는데 두툼한 봉투에 발신인은 언제나 "李溟玉"이다. 물론 가명이라 한다. 어린 마음에도 그 속에 무슨 편지가 들었길래 저렇게 두껍고 또 자조 올까? 하고 궁금했지만 그러나 어리고 순진한지라 아무리 궁금해도 뜯어 볼 수는 없었다. 上海에서 연락원이 올 때에는 언제나 한밤중에 온다. 그러면 어머니는 얼른 부엌으로 들어가 더운 밥을 지어 대접하고 그 손님은 좀 자다가 날이 밝기 전에 떠나는데 또 새벽밥을 지어서 대접해 보내곤 한다. 그때마다 주재소에서는 어떻게 아는지 순경들이 달려옵니다. 밤중에 와서 우리집을 포위하는 일도 있다. 어느 날인가 한번은 밤중에 독립군이 왔다가 새벽같이 떠났는데 그날은 아버지도 함께 떠나셨다.(다음 연락처의 길을 연락원이 잘 모를 때에는 아버지가 꼭 함께 가신다). 아침이 되자 순경들이 달려와서 어머니

례보고서에 영문으로 표기된 이름밖에는 전해지는 것이 없다.[238] 따라서 국내에서 군자금모금이나 독립운동에 협조했던 권서들의 행적은 비밀로 전해질 수밖에 없었고, 그것이 경찰에 탄로가 나지 않는 한 일제측의 사찰기록에 남겨지기가 거의 불가능하였다. 그런 속에서도 우리는 영세한 자료를 이용하여 권서 출신으로 독립운동에 가담했던 목사(혹은 장로)들을 추적하여 다음과 같이 표로 만들어보았다.

따라서 권서들은 한국의 민중 속에 복음을 전하는 사도였을 뿐만 아니라, 그들 가운데는 한말 일제하 민중적 지도력을 가진 지도자로 성장해 간 경우도 많았으리라고 추측되며, 비록 기록자료로는 확인할 수 있는 경우가 희박하지만 3·1운동과 그 이후에는 그들의 권서행로의 여건을 십분 활용, 군자금모금 등의 독립운동에도 공헌하였던 것이다. 그런 관계로 일제의 경찰들은 이들의 행적을 늘 감시하였으며, 때로는 이근식과 같이 살해되거나[239] 김창모와 같이 독살되는[240] 경우도 나오게 되었던 것이다.

Ⅶ. 맺는 말

지금까지 우리는 한국 기독교사에서 성경반포와 전도현장에서 가장 중요한 역할을 담당했던 권서들의 활동에 대한 논의를 진행시켜 왔다. 저자는 평소에 초기 한국 기독교 개척전도사에서 거의 절대적인 역할을 담당했던 권서들에 대한 정확한 인식이 한국 교회사에서 보편화되어야 하고, 그러한 인식이 결국 그분들에 대한 정당한 자리매김으로 이어질 수 있다면, 그것이 한국 기독교사 연구의 주체적 민중적 시각을 여는 중요한 한 단서가 될 수 있을 것이라고 생각해 왔다. 권서들의 의식과 활동에 대한 정당한 인식은 한국 기독교사가 주체적 민중적인 시각에서도 정리될 수 있다는 저자의 평소의 생각을 구체적인 역사서술로 나타내는 것일 뿐만 아니라, 제국주의 침

를 문초하는 것이다.……"

238) *BFBS AR*에 의하면, 노병두(No Pyeng Too)는 남감리회 소속으로 황해도와 경기도에서 선교사 L.P. Anderson과 C.N. Weems의 감독을 받으며 1917년에서 1921년간에 권서활동을 했다.

239) *NBSS AR for* 1920, p. 35.

240) *CSC*, 1932.6.29—1932년 5월 20일자 H. Miller의 편지.

표 14. 권서출신의 독립운동가(목사·장로)

번호	성 명	연 대	활 동 기 간	중 요 경 력
1	金迺範		권서 : 1902	1913 : 평양신학교(이하 평신)졸, 간도지방 독립운동에 적극참여
2	金世榮	1889~	권서 : 1927	1916 : 대구동산성경학교수료, 3·1운동 때 고향 영덕에서 독립운동, 1937 : 평신졸
3	金容圭	1895~	권서 : 1917~19	1914 : 대구 계성학교졸, 1926 : 목회때 일제의 조선침략의 부당성과 잔악성 폭로
4	金義昌	1887~	권서 : 1912~16	1912 : 숭실졸, 1918 : 중화군 신명학교교장, 신읍리교회 조사, 1921 : 평신졸, 평양 의용단 문화부장, 신사참배 반대운동
5	金鍾淑	1874~	권서 : 1915~18	1918 : 장로장립, 다수교회 설립, 明洞서숙설립, 인재양성, 3·1운동 참여
6	金鎭浩	1873~	권서 : 1911~12	1907 : 신민회, 1908 : 상동청년학원, 1914 : 협신입학, Y 강사, 1919 : 3·1 운동 때 배재학생동원 만세시위, 독립선언서를 각국 영사관에 전달→체포구금
7	金燦星	1869~	권서 : 1901	1904 : 장로, 1909 : 평신졸, 3·1운동참여 투옥, 만주에서 항일독립군 창설 지휘, 계속 독립운동에 헌신
8	朴德洙		권서 : 1932~35	1918 : 만주독립운동, 1920 : 블라디보스톡, 1925~30 : 연추교회, 순교
9	朴炳龍	1890~	권서 : 1923~26	1910 : 수세, 1922 : 신흥학교 교감, 농촌운동전개, 1925 : 평신入, 이후 농촌운동 계속
10	朴晟愛	1877~	권서 : 1902~03	1901 : 입교, 1906 : 진주선교개척, 정숙학교설립, 1917 : 평신졸, 비밀조직결성, 1919 : 진주만세시위운동전개, 이후 항일운동
11	朴承浩	1866~	권서 : 1907	1912 : 평신졸, 1919 : 3·1운동, 투옥, '선천경찰서 투탄사건' 배후로 체포됨.
12	朴泰胄		권서 : 1923~26	1932 : 전도사, 1934 : 성결교회 목사, 일제말기 성결교 목사 검거시 체포됨.
13	方啓星	1887~	권서 : 1919	1925 : 장로, 신사참배 반대운동
14	徐基澧	1880~	권서 : 1920~23 1929~32	105인사건, 이승만의 대한동지회 회원, 《독립신문》 발간기금 모집, 3·1독립운동 주도 1941 : 감리교목사, 6·25때 순교
15	吳錫柱	1888~	권서 : 1915	3·1운동 참가, 1924 : 목사, 일제말 신사참배 반대운동→투옥
16	元翊常	1913~	매서 : 1913	1919 : 3·1 홍천교회 시무중, 춘천교회 이병찬 목사와 함께 춘천·홍천·인제지역의 3·1 운동 주도
17	劉時國	1876~	매서 : 1907~10	1919 : 장로목사 안수, 간성·원산·철원의 3·1운동 주도→투옥
18	李學鳳		권서 : 1905~07	1919 : 평신入, 1924 : 평신졸, 해방후 조만식과 함께 '기독교자유당'→공산당 반대

19	田永基	1883~	권서 : 1924~30	1903 : 김규식의 '소년동지회'회원, 3·1운동때 삭주읍 만세시위, 1924 : 신의주제1교회장로로 군자금모집혐의 체포, 신사참배 반대
20	朱南善	1888~	권서 : 1914~16 1921(?)	1909 : 입교, 1914 : 집사, 1917 : 경남성경학원入(19년졸) 3·1운동때 거창읍교회 만세시위운동 및 군정서 의용병 및 자금모집사건으로 투옥, 출옥후 한때 권서, 1920 : 평신入 1930 : 평신졸, 신사참배 반대투옥
21	崔秉浩	1873~	권서 : 1913~14	1905 : 입교, 1908 : McCallie의 권유로 진도·강진·해남 전도, 1913 : 장로, 1922 : 물산장려운동 적극가담, 계몽운동, 6·25때 순교
22	黃河雲		권서 : 1920	1908 : 북청 신창교회 창설교인, 3·1운동 때 옥고, 1933 : 평신졸
23	玄錫七		권서 : 1907	1910 : 전도사, 1911 : 협성신졸, 3·1운동때 공주만세시위 추진, 한성임시정부수립참여

략에 편승하여 이뤄진 듯한 기독교 전래 수용과정에 대해 한국 교회가 느끼고 있는 죄의식을 상당부분 감소시켜 줄 수 있을 것이며, 나아가 한국 기독교사의 새로운 맥을 찾아가는 한 시발점이 될 수 있을 것이다.

우리는 앞에서 그동안 한국 기독교회사 및 한국 근대사에서 잊혀졌던 권서들에 관해서 살펴보았다. '권서'라는 용어 자체가 아직 우리 교회사의 서술에서 제대로 익숙해지지 않았던 것은 그동안의 한국 기독교사 연구가 선교사 중심적 혹은 영웅주의적 시각을 견지해 왔기 때문이라 생각된다.

지금까지의 논의를 통해 우리는 권서에 대해 다음 몇 가지를 알 수 있게 되었다.

권서는 외국선교사가 이 땅에 들어오기 전인 1882년에 만주에서 번역 간행된 복음서들을 한국에 반포하여 많은 결신자를 얻게 한 주인공들이다. 처음에는 만주 등 외국에서 파견되었지만, 1895년경 성서공회 한국지부가 설립되면서부터는 성서공회가 관장하여 성경반포를 통한 복음의 사역자로 삼았던 것이다.

권서는 성경반포와 함께 복음전도의 최일선에서 분투하는 전도의 역군이었다. 그들은 성경을 팔면서 성경을 가르쳤고 전국 방방곡곡을 두루 다니면서 판매와 선교·문맹퇴치 등의 임무를 감당하였다. 그들은 복음의 진리를 깨달은 자들로 조그마한 공동체를 조직토록 주선하였고, 그 공동체 형성에 앞장섰다. 초기의 대부분의 교회들이 권서들에 의해 건립되었다고 보고한 선교사들의 감동적인 경험담은 전혀 과장이 아니다.

권서의 성경반포 활동은 한국 사회의 문맹을 급속히 줄이는 효과를 거두게 되었고, 한글에 의한 문명개화를 촉진시켰다. 성경이 한글로 정착하기 시작한 데다가 성경읽기운동이 한글보급운동으로 발전하여 한글이 점차 민중의 문자로 자리잡게 되었던 것이다. 특히 부인권서는 처음에 성경을 읽어주는 것이 주임무였으나 뒷날 교회에 출석하는 부녀자들마저 대부분 독서가 가능하게 되자, 그들은 이제 더 이상 부녀자를 위한 존재로 있을 수 없게 되었다.

권서가 성경을 잘 이해하고 사회동향·국제정세에까지 민감한 존재들임으로 해서 차차 자기 지방의 지도자로 등장해 갔고, 권서활동이 신학교에 진학하는 유리한 경력이 되자 지방에 따라서는 교회지도자의 상당한 수가 권서 출신으로 채워지게 되었다. 그들은 도시와 시골의 많은 백성들을 상대로 했던 경력의 소유자들인 만큼, 종래의 양반·진신 신분의 족벌 중심의 지도층과는 다른, 이른바 민중적 지도자로 등장하게 되었다. 권서 출신으로서 목회일선에 있던 분들이 3·1운동 등의 민족운동과 독립운동 군자금모금 등에 나섰던 것은, 권서들이 그들의 행로에서 수많은 민중들을 만나 그들의 아픔에 동참할 수 있었고 그들과 공감대를 형성할 수 있었던 결과가 민족운동으로 자연스럽게 이어졌을 가능성을 배제할 수 없었기 때문이다. 그들은 식민지적 현실타파에 나섬으로써 그들이 발과 입으로 가르쳤던 진리를 억압받는 민족의 역사현장에서 실천하려고 했고, 식민지 민중의 고난과 수탈의 현장에 동참하려고 했던 것이다.

이렇게 볼 때 권서들은, 비록 외국의 성서공회와 선교사들의 감독하에 있었지만, 한국의 초대교회들을 설립한 영광의 주체들이었다. 그들은 신앙적으로는, '형제 이씨를 기념하여 바친 기념비'에 새겨 있듯이,

> 성령을 거스려 태어났으나 하나님으로부터 크게 쓰임 받았고, 무식했으나 하늘의 지혜로 가득차 있었으며, 믿음 안에서 기쁘게 죽다.[241]

241) *BFBS AR for* 1916, p. 290.

라고 한 바대로 비록 천하고 부족한 인간이었지만, 하나님께 붙잡혀 복음전파의 역군으로서의 사명을 기쁘게 감당했던 분들이었다. 한편 한말 일제하의 봉건적 식민지적 상황과 관련해서, 권서들은 '복음짐'을 지고 돌아다니며 식민지적 상황으로서의 민족적 고난과 제국주의적 봉건적 수탈하의 민중적 아픔에 동참하려고 한, 그리하여 한국 기독교사 및 민족사에 자랑스런 신앙의 조상으로서의 모범을 보여주었다.

(《東方學志》 제65집, 연세대 국학연구원, 1990.6.)

제2부 기독교인과 민족

한말 기독교 思潮의 兩面性 試考

한말 기독교인의 민족의식 動態化과정

南岡 李昇薰의 신앙

3·1운동과 한국 기독교

한말·일제하 기독교 사회운동의 맥락

한말 기독교 思潮의 兩面性 試考

——한국 기독교의 진보·보수의 역사성 탐구와 관련하여——

I. 머 릿 말

한국 기독교가 100년의 역사를 넘기면서 제기되는 심각한 문제의 하나는, 수용 초기에 가끔 보였던 개혁적 성격이 점차 퇴색되고 보수적 경향이 짙게 나타난다는 점이다. 이것은 한국 기독교가 그동안 소수적 이념집단에서 다수적인 집단으로 성장하면서 거기에 이질적인 요소를 혼재(混在)시켰기 때문이기도 하고, 한국 기독교인들의 주류가 다분히 근대교육에 힘쓴 결과 그동안 신분상승을 이룩하여 문화적 경제적 사회적 여러 측면에서 기득권자로 변신하였기 때문이라고도 생각된다.

우리는 이런 현상이 어느 집단, 어느 사회에서도 종종 나타났던 것이므로 역사의 보편적 법칙의 하나로 가볍게 간주해 버릴 수도 있다. 또 현재 보수적 성격을 강하게 띠고 있는 측이 진보적 경향을 띠는 측보다 그들의 사상과 윤리의 표준을 성경에 더 의존하는 '성경관'을 갖고 있기 때문에 성경을 통한 개혁적 성격은 잠재적으로 지속되고 있는 셈이며, 경우에 따라서는 그것이 증폭될 수 있다고 생각되기 때문에 심각하게 받아들일 필요가 없다고 생각할 수도 있다.

그러나 해방 이후 한국 기독교계가 보여준 보수주의적 속성은 분단구조 속에서 사회모순이 격화되면 될수록, 자신의 개혁을 통해서 그 구조를 개혁하는 방향으로 움직이지 않고 오히려 자신의 기득권을 옹호 확대하는 쪽으로 진전되어 갔다. 한국 기독교의 큰 흐름은 예언자적 비판의 지성이나 제사장적 고난 참여의 실천성을 망각한 채 기존 체제를 옹호하는 보수주의적 체질로 기울어갔다. 그리하여 기독교의 성장이 기독교가 추구하는 사회사상이라 할 자유·평등·정의·평화의 이념을 실천하는 것과는 거리가 멀고, 한국의 민족 모순과 체제 대결을 해소하는 데에도 별로 기여하지 못했으며, 소외계층을 대변하면서 계층간의 갈등을 극복하는 데에는 더욱 한계를 노정하고 있는 실정이다. 여기에 한국 기독교의 깊은 고민의 일단이 있다.

이렇게 한국 기독교가 사회개혁의 이념으로서 기능하지 못하게 된 것은, 진보성을 띤 소수파의 종교적 경건성 결여에도 문제가 있지만, 그보다는 보수적 다수의 역사의식의 결여와 현실적 실천성 결여에 더 큰 문제가 있다. 보수주의적 다수는 전통적으로 개인구원의 소승적(小乘的) 입장을 견지하고 있기 때문에 현존하는 민족적 사회적 문제를 의식하지 않으려 할 뿐만 아니라 거기에 개입하는 것을 의도적으로 차단시켜 왔다. 그들은 성속(聖俗)의 이분법적 고정관념을 가지고 이 세상과 내세, 인간의 나라와 신(神)의 나라, 정치와 종교 등의 분리를 강력하게 주장하며, 교회의 인권운동이나 사회개혁운동 등 역사참여에 대해 긍정적으로 평가하지 않는 편이다.

그런데 한국 기독교계의 이러한 두 가지 흐름이 어느 시기부터 형성되기 시작하였는가에 대해서는 그간의 논의를 대체로 세 가지로 정리할 수 있다고 본다.[1] 첫째는, 20세기초에서 1907년부터 1909년의 대부흥운동의 기간으로 이때에 교회의 비정치화(非政治化)가 이뤄짐으로써 성(聖)과 속(俗), 교회와 국가의 구분이 뚜렷하게 되었다는 것이다.[2] 둘째는, 1920년대로서 한국인들의 민족독립에 대한 좌절과 사회주의운동의 대두 등으로 기독교계에서는 길선주(吉善宙)·김익두(金益斗)·이용도(李龍道)의 타계주의적(他界主義的) 부흥운동이 일어나고 개인 구원과 사회 구원의 대치와 갈등이 이때에 표면화되었다는 것이다.[3] 셋째는, 앞서의 두 주장이 한국의 사회 민족적 상황과

---

1) 세 가지로 정리한 것은 다음의 저서들을 근거로 하였다.
白樂濬, 《韓國改新敎會史》, 연세대출판부, 1973; 閔庚培, 《韓國基督敎會史》 改訂版, 대한기독교출판사, 1982; 閔庚培, 《韓國基督敎社會運動史》, 대한기독교출판사, 1987; 宋吉燮, 《韓國神學思想史》, 대한기독교출판사, 1987; 柳東植, 《韓國神學의 鑛脈》, 전망사, 1982.

2) 이 점에 대해서는 주 1)의 네 분이 대체로 동의하고 있다. 그러나 柳東植은 그가 표현한 '韓國神學의 胎動期'(1900~1915)에 이미 진보적 社會參與(尹致昊), 宗敎的 自由主義(崔炳憲), 保守的 根本主義(吉善宙) 사상을 구분하고 있다.

3) 閔庚培, 앞의 책, 1987, p.13, 200 참고. 柳東植은 이 시기를 '韓國神學의 發芽期'

관련된 것이라면, 그와는 달리 1930년대 해외의 신학적 조류에 접하면서 한국 기독교계에서도 크게 진보(自由)와 보수의 양대 세력이 형성되기 시작했다는 것이다.[4] 여기에는 19세기말 선교사의 입국 이래 신학을 선교사들이 독점한 채, 한국인의 세계 신학과의 직접적인 접촉을 차단시켜 온 보수적 풍토에 서구의 진보적 성향의 신학이 소개됨으로써 여권설(女權說), 모세의 창세기 저자 부인설(創世記著者否認說) 및 아빙돈 단권 주석사건(單卷註釋事件) 등이 야기되었고, 급기야 장로교내에서 1940년 조선신학교(朝鮮神學校)의 설립으로 그후 한국 신학계를 양분하는 분열의 조짐이 나타났다는 이해도 포함되어 있다.

저자는 단계성을 포함한 듯한 이러한 견해들에 동의하지 않는 바는 아니나, 한국 기독교계의 사회 민족적 과제에 대응하는 앞서의 두 가지 조류는 이들 견해들보다 훨씬 이전인 기독교 수용 당시부터 이미 여러 형태로 나타났다고 생각한다. 즉 봉건사회 개혁 및 민족문제 해결과 관련, 거기에 과감히 뛰어들려 했던 기독교인 혹은 기독교적 지성인들이 있었는가 하면, 그러한 사회적 민족적 과제와는 거의 무관하게 기독교의 '종교성'에 귀의하고 신앙을 개인구원의 방편으로 인식했던 다수의 기독교인들의 흐름이 처음부터 있었다는 것이다. 그러다가 한말 일제의 침략이 노골화하는 시기에 이르면 한국 기독교의 분위기가 선교사 및 부흥운동 등에 의해 의도적으로 시대적 민족적 사명을 외면하는 쪽으로 이끌리고 있었다고 보여진다.

이 글에서 밝히려는 것은 바로 그러한 흐름의 전개과정을 한말 기독교 수용 초기부터 정리해 보려고 하는 것이다. 그렇게 함으로써 오늘날 강하게 표출 대립되고 있는 보수·진보의 사상적 맥락에 대한 역사적 이해와 그 이해를 바탕으로 한국 기독교의 새로운 방향을 모색해 보려는 것이다. 관심 있는 분들의 조언과 따뜻한 비판을 기대한다.

(1916~1927)로 보고 宗敎神學(崔炳憲), 牧會神學(梁柱三), 社會倫理(宋昌根)로 이 시대의 神學을 구분하고 있다.

4) 柳東植은 앞의 책, 1982, p.137에서 이 시대의 신학적 입장을 聖書 理解와 관련하여, 根本主義的 敎理的 理解(朴亨龍), 進步主義的 歷史的 理解(金在俊), 自由主義的 實存的 理解(鄭景玉)로 나누지만 後二者는 흐름으로 보아 하나로 묶을 수 있을 것이다. 宋吉燮은 1987, p.319 이하에서 根本主義神學(朴亨龍)과 自由主義神學(鄭景玉)으로 나누고 있다.

Ⅱ. 기독교 수용의 동기와 실제

기독교(개신교)의 한국 접촉은 1832년 독일 선교사 귀츨라프(K. Gützlaff)의 서해안 고대도 상륙과, 1866년 제너럴 셔먼(General Sherman)호 사건 때 평양 대동강가에서 죽음을 당한 토머스(R. J. Thomas)의 입국으로 거슬러올라간다. 그러나 초기 유럽형 기독교의 한국 선교 시도는 열매맺지 못했다.

기독교가 처음 주목을 끌게 되는 것은 한국의 문호개방과 관련이 깊다. 일본과의 수교 후에 황준헌(黃遵憲)의 《조선책략》(朝鮮策略)에서 예수교의 도입이 권장되었는가 하면, 미국과의 수교 때에는 이 문제가 본격적으로 논의되었다. 이때 지식인 일부에서는 기독교가 천주교와 다르다는 것과, 개화 및 부국강병을 위해서 기독교의 도입이 필요하다고 인식하고 있었다. 그래서 기독교의 수용은 대체로 이러한 분위기와 관련되었다고 보고 있다.

그러나 한국에 기독교인이 처음 나타난 것은, 서세동점의 국제적인 변화에 편승된 점에서는 다를 바 없다 하더라도, 앞의 지식인들의 논의와는 거의 관계없이 이루어졌다. 즉 개화와 부국강병의 필요성 등 민족적 과제와 관련해서가 아니라 오히려 성경을 통해 종교적 및 개인적 고민의 해결을 위해 거의 비밀리에 기독교를 수용하였다는 것이다. 그것도 기독교의 공개적인 수용에 앞서서 신앙을 고백하고 세례를 받았으며 성경을 번역 출판하는 과정을 이미 밟고 있었던 것이다. 말하자면 기독교는 벌써 수용과정에서, 지식인의 수용 동기와 기독교의 실제 수용이 다른, 그러한 양면성을 보여주고 있었다. 그 양면성을 먼저 잠깐 살펴보자.

1. 開化指向的 동기

기독교가 수용되기 전, 한국의 지식인들 사이에서는 기독교에 대한 논란이 계속되었다. 유교적 세계관에 젖어 있던 지식인들은 기독교에 대해 비판적이었지만, 개화지향적 지식인들은 기독교를 개화의 이념적 기반 혹은 개화의 방편으로 인식하였다. 기독교의 수용은 개화지향적 의지와 기독교에 대한 이해가 점증하는 분위기 속에서 이루어졌다.

기독교의 공개적인 한국 수용은 1884년 미국계 의료선교사 알렌(H. N.

Allen, 安連)의 입국으로 이루어졌는데, 이에 앞서 진행된 1876년의 일본에 대한 문호개방과 1882년의 미국과의 수호통상조약(修好通商條約)의 체결이 그 결정적 계기가 되었다. 미국과의 수교를 앞두고 기독교 수용문제가 점차 외교적 쟁점으로 부각되었다. 이때 한국측은 성리학적(性理學的) 세계관에 입각하여 한미조약(韓美條約) 원안에 기독교포교 금지조항을 삽입하려 했으나 성공하지 못하였다.[5] 이 무렵 황준헌 등 기독교의 한국 전파에 다소 적극적인 입장을 표명한 측에서는 개신교의 수용이 한국의 국익에 도움이 될 것이라고 전망하였다. 한국인 지식인 중에서도 기독교는 종래의 천주교와는 다르다는 인식을 점차 확대하고 있었다. 이러한 인식의 변화는 기독교 수용을 촉진시키는 효과를 가져왔다. 그러나 한말 지식인 사회에서 사회사상으로서의 기독교에 대한 적극적 평가가 공감대를 형성하게 되는 것은 수구세력(守舊勢力)에 의한 거센 반발들을 겪고 난 뒤에야 어느 정도 가능하게 되었다.

수백 년간 성리학의 영향 아래 있었던 한국의 지식인들은 화이관(華夷觀)에 입각하여, 양이(洋夷)의 가르침으로 인식했던 기독교관을 쉽게 바꾸지는 않았다. 성리학적 세계관에 따라 성리학을 수호하는 것이 곧 소중화(朝鮮)를 포함한 중화(中華)의 세계를 수호하는 것으로 인식하여 그것을 주체성의 문제와 연결시켰던 한말 척사위정파(斥邪衛正派)의 기독교관은 조선 후기 화이론적 서학(西學;天主敎)관을 그대로 답습하고 있었다고 지적된다.[6]

1860년대를 전후하여 중국이 서양의 침입을 받을 때에 고양된 위기의식은 성리학과 중화의 세계를 일치시키도록 하였다. 그리하여 성리학을 교학(敎學)으로 받들지 않는 나라는 배격해야 할 이적(夷狄)의 세계로 인식하게 되었다. 여기에는 이항로(李恒老)를 비롯한 최익현(崔益鉉)·홍재학(洪在學)의 화이론적 기독교관이 대표된다. 척사위정파의 기독교관은 결국 영남만인소(嶺南萬人疏)와 홍재학사건과 같은 갈등으로 연결되었다.

화이관에 근거한 기독교관은 한말 온건개화파 인사들에게서도 보였다. 신기선(申箕善)이 대표적이다. 그는 《유학경위》(儒學經緯)를 저술하여 기독교를 비판 내지는 왜곡 설명하였다.[7] 이 책은 학부대신 신기선이 저술하여 1896

---

5) 李光麟, 〈開化派의 改新敎觀〉, 《韓國開化思想研究》, 1981, 일조각, p.206.
6) 위의 책, p.216.
7) 《儒學經緯》 사건에 대하여는 위의 글, p.220; 이만열, 〈韓末基督敎人의 民族意識

년 학부에서 간인(刊印)했는데, 학부 편집국장과 중추원 참서관(參書官)이 서문을 쓰고 있어서 이해하기에 따라서는 당시 온건개화파 정부의 기독교관을 대변한 것이라고 할 수 있다. 신기선은 "근세의 서양인들의 소위 야소교(耶蘇教)가 비리천망(鄙俚淺妄)한 이속지루(夷俗之陋)로서 더불어 변론할 가치가 없다"고 하면서 이렇게 기독교를 통박한다.

> 예수의 가르침인 소위 天堂 禍福의 설은 佛氏의 지류에 가까운 것으로서 권선하여 사람을 가르치는 소이는 閭巷淺俗之談에 지나지 않는다. 天神을 예배하고 부모를 不祀함은 종종 誣天亂倫之風으로서 이적의 陋俗이다. 근일에 예수교는 少衰하고 있다.[8)]

《유학경위》가 간행되자 곧 주한 미국공사관의 항의를 받게 되었다. 한국정부는 학부대신 신기선을 체혁(遞革)하는 한편, 그 책의 원본을 철산(撤刪)하였다. 이로써 기독교 수용에 대한 한국정부와 온건개화파의 공개적인 비난과 거부는 사실상 끝난 것이나 다름없다. 이 사건은 앞서의 척사위정계의 영남만인소사건과 맥락이 닿는 것이면서, 그 앞서(1893) 야기되었던 기포학당(奇包學堂)·조원시가(趙元時家) 방문사건[9)] 등의 동학(東學) 민중계에 의한 기독교 배척과도 관련을 갖는다고 보아야 할 것이다. 그렇다면 한말 민족주의사상의 세 흐름(斥邪衛正系·穩健開化系·東學民衆系)은 기독교 수용에 각각 반발하였지만 결국 무위에 그치고 말았던 셈이다. 한국 민족주의의 측면에서 본다면, 서구세력을 등에 업고 밀려드는 기독교 세력은 이제 종래의 전통적인 윤리나 사상으로는 대처할 수 없게 되었다.

기독교에 대해 비교적 열린 시각을 보여준 것은 김옥균(金玉均)·박영효(朴泳孝)로 대표되는 급진 개화론자들에 의해서이다.[10)] 김옥균은 갑신정변 전에 세 차례나 일본에 가서 한문성경 《천도소원》(天道溯原) 등의 책자를 접하며 재일본 미국 선교사들을 만났고, 서구문명을 끌어들여 부국강병을 이

形成過程〉, 《韓國史論》 1, 서울대학교 한국사학회, 1973, p.347 및 〈韓末 基督教와 關聯된 外勢依存의 問題(1)〉, 《東方學志》 61, 연세대국학연구원, 1989, pp.138~139 참조.

8) 申箕善, 《儒學經緯》, pp.41~42.

9) 奇包學堂·趙元時家 榜文事件에 대하여는 이만열, 앞의 글, 1989, pp.136~139 참조.

10) 이 점에 대해서는 李光麟, 앞의 책, 1981, pp.221~223; 이만열, 《韓國基督教文化運動史》, 대한기독교출판사, 1987, pp.32~38 참조.

룩할 목적으로 기독교의 선교사업에 깊은 관심을 보였다. 1884년초 그는 주일본 미국성서공회 총무 루미스(H. Loomis)를 찾아가 미 북장로교 선교사 녹스(G. W. Knox)와의 면담 주선을 요청하면서, "나는 기독교를 연구했는데, 기독교가 진실이라고 믿습니다. 기독교를 한국에 도입하는 것이 나의 소원입니다"라고[11] 말했다. 김옥균은 1884년 3월 그가 원래 목적했던 300만엔 차관을 성사시키지 못한 채 귀국하게 되었는데, 귀국에 앞서 그는 선교사들과 일본의 기독교 지도자들을 대접하며 그의 기독교관을 피력했다고 다음과 같이 전한다.

> 귀국하기 전 그는 도쿄에서, 톰슨(Rev. Dr. Thompson), 녹스, 야스카와(安川亨), 쓰다(津田仙) 그리고 나(H. Loomis)를 초대하여 만찬을 제공했다. 식사하는 동안 중심화제는 기독교와 선교에 관한 것이었는데 김옥균은 이렇게 말했다. "나는 귀국해서 다음 세 가지 변화에 영향을 미치도록 하겠는데, 첫째는 여성의 지위 향상이요, 둘째는 보통교육제도의 확립이요, 셋째는 기독교의 도입이다. 현재 국민들은 기독교 도입에 대하여 아무런 준비가 없고, 또 천주교에 의하여 야기되었던 편견 때문에 정부는 기독교를 금지하고 있는 형편이다. 그러나 2년간의 준비 기간을 나에게 주면 나는 선교사들에 대하여 국가적인 문호를 개방하겠다."[12]

김옥균은 자신이 크리스천이라고 선언한 적은 없지만, 귀국 후 그해 6월 24일부터 시작된 주일 미 감리교(駐日美監理敎) 선교사 매클레이(Rev. R. S. Maclay)의 한국 방문 때에 미국 감리교가 한국에서 교육·의료사업을 할 수 있도록 한국정부를 설득하고 그 허락을 주선하였다. 때문에 김옥균에 대한 선교사들의 기대는 고조될 수밖에 없었다. 뒷날 선교사들이 갑신정변의 실패를 안타까워하면서 일본으로 망명해 온 급진개화파들을 따뜻이 맞이해주었던 것은 이 때문이다.

기독교에 대한 개화파의 적극적인 자세는 박영효에게서도 보이는데, 그는 기독교국이 강성하며 부국강병을 이루기 위해서는 교육과 기독교가 필요하다는 논거를 갖고 있었다. 그는 일본에서 유랑생활을 하면서 1888년 1월 13일자로 고종(高宗)에게 올린 8개항의 상소문 가운데 제 6 항의 교민재덕문예

---

11) 1884년 1월 29일자로 Dr. Gilman에게 보낸 H. Loomis의 편지.

이치본(敎民才德文藝以治本)에서 학교·신문·인쇄·박물관설립 등과 함께 신교(信敎)의 자유를 허락하도록 이렇게 요청했다.

> 또한 종교란 인민의 의지하는 바요, 敎化의 근본이다. 그러므로 종교가 쇠한즉 국가가 쇠하고, 종교가 성한즉 국가가 성한다. 일찍이 유교의 강성은 중국땅에서였고……지금 천주·야소교가 성한 것은 구미제국이다. 우리 조선은 유·불의 교가 일찍이 성했으나, 근일에 이르러 유교가 아울러 폐하여져서 국세 또한 浸弱하니 어찌 한심 탄식하지 않으리요.……그러므로 종교란 백성들에게 맡겨 자유로 신봉토록 할 것이요, 정부는 간섭할 것이 못된다. 예부터 종교의 爭論 때문에 인심이 동요하여 國命을 滅害한 것은 수를 셀 수 없으니 가히 귀감을 삼아야 할 것이다.[13)]

박영효의 신교에 관한 상소는 외형적으로는 유교의 회복을 기원하는 듯이 보이지만, 백성의 신교의 자유를 강조함으로써 구미제국으로부터의 기독교 도입과 그 신앙을 유도하려 한 것으로 생각된다.[14)]

이렇게 기독교에 대한 한말 지식인들의 다양한 인식 가운데서 미국과의 수교가 이루어졌다. 그후 교육과 의료의 선교사들이 먼저 내한하였다. 1884년 9월 미 북장로교 의료선교사 알렌이 처음에는 미국공사관의 공의(公醫) 자격으로 왔고, 이듬해에는 같은 교파의 언더우드(H.G. Underwood)가 알렌이 설립한 제중원(濟衆院)의 교사 자격으로 입국하였다. 한편 미국 감리교에서도 1885년 아펜젤러(H.G. Appenzeller) 등이 장로교의 언더우드와 함께 입국하여 교육·의료사업을 벌였다.

급진개화론자들은 기독교의 도입을 한국의 근대화와 부국강병과 관련하여 검토하였다. 그들의 주된 관심은 기독교 국가의 부강과, 그것을 실현하기 위한 교육·의료·기술의 도입 및 제도의 개편에 있었으므로, 인간과 사회를 변혁시키는 진리로서의 기독교 복음의 진수(眞髓)에는 접근하지 못했다. 말하자면 사회사상 혹은 근대화운동의 방편으로서의 기독교 인식은 가능하였으나 그것을 가능하게 하는 기독교 신앙의 핵심에는 이르지 못했던 것

---

13) 朴泳孝, 上疏文(開國 497년 정월 13일자)——《亞細亞學報》 제1집, p.736 所收.

14) 朴泳孝가 귀국할 때 H. Loomis에게 남긴 서한에 의하면, 그는 日本 망명 13년간 Loomis에게서 받은 은혜를 이루 말할 수 없다고 하였다.(Clara D. Loomis, *Henry Loomis, Friend of the East,* 1923, p.86) 우리는 朴泳孝의 상소문이 이 망명기간에 이뤄졌음을 주목한다.

이다. 더군다나 뒤에서 볼, 성경과 전도책자를 통해 종교적 신앙에 접근한 신자들과 같이 개인구원과 사후세계에 대한 깊은 고민은 보이지 않는다. 물론 어느 시점에 이르러서는 이러한 상이한 요소들이 융해되는 단계에 도달하게 되었지만, 이들은 초기에 다음에서 볼 선교사 의존적 부류와도 서로 차이를 나타내고 있었다.

근대화 방편으로서의 기독교 인식은, 해외에서 신앙고백을 했던 급진개화파 계열의 서재필(徐載弼)이나 윤치호(尹致昊)에게서 먼저 보인다. 1887년 4월 3일 윤치호는 상해에서 '근수세례'(謹受洗禮)하고 "인간의 심각한 죄악성, 내세를 위한 깨끗한 영적 생활의 필요, 성서의 궁극적 진리, 하나님의 사랑, 그리스도의 구주됨, 그리고 예언의 성취"[15] 등의 신뢰를 가지고 기독교 진리에 접근했다고 하였다. 그러나 개화파 인사로서 그들이 인식한 기독교의 사회사상적 측면은 《독립신문》 등에서 오히려 더 잘 피력되고 있다. 그들은 우선 기독교 신봉과 부국강병의 일등국을 관련시키고 있다.

> 구라파 안에 일등 각국들은 다 聖教를 하는 나라들이라.[16)]

> 서양 각국에 구세주를 崇奉하는 나라들은 하나님을 공경하고 사람을 사랑하는 고로 법률을 실시하고 정치가 분명하여 백성이 饒足하고 나라가 부강하며.[17)]

기독교 숭봉이 곧 국가를 흥왕케 한다고 생각했기 때문에 전도와 교회설립은 곧 개화를 위한다는 것이다. 기독교측에서는 "하나님의 도를 행하여 참 개화한 사람이 되기를"[18)] 원했으며 또,

> 그런즉 교회를 위하여 인민에게 전도하는 것이 아니요, 인민을 위하여 교회를 각처에 설립하는 것이니……차차 우리 교회가 흥왕하여서 조선이 차차 개화에 진보가 되기를 간절히 바라노라.[19)]

고 주장했던 것이다.

이렇게 근대화를 위한 사회사상으로서 그 도입이 검토되어 수용된 기독교

---

15) 閔庚培, 앞의 책, 1982, p.187.
16) 《독립신문》 2-30호(1897. 3. 13).
17) 《독립신문》 3-224호(1898. 12. 24).
18) 《죠션 크리스도인 회보》 23호(1897. 7. 7).
19) 《죠션 크리스도인 회보》 18호(1897. 6. 2).

는 교육·의료·출판·구제 사업에 힘쓰는 한편, 여권(女權), 제도, 풍속문제 및 일반적인 가치관 등에 이르기까지 한국사회의 개화에 비교적 높은 관심을 보였다. 개화파 계통의 입신자들도 개화와 부국강병, 사회개혁에 대해 주장하고 실천성도 뚜렷이 했다. 개화파 신자들――예를 들면 서재필·윤치호는 물론 광무(光武) 초기의 현직관료였던 궁내부(宮內府) 물품사장(物品社長) 이무영(李楙榮), 경무사(警務使) 및 형사국장을 역임한 이충구(李忠求), 면천군수(沔川郡守) 유제, 죽산군수(竹山郡守) 김홍수 등――이 조선조 사대부들의 정신적 기반이자 체제와의 연결선인 조상제사를 공개적으로 폐지하는 등 전통과의 결연한 자세를 보인 것은 주목할 만하다.

개화파를 통한 기독교 수용은 주로 일본과 미국을 통해서 이루어졌다. 때문에 일본과 미국과 밀착되어 있던 문화가 기독교와 함께 도입되었던 일면도 부정할 수 없다. 따라서 19세기말 척양척왜(斥洋斥倭)의 주장하에서는 자연히 기독교가 배척받지 않을 수 없었고, 전통사회와의 갈등은 증폭되지 않을 수 없었다. 그랬던 만큼 1880년대에 기독교를 개화·반봉건과 부국강병의 방편으로서 수용하는 데에는 일정한 한계가 주어질 수밖에 없었다. 앞에서 말한 개화파 인사의 기독교 입교가 1890년대말에서 20세기초의 늦은 시기에 이루어지는 것은 이 때문이다. 때문에 초기 기독교는 개화지향적 사회사상으로 공개적으로 수용되기보다는 다음에서 보여지는 바와 같이 오히려 해외에서 번역된 성경의 비밀스런 보급에 의해 종교적인 개인신앙으로 널리 수용되고 있었던 것이다.

2. 성경의 번역·보급과 초기의 신자

우리는 앞에서 기독교의 공개적 수용이 급진개화파 인사들의 개화지향적 의지에 따라 1884년 미국계 의료선교사의 입국으로 본격화되긴 하였으나, 한국인의 기독교 입교는 오히려 종교적 동기에 의하여 추진되었다고 지적하였다. 그것은 한국에 외국 선교사가 공개적으로 입국하기 전에 만주(滿洲)와 일본에서 신약성경의 일부가 한글로 번역·출판되었고, 성경의 번역·출판에 앞서서 그 일에 종사하도록 훈련받은 한국인들이 세례를 받고 신자가 되었기 때문이다. 즉, 1882년에 만주에서 〈누가복음〉·〈요한복음〉이, 1885년에는 일본에서 이수정(李樹廷)에 의해 〈마가복음〉이 번역 출판되었는데, 번역에 종사한 이들의 수세(受洗)는 이보다 몇 년씩 앞섰던 것이다. 이렇게 성경의 번역 출판이 만주와 일본에서 각각 이루어졌지만, 뒷날 한국인에 의한 전도와 교회 설립을 자주적으로 수행하는 데에 앞장섰던 만주 쪽의 진행을 우선 언급하고자 한다.

지금까지 밝혀진 바에 의하면, 한국인에게 최초로 행해진 야소교의 세례는 당시 스코틀랜드 연합장로교회 소속으로 로스(John Ross, 羅約翰)와 함께 만주에서 선교하고 있던 매킨타이어(John Macintyre, 馬勤泰)가 1879년 1월 영구(營口)에서 한 한국인에게 베푼 것이었고, 그해 12월까지 3인이 더 세례를 받았다. 그후 로스는 1882년에 또 두 사람에게 세례를 주었다. 1879년 수세한 4명 가운데 두번째 백홍준(白鴻俊)과 세번째 이응찬(李應贊)은 이름이 알려졌으나, 첫번째와 네번째는 김진기(金鎭基)·이성하(李成夏) 등으로 거론되고 있으나 분명치 않다. 1882년에 수세한 두 사람은 초기에는 로스와 매킨타이어 및 앞서 수세한 네 사람과 함께 〈요리문답서〉(要理問答書) 등의 전도문서와 성경의 번역·출판에 노력하였고, 뒷날에는 권서(勸書)로 성경의 보급에 헌신했던 김청송(金靑松)과 서상륜(徐相崙)이다.

여기서 우리는 매킨타이어 등이 이들 선구적 예수교인에게 회심과 그것을 보증하는 세례를 선행시킨 이유를 먼저 생각해 보아야 한다. 그것은 무엇보다 수세 후에 그들이 취했던 권서활동 및 전도 임무와 관련이 깊을 것이다. 뒷날 압록강 연안에 그렇게 많은 잠재적인 기독신자가 있었던 것은 이들의 활동과 무관하지 않은 것으로 보인다. 때문에 그들에게 수세를 선행시킨 것은 권서·전도자로서의 그들의 임무가 때로는 생명을 내맡기는 모험을 필요로 했기 때문이었을 것이다.

한국인들의 수세 사실과 관련, 이 무렵 스코틀랜드에서 안식년 휴가를 보내고 있던 로스는 스코틀랜드 연합장로교회에 이같이 보고하고 있다.

> 작년 1879년에 모두 4명의 학식 있는 한국인이 세례를 받았으며, 기독교인의 본질과 교리를 탐구하는 11명의 다른 사람들이 있고, 현재 동일한 수의 사람들이 한민족을 위해 성경과 기독교 문학을 준비하는 우리의 문서사업을 위해서 7~8일 걸리는 우리의 선교부까지 기꺼이 올 것으로 기대된다. 그러므로 바로 여기에 기독교회를 향해 열려 있는 새 민족 새 국가 새 언어가 있다.[20]

---

20) J. Ross, *Manchuria Mission*, The United Presbyterian Missionary Record(이하

초기의 수세자들을 통해 우리는 의주(義州) 청년들의 주체적이고 능동적인 기독교 수용태도를 발견한다. 그들은 복음의 씨가 한번 압록강을 넘어 옥토에 뿌려지자마자 열매맺기 시작한, 풍성한 추수를 약속하는 첫 열매들이었기 때문이다.

앞에서 언급한 여러 한국인들의 도움으로 1882년에 한글로 번역된 〈누가복음〉·〈요한복음〉 6천여 권이 간행되었다. 성경의 번역·출간에 참여하였던 이들은 대부분 성경의 반포사업에도 관여하였다. 번역된 성경의 한국 반포에는 여러 가지 곤란이 예상되었다. 당시 한국은 서양 종교서적의 유입을 엄금하고 있었다. 그래서 몇십 권의 복음서와 예수교 서적을 가져오다가 발각된 한 신자는 투옥되기도 했기 때문에 검사관의 주목을 피하기 위해 인쇄된 복음서를 제본하지 않고 상인의 고지에 동봉하여 보내는 방법을 강구하기도 했다.[21] 이렇게 유입된 미제본된 복음서의 낱장들은 '편견과 두려움이 세워놓은 장벽'을 뛰어넘어 창문의 창호지로 발라짐으로써 집을 드나드는 자에게 읽히게 되었다.[22] 그 복음서의 낱장들은 사실 공허한 조선인의 가슴에 풀칠되고 붙여져서 오히려 성경을 공개적으로 읽도록 하는 효과를 가져오게 하였다.

우리는 초기의 신자들의 활동과 관련하여 권서로 성경반포에 헌신하였던 서상륜의 역할에 주목하지 않을 수 없다. 그는 1882년 4월경에 로스로부터 세례를 받고 김청송에 이어 여섯번째의 수세자가 되었다. 수세 후 6개월간 봉천(奉天)에서 성경사업을 도왔으나, 의주의 신자들과 구도자들이 '끊임없이 성경을 요구해 오게'[23] 되자 10월 6일 영국성서공회(BFBS) 소속의 한국 최초의 권서로 파송되었다. 서상륜은 국경 검문소에서 성경을 압수당하였으나, 뒷날 의주에서 그 검사관으로부터 돌려받은 일부의 복음서를 가지고 '경성에 잠도(潛到)하여 복음 전포를 경영'하게 되었다. 그의 서울행은 관으로부터의 위험에 대한 도피였다기보다는 오히려 서울에 복음을 전파하려는 전도열 때문이었다고 추측된다. 서울에서의 그의 전도활동은 미국계 선교사

UPMR), 1880. 10. 1, pp. 333~334.

21) 梁柱三·鄭泰應 편, 《閔休先生實記》, 조선기독교 창문사, 1938, p. 20.

22) J. C. Robertson, *The Bible in Korea*, The British and Foreign Bible Society(이하 BFBS, 1954), p. 32.

23) 1882년 10월 9일자 Dr. Wright에게 보낸 J. Ross의 편지.

가 입국하기 약 2년 전에 시작되었다.

초기 신자들의 반포활동으로 1882년에 간행된 6천여 권 가운데 4천 권이 1883년 8월까지 광포(廣布)되었고[24] 그중 2,500권은 국내(의주지역 1천 권, 평양에 약 900권, 서울에 약 600권)에서 반포되었다. 거의 1년여의 짧은 기간에 수천 권의 성경이 반포된 것은 놀라운 일이 아닐 수 없다. 이것은 한국인 신자들의 주체적이고 헌신적인 태도에 근거하여 새로운 문화를 수용하려는 서북지방인의 개방적 성격 때문이기도 하겠지만, 개신교가 천주교와 다른 특이한 이미지를 가졌기 때문이라는 다음 지적은 경청할 만하다.

> 내가 확실히 듣기로는, 한국 정부의 반대는, 중국이나 한국에서 천주교도들의 행위에 전적으로 근거해 있다. 우리의 개종자들은 아무런 위험 없이 한국 서부지방에서 기독교사업을 수행해 오고 있다. 그들의 평화로운 시민으로서의 특징과 천주교도들과의 차이는 잘 알려져 있다.[25]

이렇게 시작된 반포사업은 뒷날 선교사들이 본격적으로 활동하게 되는 1887년경까지 2만여 권의 성경과 상당량의 소책자를 반포하게 되었는데, 이는 초기 한국 기독교인의 문화수용 능력과 한국 개신교의 주체적인 출발을 보여주는 것이다.

만주와 일본에서 간행된 성경의 반포에 헌신한 사람들은 이밖에도 많이 있지만,[26] 우리의 더 깊은 관심은 이러한 성경반포의 결과에 있다. 1885년 3월 영국성서공회 번역·편집국장 라이트(W. Wright) 박사에게 보낸 다음의 로스의 편지는 권서들의 성경반포의 결과가 어떻게 드러나고 있는가를 설명하고 있다.

> 귀하께서는 작년 보고서의 가장 흥미있는 부분인, 이곳(봉천)에서 인쇄된 복음서들과 소책자들이 읽혀진 결과들에 대해서 브라이언트(E. Bryant)씨로부터 전해 들었을 줄로 생각합니다. 기왕에 세례받은 자 외에 현재 韓人村(Corean Valley)에는 600명이 넘는 남자 세례청원자들이 있습니다. 그들에 관해서는 5월로 예정된 저의 그곳 방문 후에 보다 자세히 보고드리겠습니다. 자신의 모국어

24) 1883년 8월 15일자 Dr. Wright에게 보낸 J. Ross의 편지.
25) *BFBS Annual Report for* 1884, p.250.
26) 여기에는 金青松(서간도), 白鴻俊(의주), 李成夏(의주), 류춘천(Liu Chun tien, 평양) 등의 한국인과 Harmon(만주의 한인촌), Douthwaite(駐韓淸國軍) 長坂(부산), 管野(부산) 등 외국인도 있었다.

> 로 이름을 'Hu' 혹은 'Swi'로 쓰는 한국인(서상륜—저자)은 세례받은 지 6개월이 지난 후 자신의 본국 수도를 향해 떠났는데, 그곳 서울에서 귀공회의 권서로 일해오고 있습니다. 그는 자주 편지로 저를 서울로 초청하였으나 최근에는 직접 이곳에 와서 보고하면서 저를 초청하였습니다. 그가 2년 동안 노력한 결과 현재 70명[27]이 넘는 세례 청원자가 있으며 그 가운데 몇 명은 주목할 만한 사람들입니다. 그가 개종시킨 사람들 중에 한 명은 세례받기 위해 함께 이곳으로 왔는데, 그의 말에 의하면 그는 서울의 서쪽에 있는 한 도시에 '설교당'(preaching Hall)을 개설하였고 그곳에 18명의 신자가 있는 것으로 보입니다. 또한 서울 남쪽의 한 도시에 있는 다른 한 개종자는 '20명 이상'의 세례 청원자를 가지고 있습니다.[28]

위의 편지에서 우리는 1884년말 현재 서간도 28개 한인계곡에 수백 명의 신자와, 한반도내에 서울을 중심으로 적어도 70명 이상의 구도자가 신앙공동체들을 형성하고 있음을 확인하게 된다. 아직 선교사가 이 땅에 도래하기 전에, 권서들에 의해 한글 〈요리문답서〉와 성경이 반포됨으로써 한국 개신교가 주체적으로 형성되어 가고 있는 초기의 과정을 우리는 경이의 눈으로 보게 된다. 이 경이는 20년간 개간하여 만든 4개의 한인계곡을 그의 동료 웹스터(J. Webster)와 함께 방문하고 75명에게 세례를 주고 돌아왔던 로스의 보고에도 잘 나타나 있다.

> 한 사람의 선교사도 찾아온 일이 없는 이곳에, 다만 봉천에 와서 진리의 영향을 받았던 몇 사람의 개인적인 증거와 함께 로스에 의해 준비되고 보내진 복음서와 소책자들이 이 놀라운 결과를 일으킨 도구들이었던 것이다. 이들 계곡에서 본 일은 우리를 겸손케 만들었다. 한 계곡에서 다른 계곡으로 가면서 매일 우리는 어제는 異教의 흑암 속에서 살았으나 오늘은 예수 안에서 죄 사함을 받고 하나님과 세상이 화목케 되었다는 지식으로 인해 기뻐하는 자들을 만났기 때문이다. 우리는 다만 '가만히 서서 하나님의 구원을 바라볼' 수밖에 없었다. 모두 4계곡에서 75명의 영혼이 세례를 받고 교회 안으로 들어왔다. 수년 후에 이 기초가 자라서 계곡들의 기독교회가 되고, 그들의 고국에 복음을 전해 주며, 한국의 전 북부지방에 기독교 진리의 누룩이 될 것을 희망한다. 우리는 그

---

27) 뒷날 J. Orr가 정리한 로스의 강연 "The Gospel in Corea," *The Missionary Record of the United Presbyterian Church*, 1890. 6. 2, p.188에는 1884년 서울에 79명의 洗禮請願者가 있다고 徐相崙이 보고하고 있음을 언급하였다.

28) 1885년 3월 8일자 Dr. Wright에게 보낸 J. Ross의 편지. 인용문에 보이는 서울의 서쪽과 남쪽은 로스의 착각으로 보이는데, 당시 勸書들의 반포활동으로 보아 義州와 소래(松泉)에 해당되는 지역으로 생각된다.

들을 하나님과 그의 은혜의 말씀에 맡기고 돌아왔다.[29]

이들 압록강 북쪽 계곡의 신자들은 대부분 극심한 가난과 관리들의 탐학을 피해서 도강(渡江) 이주한 농민들이었다. 이 가운데 일부는 지식층으로 양반·중인 출신자들도 있었다.

이처럼 성경을 통해서 기독교의 근본 진리를 배우고, 다른 목적이 아닌 세례를 받기 위해서 선교사를 찾아간 순수한 신앙적 열정은, 임오군란(壬午軍亂) 때 압록강 국경지역으로 유배되었다가 교인이 된 척사 보수계 군인들에게서도 확인할 수 있다. 주모자 가운데 한 사람은, 조상의 음덕만으로는 더 이상 생명을 부지할 수 없음을 깨닫고 한인촌으로 피신하였는데, 여기서 김청송이 준 한글성경과 소책자를 보고, 복음에 대해 상세히 알고자 김청송과 동행하여 봉천의 로스를 찾아가 두 달 만에 세례를 받았다.[30] 인간적인 모든 소망이 끊어진 상황에서 기독교의 도(道)는 한줄기 빛이 되었던 것이다. 그의 전도로 함께 한인촌에 와 있던 여러 명의 군인들도 1884년 로스와 웹스터의 한인촌 방문 때 세례를 받았다.[31]

이렇게 1884년말 현재 수세자 100여 명에 세례 요청자로 남자만 600여 명 등 수천 명으로 불어난 한인촌 신자들은, 로스의 기원과 같이 뒷날 북한지방 교회의 기초가 되었다. 1885년경에 청(淸)의 핍박을 받은 이들은 압록강 남쪽으로 이주하였기 때문이다. 이들이 뒷날 선교사들이 의주와 강계(江界) 등 국경지방을 방문했을 때 나타나 초기 기독교공동체를 성립시킨 바탕이 된 자들이었다.[32]

한편 서상륜의 동생 서경조의 입신과정에서 우리는 교금(敎禁)상태에서 한 개인이 겪는 심적 갈등을 볼 수 있다.

> 1883년 계미년 장연 송천동에 이주하게 된지라.……그러나 예수를 믿어 속죄함과 구원 얻는 줄은 알지 못하더니, 로마인서를 많이 본 후 信이 속죄 두 구절을 좀 알았으나, 心中戰은 여전하여 信할 맘과 懼死心이 서로 싸우기를 거의 반 년이나 수고하다가……聖神받는 일에 대하여 생각나기를 죽는 것은 잠깐 동

---

29) "A Bright Light in Northern Korea," *Foreign Missionary*, 1886. 9., pp. 151~152.
30) J. Ross, "Corean Converts," *The Missionary Review*, 1885. 5., pp. 208~209.
31) 위와 같음.
32) J. Orr, *The Gospel in Corea*, 1890, p. 188.

> 안이요, 죽을까 두려운 마음이 실상 어려우나 성신을 받아 두려운 마음이 없으면 죽는 것이 두려울 것 없고, 또한 死生이 천주의 뜻대로 되리라 하고, 信心을 정하였으나, 그래도 간간이 죽기 두려운 마음이 있어 성경을 많이 상고하여 보고 위로를 많이 받으니라.[33]

신심과 구사심의 심중전은 비단 서경조만 겪었던 것은 아니었다. 성리학적 질서가 지배하는 전통사회에서 기독교 입신은 사실 생명을 거는 일이었다. 우리는 위 인용문에서 서경조가 '속죄'(贖罪)와 '성신(聖神) 받는 일'로 신심을 정했음을 확인할 수 있고, 이것이 혼자 성경을 읽는 과정을 통해 가능하였음을 알 수 있다.

여기서 우리는 입신동기가 사회사상으로서의 성격보다는 오히려 인간과 영원, 죄와 형벌의 종교적 고민과 깊이 관련되어 있음을 본다.

앞서 말한 영국 성서공회의 권서 서상륜의 이야기를 계속해 보자. 그는 약 2년간 비밀리에 전도활동을 하여 70여 명의 세례 청원자를 확보한 1885년초 서울을 떠나 다시 봉천의 로스에게로 갔으나 귀국길에 신변의 위협을 느껴, 1883년초 자신과 함께 남행하여 소래에서 예수를 믿으며 정착생활을 하고 있던 동생 경조를 찾아가 전도활동 및 교회 설립운동에 박차를 가하게 되었다.

서울에서 1년여간 잠적했던 서상륜은 미국계 복음선교사들이 입국(1885)한 그 이듬해 소래교회 교인들의 수세문제 협의를 위해 서울에 올라와 언더우드 등에게 소래에 내려가 세례줄 것을 요청하였다.[34]

이렇게 먼저 선교사를 찾아가서 세례를 요청했던 서상륜의 태도는 당시 미국 공사관과 선교부의 신중한 선교정책과 내륙 전도여행을 자제하는 선교사들의 모습과 매우 대조가 된다. 이때 언더우드의 지방여행이 아직 불가능함을 알게 된 교인들은 1887년 서울로 올라와 세례받기를 간청하였다.[35]

소래에서 올라온 사람들은 적지 않은 여행경비와 숙박비 일체를 스스로 부담했다.[36] 이들에 대한 세례식은 1887년 1월 23일 주일에 거행되었는데,[37]

---

33) 〈徐景祚의 信道와 傳道와 松川教會 設立歷史〉, 《神學指南》 7-4호, 1925. 10., pp. 89~90.

34) H. G. Underwood, *The Call of Korea*, p. 107.

35) 위의 책, pp. 136~137.

36) H. G. Underwood, "Today from Korea," *The Missionary Review of the World*,

수세자는 서경조·최명오(崔明悟)·정공빈(鄭公彬)이었다. 세례에 임했던 이들의 신앙적 결단이 어떠했는지, 다음의 기록은 그들의 신앙의 순수성을 알게 한다.

> 다음 주일에 몇 명 세례를 베풀 예정인데, 세례 요청자들은 모두 신실한 자들임이 증명되었습니다. 이들은 로스가 북쪽에서 뿌린 씨앗에서 맺혀진 열매의 일부입니다. 로스 목사는 한 사람에게 세례를 주고 그에게 한글 및 한문성경을 들려 내려보낸 후 그것들을 가지고 그가 어떻게 하는가 지켜보았습니다. 그는 이것들을 가지고 활동해 왔으며, 지금은 세례 지원자가 약 2, 30명에 이르고 있다고 합니다.……
>
> 우리는 3명을 문답했는데, 그들은 훌륭하게 문답에 통과되었습니다. 기독교의 근본들과 구원 교리를 잘 알고 있는 것 같았습니다. 그들의 대답은 명백하고 정확했습니다. 그들은 자기들의 목숨이 위험할 것이라는 사실도 인식하고 있었습니다. 그들 가운데 한 명은 "하나님께서 우리를 구원해 주셨으니 임금님이 우리를 처형한다고 해도 괜찮습니다"라고 말했으며, 다른 한 명은 "하나님을 섬긴다는 이유로 임금이 내 목숨을 자른다 해도 상관치 않겠습니다"라고 고백하였습니다. 이러한 증언을 하고 세례를 받겠다고 했으므로 우리는 허락하지 않을 수 없었습니다. 이 사람들은 지금까지 주일마다 예배를 드려왔으며, 그 소식을 전하려고 애쓰고 있고 각자가 모두 빛을 비추는 자들이 되기를 기원하고 있습니다.[38)]

세례문답에서 국왕의 처형도 두려워하지 않고 자신의 목이 잘린다 해도 상관치 않겠다는 이들의 신앙은 어디에 근거한 것일까. 그것은 먼저 성경을 통하여 "기독교의 근본들과 구원 도리를 잘 알았다"고 한 진리 파지(把持)와 "하나님께서 우리를 구원해 주셨다"고 한 신앙고백에 근거해 있다고 생각된다. 이들은 앞에서 본 개화지향적 인사들과는 달리, 성경과 기독교 소책자를 통해 기독교에 접근했던 분들로서, 기독교를 사회사상적 그리고 개화운동적 차원에서보다는 비교적 인간의 내면적 고민과 사후세계의 문제를 해결하는 종교로 파악했던 것이다. 따라서 이들은 우리 사회가 당면하고 있는 민족적 역사적 과제의 해결방안의 측면에서 기독교에 접근했다기보다는, 영

1893. 11., p. 816.

37) 1887년 1월 22일자 및 같은 해 1월 27일자 Dr. Ellinwood에게 보낸 Underwood의 편지.

38) 1887년 1월 22일자 Dr. Ellinwood에게 보낸 Underwood의 편지.

원한 가치의 문제와 신 앞에서의 개인 실존의 문제, 불교의 고(苦)와 유교의 윤리의 문제와 같은 인간내면의 문제를 해결하는 종교로서의 기독교를 더 중요시하였다. 대(對)사회문제에 문을 거의 닫은 상황에서는 성경의 문자적 해석과 추상적 적용, 개인구원과 경건성의 강조 등이 기독교의 핵심으로서 신앙인의 삶을 지배하였을 것이기 때문이다. 이것은 한국 기독교의 개인주의적 보수주의 계열에서 계속 주류(主流)로 보여지는, 기독교의 종교적 근본들에 대한 신앙의 내용 그것이다. 뒤에서 보겠지만 1890년대의 전도문서 등을 통하여 '기독교인들이 신관(神觀), 우상숭배와 제사문제, 개인의 도덕적인 윤리문제에 깊은 관심을 갖도록 유도된 것은 바로 수용 초기의 이러한 기독교적 전통과의 관련선상에서 파악되어야 한다.

Ⅲ. 종교성과 운동성의 공존

1882년에 만주에서 번역 간행된 복음서가 한국에 보급되면서 각처에서 비밀리에 기독교 신자가 생겨났다. 1884년의 의료선교사 알렌의 입국과 1885년의 복음선교사들의 입국은 기독교 전도를 공개적으로 가능하게 하였다. 1887년은 선교사상 몇 가지로 기억될 만한 해다. 이해에 《예수셩교젼서》가 완역 간행되었고, 국내에서는 아펜젤러 · 언더우드가 2년 전에 일본에서 이수정에 의해 번역 간행된 바 있는 〈마가복음〉을 수정 번역하여 《마가의젼한복음셔언히》라는 이름으로 간행한 바 있으며, 이해 9월에는 새문안교회(장로교)가, 이어서 정동제일교회(감리교)도 조직되었으며, 또 선교사들의 지방전도여행이 시도되었기 때문이다. 그리하여 1890년이 되기 전에 서울에서만도 100명이 넘는 교회가 두 곳이나 생기게 되었다.

1890년대는 기독교 선교의 여러 가지 기틀이 마련되었다는 점에서 대단히 중요하다. 기독교 각파의 선교지부가 한국에 대부분 설치되었고, 선교사들이 각 지방에 선교거점(Mission Station)을 두게 되었으며, 그곳에 교회 · 학교 · 병원을 설립하게 되어 기독교가 전국적으로 확산되었다. 국내 선교사들에 의한 성경번역이 본격화되었고, 수많은 전도책자가 간행되어 기독교 진리에 대한 교육이 강화되었는데, 이는 1889년에 출판활동을 본격화시킨 삼문출판소(Trilingual Press)가 설립되었기 때문이다. 또 하나, 1894년 동학혁명과 청일전쟁을 겪으면서 많은 사람이 교회를 찾게 되었는데, 증가된 교인들은 1890년대 후반에 운동세력으로 등장한다.

따라서 1890년대의 기독교의 파악에는 당시 성경과 전도책자 등에 나타난 기본사상 및 교리·윤리 등의 종교적 성격의 기독교와, 선교사 및 사회운동을 통해 비쳐진 세력으로서의 기독교의 두 가지 면이 가능하게 된다. 이 두 가지 성격이 곧 1890년대 기독교의 실체라고도 할 수 있다. 이 점은 오늘날 한국 기독교에 나타난, 내세천당(來世天堂)과 개인구원을 배타적으로 강조하는 흐름과 상황에 문을 열고 체제개혁을 요구하는 행동적인 흐름의 두 조류와도 같은 것으로, 이미 19세기말에 나타나고 있었던 것이다.

1. 唯一神사상과 개인윤리

1888년부터 인쇄기 등을 준비하여 인쇄업무를 시작한 삼문출판소는 그 이듬해에 〈주기도문〉(主祈禱文), 〈십계명〉(十戒命), 〈사도신경〉(使徒信經)과 소책자 교리서 등을 번역 출판했는데, 삼문출판소의 인쇄업무를 계기로 몇몇 기독교계 출판사가 출현하여 많은 책들이 간행되었다. 이어서 1890년에는 오늘날 대한기독교서회의 전신인 조선성교서회를 장로교·감리교 연합기관으로 조직하여 기독교 전도문서 출판에 노력하였다. 장로교의 언더우드는 1888년에 〈웨스트민스터요리문답〉(Westminster Catechism)을 비롯, 1890년에는 《성교촬리》(*Salient Doctrines of Christianity*)를 번역 출판하는 한편, '언더우드출판물'(Publications of H.G. Underwood)이라는 이름으로 많은 전도·교리서들을 펴냈다. 한편 삼문출판소를 경영하던 감리교측은 1890년대 후반에 이르러 '감리교출판사'의 명의로 많은 책들을 간행하였다. 1900년 이전에 국문으로 간행된 기독교 책자들은 성경을 제외하고 대략 60여 종[39]이 넘는

39) 최근 필자가 조사한 바를 가나다순으로 현행맞춤법에 따라 적어보면 다음과 같다. (　)안은 출판된 연대이다. 경세론(1895), 구세교문답(1895), 구세론(1895), 구세요언단(1891), 구세진전(1893), 구세진주(1895), 구약공부(1891), 권중론(1893), 권중회개(1891), 그리스도문답(1893), 그리스도쓰문답(1890), 네에게 좋은 기별(1891), 나병론(1890), 낭자회개, 대주지명(1895), 덕혜입문(1893), 묘축문답(1895), 미이미교회강례(1890), 미이미교회문답(1889), 복음대지(1894), 복음요사(1895), 부활주일예배, 사람의 모본, 사민필지(1892), 삼요록(1894), 삼자경(1891), 상제진리(1891), 성경도설(1892), 성경문답(1894), 성경약론(1897), 성교촬리(1890), 성교촬요(1889), 세례문답(1895), 속죄지도(1889), 신덕통론(1890), 신약문답(1893), 영혼문답(1895), 예수교감리회강례(1899), 예수교문답(1894), 예수세상구주(1893), 예수행적(1891),

데, 이를 대별하면 첫째, 성경의 내용을 소개하는 것, 둘째, 기독교의 기본 교리를 설명하는 것, 셋째, 기독교를 동양 종교와 비교하여 설명하면서 기독교 신앙생활을 소개하는 것, 넷째, 교회의 의식과 규칙에 관한 것, 다섯째, 교리공부를 겸하여 국문공부를 위한 것, 여섯째, 찬송가책 등이었다.

1890년대에 한글로 간행된 책자들은, 《파혹진선론》(破惑進善論)같이 한국인이 저술한 것도 있지만, 대부분은 선교사들의 번역이거나 저술이며 기독교 소개와 전도를 목표로 한 것이 많다. 이들에 대하여는 저자가 따로 고찰할 기회를 가지려 하기 때문에 여기서는 이들 책자들의 총괄적인 내용이 어떠한가에 대해서만 언급하려 한다.

이들 전도책자들은 현대신학의 입장에서 보더라도 놀라울 정도로 기독교 교리의 핵심에 접근하고 있다. 그중에서 초기(1890)에 언더우드에 의해 번역 출간된 《성교촬리》(聖教撮理)는 상제(上帝;三位一體論)론을 비롯하여 인간론(人間論)·기독론(基督論)·구원론(救援論)·성령론(聖靈論)·교회론(敎會論)·신자론(信者論) 및 성경론(聖經論)을 이미 다루고 있다. 또 아동들을 위한 전도서로서 기독교의 근본교리를 쉽게 다룬 《훈아진언》(訓兒眞言, Peep of Day)에도 신론(神論)·기독론·성령론·인간론·창조론(創造論)·계시론(啓示論)·죄론(罪論)·천사론(天使論)·구원론·종말론(終末論) 등이 잘 나타나 있다.[40] 이런 주제들은 소박하지만 조직신학(Systematic Theology)의 범주에 속하는 것들이다. 또 《인가귀도》(引家歸道; *Leading the Family in the Right Way*)에는 교리적 주제들과 종교 및 사회적 주제들이 다뤄져 있다. 교리적 주제들은 신론(唯一神論과 三位一體論)·기독론·성령론 및 구원론이며, 종교적 주제들은 우상숭배 금지, 제사문제와 부모공경, 안식일 준수 및 예배 등을 다루었고, 사회적 주제들은 남존여비의 문제와 결혼의 문제, 자녀 교육의 문제 및 빚(債務)의 문제를 다루고 있다.[41] 따라서 대부분의 전도책

요한공부(1899), 원입교인규조(1895), 의경문답(1893), 의원의 행적(1896), 인가귀도(1894), 장원양우상론(1892), 장자노인론(1897), 정답하는 말(1891), 제세론(1889), 주일예배경(1895), 주일지키는 론, 중생지도(1893), 지구약론(1894), 진도입문문답(1893), 진리이지(1895), 찬미가(1892), 찬양가(1893), 천로역정(1894), 천로지귀(1891), 천주예수양교부동문답(1894), 초학언문(1894), 파혹진선론(1897), 환란면하는 근본이라, 훈아진언(1891).

40) 강태영, 〈훈ᄋ진언 분석〉(1990, 未刊).

41) 서원모, 〈인가귀도 분석〉(1990, 未刊).

자들은 약간의 차이는 있지만, 기독교 교리의 핵심으로서의 유일신이며 창조주인 하나님(神)과, 그의 아들로서 인간을 구원하러 왔다는 성육(成肉)의 예수 그리스도(기독론), 인간의 범죄·타락과 구원(인간론 혹은 구원론) 등을 다루었고, 전통사회에서 기독교가 어떻게 성별(聖別)되어야 할 것인가를 종교적 및 사회적 주제로서 다루고 있음이 확인된다.

전도문서들에서 보이는 종교적 교리로서의 기독교는, 한국같이 무(巫)·불(佛)·유(儒)·선(仙)의 종교적 풍토에서, 그의 신관과 개인 윤리면에서 특히 전통사회와 구별되고 있었다. 이러한 기독교의 신관과 개인윤리는 전통사회에 파문을 던져 우상·미신의 거부와 조상제사의 거부와 술·담배·아편의 금지와 여권의 신장 등의 윤리적 파급효과도 가져오게 되었는데, 우리는 그 이론적 기반인 유일신관과 이원론적 사상에 대하여 당시의 전도문서를 중심으로 살펴보겠다.

첫째, 기독교는 전통종교의 바탕을 갖고 있던 한국사회에 종교의 가장 핵심이라 할 신관에서 이론(異論)을 제기하였는데 그것이 유일신사상이다. 전통적인 한국사회는 그때까지 범신론(汎神論)에 가까운 신관을 갖고 있었기 때문이다. 이러한 범신론적 바탕에 유일신론이 공격적으로 이입되었으므로 갈등이 빚어지지 않을 수 없었다.

선교 초기 아직 구약성경이 제대로 번역되지 않은 상황에서[42] 유일신사상을 좀더 명료하게 밝혀준 것은 성경의 '요긴한 뜻'을 드러낸[43] 전도책자이다. 이 책자들은, 하나님은 존재의 기반이고 만물의 제일 원인이며 자존영원(自存永遠)하며 무소부재(無所不在)·무소불능(無所不能)하여 모든 인간의 아버지임을 강조하는[44] 한편, 하나님의 유일신 됨과 그분밖에는 다른 신이 없음을 이렇게 밝혔다.

> 하나님은 홀로 하나이시고 둘이 없으시니 하늘도 아니요 옥황도 아니요, 부처도 아니요 귀신도 아니요, 이에 스스로 있어 시종이 없고 영원히 변역하지

---

42) 구약성경의 한글번역 간행은 1911년에 완료되었다. 이에 앞서 1891년에 《구약공부》가 간행되었고, 구약 가운데의 일부인 시편이 《詩篇撮要》라는 이름으로 1898년 피터스(A. A. Pieters, 彼得)에 의해 번역 간행되었는데, 시편 150편 가운데 62편만 수록되어 있다.

43) 《구세론》, p. 5.

44) 《훈아진언》, pp. 1, 5~7.

아니하시는 천지만물에 큰 주재라.[45]

위의 글에서 '하늘도 아니요'는 유교의 천(天)이 기독교의 하나님 아님을 말하는 것이며, 그밖에 불교의 부처, 도교의 옥황상제, 무교(巫敎) 및 일상생활의 잡귀신 등이 모두 하나님 아님을 설명하여 그들을 부정하였다. 《묘축문답》(廟祝問答)에서도, 하나님은 보살도 옥황도 아니며 하늘도 아님을 강조함으로써[46] 불교·도교·유교의 신관이 기독교의 그것과 같지 않음을 분명히하고 있다. 기독교의 하나님은 또 "사람이 봉하고 세운 바 신도 아니요, 이에 모든 사람의 큰 근본이시요, 사람의 생명과 의식과 평안한 것을 주시는 하늘 아버지"라고[47] 설명함으로써 그가 인간에 의해 좌우되는 존재가 아님을 강조했다. 《그리스도문답》에서도 "여호와는 천지의 대주재시니 가장 높으시고 가장 총명하시고 가장 능하신 자시니라"고 선언하면서, "여호와 외에 또 다른 신이 있느냐"라고 질문함으로써 당시 한국인이 일상적으로 받아들였던 신관을 비판하는 대답을 다음과 같이 유도한다.

> 없느니라. 사당의 신주와 당집의 화상과 절에 있는 우상은 신령이 되지 못하니 불과 사람이 만들어낸 것이라. 이름만 있고 실상은 없으니 여호와 외에는 다른 신이 없느니라.[48]

이 대답은 조상숭배를 위한 사당의 신주(神柱)를 당집의 화상(畫像)이나 불교의 부처와 같은 우상으로 지목함으로써 성리학에 기반한 조선숭배에 반대하는 자세를 분명히했다.

예수 그리스도에 대해서는, 하나님의 아들로서 타락한 인간을 위해 인간의 몸을 입고 이 땅에 왔으며, 인류의 죄를 대신하여 십자가에서 죽어 인간의 죄를 대속(代贖)하고 3일 만에 부활, 승천하여 장차 재림할 것이라고 설명하고 있다.[49] 그가 어떻게 사람을 죄에서 구원하는가라는 질문에, "예수가 우리의 중보가 되시고 우리를 대신하여 죽으시고 우리가 마땅히 받을 형벌을 대신하여 받으시고 저의 공로를 우리 공로로 되게 하시니라"고,[50] 오늘

45) 《구세론》, p. 5.
46) 《묘축문답》, p. 13.
47) 《성교촬리》, p. 2.
48) 《그리스도문답》, p. 2.
49) 《훈아진언》, pp. 12~50 및 《인가귀도》 10장.

날 복음주의자들의 구원관을 그대로 고백하고 있다.

여기서 주목해야 할 것은 초기 기독교가 유교의 공자·맹자를 예수와 비교하여 어떻게 인식했느냐는 점이다. 그들은 공자를 성인으로 존경하여 공자의 말을 인용하고,[51] 또 기독교와의 비교에서 공자의 효도관을 내세우고 있다.[52] 그러나 '공맹(孔孟)의 글'은 성경에 비할 바가 되지 않으며,[53] 같은 외국 성인이라도 예수는 공부자(孔夫子)와 같지 않다고 다음과 같이 문답한다.

> 문 : 예수는 외국성인이시니 중국의 공부자와 한 모양이뇨.
> 답 : 아니라, 예수는 천상의 참 신이시요 또 천지만물이 다 예수로 좇아 나느니라.[54]

전도책자에는 이같이 기독교가 처음부터 배타적이며 양립할 수 없는 신관을 가지고 비타협적으로 전통적인 종교사상에 도전하고 있음을 보여준다. 다음에서 볼 우상거부와 제사폐지 등의 반전통적 행동은 이같은 배타적인 유일신관을 근거로 하고 있었다.

둘째, 이원론적 사상과 개인윤리이다.

앞에서 언급한 유일신관은 뒤에서 언급할 우상과 제사의 거부를 수반하게 된다. 우상·제사의 거부는 그것만으로도 어느 정도의 개혁적 의미를 갖는 것이면서 신자의 생활이 불신자의 생활과 구별되어야 함을 충분히 보여주고 있었다. 범신론적인 사회에서 유일신사상에 따라 행동해야 한다는 것, 수백년간 조상제사를 존재의 목표처럼 묵수(墨守)해 온 성리학의 세계에서 제사를 거부한다는 것은, 그것이 신의 명령에 따라 구원 얻는다는 길이요 사회를 개혁하는 의미를 갖는 것이라 하더라도, 그 사회로부터의 철저한 고립을 의미하는 것이었다. 그랬던 만큼 초기 기독교인들은 전통적 윤리질서에서 자신을 고립시키려면 그만큼 생의 의미와 목표가 새롭게 발견되어야만 했다. 그것이 성속을 이분하여 세속을 버리고 신국(神國)을 향하려는 이원론사

---

50) 《예수교문답》, p.20 및 《구세교문답》, p.10.
51) 《묘축문답》, p.17.
52) 위의 책, p.29.
53) 《그리스도문답》, p.3.
54) 위의 책, p.16;《구세교문답》, p.8.

상과, 세속으로부터 탈출하여 성화(聖化)를 이룩하려는 개인윤리로 나타나고 있었다.

이원론사상은 초기의 전도문서에서 광범하게 나타나고 있는데, 인간을 영(魂)과 육(體)으로 나누는 인간관에서 우선 보여주고 있다.

> 사람이 만물 중에 신령함이 되어 육신이 있고 영혼이 있어 합하여 사람이 되니 육신은 기운 물건이라 형상이 있고 영혼은 신령한 것이라 형상이 없으니 사람이 죽으매 몸은 흙으로 돌아가고 혼은 상제 앞에 이르러 심판을 받으니 그 생전의 착하고 악한 것을 안험하여 갚되 혹 천당으로 상을 주시고 혹 지옥으로 벌을 주시나니 사람이 금수로 더불어 다른 것은 영혼이 있음이라 고로 마땅히 참 도로써 그 신령함을 보호하여 기를 것이니라.[55)]

인간을 영혼과 육체로 나누는 이분법적 사고는 기독교적인 인간관이 아니다. 기독교적 인간관은 통일적인 존재로 인간을 파악하는 것이다. 이분법적 인간관은 희랍철학 혹은 기독교 초기의 영지주의(靈智主義 : Gnosticism)의 영향 때문이요, 한국의 경우는 무교적(巫敎的) 바탕 위에서 성립된 인간관이다. 이분법적 인간관은 영혼을 하나님과, 육체를 세속과 관련시키고, 예수 믿는 일을 영혼의 것으로 철저히 귀속시키고 있다. 죽은 후에 영혼이 하나님 앞에서 심판을 받기 때문에 사람이 생전에 해야 할 일은 "곧 죄를 뉘우치고 허물을 고치며 예수를 믿어 그 법을 좇으며 그 교로 돌아가야"[56)] 하는 것이다. 예수 믿는 사람이 간절히 바라는 것은 세상의 짧은 복이 아니요 내세의 영원한 복인데, 이는 반드시 착한 것을 행하여 죽은 후에 영혼이 하늘로 올라가 상제로부터 상으로 영복(永福)을 얻는 것이었다.[57)] 그러므로 예수 믿는 사람에게 좋은 일은 죽은 후에 저 세상에서 영원토록 쾌락하여 무궁무진한 복을 누리는 것이었다.[58)] 따라서 이들 예수 믿는 이들에게는 이 세상은 고해(苦海)와 같고 이 세상에서의 일은 궁극적으로 무가치한 것이었다.

이원론적 인간관은 하나님의 일과 인간(세속)의 일을 나누고, 하나님의 나라와 세속의 나라를 구별케 하여 세속적인 사회생활에 종교적 의미를 부여

55) 《성교촬리》, p. 3.
56) 《그리스도문답》, p. 34.
57) 《성교촬리》, p. 8.
58) 《구세교문답》, p. 18.

하는 길이 차단되어 버린다. 신자는 철저히 사회로부터 고립되어 버리기 때문에 이 세상에서 신의 일을 하는 것은 사회생활에 의해서가 아니라 개인적인 경건생활을 통해서 가능하였다. 여기에서 한국 기독교는 오늘날까지도 기독교인이 이 세상에서 예수 믿는 일과 관련된 일 이외의 소위 세속적인 일에서는 의미를 부여받지 못하도록 하는, 왜곡된 신앙전통을 갖게 하였던 것이다.

1890년대 전도책자에서 보이는 신자의 윤리는 개인윤리이다. 그것은 신자의 생활권을 규정하는 데서 나타나고 있다. 예수 믿는 사람이 해야 할 일은, 세례받고 교회에 들어가 교우로 더불어 마음과 덕을 같이하여 교중 규칙을 지키고 안식일을 지키되 예배당에서 하나님을 찬송하고 다른 일을 폐하고 성경 읽고 기도하며 찬미하는 것이었다.[59] 특히 기도생활이 권장되었는데 그 이유는, ① 상제의 이름을 찬양하고, ② 상제의 은혜를 감사하고, ③ 제 몸의 죄를 알아 뉘우치며, ④ 상제의 허락하시는 바 많은 복을 구해야 하기 때문이었다.[60]

신자가 지켜야 할 직분도 개인윤리의 영역을 넘어서지 않는다.

> 예수를 좇는 자 반드시 직분을 지키어 선비와 농부와 장인과 장사가 각각 이에 합당한 것은 힘을 다하여 재물을 생하여 제 몸과 집을 보존케 하고 감히 헛되고 거짓된 일을 하여서 사람의 재물을 속이지 못하느니라. 부적을 쓰는 것과 점치는 것과 사주 보는 것과 파자(破字)하는 것과 상 보는 것과 풍수 보는 것이 다 행치 못할 일이요, 간사하고 더러운 일을 하여 사람의 덕행을 해치는 것을 행치 아니할 것이니, 창녀와 잡기와 인물 유인하는 것이 다 악한 행실이니 일정 못하느니라.[61]

기독교인의 윤리적 표준은 예수 그리스도요, 예수의 행위를 본받는 것이다. 그러나 당시 윤리적 표준으로서의 그리스도에 대한 이해도 개인윤리의 차원에 머무르고 있음을 부인할 수 없다.

> 예수의 행위를 어떻게 본받느뇨. 예수는 어질고 사랑하는 마음으로 모든 사람을 대접하시며 아들이 되어 가장 효도하시며 친구에게 가장 신실하시며 우준

---

59) 《성교촬리》, pp. 6~7.
60) 위와 같음.
61) 위의 책, p. 7.

> 한 사람을 가르치매 가장 참는 마음을 두시며 원수를 대하시매 가장 용서함을 두시며 덕을 닦기에 가장 용맹하시며 온화한 말씀과 정직한 행위는 도무지 하늘 아버지 뜻을 순종하셨으니 우리가 다 이를 본받아 할 것이니라.[62]

결국 예수를 통해 얻을 수 있는 윤리적 표준은, 어질고 사랑하며 참고 온화하며 정직한 마음과 대접, 효도, 신실, 가르침, 원수 용서, 덕 닦음, 순종 등의 덕목들이었다. 이것들은 인간이 가져야 할 기본적인 덕목이긴 해도 여기에서 사회구조의 문제를 직시하는 안목과 사회운동을 가능케 하는 의지가 도출되지는 못했을 것이다. 우리는 다시 현재 한국 교회의 한 단면을 여기서 보게 되는 것이다.

개인윤리에 근거하여 이룩된 기독교인의 생활은 개인의 경건성을 강조한 나머지, 개인의 윤리적 행위를 현실적으로 규제하던 사회의 구조에 대해서는 문제의식 자체를 갖게 하지는 못했다. 여기에다 앞서의 이원론적 사상은 개인윤리를 더욱 심화시키는 결과를 가져왔다. 따라서 이원론적 사상과 개인윤리를 기반으로 하여 저술된 1890년대의 전도책자에서 우상숭배 거부와 제사폐지 등 종교적 문제에서 반중세적(反中世的) 윤리를 발견한 것 외에는, 1890년대라는 현실 속에서 크게 문제로 부각되던 반봉건·반외세의 운동적 논리를 발견한다는 것은 거의 불가능하였다고 본다.

이러한 견해는 당시 국가에 대한 기독교인의 시민으로서의 생활을 지시하는 듯한 다음의 구절에서 더 분명해진다.

> 예수를 믿는 자는 어떤 나라 사람이든지 각각 그 나라 임금과 관원을 섬기고 또한 그 나라 법을 지키되 홀로 도리에 합당치 아니한 법과 착하지 아니한 규식을 감히 좇지 못하나 예수를 좇는 자 본국 풍속을 변하여 외국 풍속을 좇고 내나라 어진 법을 버리고 다른 나라 이상한 법을 좇으라 함이 아니니라.[63]

> 국사로 의론하면 키리스도스의 무리가 분수의 마땅히 거한 바 나라를 순복하고 또한 마땅히 힘을 다하여 사람이 관장에 순복하기를 권할지니 키리스도스교의 목사가 더욱 마땅히 이같이 할지라. 그런고로 각각 전도하는 회우들이 어느 나라이든지 그 행하는 바를 힘써 마땅히 화목하고 순리할지니라.[64]

---

62) 《구세교문답》, pp. 19~20.
63) 《성교촬리》, p. 8.
64) 《미이미교회강례》, p. 8, 제이십삼조 '국가관장'조.

위의 글에서 도리에 합하지 않거나 착하지 않은 법과 규칙을 좇지 못할 것이라고 했지만 적극적으로 그것을 개혁하라는 의지는 보이지 않는다. 그리스도인의 국가에 대한 시민적 자세는 순종이요, 또 교회는 교인에게 국가에 순복하기를 권면하라는 것이다. 여기에서 국가에 대한 그리스도인의 윤리를 '순복'으로 제한한 것은, 일면 성경에 근거한 것인 듯하면서도 사실은 그리스도인으로 하여금 이 세상 일에 관여치 못하도록 한다는 성속 이원론적 발상에 의한 것이다. 즉 그리스도인은 개인윤리에 충실하여 내세의 하나님나라에 들어가는 데에 힘쓸 것이지, 현재의 죄악된 구조를 비판하거나 개혁하는 일에 관여해서는 안된다는 것이었다. 1890년대초 아직 신앙의 자유조차 제대로 보장되지 않은 상황에서, 또 위의 내용들이 외국의 문헌을 거의 번역했던 지적 풍토를 고려한다면, 반봉건·반외세의 시대적 민족적 과제를 그리스도인의 시민적 사명으로 자각하기를 기대한다는 것 자체가 무리일지 모른다. 분명한 것은 국가에 대한 순복(順服)을 강조한 기독교계의 풍토에서 사회구조와 제국주의적 모순을 개혁하려는 의지는 기대할 수 없다는 것이다.

이렇게 이원론적 사상과 개인윤리 및 국가에의 순복을 강조했던 1890년대의 전도문서를 통해서 제 1, 2 계명과 관련된 종교적 행위의 개혁과 개인윤리 차원의 선행은 가능케 했을지 모르지만, 봉건적 사회모순과 제국주의 침략하의 민족적 모순을 타개하기 위한 동인(動因)을 발견할 수는 없었다. 이것이 이 시기 여러 전도문서들에서 나타난 한국 기독교의 종교적 실체라고 생각된다.

2. 기독교 사회운동

1890년대 각 선교부의 정착과 전도문서들의 유포는 기독교적 개혁을 제한적으로 가능하게 하였다. 교회가 성장하고 기독교인의 수가 증가됨에 따라 성경·전도문서에 의한 기독교인 교육은 한국사회에 소규모의 영향력을 행사할 수 있는 운동역량을 축적할 수 있게 되었다.

초기 기독교적 개혁의 방향은 몇 가지 측면에서 나타났다. 우선 전통적인 종교·신앙과의 관계에서는 우상·미신의 철폐와 제사의 거부가 보이는데, 이는 기독교의 유일신관이라는 내면적 신앙논리가 이러한 외형상의 행동윤리로써 표출된 것으로 이해된다. 둘째, 술·담배·아편을 금하고 개인적인 수신제가(修身齊家) 차원의 깨끗·성별(聖別)된 생활을 강조하는 측면이 나타나는데, 이는 이원론적 개인윤리와의 관계를 부정할 수 없다. 이런 점에서 본다면 성경과 전도문서 등에 의한 기독교의 종교적 개인윤리적 행동논리가 한국 전통사회에 일정한 충격과 개혁을 던진 것은 사실이다.

이러한 개인적 차원의 개혁 움직임 외에, 사회가 안고 있는 봉건적 민족적 모순에 대한 비판과 개혁 노력이 기독교인에 의해 제시되고 있었다. 이는 특정한 요소에 의한 것이라기보다는 복합적인 요인에 의한 것이라고 생각된다. 왜냐하면 이때쯤이면 기독교적 가치관이 어느 정도 소개된 데다가, 봉건 말기의 사회적 모순이 자본주의적 외세의 침투로 격화되고 있었으며, 한국사회의 봉건적 민족적 모순을 타개하려는 노력이 기독교를 통해서도 가능할 것이라는 낙관론 속에서 진행되고 있었기 때문이다. 예를 들면, 서양의 기독교국이 부강한 근대국가를 이룩했다는 인식은 이무렵 한국사회에 널리 유포되어 있었고, 또 신의 형상으로 창조되었다는 기독교적 인간관은 어느 사회에서나 남녀와 인간의 평준을 가져왔다고 이해되고 있었으며, 또 초기에 개화와 부국강병을 목표로 하여 기독교를 수용하려 했던 개화파 지식인들과 뒤에서 볼 선교사들의 역할도 개화의 견인차 역할을 한다고 인식했을 뿐만 아니라, 그러기 때문에 당시의 봉건적 민족적 모순을 개혁하려는 기독교적 세력과 합류할 수 있다고 믿었기 때문이다.

우선 기독교적 개혁은 기독교 교리의 핵심인 유일신사상에 근거한 종교윤리로서 우상과 미신을 철폐하고 조상제사를 거부하는 데서 보이고 있었다. 유일신관은 하나님 이외의 어떠한 존재도 형상을 만들거나 절하여 섬겨야 할 대상으로 받드는 것을 거부한다. 이것은 성경의 완역에 앞서서 번역 보급된 십계명의 제 2 계명에서 명시된 것이었고, 전도책자 및 뒷날 간행된 기독교계 신문을 통해서도 이미 강조되고 있었다.

우상과 미신의 거부가 제 2 계명에 근거하고 있었기 때문에 제 2 계명의 해석은 대단히 중요하다. 전도책자에서 제 2 계명을 "화상이나 등신이나 어디든지 사람의 손으로 지은 것을 절하지 말 것이오"라고[65] 번역한 것이나, 제

---

65) 《천로지귀》, p. 3.

2계명의 뜻을 "화상이나 우상에 절하지 말라는 말씀이니라"고[66] 해석한 것은 당시 독자들에게 직접적인 효과를 거두기 위한 의도였을 것으로 추측된다. 제2계명은 뒷날 일상생활의 여러 측면과 관련하여 다음과 같이 포괄적인 해석을 얻게 되었다.

> 제2계에 가라사대 우상에게 절하지 말라 하시니 이 계명은 이에 우리를 명하여 하나님이 베푸신 바 성경 가운데 절하는 거동과 섬기는 예절을 받들어 온전히 지키되 조금도 더러움이 없고 하나도 이지러지고 어그러짐이 없게 하심이니 그중에 금한 바는 우상으로써 하나님이라 하여 절하거나 성경에 없는 예절로 절하는 것이요, 또한 천지 일월성신과 산천목석과 신선과 부처와 각색 귀신 공경하는 것이니, 이로 보건대 하나님이 열심으로 우리를 가르쳐 섬기게 하고 다른 신을 위하지 못하게 하신 줄 알 것이니 무릇 하나님께 절하는 자는 반드시 향촉과 예물과 주식을 쓰지 않고 오직 믿는 마음과 정성으로 절할지라.[67]

《구세론》에서는 이런 입장을 밝힌 후에, 한국에서는 '무항산파락호'(無恒產破落戶)와 '요망실성(妖妄失性)한 남녀'들이 동방에 있는 부처·복술·무당·신당·위패 등의 우상들을 찾아 복을 구하지만 이것들은 실상 '귀신을 빙자하여 스스로 거짓말'하는 것에 불과하다고 강조하였다.[68]

《묘축문답》(廟祝問答)에서도 기독교 전도인과 묘축과의 사이에 우상과 미신의 허황됨을 지적하는 내용이 여러 차례 보이는데, 선교 초기에 이 문제가 그만큼 심각했기 때문이다. 대화 가운데 기독교의 하나님을 알게 된 당지기는 넓고 넓은 천지를 다스리기 위해 "하나님이 일백 귀신을 봉하여 서로 돕게 하시리라"고[69] 잡귀들의 존재의 필요성을 묻는다. 이에 대해 전도인은 "하나님은 하나이시요, 둘도 아니 계시니라"고[70] 하면서 미신의 근거인 잡귀의 존재를 부정하였다.

이제 우상을 섬기는 행위는, "제일 높은 하나님을 배반하고 화상과 등신 앞에 절하고 귀신을 위하는 것"으로[71] 규정되었고, "모든 은혜가 하나님이

---

66) 《그리스도문답》, p. 6.
67) 《구세론》 pp. 8~13. 1895년판 《구세론》은 pp. 8~13의 순서가 크게 혼란스럽게 인쇄되어 있는데, 내용상 그 순서는 8右→10左→9右·左→10右→12左→11右·左→12右→8左→13右·左로 읽어가야 한다.
68) 《구세론》, pp. 13~14.
69) 《묘축문답》, p. 13.
70) 위와 같음.

주신 것이어늘 하나님께는 일호도 감사하다 아니하고 도리어 하나님이 주신 물건을 갖다가 마른 나무등걸로 만든 보살에게 바치고 감사"하는[72] 것으로 교육받았으며, "도무지 소용없는 거짓 것"이었다.[73] 초기 기독교인들은 천지 만물은 하나님이 주장하며 생사 상벌은 하나님이 주는 것으로 믿는 확신을 가지고 "우상 신불은 하나님이 금하신 것"이라고 천명하였고, 우상을 섬기는 것은 마치 백성이 국왕을 섬기지 아니하고 역적을 섬기는 것과 같다고 엄금되었다.[74]

우상과 미신을 철폐하려는 노력은 기독교적 개혁운동으로 1890년대에 이미 나타나고 있었다. 《독립신문》에는 물론 1897년에 창간된 두 개의 기독교계 주간 신문인 《죠션 크리스도인 회보》와 《그리스도 신문》에도 자주 소개되고 있다.[75] 유일신사상이 이러한 운동의 동인이 되어 전통적인 사회에 확산되어 갔던 것이다.

유일신사상과 우상철폐운동은 곧 조상에 대한 제사를 거부하는 움직임으로 발전되어 갔는데 이것은 논리상 당연한 순서요 귀결이었다.

제사문제는 기독교가 수용되기 전 천주교의 도입 때부터 갈등이 심했던 것으로 신해(1791)·신유(1801)·기해(1839) 등의 교난(敎難)이 일어나 많은 순교자를 낸 것은 이 때문이다. 기독교의 선교에도 이 문제는 가장 큰 걸림돌이 되었다. 성리학적 기반 위에서 형성된 조선조에서 제사의 폐지는 결국 통치체제를 뒤흔드는 문제로 연결되었다. 물론 이 문제를 우상숭배 차원의 순수한 신앙문제로 내면화시키게 되면, 조선조의 통치체제와 관련된 정치사회적 문제를 제1,2계명이 갖고 있는 신앙적 문제로 표백화시키는 결과를 가져오게 된다. 한국 기독교인들 중에는 바로 그러한 차원에서 제사문제를 대하는 분들이 대부분이었다. 그러나 조상에 대한 효를 사회의 존립기반으로 삼고 있던 성리학 체제에서 제사폐지 문제는 단순히 신앙적 윤리적 행위로 규정되지 않고 정치사회적 의미로 해석되었다. 그 때문에 제사폐지 문제와 관련하여 기독교를 거부하는 움직임은 성리학적 효행을 수호하기 위한

71) 《천로지귀》, pp. 3~4.
72) 《묘축문답》, p. 7.
73) 《장원양우상론》, p. 1.
74) 《구세론》, p. 14.
75) 이만열, 1987, pp. 64~67의 주 참조.

윤리적 차원의 것이 아니라 성리학적 기존 체제를 유지하려는 정치적인 성격의 것이었다. 여기서 기독교의 제사폐지 문제는 정치적 세력의 반대를 맞게 되었다. 뒤에서 보이는 바와 같이 초기 기독교 선교에 선교사와 외국의 힘이 작용했던 것은 이런 맥락과도 무관하지 않다고 본다.

그러면 당시 전도책자에서는 제사에 대해 어떻게 가르치고 있었는지 살펴보자.

> 문 : 예수교에 제사드리는 것이 마땅하뇨, 아니 마땅하뇨.
> 답 : 마땅치 아니하다.
> 문 : 예수교하는 사람이 조상에 제사하는 것이 옳으뇨 옳지 아니하뇨.
> 답 : 옳지 아니하니, 일체 못하느니라.
> 문 : 어찌하여 옳지 아니하뇨.
> 답 : 조상이 이미 세상을 버리고 갔으니 음식을 능히 먹지 못할 것이매 제사는 헛된 일이 되고 또 정녕히 여호와 계명을 범하는 것이니 외양으로 지내는 체도 못하느니라.
> 문 : 내가 제사를 아니하면 어찌 조상 공경하는 마음을 표하리요.
> 답 : 조상을 사모하며 그 교훈을 생각하며 그 분부한 것을 좇아 행하며 평생에 잊지 아니하는 것이 조상 공경하는 마음을 표하느니라.[76)]

기독교인들은 제사를 지내지 않아야 할 뿐만 아니라 외양으로 지내는 흉내를 내서도 안된다는 것이다. 제사를 지내지 않더라도 그 교훈을 생각하고 실천하는 것이 곧 조상 공경하는 것이라고 하였다.

제사를 폐해야 한다는 논의가 제2계명의 우상숭배를 금한 것과 같은 차원에서 논의되고 있는 것은 주목된다. 즉 제사에 대한 비판적 변론이 복술·무당·보살·신당을 금한 제2계명의 해설부문에서 보이고 있다는 것이다.[77)] 이는 제사를 우상숭배 행위의 하나로 간주했기 때문이라고 생각된다.

제사를 폐하려는 기독교의 노력은 많은 항변을 불러일으켰다. 즉 제사하는 것은, 첫째, '신종추원'(愼終追遠)의 뜻에 부합하니 그렇지 않으면 그 뜻을 저버린다는 것, 둘째, 조상이 와서 흠향(歆饗)하기를 바라는 것이 아니요 다만 자손의 일편 성심(一片誠心)을 다할 따름이라는 것, 셋째, 옛사람들이

---

76) 《그리스도문답》, pp. 30~31.
77) 《구세론》, pp. 15~17 참조.

전한 것이며 지금 사람도 중히 여기는 것인데 어찌 가히 폐하겠는가 하는 것이었다.[78]

이러한 항변에 기독교적 관점에서 제사의 부당성이 지적되었다. 제사가 효성으로부터 나왔다 하나 그것은 무익하고 하나님의 명에 어긋나며, '신종추원'의 참뜻은 조상이 돌아가실 때에 자손이 선종(善終)하며 그 뒤에도 조상의 은덕과 교훈을 잊지 않는 것이며, 옛사람이 전해 준 것이라고 모두 옳은 것은 아니며 "만일 옳은 일이 아니면 비록 사람마다 행할지라도 나는 마땅히 고치고" 다른 사람도 고치게 해야 한다는 것이었다.[79]

제사를 폐해야 한다고 주장한 기독교는 그 대안으로서 제사의 근본정신인 효행은 더욱 강조하였다. 제5계명에서 강조하는 효도는 "부모가 살아 있을 때에 힘을 다하여 섬기고 돌아가시면 생각을 다하여 섬기는 것"이라고[80] 규정하는 한편 증자(曾子)가, 소를 잡아 장사함이 부모 살았을 때에 닭과 돼지를 잡아드리는 것만 같지 못하다고[81] 한 말을 들어 생존해 계실 때의 효행을 강조했다.

초기에 기독교에 입신한 일반 대중들과 사대부 관료들은 기독교의 제사폐지론에 호응하였다. 궁내부 물품사장 이무영은 그 대부인의 대기일(大忌日)을 맞아 제사를 폐하고 그 대신 하나님께 기도 찬미하며 대부인 생존시의 하나님 공경함과 경계하던 말씀을 생각하며 일장 통곡하는 등 '참마음으로 제사'를 드렸다.[82] 유성준(兪星濬) 또한 입신 후 가문의 제사를 폐했을 뿐만 아니라 1906년에는 정부로부터 여주(驪州)의 영릉(英陵) 제관도차(祭官都差)의 통첩을 받았으나 "그리스도 신자는 자기 조선의 제사도 폐하고 행치 아니하므로" 국가가 제수하는 제관의 직무도 맡을 수 없다고 하면서 거절했다.[83]

제사의 폐지는 앞에서 본 유일신사상 및 우상숭배 거부와 함께, 비록 종교적인 의미로밖에는 해석될 여지가 없다 하더라도, 그때까지 한국 중세사

78) 위와 같음
79) 위와 같음.
80) 《구세론》, p.20.
81) 위의 책, p.16.
82) 《죠션 크리스도인 회보》 28호, 1897. 8. 11.
83) 兪星濬, 〈믿음의 動機와 由來〉, 《基督申報》 660호, 1928. 8. 1일자.

회를 온존시켜 온 예(禮)의 질서인 성리학적 체제의 기반을 흔들었다는 의미에서 반중세적 의미를 지녔다고 할 것이다. 그리고 이 점은, 다음에서 볼 이 시기의 운동적 측면의 기독교가 취하고 있던 일련의 반봉건적 사회개혁운동과 접맥하게 되는 계기가 되었을 것으로 추측된다.

우상·미신의 철폐와 조상제사의 거부가 기독교의 유일신관과 관련된 것이라면 이원론적 개인윤리와 관련된 개혁의 움직임도 1890년대에 이미 나타나고 있었다. 술·담배·아편의 금지와 혼례·장례의 개혁, 노동관의 변화 등 여러 가지를 열거할 수 있다. 이것들은 대체로 기독교적 성속관념에 의해 이 땅에서 개인적으로 힘써야 할 구별된 윤리생활을 강조하는 것으로 이 점에 대해서는 저자가 이미 언급한 바 있으므로[84] 여기서는 생략하겠다.

위의 두 경우와는 달리 1890년대 후반부터 때로는 선교사들의 세력을 뒤에 업은 채 반봉건·반외세운동이 기독교에 입교한 민중들과 개화파 인사들에 의해 일어나고 있다.[85] 물론 그런 운동들이 선교사 세력과 꼭 결부되어 나타났는가 하는 점에 대해서는 단언할 수 없다. 그러나 민중들의 기독교 입교와 개화파의 기독교 수용이 선교사들과 밀접한 관계가 있었기 때문에 그들의 활동에도 선교사와의 관련을 배제할 수 없다는 것이다.

민중계 기독교인들의 반봉건운동의 성향은 무엇보다 지방관리들의 가렴주구 등 봉건적 모순에 저항하는 움직임에서 보인다. 봉건정부의 관리들의 매관매직, 불법·비행에 대해서는 이미 당시의 문헌들이 증거해 주고 있다. 관리들의 가렴주구에 대해 기독교인들의 저항은 거세게 일어났다. 그중 1900년에서 1901년의 황해감사 윤덕영(尹德榮)은 불법을 자행했는데, 기독교인들의 저항은 그를 파직토록 했다.[86] 기독교인들의 거센 저항운동은, 일반

---

84) 이만열, 1987, pp.60~72 참조.

85) 한말 선교사 세력에 대해서는 이만열, 1973, 1989 참조. 선교사들은 그들의 개인적 신앙동기야 어떠하든 구조적으로는 歐美세력의 침투의 첨병 노릇을 했다. 그들은 治外法權을 이용하여 그들의 宣教的 입지를 강화하였으며, 서울의 '嬰兒騷動'(1886), 평양에서의 '기독교인 박해사건'(1894) 등 한국 관헌 및 정부와의 힘겨루기에서 매번 승리하였고, 이것이 한국의 민중들에게 공개되어 '洋大人'으로 추앙받게 되었다. 그들은 또 왕실과의 관계에서 우의를 돈독히 함으로써 그들의 세력을 내외에 과시하였다. 한말의 민중들 중에는, 苛斂誅求하는 官의 횡포로부터 생명과 재산을 보호받기 위하여 西教에 입교하는 경우가 많았는데 이는 선교사들이 한국관헌보다 세력이 강하다는 인식 때문이었다. 한말 기독교인들의 활동 중에는 선교사의 이같은 세력을 의지하고 행한 경우가 비일비재하였다.

관료들에게 널리 알려진 듯 지방관에 따라서는 예수교 있는 고을에 수령으로 부임하는 것을 꺼리는 경우도 다음과 같이 보인다.

> 이번에 새로 난 북도 군수 중에 어떤 유세력한 양반 한 분이 말하되, 예수교 있는 고을에 갈 수 없으니 영남 고을로 옮겨달란다니 어찌하여 예수교 있는 고을에 갈 수 없나뇨. 우리 교는 하나님을 공경하고 사람을 사랑하는 도라. 교를 참 믿는 사람은 어찌 추호나 그른 일을 행하며 관장의 영을 거역하리요. 그러나 관장이 만약 무단히 백성의 재물을 뺏을 지경이면 그것은 용이히 빼앗기지 아닐 터이니 그 양반의 갈 수 없다는 말이 이 까닭인 듯.[87]

민중계 기독교인들이 관리들의 가렴주구에 저항하는 반봉건적 생존투쟁을 벌인 것은 그 뒤 일제의 침략이 노골화되는 시기에는 항일 경제 및 무력투쟁으로 연결되는데, 이 점은 뒤에서 간단히 언급될 것이다.

민중계 기독교인들과는 달리, 관료진신 계층의 개화파 기독교인들은 1890년대 후반에는 협성회(協成會)운동과 독립협회(獨立協會)운동 등 반침략운동에 투신하고, 1900년대에 들어서서는 교육·언론·결사 등 애국계몽운동에 나서게 되었다. 이 점에 대해서는 저자가 이미 언급한 바 있어서[88] 부언(復言)하지 않으려 한다. 다만 독립협회운동과 관련, 과거 학계에서 기독교인의 운동참여를 거의 도외시하였다는 것을 지적하고자 한다.[89] 그러나 독립협회운동에 참여한 기독교인으로서는, 우선 상층 지도부에 서재필·윤치호가 있었고, 중간 지도부에는 주시경(周時經)·이상재(李商在)·남궁억(南宮檍) 등의 친기독교 인사들과 이승만(李承晩)·신흥우(申興雨) 등의 행동그룹이 있었다. 또 제물포에서는 용동교회의 복정채 전도사 등 교인들이 집단으로 독립협회원으로 가입한 적이 있었고, 평양에서도 한국 교회의 초기 지도자들인 안창호(安昌浩)·한석진(韓錫晋)·김종섭(金鍾燮) 등이 독립협회 평양지회

---

86) News Calendar, *The Korea Review*, 1902, 3월호, p.126, 《大韓예수교長老會百年史》, 대한예수교장로회총회, 1984, pp.167~168에서 재인용.
87) 《대한 그리스도인 회보》 3-9호(1899. 3. 1).
88) 이만열, 1973, pp.357~367.
89) 獨立協會에 대한 연구로 愼鏞廈, 《獨立協會研究》, 일조각, 1976; 柳永烈, 《開化期의 尹致昊 研究》, 한길사, 1985 및 주진오, 〈獨立協會의 對外認識의 構造와 展開〉, 《學林》 8호, 연세대사학연구회, 1986 등이 있으나 이들의 독립협회연구에서는 기독교인의 역할이 거의 배제되어 있는 느낌이다.

를 이끌어가고 있었다.[90] 그러기에 서울에서 만민공동회사건이 계속되고 있을 때 평양에서는 기독교인들이 독립협회를 지원하는 모임을 열고 있었다.

> 평양 예수교인들이 모여 이번에 서울서 외국 사람들과 고문관을 해고한 일로 백성들이 종로에 모여 연설함과 독립관에서 의리에 죽기로 동맹한 일과 시폐를 들어 상소한 일이며 정부에 몇 번 편지한 일을 듣고 일제히 말하되 우리도 백성이 되어 이러한 충의 있는 일에 어찌 수수방관하리요. 서울 사람들이 옳은 일과 충절만 가지고 죽을 것 같으면 우리도 그 뒤를 좇아 죽음이 백성의 직분에 마땅하다고들 하였다.[91]

독립협회와 기독교와의 관계는 지방에서보다는 서울에서 더 깊었다. 길영수・박유진 등 황국협회원(皇國協會員)들은 교회와 선교학교에 대해 독립협회의 장귀(長鬼)들이 모였다고 비난했고, 만민공동회 때는 정동교회의 송기용(宋琦用) 등이 여러 차례 시위에 참여하였다. 때문에 일본공사관의 비밀 보고서에서도

> 신교측의 이 두 교파(장로교와 감리교—저자)는 당시 서로 전후하여 새로운 宣傳을 시도하고 다른 同教 각파의 선두에 서서 소위 독립협회와 밀접한 연결을 가지고 있다.[92]

라고 언급했을 정도였다.

그러나 개화파 기독교인들의 독립협회운동에도 아펜젤러 등 선교사들의 지원이 있었다. 이 점은 독립협회의 대미적(對美的)인 발언을 약화시키는 요인이 되었으며 아울러 독립협회의 자주독립운동의 한계를 드러내는 것으로 지적되고 있다.[93]

1890년대 후반, 기독교인이 6천에서 1만여 명으로 증가하는 추세에서, 민중계 혹은 관료진신계 기독교인들이 보여준 반봉건・반외세운동은, 당시 한국이 안고 있던 과제와 관련하여 정확한 방향을 취했던 것이다. 이를 한말 기독교인의 민족주의운동으로 성격지어도 좋을 성싶다. 아직 양・질적인 면

---

90) 이만열, 1973, pp. 364~365.
91) 《협성회회보》 1-14호, 1898. 4. 2.
92) 《日本公使館記錄》 1908~1909, 〈基督教狀況〉 高秘收 제 6262 호의 1 및 機受 제 1386 호.
93) 주진오, 1986에 이 점이 잘 지적되고 있으며 특히 p. 100 참조.

에서 제대로 성장하지 못한 기독교인들이 그런 정도라도 운동에 적극 나선 것은 주목할 만한 현상이다.[94] 더구나 앞에서 본 1890년대의 선교사들과 전도문서에 의한 기독교인 양육이 거의 전적으로 종교적 개인윤리적인 점에 치우쳐 있었고 민족주의적 색채를 찾아볼 수 없는 상황에서, 봉건적 및 민족적 모순을 타개하려는 이같은 민족주의운동이 나타났던 것은 그 의의를 높이 평가하지 않을 수 없다.

따라서 우리는 1890년대의 한국 기독교의 한 측면을 사회적 운동적 실체로서 파악할 수 있다고 본다. 이것은 우상숭배와 제사를 거부하면서 이원론과 개인윤리를 강조한 종교성 깊은 기독교 실체의 한 측면과는 극히 대조적인 성격이면서, 당시 민족적 과제인 반봉건·반외세운동에 가담함으로써 성속의 이원론을 일원론적으로 극복하고 그리스도의 성육신(成肉身)의 의미를 한말 민족사에 내재화시키는 것이었다고 풀이된다.

Ⅳ. 脫民族意識化의 과정

우리는 지금까지 19세기말 수용 때부터 기독교의 성격이 두 가지 형태로 비쳐진다고 보았다. 수용 당시 우리 사회의 현실문제와 관련, 기독교는 강력한 개혁, 부국강병의 수단으로 요청되었지만 실제로 초기에 기독교를 받아들였던 한국인들은 그런 개화적 동기와는 관계없이 오히려 개인적 종교적 동기에 의해 입교했다. 그후 1890년대 기독교는 성경과 전도문서를 보급하면서 사경회(査經會;Bible Study) 등을 통해 기본진리를 가르치는 데 주력하였고, 그 결과 한국 전통사회와의 갈등이 불가피하게 되었다. 그것은 주로 우상숭배와 조상숭배 등 행동윤리와의 마찰로 나타났다. 그러나 때로는 가렴주구하는 관리들에 대결하는 반봉건운동과 독립협회운동을 통한 반외세 자주운동도 보이는데 이 경우 선교사 세력을 의지하고 있다는 비판을 면키 어렵다. 따라서 1890년대의 기독교의 존재양태도 교육내용의 종교성·개인성과 운동으로서의 반봉건·반외세성의 두 측면으로 일단 파악된다고 보았다.

94) 宋吉燮, 〈만민공동회 운동에 있어서의 초기 감리교도들의 활동상황 연구〉, 《神學과 世界》, 감리교신학대학, 1985 참조.

그러다가 한말(1901~1910) 러·일의 각축에서 대륙세력인 러시아가 물러나고 영·미 해양세력의 지원을 받던 일제가 한국 강점을 서두르게 되는 상황에서, 한국 기독교에는 국가 위난에 대처하려는 일부 강력한 민족주의운동이 나타났다. 그러나 전체적으로는 점차 탈정치화·탈역사화의 길을 걷게 되었다. 아직도 기독교는 영미계 선교사들의 지도 아래 있었기 때문에, 한국 기독교계의 민족주의적 성격을 탈정치화시키려는 선교사들의 종교적 차원의 정치적 의도를 극복할 수 없었던 것이다. 20세기초 한말 기독교의 탈정치화는 기독교인들로 하여금 국가적 비운을 '법과 질서' 속에서 '유혈(流血) 없이' 맞게 하는 결과를 가져왔다. 그런 과정을 추구하면서 우리는 국가적 위난을 앞둔 시기에 기독교가 다시 양면성을 노출시키고 있었음을 확인하게 된다.

1. 선교사와 비정치화

독립협회운동 때에 기독교인들을 지원하며 한국의 사회개혁과 자주독립운동에 그런 대로 관심을 보이던 선교사들은 20세기에 들어서면서 자신들의 입장을 본국의 외교정책에 순응하는 자세로 전향하기 시작하였다. 미국은 1900년에 들어서서 이미 극동문제에서 일본의 한국 침략을 묵인하는 듯한 태도를 취하기 시작했다. 이는 극동에서의 러시아의 남하를 견제하기 위함이었다. 루스벨트는 그의 친우 스테른부르크(Speck von Sternburg)에게 이렇게 쓴 적이 있다.

> 일본이 한국을 차지하는 것을 보고 싶다. 일본은 러시아에 대하여 저지 세력이 될 것이며 아직까지 일본이 해온 일로 미루어보아 그들에게는 한국을 차지할 자격이 있다.[95]

루스벨트의 일본에 대한 이같은 자세는, 일본이 만주에서 미국을 위해 싸우고 있다는 식의 그의 러일전쟁관에도 잘 나타나고 있으며, 그러기 때문에 일본이 승리하자 그는 충심으로 기뻐한다고 하였다.[96]

95) Howard K. Beale, *Theodore Roosevelt and the Rise of America to World Power*, New York, 1936, p. 314, 321, 崔文衡, 《列强의 東아시아政策》, 일조각, 1979, p. 160에서 재인용.

루스벨트의 이같은 극동정책이 그의 대한정책으로 연결된다는 것은 자연스럽다. 루스벨트정부는 대한제국의 독립을 지지하는 것보다, 러일전쟁 후 한국이 일본에 병합될 것을 기대했으며, 그것이 한국민과 극동평화를 위해서도 다행할 것이라고 생각했다.[97]

이런 의도는 당시 주한 미국공사 알렌의 반대에 부딪혔다. 알렌은 미국의 국익을 위해서 극동에서의 친일정책을 반대했다. 때문에 알렌은 을사조약 체결 전에 주한미국공사직에서 해임되었고, 모건(J.P. Morgan)이 후임으로 임명되었다. 1905년 신임공사 모건에게 주었다는 루스벨트의 훈령에는 그의 친일정책이 극명하게 드러나고 있다. 즉 "나는 일본에 관한 동정을 최대한으로 주기 위해 귀하를 공사로 선임했다. 귀하에게 훈령하건대 한국 재임중 일본의 관헌과 계속 밀접한 관계를 유지하고 일본의 정책과 일치된 행동을 취해 주기 바란다"는 것이다.[98] 결국 이러한 미국정부의 극동정책이, 필리핀에 대한 그들의 침략을 일본이 묵인하는 조건으로 일본의 한국 강점을 미국이 묵인한다는 소위 '가쓰라(桂)-태프트밀약'으로 표면화되었다.

미국정부의 친일적 극동정책이 주한 선교사들에게 영향을 미쳤을 것은 당연하다. 그러지 않아도 1895년 민비시해(閔妃弑害) 후에 선교사들이 조선의 국왕을 보호하게 되자 미 국무부는 현지에 주재하는 미국인들이 해당 국가의 정치문제에 간섭하지 않도록 지시하였다. 독립협회운동에 미국 선교사들이 개입하게 되자 미국정부의 훈령을 받은 주한미공사관은 선교사들이 정치문제에 개입하는 것을 엄중히 금했을 뿐 아니라 선교사들에게 자신들의 사업목적에만 충실하도록 이렇게 지시하였다.

> 국무장관의 지시에 의하여 나는 한국에 일시적으로나 영구적으로 거주하고 있는 미합중국의 모든 시민 각자에게 계속 반복해서 발표한 미합중국 정부의 견해, 즉 모든 외국 국가에 있는 충성스런 미합중국 시민들에게는, 국제적으로

---

96) 徐仲錫, 《美國의 對極東政策》 1900~1905, 경희대 한일문화연구소, 1973, pp.77~78.

97) F.H. Harrington, *God, Mammon and the Japanese*, University of Wisconsin Press, 1944, 李光麟 역, 《開化期의 韓美關係》, 일조각, 1973, pp.341~342.

98) 《日本外交文書》 V, 〈新任 주한공사에 관한 대통령의 훈령〉 1905. 3. 23, p.224, 이혜석, 〈韓末 美國의 極東政策과 宣敎師의 活動〉, 연세대대학원 석사학위논문, 1987, p.47에서 재인용.

> 미 정부에 의무로서 지워져 있는, 해당 국가의 국내 문제에 참가하는 것에 대한 신중한 자제를 준수할 의무가 있다는 것을 공개적으로 알리라는 명령을 받았다. 어떤 의견을 발표하거나 국정 처리에 관해 조언하거나 혹은 그 나라의 정치 문제에 간섭하는 것 등은 엄중히 금한다. ……그들이 거주하는 나라의 대표부나 미합중국 정부 자체는 그들의 그러한 어떠한 행동도 찬성할 수 없으며, 이 조언을 무시해서 야기되는 만일의 사태로부터 그들을 보호해 줄 수 없다. 고국을 떠나 다른 나라에 체재하고 있는 선량한 미국 시민들은 합법적인 본업, 즉 그것이 선교사업이든 학교에서 가르치는 것이든 혹은 병자를 돌보는 것이든, 그들이 외국에 체재하는 목적인, 직업이나 사업에만 국한하는 것이 가장 국가에 충성하는 것이며, 외국에 있는 동안 지속적이고 효과적으로 보호받을 수 있는 권리를 정당화해 주는 것이다.[99]

또 미국 정부는 특히 만민공동회 때에 미국계 선교사들이나 선교학교들이 독립운동에 관여하는 것을 극력 반대하고 있다.[100]

이런 상황 속에서 1901년 9월에 개최된 장로회공의회에서는, 영미계 선교사들이 '교회와 정부 사이에 교제할 몇 조건'이란 것을 선언하여, 선교사 자신들의 정치적 중립을 선언했다.[101] 이것은 선교사들의 관장하에 있으면서도, 독립협회운동 이후 고양되어 가던 한국 기독교인들의 반침략적 민족운동을 억제하는 효과를 가져왔다. 그 결과 민족주의운동을 목표로 입교했던 상당수의 민족주의자들이 교회를 떠나게 되어 교회가 '정화'(淨化)되었다는 것이다.

선교사들 사이의 이같은 분위기는, 러일전쟁을 전후한 시기에 한국에서 자행되고 있던 일본군의 만행에 대한 선교사 헐버트의 비판도 용납치 않으려는 데까지 발전했다.[102] 사건은 감리교 선교사 헐버트(H.B. Hulbert)가 1906년 *The Korea Review*(6~9월호)에 서울과 평양에서의 일제의 토지수탈을 고발한 데서 발단되었다. 헐버트의 고발에 대해 미 북장로교 선교부가 이에

---

99) 이만열 편, 《아펜젤러, 한국에 온 첫 선교사》, 연세대출판부, 1985, pp.382~383.
100) 위의 책, 1985, p.401, 407~408.
101) 그 내용은, 모든 권세는 하나님이 주신 것으로 그리스도인은 모든 권세와 제도에 복종할 것을 전제로 교회(선교사)와 교인(한국인)간의 관계를 규정하였다. 즉 교인이 나랏일에 관여하거나 실수함에 대하여 교회가 간섭할 것이 아니며, 교회당과 목사의 사택은 나랏일을 公論하는 곳이 아니라는 것이다.
102) 김홍수, 〈교회와 국가 관계에 대한 미 북장로교 선교부와 헐버트와의 갈등〉, 《한국기독교사연구》 제22호, 1988, pp.21~23 참조.

불만을 표시하여 그들의 연례 모임에서 한일관계에 대한 불관여를 결의하고, 그 결의문 사본 하나를 발송하여 헐버트에게 그것의 게재를 공식적으로 요청하였다. 그 사본의 내용은 이렇다.

> 일본인과 한국인의 관계를 언급하는 어떤 선교사의 그의 선교부에 대한 보고문들과 이 언쟁들에서 한국의 그리스도인들이 취한 역할이 *Korea Review* 최근호에 게재된 것을 보고 미 장로교 한국 선교부는 회기 중 다음과 같이 결의한다. 그 글이 선교부에 제출되기 전에 발간되었고 선교부는 한국의 정치 문제들에 대해 결코 간여하지 않는다는 점에서 그 언급들은 선교부의 정책을 대변하는 것이 아니기 때문에 그 보고서에 대한 책임을 질 수 없다.[103]

이러한 항의에 대해 헐버트는 “민중들과 관련된 모든 것은 정치적”이라는 전제하에 정치와 종교의 관계를 상술하고 “그리스도교를 가르치도록 허용하면서 선교사들로 하여금 정치적 의의를 갖지 못하게 하는 모든 노력은 선교사가 그 자신과 자신의 일을 정치로부터 떼어놓을 수 있다고 말하는 것과 마찬가지로 황당하고 비논리적”이라고 주장하였다. 헐버트가 그런 주장을 펼 수 있었다는 것은, 북장로교보다는 비교적 자유로운 신학적 배경을 갖고 있는 감리교 소속의 선교사이며, 그 자신 이미 1904년의 러일전쟁에서 일본군의 만행을 목도할 수 있었기 때문이다. 여하튼 선교사들의 정교분리적 정치 불간여의 자세는 당시 이승만 등 한국 지식인들에게 호된 비판을 받고 있었다.[104]

선교사들이 외형상 정치적 중립을 표방하면서 내면적으로는 일제의 한국 침략을 방조하려 했던 것은 통감부(統監府)시대에 이토(伊藤博文)의 소위 정교분리정책에 동조한 데서도 엿보인다.[105] 통감부의 정교분리정책은 일제의 포악한 식민탄압통치에 기독교가 간여치 못하게 함으로써 자신들의 식민지

103) H. B. Hulbert, “Missionary Work in Korea,” *The Korea Review*, 1906. 10., p. 361, 김홍수, 1988, p. 22에서 재인용.

104) 李承晩, 《한국교회의 핍박》, 1913, pp. 27~28 참조.

105) 이 점에 대해서는 이만열, 1973, pp. 385~387 참조. 특히 朝鮮總督府, 《朝鮮の統治と基督教》(大正 10년), p. 6에는 伊藤博文이 미 북감리교 감독 해리스(M. C. Harris)에게 “政治上 一切의 사건은 不肖 本人에게 맡기고, 今後 朝鮮에 있어서 精神的 方面의 啓蒙教化에 관해서는, 원컨대 貴下 등이 그 책임을 맡아 주시오. 이렇게 해야 참으로 朝鮮人民의 유도의 사업은 비로소 完全하게 이룰 것이오”라고 한데 대해 해리스는 전적인 협조를 약속하고 있다.

수탈・탄압 통치를 노출시키지 않으려고 했던 것이다. 선교사들이 정교분리 정책에 동조했다는 것은 기본적으로 일제에 의해 강제로 체결된 한일간의 조약과, 이미 진출한 일제의 실체로서의 통감부를 인정한 데서 출발한 것이다.

한편 선교사들은 일제의 침략이 노골화되는 이 시기에, 다음에서 볼 부흥운동을 유도하였다. 대략 세 차례로 구분할 수 있는 이 부흥운동이, 러일전쟁기인 1904년 전후, 고종의 퇴위와 군대해산, 정미7조약으로 행정권이 이양되는 1907년 전후 및 이재명(李在明) 등의 이완용(李完用) 살해미수사건을 포함하여 기독교도들에 의해서 침략 원흉들을 폭력으로 제거하려고 궐기하고 있던 1909년 등, 일제의 한국강점과 관련된 결정적 시기에 각각 일어났던 것은, 부흥운동을 지원하고 있던 분들이 선교사들이었다는 점에서 석연치 못한 점이 느껴지기도 한다. 한국인으로서는 민족을 생각하며 가장 심각한 결단이 요청되던 때, 비록 소수지만 민족주의적 성격을 강렬하게 지녔던 기독교내의 선각자들이 그들의 의식과 운동을 전체 한국 기독교계 내지는 전민족적인 것으로 확산 심화시키지 못한 것은 당시 선교사들이 본국의 외교정책과 관련하여 취했던 한일관계 자세와 무관하지 않다고 본다.

2. 기독교인의 민족운동

19세기말 민족운동적 차원의 기독교 세력은 두 가지 면에서 강화되고 있었음을 보았다. 독립협회운동 등 지식인층을 통해서 나타난 민권의 강화와 반외세・자주독립운동이 그 하나이고, 민중의 부정・부패에 대한 저항으로서의 반봉건・사회개혁운동이 또 하나이다. 그러나 기독교인들의 이러한 운동은 독립협회운동에 대거 참여한 것을 제외하고는 조직적인 힘을 발휘하지 못하고 거의 산발적으로 나타났을 뿐이다.

1904년에서 1905년의 러일전쟁은 기독교 입교자들을 증가시켰다. 일본군의 만행이 의지할 데 없는 민중들을 기독교회로 피신케 했다. 민중들이 자신들의 생명과 재산을 보호받기 위해서 선교사 및 서구 제국과 국제적 연대를 가졌던 기독교에로 쇄도했던 것이다. 선교사 헐버트가 러일전쟁 때 일본군의 만행을 보고 그가 전에 가졌던 '한국을 위한 개혁자로서의 일본관'을 바꾸었다는 것은 이미 잘 알려진 이야기다. 선교사들의 이러한 태도변화도 한국인들의 기독교 입교에 영향을 미쳤을 것이다.

1905년 이후 일제의 한국 병탄계획이 노골화되는 상황에서 한국 기독교인들의 움직임은 크게 두 가지 형태로 나타났다. 하나는 교회내적인 것으로 교파연합운동, 교단설립운동을 포함하여 대부흥운동·백만인구령운동 계열이다. 이는 당시 기독교계의 주류로서 보수적인 움직임을 대변하고 있었다. 또 하나는 노골화하는 일제 침략에 대응하는 시대의식의 발로로서, 비록 당시 기독교의 주류를 형성하지는 못하였지만, 한말 기독교인의 민족의식을 극명하게 보여주는 말하자면 진보적인 계열이었다. 민족주의 계열은 또한 여러 갈래로 나타났다. 애국계몽운동의 계열은 주로 사립학교 설립과 언론·결사 등을 통해 활동하면서 상황과의 정면대결을 피하는 다소의 소극성을 보인 반면, 의병운동 및 행동적 항일운동에 뛰어들어 일제의 침략을 무력으로 저지하려는 적극성을 보인 유형도 있었다.

기독교계의 학교 설립과 계몽운동은 기독교의 수용과 함께 나타났다. 19세기말에 이미 기독교계에 의해 설립된 선교학교들은 이 무렵 한국의 지도적 근대학교로서 기능하고 있었다. 20세기에 들어서서 교회들과 기독교인들 중에는 봉건적 질서를 개혁하고 일제의 침략을 저지하기 위해서는 교육을 통한 실력양성이 급선무라고 느끼고 여기에 앞장섰다. 선교 초기에 선교기관에 의해 설립된 것과 달리 이때에는 기독교계 민족주의자들에 의해 학교가 설립되었다. 이승훈의 오산학교(五山學校), 안창호의 대성학교(大成學校) 및 이동휘(李東輝)가 설립한 여러 학교들이 이를 웅변해 주고 있다. 한말 사립학교령에 의해 설립 인가된 학교 총수 2,225개 가운데 823개가 외국인 선교사에 의한 종교계 학교였다는 것은,[106] 기독교가 애국계몽운동을 통해 구국운동에 나서고 있던 구체적인 증거라 할 것이다.

애국계몽운동과 함께 경제·정치면의 투쟁도 기독교 항일민족운동의 양상으로 뚜렷이 나타나고 있었다. 경제적인 항일투쟁으로는 함경도지역을 비롯한 전국 각지에서 선교사 및 한국인 조사(助事)들의 선도하에 전개된 조세저항운동과 평안도지방에서 특히 세차게 일어난 시장세 반대투쟁[107] 및 국채보상운동에의 적극적인 참여 등을 들 수 있다.[108] 그중 시장세 반대투쟁은 그

---

106) 국사편찬위원회, 《韓國獨立運動史》 1, p. 361.
107) 서굉일, 〈韓末 基督敎人들의 反植民運動——平南 順川의 市場稅反對鬪爭을 중심으로〉, 《韓國基督敎史硏究》 제 10 호(1986. 10.), pp. 12~17 참조.

규모 및 성격을 볼 때 반식민투쟁이었다. 기독교인의 정치적 항일투쟁은 반일진회(反一進會)운동과 기독교인이 다수 참여한 단체(YMCA 같은)들의 반합방(反合邦)운동 및 안창호·이승훈·전덕기(全德基) 등의 신민회(新民會)운동을 들 수 있다.[109]

이 시기 기독교인들의 행동적 항일운동에는 일정한 한계가 없지 않았는데 특히 의병운동과의 관계에서 그렇다. 기독교인으로 의병운동을 지도한 사람은 황해도에서 활약한 우동선(禹東鮮)과, 경기도 이천지역에서 순사(殉死)한 구연영(具然英)·구정서(具楨書) 부자 정도이다.[110] 한국 교회의 대체적인 시각은 동학군을 '동비'(東匪)로, 의병을 비도(匪徒)로 인식하는 단계를 크게 벗어난 것은 아니었다. 지방에 따라서는 의병과 기독교회의 갈등이 보이기도 하였다.

기독교계의 대체적인 분위기는 의병운동 등 무력투쟁에 대하여 소극적이었다. 그러나 산발적으로는 기독교인들의 항일운동이 그 당시 항일의식을 가장 예리하게 그리고 정직하게 표출하고 있었다. 을사조약을 전후한 시기의 교회의 위국기도회(爲國祈禱會)가 종교적 행사를 통한 것이라면, 을사조약의 철폐를 부르짖고 격렬하게 시위하며 일본 헌병들과 충돌한 것은 기독교인들의 행동적 항일운동의 신호탄이었다. 그 뒤 항일투쟁은 더욱 과격하게 되었다. 홍태순(洪太順)·정재홍(鄭在洪) 등의 기독교 지도자들은 자살로써 항일의 투지를 표명하였다. 더 적극적으로는 무력으로 매국원흉(賣國元兇)들을 제거하였다. 전덕기·장인환(張仁煥)·우연준(禹連俊)·이재명 등 기독교인들의 계획과 거사가 그것이다.[111]

일제의 한국 강점을 앞두고 보인 이러한 개인적이고 산발적인 투쟁은 교파적 교단적 조직에 의한 것이 아니기 때문에 기독교 민족운동으로 범주화시키는 데는 다소 주저됨이 없지 않다. 그러나 어떤 움직임이 어떤 특정한 집단의 행동에서 자주 나타날 때 그것을 그 집단과 관계되어 나타난 경향성

108) 이만열, 〈改新敎의 宣敎活動과 民族意識〉, 《史學硏究》 제 36 호, 한국사학회, 1983, p. 217.
109) 이만열, 1973, pp. 399~403 참조.
110) 이만열, 〈義兵運動〉, 《基督敎大百科辭典》 권 12, 1984, p. 1020.
111) 한말 기독교인들의 抗日 武力투쟁에 대하여는 이만열, 1973, pp. 394~397 및 1983, pp. 213~216.

으로 파악하는 것이 순리일 것이다. 한말 기독교인들에게서 보이는 이러한 경향성은, 비록 당시 기독교계의 움직임의 주류를 이루지는 못했다 할지라도, 기독교인들의 현실(정치)의식에 바탕한 진보적 참여적 성향을 나타낸 것이었다. 이러한 참여적 지성이 소수를 면치 못했다 하더라도, 그들은 당시의 보수적 그리고 용기 없는 기독교인들이 표출하고 싶은 민족감정을 사실은 대변해 주고 있었을 것이다. 그러기에 침략세력에 묵인 동조하는 세력들은 민족의식을 제재하면서 탈정치화시키려고 노력하였다. 비록 소수지만 민족문제에 진보적 입장을 취하며 실천성을 강조하던 기독교 세력이 그들의 의식과 운동을 더 이상 확산시켜 기독교계내에서조차 공감대를 넓히지 못했던 것은, 다음에서 볼, 기독교계를 비민족화 탈역사화시키려는 움직임들에 의해서이다.

3. 부흥운동과 탈정치화

20세기에 들어서서 한국 기독교인들을 탈정치적인 데로 유도한 요소의 하나는 사경회와 부흥운동이었다. 성경공부를 의미하는 사경회와,[112] 성령운동에 기초한 회개운동이 주류를 이루었던 당시의 부흥운동은 선교사들에 의해 주도되었거나 길선주 같은 보수적인 한국 기독교 지도자들에 의해 이끌리고 있었다.

사경회는 성경의 보급과 깊은 관련이 있다. 1890년대에 와서 주한 선교사들은 로스와 이수정이 번역한 성경을 비판하면서 새롭게 번역을 시작하여 1900년에는 신약성경이, 1911년에는 구약성경이 각각 출판되었다. 성경의 번역에는 한국인 신자들의 번역을 독촉하는 소리가 높았고[113] 한국인 어학조사들의 도움이 컸던 것이다. 성경의 번역·출간은 한국 교회의 국문 해독운동을 수반케 하여, 각처에서 성경을 읽기 위해 국문을 깨치게 되었다는 보고는 수없이 많다.[114]

---

112) 종래 영어의 'Bible Class'라는 말을 성경공부반이라고 번역해 왔으나, 이 말은 1891년에 간행된 《예수힝젹》에서 "그리스도사경회에 신묘년에 공부흔 것"이라고 한 바와 같이 이미 '사경회'라는 말로 사용되고 있었다.

113) *Annual Report of the Foreign Missionary Society of Methodist Episcopal Church in Korea*, 1891, p.274.

114) 이만열, 1987, pp.54~58 참조.

성경이 보급되자 각처에서 사경회운동이 광범하게 일어났다. 1890년 언더우드가 자택에서 성경공부를 시작할 때만 해도 2주간 성경을 공부한 조사(Helper)들을 지방에 파송하는 것을 목표로 하였다. 그러나 1898년경 평양과 선천(宣川)·재령(載寧) 등지에서 마펫(馬布三悅 ; S. A. Moffett)이 인도한 사경회에서부터 점차 대중화되어 갔다. 그리하여 1901년에 평양에서 모인 부인반 사경회에는 300리 떨어진 삭주·창성지방에서 참석한 이들이 있었고, 그 이듬해 역시 평양에서 400여 명이나 모인 '사나히 사경회'에는 목포(木浦)·무안(務安)지방에서 참석한 이들도 있었다.[115] 사경회의 열도는 증가하여 1909년에는 미 북장로교 선교지역내에서만 약 800여 회의 사경회에 연인원 5만 명이 참가하였다.[116] 사경회는 뒷날 부흥회와 합칭되어 부흥사경회(復興査經會)라 일컬어졌으며, 선교 거점(Mission Station)을 중심으로 모인 도사경회(都査經會)는 일년 가운데 농한기에 8일에서 10일씩이나 열리기도 했는데 이들 집회는 새벽과 밤에 부흥회로, 낮에는 성경공부로 진행되었다.

사경회운동은 한국 교회를 '성경기독교'(Bible Christianity)적인[117] 성격을 갖게 하였다. 성경을 하나님의 영감(靈感)에 의해 씌어진 '하나님의 말씀'으로 믿게 되었다. 성경은 믿는 이들의 신앙과 행위의 최고의 표준이 되어갔으며, 신자에게는 육체의 생존을 위한 양식이 필요하듯이 영(靈)의 양식으로서의 성경말씀은 필수불가결한 것으로 받아들이게 되었다. 성경의 권위에 대한 절대적 복종이 가능하게 되면서 성경을 가르쳐준 교회와 선교사의 권위도 높아지게 되었고, 따라서 선교사들의 영적 권위에 대한 절대적 복종이 자연스럽게 형성되어 갔다.

사경회는 성경공부 위주의 정적(靜的) 이지적(理智的)인 성격을 띠고 있는 것이었으나 사경회운동이 고양되면서 부흥운동이 일어났다. 부흥집회는 주로 사경회의 저녁 전도집회 시간에 이뤄졌는데, 이때 죄의 고백과 통회기도를 특징으로 한 부흥운동이 터져나왔다.[118] 한국 교회의 부흥운동은 1907년의 대부흥운동이 일어나기 전에, 1903년의 원산부흥회, 1906년의 평양연합

115) 《그리스도 신문》 6-5호, 1902. 1. 31.
116) 《기독교대백과사전》 8권, p. 293.
117) "Matters of Moment," *The Bible in the World*(a Record of the Work of the BFBS), 1907. 3., p. 70.
118) 白樂濬, 앞의 책, 1973, p. 387.

사경회와 목포부흥회 등의 국지적이며 간헐적인 부흥집회가 있었다. 그러다가 1907년 1월의 평남도사경회를 계기로 부흥운동이 전국적으로 확산되었다. 우리의 논의가 부흥운동의 과정을 설명하는 데 있지 않기 때문에 진행 과정의 설명은 여기서 생략하겠다.[119)]

평남도사경회는 미 북장로교 평양선교회가 중심이 되어 '한국 교회의 성령 세례'를 유도하기 위하여 계획된 것이다.[120)] 이러한 계획의 배경에는 "이 지역의 개신교회가 정치문제에 민감하게 반응하는 것을 우려하여 교회의 종교적 성격을 강조하고 한국 교회를 그들의 통제 아래 두려고 했기 때문이다"라는 지적이 있다.[121)] 왜냐하면 "선교사들은 한국 교회 내의 민족적 자각과 그것이 밀고나갈 애국적인 열의와 행동을 단적으로 '위험'이라 간주"했던[122)] 것이다. 이 지적은 부흥운동을 지나치게 민족적 사회적인 관점에 초점을 맞추었고 그 종교적 영적인 접근을 배제시킨 듯하지만, 당시 한국이 처한 상황과 관련시켜 볼 때 숙고할 가치가 있다. 즉, 대부흥운동이 일어나기 전에 을사조약으로 외교권이 상실되었고 통감부가 설치되어 일본의 내정간섭이 노골화되었으며, 대부흥운동이 일어나고 있던 1907년에는 헤이그밀사사건으로 고종이 퇴위하고 정미 7조약으로 행정권이 박탈되고 군대까지 해산되는 국가적 위난을 맞고 있었다. 따라서 선교사들은 악화되어 가는 한일관계가 전국적인 항일운동을 촉발시킬 것으로 느꼈고 거기에 대해 이를 막으려는 이유 또한 나름대로 있었을 것이다. 백낙준의 지적과 같이, 선교사들은 "한인들이 벌써 잃어버린 대의(大義)를 당장 찾으려고 싸우려 함이 무모함을 알고 있을 뿐만 아니라, 그러다가는 아직 어린 교회가 정치기관화될 위험성을 내다보았던"[123)] 것이다. 그러기 때문에 평양에서 대부흥운동을 체험했던 블레어(W.N. Blair)는 악화되어 가는 한일관계를 하나님과 인간과의

119) 한말 부흥운동에 관한 최근의 논문은, 서정민, 〈초기 한국교회 대부흥운동의 이해——민족운동과의 관련을 중심으로〉, 《한국기독교와 민족운동》, 이만열 외 7인, 보성, 1986 ; 노대준, 〈1907년 개신교 대부흥운동의 역사적 성격〉, 《韓國基督教史研究》 제15·16호, 1987. 8. 참고.

120) H.A. Rhodes, *History of the Korea Mission Presbyterian Church U.S.A.* 1884~1934, p.281.

121) 노대준, 앞의 책, 1987, p.8.

122) 閔庚培, 앞의 책, 1982, p.257.

123) 白樂濬, 앞의 책, 1973, p.386.

신앙의 관계에서 파악 해결해야 할 것으로 느낀다고 말함으로써 선교사들이 민족문제로서의 한일관계 인식을 의도적으로 배제하고 있었음을 지적하였다.

> 우리(宣敎師)는 한국 교회가 일본인을 미워하는 생각을 회개할 뿐만 아니라 하나님을 거역하는 모든 죄에 대하여 똑똑한 깨달음을 가져야 될 줄 안다.…… 우리(선교사)는 국가사정에 상심한 사람들이 마음을 돌이켜서 주님과의 개인적인 관계에 성의를 두어야 한다고 느낀다.[124)]

1907년 1월 14일 저녁부터 시작된 집회는 '성령강림'을 체험하면서 열광적인 흥분의 도가니가 되었다. 부흥회의 광경은 이렇게 묘사되고 있다.

> 그들은 자신의 머리를 바닥에 부딪치기도 하고 손을 방바닥에 치기도 하며, 마치 악마가 그들을 찢기라도 하는 듯이 고통 속에 절규하였다. 마침내 저항할 아무런 힘도 남아 있지 않게 될 때 그들은 일어나 흐느끼며 자기의 죄를 고백하였다.[125)]

> 사경회를 시작하던 날부터 죄의식을 깨우치고 고백하기 시작하여 매일 저녁마다 더 많은 사람이 더욱 절실하게 고백하였다.……그들은 울거나 소리치며 자신의 가슴을 쳤고, 때로는 죄의 중압감에 눌린 듯 방바닥에 엎어져 움직이지도 못하는 것 같았다. 어떤 때는 모든 회중이 함께 통곡하며 하나님의 자비를 구하였다.[126)]

부흥운동은 한국 교회의 심령적 신생(新生)을 가져왔고, 기독교인 사회의 도의 향상을 가져왔다고 지적된다.[127)] 그것은 부흥운동이 무엇보다 개인적 죄의 회개에 초점을 두게 했기 때문이다. 따라서 부흥운동은 개인적인 죄의식을 갖게 하는 데서 시작하여 죄의 고백을 강화함으로써 그 열도를 높여가게 되었다.

> 한국인과 같은 민족은 가공스런 죄의 본성을 분명하게 알지 못하므로, 처음

---

124) W. N. Blair, *The Korean Pentecost*, p. 42, 白樂濬, 1973, p. 386에서 재인용.
125) Mrs. W. M. Baird, "The Spirit among Pyeng Yang Students," *K. M. F.* Vol. Ⅲ, No. 5, p. 65, 노대준, 1987, p. 9에서 재인용.
126) Rev. W. L. Swallen, "God's Work of Grace at Pyeng Yang Classes," *K. M. F.* Vol. Ⅲ, No. 5, p. 78, 노대준, 1987, p. 9에서 재인용.
127) 白樂濬, 앞의 책, 1973, p. 392, 394.

개종할 때에는 죄의 본성을 알고 있는 사람들이 갖는 바와 같은 죄의식을 갖지 못한다.[128]

> 저런 고백들! 그것은 마치 지옥의 지붕을 열어젖힌 것이나 다름없다. 살인·강간, 그리고 상상할 수도 없는 모든 종류의 불결과 음욕·도적·거짓·질투……부끄러움도 없이! 사람의 힘이 무엇이든 이런 고백을 강제할 수는 없을 터이다. 많은 한국 교인들은 공포에 질려 창백해지고 그리고 마루에 얼굴을 가리었다.[129]

선교사들은 죄의식을 깨닫지 못하는 한국인들에게 '가증스런 죄의 본성'을 깨닫게 하기 위해 죄의 결과로서의 지옥의 형벌을 강조함으로써 죄에 대한 두려움을 깨닫게 하는 한편, 죄를 고백함으로써 얻는 죄의 사유와 영혼의 구원을 가르쳤다.

죄의 고백과 회개는 개인문제에 집착케 했다. 그렇게 함으로써 봉건사회의 구조악과 일제의 침략이라는 조직적인 폭력에 대한 인식을 철저히 차단시키고 있었다. 개인이 범한 죄악은 그 자신을 파멸시켰을 뿐만 아니라 국가적 위난을 안겨주었다고 믿게 하였다. 회개운동이 정점을 이루었던 당시의 부흥운동은, 그리하여 당시 우리가 겪고 있던 국가적 위난은 죄의 결과로 말미암은 것으로 자연스럽게 수용되었다. 이러한 부흥운동의 흥분된 분위기에서 일제의 침략은 세계사적 구도에서 도출된 제국주의적 구조악으로 인식될 수 없었다. 오히려 그것은 자신들의 죄악을 징벌하는 신의 채찍으로서 하나님의 영원한 섭리 아래에서 이루어지는 것으로 믿게 되었던 것이다.

회개운동이 주가 된 이 부흥운동은 선교사들의 예상을 훨씬 넘어설 정도로 비통과 눈물로써 계속되었다. 기독교인의 통회자복(痛悔自服)은 개인의 정서적 정화(淨化)를 가져오게 하였으나 그런 만큼 현실의식·역사의식은 마비되고 있었다. 즉 개인이 역사와 사회 앞에 져야 할 책임은 점차 회피하였고 신의 섭리에 내맡겨버렸다는 뜻이다. 역사의식이 마비된 채 진행된 회개운동은 현존하는 죄악의 원인을 사회구조나 제국주의적 침략에서 찾도록 하지 못하게 했고 철저히 개인적인 것과 관련시키게 했다. 그 결과 종교적

---

128) "The Cry of the Church," *K. M. F.* Vol. Ⅳ, No. 4, p. 62, 노대준, 1987, p. 11에서 재인용.

129) W. W. Baird, "The Spirit among Pyeng Yang Students," *K. M. F.* Vol. Ⅲ, 1907. 5., p. 66ff, 閔庚培, 1982, p. 253에서 재인용.

인 행위라고는 하나 지나치게 몰역사적인 것이라고 규정해야 할 사건도 나타나게 되었다. 즉 부흥운동에 참여한 기독교인이 여태껏 미워하던 선교사는 물론 일본인까지도 사랑하게 되었다는 것이다. 한 노인의 고백은 이 당시의 분위기를 감지케 한다.

> 나는 관리였습니다. 나의 마음은 직책상의 업무(doings thereof) 때문에 몹시 굳어 있었습니다. 그러나 내가 예수께 나아오고 그가 나의 왕이 된 후로는 일본인조차도 사랑하게 되었고, 태양이 지고 있는 서산들은 모두 찬란하게 빛나고 있습니다.[130]

결국 부흥운동에서 나타난 회개운동은 죄를 통회함으로써 심정적인 정화와 평안을 일시적으로 누리며 현실의 복잡성으로부터 개인을 도피시키게는 하였으나, 죄의 중요한 원인인 구조악에 대해서는 개혁의지와 저항의식을 차단시키는 결과를 가져오게 하였다. 특히 제국주의적 침략세력으로서의 구조악에 대해 부흥운동에서 행해진 메시지는 법과 질서에 대한 복종을 종용하는 형태로 나타났다. 그리하여 전민족적인 항일운동을 고조시켜야 할 시기에 한국 기독교계의 주류는 일제의 침략을 수용하는 쪽으로 기울어지게 되었다. 당시 부흥운동이 어떻게 일제 통감부하의 법과 질서를 유지시켜 주었는가 하는 것은 다음에서 극명하게 보여주고 있다.

> 서울과 북부지방에서는 오도된 애국자들이 선교사들과 한국인 지도자들의 영향력이 무질서에 반한다는 이유로 선교사들과 한국인 지도자들의 생명을 위협하였지만, 개신교 교역자들의 설득과 절제력으로 유혈사태가 방지되고 질서가 유지되었다. 이런 지역에는 이미 부흥운동이 일어나 교회가 법과 질서를 유지할 수 있도록 준비시켰다는 점을 주목하여야 한다.[131]

이제 부흥운동이 민족사에 어떤 결과를 초래하게 되었는가는 분명해지고 있다. 당시 국권이 탈취당하는 상황에서, 기독교가 민족적 분노를 제어하고 '법과 질서를 유지'하기 위해 노력한 좀더 구체적인 자료를 우리는 서북지역을 선교지역으로 관할하고 있던 미국 북장로교의 연례보고서에서 다음과

---

130) James, S. Gale, *Korea in Transition*, New York, 1909, p.44.
131) Board of Foreign Missions, Methodist Episcopal Church, *The Religious Awakening of Korea*, New York, 1908, p.29, 노대준, 1987, p.14에서 재인용.

같이 본다.

> 정치적인 상황은 꽤 변하였다. 지난 해의 보고서를 제출할 즈음에 일본은 이미 한국을 보호국화했고 한국인과 일본인의 관계는 매우 긴장되어 있다. 이런 심각한 시기에 한국에 거주하는 것 때문에 고통을 겪는다 하더라도 우리들 선교사들은 민족 문제에 관해서는 전혀 불관여·중립적 정책을 취해 왔다.
>
> 지난해 1907년 6월에 한국 황제는 강제로 퇴위되었고, 황태자가 즉위하였으며 많은 변화가 이뤄졌다. 한국인들 사이에서는 큰 소요가, 어떤 곳에서는 무정부 상태가 휩쓸기 시작했고 무장한 의병(armed rebellion)이 여러 곳에서 궐기하였다. 아직까지도 수많은 한국인들은 내지에서 일본인에게 대항하여 유격전을 벌이고 있다. 북부지방에서는 한국의 그리스도인들, 특히 지금은 길(善宙—저자) 목사인 그리고 그때에는 평양의 길장로(吉長老)라는 한 사람의 영향력이 없었더라면, 과격한 싸움꾼들로 유명한 평양 주변의 전지역에서 폭동이 일어났을 것이다. 그러나 이 현명한 기독교 지도자(길선주)는 모든 권세는 하나님께로부터 온 것이라고 설득하였고, 교회가 그를 도왔기 때문에 전 북부지역의 분노를 진정시키고, 한국을 엄청난 유혈로부터 구해냈다. 그런데 아직 잘못된 정보를 가진 사람들은 한국 교회가 정치적 의도를 지니고 있다고 주장한다.
>
> 이러한 최근의 동란 중에서 우리 선교사들은 불관여의 태도를 유지했다. 그들은 정치적 목적 때문에 한국에 거주하고 있지 않다는 것을 제대로 알고 있으며 교회가 영적 사명에 충실해야 한다고 굳게 다짐했다.……[132]

힘의 균형이 깨진 상태에서는 불관여·중립적 태도란 강자를 두둔하는 위장된 제스처에 불과하다. 선교사들은 '중립'이란 편향된 입장에 서서, 한국인을 유혈의 비극으로부터 구한다는 명분 아래, 망국의 분노를 진정시키려는 대부흥운동의 지도자 길선주를 '현명한 기독교 지도자'로 치켜올리면서 민족문제에는 손을 떼고 있다. 선교사들의 이같은 태도는 그들의 절대적인 영향력 아래 있던 한국 기독교인들에게, 민족문제에 관여치 않도록 막대한 영향력을 행사했던 것이다. 그런 만큼 부흥운동은 그 신앙운동상의 높은 평가에도[133] 불구하고 민족사적으로는 기독교인들의 민족주의적 항일정신을 탈색시키는 결과를 가져오게 되었다. 이같은 평가는 1909년의 '백만인구령운동'에 대한 해석에서도 보이는데, 선교사 베어드(W. M. Baird)가 "이 운

132) *The Annual Report of the Board of Foreign Missions of the Presbyterian Church in the U. S. A.*, 1908, p. 269.
133) 閔庚培, 앞의 책, 1982, pp. 254~263.

동에 관심이 쏠림으로써 한일합병의 시련기에 있어서 국내평화와 질서를 유지하게 하였다고 믿었다"고[134] 한 데서도 꼭같이 나타나고 있었다. 따라서 외국 선교사들에 의해서 주도된 대부흥운동(1907)과 백만인구령운동(1909)은 결국 한국 기독교를 탈민족주의화 탈정치화시켰다는 비판을 면치 못하게 했다고 본다.

따라서 부흥운동이 비록 민족적 울분을 내면화시키면서 표출된 것이긴 해도, 이 운동을 통하여 나타난 종교적 체험을 통해서는 당시의 사회문제·민족문제에 접근하기는 어려웠다. 오히려 이때부터 선교사들의 전천년왕국설(前千年王國說; Premillenarianism)이 교회 안에 깊숙히 자리잡게 되었고[135] 이를 기초로 한 보수신학이 식민지시대에 더욱 공고화되고 있었다. 이와 함께 한국 기독교인들의 현실참여의 진보적 성향은 차차 사라지고 항일 구국의 수단으로 기독교에 입교했던 민족주의자들이 점차 교회에서 이탈되어 갔던 것이다.

이것이 일제 강점 직전의 한국 기독교계의 대체적인 상황이었다.

V. 맺는 말

우리는 한국 기독교가 현재 안고 있는 개인구원 중심의 초월주의적 보수의 성격과 사회구원 중심의 내재주의적 진보의 성향을 두 큰 사상적 흐름으로 보고, 그것이 어느 시기부터 한국 기독교사에 나타나고 있었으며, 그것이 어떤 구체적 실체를 띠고 민족사에 영향을 미치고 있었는가를 살펴보려고 하였다. 종래 이 두 흐름의 발생시기 문제는, 명확하게 지적된 적은 없

134) 白樂濬, 앞의 책, 1973, p. 405.

135) 閔庚培, 앞의 책, 1982, p. 259. 千年王國說과 관련하여 유의할 것은, 前千年王國說은 千年王國 前에 예수가 再臨한다는 것으로, 千年王國이 이루어진 후에 예수가 再臨한다는 後千年王國說, 예수의 初臨으로 이미 千年王國이 시작되었다는 無千年王國說과 구별된다. 教會史的으로 보면, 後千年說하에서는 예수의 再臨 전에 千年王國을 이루기 위해 社會改革 등에 노력을 경주하는 반면, 前千年說하에서는 예수再臨의 임박성을 강조하면서 그 再臨을 맞기 위해 개인의 경건한 신앙생활과 불쌍한 영혼을 구하기 위한 전도에 힘쓰게 되어 사회개혁이나 민족독립 등 구조적인 문제에 대해서는 외면하게 된다. 참고로 현재 한국에서는 民衆神學을 주장하면서 사회개혁과 사회구원을 강조하는 측에서는 後千年說을 주장하지만, 한국 교회의 대부분을 차지하고 있는 保守主義 계열에서는 아직도 前千年說을 신봉하고 있다.

지만, 대체로 1907년 전후의 대부흥운동기, 1920년대 혹은 1930년대 보수·진보의 신학이 본격화된 시기로 지목하고 있었다. 그러나 저자는 그런 흐름이 기독교 수용 초기부터 나타나고 있었다는 것을 골자로 하여 한말의 여러 시기에 단계적으로 나타나고 있었음을 이 글에서 밝히려고 하였다.

저자는 우선 한말 기독교사를 1880년대의 수용기와, 1890년대의 정착기, 그리고 20세기초 10년간 격동기의 세 시기로 나누어 살펴보기로 하였다. 그 결과 다음과 같은 몇 가지 사실을 확인할 수 있었다.

첫째, 1880년대를 전후하여 기독교를 수용하려는 동기와 수용의 실제는 다르게 나타나고 있다는 점이다. 기독교에 대한 논의가 본격화되는 것은 1882년 한미수호통상조약이 계기가 되었다. 척사위정계(斥邪衛正系)와 온건개화파의 지식인들은 전통적 화이관(華夷觀)에 따라 기독교에 부정적 견해를 표명하고 있었지만, 급진개화파 지식인들은 개화와 부국강병을 실현하는 방편으로 기독교 수용에 적극적이었다. 이들은 말하자면 기독교를 종교로서보다는 사회사상으로 이해했던 것이다. 그러나 이들에 의해서 기독교가 수용된 것은 아니다.

기독교가 수용되는 것은 선교사의 공개적인 입국에 앞서서 성경번역과 그 보급을 통해서였다. 그것도 개화와 부국강병 등 민족문제와 관련해서가 아니라 인간과 영원의 종교적 신앙적 문제와 관련되어 있었다.

여기서 수용 당시부터 기독교는 사회·민족문제의 현세적인 점과 죽음·종교적인 고민의 피안세계와 각각 연결되는 두 계열로 구분되고 있었다.

둘째, 1890년대의 기독교도 종교적 교리적 측면과 사회적 운동적 측면의 두 흐름으로 파악된다는 것이다. 1890년대 기독교는 성경번역과 전도문서의 간행·보급에 힘쓰면서 그 종교적 교리적 기반을 쌓아갔으며, 거기에서 오늘날까지도 전수되는 신학적 기본 내용과 유일신사상 및 이원론사상에 입각한 개인윤리를 파생시키고 있었다.

유일신관과 개인윤리는 나름대로 당시 한국사회의 전통과 충돌하고 때로는 개혁하는 모습도 보였다. 우상·미신의 철폐와 제사의 거부는 당시로서는 단순히 개인윤리의 차원이 아니라 구조문제와 관련되고 있었는데, 특히 제사문제에서 기독교는 성리학적 통치체제에 도전하고 있었던 셈이다. 또 청교도적 개인윤리가 전통적 악습을 개혁하고 개인의 도덕적 성결을 고양시키는 일면도 없지 않았다. 그런 점에서 기독교의 사상과 행동윤리는 개혁적 성격을 갖고 있었다.

한국은 당시 봉건 말기의 부패와 외세의 침투에 시달리고 있었다. 그와 관련, 소극적이고 소규모적이긴 하나 기독교인들이 반봉건·반외세의 운동을 전개하였다. 이것은 종교적 성격을 강조하는 기독교계가 침묵을 지키고 있던 영역이거나, '권세에의 복종'을 가르치던 교회의 입장과는 다른 것이다. 그렇다면 이때의 반봉건·반외세의 요소는, 수용 초기에 보였던 개화파 지식인들의 개화·부국강병적 기독교 수용동기와 연결시켜 보거나, 당시 대거 입교한 민중계 기독교인들의 반봉건 의식과 관련시켜 이해해야 하지 않을까 생각한다.

따라서 1890년대의 기독교도 종교적 신앙적인 요소와 참여적 사회개혁적 요소를 동시에 포용하고 있었다. 주목되는 것은, 종교적 계열이라 할 유일신관(唯一神觀)과 개인윤리가 극히 제한적이긴 하지만 사회개혁적 행동성으로 외연화(外延化)되고 있었다는 것이다.

셋째, 20세기초에 이르러 기독교는 탈민족주의화의 경향으로 이끌려지게 되었다. 20세기초 한국은 영·미의 지원을 받아 극동에서 러시아에 대항하고 있던 일본의 세력권에 흡수되고 있었다. 그때까지 기독교인들의 반봉건·반외세운동을 소극적이나마 지원하고 있던 선교사들은 본국의 대한정책과 극동정세의 재편과정을 재빨리 간파하고서는 기독교인들의 반외세운동에의 지원을 중단했을 뿐 아니라 불관여·중립적 입장을 내세워 한국의 민족문제를 제국주의하의 국제관계에 내맡겨버렸고, 따라서 한국 기독교인들의 반외세적 민족운동에 심대한 타격을 가하게 되었다. 그 대신 선교사들의 지원은, 유일신관과 개인윤리에 의한 전통윤리와의 대결이나 교육사업 등 애국계몽운동을 거의 한계점으로 하고 있었다.

그러나 이 시기 한국 기독교가 선교사들의 절대적인 영향력하에 있었으면서도 소수의 기독교인들은 항일민족운동을 전개하고 있었다. 이들은 보수측의 한계점이었던 애국계몽운동은 물론 경제적 정치적 및 무력적 항일운동에도 나섰는데, 한말 매국 원흉들에 대한 살해 기도가 모두 기독교인과 연결되어 있음은 주목할 만하다.

이 무렵 항일운동에 참여한 한국 기독교인들의 소수의 흐름과는 달리 사경회와 부흥운동이 선교사들과 연계하여 기독교의 큰 흐름을 이루고 있었다. 이 흐름은 신앙운동의 차원에서는 성령체험이나 세속성과의 단절 체험 등 교회의 에클레시아로서의 자기확인을 가능하게 하였지만, 민족사적으로는 기독교인들의 민족적 분노를 진정시키는 효과를 가져오게 되어 탈민족주의화를 가속시켰다. 앞서 말한, 매국 원흉들에 대한 무력적 살상도 불사하던 기독교인의 항일민족운동이 전교회적 공감대를 유도하지 못한 것은 부흥운동의 영향과도 무관하지 않을 것이라 생각된다.

따라서 우리는 20세기초의 10년간의 기간에도, 기독교는 죄의 회개와 용서를 강조하는 신앙적 흐름과 기독교적 애국운동을 통해 국가를 구할 수 있다는 민족운동적 흐름이 병행하고 있었음을 확인하게 된다.

여기서 우리는 기독교가 갖고 있는 자기정체성(Identity)과 사회참여(Relevance) 사이의 관계가 '기독교의 역사화'를 긍정적 혹은 부정적 방향으로 규정해 왔음을 보게 된다. 종교성으로서의 자기정체성과, 자기정체성에 근거한 사회참여의 두 조류가 긴장관계를 유지하면서 평형을 견지하게 될 때, 기독교의 역사화는 긍정적으로 평가받을 수 있다. 우리의 논의에서 본다면, 1890년대 '종교성과 운동성의 공존'기가 기독교로서는 자기정체성을 고양하면서 역사참여에도 진취적인 입장을 취했다고 본다. 그러나 긴장관계와 평형이 깨어져서 어느 한 면이 지나치게 강조되거나 다른 측면을 압도해 버리게 되면, 기독교는 보수화되거나 혹은 진보성만 남게 되어 그 '역사화'는 부정적인 성격으로 되었다. 우리의 논의에서 본다면, 1900년대초 '탈민족주의화의 과정'기가 바로 그런 예에 속할 것이다.

한말에 이미 나타나기 시작한 이 두 흐름은 그 뒤 한국 기독교의 보수·진보의 양대 조류로 연결되면서 서로 갈등하고 고민하는 변증법적 과정을 밟아갔던 것이다.

(碧史 李佑成教授定年退職紀念論叢 《民族史의 展開와 그 文化》 下, 1990. 9.)

한말 기독교인의 민족의식 動態化과정

Ⅰ. 入教의 사회의식적 성격

1832년 귀츨라프(C. Gützlaff)가 충청도 해안에서 전도한 이래, 기독교를 한국에 전파하려는 노력은 여러 측면에서 이루어졌다. 그 첫째는 영국 스코틀랜드 계통의 노력이다. 윌리암슨(A. Williamson) 목사를 비롯한 많은 선교사들이 중국에서 한국 선교의 기회를 포착하려고 노력하였다. 그 노력의 결과가 두 가지로 나타났던 셈인데, 그중 하나는 1866년의 토머스(R. J. Thomas) 목사의 순교로 나타났고, 또 하나는 1870년대말부터 만주지방에서 이루어진, 로스(J. Ross), 매킨타이어(J. Macintyre) 목사 등의 성경번역 사업과 재만 한인(在滿韓人)에 대한 전도로 나타나게 되었다.

그 둘째는 미국의 북장로교와 북감리교의 노력이다. 이 노력으로 1884년 9월에 북장로교 소속의 알렌(H. N. Allen)이 미국 공사관 공의의 자격으로 입국하여 선교의 길을 트게 되었고, 이어서 1885년 4월 북장로교의 언더우드(H. G. Underwood)와 북감리교의 아펜젤러(H. G. Appenzeller)의 입국으로 진전되었다. 이에 앞서 1884년 6월에, 미국 북감리교 선교본부의 지시에 따라 한국을 다녀간 매클레이(R. Maclay)의 노력도 잊을 수 없는데, 그는 당시 일본에서 선교활동을 전개하고 있었다. 뒷날 한국에서 장로교와 감리교가 가장 활발하게 전도하고 가장 거대하게 성장한 이면에는 이러한 노력이 뒷받침되어 있었다. 미국 기독교의 한국 선교와 관련하여 주목해야 할 점은 19세기 후반에 일어난 부흥운동과 해외선교와의 관계라 할 것이다. 즉 그 운동에 참여한 많은 신학생들이 전국 신학교 동맹 같은 것을 조직하여 해외 선교에 적극 자원하고 나섰다는 점이다. 이 운동에 참가하여 불붙는 열정을 가지게 된 젊은이들이 한국의 초대 선교사로 들어왔던 것이다.

외국 선교사들의 위와 같은 노력 못지않게 중요시해야 할 것은, 기독교를 한국에 도입하려 했던 한국인들의 노력이라 하겠다. 이러한 노력들 역시 여러 갈래를 통하여 나타났다. 첫째는 개화파 지성인들의 노력이다. 황준헌(黃遵憲)의 《조선책략》(朝鮮策略)이 한국의 유생들에게 거센 반발을 일으키게 한 것은 우리가 익히 알거니와, 한국의 유생들이 반발을 일으킨 것은 그 책에 나타난 호의적인 야소교관(耶蘇教觀) 때문이다. 그리하여 유생들은 《조선책략》의 유입 유포가 곧 야소교의 유포를 의도하였을 것이라고 의심하게 되었다. 그 결과, 당시까지만 해도 폐쇄적이었던 한국 지식인들에게 야소교가 널리 알려지게 되었다. 후일 개화당을 조직한 인사들 가운데 다수가 야소교에 대해 대단한 관심을 갖고 있었다. 이들은 서구의 기독교가 침략세력과 결탁되어 있다는 것을 심각하게 인식하지는 않았다. 오히려 그들은 기독교가 전파되는 곳에 학교·병원·신문·출판 등 문명의 이기들이 보급되고, 그로 인해 개화(근대화)가 촉진되고 나라의 부강이 이뤄진다고 보았다. 그렇기 때문에 당시 이미 일본과 청나라에까지 왔던 기독교를, 근대화와 부국강병을 위해 도입해야 한다고 주장하게 되었던 것이다. 1884년 6월 감리교의 매클레이가 일본에서 건너와 정부요로와 접촉하고, 앞으로 기독교의 학교·병원사업에 대한 계획을 개진하고 긍정적인 반응을 얻을 수 있었던 것은 개화파 인사인 김옥균(金玉均)의 주선에 의한 것이었다. 김옥균과 박영효(朴泳孝)가 기독교에 대하여 적극적인 관심을 가졌을 뿐 아니라, 뒷날 개화파 인사들 중에 상당수——예를 들면 서재필·윤치호·유길준·이상재·남궁억·이승만 등——가 기독교와 관련을 맺었던 것은 이 때문이었다.

한국인에 의한 기독교 도입의 노력은 상업차 만주에 갔던 일련의 한국인 청년들에게서도 나타난다. 백홍준(白鴻俊)·이성하(李成夏)·김진기(金鎭基)·이응찬(李應贊)·서상륜(徐相崙) 등은, 만주 우장(牛莊)에 가서 그곳에 와 있었던 선교사 로스·매킨타이어 등과 접촉하여 그중에서 어떤 이는 세례를 받게 되었다. 이들은 그 뒤 만주와 북한에 복음을 전하는 데 가담하기도 하고, 백홍준·서상륜 같은 이는 성서번역을 도와 선교사가 이 땅에 도래하기 전에 우리말로 번역된 성서를 갖도록 했을 뿐만 아니라, 선교사 입국에 앞서서 국내에 들어와 복음전도활동을 전개했던 것이다. 이런 점에 대해서는 앞의 글 〈徐相崙의 행적에 관한 몇 가지 문제〉에서 지적한 바 있다.

만주지방에서의 이와 같은 노력은 일본에서도 보여진다. 이수정(李樹廷)이 일본에서 예수를 믿고 성서번역에 헌신하였던 것이다. 1885년 4월 언더우드와 아펜젤러가 일본을 경유하여 한국에 입국할 때, 그들은 이수정의 노력에 의해 일본에서 번역 출판된 〈마가복음〉을 들고 들어올 수 있었다.

기독교 도입을 위한 한국인의 이같은 노력은 중요한 의미를 갖는다. 한국 카톨릭이 한국인의 자주적인 요구에 의해 수용되었듯이, 기독교의 경우도 그와 비슷한 점을 발견할 수 있기 때문이다. 기독교의 수용이 단순히 외국 선교부의 시혜적(施惠的)인 노력에 의한 것만이 아니고 한국인의 이에 대한 갈망과 욕구에 의해 이뤄졌다고 인식된다는 것은 그후의 한국 기독교의 자세 정립에 중요한 의미를 터득할 수 있다고 생각한다. 즉 이같은 수용자세를 한국인의 자주적인 노력과 관련시킬 수 있다면, 우리는 한국 기독교의 수용이 우리가 안고 있는 사회적 민족적 문제를 해결하기 위한 적극적인 자세 위에서 이뤄졌다고 생각되며 기독교와 민족주의의식을 연결시킬 수 있는 또 하나의 가능성을 발견할 수 있기 때문이다.

기독교가 도입되어 얼마 동안은 학교·병원을 중심한 선교활동밖에는 할 수 없었다. 신자의 수가 증가하고 기독교가 우리 사회에 두각을 나타낼 수 있게 된 것은 1894년의 일련의 급격한 사회변동과 관련이 깊다. 이 무렵 기독교에 입교하는 사람들이 매우 증가하게 되었다. 이들의 입교의 동기는 대개 두 가지 부류로 나눌 수 있다. 그 하나는 개화파 인사들이나 관료들로서, 이들은 개화 구국을 위해서 기독교를 찾았다. 다른 하나의 부류는 봉건지배층과 외세로부터 압박받는 민중들로서, 그들은 이들 압제자들로부터 생명과 재산을 보호받기 위해서 기독교에 투입하였다.

먼저 개화파 인사들이나 관료들의 경우를 보자. 이 경우 그들의 기독교 입교는 그들의 세계관의 확대와 관련이 깊다. 그들은 서양에서 예수교를 신봉하는 나라들이 문명 부강한 국가를 이룩하고 있다는 것을 보았다. 개화파 인사들의 이상이 개화를 이룩하여 부국강병을 도모하는 것이므로, 그들의 이상을 실현하기 위하여 기독교에 관심을 가지고 입교하였다는 것은 이해할 만하다. 때문에 초기에 내한한 선교사들도, 백성들의 이같은 개화 욕구에 적절하게 유념하면서 선교활동을 폈던 것이다. 그들의 선교 메시지는 예수의 구원의 의미를 추상화시키거나 내세화시키지는 않았다. 예수교의 신봉이, 한국이 추진하려는 개화 부국강병과 밀접하게 관련되어 있음을 설득하려 했던 것이다.

> 서양 각국에 구세주를 숭봉하는 나라들은 하나님을 공경하고 사람을 사랑하는 고로 법률을 실시하고 정치가 문명하여 백성이 요족하고 나라가 부강하며[1]

> 〈우리 교회가 홍왕하면 나라가 더욱 문명함〉 ……첫째 나라를 문명케 하려면 먼저 부강하여야 할 것이요, 부강케 하려면 남의 나라 토지도 뺏어야 할 것이요, 남의 토지를 뺏으려면 남의 군사도 많이 죽여야 할 것이거늘 예수교는 그러한 일은 단정코 행하지 아닐 것이니, 어느 나라이던지 만일 예수교를 숭상할 지경이면 문명은 고사하고 점점 잔약하여 남의 나라의 수치만 받으리라 하나 우리가 이렇게 말하는 사람을 대하여 대강 변론하노니 참 우습고 어림없도다. 지금 서양 각국에 제일 문명하고 제일 부강한 나라를 보라. 그 나라들이 무슨 교를 숭상하느뇨. 우리가 말하지 아니하여도 응당 다 아는 바여니와 다시 말하노니 나라의 문명하고 부강한 것이 도시 남의 군사를 죽이고 남의 토지를 빼앗는 데 있는 것이 아니라 다만 백성으로 하여금 각기 그 직업을 평안히 하여 우으로는 하나님을 공경하고 임군을 사랑하며……나라가 자연히 문명하고 부강하여……어찌 군사를 써서 토지를 널려야 문명·부강타 하리요. 그런 즉 우리 예수교로 나라를 다스리면 사람을 죽이고 땅을 빼앗지 아니하여도 나라가 부하고 군사가 강하여 문명 개화에 진보가 될 것이니 전국에 우리 교회가 홍왕하면 어찌 행복이 아니리요.[2]

개화파 인사들이 기독교에 입교한 동기가 개화 부국강병에 있었던 데 비하여, 일반 민중들의 경우는 그들의 재산과 생명을 보호받기 위한 것이었다고 지적하였다. 이러한 지적은 《독립신문》, 《황성신문》 등에서 보이는 바와 같다.

> 〈민정가긍〉 서도 관장들은 해 지방 백성의 재산을 어떻게 보호를 하여 주는지, 그 지방 백성들의 말이 관장의 보호를 믿다가는 큰 낭패들을 보겠으니, 다시는 관장을 믿지 말고 외국교에나 들어서 각기 생명과 재산을 보호받게 하자.[3]

> 東西各國宗敎源流, 基督敎……自通商 以來로 敎禁이 始弛하여 頃年 領洗之數가 至四五萬人하여 年加而月增하니 蓋愚民이 苦於官吏之貪虐하여 相率入敎하여

---

1) 《독립신문》 1-59호(1896. 8. 20).
2) 《죠선 크리스도인 회보》 2-22호(1897. 6. 1).
3) 《독립신문》 4-185호(1899 .8. 14).

視敎堂爲逋逃依賴之地故로 敎徒之逐年添加者가 以此也니.[4]

이러한 점은 뒷날 통감부하에서도 보이는 현상인데, 우리는 당시 기독교회가 내세구령(來世救靈)을 위한 기관이라기보다는 의지할 데 없는 백성들의 '포도의뢰지지'(逋逃依賴之地)로 인식되고 있었음에 유의할 필요가 있다. 민중들이 기독교에 들어와 생명과 재산을 보호받으려는 것은, 선교사들이 외교상의 특권인 치외법권의 권리를 누리고 있었기 때문에 한국 관리들의 교회에 대한 탄압이나 기독교인들에게 가해진 불법조치에 대하여 항의하는 것을 보았기 때문이다.[5] 선교사들의 이러한 자세는, 종래 관리들의 억압에도 복종할 수밖에 없었던 한국인들로 하여금 기독교에 입교하여 생명과 재산을 보호받게 하도록 유도하였다. 뒷날 통감부하에서 기독교도들이 증가한 원인도 이와 같았던 것으로,

數年 以來로 大韓人民이 政府의 壓迫과 日人의 虐待를 不堪하야 莫知所歸하는 故로 入於西敎者이 日增月加하더니 至于近日하야 愈益盛旺하니 彼其驅除가 反動力이 되야 大韓은 將次 基督敎國이 될 터이니 政府의 壓迫과 日人의 虐待가 基督敎界에는 第一 有功하도다.[6]

라고 지적하고 있는 바와 같다.

다음에서 보겠지만, 위와 같은 사회적 동기에서 입교한 한국 기독교인들은 한말이라는 시대가 안으로는 반봉건·사회개혁이 요청되고, 밖으로는 반침략·자주독립이 절실하였던 때에, 이러한 민족적 시대적 과제들을 외면하지 않고 선각자로서 앞장서서 활동하게 되었던 것이다.

한말 기독교회가 성장하고 기독교인의 사회의식이 투철하게 된 데에는 1890년의 소위 '네비우스(Nevius)방법'이라고 하는 장로교의 자전(自傳)·자급(自給)·자립(自立)의 선교방법과, 거기에 기초하여 작성된 선교정책 등도 많은 영향을 끼쳤으리라고 생각되며 또 기독교계 학교의 자립 교육정책도 크게 공헌했으리라고 생각되나 여기서는 생략하겠다. 다만 선교 초기의 위

4) 《皇城新聞》 光武 6년 8월 16일자.
5) 위의 신문, 光武 3년 9월 30일자, 광무 4년 8월 3일자 참조. 이 점과 관련하여 이만열, 〈韓末 基督敎와 관련된 外勢依存의 問題(1)——宣敎師의 勢力擴大 과정을 중심으로〉, 《東方學志》 제61집, 1989. 3.을 참조.
6) 《大韓每日申報》 1907년 8월 21일자.

의 사실들이 한국 기독교의 민족주의 의식과 어떻게 연결되는지를 유의해 보자.

Ⅱ. 개화·반봉건 의식

선교사가 입국한 초기, 그들의 복음전도활동은 교육과 의료를 통해 간접적인 방법으로 이루어지고 있었다. 적극적으로 전도활동을 전개하는 것은 1887년 이후일 것으로 추측된다. 따라서 선교 초기에 기독교에 입신하는 사람들도 소수일 수밖에 없었다. 우리는 1896년경에 가서야 세례교인 777인이라는 통계를 얻을 수 있는데,[7] 이것은 선교사가 입국한 지 10년이 경과한 뒤의 일이다. 그 이듬해에 이르면 기독교인의 수가 장로교의 3천여 명을 포함하여 약 5천 명을 넘어서고 있었다. 1897년에 평양 대동문안 장로교회에서는 500명에서 600명의 신자들이 회집하였고, 이해에 그들은 예배당과 학당을 자기들의 힘으로 세우고 후진교육에 매진하고 있었다.[8] 1897년 9월 27일에 최초의 조직교회로 출발한 서울의 새문안교회의 경우, 1897년경 교인 145명에 전부터 세례받기를 원하는 사람이 약 100명이었으며, 그해 2월초에는 언더우드 목사가 남녀 42명과 어린이 8명, 합 50명에게 세례를 주고 성만찬을 하였다.[9] 감리교의 경우를 보면, 강화도의 교항동에 1893년경부터 존스(G.H. Johns) 목사와 조선인 교우 이명숙이 전도하여 1896년에는 회당을 설립하였고, 주일마다 예배드리는 교우가 100여 명이며 그중 세례인이 36명, 학습인이 아이까지 합하여 80여 명이나 되었다.[10]

이렇게 기독교인이 늘어남에 따라, 그 영향력이 우리 사회에 조금씩 미치기 시작하였다. 1896년 학부대신 신기선(申箕善)이 쓴 《유학경위》(儒學經緯)를 비롯하여 당시의 유교적 지식인들이 기독교를 '무부무군(無父無君)의 교(敎)'라고 비난하고 있었던 데 비하여, 《독립신문》 같은 데서는 예수교인들이 수신덕행(修身德行)과 사회생활에 새사람된 증거를 보이고 있다고 다음과

7) Isabella Bird Bishop, *Korea and Her Neighbours*, p. 65; Daniel L. Gifford, *Every-day Life in Korea*, p. 230.
8) 《죠션 크리스도인 회보》 6호(1897. 3. 10), 42호(1897.11.17).
9) 위의 책, 2호(1897. 2. 10).
10) 위와 같음.

같이 썼다.

> 이월 구일에 발간한 《독립신문》 영어 논설에 말하기를 조선에 예수교 하는 사람들이 나라 안에 제 일 할 만한 사람들이라. 한번 교를 믿은 후로부터는 자기의 마음들만 닦아 진익할 뿐 아니라 태서 사람의 생업하는 법을 배우기를 시작하고 잘 인출하는 신문지들을 귀한 줄 알고 읽을 줄을 알아 새 의사들을 넓히니 만일 이 사람들을 옳게 인도하고 잘 교육만 하면 생각하는 새 모양과 생애하는 새 법을 잘 본받아 배우고, 또 나라에 법률 지키는 백성되기를 힘쓰며 서로 심력을 합하여 교회를 받들고 국가를 충성으로 보호하기를 시험하며, 또 우리가 흔히 들으니 경향간에 있는 교도들이 무슨 기회가 있으면 대 군주를 위하여 충성들을 보이며[11)]

한편 예수교에 입신한 사람들 중에는 처음부터 외국 선교사들을 의지하여 세상 권세를 얻으려 하는 자도 있었고, 선교사들의 명의를 빙자하여 협잡·행패하는 일들이 적지 않았다.[12)] 이러한 점들은 외세 의존적인 자세에서 나온 것이었다. 이러한 일들은 '성교에 의세'하여 일어난 일이었고, "우리 교회의 광명한 도리와 오묘한 의사를 깨닫지 못하고 다만 서국 목사의 무삼 큰 권세가 있는 줄로만 알고 빙자하여 우리 교회를 도리어 설독하니 매우 애닯고 심히 불안한 일"이었다.[13)] 그리하여 선교사들은 그리스도인들의 외세 의존적인 행패들이 "첫째는 우리 성교회를 험담입일 것이오, 둘째로 외방 사람들이 교를 보고 들어오지 아니할 것이오, 셋째는 자기가 나중에 망함을 얻을 것"이라[14)] 경고하였다. 또 북감리교의 감독과 여러 목사들은 통상 교회의 교우들에게 나라법에 합당한 일이라 할지라도 예수교를 칭탁하여 문제를 해결하려 하지 말고 백성 된 권리로 해결하라고 다음과 같이 권고하였다.

> 저간 풍설에 하향에 있는 무뢰지배가 우리 교를 칭탁하고 남을 압제하며 법

---

11) 위의 책, 3호(1897. 2. 17).

12) 이 점에 대하여 李萬烈, 〈韓末 기독교인의 민족 의식 형성 과정〉, 《韓國史論》 제1집, pp. 353~354 및 이만열, 1989에서 이미 지적하였다.

13) 《죠션 크리스도인 회보》 11호(1897. 4. 14). 이밖에도 당시 예수교인들이 외세를 의지하고 협잡·행패한 사례들은, 《皇城新聞》 1900년 12월 3일자, 1901년 4월 13일자, 17일자 ; 《그리스도 신문》 1902년 4월 17일자 ; 《죠션 크리스도인 회보》 37호(1897. 10. 13), 2-44호(1898.11.2) 등에서 보이고 있다.

14) 위의 책, 37호(1897. 10. 13).

외에 산송과 빚 받는 일과 별 협잡이 무상하니 어찌 한탄할 일이 아니리오. 다시 강권하노니 모든 교형제들은 이런 일을 삼가하여 막을찌니라. 우리 교형제들은 빚 받을 것이든지 국법에 의당한 일이라도 교를 칭탁하지 말고 자기 권리로 하되 남을 압제치 말며, 내가 해를 볼지언정 억지로 하지 말 것이며, 정부 법령을 순종하여 교회에 해되는 일이 호말이라도 없이 교회를 보호하고 각각 자기 영혼의 방해되는 것을 조심하고 삼가하기를 간절히 바라오며 원컨대 모든 형제들이 하나님만 의지하고 예수씨를 더욱 사랑하기를 바라노라.

감독 크란스돈, 목사 시란돈[15)]

예수교인이 외세에 의존하여 선교사와 교회를 칭탁하고 행패를 부리는 사건들은 상당 기간 계속되었다. 그리하여 미 북감리교(미이미교) 목사의 위와 같은 권면과 함께, 선교사들이 이들을 출교시키기도 하였다.[16)] 그런데 우리가 주목하는 것은, 선교사들의 이러한 조치가 독립협회 중심이 된 만민공동회가 거의 실패할 무렵 혹은 그후에 취해졌다는 점이다. 선교사들의 조치에는 교회를 보호하려는 의지가 역력히 보여진다. 이러한 사실은 1901년 9월의 장로회공의회에서 교회의 비정치화의 원칙을 천명하지 않을 수 없었던 상황과 깊은 관련이 있으리라고 생각된다.[17)] 하여튼 초기 예수교인들의 외세 의존적 자세는 뒷날 그들의 민족의식의 성격이 미국(서구) 의존적인 것을 극복하지 못한 채 항일 민족의식적인 데로 치닫게 만든 한 원인일 수도 있다고 생각한다. 선교사를 파견해 준 미국이 뒷날 일본의 한국 침략을 묵인 내지는 방조하는 입장에 서게 되었지만, 한국 기독교는 선교사와의 관계 때문인지 그러한 점을 발견하지 못했고, 따라서 다음에 언급할 기독교인들의 자주의식의 고양에도 한계가 주어지게 되었던 것이 아닌가 생각된다.

예수교를 믿는 사람들이 증가하면서 개화는 물론 우리 사회의 봉건적 부패를 개혁하려는 의식과 움직임이 나타나게 되었다. 그들은 자녀들의 교육을 위하여 학당을 설립하였다. 그리하여 "예수교회마다 학당을 설립하는 것은 유익한 일인 고로……아무 곳 교회든지 학당을 설립하면 선생될 사람을

15) 위의 책, 2-44호(1898. 11. 2).

16) 《그리스도 신문》 6-21호(1902. 5. 22). "〈경기 남방〉 ……그곳에 교회를 설시하여서는 세상 권리를 얻으려고 의세자와 협잡지인이 많이 들어와 교회 일이 잘되기 어렵더니 금년에 당하여서는 이런 거짓 교인들이 스스로 나가기도 하고 목사가 출교시키기도 한 고로 그 남은 교인들이 신실히 믿어 가며……."

17) 이 점에 대해서도 이만열, 〈韓末 기독교인의 민족 의식 형성 과정〉, pp. 372~376을 참조하기 바람.

택하되 예수를 진실히 믿는 이를 보내시오"[18]라는 논설을 〈예수교 학당〉이란 제목하에 싣게 되었으며, 앞서 말한 평양의 대동문안회당과 황해도 장연의 송천동교회 사람들은 예배당과 학당을 자기들의 손으로 지었던 것이다.[19] 예수교인들의 학교 설립은 남학교에 그치지 않고 여학교의 설립에까지 미치게 되었다.[20] 교육과 함께 신문 발간을 통해서 개화 추진에 박차를 가하였다. 그들에게는 신문도 교당이나 학교와 같이 교육하는 기계의 하나였다.[21] 그러기에 북감리교에서는 1897년 2월 2일에 《죠션 크리스도인 회보》를, 장로교에서는 같은 해 4월 1일에 《그리스도 신문》을 발간하였고, 《협성회 회보》는 1898년 1월 1일부터 발간되었던 것이다.

《죠션 크리스도인 회보》를 발간하면서, 사설의 〈죠션 회보라 한 뜻을 발명함이라〉는 글에서는,

> 하나님께서 천지 만물을 창조하시며 태허 공활한 중에 지구가 밤낮으로 돌아가고……사람이 제일 귀하나 그 귀한 것은 허령한 지각과 도학에 공부가 있음이라. 그러나 옥석을 갈지 아니하면 빛이 없고 거울을 닦지 아니하면 밝지 못하나니 사람을 교육하지 않고 문견의 고루함을 책망하면 이것은 비컨대 갈지 아니한 옥석을 대하여 밝지 못함을 책망함과 무엇이 다르리요. 이럼으로써 서국 교사들과 조선 교우들이 육주 세계를 동포로 보고 전국 인민을 일실로 여겨 진리대로의 근원과 당시 소문의 기이한 것을 기록하여 이름을 《죠션 크리스도인 회보》라 하노니…… 이 회보를 7일 동안에 한번씩 출판하여 보는 자로 하여금 지식과 학문을 너르게 하[22]

겠다고 썼던 것이다. 여기서 이 회보의 목적이 바로 교육에 있음을 분명히 하고 있다. 이들 신문들은 단순히 기독교의 교리나 소식을 전하는 데 그치지 않고, 사회·국가·역사 의식을 고취시키고, 각종 산업에 대한 정보와 교육을 겸하였으며, 우리 자신을 반성 경고하는 역할을 감당했던 것이다.[23]

---

18) 《그리스도 신문》 1-9호(1897. 5. 7).
19) 《죠션 크리스도인 회보》 42호(1897. 11. 17); 《그리스도 신문》 1-2호(1897. 4. 8).
20) 이 점에 대해서는 저자의 〈기독교의 전래에 따른 한국 사회의 개화〉(《淑大史論》 7집. 《한말 기독교와 민족 운동》에서는 〈초기 기독교와 한국 사회의 개화〉로 수록되어 있음[1980년, 평민사])를 참조하기 바람.
21) 《독립신문》 4-43호(1899. 3. 1).
22) 《죠션 크리스도인 회보》 1호(1897. 2. 2).
23) 위의 책, 10호(1897. 4. 7)에는 1897년 4월 1일에 발간된 《그리스도 신문》을 이렇게 소개하였다. "……제1폭에는 조선 사람들이 마땅히 지식을 늘려 천지 만물의

교회당과 병원, 학교와 신문을 통한 교육은 어느 정도 성과를 거두고 있었다. 각종 미신이 타파되고, 풍속이 개혁되고 있었으며, 결혼·장례·제사 의식이 간소화 혹은 개혁되고 있었다.[24] 판수가 예수를 믿고 자녀의 근대 교육을 위해 노력하게 되었고, 무당이 회개하고 마귀의 상을 제 손으로 불놓았으며, 자녀와 부인의 교육이 강조되었고, 건강상의 이유와 개화를 위하여 담배·술·아편이 금지되어야 한다고 주장되었다.

《그리스도 신문》에 논설에서는, 〈남녀 평등론〉, 〈한글 전용론〉, 〈자녀 교육론〉, 〈부인 교육론〉, 〈충효론〉, 〈그리스도교인의 직책〉, 〈미신 타파론〉, 〈아편 금할 론〉, 〈음담 패설 금할 론〉 등이 자주 보이고,[25] 1900년대에 들어서서는 〈국가 성쇠 문답〉, 〈국가 문답〉, 〈인종 문답〉, 〈아해 문답〉, 〈여인 문답〉, 〈일 문답〉, 〈교육 문답〉, 〈정부의 종류〉, 〈질병 문답〉, 〈혼인 문답〉, 〈장례 문답〉 등의 문답체 형식의 계몽적인 내용과, 〈단군 조선〉, 〈기자 조선〉, 〈위만 조선〉, 〈세종 대왕의 사적〉, 〈마한·진한과 변한〉, 〈신라〉, 〈고구려〉, 〈백제〉, 〈동국 역사—김유신〉, 〈고려 절사—정몽주〉, 〈동국 역사—박제상〉, 〈을지문덕〉, 〈원천석〉 및 기타 우리나라 역사에 관한 기록이 자주 보인다. 앞에서 말한 〈국가 문답〉 등에서는 당시 나라의 형편을 알려서 애국심을 고취시키려는 의도가 분명히 나타나 있다. 산업과 관련하여 《그리스도 신문》에서는 농리 편설과 공장 편리설 등의 고정란이 있는데 그 제목들을 보면, 밭을 가는 론, 생재론, 숫 때우는 법, 가금 만드는 법, 외양간 짓는 법, 파 심으는 법, 아라사 해바라기씨 개광하는 론, 바늘 만드는 기계

이치와 각국 정치와 풍속을 알아야 조선도 차차 개명이 될 것을 논설하였고, 제2폭·3폭에는 농사와 공장에 편리할 것을 발명하여 사람들로 하여금 깨닫기 쉽게 하였고, 제4폭은 대 군주 폐하를 극진히 충성으로 섬기고 백성을 사랑하는 참 이치로 논설하며……."

24) 이런 점들에 대하여 이만열, 〈기독교의 전래에 따른 한국 사회의 개화〉를 참조하기 바람.

25) 참고로 《그리스도 신문》 1-17호(1897. 7. 22)의 〈율법 가운데 덕화를 의론〉이라는 논설을 보면, "무릇 율법은 어지러움을 다스리는 어진 약과 굳은 돌이요, 덕으로 가르치는 교는 평안함을 얻는 양식이니 이것은 나라를 다스리고 백성을 편케 하는 제일 양책이라…… 이 때를 당하여 정부와 백성이 동심 합력하여 서로 사랑하며 서로 일을 도울진대 아니될 일도 없고 우리 조선도 남의 나라와 같이 될 날이 머지 아니하리니 사무를 보는 이들 월급만 생각지 말고 각각 명성을 아껴 충성으로 임군을 섬기고 인의로 백성을 교육하여 우리 나라이 중흥하게 할진대 아름다운 명성이 천추 만대에 유전할찌니 어찌 이에서 더 지나는 기쁨이 있으리요"라 하였다.

개광론, 자기황 만드는 법, 자봉침 기계론, 집 짓는 법——서양 벽돌, 파리 잡는 종이 만드는 법, 각색 짚이 농가에 유익한 론, 우역론, 닭이 알을 잘 낳게 하는 론, 농부가 급히 들을 말, 과목에 병 없게 하는 법, 농가에 제일 이익 있는 짐승론, 과목 기르는 데 요긴 법, 능금 버러지 죽이는 론, 감자의 소출론, 소의 물것 죽이는 법, 재목을 베는 론, 우마의 습종 고치는 론, 말의 눈병론, 가지 심으는 론, 벌을 치기에 요긴한 것, 과목을 잘 자라게 하는 론, 마구와 외양을 단단히 하는 법, 습기가 없으면 농사할 수 없는 론, 닭과 오리의 병을 고치는 법, 초목에 진딧물 없이하는 론, 닭의 전염병 예방하는 법, 도야지의 코병, 닭과 오리를 잘 먹이는 법, 칠면조론, 큰 농장의 허비하는 것, 약으로 풀을 죽이는 것, 도야지의 병 고치는 법, 말의 상처 고치는 법, 소의 젖병 고치는 법, 곡식단을 잘 말리는 법, 라이가 감자를 잘 되게 하는 론, 목화씨로 거름하는 론, 참외 농사하는 론 등이 보인다. 이러한 내용을 볼 때, 기독교가 단순히 학교·병원 등의 기관을 통한 개화에만 공헌하여 왔던 것처럼 이해되어 온 인식은 수정되어야 할 것이다. 기독교의 개화적 역할은 종래 생각해 왔던 의료·교육 등의 영역을 넘어서 산업·기술·사회의식의 여러 가지 영역에까지 걸쳐 있음을 알게 되는 것이다.

기독교의 한국의 개화 및 민족의식 형성에 끼친 공헌의 하나로 한글의 재발견을 손꼽지 않을 수 없다. 이 점에 대하여도 종래 저자가 언급한 바가 있다.[26] 기독교에서는 선교사가 한국에 입국하기 전에 만주와 일본에서 한글로 번역된 성경을 이미 가졌으며, 특히 장로교의 경우 그들의 선교방법과 선교정책을 자전(自傳 ; Self-Propagation)·자치(自治 ; Self-Government)·자급(自給 ; Self-Supporting)·자제(自制 ; Self-Controlled)에다 두고 노동계급과 부녀자를 선교의 주대상으로 하였기 때문에[27] 이러한 정책에 알맞는 문자인 한글을 사용할 수밖에 없었다. 1893년에 장로회(선교사)공의회에서 채택된 10

26) 이만열, 〈기독교의 전래에 따른 한국 사회의 개화〉 참조.

27) 1890년의 네비우스방법을 토대로 하여, 1893년 장로회(선교사)공의회에서 채택한 항목 중 전도의 중심 대상과 관련된 것은 다음과 같다. 첫째항, 양반계급보다는 노동자계급에 대하여 중심적으로 전도한다. 둘째항, 부인들을 개종시키는 일과 처녀들을 교육시키는 데 특히 힘쓴다. 이는 어머니들이 후손들에게 중요한 영향을 미치기 때문이다.

개항의 선교정책 가운데 "모든 문서는 한글로써 쓴다"는 일종의 한글전용정책은 한글을 민중의 문자로 정착시키는 데 획기적인 공헌을 한 것이다. 이 정책을 채택한 지 3년 후에 나온 《독립신문》이나, 1897년에 발간된 《죠션 크리스도인 회보》와 《그리스도 신문》이 한글로 발간된 것도 이와 깊은 관련이 있을 것으로 생각된다. 기독교회의 이러한 한글 재발견정책은, 문맹한 부녀자들을 성경을 읽을 수 있는 수준으로 끌어올렸고, 이를 위해 주일 오후에 교회당에서는 국문 공부를 시켰고 남편들은 집에서 부인들에게 한글을 가르쳤으며, 성서 번역에 관련된 문법문제를 공동으로 연구하게도 되었던 것이다. 그리하여 "무식한 사람들도 언문법을 차차 아는 이가 더러 있고, 목수·초동과 부인·유아들이 차차 내 나라 글을 알게 되어 4백년 감추였던 언문이 지금이야 행세"하게[28] 되었던 것이니, 이것은 전적으로 기독교의 공헌이었던 것으로 당시 기독교인들은 자부하고 있었다. 따라서 한글의 재발견이 민족의식을 고조시켰다고 한 지적은[29] 매우 적절한 것이었다고 생각된다.

교육·의료·문자·산업상의 개화에 못지않게 중요한 것은 이 무렵 기독교도들의 사회의식의 진전이다. 당시의 사회의식으로 가장 중요한 것은 사회구조의 모순에 대한 비판이라 하겠는데, 여기서 우리는 기독교도들의 반봉건 의식의 동태화를 느끼게 된다. 당시 기독교도들은 위에서 말한 개화의 진전에 따라 인간의 자유와 민권에 대한 어느 정도의 의식 개발이 이루어지고 있었다. 그들은 인간의 생명과 자유가 하나님으로부터 부여받은 것이며 법에 의하지 않고는 인신(人身)이 함부로 억압될 수 없다는 것을 인식하였다. 그리하여 한 기독교도가 까닭 모르게 구속되었을 때에, 그들은 평리원(平理院)에 찾아가 청원하였다. 즉 야소교인 이창식(李昌植)씨 등은 교우 정운복(鄭雲復)이 경무청에 피착된 지 월여(月餘)에 감옥서로 이송되었으나 한 차례 재판도 받지 아니함을 보고, 속히 재판해서 죄가 있으면 죄를 주고 죄가 없으면 내놓으라고 청원했던 것이다.[30] 이러한 사례는 종래 관원 앞에서 권리 주장을 제대로 하지 못하던 사람들이 떳떳하게 인신 자유에 대한 권리

---

28) 《그리스도 신문》 5-7호(1901. 2. 14).
29) Isabella Bird Bishop, 앞의 책, p. 21.
30) 《皇城新聞》 1900년 2월 28일자.

주장을 할 수 있게 되었던 사례라 하겠다. 기독교도들의 이같은 주장은 성서와 기독교를 통해 의식이 개발된 데서 가능하였던 것이며, 성서에 기반을 둔 이러한 의식이 남녀평등의 문제를 기독교를 중심으로 한국에서 의식화하도록 만들었다고 본다.

생명과 재산을 보호받기 위하여 입교했던 기독교도들은 이제 불법적인 재산 강탈과 부정한 세금 징수에 저항하게 되었다. 서북지방의 기독교도들이 관찰사와 군수에게 이유 없이 재산을 탈취당한 일로 내부대신에게 품목(稟目)하였고,[31] 황주군의 경우 야소교인들이 부당한 세금의 징수에 항거하였으며,[32] 울산군 대현면의 경우 기독교도들이 항거하자 관에서는 이들을 동학의 여당으로 몰아 잡아 가두기도 하였다.[33] 예수교도들의 부정 세금에 대한 항거는 치열하게 전개되어, 이제 예수교인이 있는 고을에서는 부정 세금이나 불법적인 재산 강탈이 불가능하다는 것이 지방관들에게 널리 알려졌던 모양이다. 그리하여 예수교인이 있는 북도 고을에 지방관으로 임명되는 것을 기피하는 현상도 나타나게 되었다고 한다.[34] 이러한 투쟁은 백성들이 당시 가렴주구를 일삼던 봉건적인 관료들에게 저항하고 있었다는 의미에서 반봉건운동의 일환으로서 간주되어야 할 것이다.

예수교인들의 반봉건운동은 여기서 그친 것은 아니다. 그들은 민권의식을 고취시켜 근대 민족국가운동을 일으키려 하였다. 뒤에서 다시 보겠지만, 예수교도들은 봉건적 사회의 비판과 거기에 대한 투쟁에만 깊이 관여한 것이 아니라 근대 국가운동에도 앞장 섬으로써 당시로서는 반봉건 개혁운동의 첨병이 되어 갔던 것이다.

---

31) 위의 신문, 1899년 10월 16일자.
32) 위의 신문, 1901년 12월 20일자.
33) 위의 신문, 1902년 7월 23일, 8월 20일자.
34) 《죠션 크리스도인 회보》 3-9호(1899.3.1)에 보이는 이 글은 당시의 이러한 실례를 잘 반영한 것이다. "이번에 새로 난 북도 군수 중에 어떤 유세력한 양반 한 분이 말하되 예수교 있는 고을에 갈 수 없으니, 영남 고을로 옮겨 달란다니 어찌하여 예수교 있는 고을에 갈 수 없나뇨. 우리 교는 하나님을 공경하고 사람을 사랑하는 도라. 교를 참 믿는 사람은 어찌 추호나 그른 일을 행하며 관장의 영을 거역하리요. 그러나 관장이 만약 무단히 백성의 재물을 뺏을 지경이면 그것은 용이히 빼앗기지 아닐 터이니 그 양반의 갈 수 없다는 말이 이 까닭인 듯."

Ⅲ. 자주독립의식의 동태화

역사상 자기 사회를 개혁하려는 반봉건사상은, 자기 민족과 국가를 외세로부터 보호·유지하려는 반침략사상과 표리의 관계를 갖고 있었다. 우리나라의 경우도 예외는 아니어서 고려시대 무신 집권 이후에 나타나기 시작했던 민중들의 반봉건 사회개혁운동은, 그 뒤 얼마 안 있어 1231년부터 시작된 몽고의 침략기에는 반침략 자주의식으로 연결되었다. 다시 말하면 노비해방운동을 주도한 만적(萬積)을 비롯하여 반봉건운동을 주도했던 민중(천민·농민)들은, 그들의 사회의식을 성장시킨 기반 위에서, 몽고의 침략에 저항하는 주체세력으로 등장하게 되었다.

이러한 사례들은 한말에도 발견할 수 있다. 19세기에 들어서면서 일어나기 시작한 민중들의 반봉건운동은, 19세기 후반에 와서는 '민란'(民亂)이라는 표현의 수많은 민중운동으로 연결되었다. 1862년 경상도 단성(丹城)과 진주(晋州)의 '민란'을 효시로 하여 그 한해 동안 전국에서 37건이나 일어난 이 민중운동은 역사에서 '임술민란'(壬戌民亂)으로 총칭되고 있는데, 이 운동은 한국 민족운동사상 중요한 위치를 차지하고 있다. 이러한 운동 능력이 축적되는 과정에서 반봉건 사회개혁 의식이 고양되었음은 물론, 개항 이후 경제·정치·군사면의 외세의 침략을 의식하면서 반침략 자주 독립의식도 고양 축적되고 있었다. 1894년의 동학혁명은 반봉건 반침략 의지가 한 흐름으로 용해되어 분출된, 한국 근대사의 위대한 분수령이었다. 동학혁명은 외형상 실패하였지만 그 여파는 컸다.

한말 민족운동의 흐름을 크게 척사위정(斥邪衛正)·개화(開化)·민중(民衆)의 세 흐름으로 파악할 수 있는데 동학혁명에서 반봉건 반외세의 사회사상을 뽑어낸 민중은, 그후 척사위정계와 제휴해서는 의병운동으로 발전하게 되었고, 개화계와 손잡고는 독립협회운동과 애국계몽운동을 가능케 하였던 것이다.

우리는 앞서 한말 기독교도가 1895년의 일련의 사건들——동학혁명·청일전쟁·갑오개혁——을 겪은 후에 괄목할 정도로 증가한다고 지적하였고, 일반 민중의 경우 생명과 재산을 보호받기 위하여 기독교회를 찾았다고 지적하였다. 이때 기독교회를 찾은 민중 가운데는 동학계통도 있었던 것이다. 동학혁명이 일어난 전라도지역에 미국 남장로교 선교사들이 선교 거점을 마련하기 시작한 것은 1895년 2월로서, 동학혁명 전까지만 해도 이곳의 기독교와 동학의 접촉은 불가능하였다. 그러나 동학혁명을 겪으면서 혹은 그후에 특히 황해도지역에서는 동학혁명에 가담했던 사람들이 기독교에 입교하는 경우가 있었다.[35] 경기 남방지역에서는, 동학교도들로 지목될 수는 없지만 세상 권리를 얻으려고 교회를 찾는 자들이 있었다고 한다.[36]

동학혁명이 좌절된 후 그 세력의 일부가 척사위정계와 손잡고 의병운동을 일으키기도 하고, 또 일부는 개화파와 제휴하여 독립협회운동과 개화자강운동을 벌이기도 하였다. 앞에서 말한 동학교도의 기독교에의 입교가 가능한 것이었다면, 그러지 않아도 초기의 선교정책 등으로 자주·자립을 훈련받아 온 한국 기독교가 반봉건 반침략의 이념 아래 행동해 온 동학교도를 수용함으로써 반침략 자주독립 이념을 더욱 공고히 할 수 있었을 것이다. 여기서 반침략의 대상은 서구의 제국주의 세력이라기보다는 당시 한국에 정치·경제·군사면에 침략을 기도하던 일본과 그후의 러시아였던 것이다. 1894년의 동학혁명에서 보더라도 제1차 봉기에서 척양척왜(斥洋斥倭)의 슬로건이 제2차 봉기에서 척왜의 성격만 강조하는 쪽으로 변화되었고, 이러한 변화는 그 뒤 동학과 기독교와의 접촉을 가능하게 한 요인이 되었을 것이다. 동학교도의 기독교 입교라는 형식의 접촉 외에 몇 차례에 걸친 교단적인 차원에서의 접촉 시도가 실제로 있었던 것도[37] 한말 일제하라고 하는 시대상황에 비추어 주목되는 점이다. 더구나 같은 서구계 종교인 천주교에 대해서는 동학의 그와 같은 자세는 확인되지 않는다.

한국 기독교의 성장을 논할 때, 거의 반드시 언급되는 것은, 앞에서 언급한 바 있는 선교방책이었다. 특히 중국 산동성 지부(芝罘)에서 선교하던 네

35) 이 점에 대하여는 저자가 이미 〈韓末 기독교인의 민족 의식 형성 과정〉, 앞의 책 pp. 345~346에서 간략하게 지적한 바 있고, 그 자료로서 *The Korean Repository*, 1895년 6월호, pp. 201~208에 "Seven Months among the Tong Haks"를 들었다. 최근 민경배도 〈基督教와 東學의 接觸史〉, 《韓國教會史學會誌》 창간호, 1979에서 위의 자료와 L. H. Underwood 여사의 *Fifteen Years Among the Top-Knots* 등의 자료를 들고 있다.

36) 《그리스도 신문》 6-21(1902. 5. 22).

37) 이 점에 대하여는 민경배, 앞의 글, 《韓國教會史學會誌》 창간호 참조.

비우스(J.L. Nevius) 목사가 1890년 한국에 와서 여러 젊은 선교사들과 협의하여 채택했다고 하는 선교방책은 그후 한국 교회를 자립적으로 성장시키는 데에 크게 공헌하였다. 이 정책은 자전(自傳)·자치(自治)·자급(自給)·자제(自制)로 요약할 수 있겠는데, 그후의 한국 교회의 경제적 안정과 독립에의 이상을 구축하는 데는 이 정책의 효과가 절대적인 것으로 지적된다.[38] 장로교의 이같은 정책 추진의 결과로 재정 자립이 이루어진 듯한 '경비 자담 교회'가 늘어나게 되었다. 즉 통계에 의하면, 1906, 1907, 1908년의 정기 설교소가 각각 628, 767, 809처였고, 예배당 수가 400, 522, 675개였는데, '경비 자담 교회'는 각각 487, 619, 797이나 되었던 것이다. 이것은 자립을 목표로 했던 선교정책의 효과를 반영한 것이다.

장로교의 이러한 선교정책에 상응하여 초기 기독교의 일반 교육정책도 '한국인을 더 나은 한국인으로 만들고', '한국인이 한국의 것을 자랑하며 그리스도와 그의 교훈을 통하여 완전한 한국을 이룩하고자'는 것이었다. 가령 배재학당의 '그 자신이 자조(自助)하지 않으면 아무도 그를 돕지 않는다는 것을 느끼도록 하는 학생을 만드는' 교육방침도, 앞의 장로교의 자립주의적인 선교정책과 상통하는 것이었다.[39] 이같은 자립주의에 입각한 선교정책과 기독교 계통의 교육이념이 뒷날 한국 기독교도들로 하여금 한국 교회의 자립화를 추구케 한 것은 물론, 당시 민족이 처한 현실문제를 두고는 점차 자주독립을 고양하는 국가의식을 갖도록 했던 것이다.

1896년경부터 기독교도들의 자주적인 국가의식이 동태화된다. 이 무렵 기독교도들은 왕의 탄신일을 맞아 시위적으로 기념식을 거행하면서 충군 애국하는 뜻을 표시하였고, 국가의 기원절을 애국하는 뜻으로 역시 시위적인 기념식을 가졌으며, 애국가의 제창과 국기의 게양을 통하여 애국심을 고취하였으며, 협성회·독립협회에 가입하여 일종의 정치운동을 통하여 민족의 독립과 국가의 자주권 및 국민의 정당한 자유와 권리를 고양했던 것이다. 이 점에 대하여는 이미 저자가 나름대로 밝힌 바 있으므로,[40] 여기서는 요

---

38) Horace H. Underwood, *Tragedy and Faith in Korea*, p. 26 ; 朱明墳, 〈韓國長老敎組織의 確立過程〉, 《韓國史硏究》 제 2 집, p. 153.
39) L. George Paik, *The History of Protestant Missions in Korea*(1832~1910), pp. 119~121.

약하는 정도에서 그치고자 한다.

먼저 왕의 탄신일과 국가의 기원절을 기념함으로써 충군 애국하는 의식을 고취시킨 점이다. 기독교도들은 국왕이나 왕태자의 탄신일을 맞아서 오전 중에는 개교회별로 모여 경축하는 예배를 드리고, 오후에는 교회들이 연합하여 경축하는 집회를 가졌던 것이다. 연합집회의 경우 관직에 있는 불신자들도 더러 참석하여 애국 연설을 했던 모양이나, 집회의 주체는 '야소교회 교원'들이었다. 이 시위적인 집회는 아마도 1896년부터 시작하여 1899년까지는 계속되었음이 확인된다.[41] 1896년 탄신일의 경우 1천 명(《독립신문》) 혹은 2천 명(*The Korean Repository*)이 회집하였고, 1897년의 경우에는 '각처 교당 교우들과 부인네들과 그 의정부 대신네들과 다른 높은 관원들이 많이 모여', 경축 순서로는 1) 아펜젤러씨가 개회하고, 2) 인민이 합하여 찬미를 부르고, 3) 배재학당 교사 한 사람이 기도하고, 4) 한성 판윤 이채연씨가 연설하고, 5) 전협판 윤치호씨가 연설하고, 6) 《독립신문》 사장 제숀(서재필—저자)씨가 한 시간 동안 연설하고, 7) 배재학당 교관 한 사람의 선도로 국왕과 왕태자를 위하여 만세와 천세를 불렀던 것이다.[42] 이 모임은 국왕과 왕태자의 생일을 축하하기 위하여 베풀어진 것이지만 여기에는 중요한 의의가 담겨져 있었다. 그것은, 첫째 국왕의 탄일을 축하하는 것이 곧 국왕으로 상징되는 국가의 자주독립을 기원하는 뜻을 내포하고 있고, 둘째 이러한 집회를 통해 애국계몽의 기회를 삼으려 하였으며, 셋째 이런 형태로 여론 집약과 그 조직화를 꾀하여 '민중 참여의 정치'를 시도하고 있다는 점이다.

---

40) 李萬烈, 〈韓末 기독교인의 민족 의식 형성 과정〉

41) 이 점에 대해서는 《독립신문》 1-64호(1896. 9. 2), 1-65호(1896. 9. 23), 2-101호(1897. 8. 26); 《죠션 크리스도인 회보》 3-35호(1899. 8. 30); *The Korean Repository*, 1896년 9월호 등을 참조.

42) 《독립신문》 2-101호(1897. 8. 26). 이날의 경축식에서 기독교인이 아니었던 한성판윤(서울특별시장) 이채연씨의 연설은, "조선 백성이 되어 대 군주 폐하 경축회에 참례하여 전국 동포 형제와 같이 칭경을 하며 연설하는 것은 영광도 되려니와 대단히 즐거운 일이라. 대 군주 폐하께서 만만세를 누리시고 옥체가 안강하시게 지내실 것은 신민이 그렇게 하시도록 하여 들여야 할 것이다. 그렇게 하여 들이는 방법은 다른 것이 아니라 사람마다 자기 직무를 무엇이던지 간에 실심으로 정성껏 하여 국가에 사농공상이 흥하게 하는 것이 대 군주 폐하를 섬기는 본의라 하며 아무쪼록 조선 인민이 점점 열리고 진보하여 내년에는 이런 회들이 국중에 많이 생기며 사람마다 이 날이 경사로운 줄을 알도록 되기를 바란다"라는 내용이었다.

저자는 이미, 한국 기독교도들의 이러한 민중대회가 독립협회 주도하에 만민공동회 같은 대중집회를 가능하게 했으리라고 지적한 바 있다.

국왕과 왕태자의 생일축하와 함께 1897년 8월 13일에는 조선 개국 기원절(紀元節) 축하행사도 행했다. 이 행사는 독립협회 주최로 모였다고 하나,[43] 이 행사의 기획과 진행에는 아펜젤러와 배재학교의 후원을 얻어 시행한 듯하다. 《독립신문》에 나타난 진행순서는 이렇다.

> 대 조선 개국 오백 오 회 기원절 축사를 팔월 십 삼일 오후 세 시에 독립관에서 행하는데, 국기를 높이 달고 그 아래 화초로 단장하였는데 정부 대소 관인과 여러 학도와 인민이 많이 모였으며, 각국 공·영사와 신사와 부인들이 각기 예복을 갖추고 제제히 앉았는지라. 그 축사하는 절차를 보니 처음에는 배재학당 학원들이 축수가를 불러 가라되 "오백여 년 우리 왕실 만세 무궁 도우소서" 찬송하니 외국 부인이 악기로 율에 맞추어 병창하더라. 둘째는 회장 안경수 씨가 개회하는 뜻을 연설하고, 셋째는 한성 판윤 이채연 씨가 학부 대신 이완용 씨를 대신하여 국민의 당연히 할 직무를 연설하고, 넷째는 배재학당 학원들이 무궁화 노래를 부르는데 "우리 나라 우리 임군 황천이 도우사 임군과 백성이 한가지로 만만세를 길(즐)거하야 태평 독립하여 보세" 하니 외국 부인이 또 악기로 율에 맞추어 병창하더라. 다섯째는 미국 교사 아편셜라 씨가 영어로 조선에 거류하는 외국 사람들을 대하여 각기 당연히 할 직무를 연설하며, 여섯째는 진보하는 것을 연설하고, 일곱째는 배재학당 학원들이 나라 사랑하는 노래를 부르니 외국 부인이 또 악기로 율에 맞추어 병창하더라. 여덟째는 전 협판 윤치호 씨가 기원절일 문제를 연설한 후에 탁지 대신 심상훈 씨가 제손씨와 아편셜라 씨의 연설한 것을 감사하다고 말하더라. 그 다음에 다과례를 행하고 날이 저믄 고로 다 헤어져 돌아가니라.[44]

---

43) 위의 신문, 1897년 8월 14일 논설. "다행히 독립 협회가 생겨 협회에서 처음으로 경축한 날이면 대소 인민이 모여 같이 길(즐)거워하는 풍속을 시작하여 나라 생각하는 뜻을 세계에 들어나게 하니 우리가 바라건대 몇 해가 아니 되어 전국 인민들이 모두 독립 협회 위원들과 같이 국가의 경축한 날은 동리마다 연설장을 배설하고 그 길(즐)거워하는 마음을 설명하여 서로 깨다르며 서로 본받게 하며 집집마다 국기를 꽂아 세계 인민과 후생들이라도 다 마음에 박히기를 조선은 조선 사람들의 나라요, 조선에 경사로운 일은 조선 사람들의 경사로운 일이요, 조선에 불행한 일도 또한 조선 사람들의 불행한 일인 줄로 깨닫게 되기를 바라노라."

44) 위의 신문, 1897년 8월 17일 잡보. 이날에 이채연·윤치호씨가 행한 연설의 요지는 8월 17일자 논설에, 아펜젤러 씨의 연설 내용은 8월 19일자 논설에 보인다. 기원절 기념식 행사는 기독교도들에게 알릴 만한 사건이었던지, 《죠션 크리스도인 회보》 29호(1897. 8. 19)에 〈기원절 경회〉라는 제목하에 이를 소개한 후 전협판 윤치호씨의 "기원절이 경사로운 일과 인민이 나라를 사랑케 하려면 우리 나라 영과

위의 인용을 통하여 우리는 독립협회 주도하에 이루어진 기원절 행사가 당시의 기독교와 기독교 학교와 밀접한 관련이 있음을 알 수 있다. 그리고 이러한 기원절 축하행사는, "조선 인민들이 개국한 후에 처음으로 기원절을 생각하고 독립관에서 내·외국민이 모여 이 나라에 경사로운 일을 마땅하게 축사한 것을 보니 조선 백성들도 차차 자기 나라를 나라로 생각하는 뜻이 있는 것 같고 나라 경사를 자기들의 경사같이 여겨 축사할 때에 다만 조선 사람끼리만 길(즐)거워 할 뿐이 아니라 세계 각국 사람들을 청하여 조선 사람들도 나라와 임군을 사랑하고 그 사랑하는 뜻을 바깥으로 나타내는 것을 세계에 광고하니 별로히 조선을 사랑하는 마음이 기쁘더라"고[45] 한《독립신문》의 지적과 같이, '조선 사람들도 나라와 임군을 사랑하고 그 사랑하는 뜻을 바깥으로 나타내는 것을 세계에 광고'하려는 것이었다. 그렇게 함으로써 1890년대 후반의 우리 사회가 목표로 했던, 외세의 간섭을 벗어나 인민의 동심을 기반으로 한 자주국가를 건설하려 했던 것이다. 이때 건설하려고 했던 국가는, '그 나라의 홍망 성쇠가 조금치도 인민에게 관계가 없는 것 같아 보이는' 그러한 나라가 아니라 '국가의 경사가 곧 내 경사요 국가에 불행한 일이 있으면 그것이 곧 내가 당한 불행한 일로 여기는 그러한 국가'였다.[46] 여기서 당시 기독교도들이 구상했던 자주 독립국가가 인민을 기반으로 했던 근대의 소위 민족주의 근대국가의 모형임을 이해할 수 있게 되는 것이다.

1896년부터 시작된 듯한 국왕 탄신일 경축행사나 1897년에 처음 보이는 국가 기원절 행사가 기독교와 깊은 관련이 있다고 지적하였거니와, 특히 1896년의 국왕 탄신 기념행사와 관련하여 당시 기독교가 어떻게 비쳐지고 있었는가를《독립신문》에 유의해 보자.《독립신문》에서는 1896년 9월 2일의 '대 군주 탄신 경축회'가 야소교인들이 중심이 되어 성대하게 거행되었다고 소개한 후,

---

있는 사기를 가르치고 백성을 편히 하여야 될 일"을 말한 내용의 연설과 다른 분들의 연설을 소개하고 있다.

45) 위의 신문, 1897년 8월 14일 논설.

46) 위와 같음.

제일 고마운 것이 이 교회 회원들이 먼저 대 군주 폐하와 전국 인민을 사랑하는 마음이 있어 이런 대회를 하고 이런 뜻을 세계에 보이며, 조선 임군과 백성을 사랑하는 사람들이 모여 연설을 하여 이런 소견이 없던 사람들이 새 생각이 나게 말을 하여 들려 주고, 국가를 지어 각 교회 학교 학도들이 노래들을 하여 악하고 더러운 마음을 어질고 착하고 의롭게 감동을 시키며, 미국 교사들이 조선 사람이 이런 새 생각이 생기는 것을 너무 즐거워하여 자기들을 힘껏 도와 주고 이 대회가 매우 잘 되었으니 조선 사람들이 이런 외국 친구들을 대하여 감사한 마음이 없어서는 의리도 아니요, 인정도 아니라. 이 대회가 조선 사람을 여러 가지로 가르치는 것이 있으니, 첫째는 위국 위민하는 뜻이오, 둘째는 이런 마음이 있으면 다만 마음에 먹어둘 뿐이 아니라 세계에 광고하여 이런 마음 있는 것을 알게 하며 이런 마음 없는 사람을 있도록 감동을 시키며, 셋째는 야소교를 하여 전국 인민이 층등이 없이 모두 형제같이 사랑하고 도와 주어 나라이 잘 되어야 옳고 곧은 풍속과 법률이 성하게 하며, 강하고 귀하고 부요하고 지혜 있는 사람이나 약하고 천하고 무식한 사람이나 하나님 앞에는 다 일반이라. 옳은 사람이 다 강하고 경계 있고 정직하고 인자한 사람이 세계에 제일 귀한 사람이요 금생이던지 후생에 복을 받을 사람들이라. 우리는 바라건대 조선 안에서 교하는 인민들은 교를 참 믿고 교회에서 가르치는 대로 행신을 하며 동리 사람에게 본보기가 되어 불상하고 어리석은 동포 형제들을 모두 꿈을 깨게 하여 다만 성경만 말할 뿐이 아니라 어떻게 하여야 참 좋은 백성되는 법을 가르치는 것이 교하는 직무로 우리는 생각하노라.[47]

라고 하였다. 이 논설은 기독교가 이 대회를 개최하였으며, 야소교가 인민평등사상과 새로운 인간관계에 입각한 근대적 사회건설에 이바지하고 있음을 강조하고 있다.

한말 기독교인들의 자주독립 의식은 협성회와 독립협회 같은 단체를 통한 정치활동을 통해 동태화되고 있었다. 이 점에 대하여도 저자가 이미 지적한 바 있다.[48] 이들 단체는 당시 기독교와 깊은 관련을 갖고 있었다.

협성회는 "작년 11월 27일(건양 원년)에 배재학당 선비들이 처음 설립한 것인데, 아마 조선 안에 처음으로 창립한 쟁론회 중에 하나"라고[49] 한 기사와 같이, 배재학당 학생들이 중심이 되어 설립하였다. 여기에는 학생뿐만

47) 위의 신문, 1896년 9월 3일 논설.
48) 이만열, 〈한말 기독교인의 민족 의식 형성 과정〉, 앞의 책, pp. 362~366.
49) 《죠션 크리스도인 회보》 8호(1897. 3. 24). 《협성회 회보》 1호(1898. 1. 1)에는 협성회 설립일자를 "금상 황제 폐하 어극하신 33년 11월 30일에 처음 설립"하였다고 하여 설립일자상에 차이가 있다.

아니고 일만 시민과 관리들도 참가하여 전체 회원은 학생 200명을 포함, 600여 명에 이르렀다. 협성회는 매주 1회씩 쟁론회를 개최하여 한국 사회의 개혁과 자주국가의 실현을 위해 토론하고 혹은 연설하였으며, 그들의 회보인 《협성회 회보》를 발행하여 회원들이 직접 가두판매에 나서기도 하였다. 협성회에는 찬성 회원제도를 두어 이들로부터 찬조금을 받기도 하였고, 지방에 지회를 두기도 하였는데 황해도의 장연협성회가 그것이다.[50] 특기할 것은 이들의 토론회다. 토론회에서는 보통 가편과 부편으로 나누고, 각편에 정연의(正演議)·좌연의(佐演議)를 두고 이들이 의견을 개진한 후 참석한 회원들이 자기의 생각을 말하도록 하였다. 토론회의 제목들은 다음과 같다.

1. 국문과 한문을 섞어 씀이 가함.
2. 학도들은 양복을 입음이 가함.
3. 아내와 자매와 딸을 각종 학문으로 교육함이 가함.
4. 학원들은 매일 운동함이 가함.
5. 여인들을 내외시키지 아님이 가함.
6. 국중에 도로를 수리함이 가함.
7. 우리나라 종교를 예수교로 함이 가함.
8. 노비를 속량함이 가함.
9. 우리나라 철로 놓는 것을 외국 사람에게 허급지 아님이 가함.
10. 우리 회원들은 인민을 위하여 가로상에 나가 연설함이 가함.
11. 회원들은 이십 세 안으로 혼인을 하지 않음이 가함.
12. 우리 나라에서 쓰는 자와 말과 저울을 똑같이 함이 가함.
13. 국민이 이십 세 된 자는 일제히 병정으로 택함이 가함.
14. 서울과 인천 사이 철도 놓는 데 학도를 보내어 장정과 놓는 규칙을 배움이 가함.
15. 각처에 공원지를 설립하여 인민을 양생시킴이 가함.
16. 목욕간을 집집마다 두어 몸을 정결케 함이 가함.
17. 사농공상 학교를 세워 인민을 교육함이 가함.

---

50) 《협성회 회보》 제2호(1898.1.8). "광무 원년 륙월 십 육일에 황해도 장연 송천서 협성회 설립하기를 원하여 서상륜씨와 김윤오씨가 우리 회에 와서 약조하였으되, 일은 회명은 장연 협성회라 할 일이오, 이는 양처 회원이 친목하여 피차 물구하고 한 회원이 되고, 재정은 서로 상관 없을 일이오, 삼은 의리에 합당한 일이면 서로 도와 줄 일로 하고 또 규칙에 익달한 회원으로 설립하는 데 위원으로 보내 주기를 청하는 고로 본 회 중에서 김홍경 씨와 김필순 씨를 택하여 보내었더니 지금 장연 협성회 회원 김석호 씨가 정동서 유하는데 그 분에게 들으니 회장은 김윤오 씨요 회원은 25명이라 하니 우리는 그 회가 흥왕하기를 바라노라."

18. 각 곡식 종자를 외국 상품 종자를 구하여 심음이 가함.
19. 병인들은 외국 의약으로 치료함이 가함.
20. 산소를 풍수 지술로 구치 말고 집집마다 마땅한 곳을 사 두고 씀이 가함.
21. 무론 모물하고 매매할 시에 외누리 아니함이 가함.
22. 각항 문자를 왼편에서 시작하여 씀이 가함.
23. 내지에 출입하는 외국 사람에게 지세를 많이 받음이 가함.
24. 우리나라에서 상하 의원을 설립함이 정치상에 급선무로 결정함.
25. 군대에 호령하는 말을 본국말로 씀이 가함.
26. 의관 제도를 복구함이 가함.
27. 각 부에 있는 고문관들을 한이 지나거든 다시는 외국 사람으로 쓰지 아님이 가함.
28. 유의 유식하는 인민에게 제조소를 창설하여 줌이 가함.
29. 우리 회중에서 일 주일 간 회보를 발간함이 가함.
30. 정부에서 인재를 택용하려면 과거를 보임이 가함.
31. 흉년을 당하여 곡식을 외국으로 수출치 못하게 할 방책은 세를 많이 받음이 가함.
32. 개항을 많이 하는 것이 나라에 유익함.
33. 신문국을 각처에 배설하여 인민의 이목을 넓게 함이 가함.[51)]

이밖에도, 〈청국이 분파되니 인국 도리에 우리 나라에서 구완함이 가한가〉, 〈은전과 백동전과 동전을 경향 없이 씀이 가함〉, 〈음력을 버리고 양력을 씀이 가함〉, 〈삼년상과 기타 모든 복제를 년월로 한정치 말 것인가〉, 〈혼인하는 것은 당자가 서로 보고 정함이 가함〉, 〈의에 죽는 것이 불의에 사는 것보다 옳음〉, 〈각 항구에 우리 나라에서 석탄고를 두어 내외국 윤선이 왕래하기에 편리케 하고 외국에는 석탄고 지을 땅을 빌리지 말고 이왕 허급한 것도 도로 거둠이 가함〉, 〈재정과 군권을 남에게 맡기는 것은 곧 나라를 남에게 파는 것임〉, 〈외교를 잘 하려면 내치를 잘 하는 것이 제일임〉 등이었다.[52)] 이들 문제들은 우리나라의 개화를 위한 반봉건(反封建)의 과제들이며, 자주독립의 근대국가를 수립하기 위한 방책들이었다.

협성회 회원들은 방학을 앞두고, 여러 관리들이 참석한 가운데 토론회를 열기도 하였다. 1897년 배재학당의 여름방학을 앞두고 협성회원들은 〈동양

51) 위의 책, 1호 및 2호.
52) 위의 책, 3호~14호 참조.

제국이 부득불 태서 개화를 채용할 뜻〉이란 문제를 내걸고 가편에 김홍경·문경호씨가, 부편에 오병선·한의동씨가 토론을 벌였다. 이때에 모인 손님들 중에는, 궁내부대신 이재순, 협판 윤정구와 참서관 이학균, 물품사장 이무영, 전내부대신 박정양과 참서관 신태유, 탁지부대신 심상훈과 참서관 김규희, 법부대신 한규설과 협판 이인우, 학부대신 민종묵과 전협판 윤치호 및 학무국장 한창수, 편집국장 이경직, 회계과장 이해덕, 농상공부대신 이윤용과 협판 권재형, 참서관 조병건·변종헌, 전군부대신 안경수, 전일본공사 이하영, 전참판 전기운, 한성부판윤 이채연과 소윤 이계필, 전승지 박세환·이인영, 경무사 민영기, 고등재판소 형사국장 이충구, 군부참령 박기영 등 그밖에 여러 사람이 있었다. 이들의 참석을 소개한 기자는 "학도들이 열심으로 진보하기를 힘쓰고 각부 대신들이 이같이 광림하여 학도를 권면하니 이것은 조선국에 문명 진보가 될 장본이라"고 치하했던 것이다.[53] 이렇게 하여 성장한 협성회원들은 당시 한국의 개화와 자주국가화를 위하여 노력했을 뿐 아니라 그 뒤에도 한국의 정치·언론·종교·문화·의료·경제계에 선구자로서 활약한 인물들을 많이 배출하게 되었던 것이다.[54]

독립협회는 1896년에 조직되어 한국의 자유민권운동과 자주국가운동에 공헌한 단체이다. 독립협회의 조직과 업적, 그 성격에 대해서는 이미 많은 업적이 있어서[55] 여기에서는 그런 일반적인 문제에 대하여는 언급하지 않으려 한다. 다만 독립협회와 기독교가 얼마나 깊은 관계가 있었는지를 간단히 살펴보겠다. 그 관계가 어느 정도 규명된다면, 독립협회에서 주장한 내용은 한국의 초기 기독교의 민족주의의식과도 상통한다는 것을 알 수 있기 때문이다.

독립협회가 조직될 1896년 당시 기독교의 세례교인 수는 777인이라는 통계가 있다. 그 이듬해의 통계는 장로교의 신자 3천여 명을 포함하여 약 5천여 명의 기독교도가 있었다고 보고되고 있다. 이들 중에는 앞에서 언급한 바와 같이, 생명과 재산을 보호받기 위하여 기독교에 입교한 경우도 있지만, 개화와 구국을 목적으로 입교한 관료 진신들도 있었다. 개화와 구국을

53) 《죠션 크리스도인 회보》 24호(1897. 7. 14).
54) 《협성회 회보》 제1호. 회보 발행 당시의 회원 명단이 있다.
55) 대표적인 연구로는 신용하 교수의 《獨立協會硏究》, 일조각, 1976이 있다.

목적으로 입교한 상당수의 민족주의자들이 독립협회운동에 참여하였으리라고 생각된다.

독립협회와 기독교와의 관계는 다음 몇 가지로 정리될 수 있다. 첫째는 독립협회 지도부의 구성이 기독교와 관계가 깊다. 서재필과 윤치호는 이미 신앙고백을 하였고, 《독립신문》의 발간을 정부측에서 도운 유길준도 기독교에 호의적이었으며, 독립협회의 간부직에 있었던 이상재·남궁억은 아직 기독교에 입신하지는 않았지만 친기독교도로서 성경을 읽었으며 몇 년 가지 않아 독립협회사건으로 투옥된 후 신앙을 갖게 되었다. 중앙에서의 독립협회의 활동에는 아펜젤러의 도움과 배재학당 협성회원들의 적극적인 공헌이 컸었다. 지방에서의 경우 가령 독립협회 평양지회의 지도자들은 안창호·한석진·방기창·김종섭 등을 들 수 있는데, 이들은 한국 기독교의 초기 지도자들이었고, 그중 한석진·방기창은 1907년 한국 장로교의 최초의 7인 목사로 되었다. 둘째는 기독교회들이 독립협회에 적극적인 성원을 보내고 있었다는 점이다. 앞서 언급한 독립협회 주최 기원절 행사에 선교사들과 교인들이 적극적으로 참여하였고, 야소교원들이 중심이 되어 국왕 탄신 기념행사는 독립협회와 《독립신문》의 적극적인 지원을 받았다. 1898년에 이르러 정부에서 독립협회에 압력을 가하는 등 충돌이 빚어지고 있을 때 인천과 평양의 교회들이 독립협회에 적극적인 반응을 보였던 것이다. 즉 인천항 용동 그리스도인 복정채씨 등이 독립협회 본부에 편지하여 독립협회 회원들과 죽음을 같이하겠다고 한 것이나,[56] 평양의 경우,

> 〈평양〉 예수교인들이 모여 이번에 서울서 외국 사람과 고문관을 해고한 일로 백성들이 종로에 모여 연설함과, 독립관에서 의리에 죽기로 동맹한 일과, 시폐를 들어 상소한 일이며, 정부에 몇 번 편지한 일을 듣고 일제히 말하되 우리도 백성이 되어 이러한 충의 있는 일에 어찌 수수방관하리요, 서울 사람들이 옳은 일과 충절만 가지고 죽을 것 같으면 우리도 그 뒤를 좇아 함께 죽음이 마땅하다고들 하였다니 과연 신민이 나라를 사랑하여 의리에 죽기를 영광으로 아는 일이다. 지금도 도포나 입고 꿇어 앉아 효제 충신을 주야로 강론하는 산림 학자님들은 치국 평천하하는 도를 언제나 쓰려는지 요사이 춘일이 매우 곤하니 초당에 춘몽을 깨지 못하였나 보더라.[57]

56) 《독립신문》 3권 37호(1898. 3. 29).
57) 《협성회 회보》 1권 14호(1898. 4. 2).

고 한 데서 잘 나타나고 있다. 셋째로 독립협회와 기독교와의 관계는 당시 독립협회 반대파에서 기독교를 독립협회와 깊은 관련을 가졌다고 지목하고 있다는 점이다. 보부상 조직의 길영수(吉泳洙)·홍종우(洪鐘宇)·박유진(朴有鎭) 등이 정동교회에 편지하여 기독교회의 교우들이 독립협회 역당(逆黨)의 장귀(長鬼)가 되었다고 비난하였고,[58] 황주군의 경우 독립협회원은 야소교인으로 지목되었다.[59] 또 《일본공사관기록》에서도 "교회측의 이 두 교파(장로교와 감리교—저자)는 당시 서로 전후하여 새로운 선전(宣戰)을 시도하고 다른 동교(同敎) 각파의 선두에 앞서 소위 독립협회와 밀접한 연락을 가졌다"고[60] 보고하고 있다. 여기까지 보면 독립협회운동에서 기독교도들의 참여 정도를 어느 정도 파악할 수 있다고 생각된다.

이밖에도 한말 기독교인들은 국기 게양과 애국가 제창을 통하여 자주독립의식을 고취시켰고, 역사의식을 통해서도 이를 고취시키려고 노력하였다.[61]

이와 같이 어쩌면 맹렬하다고 할 정도로 자주독립의식을 동태화하고 있던 기독교도들의 민족주의의식은, 독립협회운동이 좌절되면서 보수반동의 분위기가 감돌게 되자 새로운 시련을 맞게 되었다. 그럴 즈음 독립협회운동을 지원하였던 기독교회에 대한 핍박이 여러 곳에서 일어나고, 정부는 정부대로 기독교회에서 독립협회를 부활시키지 않나 하고 예의 주시하고 있었다.[62] 이런 상황에서 1901년 '장로회 공의회'의 선교사 회의에서는 교회의 비(非)정치화를 위한 결의안이 채택되어 전국 교회에 전달되었다. 이는 아직도 어린 한국 교회를 정치적 소용돌이로부터 보호하기 위한 조처로 일단 풀이된다.[63] 따라서 1890년대말에 성숙했던 기독교인들의 자주독립 국가의식은

58) 《皇城新聞》 1898년 12월 9일과 11일; 鄭喬, 《大韓季年史》 上, p. 370.

59) 《黃海道案》 光武 3년 3월 14일. 觀察使 李垠鎔이 外部大臣 朴齊純에게 올린 보고문 참조.

60) 《日本公使館記錄》 가운데 〈北韓地方에 있어서 基督教學校 觀察復命書〉 참조.

61) 이 점에 대해서도 저자의 〈한말 기독교인의 민족 의식 형성 과정〉, 앞의 책, pp. 361~367 참조.

62) 《皇城新聞》 1899년 12월 4일. "〈教非民會〉 日昨에 政府에서 美使 安連氏에게 送人하여 質問 曰 近間에 人民이 教會를 籍託하고 教堂에 聚會하여 民會를 復設코자 한다 하니 此事가 果有하냐 하니 安連氏가 該教師 亞扁薛羅 元杜尤 兩氏를 招問한즉 答曰 教會를 主意하여 傳道함을 爲함이오 前日 民會餘跡을 更襲할 理由가 教堂에 何有하리오 하기로 安氏가 此意로 政府에 答하였더니 政府에서 更言하되 然하나 裏許를 詳探通知하라 하였다더라."

63) 이만열, 〈한말 기독교인의 민족 의식 형성 과정〉, 앞의 책, pp. 372~376에서 결의

다른 형태로 훈련되고 표출될 수밖에 없었다.

1900년에서 1905년까지 기독교인들의 민족의식은 주로 기독교계 신문의 '국가 문답란' 등을 통하여 살필 수 있다. 이때 그들은 국가의 현실을 정직하게 인식하려고 노력하였다. 이들이 인식한 국가의 현실은, 재정형편이 "달달이 병정과 순검의 월급을 줄 외에 다른 데 쓸 경비가 없을"[64] 정도였고, 그럼에도 불구하고 진위대와 지방대를 확장하지 않을 수 없었으며, 이를 위하여 백성의 세납을 늘리지 않을 수 없는 형편이었다.[65] 기독교도들은 이러한 국가형편으로 보아 10여 년 전에 비하여 국력이 현저히 쇠약해졌다고 인식하였다. 그들은 그 증거를 경제적으로 무역역조현상에서 찾기도 하였다.[66] 그들은 일본이 이민의 형식을 통하여 한국 침략을 기도하고 있다고 파악한 듯하다.[67]

이러한 상황 속에서 기독교도들은, 앞서 협성회와 독립협회운동에서 이미 제기한 바 있는, 입헌국가의 이상을 이념화하기 시작하였다. 이 역시 신문 등을 통하여 온건한 방법으로 진행시켰다. 그들은 국가의 종류에, 1) 군주가 천단하는 정치, 2) 군주가 압제하는 정치, 3) 귀족이 주장하는 정치, 4) 군주의 입헌정치, 5) 국민의 공화정치 등이 있음을 환기시키고, 그중에서 입헌군주제나 민주공화제가 바람직한 것으로 계몽되고 있었다.[68] 그리고 이 두 정치체제 중에서는, 공평한 법률 아래서 공의와 재주를 높이는 나라와, 높은 사람이나 낮은 사람이나 공평한 법률 아래에서 살 수 있는 것이 바람직한 것으로 제시되었다. 이것은 결국 독립협회운동을 국체 변혁과 관련시키려는 오해와 모함이 있었던 만큼, 당시 기독교도들은 입헌군주국이냐 민주공화국이냐 하는 체제의 문제보다는 공평한 법률 아래에서 살 수 있느냐의 여부를 정부 평가의 기준으로 제시하고 있었던 것이다. 하여튼 우리는 당시 기독교도들이 자유 민권에 바탕을 둔 입헌국가를 그들의 이상으로 제시했다는 것을 확인해서 좋을 것이다. 이것은 당시 충군 애국을 부르짖던

안의 내용과 그 배경에 관하여 언급한 바 있다.
64) 《그리스도 신문》 5권 48호(1901. 11. 28).
65) 위의 신문 5권 10호(1901. 3. 17).
66) 위의 신문 5권 48호(1901. 11. 28).
67) 위의 신문 6권 4호(1902. 1. 23).
68) 위의 신문 5권 32호(1901. 8. 1).

기독교도들의 사회사상의 한계이기도 했다. 그들의 이상적 국가상을 구체화시키는 것이 국민국가 이념의 실현이라면, 여기에는 봉건적인 구체제를 개혁 내지는 청산하지 않고서도 불가능하였다. 즉 국민국가의 실현을 위해서는 국민혁명이 필요함에도 불구하고, 사회사상면에서 아직 기독교도들은 '국민혁명'의 단계까지를 생각할 만큼 의식이 성숙하지는 못했던 것이다. 이것은 당시 한국 사상계의 일반적인 수준이기도 했던 것이다. 1905년 을사조약이 체결된 후에 재외(在外) 한국인에 의하여 국민혁명론이 일부 나타나긴 하지만 이때는 이미 반(半)식민지 상태로 전락되고 있던 시기였다. 그리하여 기독교도들은 물론 의식 있는 한국인들은, 안으로 국민혁명을 통한 국민국가 수립에 노력해야 하는 한편 밖으로는 우리나라를 이미 반식민지상태로 전락시킨 침략자 일제와 싸우지 않을 수 없게 되었다.

Ⅳ. 항일민족운동의 전개

일제는 1905년 을사조약을 강제로 체결하여 우리나라의 외교권을 빼앗고, 이후 국가조직을 해체시키는 작업을 서둘렀다. 1907년에는 헤이그밀사사건을 구실로 하여 고종을 퇴위시키고, 같은 해에 정미(丁未)7조약을 강제 체결하여 일본인 차관을 임명하고 한국의 행정권을 장악하였으며, 또 군대를 해산하였다. 1909년에는 기유각서를 통해 사법권을 인수하고, 1910년 경찰권마저 빼앗은 뒤 일제는 한국을 '합방'이라는 형식으로 식민지화시켰다. 1905년에서 1910년에 이르는 기간에, 한국은 수많은 애국계몽운동과 의병운동에도 불구하고, 식민지로 전락되는 과정을 밟고 있었다.

이때 한국 기독교회에서는 1907년을 정점으로 하여 대부흥운동이 전개된다. 그리하여 신도의 수가 증가하고 많은 교회들이 설립되었다. 대부흥운동의 순수한 신앙적인 측면을 고려하면서도 우리는 한국이 처했던 당시의 사회적 상황 등을 감안할 때 대부흥운동의 사회 심리적 요인도 생각지 않을 수 없다. 개인적인 고독감과, 국가의 위기를 생각할 때 엄습하는 불안감은 한국인으로 하여금 교회에서 새 소망을 얻도록 유도하였다. 동시에 기독교는 한국인의 이러한 심리적 불안을 간파하고 전도에 배전의 노력을 기울였다고도 볼 수 있다.

대부흥운동의 열기 속에서 한국 교회는 교단의 조직화에 노력하였다. 감리교 계통에서는 1901년부터 집사목사를 배출하였다. 장로교회에서는 1907년에 한국인 목사 7인을 배출함과 동시에 독로회를 조직하였다. 국가의 조직이 와해되어 가던 시기에 교단의 독립적 행정권을 행사할 노회가 조직되었다는 것은 중요한 의미를 갖는 것이다.

한국 기독교의 이같은 성장은 한국에 대한 침략을 노골화해 왔던 일제 통감부로 하여금 기독교에 대한 정책을 세우지 않으면 안되도록 몰아갔다. 초대 통감으로 부임한 이토 히로부미(伊藤博文)는 나름대로 기독교정책을 구체화하고 있었다. 그것은 선교사 회유책과 이를 위한 방법의 하나로 정교분리 정책을 강조하는 것이었다. 선교사 회유책과 정교분리정책은 서로 깊은 관련을 갖고 있다. 통감부는 '정치는 통감이 정신적 교화는 종교가 맡는다'는 정교분리의 원칙을 세우고는 선교사들에게 회유책을 폈다. 친일적인 선교사들은,

> 정치상 일체의 사건은 불초 본인에게 맡기고, 금후 조선에 있어서 정신적 방면의 계몽 교화에 원컨대 귀하 등이 그 책임을 맡아 주시오. 이렇게 하여야 참으로 조선 인민의 유도의 사업은 비로소 완전하게 이룰 것.[69]

이라는 통감의 정교분리 설득에 대하여 지지를 보내고 있었다. 그것은 1907년 5월 2일 감리교의 존스(G. H. Johns)와 스크랜튼(W. B. Scranton) 두 선교사가 이토를 방문하고 해명했다는,

> 선교사들이 통감과 그 시정에 대하여 적대적이라고 보도한 미국 신문들의 비난은, 우리들 자신과 동료들의 감정을 나타낸 것이 아니며, 우리들이 한국 인민을 좀더 유익한 데로 이끌려는 각하의 시정에 신실한 동정과 모든 면에서의 협조를 아끼지 않는다는 것을 각하께서 확신하시기를 바란다. 선교사들은 정치적인 사건을 떠나, 한국 인민의 도덕적 및 영적인 고양에 전적으로 힘쓰는 것을 행동 법칙으로 삼는다.[70]

는 데서도 확인할 수 있다. 이러한 해명에 대하여 이토는 한 술 더 떠서, "나는 항간에 떠도는 소문을 믿지 않으며, 재한(在韓)선교사들을 의심하지

69) 조선총독부, 《조선의 통치와 기독교》, 1921, p. 6.
70) George T. Ladd, *In Korea with Marquis Ito*, pp. 63~64.

않을 뿐 아니라 한국인의 도덕적 및 영적인 진보를 위하여 애쓰고 있는 귀하들의 노력의 가치를 충분히 인식하고 성공을 빈다"고[71] 하면서 선교사들을 교묘하게 회유하고 있음이 보인다. 선교사들의 친일적인 자세는 여기에서 그치지 않는다. 그들 가운데 감리교의 해리스(M. C. Harris) 감독은 이토의 통감정치를 드러내놓고 칭찬하였던 것이다.[72] 특히 지도부에 있는 선교사들이 친일적인 태도를 노골적으로 나타내고 있었던 셈인데, 선교자유권의 문제와 치외법권의 문제 때문에 선교사들이 통감부와 타협하지 않을 수 없었다고 그 원인을 지적하기도 한다.[73]

정교분리에 입각한 선교사들의 이러한 자세가 한국 기독교도로 하여금 신앙에만 몰두케 하여 1907년의 저 대부흥운동을 가능하게 하였고, 따라서 한국이 식민지화되는 시기에 민족문제를 외면토록 하는 한 계기가 되었음직하다고 지적된다.[74]

그러나 지도층에 있는 일부 선교사들의 친일적, 통감부정책 동조적 자세와는 달리 한국인들과 직접 접촉하고 있던 일반 선교사들의 자세는 그렇지 않았다. 이들은 한국이 '국권을 회복하여 자유의 천지에 무한한 복락을 향수하게 되기를 바라고' '조금도 타국의 간섭을 받을 필요가 없는 나라가 됨'을 강조했다. 1909년 10월 3일 서대문내 구세군 군영내에서 행했다는 웰스 선교사의 연설의 일절은 이를 잘 나타내준다.

> 비참한 한국이여, 빈약하여 자립할 실력은 없고 나라를 들어 다른 나라에 의뢰하며 不如意한 보호를 받아, 인민이 천 길이나 되는 골짜기에서 방황하고 있는 참담한 이 광경은 이 무슨 꼴인가. 과거는 뉘우쳐도 논할 방도가 없고, 장래는 일심 불란하게 하나님을 신뢰하고 맡은 일과 직업에 힘써 참된 부강을 양성하여서 독립의 기초를 공고히 하고, 국권을 회복하여 자유의 천지에 무한한

---

71) 위의 책, p. 64.
72) 金正明 編, 《日韓外交資料集成》 8권, pp. 69~70에서 해리스는 "우리들은 伊藤侯爵의 통치는 가장 큰 칭찬을 받기에 마땅하며……실로 우리들은 통감 政略의 가장 열심 있는 지자자임을 고백하고 伊藤統監이 반드시 성공해야 함을 믿어 의심치 않는다"고 아첨하고 있다.
73) 《大韓每日申報》 1907년 9월 5일자; 金正明 編, 《日韓外交資料集成》 6권, p. 228 참조.
74) 백낙준, 《한국 개신교사》, p. 405. "더우기 베어드는 이 운동(대부흥운동 — 저자)에 관심이 쏠림으로써 한일 합병의 시련기에 있어서 국내 평화와 질서를 유지하게 하였다고 믿었다."

복락을 향수하게 되기를 바란다.[75]

선교사들의 배일적 경향은 지방에서는 더욱 뚜렷하게 나타났다. 이들은 전도설교에서 혹은 교회 계통 학교에서 '배일적 사조를 도발'하였고, '표면적으로는 공평 온건하나 음으로 배일사상을 고취'하고 있었던 것이다.[76] 그리하여 이들 선교사들은 일제에 의해 '배일 선동가'로 지목되었고, 그 언행은 감시의 대상으로 주시되었던 것이다.[77]

일본이 한국 침략을 서두르기 시작했던 1905년 이후, 일제는 한국 기독교인들을 두고 배일적이라고 비난하였고, 한국 기독교회를 두고 "일본의 압박을 달갑게 여기지 않는 자는 와서 십자가에 모여 십자가 보호 밑에 크게 세력을 양성하여 장차 십자군병을 일으켜 일본의 세력을 한국에서 축출하자는 데"[78] 있다고 분석하였다. 그러기에 기독교에 대한 일제의 압제는 여러 형태로 나타나게 되었다. 서산에 있는 교회는 의병과 관련하여 음해를 입었다.[79] 이천읍과 강화도의 경우에는 예수교인에 대한 살육이 감행되었는데,

---

75) 《日本公使舘記錄》 1908~1909, 〈基督教狀況〉, 警秘 제3111호의 1(1909. 10. 5), 〈救世軍の布教狀況〉.

76) 예를 들어 《大韓每日申報》 1907년 8월 27일자 〈헐버트씨 연설〉을 보자. 헐버트는 처음에 친일적인 경향을 띠고 있었으나 1904년 일본군의 만행을 보고 난 후 배일적으로 되었고 그 뒤 한국의 독립을 위해서 노력하였다. "뉴욕 전보를 거한즉 미국인 헐버트씨가 한국에 여러 해를 있어서 한인의 성질을 자세히 아는지라. 근일 미국에 와서 한국과 일본의 관계를 말하되 내가 한인의 성질을 깊이 알고 일본이 한국을 삼키려 하는 의견과 수단을 밝히 아는지라. 오직 삼키고자 하는 한인을 다 죽여 멸하기에 능히 순종케 못할찌니 1592년(임진년)을 생각하지 아니 하는가. 한인의 성질이 비록 참고 잠잠하나 핍박이 너무 심하면 형세가 반드시 죽기를 결단하여 싸울지니 일본이 비록 강하나 이천만 민족을 다 멸치는 못할지라. 한인이 다 분격하여 혈심으로 싸우면 삼 년을 지나지 못하여 일본의 재정이 탕진할 것이오, 한국 안에 있는 일본의 권리가 그림자도 없어지리라 하였다더라."

77) 선교사들의 자세에 대하여는 이만열, 〈한말 기독교인의 민족 의식 형성 과정〉, 앞의 책, pp. 384~391 참조.

78) 《日本公使舘記錄》 1905년 顧問警察報告, 〈耶蘇教會立會의 件〉, pp. 13~14.

79) 《大韓每日申報》 1907년 10월 5일. "〈혐의로 모해〉 서산군의 예수교회는 경내에 명망있는 사람들이 공주 구역에 주관하는 목사 우리암씨의 허가를 얻어 가지고 예배당을 짓고 열심으로 전도하더니 그 고을에 사는 김병수라 하는 자가 본시 불량한 인물로 입교하고자 하는 것을 교회에서 허락지 아니한지라. 그 혐의로 김씨가 홍주군 보좌관에게 재촉하기를 교회에서 의병을 간련한다 하여 순사 이십여 인이 가서 교인 임명재 임헌수 조광순 삼인을 잡아가고 사살할 차로 김씨까지 안동하여 가두었더라."

〈부자 구몰〉 일병 오십여 명이 이천읍 안에 들어와서 예수교 전도인 구연영·구정서 부자를 포살하고 그 근처 오륙 동리를 몰수히 충화하였다더라.[80]

〈삼형제 포살〉 강화군 남문 안에 사는 김동수씨는 삼형제가 일순사에게 포살을 당하였는데 다 예수교를 믿던 사람이오, 해 군에 있는 보창학교 교장 이동휘 씨의 집은 여학교인데 일병이 무슨 까닭인지 소화하였다더라.[81]

는 것이 그것이다. 이러한 핍박에도 불구하고 기독교회는 성장하여 앞서 말한 바와 같이 장로교의 경우 1907년 '장로회 노회'를 설립하여 교회의 정치·행정상의 독립을 기할 수 있게 되었다. 기독교도들은 국가가 처한 위난의 현실을 두고 국권회복 항일투쟁에 나서게 되었다. 맥켄지(F. A. McKenzie)의 지적과 같이, "성서에 젖어든 한 민족이 학정에 접하게 될 때에는 그 민족이 절멸(絶滅)되든가, 아니면 학정이 그쳐지든가 하는 두 가지 중의 하나가 일어나게 된다"는[82] 표현은 한국 기독교의 항일민족투쟁을 두고 한 적절한 지적이었다.

1905년 이후의 한국 기독교도들은 다음 몇 가지 측면에서 그들의 항일투쟁을 구체화시키고 있었다.

첫째는 대중적 집회를 통해서이다. 여기에는 예배의식과 기도회 등이 포함된다. 1905년 11월에 전국 장로교가 공의회의 결의에 따라 나라를 위한 기도회를 1주일간 가졌다. 이것은 1905년 9월의 '장로회 공의회'에서 길선주 장로가 나라 위한 기도회를 갖기로 발의한 것을 채택하고 전국 교회에 알렸기 때문이다. 그해 11월 을사조약이 발표되자 상동교회에서는 전덕기(全德基)·정순만(鄭淳萬)의 인도로 연일 수천 명이 모여 구국기도회를 가졌던 것이다. 1907년경에는 나라 위한 기도회가 전국 교회의 유기적인 관련하에 진행되었던 것이다.[83] 한국 기독교도들의 요청에 의하여, 이 무렵 만국의 예수교인이 대한 국운을 위하여 기도하기도 하였다.[84] 그러기 때문에 이제 기도하러 가는 사람이 요시찰의 대상이 되었던 것이니,

80) 위의 신문, 1907년 8월 29일자.
81) 위의 신문, 1907년 8월 31일자.
82) Frederick A. McKenzie, *Korea's Fight for Freedom*, 1969, Yonse Univ. Press, p. 50.
83) 《韓國獨立運動史》 권 1, p. 1016; 《日本公使館記錄》 1907.
84) 《大韓每日申報》 1907년 8월 22일자, 〈만국기도〉.

〈기도하는 사람 탐문〉 내부에서 십 삼 도에 훈령하되 기도하러 간 사람이 있거든 거주 성명을 자세히 탐지하여 속히 보하라 하였더라.[85]

가 그것이다. 이제 '나라 위한 기도회'는 한국 기독교도들의 구국운동의 중요한 방편으로 일제와 거기에 동조하는 정부에 인식되었던 것이다. 기독교인들의 나라 위한 집회는 1909년 융희 황제의 서순(西巡) 때에 관서지방에서 격렬하게 일어났던 것이다.[86]

둘째로 이 무렵의 기독교도들의 구국운동은 시위적인 운동으로 확산된다. 을사조약 발표 후 야소교도인 최재학(崔在學)·이시영(李始榮) 등이 서울 거리에 전단을 살포하고 을사오적의 처단을 요구하다가 일본 순사들과 충돌하여 경무청에 70여 일간 구금당했다.[87] 또 야소교인 김하원(金河苑)·이기범(李基範)·김홍식(金弘植)·차병수(車炳修) 등도 이천만 동포에게 경고하는 글을 서울 종로에 뿌리고 격절한 구국연설을 하였고, 군중들이 이들과 합세하여 일본 순사·헌병과 충돌, 수백 명이 일본군 사령부에 구금되었던 것이다.[88] 이뿐 아니라 국권회복을 위한 항일투쟁에 앞장 섰던 기독교도들 중에는 자기 한 몸이 죽음으로써 국민에게 경각심을 일으키고 국권회복의 전기를 마련코자 하였다. 기독교도이며 교육지사이기도 한 정재홍(鄭在洪)의 자살과,[89] 양주 사람 야소교 목사 홍태순(洪太順)의 대한문 앞에서의 자살이[90] 그것이다.

셋째로 기독교도들의 항일국권회복운동은 한말의 소위 망국 원흉들에 대한 암살로 연결된다. 앞에서 말한 정재홍은 이토를 살해하려다가 실패하자 자살한 것이다. 이토를 살해한 안중근(安重根)은 카톨릭 신자임에 비하여, 안중근과 뜻을 같이 했던 우연준(禹連俊)은 기독교도로서, 그는 안중근에게 거사가 있기 전 앉을 때나 섰을 때나 앙천(仰天)하고 기도하길, "살피소서 살피소서 주 예수여 살피소서, 동반도의 대 제국을 내 원대로 구하소서"라는 애국적인 시를 주어 그들의 구국 동지로서의 우의를 깊게 했던 것이

85) 위의 신문, 1907년 10월 5일자.
86) 위의 신문, 1909년 2월 11일자 참조.
87) 《大韓季年史》 下, p. 187.
88) 위의 책, p. 192; 朴殷植, 《韓國痛史》 三篇, p. 98.
89) 위의 책, p. 255.
90) 위의 책, p. 274.

다.[91] 또 일제 앞잡이로서 한국 외부의 고문으로 왔다가 모종의 홍정을 위해 본국 정부와 협의하러 가던 미국인 스티븐스(須知分)를 샌프란시스코에서 살해한 장인환(張仁煥)도 열렬한 기독교 청년이었다. 상동교회의 전덕기는 을사조약 후 우국기도회를 주도하였다고 이미 언급했거니와, 그는 을사오적을 처단하기 위하여 평안도의 장사를 모집하여 훈련을 시켰다. 그리고 그는 상동학원내에서 청소년들에게 국권회복을 위해 군사훈련을 시켰던 것이다.

이완용(李完用)을 살해하려 한 이재명(李在明)도 기독교도였다. 그와 뜻을 같이 한 동지들, 이동수(李東秀)·김병록(金丙錄)·이학필(李學必)·김정익(金貞益)·조창호(趙昌鎬)·전태선(全泰善) 등은 대부분 기독교도들로서, 그들은 국권회복을 위해서 총리대신 이완용과 일진회장 이용구(李容九)를 살해하기로 하고 조를 짜서 분담까지 하였으나, 이완용에게 중상을 입히는 데서 끝나고 말았다. 여기에는 이학필이라는 젊은 목사가 가담하고 있음이 주목된다.[92] 무력을 통한 이러한 항일국권회복운동의 전통은 일제하의 기독교인들에게 일정하게 전수되고 있었다. 이동휘(李東煇)·강우규(姜宇奎) 등이 그런 사람이다.

넷째로 경제적 측면에서의 항일구국운동이다. 여기에는 세금투쟁, 즉 일종의 조세저항운동 형태로 나타나고 있다. 당시 기독교도들은 통감부가 가옥세·주세(酒稅)·연초세 등의 불법적인 새 세목을 만들어 한국을 망하게 하려 한다고 보고, 여기에 적극적인 투쟁을 전개하였다. 함경북도 경성군 서면 신항동의 경우 그곳 야소교도들은 서로 일치하여 연초 경작세, 주세 등을 권유하러 온 일본 순사를 폭행하였고, 나아가 이들은 전제정치의 법령, 즉 인도(人道)에 반대되는 금제(禁制)나 가세(苛稅)에는 복종치 않아야 한다고 주장하였다. 당시 선교사들과 한국인 조사들은 그들의 설교에서,

> 야소교도에게는 특권상 暴者의 학대 그중 일본 군대의 압박 등을 면할 수 있을 뿐 아니라, 문명적인 교의에 기초하여 생명 명예 재산 등에 관한 권리를 얻었으므로 전제적 정치의 법령 즉 인도에 반하는 금제 및 가세에는 복종할 수 없다.[93]

---

91) 禹連俊의 기독교인으로서의 애국활동에 대해서는 한국기독교사연구회, 《한국기독교의 역사 Ⅰ》, 기독교문사, 1989, pp. 340~341을 참조.
92) 위의 책, pp. 386~410;《大韓每日申報》 1909년 12월 23일 이하.
93) 《日本公使館記錄》 1908~1909, 〈基督教狀況〉. 《淸津理事官機密警察月報》 明治 42년

고 주장했던 것이다.

당시의 조세저항 형태의 하나로 일어난 것이 1910년 평안남도 순천과 평안북도의 영변·안주 등지에서 일어난 시장세 반대투쟁을 들 수 있다. 여기에 주동적인 역할을 담당한 사람들이 야소교 신자들이었다.[94] 이와 함께 1907년 4월 평양 상인들이 '8일간 철시한 사건'이 있었는데, 이는 당시의 일본인 보고로는 안창호·안태국 등이 서교도(예수교인인 듯함—저자)를 선동했기 때문이라고 주장했다.[95]

이러한 조세저항운동뿐만 아니라 기독교도들은 당시 일어나고 있던 국채보상운동에 적극적인 호응을 보내고 있었다. 지방의 국채보상운동에는 교회와 기독교 학교가 적극 주도하고 있었다.[96] 이러한 경제구국운동은 그 뒤 일제하에서는 기독교인들이 중심이 된 조선물산장려운동 같은 것으로 발전하게 되었다.

다섯째로 기독교도들의 항일구국운동은 조직적인 정치활동으로도 영역을 넓히고 있었다. 여기에는 YMCA와 서북학회 및 신민회같이 기독교인들이 대다수 참석한 단체들에 의해서 주도되고 있었다. 이들 단체들은 국권회복을 위한 일반 계몽운동뿐 아니라 국민의 정치적 각성을 환기시켰으며, 나아가 신민회의 전덕기가 중심이 되어 헤이그밀사사건을 일으키기도 하였고, 일진회와 같은 단체의 매국적 행위를 저지시키려고도 노력했던 것이다. 일진회가 합방청원운동을 일으켰을 때[97] 이들 단체뿐만 아니라 기독교인들과

4월분 拔萃.

94) 국사편찬위원회, 《韓國獨立運動史》 권 1, p.505, 513에 "이상과 같이 居商과 行商들이 시장세에 반대하여 물의를 일으키자 排日派와 야소교도들이 이 틈에 더욱 배일을 고취하였기 때문에……이미 검거한 흉도의 다수는 평소 배일적 행동자이며 또 야소교 신자이다. 또 야소교적 냄새가 나는 배일적 학교로 지목된 생도가 兇計에 관련한 것으로 미루어 보아도……." 또 平南 順川의 市場稅反對鬪爭에 대하여는 서굉일, 〈韓末 基督敎人들의 反植民鬪爭〉, 《한국기독교사 연구》 제10집, 1986. 10., pp. 6~17 참조.

95) 《駐韓日本公使館記錄》 1907년, 〈北韓 及 黃海道觀察復命〉(《韓國獨立運動史》 권 1, p. 510).

96) 《大韓每日申報》 1907년 3월 19일, 21일, 24일, 4월 5일, 9일, 24일, 5월 12일, 6월 28일자 등 참조. 3월 19일자 잡보에는 〈郡民愛方〉이라는 제목 아래 "晋州郡에서 儒鄕이 發起하여 愛國報償債所를 設施하였고, 同 郡耶蘇敎友商業諸員도 償債所를 設立하였다더라"고 보도하고 있다.

97) 《駐韓日本公使館記錄》, 〈一進會上書에 關한 書類·二〉, 警秘 제248호(1909. 12. 8), 《韓國獨立運動史》 권 1, p. 479.

기독교 학교들은 일제히 일어나 일진회의 음모를 분쇄하기에 노력하였던 것이다.

결국 한국 기독교의 이같은 항일구국운동은, 일제 강점하에서는 극심한 탄압을 받지 않을 수 없었다. '105인사건'이 그 단적인 예일 것이다. 그러나 한국 기독교는 그 조직력과 민족주의적 성격을 견고히 하면서 성장하여 3·1운동에서 주도적 역할을 하였고, 일제 강점 전시기에 걸쳐서 항일민족운동의 보루로서 기능했던 것이다. (《민족주의와 기독교》, 민중사, 1981)

南岡 李昇薰의 신앙

I. 머 릿 말

남강(南岡) 이승훈(李昇薰; 1864~1930)은 자수성가한 실업가요, 오산학교(五山學校)를 설립, 민족교육을 실시함으로써 민족적 동량을 키운 교육자요, 105인사건과 3·1운동에서는 그의 고난과 투지로 하여 돋보여진 탁월한 민족주의운동가였다.

그는 제대로 학업을 닦지 못한, 자신의 표현을 빌리면 불학무식(不學無識)한 사람이었다. 그럼에도 불구하고 그가 이러한 위대한 선구자로 돋보여지게 된 것은 틀림없이 이유가 있을 것이다. 그에게 남다른 천재성이 보이는 것도 아니다. 그가 실업가로 대성한 데에는 천성과도 같은 근면성이 있었고, 이재적(理財的) 판단이 있기도 하였다. 그러나 초기에 비교적 성공했던 그는 수성(守成)의 능력이 미흡하였던지 뒷날까지 실업가로서 명망을 유지했던 것은 아니다.

남강으로 하여금 남강 되게 한 것은 교육가·민족운동가로서였다. 이것은 도산(島山) 안창호(安昌浩)로부터 듣고 깨달은 바 때문이었고, 그것을 실천하는 데 역동성을 부여한 것은 기독교 신앙이었다고 생각된다. 기독교 신앙이야말로 그의 일생을 관통하면서 그로 하여금 위대한 선구자로 돋보여지도록 한 에너지였다. 그는 신앙을 통하여 고난을 체험하면서도 그것을 인내 극복하는 법을 터득하였고, 고난에 동참할 줄 아는 사람이 되어갔다. 그는 신앙을 통하여 민족교육과 민족운동을 차원 높은 단계로 끌어올릴 수가 있었다. 기독교 신앙은 그의 사상을 세련되고 고상하게 만들어주었고, 그의 행동에 절제의 미덕을 부여하였으며, 편파적이기 쉬운 민족주의운동을 보편성에 입각하도록 하였으며, 고집스러우리만큼 외곬의 모난 인격을 연마시켜 드디어는 자신의 한계를 절감하고 모든 것을 하나님께 의탁하는 자기부정의 인격자로 만들어갔던 것이다.

우리는 이 글에서 그의 신앙이 입교에서부터 어떻게 성장해 갔으며, 그의 신앙의 성장에 따라 어떤 역사적 문제와 부닥치게 되었는가를 살피면서, 그의 신앙의 성격이 어떻게 규정되는가를 살피려고 한다. 이러한 과정을 통하여 우리는 그의 신앙이 역사적 정황을 극복해 가는 에너지였음도 발견케 될 것이다. 그리고 남강의 신앙을 추적하는 것은 한말 일제하 격동기에 하나님이 한 인간을 어떻게 그의 사람으로 들어 쓰셨는가 하는 새로운 모형도 보여줄 것이라 생각한다.

Ⅱ. 서북인 남강의 入信

1. 서북지방인들의 기독교 접촉

남강이 활동한 중심 무대는 정주(定州)를 비롯한 평안도지방이었다. 이 지방에서는 미국계의 선교사가 한국에 입국하기 전부터 이미 기독교와 접촉했던 사람들이 있었다. 그것은 주로 만주를 통하여 이루어졌다.

1870년대 후반에 의주의 청년들 가운데는 만주에 가서 이미 그곳에 선교사로 와있던 로스(J. Ross ; 羅約翰)와 매킨타이어(J. Macintyre ; 馬勤泰)를 만나, 혹은 그들의 어학선생이 되기도 하고, 혹은 그들을 도와 성경의 한국어 번역을 돕기도 하였다. 그리하여 1879년에 네 명의 한국인이 세례를 받았다. 그들은 백홍준(白鴻俊)과 이웅찬(李應贊)을 포함하여 이름이 밝혀지지 않은 두 사람들이다. 1882년에는 성경 인쇄와 그 보급에 힘을 쓰게 되었던 김청송(金靑松)과 서상륜(徐相崙)도 세례를 받았다.

이들은 모두 선교사가 이 땅에 들어오기 전에, 그들 자신이 만주에 나가서 세례를 받은 이들이다. 그들은 이때 세례받는 것이 대단히 위험하다는 것을 알았다. 때문에 선교사들도 수세자들에게 위험이 뒤따르는 이러한 세례를 베풀 때에는 세례 청원자들로부터 단단히 다짐을 받았다. 그러나 앞서의 서북지방의 청년들은 그들의 목숨과 바꿀지도 모르는 이 일에 용기를 가지고 뛰어들었다.

이 무렵 국경의식이 비교적 덜했던지 한국인들 중에는 압록강·두만강을 건너 만주지방에서 생활의 터전을 닦고 있었던 이들이 많았다. 이 점에 대해서는 이 책의 앞 부분(〈1880년대 서간도 한인촌 기독교 공동체에 관한 연구〉)에서 이미 자세히 언급하였다. 그들 가운데는 로스와 매킨타이어의 전도를 받아 그리스도인이 된 경우도 있었다. 이들은 때로는 집단적으로 세례를 받기도 하였다. 또 1882년 만주에서 〈누가복음〉과 〈요한복음〉이 간행된 뒤에는 백홍준·김청송 등이 이 복음서들을 들고 전도하여 만주지역에서 많은 신자를 얻게 되었다. 뒷날 한국과 중국간에 국경분쟁이 일어나면서부터 강북 쪽에 살고 있던 한국인들이 대거 추방당하게 되었는데, 이들 가운데는 만주에서 이미 기독교를 믿고 세례를 받았던 사람들도 강남의 한반도로 이주하게 되었다. 평안도지역에서 일찍부터 기독교가 성하게 된 배경에는 이러한 요인도 간과할 수 없다. 이들은 대부분 뒷날 선교사들과 접촉하게 되어 서북지방의 교회설립을 추진하는 주체세력으로 나타나게 되었다.[1)]

선교사가 들어오기 전부터 이미 다수의 기독교인들이 있던 서북지방에 미국계의 선교사가 나타나게 된 것은 1887년부터이다. 1885년에 입국한 미북장로교회의 언더우드(H. G. Underwood;元杜尤)와 미 북감리교회의 아펜젤러(H. G. Appenzeller;阿扁薛羅)가 이해에 처음으로 서북지방의 선교여행에 나선 것이다. 그러나 한국 정부의 교금(敎禁)으로 이 여행은 중단될 수밖에 없었다. 한국 정부의 분위기를 간취한 미국 공사가 급히 귀경(歸京)을 명하였기 때문이다.

서북지방이 장로교의 전도지역으로 획정된 것은 이 지역 선교에 헌신한 마펫(S. A. Moffett;馬布三悅)의 공헌이 크다. 그는 1890년 1월에 미국 북장로교의 선교사로 한국에 도착한 후 몇 달 동안 한국어를 공부하였고, 이해 8월 서북지방으로 제1차 전도여행을 감행, 의주에까지 다녀왔다. 그는 이 여행에서 백홍준의 소개로, 뒷날 한국 기독교의 초석 가운데 한 사람인 한석진(韓錫晋)을 만나서 그의 서북지방 개척 선교에 결정적인 도움을 얻게 되었다. 제 2, 3의 선교여행 후, 그는 1893년 평양에 선교거점(mission station)을 정하고, 갖은 박해를 무릅쓰며 전도한 결과 이해부터 4, 5명의 신도와

1) 《朝鮮예수교長老會史記》, 1928, pp. 10~11, 14에 나오는 義州지방의 초대 신자들과 32인의 압록강 위에서의 세례는 바로 이들 세력으로 간주된다.

더불어 예배를 드릴 수 있게 되었고, 이어서 널다리골(板洞)에 가옥을 매입, 교회당을 정하게 되었다. 이것이 뒷날 장대현교회로 불린 평양 최초의 교회였다. 마펫은 선교사 리(Graham Lee;李吉咸) 부처를 동역자로 하고 한국인 조사들의 도움을 받아 일찍부터 복음의 씨앗이 뿌려진 서북지방의 전도와 교회건립에 박차를 가하였다. 그리하여 다음 표에 보이는 바와 같이 서북지방에는 수많은 교회들이 설립될 수 있었다.

19세기말 長老教會 設立 狀況

연도	평 안 도	황 해 도	기타 지방
1893	平壤~板 洞;平原~漢川·明堂;龍岡~竹本	載寧~新煥浦, 上居洞, 江村;安岳~橋洞, 德山, 大同, 邑內, 武石, 三上;長淵~涑谷, 長淵邑;鳳山~唐浦;文化~沙坪洞;松禾~德安里	釜山~草梁 元山~銘石洞
1894	江西~灘浦里, 青山浦;平原~外西倉	鳳山~慕洞, 沙里院;谷山~谷山邑	龍仁~栢峯里
1895	大同~新興里;江西~大安, 自德;龍岡~德海;龜城~新市	長淵~儀洞;載寧~邑內, 恒內洞;鳳山~丹山村, 新院, 倉村, 間村;殷栗~中興洞;平山~梅花洞;安岳~金山, 上筏里;	廣州~新垈里;蔚山~兵營
1896	江西~磐石, 高昌;大同~太平外里;肅川~邑教;平原~三館, 蘇竹, 朱村;鎭南浦~蘆井;朔州~邑內;中和~大奇岩, 南倉	黃州~洪村;鳳山~左曲;信川~貞女洞	서울~蓮洞;大邱~南城町;全州~西門外;咸興~邑內, 文山;安邊~邑內, 高山, 衛北里, 浪城里, 沙阜里, 引豆里;新興~東坪里, 昌原~月栢里
1897	義州~邑內;宣川邑;鐵山~邑內, 鶴岩;大同~將泉, 車里;順安~東坪里, 岐灘;平原~順安, 通湖里, 葛院, 德池;鎭南浦~碑石里, 億兩機, 祭峴;	中和~邑內;黃州~西里, 石井, 龍淵, 嘫峯;遂安~斗垈洞, 降眞;谷山~桃李洞, 信川~文山;安岳~德里;長淵~荅灘	高陽~幸州, 土堂里;金浦邑;金堤~松枝洞;咸安~舍村;密陽~春代里

	龍岡～眞池里, 紘岩		
1898	義州～南山;江西～松湖里;博川～南湖, 舊邑;鐵山～西平;龍川～東門外, 新倉;江東～道德里(閱坡), 江東邑;中和～瑤浦, 長山里, 雪梅洞, 龍山里, 蔡松里;大同～大院, 友川里, 八清里;德川～達下里	谷山～貨泉里;殷栗邑;松禾～張村, 太乙里;載寧邑;張淵～儀洞, 中和洞	木浦～陽洞;高原～德池;利原～遮湖;金海邑內
1899	大同～氷莊, 下里, 望德里;江西～梨木洞, 伊老島;鎭南浦～藝明, 古邑;中和～東傷;龍川～西石, 德川洞;定州邑;渭原～石浦洞;德川邑;平原～楊峴, 八洞, 馬村	長淵～白村 載寧～廣灘	咸安～二靈 羅州～三道里
계	72	51	30

자료 : 《韓鮮예수교長老會史記》, 1928.

선교거점으로서의 평양은 평안남북도와 황해도 전지역의 선교를 도맡았기 때문에 교회가 흥왕함에 따라 선교팀이 보강되지 않을 수 없었다.

앞에서 이미 언급된 선교사들 외에 1900년까지 베어드(W. M Baird;裵緯良) 목사부처, 스왈른(W. L. Swallen;蘇安論) 목사부처, 휘트모어(N. C. Whittemore;魏大模) 목사, 웰스(J. H. Wells;M. D. 禹越時) 부처, 헌트(W. B. Hunt;韓緯廉) 목사부처, 샤록스(A. M. Sharrocks;M. D. 謝樂秀) 부처, 번하이젤(C. F. Bernheisel;片夏薛) 목사, 레크(G. Leck) 목사부처, 베스트(M. Best;裵貴禮) 양, 그리고 하우엘(E. M. Howell) 양 등이 평양선교부에 보강되어 일하게 되었다.

1897년 2월에 휘트모어가 선천을 순방한 이후 이곳에 선교거점 설치가 모색되었고, 1899년에는 휘트모어가 가옥을 사들여 이곳에 이주하였다. 이어서 1901년에 의료선교사 샤록스가 선천에 이주하게 되어 본격적인 선교활동이 전개될 수 있었다. 선천에 선교부를 설치한 것은 이웃 정주에도 큰 영향을 미치게 되었다.

선천 선교부는 평북일대의 선교를 겨냥한 것이었다. 선천 주변의 지역에는 이 선교부의 설치로 선교활동이 활발하게 전개되었다. 정주에 교회가 설립된 것도 이 무렵이었다. 1899년에 설립된 정주읍교회와 1900년의 염방교회·곽산교회 및 1901년의 청정교회의 설립이 그것이다.[2)]

이리하여 만주를 통하여 복음을 받았던 서북인들은 미국계 선교사의 진출로 체계를 갖춘 교회에 수용되게 되었다. 서북지방에 교회설립이 왕성해졌고, 기독교 복음이 활발하게 전파된 것은 바로 북쪽에서 내려오는 다소 자생적인 기독교 세력과 북상하고 있던 선교사 세력이 서북지방에서 만나 서로 제휴할 수 있었던 데서 그 원인의 하나를 발견할 수 있을 것이다.

뒷날 남강이 기독교인으로 개종하여 신앙생활을 한 지역적 배경에는 이러한 선교활동이 전개되고 있었던 것이다. 남강은 아마도 이러한 초기의 선교활동과 함께 그의 유년 및 자립적인 소년시절을 보냈을 것으로 생각된다.

2. 개화론자들의 입신

기독교가 전파되자 많은 사람들이 기독교에 들어갔다. 당시의 언론들은 그들의 입신동기를 사회적 측면에서 주로 두 가지로 분석하였다. 그 하나는 개화를 통해 나라의 부국강병과 독립을 유지하기 위함이었고, 또 하나는 당시의 부패한 관리와 정부로부터 사람들이 생명과 재산을 보호받자는 데에 있었다. 전자가 주로 양반 관료와 지식인의 입교동기라면, 후자는 일반 민중들의 입교동기였다고 대체로 분석된다.[3)]

초기에는 관료·지식층의 기독교 입교가 쉽지 않았다. 워낙 기독교는 양이(洋夷)의 가르침으로 알려져 있었기 때문이다. 그것은 신기선(申箕善)이 쓴 《유학경위》(儒學經緯)에 이미 잘 나타나 있었다. 양반사회에서 기독교에 입교한다는 것은 그들의 생활기반을 벗어나는 것과 같았다. 더구나 제사에 의한 효순(孝順)을 강요받는 사회에서 예수교는 처음부터 제사를 우상숭배로 규정하였으니, 양반이 기독교에 접근한다는 것은 쉽지 않았다.

---

2) 위의 책, 해당 연도 참고.
3) 李萬烈, 〈韓末 기독교인의 민족의식 형성과정〉, 《한국기독교와 민족운동》, 보성출판사, 1986, p. 19.

관료 진신들의 기독교 접근은 갑오개혁 이후에 두드러지게 나타났다. 동학혁명의 회오리에다 청일전쟁·갑오개혁을 거치면서 유교적 체제가 흔들린 데다가, 특히 이러한 격동적 사건들로 하여 기독교 전파의 새로운 가능성이 제고되었기 때문이다.

양반으로 기독교에 입교한 사람으로서 서재필과 윤치호를 꼽을 수 있다. 이들은 미국에서 기독교를 받아들였고, 귀국하여 독립협회운동을 통하여 한국의 개화·독립운동에 앞장서고 있었다. 이들이 활약할 무렵 현직관료 가운데서도 기독교에 입신, 기독교인으로서의 모범을 보이는 이들이 있었다. 우선 이무영(李懋榮)씨의 경우가 눈에 뜨인다. 그는 당시 궁내부 물품사장으로서 양반들의 유교식 제사를 개혁하였을 정도로 깊은 신앙생활을 하고 있었다. 《죠션 크리스도인 회보》는 이렇게 증언한다.

> 현금에 궁내부 물품사장으로 있는 리무영씨는 우리 교회중 사랑하는 형제라 음력 유월 이십구일은 그 대부인의 대기날인데 그 형제가 망극한 마음과 감구지회를 억제할 수 없는지라 우리가 하나님을 섬기고 구세주를 믿은 즉 다른 사람과 같이 음식을 버려놓고 제사지낼리는 없거니와 부모의 대소기를 당하여 효자의 마음이 어찌 그저 지나가리오 이에 교중, 여러 형제를 청좌하고 대청마루에 등촉을 밝히 달고 그 대부인의 영혼을 위하여 하나님께 기도하고 찬미하며 그 대부인이 생존하여 계실 때에 하나님을 믿음과 경계하든 말씀과 현숙하신 모양을 생각하며 일장을 통곡하고 교우들도 리무영씨를 위로하여 하나님께 기도하며 경경히 밤을 지낼 새 그 모친에게 참 마음으로 제사를 드린지라 어찌 아름답지 아니리오 이후에 다른 교우들도 부모의 대소기를 당하면 또한 리무영씨와 같이 하기가 쉬울 듯하더라.[4]

이무영 외에 법부 형사국장 및 경무사로 있던 이충구는 "년전에 장로교회에 다니며 셔국 부인에게 조선말을 가르치는" 신의 있는 크리스천이었다.[5] 또 중국에 가서 성경을 공부하고 돌아와 죽산군수가 된 김홍수는 "항샹 백셩을 맛난 즉 진도를 젼하고 리쇽을 사랑하여 압헤 안치고 셩경을 강론"하였고,[6] 면천군수를 지낸 류제 또한 신실한 기독교인이었다. 그는 흉년당한 백성들의 유리함을 보고 수십만 냥을 풀어 기민을 구하였고, 동학혁명 때는

4) 《죠션 크리스도인 회보》 28 (1897. 8. 11.).
5) 《대한 그리스도인 회보》 2-50 (1898. 1. 12.).
6) 《죠션 크리스도인 회보》 41 (1897. 11. 10.).

선유별관으로 사람을 많이 살렸으므로 열읍 사람들이 청원하여 면천군수가 되었으며, 그를 위해 각처에 송덕비도 세워졌다. 류제는,

> 면천원을 갈닌 후에 덕산 한내라 하는 촌에 거하여 하나님을 공경하고 사람을 사랑하는 예수도를 행할 새 인근읍 사람들이 그 소문을 듣고 찾아와서 교회책도 가져가고 교회 이치도 묻는 사람이 있는[7]

정도로 인근 백성으로부터 칭송과 덕망을 받는 기독교인이었다.

개화 지식인들의 기독교 입교는 계속되어 독립협회사건 후 다수의 개화파 지식인들이 보수적인 정부에 의해 투옥되었다. 이원긍·이상재·유성준·김정식·이승인·이승만·안국선·김린 등으로서 이들은 3년여 동안의 감옥생활중에 옥중 학교와 옥중 도서실을 운영하면서 기독교 선교사 벙커(D. A. Bunker)와 게일(J. S. Gale)을 접하며 개종하게 되었던 것이다.[8] 이 점과 관련, 이원긍(李源兢)의 아들 이능화(李能和)는 이렇게 전하고 있다.

> 光武五年辛丑之春三月에 先考府君(호 取堂 前韓從二品嘉善大夫 法部協辦)及 李商在氏(호 月南 前韓從二品嘉善大夫 議政府參贊) 兪星濬氏(호 兢齋 前韓從二品嘉善大夫 內部協辦) 金貞植氏(호 三省 前韓警務官) 李承仁氏(호 竹史 月南先生之次子 前韓爲扶餘郡守 卒于官) 洪在箕氏(호 斗庭 前韓開城郡守 卒于官) 李承晩氏(哲學博士) 安國善氏(曾經郡守) 金麟氏(官歷未詳) 等이 一時被拘호야 同逮牢獄하니 本無罪案之可構오 唯有官歷之是咎니 此所謂莫須有之事라 三個星霜鐵窓生活에 幽鬱慘憺하야 苦惱畢備러니 幸而獄法에 許看宗敎書籍하고 亦許洋人入獄布敎라(時米國人宣敎師房巨氏 D. A. Bunker 入獄傳道矣) 於是에 同監諸公이 相與研究新約全書하야 誓心決志하야 領洗守戒하니 是爲官紳社會信敎之始라 光武八年甲辰歲初에(日露戰後開始之祭) 始得釋放호야 得見天日하야 遂相率從事于京城蓮洞敎會하니(時 奇一 Gale 牧師主幹蓮洞敎會)…… 後自蓮會로 分向各方하야 獻身於宗敎事業하야 用力於精神指導할새 先考府君은 與趙鐘萬氏(前韓成川郡守)로 於沙洞(今 鳳翼洞)敎會에, 月南先生은 與尹致昊氏(前韓外部協辦)及 申興雨氏(文學士)로 於中央基督敎青年會에, 兢齋先生은 與朴勝鳳氏(前韓觀察使)로 於安國洞敎會에, 三省先生은 於東京神田基督敎青年會에 各自從事.[9]

---

7) 위의 책, 40(1897. 11. 3.).

8) 이 점에 대해서는 李光麟, 〈舊韓末 옥중에서의 기독교 신앙〉, 《동방학지》46·48 합집; 徐廷敏, 〈구한말 이승만의 활동과 기독교〉(1875~1904), 연세대 교육대학원 석사학위 청구논문, 1988. 2. 참조.

9) 李能和, 《朝鮮基督敎及外交史》, 조선기독교창문사, 1928, pp. 203~204.

이들은 옥중에서 자신의 고통보다는 나라 걱정을 더 했던 사람들이다. 그들이 기독교 신앙을 찾게 된 것은 민족구원의 소망을 여기에서 발견하려고 했기 때문이다. 그들은 옥중 도서실에서 성경을 비롯한 기독교 관계서적들을 읽으며 기울어져가는 조국의 장래를 하나님께 의탁하겠다는 확신을 가졌다. 이승만이 감옥 안에서 투고한 글에, 기독교를 두고 "……지금 우리나라 사람들이 각기 그 몸이나 집안이나 나라이나 다 일체로 위태한 지경에 든지라 구원할 참 이치가 잇스니 밧비 알아보고 밋어 행할지어다"라고[10] 하면서, '기독교 구국론이 강력히 피력된 민족신앙'을[11] 주장한 것은 바로 이 때문이다. 반기독교적 입장을 취해 왔던 이상재가 옥중에서 개종한 것도, 그 뒤의 행적으로 보아 일종의 '기독교 구국론'에서 그 동기를 찾아야 할 것이다.

이렇게 개화 구국을 목표로 하여 기독교에 입신했던 한말의 개화론자들 가운데는 상당수가 더 굳건한 민족주의자로 변신해 갔던 것이다. 남궁억(南宮檍)이 그랬고 이상재가 그랬다. 이승훈이 기독교 입신 후에 더 강력한 민족주의자로 변해 갔던 것도 마찬가지다. 이들 민족주의자들은 그들의 사상이 보편주의적인 기독교 신앙에 기반해 있었기 때문에 방법론상으로 부드러워, 때로는 타협주의적인 인상을 풍기기도 하였지만, 사실은 부드러움 그 속에서 오히려 꺾이지 않는 신념과 행동원칙이 그들을 철저히 인도해 갔던 것이다. 그들의 민족주의는, 기독교 신앙이 그러하듯이 외유내강(外柔內剛)의 모습을 지니고 있었다.

3. 남강의 민족적 각성과 입신

그의 전기들에 의하면,[12] 남강은 궁핍한 가정에서 태어났다. 어릴 때부터 남달리 뛰어난 재기를 인정받았지만, 그는 한문 사숙에서 《천자문》(千字文), 《동몽선습》(童蒙先習) 정도의 교육밖에 받지 못하고 학업을 중단하지 않을 수 없었다. 그의 전반의 생애를 결정해 준 경제적 자립은 임일권(林逸權)의

---

10) 徐廷敏, 앞의 글, p. 68에서 재인용.
11) 위와 같음.
12) 金道泰, 《南岡 李昇薰傳》, 1950; 金基錫, 《南岡 李昇薰》, 1964; 《나라사랑》 12(남강 이승훈선생 특집호), 1973.

상점에서 상업경영의 훈련을 쌓으면서 시작되었다. 그는 열다섯의 나이에 보부상으로서 자립생활에 나서며, 강한 독립심과 고난극복의 의지를 실천하였다.

거의 10여 년간의 행상을 통해 남강은 평안도와 황해도의 물정과 지리를 어지간히 익혔다. 1887년 그의 나이 24세 되던 해에 납청정 거리로 돌아온 그는 철산(鐵山) 오희순(吳熙淳)의 자금을 융통하여 공장과 상점을 경영하기 시작하였다. 때로는 시련이 닥치기도 하였으나 약 15년간은 사업이 번창하여 대무역상으로 등장, 전국의 경제권을 지배할 정도가 되었다고 한다. 그는 이 무렵 오산의 용동(龍洞)에다 여주(驪州) 이씨의 친족촌락을 형성하는 한편, 자제들의 교육을 위해 서당을 마련하기도 하였고, 조정에서 수릉참봉(水陵參奉)직을 제수받기도 하였다. 이것들은 그의 재력 때문에 이룩된 것이었다. 여기서 우리는 그가 거상(巨商)이 되긴 하였지만 그의 관심이 아직 개인적 영달과 씨족적 관념을 크게 벗어나지 못하였음을 보게 된다. 그렇다고 해서 가난과 사회적 지위에 대한 갈등 속에서 신분상승을 꾀해 왔던 그를 폄론하는 것은 아니다. 다만 이 무렵까지는, 뒷날 민족운동가로 널리 알려진 그에게서 이때쯤이면 그 정체가 드러나고 있었을 외세침략으로 인한 민족적 모순에 대한 고민이 그렇게 심각해 보이지 않는다는 것을 지적할 뿐이다.

남강이 좀더 적극적으로 민족문제에 눈뜨게 되는 것은 일본과의 관계를 거치면서부터라고 하겠다. 1920년 부산에서 엽전이 품귀하게 되어 그 가치가 서울보다 2배나 높게 되자, 그는 서울에서 수집한 엽전 1만 냥을 부산으로 보냈다. 그러나 불행하게도 그 엽전을 실은 배가 목포 근해에서 일본 영사관 소속의 배와 충돌 침몰하였다. 그는 이 사건으로 오랜 동안 일본을 상대로 소송을 진행했지만 원금 1만 냥의 배상밖에는 받지 못하였다. 그러나 이런 사건을 통하여 그의 민족의식은 괄목할 정도로 성장하였던 것이다. 그는 이를 계기로 기업경영에서 민족문제를 발견하게 되었다. 외국자본과 상품의 국내 침투를 막기 위해 민족자본의 형성과 민족산업의 건설을 꾀한 '관서자문론'(關西資門論)이 발표된 것은 이런 시련과 고민을 겪었기 때문이었을 것이다.

이 무렵부터 그의 기업은 위축 일로를 걸었다. 국내외의 정세변동에도 불구하고 그의 모험적인 상업활동은 번번이 시리(時利)를 얻지 못하였기 때문이다. 황해도의 수수(高粱)를 매점하였지만 제때에 팔리지 않아 큰 손실을 보았는가 하면, 명태를 독점 매입했다가 크게 실패하기도 하였고, 1904년에는 러일전쟁을 이용, 우피(牛皮) 2만 장을 사놓고 시리를 기다렸지만 거기에서도 그는 실패하였다. 근면과 남다른 사업수완으로 한때를 떨친 그였지만, 급변하는 한국 상황은 그를 더 이상 사업의 성공자로 두지 않았다.

그가 42세 되던 1905년, 남강은 낙향하여 용동에 은거하게 되었다. 이 무렵 그는 경서(經書)를 읽었고, 율곡(栗谷)에 심취하여 《율곡전서》(栗谷全書)를 탐독하였다고 한다. 그러는 한편, 국내외 정세의 변동을 살피기 위해 《황성신문》(皇城新聞)과 《대한매일신보》(大韓每日申報)를 구독하였다. 웬만하면 좌절했을 법한 상황이었지만, 남강은 자신의 실패를 반성하면서 새로운 일을 모색하기 위한 기간을 이렇게 보내고 있었다.

인간의 절망은 하나님의 시작이다. 돌이켜보면 그의 거듭된 사업상의 실패는 하나님의 시작을 예고하는 조짐이었는지도 모른다. 부지런하기가 그지없는 그에게 용동 은거는 좀이 쑤셔서 못 견딜 일이었다. 1905년에는 을사조약 체결로 외교권이 박탈되고 그 이듬해 통감부가 설치되었으며, 1907년에는 헤이그(海牙)밀사사건으로 고종의 퇴위 등 연쇄적인 사건이 터졌다. 한시라도 가만있지를 못하는 그의 성품은 기어코 그를 평양으로 내몰았다. 거기서 그의 생애의 방향전환을 가능케 한 극적인 사건――안창호(安昌浩)와의 만남――이 일어났다. 도산의 연설을 듣고 난 남강은 13, 14세 연하인 도산의 손을 잡고 그의 감동을 고백하면서 새로운 뜻을 펴보이며 맹세했다는 것이다. 그날로 그는 상투를 자르고 귀향하여 우리가 이미 잘 아는 바와 같이, '강명의숙'(講明義塾)과 '오산학교'(五山學校)를 세우게 되었다. 그의 이러한 극적인 전환과 학교 설립과정에 대해서는 여기서 굳이 이야기할 필요를 느끼지 않는다. 다만 오산학교의 재단설립과 관련, 그 지방의 유생들을 설득해 향교 재산인 토지와 승천재(昇薦齋) 건물을 기부받을 수 있도록 한 당시 관찰사 박승봉(朴勝鳳)에 관해서만 한마디 언급하는 것이 좋겠다.

그는 일찍이 관료로서 해외에서 근무한 적이 있어서 서구 문명과 기독교에 접했고, 선교사들과도 긴밀한 관계를 갖고 있었다. 1907년 헤이그밀사 파견 때에 그는 궁내부 협판으로 결정적인 역할을 했는데, 그 때문에 평안도 관찰사로 좌천되었다. 영변에 부임한 그는 그곳의 선교사들과도 친분을 나누며 개화운동에 힘썼다. 남강이 오산학교 설립을 위해 도움을 청했을 때 그가 향교의 토지와 승천재를 알선했던 것은 이 때문이다. 이때를 전후하여 앞에서 이미 거론한 이상재・이원긍・유성준・홍재기 등의 개화파 양반들이 기독교에 입교했는데, 이들과 깊은 교제를 나누던 박승봉도 이 무렵 입교하여 뒷날 장로로서 크게 활약하게 되었다. 여기서 우리가 주목하는 것은 오산학교가 기독교에 관심 가졌던 박승봉에 의해 지원받았다는 점과, 뒷날 남강과 오산학교가 기독교와 관계를 갖게 된다는 것이다.

우리는 다시 남강에게 사상적 전환을 안겨다준 도산 안창호(1878~1938)에 대해서 잠시 언급하고 지나가는 것이 좋겠다. 그는 평안남도 강서(江西) 태생으로 1894년 16세의 나이로 상경하여 언더우드(H. G. Underwood)가 창설한 구세학당(救世學堂)에서 수학, 이 학교의 조교가 되었는데, 이 무렵 그는 기독교에 입교한 듯하다. 독립협회에 가입, 관서지부(關西支部)를 설립하는 등 이미 이때부터 연설로 이름난 그는 경기・황(黃)・평(平)지역을 순회하며 민중계몽에 힘썼고, 1899년에는 강서에서 점진(漸進)학교를 세우기도 하였다. 언더우드・밀러(F. S. Miller) 등의 알선으로 1902년 미국에 건너갔던 그는, 조선의 어려워가는 현실을 들으며 견딜 수 없어 1907년 귀국하여 신민회(新民會)를 조직하고 대성(大成)학교와 태극서관(太極書館)・마산동(馬山洞) 도자기회사 등을 설립하는 등 3년간 애국계몽운동을 벌이다 1910년 4월 망명의 길에 올랐다.

도산이 미국에서 귀국한 후 애국계몽운동의 일환으로 여러 차례의 연설을 하였다. 그의 연설은 대단한 감동을 불러일으켰는데, 심지어는 직무상 그 연설을 메모하던 일본인 형사까지도 "그냥 죽죽 눈물을 흘리고 울었다"는 것이다. 그의 연설을 두고 오자일(吳子一)은 이렇게 썼다.

> ……안선생이 단에 올라서자 초만원을 이룬 극장 안이 떠나갈 듯이 우뢰 같은 박수가 쏟아져 나왔다. 그 당시 일본인들까지도 안창호는 三寸舌로 백만군의 힘을 낸다고 두려워하였으니 이로써 가히 안선생의 웅변을 짐작할 수 있을 것이다. 마침내 입을 열자 그의 웅변은 마치 天池에서 샘이 솟듯, 三千尺斷涯에서 폭포가 쏟아지듯, 그뿐만 아니라 그의 勇姿는 喜怒哀和의 표정으로 청중을 虛空無我로 끌어갔고 감격 自奮케 하였다. ……이 연설에 감복한 나는 선생

의 명령만 있다면 私를 버리고 오직 복종하는 것이 영광이라고 생각하였다. 그 당시 사람들은 다 나와 같은 생각이었을 것이다.[13]

위의 기록대로, 당시 도산의 그같은 연설을 평양에 가서 들었던 남강은 그의 일생에서 일관되게 보이는 행동주의자답게 자기 생의 새로운 방향을 결단하고 교육사업에 투신하게 되었던 것이다. 우리는 남강의 이같은 전환 과정에서 인간의 역사를 통할하시는 하나님의 섭리를 보게 된다.

그후 남강은 도산의 국권회복운동에 적극 협조하여 신민회에 가입하고 평양과 서울의 태극서관 설립, 마산동의 도자기회사 창립에 참여하였다. 또 주목되는 것은 신민회 등 그가 이 무렵에 관계했던 민족운동의 중추세력이 도산을 비롯한 기독교인들이었다는 사실이다. 그러나 1910년 일본의 우리나라 강점으로 도산을 비롯한 많은 민족운동가들이 해외에 망명하게 되자 남강은 외로이 민족운동을 떠맡게 되었다. 이 무렵 그가 기독교 신앙에 적극 귀의하게 된 것은 하등 이상한 일이 아니다. 지도자도 동지도 다 떠났을 때, 그는 참으로 그를 떠나지 않고 그 벅찬 사명을 함께 감당할 자를 찾았던 것이다. 여기서도 우리는 인간에 대한 좌절이 하나님에 대한 신뢰의 시작임을 보게 된다. 하나님의 섭리는 남강으로 하여금 조국의 고난과 인간에 대한 실망을 통해 기독교인이 되게 그를 몰아갔던 것이다.

남강이 기독교 신앙을 갖기로 결심한 것은 1910년 일제가 한국을 강점한 직후였다. 김기석에 의하면, "남강은 합방된 뒤 평양에 나갔다가 산정재예배당에서 한석진 목사의 설교를 듣고 예수를 믿기로 작정하였다"고[14] 한다. 조국의 멸망은 그를 기독교 신앙으로 이끄는 직접적인 계기가 되었다. 당시의 많은 지식인들이 생각했던 것처럼, 그에게도 하나님을 의지하는 길 이외에는 다른 길이 없었던 것이다. 남강의 회심 무렵의 일을 김도태는 이렇게 썼다.

나라는 망하고 民族은 分散되어 가는 이때 누구든지 인제는 方法이 없다, 인

---

13) 吳子一, 〈감당하기 어렵소〉, 《새벽》 1954. 9., 주요한, 《安島山全集》, pp. 869~871에서 재인용.

14) 金基錫, 앞의 책, p. 94. 韓錫晉은 1907년의 평양신학교 제1회 졸업생 7명 중 1인으로, 이해 9월 조직된 대한예수교장로회독로회에서 목사안수를 받았고, 이때에는 《예수교회보》 사장으로 서울에서 활동하면서 安洞기도처 목사로 취임하였다.

> 제는 왜나라의 政策에 順應할 수밖에 없다고까지 부르짖는 사람이 있게 되고 본즉 모든 點에 落望하게 되었다. 先生은 憤然히 우리가 落望만 하고 있을 때가 아니라 우리는 爲先 精神上의 修養을 싸어야 하고 그 修養을 싸으려면 예수敎를 믿어야 한다 하야 洞內에 예수敎會堂을 짓고 牧師를 모셔다가 說敎를 듣고 敎徒를 募集한 지 얼마 않이 되어 數三百名의 敎徒가 모이게 되었다. 牧師로는 崔聖柱 趙德燦 等이 熱心으로 引導하였고 敎堂 안에서는 金三汝 金順西 等이 여러 가지 일을 맡어 보았다.[15]

위의 증언은 조국이 위기를 맞았을 때에 취했던 남강다운 모습을 그대로 보여준다. 어떤 사물을 맞았을 때 그것을 역으로 뒤집어볼 수 있었던 것이 남강다운 모습의 하나라고 한다면, 그는 나라가 외세에 병탄당하는 현실을 맞아서도 범인(凡人)처럼 낙망하지 아니하고 거기에서 오히려 새로운 희망을 발견하려 했던 것이다. 그것이 기독교였다. 그리하여 국권을 상실하는 아픔 속에서, 기독교 신앙 속에서 우리는 남강을 발견하게 되었다. 그리고 그가 신앙인으로 발견되기까지는 안창호와 한석진 같은 한국 기독교인의 선구자들이 그 주위에 있었음을 간과해서는 안된다. 또 하나 남강의 회심의 기간을 1907년 도산의 연설을 듣는 데서 시작되었다고 볼 때, 우리는 그의 회심의 기간에 1907년의 대부흥운동과 1909년의 백만인구령운동이 일어났음을 주목하면서 그의 회심이 이러한 교회사적 분위기와도 관련있으리라고 생각한다.

남강의 입신은 한말 여러 지사들의 경우와 비교해 볼 때 특이한 점이 없지 않다. 그것은 우선 시기적으로 보아 다른 지사들이 나라가 망하기 전에 국권회복의 방편으로 입신한 데 비하여 남강은 국권을 완전 상실한 후에 입신한 것이요, 또 하나는 다른 이들이 기독교에 들어온 후에 교육 등 애국계몽운동에 나섰던 데 비해서 남강의 경우는 오히려 그 반대였다고 생각된다. 그의 입신은, 조국의 주권이 강탈당하던 상황과만 연결시켜 본다면, 가장 최후의 그리고 가장 절망적인 상황에서의 결단이었던 것이다. 따라서 이 결단이 있었기 때문에 그는 국권상실의 비극에 직면해서도 새로운 용기를 가질 수 있었을 뿐만 아니라 그후 자기 앞에 불어닥쳤던 숱한 시련들과도 싸워 '믿음'으로 극복하여 승리의 생활을 할 수 있게 되었다.

---

15) 金道泰, 앞의 책, p. 239.

Ⅲ. 신앙과 고난

환난과 핍박 중에도 성도는 신앙 지켰네
이 신앙 생각할 때에 기쁨이 충만하도다.
옥중에 매인 성도나 양심은 자유 얻었네
우리도 고난받으면 죽어도 영광되도다
성도의 신앙 따라서 죽도록 충성하겠네.

기독교는 고난을 축복이라고 가르친다. 더구나 의를 위하여 고난을 당하는 것, 그것은 하나님의 나라를 축복으로 받는 값진 신앙행위이다. 그러기에 성경은,

> 의를 위하여 핍박을 받은 자는 복이 있나니 천국이 저희 것임이라. 나를 인하여 너희를 욕하고 핍박하고 거짓으로 너희를 거스려 모든 악한 말을 할 때에는 너희에게 복이 있나니 기뻐하고 즐거워하라 하늘에서 너희의 상이 큼이라 너희 전에 있던 선지자들을 이같이 핍박하였느니라.[16]

라고 가르친다. 참신앙인은 예수가 가르친 여러 축복 가운데서 '고난'을 가장 고귀한 축복으로 믿고, 고난의 삶에 신념과 용기와 기쁨으로 대결하며, 그것을 승리의 삶으로 이끌었다. 예수는 자기를 따르려는 자에게 "자기를 부인하고 날마다 제 십자가를 지고 나를 따르라"고 했을 뿐만 아니라, 인류를 구속하기 위하여 십자가에서 고난과 죽음을 당하므로 그를 따르려는 자들에게 친히 모범을 보여주었다. 이 예수를 알기 전에는 양반의 지위를 탐했고 경제적 부를 누리며 기껏해야 일가 친족의 영달을 기원했던 남강이 그후 민족의 아픔에 참여하면서도 기쁨이 넘쳐 흘렀고 감옥살이의 그 고난의 삶에서도 참자유를 향유하며 나이를 먹어 육신이 후폐해질수록 더 부지런한 봉사자로 젊어져갔던 것은 그가 예수와 그 고난을 체휼했기 때문이다.

우리는 앞에서 남강이 기독교에 입교한 것을 말했다. 그때가 국권을 상실당하던 시기였고, 교회사적으로는 1907년의 대부흥운동과 1909년의 '백만인구령운동'이 지속되던 때였다. 주목되는 것은 그가 입신하기로 결심하는 데

---

16) 《新約》, 〈마태복음〉 5장 10~12절.

에 계기가 된 것이 한석진 목사의 설교였는데, 그 제목이 또한 '십자가의 고난'이었다고 한다. 그는 조국이 외세에 의해 고난의 굴레를 써야 하는 현실을 괴로워하면서 '십자가의 고난'을 외치는 설교에 감동되어 입교의 결단을 내렸다. 김기석은 이렇게 전한다.

> 남강은 여러 가지 산란한 심정 속에서 합방된 해 9월 평양에 나갔다. 산정재 예배당에서 저녁에 한석진 목사의 특별 설교가 있다고 하여 뒤에 가 앉았는데 예상보다는 사람이 모인 수가 적었다. '십자가의 고난'이라는 제목의 설교였는데, 그 말 한 마디 한 마디가 괴로와하는 남강의 심령에 놀라운 감명을 주었다. 남강은 이날 저녁에 들은 설교를 기회로 예수를 믿기로 작정하였다. 그는 몇 해 전 평양에서 나라에 헌신하기로 맹세했는데, 이제 또 같은 평양에서 교회에 헌신하기로 결심한 것이었다.[17]

남강이 예수 믿기로 결단한 때에는 이미 살펴본 바와 같이 정주와 선천에도 교회가 설립되어 있었다. 특히 러일전쟁으로 인하여 선천과 정주에서 기독교회에 들어오는 사람들이 급격히 늘어났는데, 이는 전쟁의 피해로부터 생명과 재산을 보호받기 위함이었다. 이 무렵 오산학교 근처인 모안이와 양지마을에도 예배처소가 생겼고, 유영모 선생이 부임해서는 성경을 가르치고 교실에서 찬송소리가 들렸다고 한다.[18]

그러나 오산학교에서 기독교적 교육이 시작된 것은 남강의 회심 후라고 하겠다. 남강은 이때 평양에서 돌아와 남강답게 "학생들을 모아놓고 예수를 믿기로 작정했다는 이야기를 하고 학교에서 집회를 갖기로" 했던 것이다.

> 이때부터 학교는 조그만 교회를 겸하게 되어 신앙을 가진 교직원과 학생 그 밖에 교인들이 모여 목사 없는 집회를 이끌어 나갔다. 그리스도의 복음은 마침내 민족의 학원인 오산학교에 전해졌다. 선비들이 모여 경서를 읽던 경의재 자리에서는 아침 저녁으로 찬송가 소리가 울려 나왔다. 나라 잃은 백성으로서 마음 둘 곳이 없었던 스승과 제자들은 새로운 신앙에 돌아와 울면서 기도를 올렸고 목이 메어 주를 찾았다. 학교의 교실 한 구석에서 시작한 조그만 모임이었건만 그들의 모임은 날로 불어 경건한 신앙의 불꽃이 불타오르기 시작하였다.[19]

17) 金基錫, 앞의 책, pp. 299~300.
18) 위의 책, p. 301.
19) 위의 책, pp. 301~302.

이렇게 남강에 이어 오산학교도 기독교를 받아들이게 된 것이다. 남강은 좋은 일이란 이렇게 항상 서둘러 진행시켰는데, 이런 점이 남강다운 모습이었다. 한말 일제하 교회와 선교학교가 세워질 때에, 대부분 교회가 먼저 세워지고 거기에 부설되는 형태로 학교가 뒤에 건립되었는데, 오산학교의 경우는 달랐다. 그것은 오산학교가 먼저 세워졌고, 거기에 교회가 부설되는 형식으로 세워졌다는 것이다.[20]

평양에서 한석진 목사로부터 '십자가의 고난'이라는 설교를 듣고 예수 믿기로 결심하고 돌아온 그는 정주교회에 출석하였고, 학교의 신앙집회에 참석하면서 마음의 변화를 체험하게 된다. 특히 우리 민족이 겪는 고난이 마치 성경에 나타난 여러 사실들처럼 점차 부각되어 왔다. 김기석은 이렇게 전한다.

> 이스라엘 사람들이 애급에 가서 많은 고생을 했다는 것과 모세에게 이끌려 거기서 나왔다는 것과 예수가 마굿간에서 낳다는 것과 갈릴리 해변가에서 사람들을 가르치고 병을 고쳐 주었다는 것과 나중에 십자가에 달렸다는 것과……이 이야기들이 처음에는 잘 알 수 없으면서도 차츰 어떤 감명을 가져오기 시작하였다. 더욱이 그 부르는 찬송가와 울리는 기도는 거친 마음을 한없이 맑혀주는 것이었다. 남강은 이 조그만 신앙의 집회가 자기에게 다시 없는 힘이 되고 위로가 됨을 알었다.[21]

그는 이러한 집회와 성경말씀을 통해 민족문제에 대한 신앙적 접근을 할 수 있었다. 그러나 아직 때가 이르지 않았던지, 남강의 신앙은 민족문제보다는 용동마을의 문제에 머무르고 있었다. 그것이 이른바 그의 이상향운동이다.

남강의 이상향운동은 오산학교와 함께 자기가 사는 마을에도 복음을 전하고, 기독교 윤리를 공동체에 적용시켜 보려는 데서 시도되었다. 그는 신민회사건으로 감옥에 갇히기 전에 이미 용동에다 '자면회'(自勉會)라는 동회를 만들어 일종의 새생활운동을 전개하였다. 거기에는 청교도적인 엄격성이 있었다. 술과 담배를 금하고 교회에 나갈 것을 권하는 등, 일상생활과 농사에 관한 여러 가지 계몽이 있었다. 이것은 말하자면 오산학교의 연장 교육으로

20) 위의 책, p. 306.
21) 위의 책, p. 304.

남강의 이상향운동의 일환이었다.

동네 전체가 예수를 믿었기 때문에 남강이 집에 있을 때는 그들과 함께 "예배를 보고 기도를 드리고 어떤 때에는 예수교의 진리를 강의"하기도 하였다. 문맹퇴치를 위하여 야학이 설치되었다. 용동사람들은 교회의 야학에 나가 열심히 배우고 부지런히 실천하였다. 김도태의 증언에 의하면, "용동의 남녀노소는 한 사람의 문맹이 없게 되었고, 70, 80의 노인으로 글자를 모르던 이라도 모두 성경을 읽게"[22] 되었다고 한다.

아마도 1910년 국권이 상실될 무렵을 전후하여 시작된 듯한 그의 이상향운동은 대체로 3·1운동을 분기점으로 하여 그전의 것을 소이상향으로, 그 후의 것을 대이상향이라고 지적된다. 여기서 대이상향이라고 한 것은 그가 3·1운동으로 옥고를 치룬 후에 그의 이상향의 규모를 용동에서 나라 전체로 확대시켰기 때문이라고 한다.[23]

남강의 이상향운동의 바탕은 기독교 신앙이었다. 바꿔 말하면, 남강은 기독교 신앙으로 오산학교와 용동 중심의 이상향운동을 하려 했다고도 지적할 수 있다. 국권을 상실한 한국 민족이 외세의 압제하에서 험난한 시련을 겪으며 괴로워해야 했는 데도, '십자가의 고난'을 듣고 예수 믿기로 결단한 남강이 소이상향운동에 안주하겠다고 하는 것은 그의 격에 맞지 않는 선택이었다. 아마도 그러한 자세는 기독교 신앙을 물질적 축복의 수단으로 삼으려는, 오늘날에도 보이는 천박한 신앙인들의 자세와 다를 것이 없다고 하겠다. 그러나 하나님이 그를 부르신 것은 자기 동네 정도의 이상향운동이나 하는 좁은 그릇으로 만들고자 함이 아니었을 것이다. 따라서 그에게는 더 큰 그릇으로 만들기 위한 단련이 필요하였다. 하나님은 그를 더 크게 쓰시고자 고난을 예비하셨던 것이다. 그 고난은, 그가 고난을 겪으면서 그 의미를 체험적으로 깨달은 바와 같이 그에게 진실로 위대한 축복이었다. 그는 그 고난을 통해서 더 위대한 신앙인으로 성장해 갔고, 용동마을만을 생각하는 데서 전민족의 아픔을 짊어질 줄 아는 큰 그릇의 지도자로 온축되어 갔

22) 金道泰, 앞의 책, pp. 240~241.

23) 金基錫, 앞의 책, p. 287. 남강의 제자였던 李采鎬는 남강의 대이상향에 관해, "남강의 한 일은, ① 교회로 민중의 무지를 깨치고, ② 학교로 교육을 일으키고, ③ 산업으로 나라를 근대화하는 데 있었는데, 이 세 가지는 다 남강의 대이상향 실현의 세 가지 요소 또는 단계가 된다"고 썼다.

던 것이다.

그의 신앙 인격을 단련하기 위한 고난은 신민회사건으로 통칭할 수 있는 이른바 '안명근사건'과 '105인사건'을 통하여 주어졌다. 오산학교내에 교회당을 건립한 지 40일 만에 불어닥친 이 사건들의 경과와, 남강이 여기에 무고하게 연루된 경위에 대해서는 굳이 저자가 밝히지 않아도 될 부분이다. 단지 이 단련을 통하여 그의 신앙이 더 굳건하게 되었고, 그의 인간적인 폭이 매우 넓어졌다는 것을 먼저 지적하지 않을 수 없다.

남강은 1911년 2월 안중근 의사의 사촌동생 안명근(安明根)의 명함을 갖고 다니다가 불심검문에 걸려 '무관학교사건'에 연루, 제주도에 유배되었다가 6개월 후에 다시 일제가 날조한 '105인사건'에 연루, 그해 가을부터 서울에 옮겨와 갖은 고문과 악형을 당했고, 1915년 2월에 감옥에서 나와 학교로 돌아갔다. 그에게는 예수 믿고 난 뒤에 당하는 견디기 어려운 시련이었다. 두 사건 모두 무고하게 걸려든 것이었다. 일제가 평소 그의 민족주의적 성향을 예의 주시하다가 의도적으로 얽어낸 것이었다. 그러나 그는 민족문제로 억울하게 당하는 이 고난을 조금도 원망하지 않고 오히려 신앙과 인격의 성장을 위한 좋은 기회로 생각하였다.

남강은 제주도에 유배되어 가서 더욱 신앙이 굳게 되었다. 제주도에 내려가가 먼저 찾아간 곳이 교회였다. 그는 제주교회 김장로의 알선으로 교회당 옆에 있는 조그만 숙사에 유숙하면서 낮에는 가난한 사람들의 일을 도왔고, 밤에는 등잔 아래서 성경공부와 기도로 날을 보냈다.[24] 그는 유배된 곳에서도 늘 즐거움이 변하지 않았고 찬미하는 생활이 계속되었다.[25] 그가 즐겨 불렀던 찬송이 앞에서 적은 "환난과 핍박 중에도 성도는 신앙 지켰네"였다. 그는 그곳에서 교회와 학교로부터 강설해 달라는 부탁을 받으면, 기회 있을 때마다 마치 용동 동리 사람들에게 하듯 민족주의를 고취하고 민족성 개조에 대하여 말하였다. 남강이 저녁에 한 교회에서 행한 강설이라 하여 김기석은 이렇게 전한다.

나는 제주도에 와서 산수가 아름답고 기후가 따뜻한 데 놀랐다. 제주도는 탐

24) 위의 책, p. 95.
25) 金道泰, 앞의 책, p. 247.

라고국으로서 한반도의 본이 되게 하기 위하여 하늘이 여기에 둔 것이다. 제주도가 한반도의 본이고 한라산이 산의 본인 것마냥 제주도 사람들은 한국 사람의 본이 되어야 할 것이다. 우리들은 제주도로 하여금 한반도의 본이 되게 하기 위하여 교회와 학교와 공장을 많이 세워야 한다. 제주도는 남해에 솟아 있는 섬이 되어 육지에는 목장과 약초 재배와 특수 농작이 적당하고 해안과 바다에는 어항과 어장을 만들어야 할 것이다. ……나는 얼마 전에 해안선을 돌아보고 한라산 중턱에 올라가 보았는데 제주도야말로 우리 신자성손이 영원히 번영할 수 있는 모범 지역이다. 나는 우리들이 여기에 새로운 교육기관을 많이 만들어 힘써 배우고 부지런히 일하면 겨레의 영광을 회복하는 놀라운 광명이 여기로부터 본토에 비칠 것을 믿는다.[26]

이런 강설은 유배된 사람의 입에서 나올 이야기가 아니다. '유배'라는 고난을 초월한 사람이 아니고서는 생각할 수 없는 말이다. 그 초월은 바로 신앙의 힘으로 주어진 것이다. 그의 이같은 강설은 지금도 제주도의 종교계나 교육계의 인사들 사이에 전해지고 있다니 그 감명이 얼마나 컸던가를 짐작할 수 있다. 남강이 제주도에 유배되어 있는 기간을 전후하여 전국의 사립학교가 1910년의 1,973개교에서 1914년의 1,242개교로 줄어드는 추세였는데 제주도에서는 11개교에서 24개교로 늘어났다. 이를 두고 남강의 영향 때문이라고 관련시키는 견해도 있다.[27]

남강은 제주도에서 유배생활을 하던 중, 다시 이른바 '데라우치(寺內正毅) 총독 암살미수사건'의 주모자로 연루되어 제주도 경찰에 체포되어 서울로 압송되었다. 이 '음모사건'은 일제가 서북지방의 민족주의적인 기독교 지도자들을 일망타진하여 기독교내의 민족주의 세력을 제거하기 위해 조작한 사건으로 심문이 진행되는 동안 갖은 고문과 악형이 폭로되어 세계 여론의 지탄을 받았던 것이다. 남강은 주모자의 한 사람으로 지목되었기 때문에, 기소되기 전 약 1년 동안 더 혹독한 고문을 당하였다. 그러나 그는 같이 연루된 사람들이 고문에 못 이겨 거짓 자백을 하는 안타까운 현실을 보면서도 함구 불언하고 이 고난을 인내로 극복하기 위해 하나님께 기도하였다. 그는 이 고통 가운데도 예수의 십자가의 고통을 생각하면서 인내하였다고 김도태는 증언한다.

---

26) 金基錫, 앞의 책, pp. 96~97.
27) 위의 책, p. 96.

> 예수가 십자가에 못 박힐 때에 참은 것과 같이 나도 이 심한 고문에 참아 이기도록 나 뿐 아니라 여기에 붓들려온 모든 사람들까지도 이 고난에 이기도록 인내력을 주십시요 하는 기도였다. 그러다가 기운이 진하여 까무라치면 앞에 神人이 나타나 승훈아 참아라 그리하여 이겨라 너희들의 고난을 우리가 미리부터 알고 있다. 참는 자에게 복이 있나니라 이기지 못하면 마귀에게 굴복하는 것이다 하는 격려의 말을 듣고 깨고 나면 꿈이었다.[28]

이같은 기록이 남강의 증언을 토대로 한 것인지 확인할 수는 없지만, 이 기록을 통하여 우리는 남강이 초기의 그 고문을 신앙의 힘으로 어떻게 인내하려고 하였는가 하는 점을 어렴풋이나마 이해할 수 있다. 때로는 '목사'가 나와서 거짓 증언을 하며 남강에게 자백을 강요한 경우도 있었다. 그럴 때 그는 하나님을 의심하기도 하고, 한편으로는 오죽이나 고문을 당했으면 저렇게 변하겠는가 하고 측은하게 생각하기도 하였다. 일본 경찰들의 심한 고문과 자백강요를 당하면서 남강은 속으로 "이것이 모두 우리 선조 때부터 하나님의 뜻을 어기고 비양심적인 생활을 하고 나려오는 죄악의 결과로 하나님이 저 사람들을 보내어 우리에게 벌을 주시는 것이다"라고 생각하였고, 이렇게 생각하니 그 경관들이 하나님이 보내신 형리(刑吏)같이 보이게 되었다는 것이다.[29] 그는 이즈음만 하더라도 철저히 인과응보적 신앙을 갖고 있었던 셈이다. 이러한 신앙은 주권의 상실 등 민족적 환란에 부닥칠 때, 그것을 어떤 업보로 생각했던 기독교 이전의 신앙형태와 크게 다른 것이 아니었다고 본다. 이 점은 구약을 통해 하나님의 공의를 강조하는 쪽으로 기울었던 그의 신앙의 일면과 무관하지 않다고 생각된다.

남강이 안명근사건으로 잡혀 제주도에 유배된 것이 1911년 2월이었고, 이른바 '총독암살미수사건'으로 경찰에 체포된 것이 같은 해 9월이었으며, 공판이 시작된 것은 1912년 10월이었다. 공판 결과 윤치호·양기탁·안태국·임치정·유동열과 함께 남강은 10년의 징역을 언도받았다. 1912년 겨울은 대구감옥에서 지나고, 그 이듬해 봄에 서울의 마포형무소로 이감되어, 1915년 2월 가출옥으로 출옥할 때까지 그곳에서 지냈다.

그의 2년여의 감옥생활은 그에게 다시없는 신앙과 인격의 단련기간이었

---

28) 金道泰, 앞의 책, p. 254.
29) 위의 책, p. 255.

다. 그가 감옥생활을 두고 "감옥이란 이상한 곳인 걸, 강철같이 굳어서 나오는 사람도 있고 썩은 겨릅대같이 흩어져서 나오는 사람도 있거든……"[30] 하고 술회한 바와 같이, 그는 성경읽기·기도·금식 등의 성스러운 생활, 수양의 생활을 하면서 기독교 신앙생활에 전념하였다. 이때의 감옥생활과 관련, 김기석은 이렇게 썼다.

> 그는 옥중에서 1913년 1914년 2년 동안을 순연히 신앙생활에 헌신하였다. 성경 읽기와 기도가 중요한 일과로서 누구의 감시도 방해도 받음이 없이 조용히 이 생활을 계속할 수가 있었다. 민족운동에 대한 신념은 도산을 만나고 나서 굳어졌거니와 종교신앙은 감옥 속에서 얻어진 것이었다. 감옥이 이를테면 남강의 혼의 탄생지였다. 남강이 성경을 여러 번 거듭 읽은 것도 감옥에서였고, 울면서 기도를 올린 것도 감옥에서였고, 동지들을 위로한 것도 감옥에서였고, 창살로 새벽 빛이 비칠 때 그리스도의 성상을 멀리 우러러본 것도 감옥에서였다. 남강이 나중에 술회한 말이거니와, 신이 그리스도의 은혜를 알게 하기 위하여 자기를 감옥에 둔 것이라고 생각하기까지 하였다.[31]

그의 이같은 감옥을 통한 연단은 3·1운동 뒤에도 부닥쳤는데 그때도 감사함으로써 그 고난을 인내 극복해 갔던 것이다. 남강에게는 신의 뜻에 따라 들어가는 한, 감옥은 더 이상 그를 고통스럽게 하는 것이나 부자유한 곳이 될 수 없었고 오히려 그곳에서 기쁨과 자유와 '그리스도와 깊은 만남'을 체험케 하는 장소였다. 그러기에 그는 이 감옥생활을 통해 외세의 식민지하에서 고난당하는 자기 민족의 아픔에 동참할 수 있는 차원 높은 민족주의자가 될 수 있었던 것이다.

우리가 여기서 그의 감옥생활과 관련, 특별히 지적해야 할 것은 "신약전서만 백 번 이상 탐독하였다"는[32] 것이다. 그에게 처음 면회온 사람은 나부열(羅富悅; S. L. Robert) 목사였는데, 그는 1910년 남강이 제주도로 유배되기 전에 오산학교 교장으로 모셔왔던 분으로, 이때 나부열 목사는 대구감옥으로 내려와 남강에게 성경과 《천로역정》을 들여보내주었다고 한다.[33] 처음에 들여보냈을 성경은 신약이었을 것이다. 신약은 1900년에 번역 완료되

---

30) 金基錫, 앞의 책, p. 105.
31) 위의 책, pp. 104~105.
32) 金道泰, 앞의 책, p. 257.
33) 金基錫, 앞의 책, p. 104.

었고, 구약은 1911년에 번역이 끝났기 때문에 쉽게 구하지 못했을 것이기 때문이다. 하여튼 그가 이렇게 감옥에서 성경을 탐독했던 것이 그의 신앙의 기반을 굳건케 한 것으로서, 그가 뒷날 3·1운동 때 다시 민족의 고난에 흔연히 참여할 수 있었고, 1920년대말 현실 교회에 대해 일정한 비판을 가하면서 《성서조선》(聖書朝鮮) 그룹에 참여하게 된 것도 그의 성경 탐독과 무관하지 않을 것이라 생각한다.

Ⅳ. 정의와 민족

1. 평양신학교 시절

남강은 1915년 2월 가출옥하였다. 그의 나이 52세 되던 해였다. 1912년말 105인사건에 의해 10년형을 언도받았으나 2년 수개월 복역하고 나온 셈이다. 이렇게 빨리 가출옥하게 된 것은, 그들을 얽어넣은 이른바 '총독암살미수사건' 자체가 일제에 의해 허위로 날조된 것이었기 때문이다. 이렇게 가출옥한 남강에게는 이제부터의 삶은 자신이 사는 것이 아니라 새로운 삶의 의미를 부여해 준 그리스도가 사는 것이라고 생각하게 되었다. 사랑과 헌신의 삶이 더욱 돈독해진 것은 이 때문이다.

한편 남강이 옥에 들어가 있는 동안 학교와 교회에도 변화가 있었다. 학교는 이광수(李光洙)가 떠난 후 나부열을 거쳐 조만식(曺晩植)이 경영의 책임을 맡고 있었다. 1910년 그가 기독교에 입신하자 오산학교에도 교회를 짓고 성경을 정규과목으로 가르쳤다. 그리하여 조회시간은 기도회 시간으로 바뀌는 정도로 되었다. 오산학교를 기독교 학교로 이끄는 데는 유영모 선생의 성경공부가 큰 힘이 되었는데, 그의 부친이 서울 연동교회의 장로였다고 한다. 남강이 옥에 들어가 있는 동안 교회는 정기정(鄭基定) 목사가 돌보고 있었는데, 그는 정주읍교회와 오산·서면 세 교회를 맡아보았다. 오산교회는 김삼여(金三汝) 영수와 강형묵(康亨默) 집사, 김순서(金順西) 장로 및 오산학교의 교직원과 학생들이 주축이 되었다. 남강이 출옥했을 때에는 2백이 넘는 교인에 청년회와 부인회도 조직되어 있었다.

남강이 출옥하면서 가정적으로는 그동안 소홀했던 부부의 정의가 매우 두터워지는 한편, 신앙적으로도 외형상의 몇 가지 변화가 있었는데, 김도태는 이렇게 썼다.

> 예수교회에 대하여 그 전에는 혹 宅에 계실 때에는 출석하였으나 대개는 출타함으로 성실히 믿지 못하였다. 이번에는 옥중에서 굳은 신앙을 얻은 까닭에 먼저 세례를 받고 一句 詩를 口呼하되 '浴恩新僕獻身外'라 하는 글로 서약하였다. 이어 본교회 교도들의 衆望에 의하여 장로에 선택되어 교회의 관리를 맡고 인제 몸을 교회에 바치어 여생을 여기에 바치려 하나 教理를 모르고는 어두운 밤에 등불 없이 가는 것과 같다 하여 平壤神學校에 入學하였다.[34)]

즉, 1915년에서 1916년에 걸쳐 남강은 세례를 받고 장로로 피택되었으며, 평양신학교에 입학하게 되었다는 것이다.

그가 출옥한 후 학교와 교회에서는 그를 위하여 특별 예배를 보았다. 그 다음 주일에 남강은 정기정 목사로부터 세례를 받고 앞에 쓴 일구(一句)로써 자신의 믿음을 맹세하였다. 1915년 3월 그는 평양신학교에 입학하였다. 그 무렵 남강은 오산교회의 중망(衆望)에 의해 장로로 피택되었던 것 같고, 1916년 가을에 장로로 장립되었다.

평양신학교는 1901년 마펫(馬布三悅)이 창설하여 1907년에 길선주·방기창·서경조·송린서·양전백·이기풍·한석진 등 1회 졸업생을 배출한 이래 한말 일제하에서는 장로교단의 유일한 신학교로서 존재하였다. 매년 3월에 시작하여 3개월간 공부하며 5년간 수업하였다. 초기에는 마포삼열·나부열·왕길지(G. Engel)·업아력(A.F. Robb)·곽안련(C.A. Clark)·이눌서(W.D. Reynolds) 등 서양인 교수들이 대부분이었는데, 1920년대에 와서 남궁혁·박형룡 등 한국인 교수도 가르치게 되었다.

남강이 52세의 나이로 평양신학교에 입학한 정확한 이유를 우리는 잘 모른다. 감옥에서 읽은 성경과 예수교 교리에 대해 좀더 알기 위해서 입학했을 것이라는 추론이 가능할 뿐이다. 그가 1916년 신학교를 채 마치지 않고 떠난 것으로 보아 이 추론은 상당히 신빙성이 있다고 보아야 할 것이다. 그러나 그가 신학교를 중도에 그만둔 것이 "나부열 목사의 영향도 있었다"[35)]는 점에 유의해 본다면, 그는 원래 중도에 그만둘 생각을 가지고 입학한 것은 아니었다고 생각된다. 따라서 그가 신학교에 입학한 데에는, 성경을 연

---

34) 金道泰, 앞의 책, pp. 264~265.
35) 金基錫, 앞의 책, p. 313.

구하고 기독교 진리를 더 밝혀보아야겠다는 의도와 함께, 기독교를 통한 민족운동을 멀리 내다보면서 그렇게 하려면 성직자의 수련을 쌓아야만 하겠다는 뜻이 숨겨져 있었다고 생각된다. 재학중에 이 뜻이 조금씩 드러나게 되자, 당시 정교분리의 보수적 체질을 고수하고 있던 서양인 중심의 평양신학교는 일찍부터 그를 잘 아는 나부열을 통해 학업중단을 권고했던 것이다.[36) 그 권고의 내용은 "나중에 목회를 할 것도 아니고 그보다도 교육이 더 시급하니 신학교를 꼭 마칠 것까지는 없다"는[37) 것이었다.

여기서 잠깐 당시 평양신학교를 포함한 장로교단의 민족문제 인식을 살펴볼 필요가 있다. 우선 한국 장로교회를 실질적으로 이끌어간 세력이 외국선교사들이었다. 그들은 1901년 9월의 장로회공의회에서 '교회와 정부 사이에 교제할 몇 조건'을[38) 발표한 이래 교회가 계속 정치에 관여하지 말 것을 강조하여 왔다. 1907년의 대부흥운동과 1910년의 백만인구령운동도 당시 열화와 같이 솟구치고 있던 한국 기독교인들의 항일민족의식을 신앙운동으로 희석시키려는 의도에서 선교사들에 의해 주도되었다고까지 지적되고 있다.[39) 전반적으로 선교사들은 교회와 민족문제에 깊이 개입하는 것을 철저히 막고 있었다. 그랬던 만큼 '105인사건'에 연루되어 거의 5년 동안 유배·감옥생활을 해온 민족주의자 남강이 평양신학교에 입학하여 교회지도자로서의 향방을 정하려고 했던 것은 선교사들에게 대단히 못마땅하게 생각되었을 것이다. 남강이 1년여의 평양신학교 학업을 포기하게 된 것은, 개인적으로 오산학교에 전념해야 한다는 이유도 있었겠지만, 위와 같은 장로교단의 민족문제 이해와도 무관하지 않으리라고 생각된다.

짧은 기간이었지만 평양신학교의 학업을 통해 남강은 기독교가 눌린 자, 가난한 자, 소외된 자의 종교임을 더욱 깨닫게 되었다. 우리나라와 같이 이스라엘 역사에도 죄악과 포악한 통치와 우매한 백성 및 그로 인한 고난이

36) 이 점과 관련, 한말 일제하의 선교사들의 신학교육정책이 문제시될 수 있는데, 이 점에 대해서는 이만열, 〈한국 기독교와 미국선교사——신앙·신학 형성을 중심으로〉, 《빛과 소금》 1987. 11., pp. 192~201 참조.
37) 金基錫, 앞의 책, p. 313.
38) 《그리스도 신문》 5-40(1901. 10. 3.) 참조; 이만열, 앞의 글, pp. 45~46 수록.
39) 노대준, 〈1907년 개신교 대부흥운동의 역사적 성격〉, 《한국기독교사 연구》 15, 16 합집호, 1987, p. 15.

꼭같이 있었지만, 거기에서 우리나라 역사에서 발견되지 않는, "왕조와 백성들의 불의를 날카롭게 고발한 예언자들이 있었"음을[40] 그는 발견하였다. 그러나 우리에게는 자기 스스로를 채찍질하는 통회의 소리가 없다는 것이다. 그리하여 남강은 이스라엘 역사를 통해 율법과 예언자들에게 접근하게 되었고, 신약보다는 구약에 심취하게 되었다. 그리고 구약을 통하여 하나님의 의(義)를 터득하였는데, 이것이 그의 신앙과 교육, 민족지도자로의 품격의 기저를 이루게 되었다. 김기석은 이렇게 증언했다.

> 남강은 신학교에 있으면서 구약을 통하여 義를 배웠다. 기독교는 義의 종교, 여호와는 義의 신이라는 생각이 났다. 남강에게는 여호와의 세계의 창조와 지배와 심판이 모두 그의 義에 이끌리는 것으로 생각되었다. 하늘과 땅을 지으심도 義, 만물을 만드심도 義, 나중으로 사람을 만들어 만물 위에 두심도 義, 아담과 해화를 동산에서 쫓아내심도 義, 노아 홍수도 義, 소돔과 고모라의 멸망도 義, 바로왕 때 내린 재앙도 義, 이스라엘을 애급에서 이끌어내심도 義, 예언자를 보내심도 義, 나중에 죽은 자와 산 자를 심판하러 오심도 義로서, 만물은 이 여호와의 義에서 좇아왔고, 義로 말미암고 義 속에 있다가 義에 돌아가는 것이었다. 남강은 다시 생각하였다. 모세의 율법이 義였다. 예언자의 행함과 가르침이 義였다. 거짓은 義가 못 된다. 도적질은 義가 못 된다. 간음은 義가 못 된다. 이웃을 괴롭힘은 義가 못 된다. 자기를 높이고 자기만 잘 살려는 것은 義가 못 된다. 義 속에서 살리라, 義 속에서 살리라. ——그는 이런 생각을 하면서 학생들과 같이 강의를 듣고 토론하고 방에 돌아와 성경을 읽고 기도를 올리고 하였다.[41]

김기석이 이 무렵의 남강의 사상을 얼마나 정확하게 표현했는지는 모르나, 이 무렵과 3·1운동의 옥고를 치른 뒤 한때까지도 남강의 신앙은 하나님의 정의에 기초해 있었다. 때문에 아직도 그의 신앙은 율법주의적인 단계를 벗어나지 못했는지도 모른다. 그에게 십자가는 있었지만 아직도 그 의미가 죄의 대가로서의 십자가였지, 죄를 용서하시는 화해와 은총의 의미로서의 십자가는 아니었던 단계였다고 생각된다.

의를 강조하는 신앙은 죄에 대한 심판을 강조하기 쉽다. 그 심판은 성경에 보이는 최후의 심판뿐만 아니라 이 지상에서도 죄에 대한 보응을 받는다

---

40) 金基錫, 앞의 책, p. 310.
41) 위의 책, pp. 311~312.

는 것으로 연결된다. 말하자면 이것은 인과응보적 신앙으로 굳게 되고, 모든 재난을 죄의 결과로 해석해 버리는 범신론적 신앙단계와 구별되지 않게 된다. 초기에 기독교는 무속종교와 불교 등으로부터 이러한 인과응보적 사상의 영향을 받았고, 또 정의의 하나님을 강조하는 그만큼 은총의 하나님을 발견하려 하지 않는 한에서는 이 인과응보적 신앙사상이 끈질기게 기독교의 저변에 흘러온 것이 사실이다. 남강의 경우도, 적어도 3·1운동 후의 어느 시점까지는 이 인과응보적 신앙을 초월하지 못하고 있었다. 다음의 사례는 그 점을 단적으로 보여준다. 김기석의 증언이다.

> 한 번은 이런 일이 있었다. 3·1운동으로 감옥에 들어갔다가 나온 때의 일이었는데 볼 일로 안악에 나갔다가 金善亮을 만나 춘원이 병으로 燃燈寺에 와 있다는 말을 듣고 같이 가기로 하였다. 마침 장마 때였는데, 연등사에 가서 춘원을 만나고 걸어서 돌아오면서 이렇게 물었다. "자네, 춘원이 왜 폐를 앓는지 아나, 죄가 있어 앓는 거야. 죄 값은 꼭 받게 되거든. 춘원이 앓는 것은 연애소설을 많이 쓴 죄야. 그 좋은 재주를 가지고 나라에 유익한 글을 쓰지 않고. 내가 감옥에 간 것도 남들은 애국운동으로 갔다고 하나 그런 게 아니고 죄 값이야. 젊어서 처녀들을 버려주었거든. 그 죄로 감옥에 들어왔다고 생각하고 감옥에서 나오니 어떻게 마음이 시원한지 몰라. 춘원도 죄 때문이야……"[42]

참으로 남강다운 솔직함이다. 어릴 때부터 장사꾼으로 성장했던 남강, 그가 주판알을 굴리듯 선과 악, 죄악과 심판 등을 헤아리면서 기독교의 신앙을 정의의 측면에서만 관조했을 때의 인과응보적 사상은 매우 자연스럽게 도출되었을 것이다.

한편 정의를 강조하는 신앙은, 정의의 참모습이 그러하듯이, 불균형의 시정이라는 폭발적인 힘을 내재하고 있는 것이다. 뒤에서 다시 보겠지만 그가 신앙인으로서 3·1운동에 과감히 돌진한 것은 그의 기독교 신앙이 정의의 관념에 바탕해 있었기 때문이다. 우리나라가 일제에 의해 지배받고 있는 식민지적 현실은 바로 불균형의 표본이자 불의의 상징이 아닐 수 없었다. 그가 정의의 신앙을 갖고 있는 한 이 민족적 불균형과 불의에 항거하지 않을 수 없었던 것이다.

1915년 3월경에 시작된 그의 평양신학교 시절은 1916년 가을에는 끝난다.

---

42) 위의 책, pp. 320~321.

1년 남짓한 신학수업이었지만 그에게는 많은 것을 깨닫게 했고, 이 기간의 경험은 뒷날 그의 활동에 중요한 영향을 미치게 되었다. 앞에서 말한 정의의 신앙 외에 다음 몇 가지를 거론할 수 있을 것이다.

첫째는 그의 신앙 인격이 감사하는 인격으로 성장해 갔다는 점이다. 그는 신학교 재학시에 '감사합니다'라는 말을 많이 썼다고 한다. 그래서 '감사선생'이란 별명을 들을 정도였다. 신의 은혜에 대한 감사가 모든 사물에 대한 감사로 바뀌면서 그는 점차 감사하는 인격으로 변모해 갔던 것이다. 감사는 인간으로 하여금 폭넓은, 그리고 포용력 있는 인간성을 갖게 하는 첩경이다. 그의 감사하는 인격이 뒷날 3·1운동의 대동단결을 결실하게 하였을 것으로 생각된다.

둘째는 신학교에서 가졌던 폭넓은 인간관계이다. 비록 자신은 52세나 되는 나이에 입학했지만 연소한 동기·선후배와 조금도 스스럼없이 교제를 나눌 수 있었으며, 인격적인 영향을 미쳤다. 특히 한 반 아래에 함태영(咸台永)이 있었는데, 이곳에서의 사귐이 뒷날 3·1운동에서 그들을 결속하게 하는 계기가 되었던 것이다. 또 이곳에서의 선교사들과 신학교 졸업생들과의 두터운 관계가 뒷날 그를 교계의 중앙무대에 서게 한 기연이 되었다고 지적된다.[43] 그가 뒤에 장로로 장립되어 오산교회와 노회와 총회에서 활동하게 된 것은 물론, 3·1운동 때 기독교계를 대표하는 인물로 활약하게 된 것도 그의 평양신학교 재학과 무관하지 않다고 생각된다.

2. 3·1운동의 주역

1916년 가을, 나부열 선교사의 권고로 신학교를 그만둔 남강은 그해 가을에 오산교회의 장로로 장립되었다. 그 전후해서 오산교회는 남강이 주동이 되어 평양신학교 3회 졸업생인 최성주(崔聖柱) 목사를 담임목사로 모셔왔다. 출옥하던 그해 2월 정기정 목사는 사퇴하고 미국인이 교회를 겸임하고 있었다.[44] 최목사는 정주읍 사람으로 1899년 철산(鐵山) 사람 유상도(劉尙道)가 정주에 와서 전도할 때 김시항·최현보 등과 함께 예수를 믿게 되었고,[45]

43) 위의 책, p. 314.
44) 〈경성지방법원의 예심계 제1회 조서〉, 《나라사랑》 12, p. 135.
45) 《朝鮮예수교長老會史記》, 1928, p. 58.

뒷날 신학을 공부했던 사람이다. 최목사가 부임한 후로 오산교회는 더욱 번창해져 갔다.

1916년에서 1919년 3·1운동 발발시까지 남강은 신앙인으로 가장 활발한 활동을 전개하였다. 그는 이 무렵 오산학교를 세울 때마냥 교회의 일에 전심을 기울였다. 이때의 남강을 두고 김기석은 이렇게 썼다.

> 인제 그에게는 학교가 교회였고 교회가 학교였다. 교회의 종각이 그대로 학교의 종각이 되기도 했는데 이 종소리는 남강에게 한없이 정답고 고상하게 들렸다. 그는 교회의 시무 장로로 자기가 세운 교회를 이끌었다. 그는 학교를 민족운동의 간부 양성 기관으로 생각했던 것마냥 교회도 새 사람 새 백성을 만드는 모범적인 정신의 가정으로 생각하였다. 주일예배와 삼일예배를 경건하게 보도록 했고 제직회를 위시하여 모든 집회를 시간을 지키게 하였다. 예배는 믿음을 제일로 했고 각종 집회는 민주주의 방식을 채택하게 하였다. 그리고 신자들 사이의 지나친 광신적 경향을 경계했고 언제나 미신과 봉건 유습을 타파하는 개화주의에 이끌었다. 남강은 학교도 하나의 교회로 생각했고 교회도 넓은 의미의 학교로 생각하였다. 교회는 학교보다도 더 깨끗하고 조용하고 질서가 있어야 한다고 하였다. 앉기를 줄을 지어 바로 앉으라 했고 연보 거둡는 채도 바로 들고 바로 돌려야 한다고 하였다. 찬송과 기도와 설교에서부터 광고에 이르기까지 그 태도와 말과 내용이 부드럽고 근엄하고 정성스러워야 한다고 하였다. 학교가 그런 것마냥 교회도 남강의 참과 정성이 구석구석에 비춰어 있었다.[46]

남강의 정성이 교회에 쏟아졌을 때의 교회 모습이 위의 글에서 역력히 나타나고 있다. 그가 어떤 일을 맡으면 직성이 풀리도록 그 일에 몰두하듯이, 장로로서 교회를 맡았을 때에도 그러했다. 이것이 남강의 방식이었다. 그는 그의 직성대로 오산교회를 전국에서 모범가는 교회로 만들기에 노력하였다.

시무장로로서 그는 자기 교회의 관리에 힘썼을 뿐만 아니라 대외적으로는 교회를 대표하여 노회와 총회에서까지 활약하였다. 아직 조직된 지 10여 년밖에 되지 않은 평북노회에는 산적된 문제들이 많았는데, 이같은 문제들을 윤산온(尹山溫; G. S. McCune)과 한석진 목사, 그리고 남강이 거의 맡아 처리했다는 것이다.[47] 그는 평북노회를 대표하여, 평양 혹은 서울에서 개최되

46) 金基錫, 앞의 책, pp. 319~320.
47) 위의 책, p. 321.

는 총회에도 참석하여 주도적인 역할을 감당했다고 한다. 앞에서도 잠깐 비치었듯이, 그가 뒷날 3·1운동 때 기독교를 대표하는 지도자로 나설 수 있었던 것은 노회·총회에서의 그의 활약과 깊은 관련이 있었던 것이다.

남강이 3·1운동의 주역으로 천도교·불교를 기독교와 접맥시켜 거족적인 민족운동으로 발전시킨 경위는 여기서 굳이 상론할 필요가 없다. 다만 그의 이같은 결단은 우선 그의 기독교 신앙과 옥중에서의 신앙적 단련을 통해 확고해졌다는 것을 지적하고자 한다. 그는 어려운 결단을 내리기 전에 먼저 하나님께 기도했다. 1918년 12월, 상해에서 파견된 선우혁을 다시 평양으로 내보내면서 눈보라에 묻힌 눈길 위에서 두 손을 붙잡고 올렸다는,

> 어떻게 하시렵니까 이 불쌍한 백성에게 독립을 허하시렵니까 안 허하시렵니까 이번 기회에 어떻게 하시렵니까.[48)]

라는 기도는 그 단도직입적인 성격에서 보이듯이 대단히 남강적이다. 또 그가 서울에서의 거사 계획에 참여하고, 1919년 2월 13일 평양에 내려와 그 이튿날 평양의 몇몇 목사들을 만나 거사에 찬동하기를 청했으나, 그들이 종교인임을 핑계로 난색을 표하자 남강이 책상을 치며 내질렀다는,

> 나라 없는 놈이 어떻게 천당에 가. 이 백성이 모두 지옥에 있는데 당신들만 천당에서 내려다보면서 거기 앉아 있을 수 있느냐.[49)]

는 질책의 내용도 대단히 남강적이다. 또 2월 27일 정동교회에 모인 기독교측 최종회합에서 선언서에 서명할 순서를 두고 옥신각신 다툼이 났을 때,

> 순서가 무슨 순서야 이거 죽는 순서야. 누굴 먼저 쓰면 어때. 손병희를 먼저 써.[50)]

라고 결단을 내린 것도 남강이 아니고는 내리기 어려운 단안이었다. 이러한 그의 기도와 소신과 결단들은 신앙으로 자신을 비울 수 있었고, 이른바 '총독 암살미수사건'으로 투옥된 뒤 사생을 넘는 고문과 고난을 극복한 데서

48) 위의 책, p. 181.
49) 위의 책, p. 184.
50) 위의 책, p. 189.

나온 신앙의 위대한 힘 때문이었다고 생각된다.

그는 3·1운동을 하나님이 주신 기회라고 생각하였다. 그리고 그는 세계 대세가 지향하는 민족평등은 하나님이 인간을 내실 때 주신 천부적 자유를 회복하기 위한 것일 뿐 아니라, 한국을 이웃으로 하고 있는 일본의 행복을 위한 것이라고 다음과 같이 그의 입장을 재판정에서 밝혔다.

> 나는 하나님을 믿는 사람이다. 하나님이 인류를 내실 때 각각 자유를 주었는데 우리는 이 존귀한 자유를 남에게 빼앗겼다. 자유를 빼앗긴 지 10년 동안 심한 고난과 굴욕이 우리를 죽음의 골짝으로 이끌었다. 일본이 오랜 옛날 한국으로부터 입은 은의를 원수로 갚되 이렇게 심할 수 있느냐. 우리는 최후의 1인 최후의 1각까지 적의 칼 아래 쓰러질지언정 부자유 불평등 속에서 남에게 끌리는 짐승이 되기를 원치 않노라. 우리의 이번 일은 제 자유를 지키면서 남의 자유를 존중하라는 하늘의 뜻을 받드는 일에 지나지 않는다. 한국의 독립은 한국의 영광뿐이 아니고 튼튼한 이웃을 옆에 갖는 일본 자신의 행복조차 되는 것이다.[51]

그의 신앙적 인품이 흐르는 대답이다. 그가 서두에 "나는 하나님을 믿는 사람이다"라고 한 말에, 어쩌면 그가 이 일에 주역으로 참여한 사상적 동기와 행동준칙이 내포되어 있을는지도 모른다. 하나님을 믿는 사람으로, 하나님이 내신 세계를 자유와 평등이 넘치는 사회로 만드는 것은 너무나 당연한 것이기 때문이다. 이 점은 남강이 일제의 이른바 한일합방을 어떻게 보았느냐는 질문의 대답에서도 나타나는 바로서, 공소공판(控訴公判)에서 "일한합병을 반대하였지"라는 판사의 질문에,

> 그렇다. 하나님이 가르치시는 바가 있으니 오색 인종 어느 누가 조국의 흥망과 종족의 번영을 바라지 아니하며 더욱이 남의 나라에 병합된 자기 나라에 독립을 바라지 아니하였으랴 일본정부에 대하여는 결코 악감정을 가지지 아니하였다. 그렇지마는 칠팔년 전 총감부에서 심문을 당할 때부터 독립사상을 가졌었다.[52]

라고 하면서, 그의 이러한 독립사상과 독립운동은 하나님께서 가르치시는 바에 따른 것이라고 답변했던 것이다.

---

51) 위의 책, p. 200.
52) 李炳憲, 《三一運動秘史》, 1959, p. 808.

그의 이러한 답변들은 3·1운동에 같이 참여한 기독교 지도자들에게는 뚜렷이 보이지 않는다는 점에서 그들과 구별되고 있다. 남강은 이미 이때 인간의 한계와 하나님의 능력에 대한 확실한 신앙을 갖고 있었다. 특히 '105인사건'으로 감옥에 들어가서 겪은 여러 가지 시련과 고난을 통해, 인간과 민족의 삶이 하나님의 뜻에 의해서 이루어진다는 깊은 확신을 터득하고 있었다. 그러기에 그가 민족독립의 사상을 가진 것도, 민족독립운동에 참여한 것도 '하나님을 믿는 사람'으로서 '하나님의 가르치심에 따라' 이룩한 것뿐이라고 담대히 역설할 수 있었던 것이다.

하나님의 뜻에 따라 행동한 것인 만큼, 3·1운동의 주역 가운데 한 사람으로서 옥살이를 하는 것 또한 그에게는 괴로운 일일 수는 없었다. 믿음으로 자취(自取)한 일이었기에 그가 감옥에서 춤을 덩실덩실 춘, 자족(自足)의 생활을 했다는 표현은 하등 과장되었거나 잘못 전한 것은 아닐 것이다. 그는 감방에서 아침 저녁 기도하고 성경을 읽으며, 오히려 은혜 속에 즐거운 시간을 보냈다. 그의 입에서는, 마치 빌립보 옥중에서 바울과 실라가 밤중에 기도하고 찬미했듯이, 즐거운 찬송이 흘러나왔다. 그의 찬송은,

내주의 지신 십자가 세인은 안질까
십자가 각기 있으니 내게도 있도다
내몸에 태인 십자가 늘 지고 가리다
그 면류관을 쓰려고 저 천당 가겠네.

등, 예수의 십자가를 생각하며 자신에게 주어진 십자가를 달게 지겠다는 내용이었다. 남강에게는 옥살이를 하는 것도 하나님의 뜻에 의한 것으로, 여기에서 자신을 가르치고 반성케 하여 장차 더 크게 쓰이도록 하기 위한 단련의 장소로 생각되었다.

남강이 옥에서 오히려 즐거운 듯이 보였던 것은 신앙의 힘이겠지만, 한편으로는 민족운동으로 같이 들어온 동지들과 제자들을 격려하기 위해서였는지도 모른다. 최린이 옥중에서 사별시(死別詩)를[53] 써서 감방의 분위기가 비감해졌을 때도 남강은 변기 위에 올라서서 커다란 목소리로 격려하는 말을 했고, "공판정에서 돌아와 풀이 죽어 감방에 들어가는 동지들에게 목소리를

53) 金基錫, 앞의 책, p. 205.

높여, '우리가 죽을 각오 없이 감옥에 들어온 것이냐'라고 하여 사형설로 공포에 쌓여 있는 동지들의 게으른 잠을 깨워주기도 하였다"는 것은 남강만이 가졌던 신앙과 인간애의 조화에서 가능했던 것이라 생각된다. 그러기에 남강은 감옥에서 자신과 가족을 위해서 기도하지 아니하고 나라 잃은 백성과 감옥에 들어와 고생하는 동지·제자들을 위하여 기도하는 것이었다. 남강이 출옥하면서 "백발이 성성하나 오히려 추상 같은 기개"로 말했다는,

> 다른 사람이 모두 출옥되고 나만 남아 있었는데 나는 실로 조석으로 기도하기를 이와 같이 나오게 되지 말고 하루라도 더 있으면서 우리 형제의 마음을 위로코저 하였소. 지금 경성감옥에 있는 정치범이 수백명인데 그 중에 종신징역이 22명이요 그외 10년 이상의 징역을 받은 사람이 수십명이라. 그들을 불덩이같이 뜨거운 옥 속에 두고 나오는 생각을 하니 감옥문에 나서자 더운 눈물이 앞을 가리어 차마 발길이 돌아서지 못하였소.[54]

라는 내용은 남강이 얼마나 평소에 입옥(入獄) 동지들을 위했으며, 감옥생활을 통해서 그의 신앙 인격이 얼마나 원숙한 단계에 이르렀는가를 보여주는 것이다.

남강은 3년여의 감옥생활을 통해서 구약을 열 번, 신약을 마흔 번이나 읽는 등 많은 독서를 했고, 자신과 사회·민족을 위한 새로운 구상을 하였다. 《동아일보》(東亞日報)는 다음과 같이 전한다.

> 내가 감옥에 들어간 후에 한 일은 2천 7백여 페이지나 되는 구약을 열번이나 읽었고 신약전서를 40독을 하였으니 그외 기독교에 관한 서적 읽은 것이 7만 페이지는 될 터이니 내가 평생에 처음 되는 공부를 하였소. 장래 나의 할 일은 나의 몸을 온전히 하나님에게 바치어 교회를 위하여 일할 터이니 나의 일할 교회는 일반 세상 목사나 장로들의 교회가 아니라 온전히 하나님이 이제로부터 한 민족에게 복을 내리시려는 그 뜻을 받아 동포의 교육과 산업을 발달시키고자 하오.[55]

---

54) 《東亞日報》 1922년 7월 22일자.
55) 위와 같음.

V. 자기부정의 신앙

남강은 1922년 7월 21일, 3·1운동의 민족대표로는 맨 마지막으로 출옥하였다. 만 3년 4개월 20여 일간 경찰서와 감옥에서 시달렸다. 출옥하자마자 그는 《동아일보》에 4회에 걸쳐(7월 26일~29일) 〈감옥(監獄)에 대(對)한 예(豫)의 주문(注文)〉이라는 글을 발표하여 자신이 겪은 감옥의 비인도적인 처우의 개선을 주장하였다. 가능한 한 오래 머무르면서 형제의 마음을 위로하려고 했던, 그러면서 감옥에 두고 온 조선의 형제들을 생각하면서 감옥문을 나서며 "목이 메어 말끝을 마치지 못하고 쏟아지는 눈물을 씻"어야 했던 남강의 이타적 인격이 서둘러 이 글을 발표케 했던 것이다. 그는 이렇게 누구를 상대로 해서든 현존하는 모순을 바로잡으려고 노력한 실천가였다.

감옥에 있는 동안 그는 값으로 매길 수 없는 보배들을 얻었지만, 그러나 눈에 보이는 몇 가지를 잃었다. 그가 출옥하기 1년여 전인 1921년 6월에 50평생 고락을 같이 했던 부인을 잃었다. 또 1919년 3·1운동 때에 그가 주역의 한 사람이라는 이유를 곁들여 일제는 오산교회와 오산학교를 불살랐다. 그를 환호하는 많은 사람들의 영접에도 불구하고 그는 인간적으로는 비애를 맛보았을 것이다.

출옥 후 남강은 해운대 정양, 일본 시찰, 조선교육협회의 창립, 민립대학기성회 조직, 물산장려운동 지도와 동아일보사 사장 피임, 장선경(張善敬) 여사와의 재혼 등 민족지도자로서의 영광과 기쁨을 잠시나마 누리게 되었다. 그러나 그것은 잠시일 뿐, 여러 가지 오해와 세인의 눈총도 그를 기다리고 있었다. 출옥 후 남강 자신의 이상도 변하고 있었거니와 그 못지않게 사회와 교회도 변해 가고 있었기 때문이다.

3·1운동 후 한국 교회는 급격한 변신의 모습을 갖게 된다. 그전까지만 하더라도 민족주의와 기독교 신앙은 어느 정도의 조화를 이루고 있었다. 3·1운동에 한국 교회가 그토록 뛰어든 것도 민족주의와 신앙을 어느 정도 조화시킬 수 있었기 때문이다. 그러나 3·1운동은 그들이 기대했던 지상나라의 독립을 가져다주지 못했다. 일종의 메시아니즘에 대한 좌절감이 남게 되었다. 교회는 이 좌절을 극복하기 위하여 피안주의(彼岸主義)를 강조하였

다. 길선주·김익두 및 이용도 등에 의해 추진된 부흥운동에서 내세(來世)가 강조되고, 신비주의가 변형된 복음의 형태로 나타나게 되었다. 교회는 하나님 나라에 대한 내세(彼岸) 성취적 입장을 강조하면서, 하나님의 통치로서의 하나님 나라에 대한 현존적 인식을 매몰시켜 갔다. 따라서 이 세상은 마귀의 나라요, 믿는 이들의 유일한 소망은 저 나라에 두어야 한다는 것이었다. 그러한 한에서는 신앙은 현존과 무관한 것일 수밖에 없었다. 따라서 이 세상에 대한 희망과 삶의 포기는, 이 세상을 개혁하고 하나님의 뜻을 이 땅에 실현한다는 이상을 포기하는 것이나 다름이 없었다. 이 점은, 출옥 후 조선 사회에 이상촌을 건립해 보자는 남강의 이상을 한국 교회가 정면으로 부정하는 결과를 가져왔을지도 모른다.

출옥 후 남강은, 또 하나의 변화하는 사회를 느꼈다. 그것은 지식인 사회에 만연되고 있는 사회주의의 팽배 그것이었다. 그것이 투쟁을 위주로 하는 형태로 변모하면서 그가 세운 오산학교에마저 밀려들어와, 예전 같으면 남강의 말과 권위로 영도되던 이 학교도 상당한 동요를 겪게 되었다. 사회주의의 팽배와 거기에 따른 지식인·교육계의 변모는 민족주의자 남강에게 적지 않은 부담을 안겨주었을 것임에 틀림없다.

1920년대 교회와 사회의 이러한 변모 속에서 교회는 사회주의계 지식인들로부터 혹독한 지탄과 비판을 받는다. 《개벽》(開闢)지는 〈예루살렘의 조선을 바라보면서〉라는 제목으로 당시의 교회를 이렇게 비판하였다.

> 요새 보면 종교로 달아나는 사람들이 자꾸 늘어간다. 그 중에도 기독교로 몰리는 청년들이 더욱 많다.……그런데 조선의 기독교로 말하면 이러한 인심들을 맞춰주기에 매우 적절한 경향을 가지고 있다. 즉 현실 생활에 대한 도피와 엄폐가 그것이다. 그리하여 사람들은 사회생활의 진리나 사회적 정의와 사회적 평화를 현실의 투쟁 속에서 구하지 아니하고 투쟁의 현실을 떠나 기독교에 가서 구한다. 정치적으로 경제적으로 학대를 받은 나머지 기독교로 몰려 안심·생명의 길이나 구하는 이 무리들은 언제나 요단강을 건너나 하여 마음을 가공의 천국에 매달아 두고 한갖 현실을 저주해 마지 않는다. 실로 오늘날의 기독교회는 불안정한 생활을 안정케 하며 알력이 있는 사회를 평화롭게 하며 불공평한 사회생활을 공평케 하는 힘을 현실 생활 속에서 투쟁에 의해 찾지 않고서 자기의 주위를 도는 환상의 태양에게 일임하고서 그의 섭리만을 기다리고 있다. 그것이 감상적 기도 속에서는 아름다운 희망이 될는지는 모르나 사회의 알력과 생활의 불안정과 그것으로 일어나는 여러 가지 참혹한 사회상의 이해가

> 서로 다른 빈부 두 계급의 대치관계로부터 원인되는 이상, 현실의 면전에서 투쟁수단을 의치 않고서는 사회적 평화, 생활 안정을 바랄 수는 없는 것이요, 또 사회적 정의의 승리를 기대할 수 없는 것이다. 그러나 기독교 신자들은 구름과 같은 초월적 세계를 향하여 그 해결을 맡기고 있다. 그러고서 사랑을 말하며 온유를 말하며 정의를 말하며 인류애를 말한다. 엄연히 있는 계급 대립 위에서 인류애를 말하는 이 딱한 사람들은 불합리한 사회현상에 대해 눈을 감고 현실을 도피한다. 그와 같은 현실 도피, 현실 무시는 현실 긍정, 현실 유지의 결과를 내는 것이다. 그렇다. 오늘날의 기독교회는 현실 긍정과 참고 복종하는 것을 미로 추장하고 있다. 이와 같이 그 예루살렘의 조선은 권위추종자, 가난한 이를 짓밟는 외식적 소경이 되어 남을 인도하는 위선자들의 준동하는 곳이 되었다. 기독교회여! 회칠한 무덤과 같은 예루살렘의 조선이여! 복있을진저 너의 집이 터만 남으리로다.[56)]

이렇게 장황하게 인용한 것은, 비록 계급투쟁을 주무기로 하여 그 이론을 형성하고 있는 사회주의 계열의 시각이긴 하지만, 그 내용이 당시 한국 교회의 실상을 어느 정도 드러내고 있다고 생각되기 때문이다. 이러한 비판 때문에 1920년대에서 30년대에 이르러 한국 교회는 농촌과 사회문제에 일정한 관심을 표명해 왔으며, 교단내에서 농촌부를 설치하고 사회절제운동을 펴는 등의 활동도 벌였던 것이 사실이다.

한국 교회가 앞의 〈예루살렘의 조선을 바라보면서〉에서 지적되었듯이 현실도피의 사고를 가지고 있었다 하더라도, 그것을 치유하는 방법으로서 투쟁을 강조하는 사회주의 계열의 주장에 동조할 수는 없었다. 그것은 가령 한국 교회가 갖고 있는 현실적 모순을 인식하는 기독교인이 있었다 하더라도, 혁명과 투쟁을 위주로 하는 사회주의적 방법론에는 동의하지 않았을 것이라는 점을 의미한다. 이 점에서 두드러진 분의 하나가 남강이 아니었는가 생각한다.

남강은 한국 교회가 현실도피적 피안세계 위주의 신앙관을 가진 교회로 변모한 데 대하여 많은 회의를 느꼈을 것이다. 그러나 그것을 개혁하는 방법이 사회주의 계열의 투쟁과 혁명의 방법이라는 점에는 동의하지 않았을 성싶다. 그러기에는 그는 너무 성서를 탐독하였고, 1910년대의 신앙 전통에 지나치게 사로잡혀 있었던 것이 아닌가 생각된다. 그는 오히려 몇 차례에

56)《개벽》6-7, 1925.

걸친 감옥생활을 통해 하나님의 섭리와 인간의 무능력·한계를 깨달아가고 있었던 것이다.

출옥 후 그는 김기홍(金起鴻) 등의 협조로 3·1운동 때 소실된 오산학교 교사의 약 4배가 되는 새 건물을 신축하고 운동장을 넓히고 소학교를 증축하는 등 학교의 면모를 일신해 갔다. 또 고당 조만식을 교장으로 하여 교직원과 기숙사 자치회 등도 정비해 갔다. 오산의 명망이 높아지자 3·1운동 때 타교에서 제적된 학생들이 오산을 찾기도 하였다. 평양고보에서 들어온 함석헌(咸錫憲)의 경우도 그렇다.

이럴 무렵 남강은 오산학교의 고등보통학교(高普)로의 승격문제에 부딪치게 되었다. 1915년부터 일제는 한국내의 사립학교에 대하여 일정한 시설을 갖추도록 하여, 자격 있는 학교 즉, 고보로 승격시켜 주고 있었다. 이것은 일제가 사립학교를 그들의 체제 속에 수용하려는 정책으로서, 거기에 응하지 않을 경우 진학과 취직에서 학력을 인정받지 못하였다. 그 시행령이 발표되었을 때 감리교 계통의 학교 중 일부가 그 정책에 순응하였으나, 숭실·신성 등의 선교학교와 오산 등은 여기에 응하지 않았다. 여러 가지 논란 끝에 남강과 고당은 1925년 오산학교를 고보로 승격시켰다. 그 과정에서 일제는 민족주의자 고당을 교장직에서 물러날 것을 요구하게 되어 남강은 부득이 자신이 관청에 드나들지 않을 수 없었다. 보기에 따라서는 남강이 학교문제를 두고 일제와 타협한다는 오해도 나올 수 있었다.

오해는 여기서 그친 것이 아니다. 남강이 출옥한 후, 그는 출옥 때에 언명했던 바와 같이 자신의 몸을 온전히 하나님께 바쳐 교회를 위하여 일하되, 그 교회는 하나님이 한민족에게 내리시려는, 동포의 교육과 산업을 발달시키려는 것이었다. 오산학교를 고보로 승격시킨 그 무렵부터 남강은 교육과 산업의 연계체제를 구상하면서 이 목표를 추진하기 위하여 노력하게 되었다. 그의 구상은 대오산(大五山)건설로서, 토지개간 등을 통하여 농장을 확보하고 농과대학을 갖추며 유치원과 여학교를 설치하는 등, 교육과 산업을 연결하는 일종의 종합교육계획이었다. 이것을 추진하기 위해서는 그 자신이 일제 총독부에 드나들지 않을 수 없었다. 이 점 또한 남강에 대한 일반의 의혹을 불러일으킬 수밖에 없었다. 더구나 1926년 6·10만세운동이 전국적으로 확산되는 그 즈음에 남강에 대한 오해는 배가될 수밖에 없었다.

이러한 상황에서 민족주의자로서의 명성을 가졌던 남강이 처신하기란 매우 난처했을 것이다. 민족에게 새 희망을 안겨다주려는 이 산학협동체제의 종합교육계획을 실현하려면 일제 총독부에 협조를 구하지 않을 수 없었고, 민족주의자로서의 고고한 명성을 유지하기 위해서는 추호의 타협적 자세도 버리고 오직 투쟁 일변도의 길을 걷지 않을 수 없었다. 여기서 우리가 판단하기로는, 남강은 일을 추진하는 쪽을 선택하여 자신의 고고한 명예에 흠이 생길지도 모르는 어려운 길을 걸으려 했던 것 같다. 그것은 어쩌면 지금까지 그가 쌓아온 명예를 포기하는 길이었다. 그런 일을 추진하지 않고서도 충분히 여생을 존경과 사랑을 받으며 살아갈 수 있었는 데도 오히려 그가 자신을 포기하는 듯한 선택을 감행한 데 대하여, 때로는 구조와 개인 사이에서 고민하는 인간적인 남강을 보게도 하지만, 그의 선택은 오히려 남강이 한 신앙인으로서 우리에게 남긴 남강다운 삶이요 교훈이었다고 생각된다. 그가 일제와 타협하였다는 세간의 오해와 역사적 누명을 조금이라도 개의했던들, 그는 오히려 약삭빠른 판단을 선택하였을 것이기 때문이다. 그의 결단은 세속적 영욕을 초월하는, 하나님 앞에서의 순수한 신앙 안에서만 가능했다고 하면 지나친 표현일까.

출옥 이후 그는 피안주의에 젖어가는 한국 교회에 실망하고 있었다. 피안주의는 현실타협의 또 다른 형태이다. 따라서 피안주의에는 현실개혁의 의지를 찾아보기 힘들게 된다. 입으로는 내세를 말하고 현실과의 단절을 말하지마는 이것은 변형된 현실안주의 자세이다. 한국 교회가 피안주의라는 가명을 쓰고 현실안주에 급급하고 있을 때, 그는 그의 이상을 실현시켜 줄 참 기독교가 필요하였다. 그것이 신우회(信友會)운동과 《성서조선》 그룹과의 연결로 나타났다.

그는 1927년 민족운동 단일체로서 신간회(新幹會)가 조직되었을 때에 조선의 장래를 오히려 기독교에서 찾으려 하였다. 그의 말은 간단했다. "신간회니 무엇이니 하지마는 기독교에서 일함이 참 큰 일이지. 맘을 변화시키니까."[57] 그가 또 조선 교회에서 칠칠하게 빼어난 인물들(그중의 한 사람이 趙炳玉이다)을 모아 '신우회'를 조직하여 전조선으로 일대 경성을 주며 운동을

57) 李賛甲, 〈남강은 신앙의 사람이다〉, 《산 믿음의 새 생활》, 시골문화사, 1983, p. 232.

일으키려 하였다. 그러나 얼마 가지 않아 깨끗이 실패했다고 한다.[58]

남강이 한국 기독교계에서 최후로 희망을 걸었던 곳이 《성서조선》 그룹이 아니었던가 생각된다. 여기서 굳이 '무교회파'(無敎會派)와 《성서조선》의 한국 유포 과정과 그 활동상에 대하여는 말하지 않겠다. 남강이 사회주의 계열의 청년들로부터 한국의 당면한 문제가 빵 문제 해결이라고 도전받았을 때, 그는 분연히 "우리는 지금 빵에 주려 있거니와 그보다도 하나님의 말씀에 주려 있다"고 응전하면서, 하나님의 말씀을 순수하게 배우며 가르치는 기관을 모색하고 있었다. 그것이 《성서조선》 그룹과 관련을 맺게 했던 것이다. 남강에게는 기성 교회와 YMCA 같은 것이 이제 그 사명을 감당할 시기가 지나갔다고 판단되었던 것이다.[59]

오산학교에서의 《성서조선》 그룹 활동은 1928년 봄, 함석헌이 동경고사(東京高師)를 마치고 모교인 오산학교에 교사로 부임하면서부터 시작되었다. 함석헌은 이찬갑(李贊甲)·최태사(崔泰士)·노정희(盧正熙) 등 용동교회에서 떨어져나온 청년들과 신상철(申翔哲)·현옥원(玄玉元)·유효원(劉孝元) 등의 학생을 중심으로 모임을 가졌다. 남강이 이들과 연계를 맺은 것이 언제부터인지 정확하지는 않지만, 한번은 서울을 다녀온 남강이 함석헌을 불러 자신도 《성서조선》지를 읽어보았노라고 하면서 신앙의 개혁을 위하여 그 방향이 옳다고 격려한 것이 그 계기가 아닌가 싶다. 《성서조선》은 1929년 늦가을에 서울에 온 남강이 성서조선사를 찾았다는 것과, 그 며칠 후에 《성서조선》 기자들이 남강이 유숙한 여관을 찾았다는 것을 보도하였다.[60]

남강이 왜 기성 교회를 떠나 《성서조선》 그룹에 접근하게 되었는지는 명백하게 설명되지 않는다. 기성 교회가 기독교의 본질에서 떠나 있었다는 다소 막연한 설명만이 그 언저리를 맴돌 뿐이다. 이찬갑의 설명도 완전하지는 않지만 궁금증의 일부는 풀어준다.

> 그러나, 때마침 기이하게도 이 썩어가고 말라가는 朝鮮에서 남모르는 사이 고요히 그러나 全生命을 바쳐서 하나님 아들 예수 그리스도를 믿어 살아 자라는 한 포기 가운데 한 줄기인 또한 당신(남강—저자) 말마따나 '믿음만 몰아

---

58) 위의 글, p. 233.
59) 金基錫, 앞의 책, p. 331.
60) 〈城西通信〉, 《聖書朝鮮》 1930. 6.

나가는 것'을 발견케 되셨다. 그 참 산 그들에게 어쩔 수 없이 몰리어가시게 되어 만나게 되니 그만 말할 수 없이 참된 하나는 벌써 통하게 되어 있음을 보게 된다. 저들은 누구보다도 더 먼저 당신을 朝鮮의 참된 先覺者요 信仰者로 알아 先知者의 대접을 진정답게 하였지마는, 당신도 분명히 바라보임이 있어 당신이 용기있게 과거의 모든 것을 끊을 것 끊고 새 出發인 것으로 오산서도 일으키신 聖書硏究의 모임에서 나서시어서 그 전날 말의 설명과 같은 귀하신 증거를 자세히 하셨다. "나는 예수 믿어. 監獄에 들어간 뒤 聖經을 보는 가운데 나의 맘은 변하였다. 舊約 스무 번 新約 百 번을 보는 가운데서 변화하였다. 그것은 예수께서 하셨는지, 聖神께서 하셨는지 나는 모른다마는 하나님께서 그렇게 하신 것은 믿는다. 하나님께서 義로 다스리시는 것을 믿는다. 義로 사는 것처럼 귀한 것이 어디 있어.……나는 '주여 감사합니다 지금까지 이기게 하여 주심 감사합니다 지금까지 오게 하심처럼 끝까지 이겨 나아가게 하여 줍소서' 하고 기도한다. 이것이 나의 기도이다" 하시고 기쁨이 가득한 얼굴로 말씀을 하셨다.

그때에 나는 사실로 보았다. 무엇인지 아주 귀한 것이 더할 데 없이 기한이 찬 듯이, 이제 조금만 지나면 滿開될 듯한 것이었다. 방금 열리어질 듯이 준비되고 꼭 차 있는 듯함이었다. 義의 하나님이심을 그렇게까지 진정답게 알으심이었다.……과연 福音 그대로를 누리게 하고 싶음이었다. 얼마 멀지 않은 이제 조금만 하면 될 것이 너무도 잘 보임이었다. 나는 그때에 어느 누구가 福音을 설명하는 이상으로 福音의 眞實性, 福音의 참된 모양을 볼 수 있었다. 나아갈 수 있음을 보았다.[61]

옥중에서 구약 이십 번, 신약 백 번 이상을 탐독한 그가 "조선을 성서 위에"라는 슬로건 위에서 복음의 진실성을 추구하려는 《성서조선》 그룹과 관계를 맺는다는 뜻이다.

이것은 그가 자신의 명예에 의혹을 끼칠 수도 있는 앞서의 저 결단을 내리는 시기와 거의 맞먹는다. 그는 자신과 조국과 민족을 성경 위에 올려놓으려고 결단함으로써 기성 교회가 전통에 의해 성경의 참뜻을 훼손하고 있는 일종의 계율주의적 신앙(술·담배)에서 자신을 해방시켰을 뿐 아니라, 이제는 하나님과 성경 앞에서 그 자신을 완전히 부정할 줄 아는 고귀한 신앙인이 되어갔던 것이다. 그런 의미에서 이찬갑도 그렇게 극찬해 마지 않았던 그의 동상 제막식에서 행했다는 연설은, 남강 신앙의 극치이자 기독교 신앙

61) 李贊甲, 앞의 글, pp. 233~234.

의 진수인 인간의 자기부정을 잘 웅변해 주고 있는 것이다.

> 내가 오늘날까지 온 것은, 내가 한 것은 조금도 없읍니다. 모두 神이 나를 그렇게 만들었읍니다. 여러분이 아시는 대로 나는 본래 不學無識합니다. 나는 이 뒤에 선 銅像과 같은 사람입니다. 아무 것도 아는 것이 없었으나 神이 나를 이렇게 이끌어서 오늘까지 왔읍니다. 과연 神이 나를 지시하시며 도우심뿐입니다. 이후로도 그럴 줄 믿습니다.[62]

이 자기부정의 철저한 고백이야말로 자신의 시체까지도 생물실의 표본으로 남기도록 유언할 수 있게 한 것이다.

남강, 그는 기독교를 통하여 조선의 참민족주의자가 되었고, 자신을 위해서는 자기의 명예나 몸의 한 부분까지도 남기지 아니하려 한, 그리하여 그의 스승 예수 그리스도가 "누구든지 나를 따라오려거든 날마다 자기를 부인하고 제 십자가를 지고 나를 좇을 것이니라"고 하신 말씀대로 민족을 위해 주어진 십자가를 지고 최후에는 철저히 자기를 부인하면서 일생을 살아갔던 조선의 신앙인이었다.

Ⅵ. 맺는 말

남강은 1910년 국권 상실의 비운을 맛보며 기독교에 입문하였다. 나라를 잃고 절망할 때인데도 그는 신앙의 힘으로 새로운 희망과 용기를 갖게 되었다. 기독교에 입신하자마자 그는 곧 오산학교에도 이 사실을 알리고 기독교 교육을 실시하게 되었다. 1907년에 도산으로부터 감동을 받고 그가 시작한 오산학교는 민족주의 교육에다 기독교 교육을 병행하게 되어 이후 위대한 인물을 많이 양성하게 되었다. 학교뿐만 아니라 그가 사는 마을도 기독교를 통해 변화시키는 일을 추진하였다.

기독교에 입문한 후 그에게는 '안명근사건', '총독암살음모사건'에 연달아 연루되어 5년간 유배 및 감옥생활의 고초를 겪었다. 그러나 이 고난은 그에게 오히려 앞으로 민족을 위해 일할 수 있는 단련의 기간이 되었다. 이

62) 위의 글, p. 225. 남강이 자신의 동상 제막식에서 말했다는 내용은, 金基錫, 앞의 책, pp. 335~336; 金道泰, 앞의 책, pp. 316~317도 대동소이하게 전하고 있으나, 저자는 남강의 말년에 그를 가장 가깝게 모시고 있던 李贊甲의 증언을 취한다.

단련에서 그는 모진 고문을 극복하였고, 고난의 참의미를 깨닫는다. 그 자신의 가문과 명예밖에 생각할 줄 모르던 남강이, 1910년의 국권상실과 '총독암살음모사건' 같은 민족적 모순을 겪으면서 기독교 신앙과 고난에 참여함으로써 민족문제를 생각하고 행동할 줄 아는 용기있는 민족주의자로 발전해 갔던 것이다. 그가 3·1운동에 주역의 한 사람으로 흔쾌히 몸을 던질 수 있었던 것은 이 때문이다.

1915년 감옥에서 풀려나온 그는 좀더 알찬 신앙생활을 계획한다. 입옥(入獄)될 때 학습밖에 받지 못했던 그는, 출옥하여 세례를 받고 곧 평양신학교에 입학하여 오산교회에서 장로로 피택 장립된다. 평양신학교는 1년 남짓 다니다가 나부열의 권고를 받아들여 중도에 그만둔 것 같다. 그러나 신학교 1년간의 경험은 그가 한국 교회의 지도자로서 활동하는 데에 큰 영향을 미쳤다.

3·1운동에 참여한 그는 그가 '하나님을 믿는 사람'임을 먼저 선포하였고, 그러기에 하나님이 인류를 내실 때 주신 천부적 자유를 회복하기 위해 이 투쟁에 나섰음을 재판정에서 밝혔다. 그가 3·1운동에 주역으로 참여한 사상적 동기와 행동적인 용기는 기독교 신앙과 깊이 관련되었던 것이다. 그러기에 그는 감옥생활이 괴로운 것이 아니었고, 민족을 위한 것이기에 오히려 감옥 안에서 춤을 덩실덩실 출 수 있었던 것이다. 3·1운동의 48인 가운데서 맨 마지막으로 출옥하면서, 감옥에 더 있으면서 같이 고생하고 있는 동포들을 위로하고 싶다는 말을 남겼는데, 이는 신앙인 남강이 아니고서는 할 수 없는 말이라고 생각된다.

출옥 후 그는 급격히 변해 가는 사회와 교회를 체험하면서, 민족을 위한 새로운 구상에 젖는다. 그리고 그의 구상을 실행하는 과정에서 일제와 타협한다는 오해도 빚게 되는데, 이미 사생(死生)의 기로를 몇 번이나 넘은 그에게 이러한 의혹과 개인적 명예는 문제가 되지 않았다. 그는 이미 개인적인 영욕을 초월한, 어쩌면 자기부인의 신앙의 단계에 이르고 있었다. 거기에서 기성 교회와는 다른 새로운 신앙운동으로서의 《성서조선》 그룹과의 접촉이 시도되었다.

남강은 실업가요, 교육가요, 민족운동가였다. 그러나 무엇보다 그의 후반생을 남강답게 살도록 인도한 것은 기독교 신앙이었다. 그는 믿음으로 자신을 부정하면서까지 그리스도를 따랐던 사람이요, 기독교 신앙을 바탕으로 고난을 감수하면서 민족과 더불어 살아간 위대한 선구자였다.

(《南岡李昇薰과 民族運動》, 南岡文化財團, 1988)

3·1운동과 한국 기독교

——3·1운동에서의 한국 기독교의 위치——

I. 머 릿 말

3·1운동은 1919년 3월 1일 민족대표 33인의 이름으로 독립선언서(獨立宣言書)를 발표하면서 시작된 이후, 이에 호응한 각계각층의 참여로 거의 1년간 지속된 거족적인 항일민족독립운동(抗日民族獨立運動)을 총칭하는 것이다. 이 운동은 일제가 한국을 강점하여 총칼에 의한 무단 포악통치를 강행한 지 9년 만에 일어난 민족적 거사로서, 한국의 민족·민중운동사상에서뿐만 아니라 한국 교회사에서도 하나의 중요한 분수령으로 평가되고 있다.

3·1운동과 종교계와의 관계 내지 한국 기독교와의 관계에 대해서는 상당량의 선학들의 연구가 있다. 그래서 저자는 작년에 3·1운동 70주년을 맞이하면서 〈3·1운동에 대한 기독교사적 이해〉라는 제목으로 연구사 및 여러 문제들을 검토하면서, 이 운동에 참여한 기독교계 및 기독교인의 위상에 대해서도 간략히 언급한 바 있다.[1] 사실 3·1운동은 일제의 폭압적 무단정치와 같은 착취체제하에서는 언젠가 누구에 의해서든 일어나고야 말 필연적인 운동이었다. 그리고 이 운동은 각계각층이 참여한 거족적인 항일민족운동이었기 때문에 어떤 특정 계층이나 종파만의 운동일 수는 없고, 오히려 이들 사이의 비중과 역할 및 상호관계를 밝히는 것이 중요하다. 최근 분석적 시각에서 이러한 연구성과가 나오고 있음은 고무적인 일이다.[2] 그러나 이러한

---

1) 이만열, 〈3·1운동에 대한 기독교사적 이해〉, 《韓國基督教史硏究》 제25호, 1989, pp. 4~10;《基督教思想》 1989년 3월호, pp. 13~22.

2) 3·1운동에 관한 최근의 연구성과를 集成한 논문집으로는 다음과 같은 것들이 있다.

연구에서 느껴지는 것은 대체적으로 종교계에 대한 부정적 편견이 일정하게 작용하고 있는 듯하다는 점이다.[3] 물론 이러한 결론이 자료와 실증에 입각한 성실한 연구의 결과라면 기꺼이 수용해야 하겠지만, 여기에 조금이라도 종교에 대한 부정적 선입견이 작용하고 있다면, 종교계에서의 아전인수격인 호교론적 논의와 마찬가지로 학문적 견지에서 불식해 나가야 하리라고 본다.

저자는 이러한 관점에서 3·1운동의 배경이 되는 1910년대의 한국 기독교 상황과 3·1운동 준비과정 및 전개과정에서의 한국 기독교를 살펴봄으로써 이 운동에서 한국 기독교의 위치를 재조명해 보고자 한다.

Ⅱ. 3·1운동의 배경과 한국 기독교

3·1운동이 일어나게 된 기본적인 원인과 배경은 일제의 한국 주권침탈과 강점에 따른 민족적 모순의 증대에 있다. 일제는 제국주의 열강의 묵인 또는 지원하에 1905년 '을사5조약'(乙巳五條約)을 강제하여 한국의 외교권을 빼앗아 국제적으로 고립시키고 한국민의 각종 국권회복운동을 탄압하여 식민통치의 기반을 마련하였다. 그러다가 1910년 8월 '한일합병조약'(韓日合併條約)을 강요하여 한국을 완전히 강점함으로써 총독부(總督府) 설치와 헌병경찰제(憲兵警察制)에 의한 무단적 통치로 직접적인 식민지 경영에 착수하였다. 일제가 그 이전까지의 명분과 가면을 벗고 무단통치를 하지 않을 수 없었던 것은 한말의 의병투쟁(義兵鬪爭)과 애국계몽운동(愛國啓蒙運動) 등 한민족의 국권회복운동이 줄기차게 진행되어 그런 무단적 통치방법이 아니고서는 한국을 지배할 수 없었기 때문이다. 1910년대의 이런 무단적 식민통치는 세계 역사상 그 유례를 찾을 수 없을 만큼 가혹한 것이었다. 한국인의 모든

동아일보사 편, 《3·1운동과 민족통일》, 1989; 한국역사연구회 역사문제연구소 편, 《3·1민족해방운동연구》, 1989; 한국민족운동사연구회, 조선일보사 편, 《3·1운동 大韓民國 臨時政府 수립의 현대적 해석》, 1989; 한국기독교사연구회, 《한국기독교사연구》 제25호, 1989.

이들은 모두 3·1운동 70주년을 기념하여 개최한 학술심포지엄의 성과물들로 이제까지의 연구성과를 정리하고 3·1운동에 관한 연구를 한단계 심화시키고 있다.

3) 특히 소장학자들의 시각을 반영하는 위의 《3·1민족해방운동연구》에 실린 글들에 민족대표 및 종교계에 대한 부정적 견해가 많이 주장되고 있다.

정치적 자유와 권리는 박탈되고, 토지조사사업(土地調査事業)·회사령(會社令) 등 합법을 가장한 약탈적 경제정책으로 당시 대부분 농민이었던 한국인들은 생활의 터전인 농토마저 빼앗겨 극도로 빈궁한 소작농으로 전락하는가 하면, 민족산업자본의 형성의 길이 차단되었다. 교육·문화 분야에서도 우민정책(愚民政策) 내지 동화정책(同化政策) 등 민족말살정책을 실시하였으며, 한국인의 사회적 지위에서도 민족차별정책을 실시하여 매우 불평등한 대우를 하였다. 그리하여 한국인의 불만은 극에 달하게 되었으며, 이러한 폭압과 차별의 강도가 강하면 강할수록 이에 저항하는 식민지 민중들의 반일의식과 항일 에너지는 누적되고 증폭되어 분출을 기다리게 마련이었다. 그리고 기회만 오면 독립해야 한다는 생각이 넓은 공감대를 형성하였다.

3·1운동이 한참 진행중이었던 1919년 5월에 발표된 한 조사위원회의 보고는 3·1운동의 직접적인 원인은 '만국평화회담에서 논의되었다는 소위 민족자결의 이념이라든가 대한제국 전(前)황제의 사망'이 아니라 한국인의 독립에 대한 갈망과 일제의 무단적 식민정책이라고 지적하고 있다.[4] 비록 힘의 열세에 의하여 현상적으로야 일제의 식민지로 전락하였지만, 한국인의 의식에서는 결코 일제의 지배와 통치를 인정하지 않았던 것이다. 3·1운동은 이러한 민족적 모순의 증대에 따른 항일 에너지의 표출이었다.

이상과 같은 일제 식민지배 초기의 일반적인 상황과 함께 3·1운동의 종교적 배경으로 고려해야 할 것은 이 시기 일제의 종교탄압과 민족적 종교세력의 성장이다. 일반적으로 현실에 대한 불만은 종교확산의 좋은 토양이 되며, 종교는 시련과 탄압 속에서 더 든든히 연단되어 힘을 갖는 것이다. 일제의 종교에 대한 기본적인 정책은 회유, 이용과 탄압, 박멸이라는 기만적인 이중 탄압정책이었다. 즉 그들의 식민통치에 유익한 방향으로 종교를 회유, 이용하든가 이에 방해가 되거나 저항할 경우 가차없이 탄압 박멸하는 정책을 구사하였다.[5] 일제는 세계적인 이목 때문에 한국인의 종교의 자유까

---

4) 미국기독교연합회 동양문제위원회 편, *The Korean Situation*, 1919. 이 자료는 독립운동사편찬위원회 편, 《독립운동사 자료집》 제4집, 1971, pp. 459~463에 번역되어 실려 있으며, 민경배도 이 자료를 《기독교사상》에 〈三·一運動 祕史〉라는 제목으로 1966년 1월호부터 수회에 걸쳐 번역 소개한 바 있다.

5) 이에 대한 구체적인 사례들은 大韓民國 臨時政府에서 펴낸 《韓日關係史料集》, 국사편찬위원회 편, 《한국독립운동사》, 자료 4, pp. 9~12 참조.

지 박탈하지는 못하였지만, 각종 종교의 성향에 따라 심한 차별과 박해를 가하였다. 대종교와 천도교는 정식 종교로 인정받지 못하고 유사종교로 분류되어 탄압을 받았으며, 기독교도 외래종교이긴 하지만 한말부터의 국권회복운동과 관련한 애국적 민족적 성향 때문에 일제의 극심한 탄압과 간섭을 받았다. 주지하다시피 105인사건은 그 대표적인 사례 중의 하나이다. 이밖에도 1915년 포교규칙(布教規則)을 제정 공포함으로써 종교 간섭과 탄압의 법적 근거를 마련하여, 포교자는 자격증을 가져야 하며 교회당이나 포교소 설립과 변경에 총독의 허가를 받도록 하는 등 절차를 까다롭게 하여 간섭과 탄압을 자행하였다. 그리고 교회의 전도회·사경회·부흥회·기도회·예배 등에 대해서도 모임을 방해하거나, 경찰을 파견하여 감시하다가 설교 또는 기도 내용까지 트집잡기도 하였다.[6]

종교 출판물도 철저한 검열을 받아야 했는데, 성서공회에서 발행한 한 팜플렛에 "조선의 형제여, 각각 마음속에 있는 악마를 격퇴해야 합니다"라는 문구가 있다 하여 발매금지처분을 내리기도 하였다.[7] 이유는 '악마'는 한국인에게 일본인을 연상시키기 때문에 '불온'하다는 것이었다. 이는 그들 스스로가 자신들의 악마성을 인정하는 것이 되기도 하지만, 당시의 정신적 분위기로 미루어보아 실제로 한국인들이 이러한 정치적 종교적 연상을 하여 받아들일 가능성은 충분히 있었다. 교회에서 목사나 선교사가 천국과 박애와 자유를 설교할 때, 한국 교인들은 천국은 나라가 독립될 때로, 자유는 민족의 해방의 날로 재해석하여 받아들였던 것이다. 이러한 경향은 교육계에서도 마찬가지였다. 특히 일제의 일방적 통제와 교육정책에 잘 따르지 않는 기독교계 사립학교들에서의 교육은 민족적 반일적 성향이 강하였다. 그리하여 일제는 이에 대한 통제와 탄압을 강화할 목적으로 1915년 개정사립학교규칙(改定私立學校規則)을 공포하여 학교에서 예배와 종교교육을 금지하도록 하고, 교수 용어도 일본어로 하도록 강요하였다. 이러한 일제의 탄압으로 일제 강점 무렵 829개교에 달하던 종교계 사립학교가 1918년말에는 그 절반에도 못미치는 323개교가 남았고, 3·1운동이 진행중이던 1919년 5월말까지는 298개교만 남게 되었다.

6) 朴殷植, 《韓國獨立運動之血史》, 1920, p. 54.
7) 姜德相, 〈日本の朝鮮支配と三·一獨立運動〉, 《世界歷史》 25, p. 314.

일제 총독부는 이상과 같은 탄압정책과 함께 신도(神道)나 조합교회(組合敎會) 등 일본 종교의 한국 포교를 지원 장려하여, 기독교를 포함한 한국인의 민족적 종교세력을 약화시키려는 견제정책도 병행하였다.[8] 3·1운동에서 기독교·천도교 등 종교계가 대거 참여하여 주도한 데는, 당시의 유일한 조직체가 종교계뿐이었고 종교인의 신뢰를 바탕으로 한 신앙공동체적 특성이 작용한 것 외에, 일제의 이러한 종교탄압정책과도 무관하지 않다.

이러한 일제의 탄압과 박해 속에서도 한국 교회는 꾸준히 성장하고 조직화되어 갔다. 장로교회는 1911년에서 1912년에 2천 개에 가까운 예배처소에서 14만여 명이 회집하고 있었다. 또한 650여 개의 학교를 운영하여 1만 4,400여 명에게 신앙과 민족을 교육하고 있었는데, 이렇게 교회와 기독교 경영 학교에서 훈련받던 이들이 3·1운동의 인적 토대의 일부가 되었다. 1907년에 4개의 선교부를 기초로 독로회(獨老會)를 창설하고 한국인 목사를 배출하기 시작한 장로교단은 1912년 9월 평양에서 목사 25명, 장로 125명, 선교사 44명이 참석하여 조선예수교장로회 총회를 조직하였다. 한국인의 전국적인 조직이 전무한 당시에 비록 종교단체이긴 하지만, 한말부터 자주독립과 반봉건·반침략, 나아가서 항일의식을 분명히 나타내고 있던 기독교의 한 교단이 전국적인 조직을 결성하였다는 것은 민족사적으로도 중요한 의미를 갖는다. 즉 일제의 침략으로 국가와 사회의 여러 가지 조직이 와해되는 1910년 전후에 장로교회는 그와 반대로 전국적인 교단조직을 가짐으로써 민족적 종교적 역량을 편제화할 수 있었으며, 이것이 뒷날 기독교 조직이 3·1운동을 전국적으로 확산시키는 통로 구실을 하였던 점과 무관하지 않다. 또 한국 교회가 일본·중국·러시아 등 해외 동포가 거주하는 지역에 교역자를 파송하여 해외선교사업을 펴기 시작한 것도 바로 이 시기이다. 이러한 조직이 3·1운동을 전후하여 국제정세를 읽고, 해외독립운동과 연락하는 통로로 사용되기도 하였다.

한편 1901년부터 한국인 목사를 배출하기 시작한 감리교회도 1910년 북감리교 조선연회에 한국인 목사 10여 명이 정회원으로 참여하였으며, 1918년에는 남감리교도 개성에서 조선연회를 조직하여 한국인 대표들이 선교사들

---

8) 韓晳曦, 〈日本の朝鮮支配と宗教政策〉, 1988 참조.

과 함께 참여하였다. 1901년 평양에 장로회신학교를 설립한 데 이어, 1905년 서울에는 감리교의 협성신학교(協成神學校)가 설립되었고, 신학전문지로서 감리교의 《신학세계》(神學世界; 1916년 창간), 장로교의 《신학지남》(神學指南; 1918년 창간)이 창간되었다. 이로써 교회의 지도자 양성과 그들을 통한 한국 교회의 양적인 성장을 기하는 한편, 신학적 신앙적 기반을 다지는 질적인 성장도 가져왔다. 뒷날 한국 기독교가 3·1운동의 중요한 기반이 된 것은 그 이전에 이같은 한국 기독교의 자기정체성 확보를 위한 노력과 양적 질적 성장이 있었음을 간과해서는 안된다.

한국 교회 각 교파간의 연합·교류운동도 활발히 진행되어, 이미 1905년을 전후하여 협력체제를 구축한 바 있고, 1915년 장감연합의 기관지로 《긔독신보》(基督申報)를 창간한 바 있는데, 1918년에는 서울의 중앙 YMCA회관에서 북감리교 10명, 남감리교 10명, 북장로교 12명, 남장로교 4명, 캐나다 장로교 3명, 호주 장로교 1명 등 각 교파 대표들이 참석하여 '조선예수교 장감연합협의회'를 창설하였다.[9] 3·1운동을 전후한 한국 기독교 각파간의 협력은 이러한 연합운동 정신과 상통하는 것으로 볼 수 있다.

교단조직면에서의 발전과 함께 교인의 수도 증가하였다. 3·1운동 직전의 통계에 따르면 대략 장로교인이 16만 명, 북감리교인이 2만 명, 남감리교인이 1만여 명으로 기타 중소 교파까지 합하면 20만 명을 약간 웃돌고 있었다.[10]

3·1운동의 중요한 배경으로 1910년대 국내외에서 끊임없이 전개되었던 독립운동가들의 활약을 빼놓을 수 없다. 국내는 일제의 가혹한 무단정치로 일체의 단체활동이 불가능하였으므로 주로 비밀결사의 형태로 독립운동이 지속되었으며, 국외에서는 망명한 애국지사들을 중심으로 해외동포들을 규합함으로써 독립전쟁준비를 위한 활동과, 일제의 강점 지배에 대한 규탄 및 독립을 위한 외교활동이 활발히 전개되었다. 이 시기에 독립운동을 위한 국내의 비밀결사로는 신민회(新民會)의 잔여세력을 비롯하여, 독립의군부(獨立義軍府)·대한광복회(大韓光復會)·조선국권회복단(朝鮮國權恢復團)·천도교구

9) 全澤鳧, 《韓國教會發展史》, 1987, p. 195.
10) 1918년 장로교 총회와 북감리교 연회의 통계에 의하면 교인수는 각각 16만 909명과 1만 9,543명이고, 남감리교의 경우 1919년 연회 통계에 의하면 교인수가 9,460명이었다.

국단(天道教救國團)·송죽결사대(松竹決死隊)·한영서원(韓英書院)의 학생비밀결사, 조선국민회(朝鮮國民會) 등이 조직되어 활동하였다. 특히 신민회를 비롯한 송죽결사대·조선국민회 등은 기독교인들이 중심이 된 독립운동단체였다.

국외에서의 독립운동도 독립전쟁노선에 따라 간도(間島)에 무관학교(武官學校)들이 세워져 사관을 양성하였으며, 미주에서도 박용만(朴容萬)을 중심으로 국민군단(國民軍團)이 조직되어 조직적인 군사훈련을 실시하기도 하였다.[11] 그밖에도 중국에서는 동제사(同濟社)·신한혁명당(新韓革命黨)·신한청년당(新韓青年黨) 등이 조직되고, 간도와 미주, 러시아의 연해주 등지에 간민회(墾民會)·대한인국민회(大韓人國民會)·대한국민의회(大韓國民議會) 등이 조직되어 교민들의 자치와 독립운동을 전개하였는데 여기에도 다수의 기독교인들이 관여하여 활약하고 있었다. 한국인들은 이러한 활동을 통하여 독립운동의 역량을 강화시키면서, 잃어버린 국권을 되찾기 위한 거족적이고 전면적인 독립운동을 전개할 기회를 기다리고 있었다.

결국 이러한 기회는 제1차 세계대전의 종전과 함께 찾아왔다. 각국의 혁명독립과 미국 대통령 윌슨의 민족자결론 제창이라든지 파리평화회의의 개최 등 전후 국제정세의 변화 조짐은 위에서 살펴본 한국 민족 내부의 주체적 요인과 함께 3·1운동이 바로 이 시기에 일어나게 된 객관적 여건을 형성하였다.

Ⅲ. 3·1운동 준비과정에서의 한국 기독교

국내에서도 종교지도자들이나 학생들 사이에 독립운동에 관한 논의가 없었던 것은 아니나, 3·1운동의 직접적인 도화선은 국내에서보다 상대적으로 활동이 자유롭고 국제정세 포착이 쉬운 국외에서 활약하던 독립운동가들에 의해서 마련되었다. 이들은 전후 국제정세의 개편을 예상하고 종전이 가까워오자 이 기회를 한국 민족의 독립의 기회로 이용하고자 적극적인 활동을 펴는 한편, 비밀리에 국내 민족지도자들과도 연락을 강화하였다. 1918년 여

11) 김원용, 《在美韓人五十年史》, 1959, pp. 345~350.

름, 기독교 전도사를 지낸 바 있는 여운형(呂運亨)을 중심으로 장덕수(張德秀)·선우혁(鮮于爀) 등이 중국 상해(上海)에서 신한청년당을 조직하고 전후 활동을 협의하였다.[12] 그리고 이 조직의 대표 겸 총무를 맡은 여운형이 평북 선천(宣川)에서 열리는 노회 출석을 빙자하고 국내에 들어와 이승훈(李昇薰) 장로와 이상재(李商在) YMCA 명예총무 등을 만나 국내외 정세와 할 일을 토론하고 상해로 돌아갔다.[13] 11월에 그는 마침 중국을 방문한 미국 대통령의 특사인 크레인(C. R. Crane)을 찾아가 파리평화회의 한국 대표 파견에 관한 협조를 요청하고, 한국 독립에 관한 진정서를 작성하여 평화회의 의장과 미국 대통령에게 전달해 주도록 부탁하였다. 이듬해초에는 선우혁·장덕수 등 당원들을 수차에 걸쳐 국내·일본 등지에 파견하여 독립운동을 종용하고, 운동자금을 모집하여 새문안교회 장로로 시무한 바 있는 김규식(金奎植)을 한민족 대표로 평화회의에 파견하였다.[14]

한편, 미주지역에서도 안창호(安昌浩)를 중심으로 활동하던 대한인국민회가 1918년 12월 전체 간부회의를 열고, 평화회의에 독립청원서를 발송하기로 결의하여, 이를 제출할 대표로 이승만(李承晩)·정한경(鄭翰景)·민찬호(閔讚鎬)를 선임하였다.[15] 그리고 같은 달 뉴욕에서 열린 약소민족동맹회의 연례총회에 참가하여 민족자결주의 원칙에 따른 약소민족 독립을 결의하였다. 이러한 미주지역의 독립운동이 일본의 영자신문에 보도되어 재일한국유학생들의 독립운동을 고무시켰다.[16]

재일한국유학생들은 동경의 조선기독교청년회와 조선유학생학우회를 중심으로 배일민족의식을 고취하면서 결속을 다지고 있었다. 제1차 세계대전의 종전과 미국에서의 독립운동 소식에 접한 이들은 1918년 12월 29일에서 30일에 학우회 망년회와 동서연합웅변대회를 잇달아 열고 독립문제를 의제로 토

---

12) 愼鏞廈, 〈新韓青年黨의 獨立運動〉, 《韓國學報》 44, 1986 ; 金喜坤, 〈新韓青年黨의 結成과 組織〉, 《한국민족운동사연구》 1, 1986.

13) 李萬珪, 《呂運亨先生鬪爭史》, 1946, p. 20.

14) 《새문안교회당회록》(1910~1914)에 의하면 김규식은 1910년 12월에 장립되어 당회 서기를 맡고 있다가 1913년 4월에 중국으로 떠난 것으로 되어 있다(새문안교회역사 편찬위원회 편, 《새문안교회 문헌사료집》 제1집, 1987, pp. 196~256).

15) 김원용, 앞의 책, pp. 357~358.

16) *The Japan Advertiser*, 1918년 12월 15일자, “Koreans Agitate for Independence” 및 같은 신문 12월 18일자 “Small Nations Ask to be Recognized” 등 기사 참조.

론을 한 다음 독립운동을 전개하기로 합의하였다. 이듬해 1월 6일 동경 조선기독교청년회관에서 다시 웅변대회를 개최하고 최팔용(崔八鏞)·백관수(白寬洙)·윤창석(尹昌錫) 등 10명의 실행위원을 선출하여 구체적인 독립운동 실천계획을 세우게 하였다. 이들은 독립선언을 하여 선언서를 일본 정부, 일본 의회, 각국 공관에 보내기로 결정하였다. 이때쯤 상해 신한청년당으로부터 조용은(趙鏞殷)·장덕수 등이 와서 궐기를 권유하고, 이광수(李光洙)가 북경에서 돌아와 이들과 합류하여 선언서를 기초하였다. 유학생들은 이미 선언서 초고를 송계백(宋繼白)에게 주어 국내에 파견하고, 예정대로 2월 8일 기독교청년회관에 400명에서 600여 명이 모여 독립선언을 하였다.[17] 이러한 유학생들의 거사는 3·1운동의 선구로서 국내운동의 태동에 결정적인 영향을 주었다.[18] 이러한 국외 독립운동의 흐름과 긴밀한 관련을 가지면서, 국내에서 3·1운동을 초기에 계획하고 점화한 것은 종교계 지도자들과 지식인·학생들이었다.

기독교계는 1919년 1월말에서 2월초경 상해에서 선우혁이 와서 장로교 총회장을 지낸 양전백(梁甸伯) 목사, 이승훈 장로, 길선주(吉善宙) 목사 등을 만나 독립운동 참여를 의논하고 돌아간 후부터 본격화되었다. 서북지역의 중심지인 평양에서 김선두(金善斗)·강규찬(姜奎燦)·도인권(都寅權)·이덕환(李德煥)·윤원삼(尹愿三)·김동원(金東元) 등 교회 지도자들이 모여 독립운동을 위한 자금·인원 동원문제 등을 의논하였다. 이들은 평양에서 단독으로 독립을 선언하고 시위를 하되 인원은 평양시내의 기독교학교 교사와 학생들을 총동원하며, 가능한 한 관립학교 학생들도 동원키로 하고, 교사 교섭은 윤원삼이, 학생 교섭은 안세환(安世桓)이 담당키로 하였다. 이런 계획이 진행되던 2월 중순경 서울에서 기독교측의 이승훈과 함태영(咸台永)을 중심으

17) 2·8독립선언식에 참집한 인원에 대해서는 200명설(신용하)에서 800명설(상해, 《독립신문》 1919년 8월 26일자)까지 다양하다. 당시의 일본 신문에도 600명으로 보도한 것이 있는데, 최소한 400명 이상이 참집하였을 것으로 보인다.

18) 2·8독립선언의 영향으로는 다음과 같은 몇 가지 실례를 들 수 있다. 즉 천도교 손병희의 경우 "젊은 학생들이 이같은 의거를 감행하려는 이때에 우리 선배들로서는 좌시할 수 없다"고 하였으며(玄相允, 〈3·1운동의 회상〉, 《新天地》 1946년 3월호), 최남선이 독립선언서를 기초할 때도 이 선언서를 참고하였고, 의주지역 劉如大 목사의 경우 3·1독립선언서의 전달이 지체되자 2·8독립선언서로 독립선언식을 거행하려 했었다는 기록이 보인다(李炳憲 편, 〈유여대선생 취조서〉, 《三·一運動祕史》, 1959, pp. 276~277).

로 천도교측과 합작운동을 추진한다는 소식이 평양에 전해져 거족적인 독립운동을 위해 서울의 운동과 보조를 맞추도록 자신들 계획을 수정하였다.[19]

한편 서울에서의 3·1운동 계획은 천도교측과 기독교측에 의해 거의 같은 시기에 각각 별도로 진행되고 있었다. 1918년 12월경 천도교측의 최린(崔麟)과 중앙고보(中央高普) 교장 송진우(宋鎭禹), 교사 현상윤(玄相允) 등은 세계의 독립운동을 검토하면서 거족적인 민족운동을 일으키기로 하고, 천도교측의 권동진(權東鎭)·오세창(吳世昌) 등의 협조와 천도교 교주 손병희(孫秉熙)의 동의를 얻어 조선민족 각계 대표의 명의로 독립을 요구하는 의견서를 일본 정부에 제출할 것을 결정짓고 동지규합에 나섰다.

같은 무렵 서울의 기독교측에서는 종로의 YMCA와 세브란스병원을 중심으로 독립운동계획이 태동되었다. YMCA는 이상재(李商在)·윤치호(尹致昊)·신흥우(申興雨) 등의 지도 아래 많은 청년들이 민족의식을 각성받고 있었다. 이때 청년부 간사인 박희도(朴熙道)는 숭실학교(崇實學校)를 졸업하고 감리교의 협성신학을 중퇴한 후 YMCA에 재직하고 있었는데, 그는 절친한 친구 동석기(董錫璣) 목사를 통해 세계정세를 파악하고 있었으므로 이때 독립운동을 계획하게 되었다.[20] 박희도는 그의 친구인 정춘수(鄭春洙) 목사와 기맥을 통하는 한편, YMCA의 청년부원인 한위건(韓偉健; 京城醫專 2학년)·김원벽(金元璧; 延禧專門 재학) 등을 통하여 많은 회원을 확보하고, 기독교 중심의 청년학생단을 조직하여 독립운동을 계획하였다. 한위건·김원벽과 YMCA의 청년부원은 1919년 1월 27일 저녁에 강기덕(姜基德; 普成法專 학생)·윤자영(尹滋英; 專修學校 학생)·김형기(金炯璣; 京城醫專 학생)·주종의(朱鍾宜; 京城工專 학생)·이공후(李公厚; 京城專修學校 학생)·주익(朱翼; 보성법전 출신)·윤화정(尹和鼎; 延禧專門 학생)·윤화라(尹和羅; 培花女中 학생) 등을 초치하여 의견을 나누었다. 이중 김원벽은 독립운동에 자신을 갖고 활동한 결과, 연희전문학교에서 이병주(李秉周; 기독학생 청년회장) 이하 40여 명의 동지와, 세브란스의전의 이용설(李容卨) 등 시내 전문학교의 유력 학생들을 확보할 수 있게 되었다. 뒷날 거족적인 독립운동에 합류하자는 쪽으로 의견이 기울어졌기 때문에 기독학생 단독의 독립운동계획은 중단되었지만, 3·1운

19) 金良善, 〈3·1運動과 基督教界〉, 《3·1운동 50주년 기념논집》, 1969, pp. 241~242.
20) 위의 글, pp. 242~243.

동 때에 청년학생층이 중심이 될 수 있었던 것은 이들 기독학생 지도부의 역할이 컸기 때문이다.

서울의 기독교측의 또 하나의 움직임은 세브란스 학생으로 그곳 제약주임을 겸하고 있던 이갑성(李甲成)과 동료 학생들에 의한 것이었다. 이갑성은 세브란스에서 에비슨·스코필드 등의 선교사를 통하여 세계정세의 흐름과, 1919년 1월 하순부터는 동경유학생들의 독립운동계획도 파악하고 있었으므로, 국내에서 동지를 규합하는 한편, 당시 기독교계 지도자인 이상재·윤치호와 함태영, 손정도(孫貞道) 목사를 찾아 독립운동에 관한 그들의 의견도 타진하게 되었다. 이갑성과 세브란스 중심의 기독교 청년학생들의 이 독자적인 운동계획도 뒷날 기독교·천도교의 합작이 타결되자 거족적언 독립운동에 협력하기로 하였다.

3·1운동의 준비단계에서는 이렇게 기독교측과 천도교측에서 각각 추진하고 있었다. 그러다가 1919년 2월 초순에 이르자, 양측에서는 이 운동을 거족적인 차원으로 끌어올리기 위해서 연합전선을 펴는 것이 바람직하다고 판단하고 의견 교환이 오가기 시작하였다. 연합을 위한 좀더 적극적인 움직임은 천도교측에 의해서 이루어졌던 것 같다. 앞서 말한 천도교·중앙고보측의 운동계획자들은 기독교측의 몇몇 운동계획이 구체화되어 가는 것을 파악하고 연합운동을 서두르게 되었다. 1919년 2월 초순경에 천도교측에서 기독교측 지도자에게 연합교섭을 시작하였다. 그리하여 천도교측 및 중앙고보측에서는 오산학교 출신의 김도태(金道泰)를 중간에 넣어, 오산학교 설립자이며, 당시 장로교회의 장로로서 105인사건에도 연루되었고 기독교계에 명망이 있던 이승훈과 교섭하게 되었다. 연락을 받고 상경한 이승훈은 송진우로부터 "손병희와 최린이 기독교측과 제휴가 안되면 성사될 수 없음을 잘 알고 있으니, 기독교측에서도 동지를 규합하여 거족적 민족운동을 일으키는 것이 좋겠다"는 요지의 제의를 받자 즉석에서 승낙하고 동지 규합에 나서게 되었던 것이다.[21]

이승훈은 그 길로 세브란스병원으로 가서 함태영 장로와 이갑성을 만나 의논하고, 선천과 평양으로 가서 장로교측의 김병조(金秉祚) 목사, 양전백

21) 위의 글, p. 246.

목사, 유여대(劉如大) 목사, 길선주 목사, 이명룡(李明龍) 장로 등과 손정도 목사를 통해 감리교의 신홍식(申洪植) 목사 등의 적극적인 동의를 얻고, 그 결과를 가지고 서울에 올라와 천도교측과 재차 교섭에 임하게 되었다.

이승훈이 중심이 되어 진행된 교섭과정에서도 기독교측에서는 적어도 3회 정도의 회합을 가진 후에야 천도교측과 제휴에 성공할 수 있었다. 이 교섭과정이 매우 복잡하기 때문에 그 자세한 내용은 생략하고, 여기서는 단지 기독교 지도자들의 회합과 천도교측과의 제휴과정에서 나타난 문제점을 지적하고자 한다.

첫째로, 거족적인 항일독립운동을 앞두고, 천도교측과의 제휴에 소극적인 자세를 취한 기독교 지도자들의 자세이다. 박희도는 기독교 교리상 천도교와는 부합할 수 없으며 또 지금까지 양교간에 아무 교류가 없어 행동통일에 원활을 기할 수 없다는 것을 이유로, 정춘수는 천도교측의 위험성을 이유로 하여 반대하였다고 하며, 이로 인하여 한때 천도교측과의 제휴가 어렵게 된 적도 있었다고 한다. 그러나 이들과 같은 회의에 빠졌던 신석구(申錫九) 목사의 사례에서 보여주듯이,[22] 당시 근본주의와 정교 분리의 신학교육을 받아 극단적인 보수주의 입장을 견지하고 있던 이들 기독교 지도자들의 고민은 오히려 정직한 것이며, 그들은 하나님께 무릎 꿇어 기도하면서 이 문제의 해결을 얻을 수 있었다고 한다.

둘째로 기독교 지도자들 가운데서는 거족적인 독립만세운동을 일으켜 독립을 선언하는 것보다는 일본 정부에 대하여 독립을 청원하자는 의견을 가졌던 사람들이 있었다는 점이다.[23] 이 의견은 그후 천도교측과의 제휴와 최남선(崔南善)의 독립선언서의 기초로 좌절되고 결국 독립을 선언하는 형태로 되었지만, 우리는 여기서 기독교 지도자들의 항일투쟁 방법상의 문제점, 즉 소극성을 엿보게 된다. 이러한 소극성은 3·1운동이 좌절되고 난 뒤 한국기독교계를 부분적으로 민족문제에 대하여 깊은 실의와 좌절에 빠지게 하였으며, 그것이 1920년대 민족운동 방법론상으로는 실력양성·자치론 등으로 나타나게 되어, 민족운동에서 기독교가 좀더 적극적인 자세를 취해야 한다

22) 김재황, 《巨星 殷哉 申錫九 一代記》, 1988, pp. 107~108.

23) 결국 선언과 청원을 동시에 병행키로 하였으나, 吳基善 목사의 경우 끝까지 선언 발표에 반대하다가 탈퇴하였다.

고 주장하는 청년들의 많은 비판을 받게 되었던 것이다.

이러한 몇 가지 문제에도 불구하고, 천도교측이 인식한 대로 기독교측이 참여하지 않으면 거족적 독립운동이 되기 어렵다고 했던 것은, 기독교가 한말·일제하에 축적한 민족주의적 역량을 바탕으로 하여 이 운동에 주도적으로 참여해야 함을 의미하는 것이었다. 앞서 말한 기독교측과 천도교측과의 제휴에는 약간의 문제가 없었던 것은 아니었지만, 하여튼 2월 24일 기독교측 대표인 이승훈과 함태영이 손병희를 만나 천도교측과 제휴하여 독립운동을 결행하기로 한 기독교계의 결정을 통고하였다. 그리하여 양측에서는 다음 몇 가지 사전준비상의 책임을 분담하기로 합의하였다. 즉 천도교측에서는 독립선언서의 초안 작성 및 그 인쇄하는 일과(최린), 독립선언서를 일본정부에 전달하는 일을 맡고, 기독교측에서는, ① 미국 대통령 및 파리평화회의 참전국 대표들에게 보내는 탄원서의 전달, ② 교섭사를 일본에 보내어 일본 정부와 직접 담판하는 일, ③ 독립선언서를 시내 및 지방에 배포하는 일, ④ 거사 당일 학생과 시민을 동원하는 일 등의 책임을 맡기로 하였다.[24]

기독교측과 천도교측이 분담한 책임은 거사일 전에 이미 수행되었다. 기독교측에서는 일본에 파견할 교섭자로 이상재를 지목하고 교섭하였으나 뜻대로 되지 않아 이상재의 수행원으로 지목했던 평양 예수교서원의 총무인 안세환을 그의 자청에 따라 파견키로 하였다.[25] 그는 2월 27일 아침에 서울역을 출발하여 3월 1일 오전에 동경(東京)에 도착, 3일에 경무총감을 만나 한국 독립에 관한 진술을 하였다. 경무총감은 총리대신에게 상신하겠다고 약속해 놓고서는 그를 체포하고 말았다. 또 기독교측에서 맡았던 미국 대통령 및 파리평화회의 대표들에게 탄원서를 전달하는 일은, 당시 개성남부교회 전도사 김지환(金智煥)이 맡아 만주 안동(安東)에 가서 상해에 있던 현순(玄楯) 목사에게 전달하여 그 책임을 수행할 수 있었다. 그리고 독립선언서를 지방에 배포하는 일도 이갑성과 김창준(金昌俊)이 맡아 선언서 2만 1천매를 학생과 교회 청년들을 동원하여 평양·원산·해주·개성·선천·진남포·의주 등 주요 도시에 배포하는 데 성공하였다. 그리고 서울에 있던 선

24) 김양선, 앞의 글, p. 253.

25) 위와 같음. 李商在는 독립선언서에는 서명할 의사가 있다고 도장을 내어놓으면서도, 일본 교섭사로 자신이 가는 것은 거부하였다고 한다.

교사와 각국 영사관원들에게도 기독교측의 이갑성·이용설·박희도·김진호(金鎭浩;培材學堂 교사) 등에 의하여 2월 28일 저녁까지는 독립선언서가 거의 전달되었다. 또한 거사 당일의 학생동원에서도 기독교측의 역할이 거의 절대적인 것이었다. 여기서 우리는 앞에서 지적한 바와 같이, 기독교의 국내외의 조직이 3·1운동을 국내 전지역으로 확산시키는 것은 물론 국제화시키는 데에도 커다란 역할을 감당하였음을 알 수 있다. 이 점은 독립선언서에 서명한 33인의 민족대표 가운데 16명이 기독교측 인사였고, 거사 준비과정의 중심인물 48인 가운데 24인이 기독교인이었다는 점과 함께 3·1운동의 전개과정에서 기독교의 역할을 그 조직력의 측면에서 예고해 주는 것이다.

Ⅳ. 3·1운동 전개과정에서의 한국 기독교

3월 1일을 기해 33인의 민족대표 이름으로 독립선언서를 발표함으로써 발발한 독립만세운동은, 당일 서울을 비롯하여 평양·선천·원산·의주 등 12곳에서 일어났는데, 모두 교회 내지는 기독교인들이 중심이 되어 일어났다.

이 독립만세운동은 그 뒤 3월 4일경이 되자 전국적인 운동으로 파급되었다. 전국적으로 확산되는 이 단계를 3·1운동의 민중화단계라 할 수 있는데, 선언문에서 비폭력을 주장했던 만세운동이 이 민중화단계에 이르면서 점차 폭력적인 투쟁으로 변모해 갔던 것으로 보인다.

민중화단계의 3·1운동에서 기독교의 역할과 관련시켜 보면 대체로 다음과 같이 설명될 수 있다. 즉 ① 교회나 기독교계 학교가 있으면 대부분 기독교인들이 주동이 되어 만세운동을 주도하였고, ② 그곳에 천도교회가 있으면 기독교인과 천도교인이 제휴하여 만세운동을 일으켰으며, ③ 기독교회나 기독교계 학교가 없는 지역에서는 천도교회 단독으로 혹은 유생·농민들이 중심이 되어 만세운동이 일어났던 것으로 보인다.

일제 총독부의 통계는 그들의 이해관계에 따라 의식적으로 과장되거나 축소된 것이 없지 않다. 3·1운동의 경우도 마찬가지다. 그렇기 때문에 3·1운동에 관한 총독부의 통계는 그대로 신빙할 수는 없다. 그러나 이들 불확실한 통계에 의해서 보더라도, 3월과 4월에는 1,214회의 만세시위운동에 110만여 명이 참가하였고, 3월에서 5월까지는 1,542회에 202만여 명이 참가하였

으며, 전국 218개군 가운데 212개군으로 이 운동이 확산되었다.[26]

이중 기독교 계통의 참여도가 어느 정도인지 간략하게 검토해 보자. 초기의 1,200여 회의 운동 중에서, 그 주동세력이 뚜렷한 340회를 지역별로 나누어보면 311개 지역이 된다. 그중 특정 계층이나 세력이 주동한 것으로 뚜렷이 나타나는 경우는, 기독교인이 78개 지역이고, 천도교인이 66개 지역이며, 기독교인과 천도교인이 공동으로 주도한 곳이 42개 지역이다.[27] 여기서 주목되는 것은 기독교인이 주도한 지역이 주동세력이 뚜렷한 311개 지역의 25퍼센트에서 38퍼센트를 차지했다는 것이며, 이것은 당시의 특정종교의 세력으로 보면 가장 큰 비율이라고 생각된다.

이러한 점은 3·1운동 후의 체포·투옥자의 통계에서도 나타난다. 그해 6월 30일까지의 일제 통계에 의하면 3·1운동과 관련하여 투옥된 사람 9,458명 가운데 기독교인은 2,087명으로 이는 전체의 22퍼센트가 넘는다.[28] 또 1919년 12월말까지의 일제측 복역자 통계는 1만 9,525명인데, 이중 기독교인은 3,373명으로 17퍼센트 이상을 차지하고 있다.[29] 여기서 간과하지 말아야 할 것은, 이 통계가 종교세력의 파악을 목적으로 한 것이 아니기 때문에 피체자의 종교적 성분이 잘 파악되지 않았거나 은폐되어 있을 것이라는 것이다.[30] 또 3·1운동 전후 일제의 대기독교정책과 기독교인에 대한 탄압적인 자세로 보아서 체포된 기독교인 중에서 상당수는 자의로 자신이 기독교인임을 내세우지 않았을 것이다. 당시 기독교인은 줄잡아 20만 명을 상회하는

26) 金鎭鳳, 〈3·1운동과 민중〉, 《3·1운동 50주년 기념논문집》, 1969, pp. 351~361 및 朴殷植, 《韓國獨立運動之血史》 上, 1920, pp. 531~555.
27) 朴慶植, 《朝鮮三·一獨立運動》, 1976, pp. 186~188.
28) 국회도서관 편, 《韓國民族運動史料(三·一運動篇 其二)》, 1978, pp. 271~274, 〈소요사건 入監者의 종교별표〉(1919. 3. 1~6. 30).
29) 朝鮮總督府官房庶務部調査課, 《朝鮮の獨立思想及運動》, 1924, p. 107.
30) 3·1운동 관련 피체자의 재판기록을 살펴보면, 분명히 기독교인임에도 불구하고 기독교인으로 표시되지 않은 경우가 보인다. 예를 들면 경북 의성에서 3·1운동을 주동하다가 피체된 朴永達은 농민으로만 표기되어 있으나, 당시 경북노회록에서 장로직을 가진 기독교인임이 확인되며(《독립운동사자료집》 5, 3·1운동 재판기록, pp. 1312~1313 및 《조선예수교장로회 경북노회 제7회 노회록》, p. 35), 경북 영덕의 3·1운동을 주도하였던 金世榮, 丁奎河의 경우도 재판기록에는 농민으로만 표기되어 있으나(위의 재판기록, pp. 1410~1435), 위의 노회록에서 조사직을 가진 기독교인임이 확인된다(위의 노회록, p. 35). 이렇게 기독교인임에도 불구하고 기독교인으로 표기되지 않은 경우가 농민뿐 아니라 교사·학생·상공인으로 표기된 이들 중에도 상당수가 있을 것으로 보인다.

것으로 추산되었는데, 이것은 당시 인구 1,600만 명에 비하면 1.3퍼센트에 불과하였다. 1.3퍼센트에 불과한 기독교인 통계를 3·1운동 주동세력 및 피체·투옥자의 것과 비교해 보면 당시 기독교인들이 3·1운동에 참여하여 그 주동적 역할을 한 사실이 좀더 뚜렷이 나타난다. 이는 앞의 주동세력의 25퍼센트에서 38퍼센트, 피체·투옥자의 17퍼센트에서 22퍼센트의 역할을 숫자적으로 반영해 주는 것이라고 하겠다. 다시 말하면 이 운동의 전체적 역량의 20퍼센트 이상이, 당시 한국 인구의 1.3퍼센트에 불과한 기독교인들에 의해서 추진되었다는 것이다. 당시 천도교인은, 손병희가 법정에서 진술한 바에 의하면, 명부에 등재된 수가 300만 명, 의무부담자가 200만 명 가량이라고 하여[31] 숫자적으로 기독교인의 거의 10배에 해당하였고, 한말 동학 이래 그 조직력과 민족주의적 성격이 매우 공고하였던 것으로 알려져 있었음에 비해서 민중동원 역량은 기독교에 미치지 못하였다. 이렇게 본다면 3·1운동에 바친 기독교인들의 민족적 정열과 항일투쟁은 매우 놀라운 것이었다. 이것은 한말 기독교의 전래 때부터 성장시키기 시작한 반봉건적 사회개혁 의지와 반외세적 민족자주의식이 항일민족의식으로 결집, 발전한 데서 가능하였다.

이 때문에 3·1운동에 뒤따른 일본 제국주의자들의 기독교에 대한 보복도 매우 가혹하였다. 화성군(華城郡) 제암리교회(堤岩里教會)의 경우는 너무 비참하여 말할 것도 없거니와, 이와 같은 일제의 만행은 경기도 일원을 비롯하여 전국 교회에 걸쳐 저질러졌던 것이다. 그해 장로교 총회에 보고된 것만 보더라도 교회당의 파괴가 12동, 장로교 경영학교 파괴가 8곳, 사살된 자가 41명, 매맞아 죽은 자가 6명, 체포된 신자 3,804명 가운데 목사와 장로만도 134명으로 당시 장로교 전체 목사·장로 1,029명의 13퍼센트에 해당한다.[32] 특히 주목되는 것은 사상자 등 인명피해를 제외한 가옥·재산상의 피해는 기독교 이외의 종교단체에는 거의 나타나지 않았다는 점이다.

---

31) 이병헌, 앞의 책, 〈손병희 선생 취조서〉, p.101. 당시 천도교인 수에 대해서는 정확한 통계가 없다. 다만 1919년 6월에 작성된 〈하세가와 총독의 사무인계 의견서〉에는 약 12만 명으로 추산하고 있고(《현대사자료》 25, p.449), 한참 후이긴 하지만 《동아일보》 1926년 7월 10일자, 〈조선종교계〉의 통계에서는 2백만 명으로 보도하고 있다.

32) 《조선예수교장로회 총회 제18회 회록》(1919) 및 *The Korean Situation* 2, 1920(독립운동사편찬위원회 편, 《독립운동사 자료집》 제4집, 1971, pp.476~477).

3·1운동은, 독립선언문에 나타난 비폭력 정신으로 볼 때 일부 종교적 색채가 보이는 듯하나, 분명히 종교운동은 아니다. 그러나 여기에 참여한 종교인들 특히 대부분의 기독교인들은 민족독립운동에 행동으로 뛰어들었다. 이것은 기독교 신앙을 통하여 하나님 앞에서 민족과 조국을 발견한 기독교인들이 민족의 고난에 직접 뛰어들 수 있었던 신앙과 용기를 가졌기 때문이다.

그러나 3·1운동 전개과정에서도 한국 기독교는 반성할 점이 없지 않다.

먼저 일부 기독교계 민족대표의 거사 당일의 태도에 대한 것이다. 기독교계 민족대표였던 4인의 목사가 선언식에 지참하거나 불참한 사실은 대부분 그 사유가 이해되기는 하나,[33] 그렇다 하더라도 혹 그런 태도가 그 역사적 선언식의 의의에 대한 이해 부족에 기인하지 않았나 하는 의구심을 가지게 한다. 또한 거사 전날 선언식 장소를 갑자기 변경한 것도 기독교측 박희도의 제안에 의한 것이었다. 그 명분은 선언식을 방해받지 않고 마치자는 것과 폭동을 예방하기 위한 것이어서 민족대표 전원이 찬성하였다지만, 이로 인한 당일의 혼선과 후일의 비난에 대한 책임은 기독교측이 져야 하며, 더구나 이러한 제의가 외국인 선교사의 권고에 따른 것이라 할 때,[34] 주체적 상황판단을 하지 못했다는 측면에서도 반성하여야 할 것이다.

다음으로 기독교계의 대응자세에 대한 것이다. 기독교계는 교단 차원에서의 적극적인 대응은 취하지 못했다. 3·1운동은 항일민족운동이었으므로 종교인이 종교인의 자격으로보다는 민족 구성원의 자격으로 참여한 것은 탓할 바 아니다. 그러나 일단 거사에 참여한 후 일제에 의해 자행된 비인도적 불법만행에 대해서는 교단적 또는 교단연합적 차원에서 적극적으로 공동 대응했어야 할 것이다. 그러나 장·감 각 교단은 재감자 위문, 재감자 가족 구제 등 소극적인 대응밖에 취하지 못했던 것이다.[35] 아직은 선교사들의 영향

33) 지참자는 정춘수, 길선주 목사이며, 불참자는 유여대, 김병조 목사이다. 이중 유여대는 지방에서의 독립운동을 위해 이승훈과 사전 약속하에 불참하고, 의주지역 독립선언식을 주도하였으며, 길선주는 선약되어 있던 부흥회 인도 때문에 늦었고, 김병조는 거사 전에 상해로 건너가 그후 임시정부 활동에 참여하였다.

34) 김양선의 앞의 글에 따르면 선언식 장소 변경을 권유한 선교사는 당시 연희전문학교 교수로 재직하던 베커(A. L. Becker ; 白雅德)라 한다(p. 257). 단 김양선의 글에서 '白雅德'(Baker), '베이커' 등은 베커(A. L, Becker ; 白雅德)의 誤記이다.

35) 당시 총회록·연회록·노회록 등에 재감자를 위한 기도·헌금·위문·가족구제 등에 대한 기록이 있다.

에서 완전히 벗어나지 못한 교회로서 그리고 대부분의 지도급 인사들이 피체된 상황에서 그런 적극적 대응을 기대하는 것은 무리였을지 모른다. 또한 당시 유일한 기독교 언론이었던 《긔독신보》의 보도태도도 문제가 된다.[36] 물론 당시 한국인에게는 언론활동의 기회를 전혀 허용하지 않을 정도로 총독부의 언론통제책이 가혹한 데다가, 친일적 성향이 강한 선교사 게일이 그 책임자로 있어서 편집방침상 어쩔 수 없었다 하더라도 거족적인 민족독립운동에 대한 일제의 잔학한 탄압 및 교회의 박해에 《긔독신보》가 침묵을 지킨 것은 결코 간과할 수 없는 과오였다.

끝으로 3·1운동 지도자 및 교회가 보인 좌절과 타협성도 지적되어야 한다. 일부에서는 3·1운동을 실패로 인식하고 좌절하여 현세부정적 내세지향적 신앙으로 옮아간다든가, 일제의 회유에 넘어가 개량주의적 성향을 보인다든가, 이른바 일제의 '시정개선' 약속에 만족하고 안주하는가 하면,[37] 심지어는 3·1운동 참여를 후회하고 변절하는 경우도 없지 않아 이 점은 이후 한국 교회의 변질과 관련하여 심각한 반성을 요하는 것이다.

그러나 이러한 한계와 반성할 점들이 있다고 하더라도, 3·1운동 전개과정에서의 한국 기독교의 역할은 결코 과소평가할 수 없다고 본다.

Ⅴ. 맺는 말

위에서 우리는 3·1운동의 배경으로부터 준비과정과 전개과정까지를 한국 기독교가 수행한 역할 및 위상과 관련하여 살펴보았다. 이제 맺음말을 대신하여 3·1운동에서의 한국 기독교와 관련하여 몇 가지 질문을 제기해 보고 거기에 대한 해답을 간단히 제시해 보고자 한다.

---

36) 《基督申報》는 1919년 3월 19일에 가서야 〈慰告〉라 하여 기독신보부 부원일동 명의로 간략한 가사를 냈을 뿐으로 3·1운동에 대한 보도가 거의 없다. 그리고 이런 태도 때문에 임시정부의 기관지인 《獨立新聞》 1920년 1월 8일자에 "기독신보 망동: 경성 기독신보는 3월 1일 독립선언 이후로 일언반구도 독립사업에 찬성치 아니할 뿐 아니라……"는 비난의 기사가 보인다.

37) 일제는 3·1운동 後 기독교인을 회유하기 위하여 종교 분야에서도 여러 가지 제도적 개선을 약속하였으며(제국지방행정학회 편, 《朝鮮統治秘話》, 1937, pp. 290~291), 선교사들을 회유하여 한국 기독교에 영향을 미치고자 하였다(姜東鎭, 《일제의 한국침략정책사》, 1980, pp. 85~96).

첫째, 한국 기독교 내지 기독교인들이 3·1운동의 준비과정에서 전개과정에 이르기까지 그렇게 적극적으로 참여하였던 이유는 어디서 찾을 수 있을까? 둘째, 이러한 한국 기독교의 위치는 3·1운동에서 어떻게 설정되어야 할까? 저자는 이에 대한 해답을 시론적으로 제시해 봄으로써 이 글을 끝맺고자 한다.

첫번째 질문에 대한 해답은 한말 이래 한국 기독교의 민족주의적 전통과 일제라는 침략세력의 성격과 관련하여 이해할 수 있다. 한국에 전파된 기독교는 근대 한국의 역사 전개과정 때문에 다른 아시아나 아프리카 여러 나라에 전래된 기독교와는 달리 한국의 민족주의와 쉽게 결합될 수 있었다. 한국의 경우는 기독교를 전해 준 국가들에 의해서 식민지로 된 것이 아니고, 이웃의 비기독교국인 일본에 의해 침략을 받았으므로, 성경을 통하여 정의·자유·독립과 평등의 이념을 체득한 기독교인들이 민족주의에 눈을 뜨게 된 것은 자연스러운 일이었다. 이는 맥켄지(F.A. Mckenzie)가 잘 지적한 바와 같이,[38] 한말 일제하의 한국 기독교인들이 성경과 신앙을 통해 폭정에 저항하는 민족주의를 성장시켜 갔음을 의미한다. 이로 인해 한국 기독교인들은 신앙의 터전 위에서 조국의 독립을 유지하고 회복하려는 항일민족주의 운동을 전개할 수 있었으며 이들이 3·1운동에 적극 참여하게 된 것도 바로 이 때문이었다.

이와 관련된 것이지만 기독교인들이 3·1운동에 적극적으로 참여하게 된 또 하나의 이유는 당시 이들의 정신적 구조 속에서 찾아볼 수 있다. 이들의 정신구조는 종교적 신앙의 측면과 민족적 양심의 측면을 생각해 볼 수 있다. 즉 종교적 신앙 내지는 양심에 의해 3·1운동에 참여한 측면과 민족 구성원으로서의 책무에 의해 참여한 측면이 모두 고려되어야 한다는 것이다. 당시의 기독교인들은 종교인임과 동시에 외세에 의해 억압받는 한민족의 구성원이었으므로 이 두 측면을 모두 염두에 두어야 한다. 특히 당시의 일제가 폭압적 식민통치를 하면서 종교적 자유까지도 억압하였음을 고려할 때, 이 두 측면은 서로 동떨어진 것이 아니라 이해를 같이하여, 상보적 상승적

38) Frederick A. Mckenzie, *Korea's Fight for Freedom*, Yonsei University Press, 1969, p. 7. 인용된 내용은 이 책에 수록된 논문 〈한말·일제하 기독교 사회운동의 맥락〉의 주 5)의 인용을 참조.

작용을 하였을 것으로 보인다. 바꾸어 말하면 기독교인들의 종교적 신앙심은 민족의식을 강화시켰고, 민족의식은 신앙심을 더욱 심화시켰으리라는 것이다. 그리하여 일제 강점하의 고난 속에서 연단되고 심화된 불가분의 신앙과 민족의식은 민족 독립의 기회가 도래하였을 때 밖으로 표출되어, 비록 하나님 나라에 소망을 둔 기독교인들이라 할지라도 민족을 위해서 대규모의 독립운동을 계획하고 자발적으로 참여할 수 있었던 것이다. 3·1운동에 참여한 기독교인의 종교적 신앙과 민족적 양심의 관계를 도면화하면 다음 표와 같다.

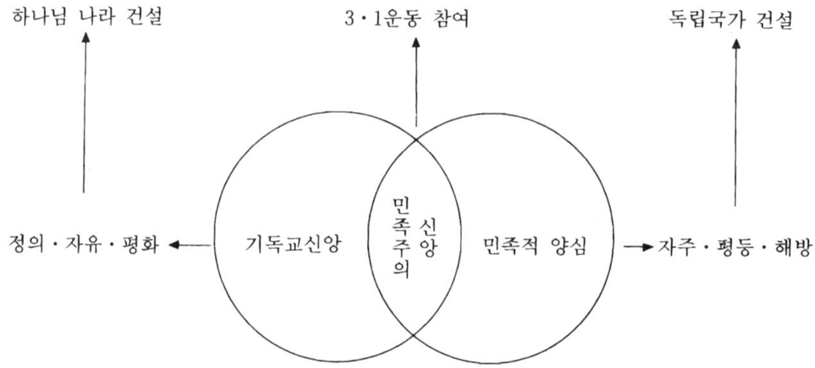

둘째로, 3·1운동에서 한국 기독교의 위치는 이 운동에서 한 역할과 관련하여 각 계층별 위상 가운데서 설정할 수 있지 않을까 한다. 그런데 여기서 한 가지 이해하고 넘어가야 할 것은 민족대표 33인을 어떤 성격의 계층으로 보아야 할 것이냐 하는 것이다. 종래에는 33인을 주로 사회경제적 입장에서 민족 부르주아 계층을 대표하는 것으로 이해하였다. 그러나 적어도 그 절반을 차지하는 기독교 대표자들과 관련하여서는 그렇게 이해하기 어렵다. 물론 이승훈과 같이 어느 정도 민족 부르주아 범주에 포함시킬 수 있는 인물도 없지 않으나, 나머지 대부분은 3·1운동 전개과정에서의 선도계층과 대차가 없는 종교지도자로서 지식인·소시민 범주에 속하였다. 즉 자신의 체포 후에 가족의 생계를 염려해야 했던 그들을 민족 부르주아 범주에 포함시키거나 이를 대표하는 것으로 보기는 어려운 것이다. 따라서 33인 가운데 기독교 대표들은 여타 3·1운동 선도계층과 구분될 수 없다고 본다. 3·1운동에서 한 역할별로 여러 계층을 선도계층·참여계층·지지계층·비지지계층으로 구분한다면, 각 계층의 성격 및 위상과 그 속에서 차지하는 한국 기독교의 위치를 다음과 같이 도식화시켜 볼 수 있을 것이다.

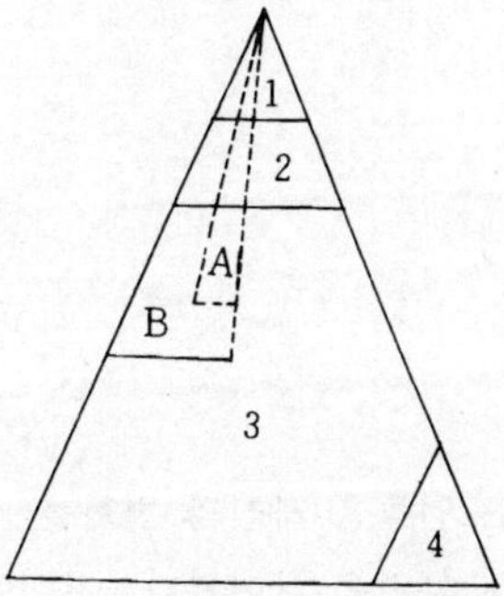

한국기독교의 위치(A, B)
A : 당시 기독교인 수의 인구 비율(1.3%)
B : 3·1운동에 참여한 기독교인의 운동량(20% 내외)
1. 선도계층 : 민족대표 33인, 종교지도자, 지식인, 청년학생
2. 참여계층 : 농민, 소시민, 노동자
3. 지지계층 : 비참여 민중
4. 비지지계층 : 부일관리, 귀족, 친일지주, 자본가
1+2=전국민의 약 13%(1919년 5월까지)

여기서 한국 기독교 내지 기독교인의 위치는 앞에서 살펴본 대로 대부분 선도계층과 참여계층에 위치할 것으로 보인다. 즉 선도계층에서는 상대적 비율뿐 아니라 전체적 비율도 매우 높으며, 참여계층에서는 당시 한국 기독교 교세로 보아 전체적 비율은 그리 높지 않다 하더라도, 여타 세력과 비교한 상대적 비율은 추종을 불허할 만큼 높은 것으로 보인다. 물론 용기가 없는 소극적 기독교인 가운데는 지지계층에 속한 이들도 있었을 것이다. 따라서 3·1운동에서 한국 기독교의 위상은 선도적 위치에 서서 적극적으로 참여하였음을 말해 주며, 이를 통하여 이 거족적 민족운동에 크게 기여하였음을 입증해 주는 것이다. (《基督教思想》, 대한기독교서회, 1990. 3.)

한말·일제하 기독교 사회운동의 맥락

Ⅰ. 사회운동의 기반

예수 그리스도를 구주로 고백하고 믿는 그리스도인들은 자신의 변화를 가정과 이웃, 사회와 국가·민족에 적용하는 놀라운 능력을 보여왔다. 자신이 경험한 변화가 좁은 의미의 구원운동이라면 그 경험이 사회로 확대될 때 사회운동으로 발전되었던 것이며, 이것은 하나님 나라의 확장운동이라는 개념으로 수렴되기도 했던 것이다.

19세기 말엽 한국에 전래된 기독교는 그 사회운동적 측면에서 보더라도 뚜렷한 발자취를 남겼다. 그 구체적인 점에 대해서는 뒤에서 언급하겠지만, 우리는 우선 그러한 사회운동이 가능하게 된 기반부터 점검해 볼까 한다.

선교사가 공식적으로 입국하기 전에 만주와 일본에서 성경이 부분적으로 번역되고 있었다. 이 점은 그 뒤의 한국 기독교의 성격을 규정하는 중요한 역사적 조건이 되기도 했다. 기독교가 성경에 기반을 두고 있었다는 성경지상(至上)주의적 성격이 이러한 전통 속에서 자리 잡혀갔다고 할 것이다. 한국 기독교는 성경을 읽히는 데서부터 기독교의 터를 잡아갔다. 교회가 조직되면서 교회의 행사에서 종교적 의식 못지않게 국문교육에 열을 올렸던 것은 이 때문이다. 국문의 해독과 성경읽기에 대한 열심은 적어도 두 가지 압력을 초기 한국 기독교 지도자들에게 가하고 있었다. 그 하나는 성경의 완전 번역에 대한 요구였다. 한국에 복음선교사가 입국한 지 6년밖에 되지 않아 아직 성경번역을 서두를 수도 없는 상황이었던 1891년의 북감리교 선교보고서에는 성경번역을 재촉하는 한국인들의 '울부짖는 요구'가 있었다고 다음과 같이 썼다.

> 현재 漢文으로 된 성경을 제외하고는 성경의 지극히 적은 부분밖에 사용할 수 없는 실정에서, 가능한 한 빨리 성경 번역을 서둘러달라는 '울부짖는 요구'(crying need)가 있다.[1]

성경의 완전 번역을 열망하는 한국 기독교인들의 자세는, 그 뒤 1897년 아펜젤러와 언더우드가 한글신문을 발간했을 때 더 간절한 모습으로 나타나게 되었다. 즉 한국인들은 국문으로 번역된 성경이 보급되는 것을, '배고픈 자의 밥과 목마른 자의 물과 같이' 또 '가무는 때에 비'와 같이 기다렸던 것이다.[2]

또 하나의 압력은 성경연구에 대한 열망이었다. 소위 사경회(査經會)라는 성경연구 모임이 기독교인들의 강력한 요구에 의해 이곳 저곳에서 회집되었다. 성경을 널리 보급한 당연한 결과였다. 초기의 사경회 참석의 실제는 우리들에게 감동적이다. 1902년 400여 명이나 모였던 평양의 남자 사경회에는 평안남·북도와 황해도의 각처, 서울 그리고 저 멀리 전라도의 목포·무안에서도 참석했다는 것이다.[3]

우리는 한국 기독교 사회운동의 기반을 기독교의 교육·문화사업, 자유·평등을 비롯한 민주주의적 이념의 보급, 선교정책 등 다양한 측면에서 살펴볼 수 있을 것이다. 그러나 우리의 논의를 좀더 단순화하여 생각한다면, 무엇보다도 한국 기독교가 성경을 보급하고 읽히고 가르치는 데에 처음부터 주력했다는 것이 그 다음 단계의 더욱 강력한 사회운동을 가능하게 했던 중요한 기반의 하나라고 생각한다. 1893년 1월 제1회 '선교사 공의회'에서 채택된 장로교의 선교정책에서도

> 사람의 힘이 다할 때에 하나님의 말씀이 사람을 회개시키니 모든 힘을 다하여 조속한 시일 내에 정확한 말로 성경을 번역하여 세상에 내어 놓는 것이 가장 중요하다.[4]

---

1) *M. E. C. Annual Report for* 1891.
2) 《대한 그리스도인 회보》 1898년 1월 12일자, 5월 4일자.
3) 《그리스도 신문》 6-5호, 1902년 1월 31일자, '사나히 사경회'.
4) C. C. Vinton, "Presbyterian Mission Work in Korea," *The Missionary Review of the World*, Vol. 9, No. 6, 1983. 9, p. 671; 《한국기독교의 역사 I》, 한국기독교사연구회, 1989, p. 221.

고 한 것은 일찍부터 하나님의 말씀이 사회구원운동의 핵심임을 간파하였기 때문이다. 또 맥켄지의 다음 지적과 같이 성경이 사회운동의 가장 강력한 기반의 하나라는 것은 '성경에 젖어든 한 민족'에게서 기대할 수 있는 자연스런 가능성의 하나라고 생각되기 때문이다.

> 일본이 한국을 併呑하기 전에 많은 수의 한국인이 기독교에 입교하였다.…… 미션계 학교에서는 잔다크(Jóan of Árc), 햄프던(Hampden) 및 조지 워싱턴(George Washington) 같은 자유의 투사들에 대한 이야기와 함께 근대사를 가르쳤다. 선교사들은 세계에서 가장 다이내믹하고 선동적인 책인 성경을 보급하고 또 가르쳤다. 성경에 젖어든 한 민족이 학정에 접하게 될 때에는 그 민족이 절멸되던가 아니면 학정이 그쳐지던가 하는 두 가지 중의 하나가 일어나게 된다.[5)]

한말에 기독교 사회운동을 가능케 한 기반으로서의 성경은 일제하에서는 더 강력한 힘을 갖게 된다. 권서들에 의해서 추진된 성경의 광범위한 보급과 그 결과로 나타난 국문해독운동, 그리고 사경회라는 말로 더 알려진 성경공부는 일제하에 이르러 전국적인 거교회운동으로 발전하여 갔다. 이 때문에 선교사들은 한국 기독교를 '성경기독교'(Bible Christianity)라고 부르고, 한국 기독교인들을 '성경을 사랑하는 크리스찬'(Bible loving Christian)이라고 불렀다.[6)] 따라서 우리는 한국 기독교 사회운동의 가장 중요한 기반의 하나가 바로 하나님의 말씀=성경에 있었다고 주장한다.

Ⅱ. 기독교와 독립협회운동

기독교의 사회운동은 여러 측면에서 고찰될 수 있을 것이다. 그러나 우리는 먼저 역사주의적인 방법에 입각하여 그것들을 살펴보고, 유형화(類型化) 할 수 있을 것이라 생각한다.

우리나라 근대사에서 독립협회운동은 근대시민운동적 성격을 띠고 있었다. 우리 사회의 봉건적 요소를 극복하려는 사회개혁적 근대시민사상과 외

5) F. A. Mckenzie, *Korea's Fight for Freedom*, Yonsei University Press, 1969, p. 7.
6) 한국기독교의 '성경기독교'적 성격 등에 대해서는 이 책에 실린 논문 〈권서에 관한 연구〉 중 "한국교회의 '성경기독교적' 성격" 부분 참조.

세의 침략을 막고 우리나라의 자주독립을 수호하려는 독립사상이 독립협회 운동에서 뚜렷이 나타났던 것이다.

이러한 운동을 가능하게 한 요인들은 여러 전문학자들의 연구에 의해 밝혀지고 있지만, 당시 이미 한 사회개혁세력으로 진출할 수 있었던 기독교와의 관계는 거의 고려되어 있지 않은 실정이다. 기독교는 당시 10여 년의 전도활동을 통해 5천여 명 이상의 신자를 확보하였고, 서울과 서북지방에서는 각 선교부의 선교거점을 중심으로 교회를 설립하고, 의료·교육운동에 열을 올리고 있었다. 기독교를 찾는 사람들 중에는 개화구국을 목표로 한 개화파 인사가 있었는가 하면, 관리들의 가렴주구를 피해 생명과 재산을 보호받으려는 의지할 데 없는 민중들도 있었다. 그러기에 기독교에 입교한 사람들은, 지금 생각하면 대단히 소박한 국기 달기, 애국가 부르기, 국왕의 탄신축하 시민대회 같은 일종의 애국운동을 벌이기도 하였고, 관리들의 부정과 불의에 대해 항거하는 치열한 반봉건운동도 전개하였다. 이러한 맥락 위에서 독립협회운동에도 기독교가 적극적으로 참여했던 것으로 본다.[7)]

독립협회의 지도부에는 서재필·윤치호 등의 일찍부터 기독교 신앙에 접촉한 인사들이 있었고, 중간 지도층에는 이상재·남궁억·신흥우·박승봉·이원긍·이승만·주시경 같은 분들도 있어서 이들의 대부분은 이때 이미 기독교와 접촉하고 있었거나 뒷날 기독교 지도자로서 활동하게 된다. 거기에다 아펜젤러·벙커 같은 선교사들이 독립협회운동을 측면 지원하고 있었다.

기독교가 독립협회운동에 적극 가담하고 있었다는 증거는 그외에도 다음 몇 가지에서 드러난다. 독립협회 반대파인 보부상 길영수·박유진·홍종우 등이 정동교회에 글을 보내어 교우를 '독립협회 역당의 창귀'들이라 하고 장차 교당을 훼파하고 교도들을 도륙하겠다고 위협하였다. 이것은 서울의 경우였다. 지방의 경우에도 교회와 독립협회의 관계가 밀접했던 것으로 보인다. 인천의 용동교회는 복정채 이하 여러 사람이 독립협회를 성원하여 본부에서 이들을 회원으로 맞이하였다. 평양의 독립협회 지부에는 뒷날 기독교 지도자로도 활약한 안창호·한석진·방기창·김종섭 등이 중심이 되어 있었다. 평양의 기독교인들이 독립협회운동을 적극 지원하고 있었다는 것은

7) 독립협회와 관련된 부분에 대하여는 이 책에 수록된 논문 〈한말 기독교인의 민족의식 동태화 과정〉의 '자주독립의식의 동태화' 부분을 참조.

다음 기사에서 뚜렷하다.

> 평양 예수교인들이 모여 이번에 서울서 외국 사람과 고문관을 해고한 일로 백성들이 종로에 모여 연설함과 독립관에서 의리에 죽기로 동맹한 일과 시폐를 들어 상소한 일이며, 정부에 몇 번 편지한 일을 듣고 일제히 말하되 우리도 백성이 되어 이러한 충의있는 일에 어찌 수수방관하리요. 서울 사람들이 옳은 일과 충절만 가지고 죽을 것 같으면 우리도 그 뒤를 좇아 죽음이 백성의 직분에 마땅하다고들 하였다.[8)]

평양·인천의 경우와 같이, 황해도에서도 기독교와 독립협회는 밀접한 관계를 갖고 있었던 듯 뒷날 정부에서 독립협회 회원들을 검속할 때 예수교인을 잡아들이라고 명령하고 있었다. 이렇게 보면 서울과 지방에서 독립협회에 대한 기독교인들의 참여가 매우 적극적이었음을 엿볼 수 있다.

앞서 말한 보부상들의 공격에 대해 서울의 예수교도들은 수백명이 대회를 열어 십자가기를 세우고 경무청 앞에서 시위하였다. 그 뒤 예수교도들과 보부상들은 독립협회 문제를 두고 계속 대립되었는데, "때에 황제는 예수교인들의 일을 듣고 그들이 민회(독립협회)의 우익(羽翼)이 되었음을 두려워하여"[9)] 사람을 시켜 미국 공사 알렌(安連)을 불러들이기도 했던 것이다.

기독교와 독립협회와의 관계는 단순히 몇몇 기독교인들이 개인적으로 참여하였다는 정도에 그친 것은 아니었던 것 같다. 앞에서 든 몇몇 예로 보아서, 당시 수적으로 볼 때 얼마 되지 않았던 기독교인들임에도 불구하고 서울과 지방에서의 기독교인들의 이러한 움직임은 당시 기독교의 추세를 반영하는 한 현상으로 보아야 할 것이다. 그것은 초기 기독교인들의 개화·독립에 대한 의지의 표현이었다. 그러기에 일본공사관의 보고서에서도 당시 가장 선교활동이 활발했던 장로교와 감리교를 두고,

> 신교측의 이 두 교파는 당시 서로 전후하여 새로운 선전을 시도하고 다른 同敎 각파의 선두에 앞서 소위 독립협회와 밀접한 연락을 가졌다.[10)]

고 보고했던 것이다.

---

8) 《협성회 회보》 1898년 4월 2일자.
9) 鄭喬, 《大韓季年史》 上, p. 368.
10) 《일본공사관 기록》 1908~1909, 〈기독교 상황〉.

기독교가 독립협회운동에 참여했던 것은 교인들의 개화·독립사상의 반영이겠지만, 반대로 이러한 참여로 그 뒤 한국 기독교에 큰 영향을 미치기도 하였다. 무엇보다 독립협회에 참여했던 인사들 중에 이미 기독교인이었던 경우, 그들의 의식과 경험을 계속 교회활동에서도 살려나갔던 것이다. 한석진·방기창·최병헌 등이 교회의 지도자로서, 안창호·이승만·신홍우 등이 민족지도자로 등장할 수 있었던 것은 독립협회와의 관계를 무시할 수 없을 것이다.

한국 기독교는 독립협회의 해체과정에서 수많은 개화파 인물들을 수용하게 되었다. 이들 중에는 옥중 경험을 겪기도 했는데, 이상재·박승봉·이원긍 등이 그들이다. 한국 기독교가 1900년대초에 애국계몽운동에 적극 참여하며 독립협회의 남은 뜻을 펴나가려고 했던 것은 이 때문이다. 그러나 당시 선교사들의 지도하에 있던 한국 기독교인들은 독립협회사건과의 관계 때문에 교회의 정치적 중립을 강요당하게 되는 한편 독립협회가 갖고 있는 독립자주성이 러시아·일본 배격에 그치는 사상적 한계도 경험하게 되었다. 그 사상적 한계는 독립협회의 배후에 미국이 작용하고 있었기 때문이라는 지적도 있다.[11)]

Ⅲ. 한말 항일 자주운동[12)]

일제의 침략이 노골화되는 러일전쟁 무렵부터 한국 기독교는 자체의 변화를 경험하면서 국권을 수호하기 위한 사회운동에 나서게 된다. 여기서 자체의 변화란 1903년의 YMCA의 창립과 발전, 1900년대초의 신학교육의 시작과 기독교 지도자로서의 한국인 목사의 출현, 교단의 성립과 연합사업의 모색, 대부흥운동과 '백만인구령운동' 등을 의미하는 것으로, 기독교회 안의 이러한 변화와 성장은 기독교회 밖의 사회·민족문제에 영향력을 증폭시켜 기독교 사회운동의 기반을 튼튼히 구축시켜 갔던 것이다.

이 무렵 기독교회는 애국계몽운동의 일환으로 교육사업에 열을 올렸다.

---

11) 주진오, 〈獨立協會의 對外認識의 構造와 展開〉, 《學林》 8, 연세대 사학연구회, 1986, pp. 69~105 참조.

12) 이와 비슷한 내용이 이 책에 수록된 논문 〈한말 기독교인의 민족의식 동태화 과정〉의 '항일 민족운동의 전개' 부분에 중복 서술되어 있다.

이 나라의 젊은이들이 학당에 가서 성경은 물론 '격물학·기계학·리학·화학' 같은 과목을 배워 문명진보·개화구국에 나서도록 하기 위해 '예수 교회마다 학당을 설립하는' 일에 노력했던 것이다. "개화하는 데는 인재를 교육하는 것이 긴요한 일이요, 교육하는 데는 하나님 도를 홍왕케 하는 것이 긴요한 일로"[13] 인식한 예수교회는 학당 설립을 위해 선생될 사람을 미리 교육시키는 과정을 갖기도 하였고, 예배당을 짓고 그 옆에다 "아해들 교육하기를 위하여 새로 학당을 설립하고 하나님께 예배함과 아해들 교육하기를 날로 힘쓰는데, 이 회당과 학당을 지을 때에 서양 목사의 손으로 지은 것이 아니라 본국 교우들이 각각 연보하기를 힘쓰고 돈이 없는 사람들은 몸으로 가서 역사를 하여"[14] 이룩했던 것이다. 그리하여 장로교의 경우 1897년에 교회설립 학당이 16개이던 것이 1901년에는 32개 이상이 되었고, 일제의 강점 초기인 1910년 10월경 한국의 사립학교 2,250여 개 가운데 종교계의 것이 829개에 달하게 되었는데 그 대부분이 기독교계의 것이었다. 참고로 한말에 사립학교 등에서 교육받은 세대가 청·장년으로 성장해 갔을 때에 '3·1운동'이 터졌던 것은 우연이 아니라고 본다.

교육운동 못지않게 직접적인 구국운동도 일어났는데 1905년 을사조약 이후에는 운동의 양상이 자못 행동화되는 등 복합적으로 전개되었다. 교회의 일상적인 종교의식에서 나라를 위한 관심을 보이던 기독교인들은 을사조약 이후 점차 행동화하게 되었다. 을사조약 후 조약의 철폐를 부르짖으며 국민의 각성을 촉구하는 격렬한 구국연설과 행동적인 시위로 일본 헌병들과의 충돌을 빚는 경우들도 있었고, 기독교인으로 고종의 양위(1907)에 반대하여 대한문 앞에서 자살, 전국적인 항일운동에 불을 붙인 홍태순의 경우도 있었다. 상동교회 전덕기의 경우 을사오적을 제거하기 위한 계획을 교회 안에서 구체화시키기도 하였고, 군대해산 후에는 나라를 구하기 위한 유년군사학교를 마련하기도 하였다. 해아밀사사건의 모의가 전덕기가 시무하는 상동교회 사택에서 진행되어 고종과 접촉, 실행단계에 들어갔다.

기독교회의 젊은이들에 의해서는 매국 원흉들에 대한 암살이 시도되었는데, 외부의 고문관으로 있으면서 일본을 위해 주구 노릇을 하던 스티븐스

13) 《대한 그리스도인 회보》 3권 15호, 1899년 4월 12일자.
14) 《죠션 크리스도인 회보》 42호, 1897년 11월 17일자.

(須知分)에 대한 장인환의 거사, 안중근과 뜻을 같이하며 행동에 나섰던 우연준, 이토 히로부미를 처치하려다가 기회를 얻지 못해 자살한 정재홍(鄭在洪), 을사오적을 제거하려던 전덕기, 이완용을 살해하려다 미수에 그친 이재명 등이 모두 한말 민족주의자인 기독교인이었다. 특히 이재명의 경우 그와 그의 동지들은 쓰러져 가는 국가를 회복하기 위해서는 어떤 극적인 계기를 마련하여 국민의 각성과 궐기를 촉구하기로 하고 내각총리대신 이완용과 매국 일진회장 이용구(李容九)를 제거의 대상으로 삼았던 것이다. 이재명의 거사는 뜻대로 성취되지 못했지만, 당시 기독교인들의 애국적인 자세와 행동양식을 이해하는 데에 시사하는 바가 크다고 할 것이다.[15)]

이와는 대조적으로 기독교도와 의병운동간에는 밀접한 관계를 가졌던 것 같지는 않다. 을미의병 때 활약한 구연영(具然英)이 뒷날 상동교회를 찾기는 하나 의병 활약 당시에는 기독교에 입교하기 전이었다. 의병대장 우동선(禹東鮮)이 서상륜과의 관계로 보아 교인인 것 같으나 분명하지 않다. 뒷날 구연영·구정서(具楨書) 부자가 이천(利川)에서 희생되었는데, 그들은 일진회를 규탄하는 한편 원주·여주 등지에서 의병지도자들과 의병운동을 모의하다가 일본 헌병대에 잡혀 고문을 당한 후 총살당하였다. 이런 몇 가지 사례에도 불구하고 우리는 당시 행동적인 항일운동을 펴던 기독교인들이 의병전쟁 같은 구국투쟁에서 유생·농민들과의 제휴는 꺼렸던 것이 아닌가 하고 일단 의문을 제기해 본다. 그렇다면 그 이유의 하나가 척사위정계 유생들의 복고적 성격의 민족운동이 개화주의와 애국계몽운동 중심의 근대지향적인 기독교 민족운동 사이에 그 목표와 방법이 상이한 데에 있었다고 풀이된다.[16)]

일제의 침략정책이 경제수탈을 강화하면서 가옥세·주(酒)세·연초세 등을 신설하였고, 시장세를 신설하여 사립학교의 재원을 간접적으로 단절시키려 하였다. 일제의 경제수탈에 대해서 기독교인들은 조직적인 반대투쟁을 벌였다. 교회에서는 일종의 조세저항을 선동하는 듯한 설교가 다음의 내용으로 행해지기도 했다.

야소교도들에게는 특권상 暴者의 학대, 그 중 일본 군대의 압박 등을 면할

15) 이 점에 대하여는 李萬烈, 〈한말 기독교인의 민족의식 형성과정〉, 《한국사론》 1, 서울대 한국사학회, pp. 394~397 참조.
16) 이만열, 〈의병운동〉, 《기독교대백과사전》 제12권, pp. 1017~1020 참조.

> 수 있을 뿐만 아니라 문명적인 교의에 기초하여 생명, 명예, 재산 등에 관한 권리를 얻었으므로 전제적 정치의 법령 즉 인도에 반하는 금제 및 苛稅에는 복종할 수 없다.[17]

이러한 설교에 힘입어 기독교인들은 세금을 독려하러 온 일본인 순사에게 폭행을 가하기도 하였고, 통감부에서 신설한 세금들이 한국을 멸망시키는 데 사용되고 있다고 유언(流言)을 터뜨리기도 하여 은연중 항일의식을 고취하였다. 평양과 순천·안주·영변 등지에서는 시장세 반대투쟁 및 철시하는 사건들이 예수교인들의 주도하에 야기되었으며, 특히 시장세 반대투쟁은 민족교육 문제와 관련하여 격렬함이 더해갔던 것이다.[18]

일제의 수탈에 반대하는 기독교인들의 경제적 사회운동은 국가의 부채를 갚고 근대산업을 일으키려는 측면에서도 보인다. 한말 국채보상운동에 참여한 기독교의 역할은 컸다. 국채보상을 위해 거교회적으로 기도하는가 하면 진주에서 예수교 상인들이 상채소(償債所)를 설립하여 국채보상운동에 적극 참여하였다. 장연군에서는 예수교 여학도 최씨가 은가락지를 바치고, 덕천군에서는 예수교 김문근씨의 연설로 많은 지지자를 얻었으며, 재령군에서는 예수교 여중학도들이 하루 저녁에 50원에서 60원을 모금하였으며, 역시 장연군에서는 국채보상연설을 듣던 예수교학도 남녀 30여 명이 방청하다가 각자 눈물을 터뜨리면서 의연금을 다투어 던지기도 했던 것이다. 원산에서도 기독교인들은 물론 기독교 학교에서 이 운동에 적극 참여했던 것이다.[19]

한말 기독교인들의 항일운동은 결사에 의한 정치적인 투쟁도 나타났다. 기독교인들이 다수 참여한 서북학회와 YMCA, 그리고 기독교 학교에서 일진회의 '한일합방청원' 공작을 공격하는 한편, 일제의 한국 강점계획에 대해서도 투쟁하며 국민을 계몽하였다. 이와 관련, 한말에 조직된 신민회라는 비밀 독립운동단체에 기독교인들이 주도적 역할을 담당했다는 점도 주목된다. 신민회는 1907년경 안창호·전덕기·양기탁·이동녕·이동휘·이갑·유동열·김구 등 주로 개화·기독교계 인사들에 의해 발족되었고, 이승훈·안태국·이상재·윤치호 등의 기독교계 지도자들과 노백린·이시영·신채호

17) 《일본공사관 기록》 1908~1909, 〈기독교 상황〉.
18) 이만열, 〈한말 기독교인의 민족의식 형성과정〉, 앞의 책, p. 397.
19) 국채보상운동에 관한 위의 사례들은 《대한매일신보》 5권 466~549호(1907년 3월 19일~6월 28일)에 나타난 것을 간추린 것이다.

등 당시로서는 친기독교계 인사들이 중요 인사로 참여하고 있었다. 지방의 조직확대와 교육사업 등의 활동에도 기독교와 깊은 관련을 갖고 있었다. 흔히 '105인사건'으로 불리는 일제의 한국 민족지도자 제거음모가, 보는 시각에 따라 비밀결사인 신민회를 타도하기 위한 것으로 나타나기도 하고, 서울과 서북지방의 기독교계의 민족주의적 지도자들을 제거하기 위한 것으로 보이기도 하며, YMCA 계몽의 민족주의자들을 탄압하기 위한 것으로 해석되는 것은 이 때문이다. 즉 당시 신민회와 서북의 기독교계 및 YMCA가 민족주의운동을 두고 밀접히 관련되어 있었기 때문이다.

Ⅳ. 1920년대의 기독교 사회운동[20]

3·1운동은 항일 독립운동으로서의 공헌 못지않게 사회운동으로서의 성격도 두드러지게 나타난다. 이 거족적인 운동은 남녀노소·신분·종교·학벌·지연과 혈연·사상의 구별 없이 전민족이 한마음으로 참여한 것으로, 이러한 사례는 일찍이 우리 역사에 볼 수 없었던 현상이다. 사회적으로 보면, 한 목표를 두고 이해관계가 다른 전계층이 참여할 수 있었다는 것이다. 또 하나 3·1운동의 33인도 그러하지만 그 운동이 전국적으로 확산되는 과정에서 민족지도자의 계급(층)적 속성이 민중화되어 갔다는 점이다. 이후 항일 민족운동의 주역은, 단재 신채호의 〈조선혁명 선언〉에서 표현된 대로, 민중으로 변화되었다.

3·1운동 후 한국의 지식인계에서는 한때나마 암울한 분위기에 휩싸이게 되었다. 《폐허》 같은 문학지가 나온 것도 이때다. 3·1운동에서 그렇게도 외쳤던 민족독립에의 가능성이 점차 희박해져 가고 있다고 느꼈기 때문이다. 기독교계에서는 그러한 분위기와 함께 길선주·김익두의 부흥회가 열을 올리게 되었고, 뒷날 이용도의 활약도 같은 맥락에서 파악될 수 있을 것이다. 이 세상에서 희망이 사라질 때 신천신지(新天新地)에 대한 희망을 불어넣어준 당시 부흥집회는 나름대로 기독교인들에게 새로운 용기를 주었을

20) 이 점과 관련하여 이만열, 〈민족운동의 방편으로서의 사회운동〉, 《한국기독교와 역사의식》, 지식산업사, 1981, pp. 336~345; 민경배, 《한국기독교사회운동사》, 대한기독교출판사, 1987, pp. 200~270 참조.

것이다. 그러나 1920년대의 그러한 부흥집회를 두고 타계지향적 신앙생활을 강조하여 암울한 식민지 민족상황을 의도적으로 외면하도록 했다는 비판 또한 없지 않다. 결국 이러한 초월적 신앙의 강조는 1930년대 일제의 신사참배 강요에 맞서게 하는 신앙적 에너지를 분출시켰고, 그것이 민족의식과 결부되면서 당시의 민족말살정책에 의연히 대처케 하도록 한 요소도 있는 만큼 그 역사적 의의나 공과는 일단 접어두겠다.

기독교가 피안의 세계를 강조하면서 식민지적 현실을 외면하려는 자세는, 당시 도입되고 있던 사회주의 사상을 의식하지 않는다 하더라도, 교회 안팎의 의식 있는 젊은이들로부터 비판과 도전을 받게 되었다. 즉 1917년 러시아혁명 이후 일본을 통하여 소개되고 있던 사회주의사상의 세찬 도전은 YMCA계의 젊은 지성인들과 교회내 젊은이들에게도 강한 자극을 주었다.

한편 3·1운동 후 기독교계 안에는 민족독립의 새로운 가능성을 발견하였던 사람들도 없지 않았던 것 같다. 그리하여 이러한 여러 요소들이 복합적으로 작용하여 타계지향적 교회의 무의식성을 깨우치려는 소리와 행동이 나타나게 되었다. 1920년대초에서부터 나타난 기독교 사회운동에 대한 방법론 시비와, 초기에 나타난 조선물산장려운동이 이런 유에 속할 것이다. 이것은 1910년대의 토지조사사업과 1920년대의 산미증산계획을 통해 한국 경제를 수탈하던 일제의 식민지정책에 대응하는 일종의 민족운동적 성격을 지닌 사회운동으로서, '문화통치'라는 허울좋은 선전 아래서 기독교회가 "전시대에는 유항산유항업(有恒産有恒業)이러나 금시대에는 실(失)항산실항업하니 경제파멸"[21]임을 인식한 데서 가능하게 된 운동이었다. 1921년 연희전문학생 50여 명이 국산품애용을 통한 민족경제력 향상을 도모코자 '자작회'를 만든 이래, 1922년 7월 평양의 교회 장로들이 YMCA와 제휴, '조선물산장려회'를 조직하였고, 그 이듬해 전국적인 조직을 결성하면서 활발하게 활동을 전개하였다. 이 운동은 기독교인들만에 의해 추진된 것은 아니지만, 이승훈·조만식·김동원·오윤선·오화영 등 기독교 지도자들의 주도로 이루어졌으며, 교회에서는 예배시간에 자급자족 등의 선전표어를 제창하는 등 적극적인 반응을 보였다.

21) 《조선 예수교장로회 사기》 하, p. 53.

1920년대 기독교회는, 당시 일제의 식민정책으로 가장 심한 수탈을 당한 농촌에 대해, 선교적 차원에서 관심을 기울이기 시작했다. 그리하여 1928년에 장로교와 감리교에서는 '농촌부'가 설치되었고, 그 이듬해 연합공의회에서도 농촌사업이 강조되었으며, 1930년에 YMCA와의 협조를 위해 역시 '농촌부'가 설치되었다. 1920년대말에서 1930년대초에 걸쳐 농촌운동에 가장 적극적으로 참여한 것은 YMCA로서 장·감 교단과 함께 농경기술과 작물·축산 등의 지도에 힘쓰며 농촌자립운동에 박차를 가하였다. 그밖에도 농촌계몽운동에 기독교 학교가 적극 참여하여 지방교회를 중심으로 이 운동을 전개하였고, Y와 지방교회는 '조합'운동을 전개하기까지 하였다.

이 무렵 한국 교회는 산업문제를 교회내의 문제로 안았다. 연희전문의 피셔(J.E. Fisher) 교수는 산업기술교육이 선교교육의 하나로 인정되어야 하며, 그것은 경제조건의 조사분석, 생산수요의 조사와 산업의 가능성, 시장조사, 농상공업에 대한 전문지식의 확보 등을 포괄해야 한다고 하였다. 서상현은 "예수의 병고를 치유하며 기갈을 구제하던 전도의 법칙에 비추어 현실생활에 치중할 뿐만 아니라 산업문제가 인도화하며 노동문제에 그리스도의 정신이 실현되기를 주의 노력할 바"라고 하여 기독교 복음의 의미가 현실생활·산업문제·노동문제에까지 접촉하기를 주장하였다. 이영한은,

> 이 경제문제에 대하여 조선내에서 최다수의 집단인 교회가 해결하기를 노력한 것은 이 조선족의 행복 증진에 있어서도 필요 절실한 운동이거니와 교회 자체에 대하여도 극히 중대한 영향을 가진 자다.[22]

고 하여 교회가 경제문제 해결을 위해 적절한 운동을 편다는 것은 조선 민족과 교회 자체를 위해서도 유익할 것이라고 주장하였다.

이러한 분위기 속에서 기독교인들을 중심으로 기독교내에서 일으킨 사회운동의 하나는 '절제운동'으로, 금주, 금연, 아편금지, 사치와 낭비의 절제, 공창폐지 등에 이르기까지 광범한 것이었다.[23] 이 운동은 조선물산장려운동과 때를 같이하여 시작되었으며, 1930년에는 연합공의회의 활동으로도 채택되었다. 주일학교 교재에서 '절제 공과'가 나타난 것은 교회가 절제운

22) 《진생》 1929년 5월호, p. 25.
23) 宋相錫 編, 《韓國節制教育研究史料集》, 성광문화사, 1979 참조.

동을 교육적인 측면에서도 수용하려 했던 것으로 풀이된다.[24)]

이밖에도 1920년대의 사회운동과 관련, 백정들의 신분을 해방하려는 형평운동을 들 수 있는바, 반봉건적 성격을 갖고 있는 이 운동에는 인간의 평등을 강조하는 기독교의 이념을 가진 인사들이 참여하고 있었다.

이와 같은 사회에 대한 기독교의 관심이 1930년대에 '사회신조'로 나타났다.[25)] 이것은 그동안의 기독교 사회운동을 총정리하는 성격을 띠기도 하였다. 사회신조에는 당시 우리 사회의 여러 가지 문제를 기독교적 입장에서 해결하려는 의지가 내포되어 있는데, 인간의 평등, 남녀의 평등, 여자의 지위개선, 혼인·정조의 신성성, 아동의 인격존중, 공사창 폐지, 노동자문제, 최저임금법·소작법·사회보상법의 제정 등이 거론되어 있다. 이 사회신조 초안에는,

> 우리는 하나님을 아버지로 인류를 형제로 믿으며 그리스도를 통하여 계시된 하나님의 사랑과 정의와 평화가 사회의 기초적 이상으로 생각하는 동시에 일체의 唯物교육·유물사상·계급적 투쟁, 혁명수단에 의한 사회개조와 반동적 탄압에 반대하고 나아가 기독교 전도와 교육보급·사회사업을 확장하여 그리스도 속죄의 은사를 받고 갱생된 인격자로 사회의 중견이 되어 사회조직체 중에 기독정신이 활약케 하고 모든 재산은 하나님께로 받은 수탁물로 알아 하나님과 사람을 위하여 공헌할 것으로 믿는 자이다.[26)]

라고 고백하였는데, 주목되는 점은 이 사회신조가 다분히 당시의 유물론사상을 의식하면서 그 대응적인 성격을 띠며 준비되었다는 것이다. 그렇다면 기독교가 1920년대 사회운동에 그렇게 적극적인 자세를 보였던 것은, 한국민의 식민지적 사회현실을 의식한 것 못지않게, 당시 우리나라의 지식인 사회와 기독교계에 침투하고 있던 유물주의사상의 도전에 대한 하나의 응전의 형태로서 취해진 것은 아니었을까 하고 느껴본다.

---

24) 이만열, 〈절제운동사〉, 《기독교윤리실천운동소식》 14호, 1990. 3., pp. 33~44 참조.
25) 백낙준, 〈한국 기독교회의 사회신조〉, 《한국 교회사학회지》 창간호, 1971.
26) 조선기독교 연합공의회 제9회 회의록(1932), 〈조선기독교 연합공의회 사회신조 초안〉.

V. 기독교 사회운동의 성격

우리는 한국 기독교사에 나타난 몇 개의 운동적 사례를 기독교 사회운동이라는 측면에서 살펴보았다. 그러는 동안 우리는 이러한 내용을 정리하기에 앞서 분명히 해놓았어야 할 문제들을 미루어두었거나 외면해 버린 경우가 있었다. 그것은 바로 한국 기독교사에서 기독교 사회운동이란 어떻게 개념 규정될 수 있겠는가 하는 점이다.

무릇 어떤 운동이든지간에 사회운동에는 운동의 추진세력(주체)이 있어야 하고, 그 운동의 동기와 목표가 있어야 하며 운동의 파급효과 내지는 지지 같은 것도 있어서 규명되야 한다. 여기에서 우선 한국 기독교 사회운동의 추진세력이 어떤 것인가 하는 의문이 제기될 수 있다. 기독교회인가, 아니면 기독교인인가, 기독교인이라 할 때 진정한 신앙고백을 했던 사람들인가, 신앙고백했다면 그 고백이 어떤 내용인가 하는 의문이 꼬리를 물고 제기될 수 있다. 기독교회인가, 기독교인인가 하는 문제는 교회론적인 문제와 연결되면서, 거교회적으로 그 운동에 참여했던가 하니면 기독교인이 개인적으로 참여했는가 하는 문제로도 동시에 제기될 수 있다. 저자는 '교회론적'인 정의는 잠시 접어두고, 기독교인이 개인적으로 참여했다 하더라도 그 참여가 당시 기독교에 자극을 받은, 말하자면 교회적인 분위기와 관련이 있을 경우에는 이를 기독교 사회운동의 범주에 긍정적으로 수용하려 하였다. 따라서 자료의 제한이 그 중요한 이유가 되겠지만, 그들 추진세력이 어떠한 신앙고백을 했으며 어떠한 기독교적 신념을 가졌는가에 대해서는 논외로 하였다. 그리고 기독교와 관련되었다고 생각되는 그러한 운동도 시각에 따라서는 기독교적 사상보다는 민족의식·사회의식이 더 강렬했던 기독교인이 추진할 수도 있었다는 그러한 의견에 굳이 반대하지 않는다. 그럴 정도로 한국 기독교사에 나타난 사회운동은 초기에는 사회·민족적인 것과 기독교적인 것이 구분되는 것 같지 않았는데, 1920년대에 이르러서 적어도 운동의 추진세력면에서는 기독교적인 것이 더 뚜렷하게 나타난다고 하겠다.

1920년대 기독교의 안팎에서 기독교운동에 대한 자기반성과 비판이 일어났다. 자기반성은 YMCA의 《청년》지를 통해 자주 나타났다. 이것은 주로 사회에 대한 기독교의 자세와 사회운동의 방법론에 관한 것이다. 이를테면 이대위의 경우, 기독교회가 "스스로 정책을 개혁하여 사회혁명의 대본영이 되며 사회진화에 선도자가 될 것이면, 그는 참으로 신사회를 산출하는 자라 할 것이다"라고[27] 하면서 교회는 반드시 사회의 선봉이 되어 악(惡)가정 · 악윤리 · 악사업의 여러 가지 제도를 혁제(革除)하고 새로운 방법을 내어야 한다고 주장하였다. 조병옥도 기독교의 사회운동과 관련, 사회진보의 가치의 총계는 혁명의 방식보다 개조방식의 성공을 통하여 증가된다고 하면서도 일반적 원칙을 제공한 그리스도의 평화주의가 사회에 적용될 경우, "불의 편에서 이해성과 협동성이 전무한 줄 알 때에는 무력의 수단으로 당자의 문제를 해결하여도 그리스도의 교훈표준에 죄라 하지 못할 것이다"라고 하면서 기독교 사회운동의 방법론에 대해 다음과 같이 결론지었다.

> 그러므로 기독교인은 非인도와 비정의를 당면할 때는 도덕상으로 혁명심을 가질 것은 물론이다. 정의를 성립하는 수단에 들어가서 다른 방법이 없다 할 것 같으면 무력으로써 변혁함도 기독윤리에 위반됨이 아니라 한다.[28]

기독교 사회운동의 방법론에 관한 기독교내의 논의는 1920년대에 계속되면서 당시의 기독청년들에게 많은 영향을 주었던 것 같다. 가령 1927년 8월 23일부터 1주간 계속된 '학생기독청년회'의 하령회(夏令會)에는 남(76), 여(45), 합 121명의 학생대표에 15명의 명사들이 연사로 참여했는데, 이 모임에서 김활란 · 김산 · 변성옥 · 홍병선 등이 참가한 '기독교의 무저항주의'라는 토론회에서 "기독교회로서의 무저항은 그 정신이 저항을 긍정함에 있다"고 결론 내려졌다고 김창준이 써놓고 있는[29] 것도 그 한 예일 것이다.

이렇게 기독교 자체 안에서 기독교운동에 관한 방법론 논의가 있었던 것은 기독교인 스스로가 자기 시대의 식민지적 상황을 좀더 깊이 인식할 수 있었기 때문이기도 하겠고, 또 조병옥이 자기 시대를 말하면서, "경제적으로는 개인적 자본주의를 변혁하여 사회적 협동주의를 성립코자 하며 정치적으로는 제국주의를 변혁하여 민족주의를 실현하며 사회적으로는 부권(父權)

27) 李大偉, 〈나의 理想하는 바 民族的 敎會〉, 《청년》 제3권 6호, 1923, p. 15
28) 趙炳玉, 〈宗教家도 革命家가 될 수 있는가?〉, 《청년》 제7권 2호(1927년 3월호), p. 117.
29) 金昌俊, 〈基督教의 無抵抗主義〉, 《청년》 제7권 7호(1927년 9월호), pp. 20~25.

적 가족제도를 변경하여 윤리적 가족제도로 구성코자 하는데 계급적 의식과 민족적 이해점은 이 운동을 방해하여서 과도기를 연장케 한다"고[30] 인식한 것과 같은, 세계관의 변화와도 관련이 있을 것이다. 그러면서 거기에 못지 않게 당시 기독교계 밖에서 기독교의 온건주의적 사회의식을 비판하고 있었음도 그 중요한 이유로 들지 않을 수 없다. 다음의 글은 당시 기독교의 사회에 대한 진보적 지식인의 자세가 어떠했으며, 기독교 밖에서 얼마나 차갑게 당시의 기독교의 탈사회적 몰역사적 자세를 보고 있는가를 이해하는 데 도움이 된다.

> 요새 보면 종교로 달아나는 사람들이 자꾸 늘어간다. 그 중에도 기독교로 몰리는 청년들이 더욱 많다…… 따라서 그 현실 저주의 인심을 종교로 귀의되는 경향을 드러낸다. 그런데 오늘날 조선의 기독교로 말하면 이러한 인심들을 맞춰주기에 매우 적절한 경향을 가지고 있다. 즉 현실생활에 대한 도피와 掩蔽가 그것이다. 그리하여 사람들은 사회생활의 진리와 사회적 정의와 사회적 평화를 현실의 투쟁 속에서 구하지 않고서 투쟁의 현실을 떠나 기독교에 가서 구한다. 정치적으로 경제적으로 학대를 받는 나머지 기독교로 몰려 安心 생명의 길이나 구하는 이 무리들은 언제나 요단강을 건느나 하여 마음을 架空의 천국에 매달아 두고 한갖 현실을 저주하여 마지 않는다. 실로 오늘날의 기독교회는 불안정한 생활을 안정케 하며, 알력이 있는 사회를 평화롭게 하며, 불공평한 사회생활을 공평케 하는 힘을 현실생활 속에서 투쟁에 의하여 찾지 않고서 자기의 주위를 도는 환상의 태양에게 일임하고서 그의 섭리만을 바라고 있다. 그것이 감상적 기도 속에서는 비록 아름다운 희망이 될런지는 모르겠으나, 사회의 알력과 생활의 불안정과 그것에 따라서 일어나는 여러 가지 참혹한 사회상의 이해가 서로 다른 빈부 두 계급의 대치관계로부터 원인되는 것인 이상, 현실의 면전에서 투쟁수단을 依치 않고서는 사회적 평화, 생활 안정을 바랄 수 없는 것이요, 또 사회적 정의의 승리를 기대할 수 없는 것이다. 그러나 기독교 신자들은 구름과 같은 초현실계를 향하여 그 해결을 맡기고 있다. 그러고서 사랑을 말하며 온유를 말하며 정의를 말하며 인류애를 말한다. 엄연히 있는 계급대립 위에서 인류애를 말하는 이 딱한 사람들은 불합리한 현상에 대하여 눈을 감고 현실을 도피한다. 그와 같은 현실도피, 현실무시는 현실긍정 현상유지의 결과를 내는 것이다…… 그렇다. 오늘날의 기독교회는 현상긍정과 참고서 복종하는 것을 美로 推奬하고 있다…… 이와 같이 그 예루살렘의 조선은 권위 추종자, 가난한 이를 짓밟는 외식적, 소경이 되어 남을 인도하는 위선자들의 준동하는

30) 조병옥, 앞의 글, p. 115.

> 곳이 되었다. 기독교회여, 회칠한 무덤과 같은 예루살렘의 조선이여! 복있을진저 너의 집이 터만 남으리로다.[31]

기독교에 대한 기독교계 내외의 이같은 비판은 기독교인으로 하여금 식민지 민족현실을 인식하도록 자극을 주었고, 이러한 인식 위에서 앞에서 열거한 적극적 사회운동론이 개진되고 기독교적 사회운동이 전개되었던 것이다.

끝으로 한말 일제하에 전개된 기독교 사회운동의 성격을 우리 사회가 당시 지향하고 있었던 방향과 관련하여 다음과 같이 지적하고자 한다.

초기의 사회운동은 반봉건적 성격을 띠었다고 할 것이다. 사회의 악습을 개혁하고 신분의 평등과 인권을 주장하며, 부정부패의 개혁에 노력하는 것 등이다. 이것은 독립협회운동의 단계에 오면 근대국가 지향의 사회운동으로 발전하는데, 대내적으로는 시민의 권리와 자유, 사회의 평등과 정의를 실현하고, 대외적으로는 국가의 자주독립을 고양하게 되는, 말하자면 자주적인 근대국가수립운동의 성격을 띠게 되었다. 일제의 침략이 노골화되는 1900년대초의 한말에 이르게 되면, 기독교인들의 사회운동은 교육·애국계몽·사회개혁을 추진하는 한편 시위, 테러, 암살행위, 정치경제적 투쟁을 통해 항일민족운동의 성격을 점차 심화시켜 나갔던 것이다.

1920년대 국내에서의 독립운동이 거의 불가능한 상황에서 전개된 기독교의 사회운동은 당시 기독교계내의 타계지향적 현실도피적인 움직임과 기독교 밖에서의 비판과 질타(叱咤), 그리고 점차 심화되어 가는 식민지적 억압과 수탈에 대해 일정한 긴장관계를 유지하면서 사회·경제·인권 등 전반적인 측면에서 민족운동적 성격을 띠면서 전개되었다. 따라서 한말·일제하의 기독교 사회운동은, 그간의 한국 기독교계내의 신학의 형태와 교인들의 신앙의 모형, 교회·교단의 구조와 사회적 정황에 대한 좀더 광범위하고 깊은 관련연구와 더불어 밝혀져야 하겠지만, 지금까지의 우리의 논술을 근거로 해서 말한다면, 기독교의 복음을 근거로 하여 사회의 근대화와 근대 국민국가를 이룩하기 위해 전개된 운동이라 할 것이다.

(《基督教思想》, 대한기독교서회, 1984. 8.)

---

31) 堅志洞人, 〈'예루살렘의 朝鮮'을 바라보면서 —— 朝鮮基督教 現狀에 對한 所感〉, 《개벽》 6-7, 1925, pp. 57~61.

제3부 세계 교회와 한국 기독교

세계 기독교사상의 한국 기독교

한말 러시아 정교와 그 敎弊문제

한국 기독교와 미국의 영향

세계 기독교사상의 한국 기독교

Ⅰ. 머 릿 말

세계 기독교 선교사상(宣敎史上) 그 유례를 찾아보기 힘들 정도의 교세를 이룩했다고 전언(傳言)되는 한국의 기독교는 1987년말에 정부가 작성한 '종교단체로부터 제출된 통계'에 의하면, 교당(敎堂) 3만 2,688(천주교 2,367, 개신교 3만 321), 교직자 5만 5,040(천주교 6,606, 개신교 4만 8,334)), 법인 149(천주교 44, 개신교 105), 교인 1,260여 만(천주교 231만 2,328, 개신교 1,033만 7,075)으로 나타나 있으며, 개신교의 경우 74개의 교단으로 분열되어 있다. 이같은 교세는 천주교 200주년, 개신교 100주년을 넘긴 지 몇 해 되지 않았다는 점에서 세계의 관심을 끌고 있다.

한국 기독교가 짧지 않은 기간의 역사와 교세면의 이같은 신장에도 불구하고 교리(敎理)와 조직, 신학(神學)과 문화 등에서 자신의 정체성(正體性; identity)을 확보한 단계에 이르렀는가에 대해서는 의문의 여지가 없지 않다. 또 한국 기독교인 스스로의 고민과 문제의식을 통하여 창출한 교리·신학의 기반과 그 위에다 성립시킨 한국 기독교의 성격은 아직 미약한 형편이고, 그 문화 또한 대부분 외래적인 요소와 관련되어 있음을 본다. 그런 의미에서, 논제에서 제시되었듯이 이 글이 세계 기독교사의 시각에서 논의되어야 할 근거를 어렴풋이 발견하게 된다.

우리가 세계 기독교와의 관련하에서 이 글을 전개하자면 한국 기독교를 말하기 전에 간략하게나마 예비적으로 세계 기독교를 살펴보는 것이 순서일 것이다.

유대교에 근거를 두고 있는 기독교는 예수의 부활과 승천 이후 예루살렘에서 초대교회를 설립하였고, 사도 바울의 선교로 초기에는 소아시아와 그리스에 교회를 개척하였다. 사도시대(使徒時代)를 거쳐 교부시대(敎父時代)에는 예루살렘·안디옥·알렉산드리아·콘스탄티노플 및 로마에 감독교회가 형성되었다. 로마제국의 콘스탄티누스(Constantinus) 대제의 밀라노칙령(勅令)으로 313년 공인된 후 기독교는 내적인 교리논쟁을 통해 아타나시우스(Athanasius)의 삼위일체론(三位一體論)의 신론(神論)이 확립되었고, 5세기에는 기독론(基督論) 논쟁이 벌어져 431년의 에베소공의회에서는 당시 콘스탄티노플의 감독으로 있던 네스토리우스(Nestorius)를 파문, 동방(東方)으로 추방하였다. 네스토리우스파의 기독교가 뒷날 중국 당(唐)에 전래되어 경교(景敎)로 불려졌는데 이 점에 대해서는 뒤에서 언급될 것이다.

한편 4세기말 동·서로마가 분열되자 각각의 수도에 위치했던 로마교회와 콘스탄티노플 교회간의 주도권 다툼이 서서히 대두되어, 1054년에는 로마교황과 콘스탄티노플 총대주교(總大主教)와의 사이에 협상이 결렬되자 동서교회가 대분열되었다. 이로 말미암아 이른바 그리스정교회(Greek Orthodox Church)로 불리는 동방정교회(東方正敎會)가 나타났다. 비잔틴(동로마)제국이 터키에게 멸망당한(1453) 뒤에도 콘스탄티노플 총대주교는 터키제국내의 기독교를 통치할 수 있었으나 그때까지 그 휘하에 있던 러시아정교회가 독자적으로 발전하여 스스로 비잔티움의 후계자로 자처하게 되었다. 20세기에 이르러 터키제국의 쇠퇴로 발칸반도가 콘스탄티노플의 권위에서 벗어나 지역에 따라 독자적인 교회를 설립하게 되자, 동방교회의 정통은 러시아정교회가 갖게 되었고, 이에 따라 러시아정교회의 선교활동 또한 활발하게 전개될 수 있었다. 19세기말 러시아 세력의 한국 진출과 함께 러시아정교회가 서울에 설립되었다.

로마를 중심으로 발전하던 카톨릭교회는, 유럽에서 중세 봉건제의 지방분권적인 사회가 이루어짐으로써, 종교적인 측면에서뿐만 아니라 세속적 정치권에서도 절대권력을 행사할 수 있게 되었다. 교황이 군주권(신성로마제국과 프랑스의)을 파문하는가 하면, 세속 정치권을 움직여 7차례에 걸쳐 십자군원정을 일으킬 수 있었던 것은 그 좋은 사례들이다. 중세 교황권의 극성은 반대로 교회의 극심한 타락을 수반하였으므로 16세기에 들어서서 종교개혁(宗敎改革)이 본격화되었다. 그 결과 루터파 교회와 영국 성공회(英國聖公會) 및 스코틀랜드 장로교회 등 소위 개신교(改新教; Protestant)의 여러 교파가 성립되었다. 개신교는 그 뒤 분열을 거듭하여 지금도 수많은 교단들이 설립되고 있는 실정이다. 한국 기독교는 세계 기독교의 전시장이라 할 정도로, 앞에서 언급하지 않은 많은 종파들과도 관련을 맺었다.

우리는 이 글에서 세 가지 단계로써 주제에 접근하고자 한다. 첫째 단계는 세계 기독교의 한국 수용을 개관하고, 둘째는 한국 기독교의 교파·신학·신앙의 전개과정을 제1세계 기독교와의 관련하에서 검토하고, 셋째는 오늘날의 한국 기독교가 제3세계에 대해 어떤 위치에 이르게 되었는가를 살피려 한다. 먼저 이 글을 초하면서 독자의 용서를 받고자 하는 것은, 이 글이 저자의 역량상 수용 부분을 제외하고는 거의 개신교에 국한되어 있다는 점이다.

Ⅱ. 기독교의 한국 수용

1984년 한국 기독교에서는 천주교 200주년, 개신교 100주년의 기념행사를 치루었고, 이해 5월에는 교황이 한국을 방문, 순교자 103위(位)에 대한 시성식(諡聖式)을 주관하였다. 한국과 기독교의 접촉은 공식적으로는 카톨릭이 제3세기에, 개신교는 제2세기에 돌입했던 셈이다. 그러나 최근에 경북(慶北) 영풍군(榮豊郡)에서 발견된 한 마애석상(磨崖石像)이 예수의 제자 도마의 상(像)이라고 하는 전언(傳言)이 유포되면서 기독교계를 설레이게 하고 있으나[1] 관계학자들은 신중한 반응을 보일 뿐이다.

기독교의 한국 접촉이 카톨릭에 앞서 저 삼국시대(三國時代)에 이루어졌다는 주장은 그 전거가 확인되지 않은 채 유전(流轉)된 바가 있었고, 최근에는 언어비교의 입장에서 구약시대(舊約時代)의 이스라엘 민족과 중동(中東)지방 민족의 한국 접촉설이 주장되고 있다. 그러나 여기서는 불확실한 전언들에 대해서는 논외로 하고 다만 중국에 전래되었던 경교(Nestorius파 기독교)와의 접촉에서 기론(起論)하기로 한다.

---

1) 조국현, 〈도마가 남기고 간 흔적〉, 《민족의 뿌리는 기독교》(제1회 한국고대기독교 모습 찾기 연구발표회 要旨), 1988, 大邱, pp. 34ff ; 〈고대 가야인들 사도 도마 알았을까〉, 《한겨레신문》 1988년 10월 16일자 7면 ; 유우식, 〈삼국시대 기독교 유적인 '분처바위'를 찾았읍니다〉(간증), 《순복음소식》 513호(1988년 7월 31일).

1. 景敎(Nestorius파 기독교)

콘스탄티노플 감독으로 있다가 기독론 논쟁으로 파문당한 네스토리우스는 431년 추방당한 후 사산(Sassanid, 226~637)조(朝) 페르시아의 지배 아래 보호 장려되어 수도원과 신학교를 설립하고 선교사를 파견하는 등의 포교사업을 시행하였다. 635년 알로펜(Alopen;阿羅本)을 단장으로 한 페르시아의 사절단이 당(618~907)에 파견되면서 경교가 전래되었다. 그는 641년까지 당에 머물며 그들의 시리아어 경전을 한역(漢譯)하였다. 그후 경정(景淨)이 와서 《대진경교선원본경》(大秦景敎宣元本經) 등을 한역하고, 781년에는 경교의 중국 전래의 역사와 중국 경교인들의 신앙·의식 등을 전해 주는 대진경교유행중국비(大秦景敎流行中國碑)를 장안(長安)에 건립하였다.

경교는 회창멸법(會昌滅法;845) 조치에 의해 큰 타격을 받을 때까지 당의 지식인들 사이에 상당한 지지를 받았던 것으로 전해진다. 당 태종(太宗)의 보신(輔臣)이었던 방현령(房玄齡)·위징(魏徵) 등이 경교를 신앙하였다는 것은, 뒷날 마테오 리치(Matteo Ricci)가 전한 카톨릭을 명(明)왕조의 학자관료들——서광계(徐光啓)·이지조(李之藻) 등——이 환영한 것과 맥락을 같이하고 있다.

경교가 당에 전래되어 성행하였다는 것은 조선조 후기 서학(西學)에 접했던 학자들도 이미 알고 있었는데,[2] 아마도 이 점은 그들이 카톨릭 신앙을 갖게 하는 데에 영향력을 미쳤을 것으로 생각된다.

경교의 한국 전래 가능성은 당과 신라의 밀접한 관계 때문에 쉽게 제기되었음직하다. 경교가 당에 도입되어 성행했던 기간(635~845)은 신라가 통일전쟁을 치른 후 당과의 국교를 돈독히 하면서 외교사절은 물론 유(儒)·불(佛)교의 학자들을 왕래토록 하였으며 상인들의 내왕 또한 빈번하였던 시기였다. 양국간의 문물의 접촉과 종교사상상의 영향은 지극히 자연스러웠을 것이다.

당시 양국간의 상황에 대한 이러한 이해가 경교의 신라 전래를 확인하려는 노력으로 연결되었다. 1955년 경주(慶州) 불국사(佛國寺) 경내에서 발견된

---

2) 李圭景, 《五洲衍文長箋散稿》 下, 邪敎辨正說; 丁夏祥, 《上宰相書》 참조.

석제(石製)의 경교식(景教式) 십자가를 두고 김양선(金良善)은 "그것이 불교에 흡수된 기독교 유물로 생각되나 경교의 한국 전래를 입증하는 좋은 자료임에 틀림없다"고[3] 하였다. 김양선에 앞서, 기독교와 불교의 교류사(交流史) 연구의 권위자인 영국의 여류 고고학자 고든(E. A. Gorden) 여사는 1910년대에 한국의 사원들을 탐방한 후에 동양의 불교문화 속에 경교의 흔적이 들어 있다고 언급하였다. 고든에 의하면 왕릉 호석(護石)에 부조(浮彫)된 12지상(支像)을 비롯하여 능묘(陵墓) 앞의 페르샤 무인상(武人像), 석굴암 전실(前室) 양벽의 팔부신장(八部神將) 중 두 페르샤 무인상, 십일면관음상(十一面觀音像)과 십라한상(十羅漢像), 범천(梵天)·제석천상(帝釋天像) 등의 옷무늬와 발의 샌들, 손에 든 유리잔 등이 모두 경교적 영향의 소산이라는 것이다.[4]

최근 오윤태(吳允台)는 자력종교인 불교에 타력적인 요소가 보인다는 것과, 불교의 미륵사상(彌勒思想)과 기독교의 메시아사상(Messianism)의 유사성을 들어 대승불교가 기독교적인 영향으로 성립되었으며, 이때의 기독교는 바로 경교라고 주장한 바 있다.[5]

이밖에도 경교의 한국 전래의 가능성은 언급된 적이 있다. 원(元) 세조(世祖) 쿠빌라이(忽必烈)의 부하 내안(乃顔)이 경교도였는데, 그는 군기에 십자가를 표하였으며 그의 병사 중에는 기독교도가 있었다는 것, 그가 고려를 한동안 간섭하였고 그의 병사 가운데 고려인이 다수 있었음을 들어, 고려인 병사들의 경교 이해와 경교의 고려 전래의 가능성이 추론되기도 한다.[6]

위에서 본 바와 같이 한국사 주변의 여러 여건으로 보아 경교가 한국인에게 전파되었을 가능성은 충분히 예상된다. 그러나 그것을 확증할 자료는 아직 제시되지 않은 형편이므로 우리의 논제에 비추어 이 이상의 논의는 불필요하다.

2. 카톨릭교

카톨릭교 신부와 한국과의 접촉에 관해서는 임진왜란중 왜장(倭將) 카톨

3) 金良善, 《韓國基督教史研究》, 기독교문사, 1971, p. 27.
4) 위의 책, p. 27; E. A. Gorden, *The Symbols of the Way*, Tokyo, 1916 참조.
5) 吳允台, 《韓國基督教史》, 韓國景教史編, pp. 147ff.
6) 金良善, 앞의 책, pp. 28ff; 마르코 폴로, 《東方見聞錄》 참조.

릭교도 고니시 유키나가(小西行長;領洗名 아우구스티누스)의 요청에 의해 한국을 방문한 바 있는 세스페데스(Gregorio de Cespedes; 1551~1611)가 거론된다. 그는 스페인 출신이며 예수회(Jesuits) 소속의 신부로서 1593년 12월 27일에 한국에 도착, 1년간 2천여 명의 일본 병사들의 신앙을 돌보며 체류했으나[7] 가토 기요마사(加藤清正)의 모함으로 귀일(歸日)하지 않을 수 없었다. 그가 한국에 와서도 주둔 왜군의 요새 가운데 가장 고처(高處)에 거해야 할 정도로 일본 병사에게 공개적으로 나타날 수 없었던 점으로 미루어보아 그의 한국인에 대한 선교는 거의 불가능하였고, 다만 귀일 후 포로된 한국인들에게 전도하고 영세를 베풀었을 뿐이었다.

한국에 카톨릭이 처음 소개되는 통로는 중국이었다. '지리상의 발견'과 '종교개혁'의 영향으로 16세기 중엽부터 중국에 도래하기 시작한 예수회 신부들의 선교활동이 그들의 한역서학서(漢譯西學書)를 통하여 한국 지식인들의 마음을 두드렸던 것이다. 1601년 북경(北京)에 도착한 마테오 리치(利瑪竇;1552~1610)는 1603년 《천주실의》(天主實義)를 저술하였는데, 그 10년 후인 1614년 이수광(李睟光)의 《지봉유설》(芝峯類說)에 《천주실의》가 소개된 바 있다. 이 정도로 중국 문화의 한국 전파가 재빨랐던 만큼 17세기 이후 한역서학서들은 한국에 곧바로 소개되고 있었다. 17세기초 허균(許筠)의 활동과, 병자호란(丙子胡亂)으로 청(淸)에 인질로 잡혀간 소현세자(昭顯世子)의 아담샬(Adam J. Schall von Bell;湯若望)과의 접촉 등이 한국에 카톨릭 신앙의 전파를 용이하게 할 것 같았으나, 첫 영세자 이승훈(李承薰)을 낸 것은 1784년이었다. 카톨릭은 그동안 남인계(南人系) 지식인들에게 서학(西學)으로 소개되다가 이 무렵에 신앙의 단계로 접어들고 있었다.

추조적발사건(秋曹摘發事件)과 가성직시대(假聖職時代;1786~1787)를 거쳐 1895년 주문모(周文謨) 신부를 맞아들여 교회의 기틀을 다지고 있었으나, 한국 카톨릭은 윤유일(尹有一)이 1790년 북경주교 구베아(Alexander de Gouvea)로부터 받은 '조상제사금지명령'(祖上祭祀禁止命令)에 따라 한국 전통사회와의 충돌이 불가피하게 되었다. 조상제사문제는 뒤에서 다시 언급하겠지만, 1791년의 '신해사옥'(辛亥邪獄)으로부터 시작하여 신유(辛酉)·기해

7) 박철, 《세스뻬데스》, 서강대출판부, 1987, pp. 46ff.

(己亥)・병인년(丙寅年) 등에 이르는 교난(敎難)들을 통해 수많은 순교자를 배출케 하여 한국 카톨릭을 그들의 피의 터 위에 창건케 했던 것은 여기서 먼저 지적해 두고자 한다.

우리는 한국의 카톨릭교회가 그후에 성장 발전한 데 대해 더 이상 언급하지는 않겠다. 다만 카톨릭이 전파되던 과정의 특징과 개신교에 끼친 영향 등을 간단히 지적하겠다.

먼저 우리는 한국 카톨릭의 성립이 선교사의 입국을 계기로 하여 이룩된, 다른 지역의 일반적 경우와는 다르다는 점에 주목한다. 선교사의 입국 전에 교리서가 유입되어 '서학'으로 연구된 바탕 위에서 카톨릭 신앙이 자라갔던 것이며, 신부의 입국 이전에 교리강론 등을 위한 일종의 신앙공동체가 형성되었고 한국 사회와의 갈등에 의해 순교자를 이미 배출하였던 것이다. 이같은 성격은 뒷날 개신교의 경우에도 나타났던 것으로 복음수용의 자주적인 점이라 할 것이다.

카톨릭사가 중에는, 카톨릭이 선교허락을 쉽게 받았다는 점과 관련하여 1887년부터 효력을 발생한 한불조약(韓佛條約)의 '교회'(敎誨) 조항이 카톨릭 성직자는 물론 한국인 신자들의 신교(信敎)자유에도 결정적 영향을 미쳤다고 주장한 바 있다.[8] 그러나 개신교의 경우, 그들의 의료・교육 중심의 초기 선교방법이 서양과 야소교에 대한 한국인의 편견을 완화시킬 수 있었기 때문에 실제적으로 그 수용이 용이해졌을 것이라는 경험자들의 증언도 있음을 유의해야 할 것이다.[9] 한국 개신교 성립에 끼친 카톨릭의 영향은 오히려 기독교 복음의 선이해(先理解)와, 그에 따라 이루어진 개신교 선교활동의 준비에 있었다고 하는 것이 좀더 적절할 것이다. 한국 전통사회가 기독교의 진리를 쉽게 이해하게 된 것은 물론 카톨릭을 통해서이며, 뒷날 개신교 선교사의 입국과 함께 성경이 번역될 수 있었던 것은 번역에 참가한 한국인 가운데 기독교 이해에 앞섰던 카톨릭 신자가 있었기 때문이다.[10]

---

8) 柳洪烈, 《高宗治下 西學受難의 硏究》, 을유문화사, 1962, pp. 366ff.
9) *Annual Report of the Foreign Missionary Society of M. E. C. for* 1889, p. 293.
10) 이덕주, 〈초기 한글성서번역에 관한 연구〉, 《한글성서와 겨레문화》, 기독교문사, 1985, pp. 499ff.

3. 개신교

1984년 9월 한국 개신교는 그 100주년을 기념하는 갖가지 행사를 가졌다. 100주년의 기년(基年)을 1884년으로 한 것은 1884년 6월 24일에서 7월 8일까지 미국 감리회(Methodist Episcopal Church) 소속의 일본 주재선교사 매클레이(R.S. Maclay)가 일본으로부터 한국을 방문, 미국 감리교회가 한국에서 의료사업과 교육사업을 할 수 있다는 허가를 한국정부로부터 받아냈으며, 그해 9월 20일에는 미국 북장로교 소속의 의료선교사 알렌(H.N. Allen)이 입국하였기 때문이다. 이어서 그 이듬해 1885년 4월 5일 부활주일에는 복음선교사 아펜젤러(H.G. Appenzeller)와 언더우드(H.G. Underwood)가 내한하였다. 이렇게 한국 개신교의 100주년 기념은 미국계 선교사의 내한을 기점으로 하여 이루어진, 말하자면 미국 교회 중심의 선교사관(宣教史觀)이 강하게 작용했던 결과였다.

이러한 자세는 그전에 있었던 개신교의 전파시도 혹은 선교사들의 한국 입국의 사실(史實)이 무시된 것일 뿐만 아니라, 미국계 선교사가 도래하기 전에 만주와 북한지역을 중심으로 하여 한국인이 전개했던 복음사업을 거의 도외시한 데서 재래된 것이었다. 1870년대에 만주(滿洲)에 선교기지를 마련한 스코틀랜드 연합장로회(United Presbyterian Church) 소속의 로스(J. Ross)와 매킨타이어(J. Macintyre)는 1879년에 이미 4사람의 한국인의 신앙고백을 받아 세례를 베풀고, 그들의 도움을 받아 1882년에는 봉천(奉天)에서 〈누가복음〉과 〈요한복음〉을 한글로 번역하여 출판하였으며, 이어서 1887년에는 《예수셩교젼셔》라는 이름으로 《신약전서》를 출간하였다. 〈누가복음〉·〈요한복음〉 등 단편성서가 한글로 출판되면서 이를 만주거주 한국인에게와 북한지역에 배포하려는 한국인 권서(勸書; colporteur, 賣書)들의 활동이 전개되었는데, 그 결과 선교사들이 입국하여 "씨를 뿌리러 왔으나 열매를 거두고 있다"는 탄성을 발했을 정도로 놀라운 선교의 성과가 나타나기 시작했다.

초기의 성경 번역·권서사업과 관련, 백홍준이 의주(義州)를 중심으로 한 평북지방에, 서상륜(徐相崙)이 서울과 소래 등지에서 복음전파에 힘을 기울였다는 것을 우리는 이미 알고 있다. 서(徐)의 활동은 미국계 선교사들이 한국에 도착하기(1885) 직전에 이미 70여 명의 수세 희망자를 보고하고 있다.[11] 이 점에서 종래 한국에서 개신교의 수용이 서구계의 국가교회에 의해서가 아니라, 미국계의 교파교회에 의해서 먼저 이루어졌다고 주장했던 단순한 시각은[12] 재고되어야 할 것이다.

한국에 개신교를 자주적인 입장에서 도입하는 과정과 관련, 이수정(李樹廷)의 활동을 빼놓을 수 없다. 1882년말에 농학(農學) 공부를 위하여 도일한 이수정은 그 이듬해 5월에 수세(受洗)하고 성경 번역에 착수, 현토한문본(懸吐漢文本)의 사복음서(四福音書)와 〈사도행전〉(使徒行傳)을 출간하고, 1885년초에는 〈마가복음〉을 한글로 출간하여 그해 4월에 입국하는 언더우드 등에게 그것을 가지고 들어가게 하였다. 선교사가 번역된 성경을 가지고 입국하다니, 그것은 세계 선교사상 거의 찾아볼 수 없는 현상이었다. 이수정은 같은 유학생들과 함께 일본에서 한국인 신앙공동체를 형성하기도 하였고, 일본인 선교사의 한국 파견을 막고 그 대신 구미계 선교사의 한국 파견을 강력히 호소하기도 했다.

한국의 개신교회도, 앞의 천주교의 경우에서 보았듯이, 그 수용과정에서 세계 선교사상 특이한 면을 보이고 있다. 선교사가 입국하기 전에 이미 세례받고 복음전파에 종사하는 자들과, 복음을 듣고 입신(入信)하여 세례받기를 원하는 사람들이 나타났다. 이때 그들이 세례를 받았다는 것은 목숨을 내어놓는 일이었다. 그러나 그들은 세례받았다는 이유로 국왕이 그들을 처형한다 하더라도 세례받기를 원한다고 말함으로써 기독교 신앙에 대한 그들의 강력한 의지를 내보이고 있었다.[13] 또 선교사 입국 전에 성경이 번역, 간행되었다는 점도 세계 선교사상 특이한 위치를 말하는 것이다. 한국인들의 성경 번역에 대한 강력한 요구가 뒷날 한국내에서의 신속한 성경의 완간·개역(改譯) 사업으로 이어지는데, 여기서 우리는 한국 기독교가 선교 초기부터 성경의 강력한 영향력 위에서 형성되어 가고 있었음을 눈여겨볼 수 있다.

1884년 미국계 선교사가 입국한 이래 한국은 영·미계 교단의 선교지로서

---

11) 1885년 3월 8일자로 로스(J. Ross)가 BFBS에 보낸 편지.
12) 閔庚培, 《韓國基督教會史》, 대한기독교출판사, 1982, pp. 147ff.
13) L. H. Underwood가 미 북장로교 선교부 총무인 Ellinwood 박사에게 보낸 1887년 1월 22일자, 27일자 편지. 이 책 p. 83 참조.

편입하게 되었다. 19세기말에서 20세기초에 걸쳐 한국에 선교사를 파견한 교단은 미국 북장로교(1884), 미국 감리회(1885), 호주 장로교회(1889), 영국 성공회(1890), 미국의 남장로교(1892)와 남감리교(1896), 캐나다 장로교(1898) 등이며, 그밖에 안식교(1904)와 성결교(1907), 구세군(1908)의 선교사도 입국하게 되었다. 영·미계의 장(長)·감(監) 대교단들은 협의를 거쳐 한국의 전국토에 대한 선교지 분할정책을 써서 그들의 선교 영역을 확보하였는데, 흥미로운 것은 그러한 작업의 진행이 일제의 한국 강점과 맞먹는 시기에 이루어지고 있었다는 점이다. 이 뒤에도 개신교 각 교단의 한국 진출이 계속되었는데, 해방과 6·25사변을 맞아 더 활발히 진행되었다. 그리하여 한국에는 소위 강대국가의 여러 교단들이 선교라는 이름으로 진출하게 되었다.

구미계의 한국 선교가 최근에 비판의 대상이 되고 있는 것도 사실이다. 그것은 그들의 선교가 정치·경제 및 종교·문화의 지배로 나타난 일면이 있기 때문이다. 1905년 장·감이 연합하여 한국복음주의교단(韓國福音主義敎團)이라는 단일 교파를 성립시키고자 했지만, 본국 선교부들의 이해관계와 의견불일치로 좌절되었다. 선교지 분할에 열을 올렸던 그들은 한국에서 강력한 단일교단이 형성되어 그들의 간섭을 배제하는 것을 원치 않았을 것이다. 이 점은 뒷날 그들이 신학·교리·행정·재정 등을 쥐고 한국 교회를 간섭해 왔던 점에 비추어서도 충분히 추론될 수 있는 것이다.

구미계의 한국 선교는 그들 국력의 한국 진출의 반영이라는 측면에서도 음미됨직하다. 특히 미국의 경우는 그랬다. '대아메리카'의 구상에 따른 미국의 해외진출 기도와 백인우월주의에 입각한 기독교문화의 전파 기도가, 제2차 대각성(Great Awakening)운동에 뒤따른 종교적 열정으로서의 선교열로 나타났던 것이다.[14]

선교가 국력 진출과 관련되어 있었던 것은 러시아정교의 한국 진출의 경우에도 예외는 아니다. 러시아정교의 한국 선교가 이뤄진 것은 아관파천 이후 러시아 세력이 증대되었던 19세기말이었다.[15] 이렇게 국력을 배경으로 진출한 선교사들이 '양대인'(洋大人)으로 인식됨에 따라 한국인들이 그들을 의

14) 이만열, 〈한국기독교와 미국의 영향〉, 《한국과 미국》, 경남대 극동문제연구소, 1988, pp. 69ff.
15) 이만열, 〈韓末 러시아 正敎의 敎弊問題〉, 《韓國基督敎史硏究》 제6호, p. 8.

세(依勢)하려 했던 것은 극히 자연스러운 추세가 아닐 수 없다. 수용과정에서 한국인의 자주적인 역할이 돋보였던 한국 기독교가 뒷날 차차 그런 성격을 상실해 갔던 것은 그 이유의 하나가 여기에 있지 않을까 생각한다.

4. 수용상의 갈등

기독교가 성리학적인 질서하에 있던 한국에 수용되는 과정에서 많은 갈등을 일으켰다. 특히 행동문화의 측면에서 그 갈등은 심했다. 기독교와 한국문화와의 접촉에서 야기되었던 문제들과 관련하여 저자는 그 세 형태를 지적하였는데, 첫째 적응형으로 기독교와 함께 들어온 물질문화는 쉽게 받아들였고, 둘째 충돌형으로 행동문화에 대해서는 반발했으며, 셋째 타협(몰입)형으로 기독교의 가치관은 전반적으로 보아 한국 문화에 몰입(타협)했다고 지적한 바 있다.[16] 다시 말하면 기독교와 함께 들어온 물질문화(기술·운동·출판 등을 포함)는 이데올로기성이 거의 없기 때문에 쉽게 적응할 수 있었고, 제사 등의 풍속과 끽연·음주 등은 충돌했고, 기독교의 인간관·가치관 등은 한국 전통에 타협하여 전반적으로 그 독자성을 상실하게 되었다는 것이다. 저자의 경우 한국의 기독교가 세계 선교사상 유례없는 성장을 기하고 있었음에도 불구하고 아직도 기독교문화가 제대로 형성 발전하지 못하는 이유의 하나를 바로 이 셋째번에서 나타나는 문제 때문이라고 진단했다.

초기 한국에 파견된 선교사들은, 당시의 미국 교회의 제2차 대각성운동의 영향 때문이기도 하겠지만, 대부분 청교도적 생활신조와 신앙을 갖고 있었다. 그들은 음주와 끽연·포커놀이를 비도덕시하여 금하였고 근면과 절제를 강조하였으며, 간음과 우상숭배를 같은 차원에서 다루고 있었다. 그랬던 만큼 그들이 터 닦고 관리한 한국 교회도 점차 그 분위기에 젖지 않을 수 없었다. 한국 기독교가 음주와 끽연·아편복용을 죄악시한 것은 초기의 선교사들의 그러한 입장과 깊이 관련되어 있다.

음주 등의 금지 이유로는 그로 인한 도덕상의 문제와 건강상의 폐해 그리고 경제적인 손실 등이다. 실제로 청교도적인 생활패턴을 추구했고 그것을

---

16) 이만열, 〈한국에서의 기독교 문화의 건설문제〉, 《基督教思想》 1987년 1월호, pp. 49ff.

강요했던 초기 선교사들에게는 한국인들의 음주·끽연 등의 행태에서 그러한 폐단들을 발견하였을 것이다. 그러한 폐단들이 지적되어 엄격한 종교적 신념에 의해 금지되는 것은, 소망스러운 것은 아니라 하더라도 당시의 여러 정황으로 보아 이해됨직한 일이었다. 그러나 그런 행위를 금하는 것이 오랫동안 한국 기독교인의 도덕적 표준, 혹은 기독교인을 비기독교인으로부터 구별하는 도덕적 준거로 간주되는 것은 일단 문제로 지적하지 않을 수 없다. 기독교인의 도덕적 표준을 마치 거기에 있는 것처럼 간주하는 것도 큰 오해이거니와 그 표준에만 성실하려 함으로써 바리새적인 도덕성을 갖게 되거나, 아니면 기독교의 더 고상한 가치에 무관심하도록 만들었기 때문이다. 그러나 신학이 아직 토착화되지 않는 상황에서 기독교와 함께 유입된 청교도적 생활양식은 한국 사회의 개혁에 소폭적으로나마 충격을 주었던 것은 사실이다. 비교적 선교 초기에 있었던 인권운동이나, 관료들의 부정부패에 대한 기독교인들의 반봉건운동과 반외세·항일운동은 성경의 점진적 번역·유포의 효력과 함께 청교도적 생활양식이 한국 사회에 적용되는 과정에서 나타난 것이라고 할 수 있기 때문이다.

기독교 수용상의 문제로 부각된 것은 조상에 대한 제사였다. 이 점은 카톨릭이 이미 겪고 있었던 문제였다.[17] 초기 선교에서 현지적응정책을 썼던 예수회(Jesuits)는 제사를 허용하는 정책을 취했으나, 17세기에 중국에 들어온 교단인 도미니칸과 프란시스칸, 그리고 파리외방전교회(外邦傳敎會)는 이 점을 비판, 급기야 1742년 교황 베네딕투스(Benedictus) 14세의 칙령에 의해 제사는 우상숭배로 규정되었고 이후 중국과 한국에서 이에 따른 여러 차례의 교난이 계속되었다. 그러나 일제하에 들어와서 토착화에 대한 카톨릭측의 재인식 등으로 하여 1939년 동양에서의 조상(祖上)·공자(孔子) 존경의식이 완전 허용되었는데, 이 조치가 교인들에게 신사참배를 허용하는 조치와 함께 취해졌다는 것은 다분히 정치적인 정황과 관련된 것으로 본다. 비오(Pius) 12세의 훈령으로, 한국의 주교단은 카톨릭 신자가 시체와 무덤, 죽은 자의 사진이나 이름만이 적힌 위패 앞에 절하고 향 피우며 음식을 진설하는

---

17) 카톨릭의 조상제사문제에 대하여는 崔基福, 〈祖上祭祀問題〉, 《한국가톨릭대사전》, 한국교회사연구소, 1985, pp. 1047ff 참조.

행위 등을 허용하였다. 물론 종래의 상례와 제사의식 중에서 몇 가지 금하는 요소(祝, 闔門 皐復, 使者밥, 飯含 및 위패에 神位라는 글자를 넣는 것 등)를 지적하고는 있으나, 개신교에 비해 카톨릭은 제사를 허용하는 것으로 인식되어 있고, 제사문제로 인해 신앙상의 갈등을 받고 있는 한국인에게 전통적인 의식과의 절충을 허용함으로써 카톨릭이 전도의 돌파구를 찾고 있는 것도 사실이다.

개신교는 선교 초기부터 음주·끽연은 물론 한국의 여러 풍습에 대해서도 비판적이었는데, 혼례(婚禮)에서 조혼(早婚)의 폐단 등과, 장례에서 "머리 풀고 크게 우는 것과 베옷 입고 삼년상 입는 것과 장사지낼 때에 음식을 많이 차려놓고 배불리 먹는 것"[18] 등이 지적되었다. 기독교인에게는 조상에 대한 제사가 폐지되었고 추도회(追悼會) 등으로 대치되었다. 제사행위는 곧 우상숭배로 간주되었기 때문이다. 19세기말 기독교인이 된 궁내부(宮內府) 물품사장 이무영은 당시 제사를 폐지해 기독교인들로부터 칭송을 받았다.[19] 제사폐지의 기독교적인 논거인 '우상숭배금지'가 정치성을 띠고 민족문제와 결부되면서 항일투쟁 형태로 나타난 것이 신사참배(神社參拜)반대투쟁이라 할 것이다.

Ⅲ. 제1세계와 한국 기독교

기독교가 한국에 전래된 것은 백인 중심의 제1세계로부터인데, 그들은 특히 제3세계에 대해 제국주의적 침략을 감행했던 국가들이다. 제1세계로부터 기독교 선교가 시작된 것은, 이미 지적했듯이 그들 국력의 대외팽창과 무관하지 않았다. 제1세계의 선교는 제3세계의 종교와 문화는 물론 사회 전반에 영향을 미쳤다. 제3세계 국가로서의 한국 또한 기독교와 더불어 사회 전반에 걸쳐 영향을 받지 않았다고 할 수 없다. 우리는 그러한 영향을 기독교에 국한하여 살핌으로써 한국 기독교의 세계 기독교사상의 위치를 간략하게 검토하고자 한다.

18) 〈그리스도 신문〉 5-33호, 1901. 8. 15.
19) 〈죠션 크리스도인 회보〉 1897. 8. 12.

1. 교리의 수용

카톨릭과 개신교가 선조 제사를 폐지하려는 자세는, 그 제사 윤리를 바탕으로 하고 있는 성리학적 지배 질서에 대한 도전이었다. 같은 성리학적 통치체제를 바탕으로 성립되어 있던 중국과 조선이 제사폐지에 대해 민감한 반응을 불러일으켰던 것은 조상숭배로 표현되는 효(孝)사상이 파괴된다고 우려했기 때문만이 아니었다. 효사상에 근거하여 성립된 자신들의 지배체제 자체에 대한 도전이라고 생각했기 때문에, 그들은 반제사(反祭祀) 행위에 대해 국가의 공권력을 행사할 수 있었다. 따라서 일종의 통치이데올로기로서 기능했던 제사와 뗄 수 없는 관계에 있던 조선왕조가 붕괴된 것은 기독교에 대한 박해를 약화시키는 계기가 되었던 것이다. 특히 개신교가 조선왕조의 붕괴과정에서 통치지배체제로서의 '국가' 대신에, 이 땅에 삶을 영위하는 민중 중심의 '민족'을 새롭게 발견해 가면서 교세를 넓혀갔던 것은 제사가 곧 지배체제의 이데올로기였다는 점에서 시사되는 바가 크다.

제사폐지 등에서 나타난 한국 전통과 기독교와의 갈등은 곧 기존 종교인 불교·유교와 도교와의 그것으로 진전되고 있었다. 청교도적인 개신교의 교조주의(教條主義)는 제사를 우상숭배로 몰았던 것처럼, 불교에 대해서도 구상화(具像化)된 부처를 우상으로 단정하고 배격하였다. 그러나 이 점은 초기에 적응주의를 취했던 카톨릭과는 다르다. 카톨릭은, 처음 중국에 들어올 때에 혼합주의(syncretism)적 접근방식을 취하였으므로, 이미 선재(先在)하고 있던 유·불·도교가 중국인들의 기독교에 대한 선이해에 도움을 주었다는 입장을 취하였다.[20] 한국의 지식인들이 기독교에 관한 한역서학서들을 읽고 기독교 교리를 그렇게도 쉽게 이해하게 되었으며 그들 자신을 천주교도로 만드는 일까지 훌륭하게 성공시킨 이유도 이 때문이라는 것이다.[21]

초기의 개신교에서는 성경을 먼저 번역하였다고 지적하였는데, 이어서 나오는 문서들은 대체로 기독교가 기존의 종교들과 어떻게 다른가 그 차이점을 설명하고 있었다. 즉 변증론(辨證論)적이요, 호교론(護教論)적인 입장을

20) 《그리스도교와 동양인의 만남》, 한국신학연구소, 1986, pp. 159ff.
21) 위의 책, p. 146.

취하는 전도서적을 출판했다는 것이다. 1890년대에 이미 번역된 《장원량우상론》(張袁兩友相論; *Two Friends*)이나 한국인 노병선(盧炳善)이 쓴 《파혹진선론》(破惑進善論)이 그랬고, 한학자로서 기독교의 종교학적 접근을 꾀했던 최병헌(崔炳憲)도 그의 《성산명경》(聖山明鏡)에서 유·불·선에 대해 그들의 가르침을 능가하는 기독교의 진리를 설명하고 그들을 설복시키는 것을 그 골자로 했다. 주목되는 것은 기독교 교리의 이해를 위해 카톨릭이 기성종교의 용어와 개념을 이용하였고, 이어서 성경과 서양서의 번역에서 개신교가 카톨릭의 영향을 많이 받고 있었는데도 불구하고 개신교는 그 수용 초기부터 기독교 교리의 독자성을 이해시키려고 노력하고 있었던 것이다. 이것은 말하자면 기독교의 교리 및 신학의 단계적 이해과정에서 나타난 현상이었다. 아울러, 비록 이들 저술 중에는 선교사들에 의해 이루어진 것이 있기는 하지만, 그것들이 중국에서 한문으로 번역된 것을 다시 한국어로 번역한 것으로 보아 여기서도 우리는 기독교 교리의 이해 통로가 초기에는 일본 쪽이 아니고 중국 쪽이었음을 확인하게 된다.

1890년대부터 수많은 전도서와 개신교계 신문이 발간되었고 전도인·조사들에 대한 성경신학교육이 시작되었으며, 1900년부터는 《신학월보》(神學月報)라는 이름의 일종의 전문잡지가 간행되었고, 1901년과 1905년에는 평양과 서울에 장로교·감리교의 교단신학교가 개설되었다. 그러나 아직도 세계 교회와 연관지을 만한 이렇다 할 신학계의 움직임이 한국 기독교계에서 보이지 않았다.

그러나 교회의 설립과 선교부를 중심한 교단의 창설 등이 구체화되면서 그 공동체를 한 신앙의 체계 속에서 묶을 '신앙고백'이 필요하게 되었다. 그리고 이 '신앙고백'의 제정을 통해 우리는 한국 교회가 교리적 신학적으로 선교 본국에 예속되는, 그러한 위치를 발견하게 된다.

1905년 9월 감리교·장로교 선교사 150여 명이 '한국복음주의 선교 공의회'(The General Council of Evangelical Missions in Korea)를 조직하고 궁극적으로는 단일한 한국복음주의교단 창설을 목표로 하였으나 단일교단 창립에는 실패하였다. 그 대신 1907년의 장로교 노회(老會)의 창립과 1930년의 감리교단의 창설로 한국에는 장로교·감리교의 2대 교단이 형성되었다.

1907년 장로교 노회가 창립되면서 성경, 하나님(神), 삼위일체(三位一體),

창조, 인간창조, 죄, 그리스도의 대속(代贖), 성신(聖神), 예정(豫定), 성례(聖禮), 교회, 부활과 심판 등의 12개조로 된 '신앙고백'이 채택되었다. 노회에서 채택한 '12신경(信經)'은 1904년에 인도(印度) 자유장로교회(自由長老敎會)에서 채용한 그것과 동일한 것으로, 이 '신경'의 채택을 권유한 선교사들의 의도는 한국과 인도 및 아시아 각국 장로교의 '신경'을 통일시켜 각 교회가 서로 연락토록 하기 위함이었다. 여기서 주목되는 것은, 한국 장로교의 최초의 '신경' 채택에 한국인 신자의 의견이 개입될 수 없었다는 것과, 같은 장로교이면서 한국 및 인도 장로교회 '신경'이 구미 장로교의 '신경'과 달랐다는 것 등을 지적할 수 있다. 뒤에서도 보이지만, '신경' 채택에서 드러나는 선교사들의 자세에는 한국 교회의 교리와 신학을 그들이 계속 장악하겠다는 의도가 짙게 깔려 있었는데, 이런 자세가 확연히 드러나는 것이 그들의 한국인 신학교육에서이다.

장로교는 이에 앞서 1901년경부터 웨스트민스터(Westminster) 《소요리문답》(小要理問答)을 번역하여 교리교육에 사용하기 시작하였고, 1904년에는 장로회 공의회(公議會)의 결정에 따라 《소요리문답》 5천 부를 처음으로 간행하였다.[22] 뒷날 장로교회는 '웨스트민스터 신앙고백서와 대소요리문답(大小要理問答)'을 그들의 교리의 표준으로 채택하게 되었는데, 이는 당시 미국 남북장로교회가 이를 채택하고 있었던 것에 비추어 이 또한 선교사들의 권고에 의한 것으로 추측된다. 여기서 한국 장로교회는 상황이 전혀 다른 곳에서 제정한 교리를 무비판적으로 채택함으로써 세계 교회사에서 한국 교회의 신학적 위치가 잡혀갔을 뿐 아니라 그후에도 일정하게 그런 위치를 답습하게 되었다. 이 점은 1930년 기독교조선감리교단이 성립되고 거기에서 하나님, 예수 그리스도, 성신, 은혜, 성경, 교회, 천국, 영생 등 8개항의 중심 내용을 가진 교리적 선언이 채택되는 것과는 다소의 차이가 있다고 생각된다. 한국의 감리교회는 미국의 남·북감리교회가 합동되지 않은 상황에서 합동할 수 있었을 뿐만 아니라, 미국 감리교의 도움을 받은 것이긴 해도 어느 정도 독자적 성격을 띤 교리적 선언을 할 수 있었기 때문이다.

---

22) 郭安連, 《長老敎會史典彙集》, 조선야소교서회, 1918, p. 38.

2. 신학노선상의 갈등

기독교는 하나님의 창조와 인간의 타락, 예수 그리스도의 대속을 통하여 믿음으로 구원받는 것, 죽음과 부활, 심판과 영생(永生)·영벌(永罰) 및 교회와 '하나님 나라'의 확장 등을 기본교리로 하여 성립된 종교이다. 기본교리는 오랜 기간의 논쟁을 거쳐 형성되었는데, 형성과정에서 상황성(狀況性)이 가미되어 때로는 특수한 점들이 더 강조되기도 하였다.

한국인의 기독교 신학운동은 앞서 말한 19세기말부터 노병선·최병헌과 길선주(吉善宙) 등에 의해 시작되고 있었지만 아직 체계화되지는 않았다. 20세기에 들어와 《신학월보》(1900~1910)가 간행되고, 평양에서 장로회신학교(長老會神學校;1901)와 서울에서 감리교계의 협성신학교(協成神學校;1905)가 개교되었으며, 또 《신학세계》(神學世界;1916), 《신학지남》(神學指南;1918) 등이 창간되면서 본격화되어 갔다. 이때 신학교들과 잡지들을 주도해 간 인물들은 주로 영·미계 특히 미국계 선교사들이었다.[23] 그들은 본국의 신학을 전달하는 통로 역할을 하였다. 따라서 그들이 한국에서 신학교육정책을 장악하고 있는 한에서는 한국인에 의한 독자적인 신학운동은 불가능하였는데, 혹시 가능한 경우에는 거의 이단시될 수밖에 없었다.

이러한 정황에서 한국에 전달된 초기 선교사들의 신학적 성격은, "19세기말에 미국에서 대두하기 시작한 근본주의(根本主義;fundamentalism)의 세례를 받은"[24] 것이었다고 지적된다. 근본주의는 1870년대에 강화되기 시작한 천년왕국설(千年王國說)을 기초로 하여 1920년대에 절정에 달한 미국 보수신학사상의 하나로서 그들은 성경의 축자영감설(逐字靈感說)과 인간의 전적(全的) 부패, 그리스도의 속죄와 구원, 그리고 그리스도의 부활과 재림 등을 그 중요한 골자로 하고 있었다. 여기서 주목되는 것은 근본주의운동이 당시 구미

---

23) 이 점과 관련, 당시 한국의 양대 신학교에서 교수하던 선교사들의 신학적 기반과 그 교육방침에 대하여는 이만열, 〈한국기독교와 미국의 영향〉, 앞의 책, pp. 103ff 참조. 특히 이들은 장로교의 경우 프린스턴신학교와 매코믹신학교, 감리교의 경우 드루신학교와 밴더빌트대학 출신들이 주류를 이루고 있었는데, 당시까지만 해도 이들 신학교들은 보수주의 신학 전통을 고수하고 있었다.

24) S. J. Palmer, *Korea and Christianity*, p. 26; 주명훈, 〈한국 장로교 조직의 확립과정〉, 《韓國史研究》 제2집, p. 169.

에서 팽배하고 있는 다윈(Darwin)의 진화론(進化論)과, 진보주의자들의 성경고등비판(聖經高等批判) 등에 대항하기 위하여 일어난 신학·신앙운동이라는 점이다. 진화론이 기독교의 창조론을 동요시키고 창조론적 사상 위에 형성된 기존의 기독교적 우주관을 부정하는가 하면, 성경고등비판은 당시까지 고수되어 오던 성경의 축자영감설을 근본적으로 뒤흔들어 종교개혁 이래 개신교가 강력하게 파지(把持)해 오던 하나님의 계시로서의 성경의 절대권위를 부정한다고 보았다. 때문에 근본주의운동은 여기에 대한 강력한 반발로서 일어난 보수주의운동이었던 셈이다. 그러니까 초기 한국에 도입된 신학은 당시로서도 대단히 보수적인 성격을 띤 것이었다고 생각된다.

1920년대 미국에서는 보수적인 북장로교단에서조차도 새로운 진보신학의 물결에 휩쓸리게 되어 북장로교가 프린스턴신학교의 진보주의 노선을 인정하게 되자 1929년에는 보수·정통주의 신학자 매첸(J. G. Machen)이 23년간 봉직하던 프린스턴신학교를 떠나 필라델피아로 가서 웨스트민스터신학교를 따로 세우게 되었다. 매첸의 보수·정통주의 신학에 가장 큰 영향을 받은 한국인이 박형룡(朴亨龍)으로서 그는 금욕적 청교도 신앙을 바탕으로 근본주의 신학전통을 평양신학교에 심는 데 주도적 역할을 담당하였다.[25] 박형룡은, 당시 한국 신학계의 풍토로 보아서 아직은 그 필요성을 절감할 수 없었던 변증학에 몰두하여 1935년에는 《기독교근대신학난제선평》(基督教近代神學難題選評)을 저술하였다. 당시의 변증학은 구미의 보수주의 신학계가 진보주의의 도전에 대응하면서 그 필요성이 제고된, 일종의 보수주의적 호교론(護教論)의 성격을 띠고 있었다.

미국의 신학적 변화가 한국의 신학교육에 영향을 미치게 되는 것은 얼마간의 시간을 필요로 하였다. 선교사 자신들의 새 사조에 대한 적응이 어려운 데다가, 한국 교회는 보수적 신학으로 체질화되어 있었기 때문이다. 1930년대초에 송창근(宋昌根)·김재준(金在俊)·한경직(韓景職) 등 후기 프린스턴 출신들에 의해 진보적인 신학이 조심스럽게 소개되고 있었지만, 이미 체질화된 보수주의 계열의 강력한 제재를 받게 되었다. 1934년 한국 교회의 희년(禧年;50주년)을 전후하여 일어난 '아빙돈단권주석사건(單卷註釋事件)',

25) 柳東植, 〈朴亨龍과 根本主義神學〉, 《韓國神學의 鑛脈》, 전망사, 1982, pp. 186ff.

김영주(金永珠) 목사의 '창세기모세저작설부인사건', 김춘배(金春培) 목사의 '여권문제'(女權問題) 등은 장로교단 중심의 보수신학이 새로 소개되는 진보신학사조에 쐐기를 박으려는 움직임이었다.[26)]

보수·진보신학간의 대결과정을 말하기 전에 사상적으로 배타적 교조성을 가지고 있는 한국 보수신앙의 한계와 역사적 의의를 짚어보는 것이 좋겠다.

첫째는 제사문제 등 조선 말기 성리학의 가치관에 강력하게 대응할 수 있는 역동성을 가지게 되었다는 점이다. 이것은 기독교가 초기에 성리학적 질서와 대결하면서 나름대로 스스로를 한국의 토양에 착근(着根)시키는 데에 크게 역할할 수 있게 하였다. 둘째 근본주의적 교리가 갖는 피안주의적 요소는 3·1운동 후 1920년대에 한국 기독교의 초(超)역사적·탈민족적 의식형성에 영향을 미쳤다는 점이다. 셋째로 보수주의 신앙은 1930년대 후반부터 한국 기독교에 태풍처럼 몰아닥치기 시작한 일제의 신사참배 강요에 대해 신사참배를 우상숭배로 규정하면서 그들 자신이 믿는 신앙의 순수성을 보수하였고, 민족의식과 결합되면서는 그 반대투쟁을 전개, 수많은 순교자를 배출하게 되었다는 점이다.[27)]

한국에서 근본주의 신학을 도입하고 그것을 고수한 것은 주로 미국계에 줄이 닿은 장로교계의 평양신학교였다. 이에 비해서 1930년에 '교리적 선언'을 발표한 바 있는 감리교계는 신학적으로 자유로운 입장이었으나 장·감 두 교파간의 거리감 때문에 둘 사이에는 신학논쟁이 거의 일어나지 않았다. 신학상의 입장의 차이는, 이미 그 도입 때부터 선교부 및 신학적 체질을 달리했던 캐나다 선교부의 영향 아래에서 드러나기 시작했다. 대표적인 이들은 송창근과 김재준이었다. 이들은 일찍이 이동휘(李東輝) 등 민족주의적인 기독교인들에게 영향을 받은 바 있고, 캐나다 선교지역 출신이었으며, 일본의 청산학원(青山學院) 신학부와 미국의 프린스턴신학교를 거쳐 웨스턴신학교에서 수학하였으며, 오랫동안 남다른 동지적 선후배요 동학(同學)으

26) 전택부, 《한국에큐메니칼운동사》, 한국기독교교회협의회, 1979, pp. 115ff 참조.

27) 神祀參拜反對鬪爭이 보수주의적 기독교신앙과 민족의식이 결합한 데서 나오게 되었다는 저자의 주장은, 朱基徹·朱南善·韓尚東·孫良源 등 이 투쟁에 승리한 분들을 점검한 데서 얻은 잠정적 결론으로, 기독교신앙에 들어가기 전후의 그들의 행적은 다분히 민족주의적 성격을 띠고 있었다고 보여지기 때문이다. 이만열, 《한국기독교사특강》, 성경읽기사, 1985, pp. 86ff 참조.

로 '복음주의적 자유사상'의 길을 걸었다. 이 점은 '근본주의적 보수주의 신학사상'을 가진 한국 교회 지도자들이 대부분 미국계 선교지역 출신으로 평양신학교를 거친 것과는 대조가 된다.

'복음주의 자유사상'으로도 표현되는 진보주의 계열은 근본주의자들이 주장하는 성경의 축자영감설을 배척하고 목적영감설(目的靈感說)을 내세웠고, 학문 대상으로서의 성경은 비판의 대상이 될 수 있다고 주장함으로써 성경을 신성불가침의 하나님의 무오(無誤)한 계시로서 인식하는 보수주의자들의 성경관과는 견해를 달리했던 것이다. 진보주의자들은 19세기 이래 서구에서 본격화하기 시작한 성경의 고등비판을 용납하는 등, 종래 보수주의자들이 신앙의 대상으로 생각했던 성경과 신학을 학문의 대상으로 인식하고 거기에 상대성과 가변성을 부여하려고 시도했다. 진보적 입장을 취한 계열은, 신사참배문제로 1938년 평양의 장로회신학교가 문을 닫을 즈음에 서울에서 조선신학교(朝鮮神學校)를 설립하게 되어 뒷날 기독교장로회의 신학교육의 장을 마련하게 되었다. 여기서도 우리는 한국 기독교의 신학적 맥락이 선교지역(地緣·人脈), 수학(修學;學閥) 등에 의하여 전개되고 있다는 인상을 받는다.

장로교 안의 두 흐름은 1950년대에 들어와 '예수교장로회'와 '기독교장로회'로 분열되었고, 6·25사변으로 그 지연성은 허물어지게 되었지만 학벌은 더 강화되는 경향을 띠게 되었는데, 기장측이 캐나다·독일계통 신학에 비교적 많이 접맥한 반면, 예장측은 적극적 보수파가 미국의 웨스트민스터나 네덜란드의 개혁파에 줄이 닿았고, 온건보수파가 미국의 프린스턴·유니언·매코믹신학교 등에 신학적인 맥을 이었던 것이다. 따라서 1960년대말까지의 한국 신학조류에는 자기의 문제를 신학화하는, 말하자면 자생적인 신학은 거의 존재하지 않았다고 지적하지 않을 수 없다.

외국의 신학계와 접촉하면서 외국의 신학조류를 한국에 소개하기에 바빴기 때문에 한국 기독교는 자신의 문제를 두고 신학화의 작업을 서두를 수가 없었다. 조선신학교의 출발이 당시까지 선교사 중심으로 이루어진 신학교육의 풍토에 '새로운 이상을 구현'하기 위한 것이었다는 의미를 부여하려는 견해가 있으나, 그것은 오히려 1939년 일제의 혹독한 기독교 탄압의 상황에서 그것도 서울에서 새로운 신학교를 개설한 데 대한 자기변명의 성격이 강한 것이라 본다. 그 뒤 한동안 외국신학 도입에 적극적으로 활동한 것으로 보아 조선신학교의 설립목적에서 '우리의 신학' 수립을 강조하는 것은, 뒷날 그 학문적 맥락이 '우리의 신학' 수립으로 방향짓게 된 점이 있다 하더라도, 쉽게 동의할 수 없다.

해방 이후 한국 기독교계에는 오히려 진보적인 신학자들에 의하여 구미계의 신학을 도입, 소개하는 데에 열중하는 현상이 경쟁적으로 나타났다. 6·25사변 전후의 실존주의신학(實存主義神學)·신정통신학(新正統神學)을 비롯하여 사신신학(死神神學)·상황신학(狀況神學)과 1960년대 이후의 일련의 정치신학(政治神學; political theology)——여기에는 희망의 신학, 혁명의 신학, 발전신학, 해방신학, 흑인신학, 여성신학 및 한국의 민중신학까지 포함된다.[28]——에 이르기까지 한국 기독교계는 오늘날의 상품수입개방을 빰칠 정도로 구미 신학계의 저질상품까지 마구잡이로 수입하기에 열을 올렸다. 범람하는 수입신학의 와중에서는 자기의 고민을 문제로 하고, 자신의 피와 땀을 쏟아부어 하나님의 계시의 토대 위에서 형성시킨 자기신학을 가질 수 없었다. 그 때문에 자기신학에 기반하여 나타나야 할 한국 기독교의 신앙고백이나 자기체질화된 기독교문화를 건설할 수 없었다.

한국 기독교계가 자기신학을 잉태하기 위해서는 더 깊은 고민과 문제의식을 필요로 하였다. 1970년에서 1980년대의 저 혹독한 시련을 겪으면서 한국 기독교계는 비로소 상황에 정직하게 대결하는 자기신학을 개척해 갔던 것이다.

3. 교파분열과 세계 교회

한국 개신교의 교파분열은 극심하여, 세계의 웬만한 교파들이 한국에서 자리잡았는가 하면 한국에서 자생한 교파들도 없지 않아 무려 80여 파를 넘는다는 것이 오늘의 현실이다. 공통점과 이해의 폭을 넓히기보다는 상이점과 교조적 폐쇄성을 고집하는 보수적 성향이 그 원인의 하나가 되겠지만, 이러한 분열에는 세계 교회와의 관련이라는 역사적 배경 또한 간단치 않다.

앞에서도 거론하였지만 한국에 개신교가 수용될 당시 여러 나라에서 서로

---

28) 김찬국, 〈제삼세계와 성서해석〉, 《第三世界와 神學》, 한국기독교학회, 1987, p. 11.

다른 교파가 선교사를 파견했다. 특히 감리교・장로교가 그랬다. 그들은 선교의 효율성을 높이고 협조관계를 유지하기 위하여 협의체를 만들기도 하였으며 선교지역을 분할하였다.[29)]

서로 다른 교단에서 파견되긴 하였지만, 감리교・장로교는 하나의 교단을 형성하였다. 미국의 남북장로교와 호주 장로교, 캐나다 장로교 등이 협력하여 1907년에는 대한(大韓)예수교장로회(이하 예장이라 함) 노회를, 1912년에는 총회를 조직하였고, 미국의 남・북감리교가 1930년 기독교조선감리회(基督教朝鮮監理會)를 결성하고 총리원(總理院)을 구성하였다. 단일한 전국조직의 결성은 선교본국의 교단이 아직 단일화되지 않은 상황에서 피선교지의 교회가 통합모습을 먼저 보였다는 점에서 쾌거가 아닐 수 없었다.

해방 후 교파분열이 시작되었다. 장로교의 경우 그 분열은 초기의 각 교단의 분할된 선교지역에 따라 거의 진행되었다. 즉 호주 장로교 선교지역인 경남(慶南)을 중심으로 예장 고신파(高神派)가, 캐나다 장로회 선교지역인 함경도 인맥을 중심으로 기독교장로회(基長)가 각각 성립되었고, 예장의 총회측과 합동측도 그러한 인맥・지연을 따르고 있었다. 고신파의 분열은 해방이후 기독교계 안의 일제의 잔재를 청산하고 교회를 정화시키려는 의지가 반대세력에 의해 저지당하는 데서 재래된 결과였다. 여기서 일제의 잔재란 신사참배와 그로 인한 기독교계의 타락을 의미한다. 한편 기장의 분열은 신학과 신앙의 갈등에서 재래된 것이었다. 그러나 이러한 분열에는 해방 후의 해외기독교 세력과의 관련을 무시할 수 없다. 즉 해방 후, 미국 교회의 교파적 분열과 한국에 파송되어 온 미국 선교사들의 편파적 자세가 한국 기독교계의 분열을 때로 재촉하는 결과를 가져왔다.

앞에서 말한 진보와 보수간의 신학적인 입장의 차이는 그들이 세계의 어떤 신학적 조류에 연결되는가와도 관련있다고 지적했다. 이것은 그러한 신학적 조류들에 각기 선을 대고 있는 세계 기독교기구와의 관련이 한국 기독교의 전개과정에 영향을 미치고 있었음을 의미한다. 다시 말하면 세계 기독교기구와의 관련문제가 한국에서 보수적인 입장을 취하는 교단을 분열시키는 데에 결정적인 역할을 하게 되었다는 것이다. 예를 들면, 세계교회협의

29) 이만열, 〈한국기독교와 미국의 영향〉, 앞의 책, pp. 73ff.

회(WCC) 등의 기구에 대한 입장 차이가 보수교단의 분열을 초래한 경우도 그 하나다.[30] 1953년 예장과 기장의 분리는, 표면상으로는 그전부터 갈등을 겪어왔던 신학이념상의 문제 때문이었으나 거기에도 지연·인맥의 요소가 크다고 지적하였다. 그후 1959년 같은 보수적 입장을 견지하던 예장이 '통합'과 '합동'측으로 분열되었다. 그 원인으로 멀리는 해방 전에 노출되었던 서북(西北)·경충(京忠)의 대결과, 같은 서북이라도 황해도와 평안도간의 주도권 문제, 미 북장(北長)과 남장(南長)간의 문제 등 교단정치 및 신학상의 문제를 거론할 수 있으나, 이 분열에는 그러한 문제들을 내포한 채 당시 세계적 기독교기구인 WCC와 NAE(National Assembly of Evangelist; 복음주의협회)에 대한 관계설정이 관건이 되었던 것이다. 당시 WCC와 NAE는 같은 예장교단 안에 지지세력을 각각 갖고 있었다. WCC는 에큐메니컬운동을 범세계적으로 추진하는 기구로서 한국에서는 NCC(National Council of Churches; 한국기독교교회협의회)라는 자매단체와 연결되어 있는 반면, NAE는 1940년대 미국에서 일어난 복음주의운동단체로서 6·25사변 전후 한국에도 연결되어 '성경의 권위와 정통적 교리 보수'를 목적으로 점차 교권운동의 성격을 띠게 되었으나 WCC 등의 범기독교적 기구와의 에큐메니컬운동에는 소극적 내지는 부정적이었다. 예장 안의 이 두 조류가 1959년 9월 대전에서 열린 제44회 총회를 계기로 그 분열상을 드러내었는데, NAE를 지지하며 WCC운동을 거부하는 측을 중심으로 예장 합동측으로, WCC와 에큐메니컬운동을 지지하는 세력을 중심으로 예장 통합측으로 각각 갈라서게 되었다. 그 분열의 주역은 한국 교회의 지도자들이었지만 그 뒤에는 분열을 조장하는 국제적인 기독교기구와 선교사들이 도사리고 있었다.

한국 교회의 분열은 6·25사변 후 미국의 교단들과 선교달러($)가 밀려들어오면서 극도에 달하게 되었다. ICCC(국제기독교연합회)의 매킨타이어(C. McIntire)의 움직임도 이 분열극에서 예외일 수는 없었다.

여기에 덧붙여 말해 둘 것이 있다. 앞에서 언급된 바와 같이 한국 기독교에는 74개 이상의 교단이 있는데 그중 상당수가 구미와 연결되어 있고, 또

30) 해방 후 한국장로교단의 역사와 그 분열과정 및 세계기구들과의 관련 문제 등에 대하여는 張喜根, 《韓國長老教會史》, 아성출판사, 1970 참조.

대학생층을 중심하여 선교단체로 활동하는 패러처치(Parachurch)들의 대부분이 구미에 본부가 있거나 해외에 연결되어 있다는 점이다.[31] 이러한 현상은 6·25사변을 계기로 해외 기독교기관의 선교대상으로서의 한국에 대한 관심이 점증한 데다가 유학 등 해외 기독교기관의 도움을 받은 한국인들이 귀국하여 해외단체들과의 관계를 유지하려는 데서 이루어진 것이다. 기독교기관(교파)들의 난립은 경쟁적인 선교를 통한 교세확장이라는 측면도 있으나 교파(단)·교의(敎義)의 편중성을 강조함으로써 기독교에 대한 보편적인 이해를 그르치거나, 화해와 일치, 용서와 평화를 주지로 하고 있는 '사랑의 종교' 기독교를, 분열과 갈등의 섹트성을 전면에 내세우는 종교로 그 이미지를 훼손시키는 결과를 가져왔다는 점도 부인할 수 없다.

4. 보수와 진보

한국 기독교가 안고 있는 현존적 과제의 하나는 교단적으로 분리되어 있는 80여의 교파와, 신학적으로 진통을 겪고 있는 보수와 진보세력의 갈등을 해소하여 하나님과 민족 앞에서 그리스도의 겸손한 제자로서의 모습을 회복하는 일이다. 이것은 우리 사회와 민족이 안고 있는 화해와 통일이라는 민족적 과제와도 직결되는 것이다. 기독교의 갈등이 민족의 분열을 심화 확대시키고 있다고 한다면 그것은 지나친 표현일까.

앞에서 보았듯이 1930년대부터 나타나기 시작한 한국 기독교의 신학적 입장의 차이는 교단마다 외국 기독교기관과의 협력과 자체의 신학교육을 강화함으로써 더욱 벌어졌다. 그 차이는 가치관과 세계관에도 영향을 미쳤고 그것들이 적용될 현실문제에 대한 대응에도 상당한 차이를 가져왔다.

비교적 진보적 견해를 갖는 교단은 NCC에 가입된 6개 교단(예장통합측, 한국기독교장로회, 기독교대한감리회, 구세군대한본영, 대한성공회 및 기독교대한복음교회)으로, 각 교단내의 개별적 인사들의 신학적 경향에는 차이가 있으나 NCC를 통해 나타나는 집단적 입장의 표명은 NCC 밖의 교단과는 큰 차이를 드러내고 있다. NCC에 소속된 교단의 일부 인사들을 포함, 대부분의

---

31) 홍정길, 〈교회 외 각 선교단체 운동의 장단점〉, 《바람직한 교회형태》, 엠마오, 1985, p. 110.

한국의 기독교인들은 보수적인 경향을 띠고 있다. 그러나 보수·진보 양자에게는 성경관·구원관을 비롯하여 정치·사회·인권·전쟁 등의 문제에 이르기까지 견해를 달리하는 부분이 크다. 마치 불교의 소승(小乘)과 대승(大乘)의 차이를 연상케 할 정도이다.

보수파가 개인구원에 치중하여 기도·성경연구 등 종교적인 문제에 집착하고 있는 반면, 진보파는 사회구원과 정치문제에 관심을 쏟는다. 보수파가 신앙과 생활을 이분화하는 경향을 갖는 데에 비해, 진보파는 종교를 사회화 내지는 생활화의 차원에서만 해석함으로써 비종교화 내지 탈종교화의 극단적인 일원론적 생활방식 속에 있다. 보수주의자들이 심령부흥과 교회증가, 교단확장, 교권쟁탈, 친(親)권력적 성향을 지니고 있는가 하면, 진보주의자들은 인간화와 사회화에 치중하고 개인의 구속과 화해를 약화시키고 반(反)권력적 성향을 지니고 있다고 지적된다.[32] 전자가 편의주의적인 정교분리를 고수하면서 민주화와 민족문제에 소극적인 반면 후자는 우리 시대의 민족적 과제와 관련, 민주화·인간화·민족통일문제에 적극적인 자세를 갖는다. '하나님의 나라'와 관련, 전자가 타계주의(他界主義)·피안주의적(彼岸主義的)인 입장을 취하는 반면, 후자는 현세주의적(現世主義的)이다.

한국 교회의 보수와 진보는 양극화 현상을 노출하고 있다. 이것은 신학적 사고방식에 깊은 영향을 받았기 때문이라고 다음과 같이 지적된다.

> 보수주의 신학이 근본주의적 사고방식에 있는가 하면, 진보주의 신학은——민중신학과 토착화신학 시도라는——두 가지 흐름의 방식에 있어서 탈서구화를 모색하고 있다.……보수주의 신학이 초자연주의에 사로잡혀서 역사의식을 부재하고 있으며, 신학의 상황성과 맥락성을 바로 각성하지 못하고 있다면, 민중신학은 기독교신학을 사회경제사적 이데올로기로 변질시키고 있으며, 토착화신학은 기독교신학을 범신론적 존재론으로 변형시키고 있다.[33]

신학과 신앙의 이러한 양극화 현상은, 처음에 서구의 신학에 접맥한 데서 재래된 것이었다. 그런 의미에서 그것은 제1세계 선교가 남긴 이원적 잔재를 청산하지 못한 결과이다. 그러기에 오늘날에도 비슷한 현상이 되풀이되

32) 김영한, 〈한국사회와 기독교문화〉, 《曙光》 제10집(통권 19호), 서울대 기독교동문회, 1986, pp. 98~99.
33) 위의 글, p. 99.

고 있는데, 민중신학이 남미의 해방신학에 줄을 대었듯이, 보수주의 신학의 바탕이 초기에는 근본주의 신학에서 오늘날에는 복음주의적 신학과 접맥하고 있는 것이 그것이다.

그러나 양극은 서로를 필요로 하는 법이다. 오늘날 보수와 진보는 서서히 극우와 극좌의 입장을 견제하면서 중도를 향해 서로 수렴하는 현상도 보이고 있다. 보수파 젊은이들이 사회현실과 교회의 무력함을 보면서 진보주의가 제기한 문제를 두고 고민하고 있으며, 진보파의 지성인들이 이 거대한 죄악의 구조 앞에서 인간으로서의 한계를 깨달으면서 하나님 말씀 앞에서 자신들의 연약함을 절감하고 있다. 진보파에서 성경연구와 기도의 열기가 높아지고 있으며 보수파내에서 사회정의를 부르짖는 현상이 점증하고 있다.

특히 한국 기독교의 대부분을 차지하고 있는 보수파의 사회의식 계발은 1974년 6월 16일 스위스에서 개최된 로잔대회 이후의 세계복음주의운동의 일련의 움직임에서 큰 영향을 받고 있음이 틀림없다. 스토트(J. Stott)가 의장으로 활약한 로잔대회에서는,

> 우리는 하나님이 모든 사람의 창조주이신 동시에 심판주이심을 믿는다. 그러므로 우리는 인간 사회 어디서나 정의와 화해를 구현하시고 인간을 모든 압박으로부터 해방시키려는 하나님의 관심에 동참하여야 한다. 사람은 하나님의 형상대로 창조되었기 때문에 인종, 종교, 피부색, 문화, 계급, 성 또는 연령의 구별없이 모든 사람은 천부적 존엄성을 지니고 있으며 따라서 사람은 서로 존경받고 섬김을 받아야 하며 누구나 착취당해서는 안된다. 이 사실을 우리는 등한시하여 왔고, 또는 종종 전도와 사회 참여가 서로 상반된 것으로 잘못 생각한데 대하여 뉘우친다. 사람과의 화해가 곧 하나님과의 화해는 아니며, 또 사회참여가 곧 전도일 수 없으며, 정치적 해방이 곧 구원은 아닐지라도, 전도와 사회——정치적 참여는 우리 그리스도인의 의무의 두 부분임을 우리는 인정한다. 이 두 부분은 모두 하나님과 인간에 대한 교리와, 이웃을 위한 사랑, 그리고 예수 그리스도에 대한 우리의 순종의 피수적 표현들이기 때문이다. 구원의 메시지는 모든 소외와 압박과 차별에 대한 심판의 메시지를 내포한다. 그러므로 우리는 악과 부정이 있는 곳에서는 어디서나 이것을 공박하는 일을 두려워해서는 안된다. 사람이 그리스도를 영접하면 그의 나라에 다시 태어난다. 따라서 그들은 불의한 세상 속에서 그 나라의 의를 전파하기에 힘써야 한다. 우리가 주장하는 구원은 우리로 하여금 개인적으로 책임과 사회적 책임을 총체적으로 수행하도록 우리는 변화시켜야 한다. 행함이 없는 믿음은 죽은 것이다.[34]

라는 내용을 로잔 언약(Lausanne Covenant)에 포함시킴으로써 진보주의적 주장에 접근하게 되었다. 그 뒤 1983년에 발표된 휘튼(Wheaton)선언에서 "하나님의 나라는 현재적이면서 미래적이고, 사회적이면서 개인적이고, 육체적이면서 영적"이라는 총체적 개념이 강조됨으로써[35] 세계복음주의운동에 귀를 기울이고 있는 한국의 보수·복음주의 교회에 새로운 각성을 불러일으키게 되었다. 여기서 우리는 여태껏 제3세계내에 분열을 조장해 왔던 제1세계의 신학이 때로는 제3세계의 이원론의 해소를 위해서도 자극이 될 수 있음을 발견하게 된다.

한국 기독교의 보수·진보의 대립·갈등이 지양되기 위해서는, 자신들의 고립성과 폐쇄성을 극복하는 외에, 한국의 상황을 두고 고민하면서 그 문제의식을 신학화하려는 공동의 장을 만들어가야 한다. 그러기 위해서는 앞서의 보수가 로잔선언과 휘튼선언을 통해 진보에로 접근하여 갔듯이, 진보도 신학화의 작업 등에서 상황(context)을 계시(text)에 우선하는 자세를 극복해야 한다. 보수·진보의 상호수렴은 한국의 사회·민족문제에 접근하는 기독교의 새로운 모습으로 나타나게 될 것이다.

Ⅳ. 한국 기독교의 自己位相의 정립

앞에서 보아온 한국 기독교는, 그 전파 이래 제1세계 기독교의 영향 아래에서 전개되었다. 다시 말하면, 그것은 대체로 한말·일제하를 거쳐 해방 후 구미 기독교의 강력한 영향 아래 있었던 때의 한국 기독교의 비자주적 모습을 반영하는 것이기도 했다. 거의 100여 년 동안 한국 기독교가 신학·정치면에서 수동적인 위치에 있었고 자율성을 확보하지 못한 것은 이 때문이었다. 신학과 가치관이 교회의 양적 성장에 발맞춰 성장하지 못했고, 개성적인 문화 또한 세계 기독교에 내놓을 것이 없었다. 성장하는 만큼 분열되고 있는 한국 기독교의 모습은 화해와 일치를 실천적으로 보여주어야 할 우리 사회에 오히려 부담스러움을 안겨주었다.

---

34) 〈로잔언약 Ⅰ〉, 《복음과 상황》 1991. 1~2월호, p. 126.
35) 〈휘튼 1983 선언〉, 《복음과 상황》 1991. 3~4월호, p. 154.

그러다가 1970~1980년대 유신정권과 제5공화국의 폭정을 거치면서, 한국 사회가 변모되어 갔듯이, 한국 기독교 또한 변화하는 모습을 일부 드러내기 시작했다. 1970년부터 각종 전도전략과 성경연구, 다양한 프로그램에 의해 양적인 팽창을 가져왔고, 폭정에 대항하는 자체의 역량을 길렀다. 1950년대 이승만(李承晩)정권하에서 비민주적 정치와도 유착되었던 한국 기독교의 구태를 벗어버림과 동시에 '지배층과 가진 자를 위한 종교'로서의 이미지를 서서히 거부하는 모습도 일부 나타냈다. 이러한 노력이 한국에서는 민중운동이 성숙해 가는 과정에 발맞춰 일어났고 세계적으로는 기독교 교세가 제1세계(구미)에서 서서히 제3세계로 넘어가는 과도기에서 일어났다는 점이 주목되고 있다. 이러한 모습은, 여태껏 수동적이었던 한국 기독교가 한국 사회와 세계 앞에 적극적인 자세를 가지려는 몸부림이며, 현재 한국 기독교가 처한 위치로 보아 세계의 기독교 특히 제3세계에 대해 하나의 모델로서 기능하려는 신호다.

한국 기독교의 제3세계에서의 위치 정립은, 곧 세계 기독교사상의 자기 위치의 확인으로, 한국 기독교의 자기정체성 확보 등 자기위상의 정립을 통해 이루어질 수 있을 것이다. 한국 기독교의 자기위상 정립은 안으로 한국 사회가 안고 있는 민족적 시대적 과제에 기독교적 물음과 답변을 성실히 제시하는 한편, 밖으로는 인류의 공동관심사에 세계 기독교와 함께 당당히 동참함으로써 가능할 것이다. 이러한 몇 가지 전제를 깔고서 아래에서 한국 기독교의 자기위상 정립문제에 접근하겠다.

1. 자기정체성과 해외선교

이웃 나라의 크리스천으로부터 저자가 여러 번 받은 질문은, 한국 교회의 놀라운 성장의 배경(원인)이 무엇인가라는 것이다. 그럴 때마다 이렇다 할 답을 주지 못했다. 저자에게는 그 질문이 한국 교회사에서 발견할 수 있는 한국 기독교의 정체성이 무엇인가라는 것으로 해석되었는데, 그것이 곧 한국 기독교 성장의 원인(배경)으로 지목되었기 때문이다.

저자는 한국 교회사에서 발견되는 많은 부정적인 측면을 지목한 바 있지만, 그 못지않게 긍정적인 점도 발견할 수 있었다. 그 긍정적인 점은, 수용상의 자주성, 성경중심주의, 신학・신앙의 경건성 및 민족・민중주의적 성격 등으로 거론할 수 있겠는데, 그것을 한국 기독교의 정체성으로 일단 이해하고자 한다.

첫째 수용상의 자주성은, 신부나 선교사가 내도(來到)하기 전에 복음이 수용되고 신자가 생겼다는 데서도 찾을 수 있다. 그것은 천주교나 개신교가 공통되는 것으로, 앞에서 이미 살폈다. 한국 선교 초기에 시행된 정책은 자전(自傳), 자립(自立), 자치(自治)를 골간으로 하는 소위 네비우스 방법(Nevius methods)이었다. 초기의 신자들은 복음서를 들고 시골길을 달렸으며 신앙공동체를 이루고 교회당을 스스로 건축했다. 그러나 제1세계 선교사들에 의해 지속된 신학교육과 일제의 교묘한 기독교정책은 한국 기독교의 신학·교육·정치면의 자주성과는 거리가 먼 것이었기 때문에 수용상의 자주성에도 불구하고 한국 기독교는 해방 이후까지도 구미 기독교의 강력한 영향 아래 있었다.

둘째 성경중심주의는 종교개혁 때부터 계승된 개신교적 전통으로서 한국 교회에서는 선교사가 오기 이전에 성경이 번역되었고 한국인에 의해 그것이 배포되어졌다는 데서도 발견된다. 만주와 일본에서 번역된 단편성경은 한국인의 놀라운 반응을 불러일으켰다. 단편성경으로 만족치 못한 한국인들은 성경의 완전한 번역을 요구하였다. 선교 개시 6년 만에 작성된 한 선교보고서는 이렇게 전한다.

> 한문성경 외에는 현재 일부의 성경만이 이용될 수 있는 상황이기 때문에 가능한 한 빨리 성경을 번역해 달라는 한국인들의 간절한 요구(crying need)가 있다.[36]

그들은 '완통 번역한 성경'을 가물 때에 비 기다리는 것과 같이, 배고픈 자가 먹을 것을 기다리듯이 간절한 마음으로 사모하였다. 그들은 성경을 읽기 위해 한글공부에 노력하였고, 성경을 공부하기 위해 사경회(査經會)를 개최하였는데, 1902년 평양에서 열린 사경회에 목포·무안의 신자들이 참석했던 그러한 성경에의 열심이 그후 한국 기독교의 부흥운동으로 연결되었다. "하나님의 말씀은 스스로 역사하는 능력이 있다"고 하면서 성경을 정확 신

36) *Annual Report of the Foreign Missionary Society of M. E. C. for* 1891, p. 274.

속하게 번역 출판하기에 노력하던 한국 기독교의 예상이 그대로 적중하여 한국 교회의 놀라운 성장을 결과하였다. 지금도 하나님의 말씀의 영양분을 꾸준히 공급받는 교회가 성장하고 있다는 평범한 진리는 그대로 적용되고 있다.

셋째 신학·신앙의 경건성이다. 20세기초의 미국에서 전래된 근본주의신학은 그것이 갖는 한계성에도 불구하고 한국의 선교풍토에 근엄성을 더했고, 앞에서 본 한국 교회 특유의 성경중심주의는 이 경건성을 개신교적 전통으로 정착시켰다. 이것이 한국 기독교의 전반적인 경향으로서는 보수적인 신학·신앙으로, 생활에서는 금주·금연과 근면·절제 등 청교도적 생활로 나타났다. 특히 청교도적 생활은 기독교 신자를 비(非)신자로부터 구별하는 준거처럼 만들었다. 이것은 자칫하면 기독교 전파를 가로막는 요인이 되는 듯이 보였으나, 오히려 그것으로 봉건적 구습을 개혁하는 역군으로서의 개신교도의 이미지를 세우기도 하였다. 신학·신앙의 경건성 고집은 때로는 폐쇄적·교조적으로 되어 그 다양한 발전을 저해하였으나, 한국 기독교는 세계 기독교와의 부단한 교류를 통하여 교조성·폐쇄성을 극복하고 자기개혁을 추구해 갔던 것이다. 개인주의적이요 내세지향적이었던 한국 보수주의신학이 1970년대에서 1980년대의 시련을 통해 신학과 신앙의 경건성을 유지하면서 비로소 사회의식과 하나님 나라의 현존화에 눈뜨게 된 것은 진보주의로부터의 부단한 자극과 세계복음주의와의 대화 때문이었다고 생각된다.

넷째 민족주의적 성격이다. 개신교가 전래되던 시기가 반봉건 사회개혁과 반침략 자주독립의 과제를 추구하던 시기였던 만큼, 한국 기독교 또한 이 민족사적 과제를 외면할 수 없었다. 따라서 기독교는 한말에는 반봉건 항일운동에, 일제하에서는 때로는 소극적인 때도 있었지만 민족민주운동에 노력하였다.

한국 기독교의 정체성 문제와 관련, 특기할 사항이 있는데 그것은 새벽기도의 전통이다. "새벽기도회는 서양의 기독교에서는 물론 한국을 제외한 동양 기독교에서도 찾아볼 수 없는 한국 교회의 독특한 집회형태로 발생 발전하여 토착화된 기독교 신앙"의[37] 한 형태로, 그 기원은 카톨릭 등 서양 기독

---

37) 《基督教大百科辭典》 8권, 기독교문사, 1983, p. 902.

교에서 찾기보다는 "한국적 종교문화에서 자연발생적으로 이루어진 신앙유형으로 해석"되고 있다. 새벽기도회는 일찍이 선교(仙敎)에도 심취된 바 있는 길선주(吉善宙)에게서 시작되었는데 이것이 1907년의 대부흥운동을 일으키는 계기가 되었다고 다음과 같이 증언된다.

> 선생은 入信 처음부터 기도와 성경연구를 힘썼다. 선생은 기도의 人이었나니 매일 3회 定時의 기도가 있었다. 특히 새벽에는 일찍 깨여 日日의 事를 기도로 써 하나님께 의논하고 20분간 《묵시록》 전편을 암송하고 仙修式體操를 행하고 오정과 밤에 定時기도가 있었다. 1906년 秋에 章(臺)峴教會 조사 시무할 때에 朴致錄 장로와 함께 새벽기도를 시작한 지 月餘에 크게 은혜됨으로 이를 당회에 청원한 지 수차만에 당회 결의로 전교회가 새벽기도를 계속할 새 교인들이 새벽 종소리만 들어도 울면서 예배당에 나왔다. 이리하여 시작한 새벽기도가 1907년 대부흥에 준비기도가 되였던 것이니 전세계에 새벽기도회는 선생으로부터 비롯한 것이다.[38]

처음에 개인적인 신앙수련으로 시작된 새벽기도회는 대부흥운동을 통해 전국적으로 확대되었고, 일제하에서는 한국 기독교인들이 민족을 위해 기도하는 시간대가 되었으며, 한국 교회가 기도하는 교회로서 성장·부흥하는 중요한 촉매제가 되었다. 이 신앙의 전통은 오늘날 한국 기독교인들이 가는 곳마다 세계로 뻗어가고 있다.

위에서 거론한 한국 기독교의 정체성은 세계 기독교사 특히 제3세계를 향하여 중요한 의미를 던지고 있다. 특히 기독교세가 구미계에서 제3세계로 넘어가는 이 과도기적 길목에서, 한국 기독교가 쌓아온 자기정체성은 구미계에는 반성의 계기를, 제3세계에는 미래상의 한 모델로 제시될 것이다.

한국 교회의 정체성의 문제는 제3세계에 대한 책임으로 간주하고 있는 해외선교와 관련시킬 때, 선교에서 구축해야 할 교회의 미래상을 제시할 수 있다는 점에서 중요한 의미를 갖는다. 더구나 외국인들에 의해서 세계 선교의 메카처럼 소개되는 한편, 실제로 해외선교에 열을 올리고 있는 한국 기독교는 자기정체성의 경험을 기반으로 제3세계의 피선교국에도 그들 나름대로의 정체성을 확보시킬 수 있는 선교의 방법을 세워야 한다는 것이다.

---

38) 金麟瑞, 〈靈溪先生小傳 後篇〉, 《信仰生活》 5-1(1936. 1), p. 28; 《基督教大百科辭典》 8권, p. 902.

한국 기독교는 1912년 이래 해외선교를 계속하였다. 즉 1912년 장로교단이 전국 규모의 총회를 조직하면서 그 기념사업으로 중국 산동성(山東省) 내 양현(萊陽縣) 일대를 선교지역으로 하여 1957년 중국 당국에 의해 방지일(方之日) 목사가 추방될 때까지 계속하였는데, 전성기에는 그곳에 58개의 교회당, 천여 명의 세례교인이 있었고, 한때는 출석교인 3,200여 명, 경영하는 학교가 19개에 이르기도 하였다. 산동선교가 타(他)문화권을 향한 선교라면, 같은 시기에 해외에 있는 한국인 교포를 위한 선교도 진행되었는데 미주(美洲)·일본은 물론 상해·만주 등에도 있었다.

한국의 해외선교는 1970년대부터 한국인의 해외진출에 따라 급속히 발전하였는데 한국인 교민 상대의 해외선교를 제외한 타문화권 선교의 현황은 1987년 현재 대체로 40여 개국에 600여 명을 넘는 것으로 집계되고 있다.[39] 이 숫자는 1884년 이래 100여 년간 세계 각처에서 한국을 다녀간 선교사 1,950여 명에 비하면 적은 숫자이지만 선교사 지망이 점차 줄어드는 세계 기독교계의 추세에 비추어보면 적은 숫자가 아니다. 더구나 제3세계에서의 백인선교사가 점차 경원시되고 있는 이 시점에서 한국인 선교사가 갖는 위치는 새롭게 평가되고 있는 실정이다. 따라서 한국 기독교가 대단히 열을 올리고 있는 해외선교는 과거 제국주의국가들의 선교사들이 취했던 그 전철을 밟지 않도록 해야 할 것이며, 한국 기독교의 정체성에서 나타난 긍정적인 내용을 토착선교지에 확산시키도록 노력해야 할 것이다. 그런 의미에서 피선교의 기간에 형성되었던 한국 기독교의 자기정체성은, 해외선교를 한국 기독교의 중요한 과제로 삼고 있는 이 시점에서, 하나의 중요한 선교적 모델로 삼을 수 있을 것이라 생각한다.

2. 인권운동과 민중신학

기독교는 인간을 하나님이 그의 형상을 따라 창조한 존재로 믿기 때문에 인권(人權)을 천부적인 것으로 파악한다. 예수의 말씀과 같이, 인간은 온 천

39) 이 점과 관련, 전재옥, 〈한국교회의 선교현황과 선교전략〉, 《빛과 소금》 1988 1월호, p.67에서는 "80년대에 파송된 선교사들이 86년 필자의 조사에는 511명 중 云云"이라는 지적이 있고, 아시아연합신학원(ACTS)의 선교학 교수 M.L. Nelson은 저자의 질문(1988. 11.13일자)에 47개국 600여 명이 넘는다고 답한 바 있다.

하를 주고도 바꿀 수 없는 지중한 존재임을 기독교는 주장한다. 그러한 인간관은 기독교가 전파되는 곳에 인간의 존엄성과 개성을 바탕으로 한 인권사상으로 나타났다. 한국의 경우, 기독교가 수용되던 초기에 죄형법정주의(罪刑法定主義), 남녀평등, 반상(班常)의 계급타파 등이 기독교에 의해서도 추진되었다.

인권문제가 기독교와 밀접한 관계를 맺게 된 것은 1970년대 특히 유신정권(維新政權)하에서다. 1970년대, 통치사적으로는 유신정권의 탄생으로 자유민주주의가 압살당하여 민족사에서 암흑과 치욕의 한 장을 이루었던 시기였지만, 반독재민주화투쟁의 시각으로는 "역사의 참다운 추진세력이 이제 '민중'이라는 명확한 이름이 붙여져 역사의 무대 위로 부상하여 드디어 역사변혁의 주역으로서의 역량을 과시하기 시작한 시기"였던[40] 그때에, 한국 기독교는 1950년대의 정교유착(政教癒着)했던 그 오예(汚穢)와, 1960년대의 침묵과 타협으로 엉거주춤했던 저 굴종을 벗어버리고 성육(成肉; incarnation)의 고통을 새롭게 체험하는 시기였다. 한국 기독교의 대부분의 보수세력이 안주와 타협의 길을 택하고 있을 때 성육의 고통에 참여한 것은 한국 기독교의 '적은 무리'였다.

1972년 10월 유신정권이 나타나자, 그전부터 박(朴)정권의 독재에 항거하던 기독교의 진보세력은 1973년 4월 22일의 남산(南山) 부활절연합예배를 계기로 몇몇 기독교 기관들을 중심으로 민주회복과 언론자유를 부르짖으며 유신체제에 첫 도전을 감행하였다. 이 무렵 NCC는 한 연구협의회의 분과토의보고문에서 종래의 한국 교회가 사회에 대해 가졌던 자세를 두고 뼈저린 반성과 새로운 각오를 해야 한다고 다음과 같이 피력하였다.

> 기독교가 지금까지 사회적 부정에 대해 무관심했으며 소외되고 힘없는 가난한 계층의 편에 교회가 서지 못했다는 것을 솔직히 우리는 인정했다. 그러나 이제부터라도 교회는 눌린 자의 편에 서서, 교회의 모든 자원을 동원해서 그들의 주권의식 개발에 이바지하며, 그들의 자주적인 해방운동과 발전을 뒷받침해야 한다.[41]

---

40) 김창락, 〈민중의 해방투쟁과 민중신학〉(Ⅰ), 《신학연구》 제28집, 한신대출판부, 1987. 9., p. 69. 이하 민중신학 성립의 배경에 대한 설명은 이 논문에 의거했음.
41) 《1970년대 民主化運動 Ⅰ, Ⅱ, Ⅲ》, 한국기독교교회협의회 인권위원회 편, 1987,

이어서 NCC는 1973년 11월 23일부터 24일에 인권협의회를 개최, '인권선언'을 발표했는데 우리는 이 선언에서 향후 한국 기독교가 취해야 할 인권운동의 기본골자를 다음과 같이 발견한다.

1. 억눌린 자들을 해방시키는 복음적 교회가 되기 위하여 교회의 내적 갱신을 기한다.
2. 교회는 개인의 영혼구원에 힘쓸 뿐만 아니라 구조악으로부터 인간을 구출하기 위하여 사회구원에 힘쓴다.
3. 교회는 인권확립을 위하여 교회의 자원을 집중시킨다.[42]

유신정권에 항거하면서 NCC는 한국 기독교 각계의 분출하는 여론을 결집, 1974년 4월 11일 '인권위원회'(人權委員會)를 발족시켜, 기독교 안팎의 인권유린 사태를 조사하고 적절한 대책을 세워갔다. 이해 7월 26일에는 '천주교정의구현사제단'(天主敎正義具現司祭團)이 발족되어 개신교의 인권위원회와 제휴, 반독재민주화투쟁을 제고시켜 나갔다. NCC인권위원회가 중심이 되어 전개했던 인권운동은 저 암울했던 시기에 인간존엄을 확인하는 유일한 불빛이었다. 정치적 고문에 대한 항거와, 산업화에 의해 소외되고 있던 근로계층을 위한 분배정의운동(分配正義運動) 등 기독교 인권운동은 진보적인 신학이론에 발맞춰 폭넓게 전개되었다.

1970년대 이래 유신정권과 제5공화국을 거치면서 인권과 민주화, 체제 밖으로 던져진 민중을 두고 고민하던 한국 기독교는 '민중신학'(民衆神學)을 형성 발전시켰다. 앞에서 말한, 인권위원회를 중심한 인권운동이 기독교계의 반독재·민주화투쟁이라면, 민중신학은 그러한 투쟁과정에서 형성된, 다시 말하면 1970년대의 민중운동에 대한 기독교신학의 응답으로 나타난 것이며, 그 투쟁을 신학적으로 뒷받침하는 사상이었다. 민중신학은 이런 의미에서 처음부터 반독재·민주화투쟁에 앞장섰던 신학자들의 실천성을 밑바탕에 깔고 출발한 일종의 행동원리였다.

종래의 신학이 하나님의 존재와 그 속성, 인간과의 관계를 규명하는 데서 시작된 것이라면 민중신학은 하나님의 형상으로서의 인간이 죄와 비참, 소

---

p. 239, 김창락, 위의 글, p. 90 재인용.
42) 위의 책, p. 299, 김창락, 위의 글, p. 91 재인용.

외와 억압, 착취와 고통의 상태에 있음을 직시하고 바로 그러한 인간(민중)의 적나라한 존재상태를 연구의 제일 과제로 삼고 출발한 학문이다. 그러기에 민중신학은 한국적 상황의 인권과 민중의 한(恨), 민주화의 과제가 중요한 내용이 될 수밖에 없었다.

민중신학에서 내세운 '민중'이란, 법의 보호를 받을 수 있는 오늘날의 '국민'의 뜻에 해당되면서 어떤 통치적 공동체에 속하는 라오스(Laos)를 지칭하는 것이 아니라, 예수 당시 "그 사회에서 일정한 지위를 가졌거나 경제적으로 정착한 계층이 아니며", "당시의 체제에서 정죄받고 소외당한 계층"인 오클로스(Ochlos)를 의미했다.[43] 한국의 민중신학이 오클로스를 신학의 대상으로 삼음으로써, 산업화와 유신정권의 시대에 처했던 한국의 민중을 오클로스와 동일시했다는, 의식의 저변을 이해할 수 있다. 한국의 민중들은, 민중신학의 관점에서 보면, 체제 밖에 내던져졌으며 체제의 무관심과 착취의 대상이 되어 있다는 것이다.

그러나, 그러기에 그들은 하나님의 따뜻한 관심의 대상이었다. 그들로 하여금 역사의 주체로 세우고자 하는 것이 하나님의 뜻이다. 민중신학은 바로 오클로스적 존재인 한국의 민중을, 체제 밖에서부터 하나님의 관심권으로, 역사의 객체됨에서 주체됨으로 바꾸려는 신학적 움직임이다. 인권위원회를 중심으로 한 기독교의 반독재·민주화투쟁의 '적은 무리'가 이 과제를 감당해 갔던 것이다. 민중신학은 남미의 해방신학의 영향을 받았지만, 한국인이 자신의 고뇌와 상황을 최초로 신학화했다는 점에서 한국 기독교사에는 물론 세계 기독교사에도 일정한 의미를 갖는다고 생각된다.

한국의 인권운동과 민중신학은 이미 국외에 웬만큼 소개되었을 뿐 아니라, 국제적인 연대하에서 지속적으로 전개 발전될 수 있었다. 이것들은 민족해방운동을 중요한 신학적 과제로 삼고 있는 제3세계의 정치신학계에 중요한 관심사가 되고 있을 뿐만 아니라, 학문적으로는 "민중신학이 일정한 상황에서 나온 독자적인 신학이면서도 동시에 세계적으로도 타당한 신학적인 구상이라고 생각"된다는 평가와,[44] 제1세계 신학자들은 물론 송천성(C.

43) 안병무, 〈예수와 오클로스——마가복음을 중심으로〉, 《民衆과 韓國神學》, NCC 神學硏究委員會 편, 1982, p. 91.

44) 이것은 EMW(Evangelisches Missionwerk, 독일연방공화국과 서베를린에 있는

S. Song;宋泉盛) 같은 제3세계 신학자의 저서에서[45] 나타나는 민중신학에 대한 인식에서 우리는 세계 기독교사에서의 위치를 감지할 수 있다. 특히 제2차 세계대전 때에 히틀러에 대항하여 투쟁한 독일의 고백교회(告白敎會)가 다음과 같은 평가를 내렸다는 것은 인권운동과 민중신학이 한국 기독교를 세계 기독교에서 어떠한 자기위상을 갖게 해주었는가를 암시해 주는 것이라 생각된다.

> 독일 고백교회의 투쟁은 기껏해야 교회내적인 투쟁이었으며 주로 사이비 교회에 대항한 신학적 논쟁에 그치고 말았다. 이에 반해서 현재 한국의 기독교회는 억압받는 자들을 위하여 반독재 인권운동과 가난한 자들을 위하여 사회정의의 실현운동을 전개하고 있는 점에서 독일 고백교회보다 훨씬 앞서고 있다.[46]

V. 맺는 말

지금까지 우리는 제1, 제3세계에서의 한국 기독교의 위상을 검토하는 과정을 통해 어설프게나마 한국 기독교를 드러내보이려고 하였다. 그 결과 한국 기독교는 1970년대초까지 제1세계 기독교의 강력한 영향 아래 있었었고, 1970년대부터는 비록 세계의 영향력이 크게 미치긴 하였지만 때로는 그것을 제어해 가면서 자신이 체험한 숱한 고뇌스러운 문제들을 통하여 점차 자생력을 키워가고 있다는 것을 어렴풋이 확인할 수 있었다. 그 확인이 뚜렷하지는 않지만 매우 소중하다고 생각된다. 그 확인은 한국 교회가 자기정체성을 서서히 정립해 가는 한편 해외선교에 나섬으로써 어제까지 받기만 하던 자세를 줄 수 있는 자세로 전환하고 있으며, 자신의 문제를 외면하고 오히려 외래의 신학·신앙에 도피하려고 했던 어제까지의 자세에서, 민중신학의 신학화의 과정에서 보여주었듯이, 자기신학화의 작업을 통해 자신의 문제에 정직하게 맞서겠다는 의지를 갖게 되었다는 것이다. 이것은 곧 한국 기독교의 자주화를 위한 장정(長征)의 시작으로 보아야 할 것이다.

선교단체·교육기관·연구기관·성직자 등으로 구성된 초교파적 기구)라는 신학위원회의 연구보고서의 일절로 최근에는 김창락 박사로부터 입수하였다.

45) 宋泉盛, 《아시아 신학이야기》, 李德周 역, 분도출판사, 1988, pp. 265ff.

46) 김창락, 앞의 글, p. 71.

이제 우리는 세계 기독교가 제3세계로 기울어지는 추세를 보면서 우리 세대의 기독교가 수행해야 할 과제를 떠올리고 이 글을 끝맺고자 한다. 그것은 곧 교회의 일치요, 지역·계층간의 화해요, 민족의 통일이다. 이것은 인권·민주화의 과제와 함께 한국 기독교와 사회가 해결하지 않으면 앞으로 얼마나 더 괴로움을 당해야 할지 모를 그러한 과제들이다. 이미 한국 기독교는 걷잡을 수 없는 분열과 파쟁을 거듭한 지 오래다. 교회의 파쟁은 지역·이데올로기에 의해 갈등을 빚고 있는 우리 사회와 민족에 그 분열을 선도하는 결과를 가져왔다. 최근의 연구로는, 기독교가 이러한 민족분열과 이데올로기의 대결에 편승해 분단고착에 영향을 미쳤다고 지적되고 있는 실정이다.[47] 한국 기독교는 자체를 분열시켰을 뿐만 아니라 민족분단의 책임을 면치 못하게 되었다. 따라서 최근 한국 기독교가 통일문제를 적극적으로 수용,[48] 통일을 위한 기독교의 메시지를 독자적으로 선언하게 된 것은 이같은 책임을 통감하였기 때문이다. 그것이 1988년 2월 29일 한국기독교교회협의회에 의해 결행된 '민족의 통일과 평화에 대한 한국기독교회 선언'이다. 우리는 이 선언의 내용에 대해 일일이 소개할 여유를 갖고 있지 못하지만, 다만 이 선언이 과거의 어느 통일관계 선언보다 화해와 일치, 용서와 죄책고백 등에 앞서 있다는 것만 지적하고자 한다.[49]

기독교는 예수 그리스도를 통하여 하나님과 인간간의 원수된 관계를 화해시킬 뿐 아니라, 인간과 인간, 지역과 지역, 민족과 민족간의 화해를 추구하는 가르침이다. 오늘날 동서와 남북, 계층간, 이데올로기 등으로 갈등과 분열을 겪고 있는 우리 민족에게 한국 기독교는 자신이 먼저 용서와 화해로써 평화와 일치의 모범을 보여주어야 할 무거운 책임을 지고 있다.

(《韓國史 市民講座》 4집, 일조각, 1989)

---

47) 朴淳敬, 《민족통일과 기독교》, 한길사, 1986, p. 28.

48) 한국 기독교가 NCC를 중심으로 1980년 이래 통일문제를 두고 노력한 점에 대하여는 노정선, 《통일신학을 향하여》, 한울, 1988, pp. 39ff 참조.

49) 이 선언의 분석에 대하여는 노정선, 〈민족의 통일과 평화에 대한 한국기독교회 선언 고찰〉, 위의 책, pp. 39~55 참조.

한말 러사아 정교와 그 教弊문제

I. 머 릿 말

한국 기독교사연구에서 그동안 중점적으로 다루어진 것이 있다면, 개화·반봉건운동과 자주·반외세·민족독립운동과의 관련문제였다. 기독교가 한국에 수용 발전된 시기가 개화와 자주, 근대화운동과 민족독립운동이 요청되는 시기였고, 또 기독교는 그러한 시기에 민족사의 요청에 부응하는 역할을 일정하게 수행해 왔기 때문이다.

저자도 그런 관점에 서서 몇 편의 글을 발표한 바 있고,[1] 그 방면의 연구를 계속하고 있다.

그러나 그러한 연구에서 우리는 의식하지도 못한 채 기독교의 긍정적 측면만 보고 강조하는 입장에 서게 되었다. 연구에 따라서는 간간이 비판적이고 부정적인 사례들을 지적한 바 있지만, 연구의 테마에서나 전체적인 시각에서 기독교의 개화적 독립운동적 측면을 강조한 나머지 그 부정적인 역할을 연구하는 데에는 적극적이지 못하였다고 생각된다. 이것은 오늘날의 기독교와의 관련하에서도 반성되어야 할 문제이다. 오늘날의 한국 기독교가 아직도 외세의존적이고 자기사회의 문제에 깊은 관심을 갖지 않거나 혹은 국외자적인 입장을 견지하려고 고집하는 것이 있다면, 그것은 한말 이래 기독교의 부정적 측면이 계승시켜 온 유산과 무관하지 않다고 생각되기 때문이다.

한말 기독교가 외세의 침투와 더불어 도입되고 외세에 뒷받침되어 그 교

---

1) 이만열, 〈한말 기독교인의 민족의식 형성과정〉, 《한국사론》 제1집, 1973; 〈한말 개신교인의 민족의식 동태화 과정〉, 《민족주의와 기독교》, 1981. 이 책에 수록됨.

권이 확대되어 가자, 진실한 의미에서 이 새 가르침에 귀의한 자도 많았지만, 때로는 외세에 뒷받침된 이 종교에 편승하여 생명과 재산을 보전하거나 자세(藉勢)하여 권세를 행사해 보려는 자도 없지 않았다. 특히 동학운동에 참여했던 과거를 가진 자들에게는 관의 화망(禍網)을 피하고 성명(性命)을 보전하기 위하여 '외국교'(外國敎)에 입교하는 것이 절실한 문제였다. 여기에서 외국교에 자탁(藉托), 자세하는 문제가 제기되었고, 심지어는 외국교에 의탁하여 불법 비리를 자행하는 경우가 허다하였다. 이로 인하여 한말에는 사회문제가 심각하게 제기되었다.

이러한 경향은 기독교로 범칭(汎稱)되어야 할 구미계 종교의 경우에 더 흔하게 나타났다. 천주교는 말할 것도 없고, 야소교(耶蘇敎 ; 예수교)로 불린 개신교에도 흔하게 나타났으며, 이 글에서 취급한 희랍교, 즉 러시아 정교회(正敎會)에서도 나타났다. 러시아 정교회의 경우, 러시아 세력이 증대되었던 1890년대말과 1900년대초에 심하게 나타났다. 이 연구는, 그러니까 한말 기독교 일반의 외세의탁 문제를 취급하려는 극히 적은 한 부분에 속한다고 할 수 있다.

저자는 이 문제를 연구하기 위해서 오랫동안 광범하게 자료를 수집하였다. 특히 규장각(奎章閣)에 소장되어 있는 구한말 관청문서는 거의 섭렵하였다. 그밖에도 외교문서와 신문, 한말 여러 목격자들의 기록 등도 검토하였다. 자료의 수집과정에서 이 문제의 연구가 단순하지 않다는 것을 느꼈다. 이 논문의 범위를 일단 러시아 정교에 국한한 것은 이 때문이다.

Ⅱ. 러시아 정교의 전파

초기 로마제국에 전파 발전된 기독교는 동서 로마의 정치적 분열에 따라 로마카톨릭과 그리스 정교로 나누어졌다. 동방의 기독교로 발전한 그리스(희랍) 정교는 뒷날 러시아의 보호와 진흥책에 힘입어 러시아 지역에서 발전하게 되었는데, 그리스 정교를 러시아 정교로 서로 바꾸어 부르는 이유가 여기에 있다. 러시아 정교는 19세기말 러시아의 한국 진출과 더불어 선교의 기회를 갖게 되었다.

러시아는 1884년에 체결된 한로수호통상조약(韓露修好通商條約)에 의해 우리나라와 외교관계를 맺게 되었다. 그 이듬해 비준서가 교환된 뒤, 러시아에서는 한국에 상주공관원이 부임하였다. 1889년 서울주재 러시아공사관의 직원인 시우이스키(Siouisky)와, 1897년 부영사로 있던 폴리아노프스키(Polianovsky)는 각각 본국 정부에 보낸 보고서에서 한국내에 거주하고 있는 러시아인들과, 정교인이 된 러시아 국적 취득의 한국인들을 위해 선교부의 설립과 선교의 필요성을 강조하였다.[2] 이 보고는 러시아정부와 정교회에 관심을 불러일으켜, 마침내 정교회 공의회에 이 보고서가 회부되었다. 그리하여 1897년 6월 20일 러시아 황제 니콜라이(Nicholai) 2세는 칙령을 내려 서울에 선교하도록 명했고, 러시아 정교회는 1897년 7월 2일에서 4일에 열린 공의회에서 러시아 정교회 공의회 주관하에 서울에 정교회 선교부를 설치하도록 결의하였다.[3]

이 결의에 따라 암브로시우스 구드코(Ambrosius Gudko) 수사 대신부를 책임자로 하여, 니콜라이 알렉세예프(Nicholai Alexeyef) 보제와 송영자(誦詠者) 크라신(Krasin)으로 선교단이 조직되었다. 1898년 암브로시우스 일행은 교회당에 필요한 장치물들과 성기물(聖器物)을 가지고 러시아를 출발했으나, 이 무렵 악화된 한로관계로 암브로시우스와 크라신은 입국하지 못하고 되돌아갔고, 니콜라이 보제는 블라디보스톡 남쪽 프리모스스크 지역의 키예프스크 군부대에 머물다가 1898년 한국에 들어오게 되었던 것이다.

러시아 정교회가 한국에 선교를 시작한 것은 한국에서의 러시아 세력의 증대와 깊은 관련이 있다. 러시아는 웨베르(Waber, 韋貝) 등의 주한 러시아공사의 활약과, 청일전쟁 후의 삼국간섭으로 증대된 영향력을 배경으로 한국 조정내에 친로파를 형성시켜 나갔다. 친로파 이범진(李範晋), 이완용(李完用) 등은 러시아공사 웨베르와 짜고 인천(仁川)에 와 있던 러시아 수병 100명을 서울에 옮긴 후, 을미사변(乙未事變) 등으로 일제에 대해 공포와 염증을 느끼고 있던 국왕을 설득, 1896년 2월 11일 아관파천(俄館播遷)을 단행했던 것이다. 을미사변 후에 조직된 김홍집(金弘集)내각은 붕괴되고, 박정양(朴定陽)을 수반으로 내세우며 이범진・이윤용(李允用)・이완용・윤용선(尹容

2) 〈성 니콜라스 한국정교회 주보〉 제1228호(1985년 7월 14일자).
3) 〈성 니콜라스 한국정교회 주보〉 제1229호(1985년 7월 21일자).

善) 등이 주축이 된 친로내각이 성립되었다. 고종은 넓은 대궐을 두고 협착한 러시아공사관에서 1년간이나 유폐생활과 거의 다름없는 상태에서 정무를 보게 되었다.

우리는, 이 무렵에 러시아의 세력이 급속히 확장되어, 재정고문 알렉세프(K. Alexeev)를 비롯해서 러시아인들이 내도(來到)하였고, 공사관 보호를 구실로 이동해 온 러시아 수병들도 계속 주둔하고 있었으며, 이때를 전후하여 광산·임업 등의 각종 이권이 러시아의 간섭과 압력에 의해 각국에 강탈되었음을 알고 있다.[4)]

아마도 이때 공사관 거주 러시아인들과 러시아 국적 취득의 한국인들의 종교적 욕구는 물론, 한국에서 증대된 그들의 영향력을 선교라는 명분을 통해 종교적으로도 쐐기를 박기 위해 한국 선교를 결정, 앞서의 선교사를 파견하기로 했던 것이다.

그러나 독립협회의 활동과 열강의 압력에 의해 러시아는 더 이상 한국국왕을 그들의 공사관에 머물도록 할 수 없었다. 1897년 2월 25일 고종은 경운궁(慶雲宮)으로 환궁하게 되었고, 이해 8월 10월에는 '광무'(光武) 연호를 제정하고 황제즉위식을 가졌다. 이렇게 한국정부가 독립협회와 한국 민중들의 자극과 격려를 받아 자주권을 강화하게 되자 한로관계는 점차 소원해지기 시작하였다.

주지하는 바와 같이, 독립협회의 대(對)러시아 자주권 수호운동은 러시아공사 스파이에르(A. Speyer)의 절영도조차(絶影島租借) 요구와, 1898년 3월 1일부터 그 업무를 개시한 바 있는 한로은행(韓露銀行)에 대한 반대에서 시작된 것이다. 이 운동은 만민공동회(萬民共同會)의 지원을 얻어, 러시아공사 스파이에르의 위협에 대항, 1898년 3월 11일에는 정부가 러시아의 재정고문과 군사교관을 물러가도록 요청하게끔 이끌었고, 3월 17일 제정 러시아는 한국민의 여론과 압력에 굴복, 재정고문과 군사교관을 귀환하도록 훈령했다. 그리하여 1898년 3월 19일 정부는 러시아 군사교관을 해고하고, 재정고문 알렉세프도 해임, 여비를 지급하여 러시아로 귀환토

4) 그 구체적인 사례로, 러시아가 압록강 연안과 울릉도의 삼림채벌권, 경원·종성의 채광권, 서울·원산간의 전신권을 Siberia선에 연결하는 권리 등을 갖게 되자, 구미열국은 이권배분의 평등을 요구, 철도·광산 등의 이권이 그들에게 넘어갔다.

록 했으며 이어서 4월에는 한로은행도 폐쇄되었던 것이다.

앞서 말한, 러시아 정교회의 암브로시우스를 비롯한 선교단 일행이, 한로관계의 악화를 이유로 한국에 들어오지 못하고 귀환하거나, 그중 니콜라이 보제만이 늦게야 입국하게 된 것은 1898년초의 한로관계에서 야기되었던 저간의 상황 때문이었을 것으로 추측된다.

암브로시우스 일행이 입국하지도 못하고 되돌아간 후, 한국 선교사절단의 대표에는 카잔의 신학아카데미 출신으로 신학박사이기도 한 크리산프 세헷호프스키 수사 대신부가 임명되었고, 송영자로는 크리산프의 동창이며 친구인 요나스 레프헨코가 임명되었다. 그들은 1900년 1월초에 한국에 도착하였다고 한다.[5]

러시아 정교회에 관한 기록이 우리측 문헌에 나타나는 것은 이 무렵이다. 《황성신문》(皇城新聞)은 《조선신보》를 인용하여 〈아인선교〉(俄人宣敎)라는 제하에,

> 俄國은 한국에 포교할 차로 하리데산브씨로 선교사장을 삼고 수명 선교사를 附하야 京城에 派遠키로 決하얏더라.[6]

고 하였다.

입국할 때에 이미 성당의 내부 시설물과 성화들을 가져온 그들에게는 자그마한 성당이라도 필요하였다. 러시아 영사 파블로프(巴禹路厚)는 그의 저택에 50명에서 60명을 수용할 수 있는 방을 제공, 예배처소로 삼게 했다. 당시 러시아공사관 안에 있던 그 처소는 '희랍교 교당'이라 불렀다.[7] 그리하여 1900년 2월 17일 주일, 티론의 성 테오도로스 대순교자의 축일에 소성당 축성식이 있게 되었다. 이 축성식에는, 러시아로부터 온 '용맹'호의 선원들이 성가를 불렀고, 한국내에 거주하는 러시아인들 외

---

5) 〈성 니콜라스 한국정교회 주보〉 제1207호(1985년 2월 17일자). 그런데 당시 희랍교 선교사들의 입경 소식은 3월말경에야 알려졌던 것으로, 《황성신문》 3권 65호(1900년 3월 27일자)에는 〈俄國希臘敎의 入京〉이라는 제하에 "俄國希臘敎師가 向日 入京하야 該國 公使와 함께 陛見하얏다는데 現今 俄館에 在하야 去日曜에 禮拜를 行함에 入敎한 男女의 數가 不少하다더라"고 보도하였다.

6) 《황성신문》 3권 52호(1900년 3월 12일자). 그런데 《황성신문》에서 언급한 선교사장 '하리데산브'는 아마도 '크리산프'의 오인이 아닌가 생각된다.

7) 《데국신문》 3권 7호(광무 4년―1900년 4월 6일) 잡보 참조.

에도 대한제국 황실사절과 타국 외교단 대표들, 신문사 대표, 그밖의 인사들도 침석했다고 한다. 한국 정교회는 1900년 2월 17일의 이 축성식 성찬예배식과 함께 시작되었으며, 이를 한국 정교회의 기원으로 삼고 있다.[8)]

고문관 귀환과 한로은행의 폐쇄, 절영도조차권의 거부 등으로 한로관계가 악화되었다 하더라도 양국간의 관계가 단교에 이르렀거나, 한국에서 러시아의 외교상의 영향력이 급격히 소멸된 것은 아니었다. 1904년에 일어난 노일전쟁에서 러시아가 완전히 패배하기까지 러시아의 영향력은 한국에서 건재하였다. 때문에 희랍교사들의 입국과 그 활동은 아직도 러시아의 존재만큼이나 영향력 있는 사건으로 간주되었을 것이다. 희랍교의 전도가 시작되자 많은 사람들이 그 교에 들어가게 되었는데, "거(去)일요(日曜)에 예배(禮拜)를 행(行)함에 입교(入敎)한 남녀(男女)의 수(數)가 불소(不少)하다더라"고[9)] 《황성신문》에서 보도한 데 이어, 그 다음 주에는 《뎨국(帝國)신문》에서도 다음과 같이 보도하였다.

> 완고한 라마교나 야소교를 천주학이라고 하며 그 교에 들어가기를 원하는 자가 많지 않더니 근일 희랍교는 설시된 지가 불과 수삼주일이로대 그 교에 참입하는 사람이 심히 많다 하니 어느 교이든지 천주교는 일반이어늘 참 알 수 없는 일이라고들 한다더라.[10)]

이렇게 희랍교에 사람들이 많이 몰려들게 되자, "근일에 희랍교에 참입하는 사람은 돈을 얼마씩 준다는 말이 있어서 그 교로 들어가는 사람이 많다"는[11)] 소문이 돌게 되었고, 희랍교에서는 "풍설에 돈 준다는 말은 허언이니 그리 알고 다니라"고[12)] 그 소문을 부인하기까지 했던 것이다. 이러한 허언(虛言)과 소문이 돌게 된 것은, 당시 러시아의 세력이 조정에서 아직도 막강하게 작용하고 있었으며, 그 세력을 배경으로 희랍교가 들어왔기 때문이라고 생각된다. 이러한 경향이 뒷날 정길당(貞吉堂)사건 같은 것을 유발케 되었던 것이라고 본다.

---

8) 〈성 니콜라스 한국정교회 주보〉 제1207호(1985년 2월 17일자).
9) 《황성신문》 3권 65호(1900년 3월 27일자).
10) 《뎨국신문》 3권 76호(광무 4년-1900년 4월 9일) 잡보.
11) 《뎨국신문》 3권 79호(광무 4년-1900년 4월 12일) 잡보.
12) 위와 같음.

희랍정교가 들어오자, 러시아공사관에서는 외교적인 제스처로서 그랬든지 아니면 선교의 방편상 그랬든지, 선교사를 국왕에게 알현시키는[13] 한편, 일요일의 종교집회에 정부의 대관(大官)을 청하여 교회석에 임관(臨觀)시키기도 하였다.[14] 《황성신문》과 같이 《뎨국신문》도 같은 날짜로 이렇게 보도하였다.

> 희랍교 교당은 아라사 공사관 안에 있다 하는데 일전에 그 교당에서 정부 대관들을 청하는고로 여러 대신이 갔다 왔다더라.[15]

러시아공사관내에서 시작된 희랍정교회의 선교활동은, 앞에서 본 바와 같이, 큰 성과를 거두고 있었다. 러시아인들과 정교회에서 세례받은 러시아국적의 한국인들을 대상으로 체계적인 사목활동이 전개되면서 약 30명의 한국인들은 크리산프 신부의 지도를 받으며 한국인에게 전도의 교량 역할을 수행하고 있었다.[16] 그들은 또한 교당의 필요성을 느끼고 있었다. 선교가 시작된 후, 러시아공사관 안에 교당을 배설하고 전도하던 그들은 전도할 독립적인 처소가 필요하였는데, 새문고개에 희랍교당을 건축할 수 있는 대지를 확보했다.[17] 이 대지는 당시 배일친로적인 정책을 고수하고 있던 고종이 하사한 땅이었다.[18]

처음에 그들은 교당을 건축하고 그 곁에는, 이미 폐쇄된 한로은행을 대신하여, 북경 아청은행(俄淸銀行) 지점을 계획했던 것으로 보인다.

> 教堂과 銀行 : 貞洞 俄公使館 附近地에 俄國希臘教會堂을 建築하기로 基地를 今方 修治하는데 其傍에 一屋을 增築하야 北京의 俄淸銀行支店을 將設한다더라.[19]

아청은행 지점 설치건은 그 뒤에 '소문대로는' 진행되지 않았던 것으

---

13) 국왕을 알현한 기사는 《황성신문》 3권 65호(1900년 3월 27일자)와 3권 79호(1900년 4월 12일자)에 각각 보이는데, 후자의 기사는 다음과 같다. "俄使與教師 陛見 ; 再昨日 下午 三時半에 俄公使 巴禹路厚氏가 希臘教師를 帶同하고 陛見하얏더라."
14) 《황성신문》 3권 74호(1900년 4월 6일자, 금).
15) 《뎨국신문》 3권 74호(1900년 4월 6일자) 잡보.
16) 〈성 니콜라스 한국정교회 주보〉 제1230호(1985년 7월 28일자).
17) 《뎨국신문》 3권 109호(1900년 5월 18일자) 잡보.
18) 〈성 니콜라스 한국정교회 주보〉 제1230호(1985년 7월 28일자).
19) 《황성신문》 3권 117호(1900년 5월 26일자).

로 보인다. 이러한 보도가 있었던 것으로 보아 러시아는 한로은행의 폐쇄 이후에도 한국에 계속 금융진출을 기도하고 있었던 것으로 추측된다. 또 교당과 은행이 나란히 건축될 것이라는 사실에서 우리는, 제국주의국가들이 피식민국가에 진출시키고 있는 종교(교회)마저도 피식민국가의 경제적 수탈을 음우(陰佑)하는 기관일 수 있다는 가능성을 상징적으로 의미화해 주는 것 같아서 씁쓸해짐을 금할 수 없다.

이렇게 교당건축 대지를 확보한 후, 1901년에서 1902년에 걸쳐 희랍정교회는 러시아영사관 사택 앞에 선교사 사택과 통역자 사택, 그리고 정교회 관할의 한국인학교를 세웠고, 1903년에는 같은 장소에 미라의 대주교 니콜라스 성인에게 봉헌되는, 80명 수용 가능의 첫 성당을 세웠다. 이 성당은 1903년 4월 17일 크리산프 사제에 의해 축성되었다.[20]

교당을 세우는 한편 그들은 지방선교에도 노력하였다. 앞서 말한 바와 같이, 교당의 건축과 지방선교를 위해서 조정과의 교섭도 게을리하지 않았다. 서울에서 어느 정도의 신자를 확보해 가던 정교회는 1900년 5월 하순에는 황·평 지방에 선교사를 파송하여 선교와 교당설립에 노력하였다.[21]

그러한 노력의 결과 1903년에는 서울 북쪽 문산에 첫 지교회(지소·공소)를 세웠고, 이때를 전후하여 선교사들은, 다음에서 보이는 바와 같이, 전국 13도에 유력(遊歷)하며 전도하려고 계획하고 있었다.

> 希臘敎師遊歷：俄公使代理 須(師)德仁氏가 外部에 照請하되 大俄國希臘敎師 神父 흐린신포氏가 敎師와 從人을 帶同하고 十三道管下 各郡에 限一年 遊歷할 次로 發行하니 所過郡에 訓令하야 辦理保護케 하라 하얏더라.[22]

그러나 1904년 1월 러일전쟁이 발발하자, 한국내에 거주하는 러시아인들에 대한 일본군의 추방령이 내려졌다. 그리하여 러시아 정교회는 약 2년 동안 사제 없는 교회로 지내지 않을 수 없었다. 러시아 정교회는 처음부터 정치 외교적인 변화에 민감하게 반응하고 있었던 셈이다.

---

20) 〈성 니콜라스 한국정교회 주보〉 제1230호(1985년 7월 28일자).
21) 《황성신문》 3권 111호(1900년 5월 19일자);《뎨국신문》 3권 110호(1900년 5월 19일자).
22) 《황성신문》 1320호(1903년 3월 23일자, 월).

Ⅲ. 정길당사건의 발단

러시아인들에 의해 희랍정교가 들어온 지 얼마 안되어 정교(正敎)와 외세를 의지하고 교폐(敎弊)가 일어났다. 소위 정길당사건(貞吉堂事件)이란 것이 그것이다. 이 사건은 나중에 정길당(貞吉堂)이라는 여인의 국적문제와 관련하여, 러시아와는 외교적인 문제로까지 확대되었다.

충청남도 지방에서 일어난 정길당사건이 중앙에 알려진 것은, 광무 5년(1901) 2월 10일자로 충청남도 관찰사서리 공주군수 심건택(沈健澤)이 의정부찬정 외부대신 박제순(朴齊純)에게 올린 보고서에 의해서다. 이 보고서는 관에서 이 사건을 어떻게 인지하고 있었는가를 보여주는 최초의 기록이므로 여기에 전문을 옮겨보겠다.

> 管下 林川 韓山 等地에 何許民人이 或聚或散에 出沒非常하야 貽弊不些하고 且有外國女人之逗遛이다. 有所別廉이옵기 訓飭該郡에 使之許探報來이올더니 韓山郡守 李喬永의 報告書를 接准하온즉 內既即 到付秘訓令內開 現聞本郡等地에 何許民人이 或聚或散에 出沒非常하야 貽弊不些하며 且有外國女人之逗遛境內라하니 我民聚散과 外人逗遛가 必有端倪니 今到即時에 另探馳報가 爲宜事等因이온바 民人聚散은 姑無現跡이오나 俄國女人貞吉堂者가 來寓林川界하와 希臘教를 傳教한다 하옵는바 無賴無恒之輩가 風動引類하고 投敎樹黨하야 或謂有教堂分付하고 捉去良民하야 施刑拘留하고 遂其所欲爲然後라야 乃得脫歸하오니 閭里騷然하와 民皆仄目이온지라. 來頭亂階는 難保必無에 防微杜漸之方을 不可不商이오나 以苦殘郡綿力으로 沒有良算하와 先此據實馳報等因據此査參以郡報하고 更加別探이온즉 該徒가 漸致滋蔓하와 韓山 林川 鴻山 庇仁 舒川 等地 浮浪之類가 互相締結하야 厥數甚多에 不可以十百而計이오며 籍勢外人하고 侵害平民을 無所顧忌에 視官令如髮髮하와 其所跳浪을 官不能禁除하오니 若不早圖除根之策이오면 末流之弊는 可生靈之難保이오며 至若俄人은 雖未知自部認確이오나 藉以傳教하고 以開弊竇가 直係法外이옵고 其所禁戢之方이 惟在於送還俄人이옵기 我民做弊는 另行禁斷之意로 爲先指飭各該郡하오며 玆에 報告하오니 査照하오셔 同俄人을 知照公館하시와 使之刻期招還케 하시믈 爲望.[23]

---

23) 《충청남북도거래안》 V.1 내책 6책(제4호), 〈林川韓山等地 俄人作弊招還事〉 광무 5년(1901) 2월 10일.

이 내용은 2월 17일에 외부에 보고되었는데, 같은 날짜 《교섭국일기》에는 위의 내용이 다음과 같이 간추려져 있다.

> 忠南觀察府報告 林川 韓山 等地 何許民人 聚散非常 貽弊不些 且有外國女人逗遛云 故訓該郡 使之探報現據該郡報開 民人聚散 姑無現跡 而俄國女人貞吉堂來寓傳敎 無賴之輩 投敎樹黨 貽弊良民等因 査該徒 滋蔓甚多 害民凌官 至若俄人 藉傳敎開弊竇 知照該公館 刻期招還爲望.[24)]

위의 두 기사는 결국 같은 내용으로 요약하면, 첫째 임천(林川)·한산(韓山) 등지에서 어떤 백성들의 취산(聚散)이 비상하고 이폐(貽弊)도 불사(不些)하다는 것과, 또 외국 여인이 머물고 있다는 것, 둘째 해군(該郡)으로 하여금 탐보케 했더니 해군 보고 내개(內開)에 백성들의 취산이라는 것은 아직 현적(現跡)이 없으나 아국(俄國)여인 정길당(貞吉堂)이 전교하는데 무뢰지배(無賴之輩)가 투교수당(投敎樹黨)하여 양민 등에게 이폐하므로 그 무리들을 조사하니 해민능관(害民凌官)하며 전교(傳敎)를 자탁(藉托)하여 폐두(弊竇)를 열고 있다는 것, 셋째 따라서 외부에서는 아국(俄國)공관에 조회하여 그들을 소환토록 해달라는 것이다.

여기서 우리는 일단 정길당이라는 '아국여인'이 임천·한산 등지에서 희랍교를 전도하니 무뢰지배가 거기에 모여 당류를 이루고, 혹은 교당(敎堂)의 분부가 있다 하며 양민을 착거(捉去)하여 시형구류(施刑拘留)하는 등 희랍교를 의지하여 관민에게 이폐하고 있다는 한산군수의 주장을 엿볼 수 있다. 그러나 이 단계에서는 정길당이라는 아국여인이 해민능관했다는 내용이 아직 밝혀져 있지 않다.

한편 정길당과 그의 당류의 이폐가 관에 의해 밝혀지지 않은 단계에서 이들에게 폐해를 직접 받고 있다는 충청남도 남포군 거주 유생 백하수(白河洙) 등이[25)] 고소인이 되어, 피고 양규태(임천군거), 안종학(홍산군거), 정길당(서서 정동거여인), 안병태(정길당부)를 상대로 음력 신축(辛丑) 2월에 다음과 같은 소장을 법부대신 앞으로 직접 보냈다.

---

24) 《교섭국일기》(구한국외교관계부속문서 제7권, 고려대 아세아문제연구소, 1974), 1901년 2월 17일자.

25) 이 소장 끝에 기록된 呈狀 유생의 명단은 다음과 같다. 이규동·이종태·장재문·강두형·윤치구·황유현·임헌주·김민제·김봉래·백대진·이봉영·조정희·신현철·이종갑·안재욱.

伏以生等 自東匪以後 僅保殘命 勤生活之情境 不言可燭 而不意假稱希臘教之待橫行閭里 殘酷生靈 尤倍於東匪時 故不勝憤鬱 裸足上京 齊訴乞命焉 特垂河海之澤 以施極救之道焉 林川居梁奎泰 鴻山居安鍾學 兩漢符同貞吉堂安炳泰爲名人 假稱俄人 自號希臘教師傳道云 下來于內浦與完北等地 自稱有如待朕身之皇勅 建十字旗 聚東匪餘黨或千或百 放砲橫鎗 屠戮閭里 以劫人婦 奪人財 掘人塚 捧私債爲茶飯 而毒禍者 最士大夫與富民也 各郡守令 視如虎狼 畏而縮頭不能禁斷 故藍浦儒生等數十人 捕得安鍾學 則其行具 有火賊器械與文書等物證的分明 故將納于公州府警務署之際 彼輩數百名 各持銃鎗 來劫取而去儒生數十人 結縛捉去 死生存沒 姑未能詳知也 其所爲則是國家之逆賊也 鄕之火賊也 各郡儒生訴京部次上京 先爲往訴于俄館 則其言內 此非入籍之人也 又非希臘教人則吾不相關 往訴于貴政府云云 故齊聲來訴于本部 貞吉堂與梁奎泰安炳泰安鍾學等 捉治其假托俄人之罪 亟爲行刑 以保生民之地 千萬伏望.[26]

이 소장에는, 앞서의 심건택이 보낸 보고서보다는 훨씬 구체적이고 직접적인 내용들이 보인다. 그 내용을 요약하면, ① 희랍교의 행패가 동비(東匪)보다 우심하다는 것, ② 이들은 황제가 내 몸같이 대접하라고 했다고 황제의 칙교(勅敎)를 자탁(藉托)하였으며, 십자기를 세우고 동비여당(東匪餘黨)을 혹 천여 명 혹 수백여 명을 모아 작폐(作弊)하는데, ③ 그들의 작폐는 인근부락에 방포(放砲), 횡창(橫鎗), 도륙(屠戮)하여 인부를 겁탈하고 인재(人財)를 강탈하며 인총(人塚)을 파헤치며 사채(私債) 안기를 다반사로 하여 그 독화(毒禍)가 사대부와 부민(富民)에게 가장 심하다는 것, ④ 각 군수들이 이들을 호랑(虎狼)같이 여겨 능히 금단치 못하므로 남포 유생 등 수십인이 안종학 등을 포득(捕得)하여 본즉 그 행구에 화적기계(火賊器械)와 문서 등 물적 증거가 분명하므로 공주 경무서에 드리려는 차에 저들 무리 수백명이 각기 총창(銃鎗)을 가지고 와서 유생 등 수십인을 겁취(劫取), 결박(結縛)해 갔는데 그 사생존몰을 알 수 없다는 것,[27] ⑤ 그들의 소위를 살펴본즉 국가의 역적이요, 시골의 화적이므로, 각군 유생 등이 서울에 정소차(呈訴次) 상경, 먼저 아국공사관에 선소(先訴)한즉 아관에서는 이들은 러시아에 입적한 사람들이 아니며, 희랍교인

26) 《법부소장》 45책 문서번호 17281, V.25.

27) 뒷날 충청남도 유생 박용화 등이 올린 청원서(1901년 8월)에 의하면, 안종학 등을 포득한 유생은 이종태 등이고, 작당 중심인물은 오덕신·오성국이다. 《법부소장》 45책 문서번호 17281, V.25.

이 아니면 아관과는 불상관(不相關)이라 하고 한국정부에 호소하라 하므로 법부(法部)에 와서 호소한다는 것이며, ⑥ 정길당과 양규태·안병태·안종학 등이 아인에 가탁(假托)한 죄를 착치(捉治)하여 엄중히 행형(行刑), 생민(生民)의 땅을 보존케 하여 주심을 천만 복망한다는 것이었다.[28)]

여기서 흥미를 끄는 것은, 정길당 일행의 희랍교 전도에 모여들었다는 사람들이 화적기계와 총창들을 가졌다는 것과, 또 동비여당 수천 수백이 모여들었다는 것이다. 이들은 단순한 무뢰지배가 아니라 전날 동학군의 여당이었을 것임에 틀림없다. 이 점과 관련하여 동학의 잔얼(殘孼)들이 성명(性命) 보전을 위해 광범하게 기독교 및 서구세력과 관련을 맺는다는 자료들이 보이는데[29)] 이 점에 대해서는 별고에서 언급될 것이다.

동학했던 사람들이 희랍교에 들어간다는 말은 이미 이 당시에 널리 유포되어 있었던 것 같은데, 《황성신문》의

> 避禍入敎：忠南來人의 傳說을 聞한 則 前日 東學에 投入하얏던 人을 視察勦捕等官이 譏詗捕縛하기로 禍網을 避하고 性命을 保코져 希臘敎에 入하는者 日益甚衆이라 하더라.[30)]

라고 한 보도는 이를 잘 드러내주고 있다. 그들은 관의 "화망(禍網)을 피하고 성명(性命)을 보(保)코자" 희랍교에 투입하였고, 그 수는 일익심중(日益甚衆)하였다는 것이다.

처음의 충청남도 관찰부 보고서에서는 정길당 자신이나 그 사건에 연루된 사람들에 대해서 그렇게 자세하게 언급되지 않았다. 그러나 시간이 경과하고 그 사건이 중앙에 보고되어 혹은 당시 신문 등에 보도됨에 따라 그 전모가 좀더 분명하게 알려지기 시작하였다. 충남 관찰사서리 심건택이 정길당사건을 처음 보고한 지 거의 50일이 경과되었을 즈음 《뎨국신문》(帝國新聞)에서는 이 사건을 다음과 같이 보도하였는데, 이는 앞서

28) 이 소장은 4월 17일부로 평리원으로 넘겨 사실하도록 조치되었다.
29) 그 예를 몇 개 들겠다. 《법부검사국기안》 문서번호 17277의 1, V.3 V.4, V.26;《내부거래문》 문서번호 17794, V.13;《사법품보》 문서번호 17278, V.34, V.35, 문서번호 17279, V.36;《외부전라남도거래안》 문서번호 17982의 3, V.1;《외부황해도거래안》 문서번호 17986, V.2;《법부거래문》 외부 13책 17982의 1, V.1;《전라남북도거래안》 내책 제4책;《충청남북도거래안》 내책 제6책 제4호, V.1;《교섭국일기》 1902년 8월 27일자;《외아문일기》 1895년 8월 6일자, 1896년 8월 3일자.
30) 《황성신문》 4권 65호(1901년 3월 28일자).

의 보고서의[31] 내용과 비슷하다.

> 향일에 희랍교사건으로 충청도란민 소위 양감찰이란 자를 잡으라고 경부훈령이 있었으나 해도에서 실포하였다 하더니 일전에 남포군 유생 백성진등이 내부에 호소하기를 임천군 거하는 양규태와 홍산군 거하는 안종학은 본시 패류로 유명한 사람이오 평안도 거하는 안병태는 함경도 여인을 작첩하여 사는데 궐녀는 양복을 입고 자칭 존호를 정길당이라 하고 또 자칭 아라사부인이라 하고 경향에 출몰하여 어리석은 백성에 전곡을 속여 탈취하더니 작년 겨울에 양규태 안종학 등이 정길당을 부동하여 희랍교 전도하는 교사로라 자칭하고 또 말하기를 황제 칙교내에 내몸에 접하는 것과 같이하라 하셨다 하고 각고을에 임의대로 출입하며 십자기를 세우고 요부한 백성을 임의로 잡아 형벌하여 전문 몇천 몇백을 특탈하며 아무아무집 부녀를 임의로 탈취하더니 근일은 수천명이 작당하여 각각 총과 창을 가지고 처처에 벌니듯 하는고로 임천 한산 서천 홍산 남포 민인등 각군에 거하는 백성이 피란한 자가 불가승수이온지라 백성들이 전접할 방책이 없는고로 상의하였더니 그 당들이 각각 총창을 가지고 촌간에 돌입하여 인민수십명을 구타하여 기지 사경이옵기로 호소하오니 이 무죄한 백성으로 도탄중에 들지 아니하게 하여 달라고 하였더라.[32]

이럴 무렵(음 3월) 충청남도 내포(內浦)의 유생 김광우·황유현 등은 한 청원서를 법부대신 앞으로 올렸다.[33] 이 청원서에서는 그들이 이에 앞서 내부 및 법부대신 앞으로 청원서 혹은 소장을 낸 이후, 남포(藍浦) 유생 백성진(白成鎭) 등이 경부에서 정길당과 대질한 적이 있었음도 밝히고 있다.[34] 그들은 이 청원서에서 정길당의 죄가 가주(可誅, 사형)에 해당한다고 그 이유로 4가지를 들었다. 첫째는 황제가 마치 "내 몸처럼 대접하라"고 한 것처럼, 황제의 칙교를 위칭(僞稱)하였기 때문이고, 둘째는 러시아 복장으로 사식(詐飾)하고 러시아의 부인인 양 사칭(詐稱)하였기 때문이며, 셋째는 희랍교사라 가칭(假稱)하고 군당을 소취(嘯聚)하였기 때문이며, 넷

---

31) 주 26)참조.

32) 《데국신문》 4권 66호(1901년 3월 30일자) 잡보.

33) 《법부소장》 45책 문서번호 17281, V.25 청원소——충청남도 내포 유생등(광무 5년 음 3월), 呈狀 유생은 김광우 황유현 이민직 조청희 이총태 임헌추 최직부 김봉래 장회규 이규동 백성진 윤치우 강두형 백하수 등인데 이름 위에 점친 사람은 이해 음 2월에 법부대신 앞으로 소장을 냈을 때 서명했던 사람들이다.

34) 뒤의 주 36)에서 밝힌 청원서내에서 그들은 정길당에 관해 언급하면서 "向日 與藍浦白成鎭 對質於警部時 該女言內……"라는 문구에 의해 이 점은 알 수 있다.

째는 적당을 취합하여 생령들을 도륙하였기 때문이라는 것이다.[35] 그들은 아마도 음 2월 30일자 신문을 보고서 정길당 일행의 행적을 좀더 자세히 알게 된 듯, 다음과 같이 정길당과 그 당류들의 과거 행적들을 밝히기도 하였다.

伏見陰二月三十日新聞 則其曰該人等 帝國宣教師及教師并無所關云 其假稱教師宣教亦可合於誅也 其曰兩安及梁曾已入籍俄國云 其兩安及梁三漢 曾無相面於一俄人 生等所以共知而今已入籍云 則其攫食生民 以圖生活之計 近圖入籍者明矣 査明其入籍之年月日 則可知也 其曰貞吉堂父高姓 四十年前移住俄京入籍 六年前帶領執照來到韓國云 然則該女非俄京之所產乎 該女行闢於湖中時 稱曰三十七歲 向日 與藍浦白成鎭對質於警部時 該女言內 七歲入籍於俄國 渠年今爲四十一歲云 何其相左之甚耶 觀其皃貌 似不過三十餘則其所謂渠父四十年前 入籍之說 該女七歲入籍之說 大不成說 其曰紛失執照云 該女之初無執照而今爲藉托紛失者明矣 其所帶執照若紛失住韓 則必知其渠罪而深深藏收矣 豈有紛失之理乎 究厥罪狀 其在俄國律亦可誅也 梁奎泰 本以火賊之魁 先入於英學被捉 以英教師奪囚得脫 其後英教師知其賊 而割名於教籍 即爲逐出者也 今托入籍俄國者 亦圖生之詭計也 安炳泰本以平安道人 得配貞吉堂 出入於酒肆青樓初不與俄人相面者也 安鍾學居於鴻山 而托名負商在鄕汨沒 則此皆入籍之無暇矣 此必是奸細通辭輩之操弄也 凶彼四漢今若脫網 則賊黨與無賴輩 盡爲入國外國矣 後日之禍 當何如哉 生等不勝憤恨 罔知措身於何地 故玆又泣訴 伏望洞燭焉 此本是我民 則照請俄館 割名於俄籍 以我國之律 勘處正刑 保民安國 永杜後弊之地 千萬伏祝.[36]

여기서 우리가 일단 거론하고 넘어갈 것은, 정길당사건의 주모자격의 한사람인 양규태의 행적이다. 앞의 청원서에서 내포의 유생들은 양규태의 행적을, ① 본래 화적의 괴수(魁首)이며, ② 영학당에 들어갔다가 피착(被捉)되었는데 영교사로 탈수득탈(奪囚得脫)했으며, ③ 그후에 영교사가 양의 화적이었음을 알고 교적에서 할명(割名)하자 곧 축출되었으며, ④ 도생(圖生)의 궤계로서 이제는 아국(俄國)에 입적하였다고 지적하였다.

---

35) "伏以貞吉堂之罪狀 已悉於前狀 而大抵貞吉堂之罪 會可誅有四 僞稱有如待朕身之皇勅 其可誅一也 詐飾俄服 稱以俄夫人 其可誅二也 假稱希臘教師 嘯聚羣黨 其可誅三也 聚合賊黨 屠戮生靈 其可誅四也"——忠淸南道內浦儒生等 請願書(광무 5년 음 3월).

36) 《법부소장》 45책 문서번호 17281, V.25 청원서——충청남도 내포 유생등(광무 5년 음 3월)

양규태가 아국에 입적하였다는 것은, 뒷날 아국 공사관에서의 조사에 의해 사실과는 다르다는 것이 판명되었지만, 이때 정길당에 부동(符同)한 것으로 보아 러시아의 희랍교에 들어간 것은 사실인 것 같다. 그렇다면 그는 도생을 위해 희랍교에 들어갔던 셈이다. 뿐만 아니라 뒤에서 다시 보겠지만, 정길당사건이 러시아와의 외교적인 문제를 화하여 흐지부지 끝나자 희랍교와 러시아인을 통한 도생의 가능성이 희박하다고 느꼈음인지 양규태 등은 활빈당(活貧黨)으로 들어갔는데,[37] 이 점도 한말 기독교 일부의 사회와의 관계를 이해하는 데 시사하는 바가 크다고 하겠다.

Ⅳ. 정길당사건의 외교문제화

3월 30일 《데국신문》에서 이 사건을 보도한 데 이어 4월에 들어 정길당 사건은 《황성신문》과 《데국신문》에서 여러 차례 보도되었다.[38] 이러한 보도는 자칫하면, 절영도사건과 한로은행·고문관해고 등의 사건 이후 소강상태로 가라앉은 한국인의 대러시아 감정을 다시 불붙게 할 수도 있었다. 따라서 정부는 이 사건을 곧 외교적 차원으로 옮겨서 그 진상을 파악하고 사태를 수습하려는 기민성을 보였다.

앞서 말한 바와 같이 충남 남포군 거주 백하수(白河洙) 등이 양규태·안종학·정길당 및 안병태를 상대로 한 소장(訴狀)을 법부(法部)에 제출하자, 법부는 그 소장의 내용 가운데 "먼저 아관(俄館)에 왕소(往訴)했다"는 사실을 중시하고 외부에 공문을 보내어, 외부에서 다시 아관에 대해 그 네 사람이 아국적을 취득한 여부 등을 조회하여 줄 것을 4월 4일자로 요청하였다.[39] 이 요청을 받은 외부는 그 이튿날(5일) 러시아공사관에 이 사

37) 광무 5년(1901) 11월에 충청남도 남포군 유생 백성진 등이 올린 청원서(《법부소장》 45책 문서번호 17281, V.25)에 의하면 "……彼梁奎泰等之變爲活貧黨하고 幻爲水賊하야……"라는 내용이 보이는데, 1901년 6월 정길당사건이 일단 흐지부지하게 되자 양규태 등은 이때(11월) 이미 활빈당에 들어갔던 것으로 보인다.

38) 《황성신문》 1901년 4월 4일자, 4월 8일자, 4월 13일자, 4월 17일자, 5월 2일자 및 5월 18일자;《데국신문》 4월 19일자에 각각 보인다.

39) 法部 法務局 起案 照會 제5호 2册, 文書番號 17277의 13, V.1 (1901년 4월 3일);《交涉局日記》(舊韓國外交關係附屬文書 제7권 所收) 1901년 4월 4일자. "法部照會 據藍浦民等訴稱 林川居梁奎泰 鴻山居安鍾學 符同貞洞居女人貞吉堂及 其夫安炳泰 假稱希臘敎師 內浦完北等地 建旗聚黨 砲鎗劫人 奪財掘塚 藐視官令 請捉治等

실을 조회하였다.[40] 이 조회에서 한국 정부는 양규태·안종학·정길당·안병태 등이 희랍교도를 가칭하고 충청·전라 등지에서 건기취당(建旗聚黨)하고 불법비행을 자행하여 응당 법에 따라 처리해야 하나, 그들이 아국에 입적했다고도 칭하고 희랍교도라고도 칭하니, 진위를 가려주기를 바란다고 다음과 같이 썼다.

> 大韓帝國外部大臣朴齊純 爲照會事 照得 本日接到法部文開 梁奎泰 安鍾學 安炳泰及女人貞吉堂等 假稱希臘教徒 在忠淸全羅等地 建旗聚黨 放槍刼人 搶奪財產 奸淫婦女 種種行爲 確係强盜 理應查拿置法 但伊等或稱俄國入籍 或稱希臘教師等語 眞僞莫辨 碍難容易處辦 請煩行文駐京俄國公使 將安炳泰等是否入籍傳教一節 查明示覆等因 准此 查匪類猖獗 貽害生民 殊堪痛惋 伊等雖係貴國人民 現在所犯情節不可容貸 貴公使諒應允其拿交 況入籍傳教等語 未有確眞之據 伊等之藉稱俄人 希圖免非 其亦出於愚迷也 相應備文照會貴公使請煩查照將安炳泰等是否入籍之處 查明見覆 是爲切禱須至照會者.[41]

그러는 한편 4월 6일에는 경부(警部)에서 별순검(別巡檢)을 파송하여 양규태·안종학·안병태·정길당 등을 착수(捉囚)하였다.[42]

외부의 조회를 받은 노국공사관은 4월 11일자 조회 제10호로써 조복(照覆)하였다. 그 내용은 전기 4인 가운데 양규태·안종학·안병태 등은 러시아에 입적한 적이 아직 없으나, 정길당은 그의 부친 고씨가 40년 전 러시아 경내에 이주하여 토지를 사유하고 입적하였으므로 정길당도 확실히 러시아 관할내에 있으며, 그녀가 6년 전 아국의 집조(執照)를 휴대하고 한국에 왔으나 그것을 분실했다는바, 만약 한로외교장정에 규정된 한국 호조(護照)를 휴대치 않고 한국 내지를 천왕(擅往)했다면, 아국(俄國) 율례에 따라 엄히 징치(徵治)하겠다는 것이었다.[43]

이렇게 한국 외부와 노국 공사관 사이에 정길당에 대한 조회·조복이 오가는 동안 《황성신문》은 정길당의 행패가 아직도 꺾이지 않았음을 다

情 該犯四名入籍與否 照探俄館 以便拿辦."

40) 《교섭국일기》(앞의 책 소수) 1901년 4월 5일자.

41) 《구한국외교문서》 제18권 아안 2, 1683. 희랍정교도임을 자칭하는 露籍 안병태 등의 진부문의(1901년 4월 5일).

42) 《황성신문》 4권 74호(1901년 4월 8일자, 월), 〈割敎被捉〉.

43) 《구한국외교문서》 제18권 아안 2, 1684. 同上 안병태 등은 노적이 아니나 정길당은 露籍女라는 조복(1901년 4월 11일).

음과 같이 보도하였다.

> 南儒等訴 : 忠南各郡儒生 金光祐等이 昨日內部에 呼訴하되 梁奎泰 安鍾學等이 符同貞吉堂하야 稱以希臘敎하고 東匪及火賊餘黨數千名을 聚集하야 白晝刧掠하기로 前已擧訴하얏거니와 今聞하온즉 本部에서 發訓各郡하야 白云景李光順을 押上하라 하얏기로 各該郡에서 校差를 發하야 橫行村閭에 捕捉儒生할새 或自下捕捉하고 或自下放送하야 百弊層生하는中 藍浦居白都事는 年今八十餘라 滯囚本郡이 今已屬日 則此必是貞吉堂의 誣訴를 信聽함이오 또 貞吉堂이 日昨에 內部大臣의 訓飭이라 自稱하고 向日에 呼訴하던 白成鎭 李聖觀兩人을 南界에 捉囚하얏다가 今에 移囚警部하였으니 自部移照하야 卽爲放送케 하라 하였더라.[44]

이 보도에서 주목되는 것은, 그 사실 여부는 확인할 수 없지만, 정길당이 이제는 내부대신의 훈칙(訓飭)을 사칭하여, 자신들의 비행에 대해 호소한 충남 유생 백성진(白成[聖]鎭)·이성관(李聖觀) 양씨를 관에 도리어 잡아넣었다는 것이다. 이렇게 이들이 남포 유생을 무소할 수 있었던 것은, 처음에 경부(警部)에서 일단 이들 4인을 착수(捉囚)하였으나, 외부·아공사관간에 조회·조복이 왕래되는 동안에 '그 사람들이 다 방송(放送)'되어[45] 다시 자유롭게 활동하면서, 내부대신의 훈칙을 자칭할 수 있게 되었기 때문이다.

여기서 또 우리가 주목하는 것은 아관의 조복에서 "병무관어제국선교사서급전교사"(並無關於帝國宣敎師署及傳敎士)라 하여 이들 4인이 선교부 혹은 전교사와는 관계된 적이 없다고 밝힌 점이다. 이것으로 미루어보면, 이들 4명이 지방에서 행패를 부린 것은 당시 이미 서울에 입국했던 희랍교나 러시아 선교사들과 어떤 직접적인 관련을 가지고 한 것이 아니라, 그들 스스로가 희랍교 혹은 러시아의 세력을 자의적으로 가탁하여 민중들을 현혹시키고 있었다는 점이다.

여하튼 이렇게 남포 유생 백성진·이성관 등이 무소를 당하여 수금되자, 내부에서는 경부에 대해 백성진·이성관 양인을 석방하고 정길당을 엄가수금(嚴加囚禁)하라고 이조(移照)하였다.[46]

---

44) 《황성신문》 4권 79호(1901년 4월 13일자, 토), 〈南儒等訴〉.
45) 《제국신문》 4권 83호(1901년 4월 19일자).
46) 《황성신문》 4권 82호(1901년 4월 17일자, 수)—"〈假敎受罪〉 內部에서 警部에 移照

정길당사건에 대한 여론이 비등하게 되자 노국공사관에서는 4월 11일자로 한국 외부에 조복을 보내고, 그 이튿날(2. 12.)에는 정길당에 대한 증인 2명과 한국 경부 파견 관원 2명과 함께 조사를 시작했다. 그 결과 정길당의 아국 칭호는 '붸라 고'이며 러시아에 입적했다는 것도 확실히 알게 되었다. 그러나 정길당의 구체적 범죄내용을 알아야 러시아공사관에 압교(押交)하고 결안(結案)할 수 있기 때문에, 러시아공사관에서는 4월 15일자 조회 제11호로써 외부에 대한 노적한녀(露籍韓女) 정길당의 죄상을 다음과 같은 내용으로 문의해 왔다.

第一 女人貞吉堂何時犯何罪

第二 該女干犯有何可據案件, 而去三月二十三日第十二號貴照會所載各人中 該女犯何罪目

第三 在帝國公署 將行公開審辦時 可以質訂 此案之人送參會同 以照俄國律例審斷可也[47]

노적한녀 정길당의 죄상문의가 러시아공사관으로부터 외부에 도착한 후, 법부에서는 4월 17일에 기안하여 경부에 보낸 조회에서, ① 충청도 유생들의 소장(訴狀)에서 시작된 정길당사건의 경위와 외부를 통해 아국공사관에 접수한 조회·조복 내용을 설명하고, ② 아국에 입적한 정길당은 아국공사관과 한국 관원의 회심(會審)조처를 기다리고 있은즉 곧 외부에 압송하여 아국공사관에 전교(轉交)토록 하고, ③ 아직 아국에 입적하지 않았다고 한 양규태·안종학·안병태 3인은 따로 착득하여 평리원(平理院)에 직교하고 시복(示復)하도록 요청하였다.[48]

이 무렵(4. 19.) 외부협판 최영하(崔榮夏)는 경부(警部)대신 이종건(李鍾健)에게 보낸 조회에서, 4월 15일자 노적한녀 정길당의 죄상을 문의하는 아공사관의 조회 내용 가운데의 3개항을 이첩 설명하고, 덧붙여서 정길

하되 貞吉堂爲名女子가 假托外敎하고 做出妖語하야 聚徒成黨에 幾至起鬧하니 如此妖怪는 罪合罔赦인바 藍浦儒生 白成鎭 李聖觀 兩人이 斥彼妖黨다가 反被其誣하야 現在就囚하니 誠極駭歎이라 白李兩儒는 即爲放釋하고 該貞吉堂은 嚴加囚禁後에 示明하라 하얏더라."

47) 《3구한국외교문서》 제18권 아안 2, 1686. 노적한녀 정길당의 죄상문의(1901년 4월 15일).

48) 《법부기안》 문서번호 17277의 3, V.1.(1901년 4월 17일).

당이 “기계아국입적지인(旣係俄國入籍之人)이온즉 응귀해국공서심판(應歸該國公署審辦)하올지라 귀부(貴部)에서 파원청심(派員聽審)하셨아오니 해여범죄사장(該女犯罪事狀)과 정참회동여부(訂參會同與否)를 유귀부시문(惟貴部是問)이기로 자(玆)에 조회(照會)하오니 사조(査照)하오셔 상세시명(詳細示明)하시”도록[49] 요청하였다. 이 요청에 대해 경부대신은 경부에서 관원 2명을 파견하여 러시아공관의 영사와 함께 외부에 감금되어 있는[50] 정길당에 관해 사탐하도록 외부에서 아국영사에 조복(照覆)하여 함행교부신판(函行交付訊辦)케 해달라고 요청하였다. 아울러 경부에서는 정길당이 아국적을 갖고 있으므로 노국공사관에 전교(轉交)될 것에 대비, 원고 소장(原告訴狀) 및 영지(另紙) 40건도 같이 보내겠다고 하였다.[51]

그 뒤 외부에서는 4월 24일에 경부로부터 받은 정길당의 죄안을 갖추어 외부대신 서리 최영하의 이름으로 노국공사관에 조복하였다. 이는 노국공사관이 4월 14일자 조회 12호에서 문의한 정길당의 죄상에 대한 일종의 조복(17호)이었던 것이다. 이 조복에서 한국정부는 노공사관이 조회 12호에서 지적한 3건의 문의사항에 대해 언급하고 정길당의 죄상을 다음과 같이 썼다.

> 准此行文 我警部玆接襲開, 貞吉堂偕同其夫安炳泰及梁奎泰安鍾學等, 自前年十二月以來, 在忠淸·全羅等地, 藉稱希臘敎徒, 建旗聚黨, 放槍刦人, 搶奪財產, 不計其數, 並刦奸婦女, 掘棄骸骨, 種種不法, 均係罔赦, 萬民嗷嗷, 齊聲控訴, 該犯等腸肚相連, 首從奚擇, 苟欲執一人而厥魁, 則該貞吉堂不能免焉, 可據案件至於四十紙之多, 煩瑣累疊, 未便細譯, 只擧其槩, 可以反三矣, 該女現在本部監禁, 應請俄國使署押回安罪等因, 准此相應備文照覆, 貴臨時署理公使査照, 將該貞吉堂押回 貴使署審査置辟, 並將開廷日期預行示明, 以便派員帶領案訂(證), 居赴聽審可也, 須至照會者.[52]

49) 《警部來文》 문서번호 17805, V.2(1901년 4월 19일자). 같은 내용이 《교섭국일기》(앞의 책 소수) 1901년 4월 19일(조회경부)조에 보인다.
50) 다음에 제시될, 노국공사 임시서리 克培 앞으로 보낸 외부대신 서리 최영하의 조복 제17호(1901년 4월 24일)에 ‘該女現在本部監禁’이란 말이 있는 것으로 보아, 정길당은 이때 이미 외부에 감금되어 있었다.
51) 《警部來文》 문서번호 17805, V.2, 조복 제5호(1901년 4월 22일).
52) 《구한국외교문서》 제18권 아안 2, 1692. 노적녀 정길당과 그의 죄상서류를 송치하는 일(1901년 4월 24일); 《교섭국일기》(앞의 책 소수) 1901년 4월 26일.

한국정부는 이 죄상과 함께 정길당 관계 영부일체 서류도 송부했던 것이다. 이렇게 되자 러시아공관에서는 그 이튿날로, 정길당을 지체없이 압송해 달라고 요구하는[53] 한편, 외부(外部)에서 보낸 전날의 죄상에서 납득하지 못한 내용이 있었던지 아마도 이때에 러시아공관에서는 정길당의 범죄가 이루어진 구체적인 일시와 장소 및 그 경위를 자세히 설명해 주도록 요청했던 것 같다.[54] 이에 따라 외부주사 이원용(李源鎔)은 경부주사 전직현(田稷鉉) 앞으로 다음과 같은 조회를 보냈다.

> 俄國入籍貞吉堂이 何月何日에 何地에서 何人의 墳墓를 掘하며 何人의 財産을 奪하며 何人을 威逼損害하였는지 昭詳開錄示明하오셔 俄公使에게 轉照케 하심을 爲하와 玆에 照會하오니 査照爲要.[55]

외부로부터 위의 조회를 받은 경부에서는 경부 신문과 총순(總巡) 최태현(崔台鉉)이 외부주사 이원용 앞으로 이 날짜(5. 2.)로 조복하면서, 거기에 덧붙여 정길당사건의 원고인 보령 유생 김광우·백성진이 현재 경부에 있으니 혹시 증문지단(證問之端)이 있으면 양인에게 사문하면 자가상지(自可詳知)할 것이라고 답하였다.[56]

이와 함께 경부에서는 5월 5일자로 이 사건의 원고 보령군 유생 김광우(金光佑, 39세)와 남포군 유생 백성진(白成〔聖〕鎭, 42세)으로부터 정길당 일당의 죄상을 구체적으로 조사하였고,[57] 아마도 이를 5월 8일에 러시아공사관으로 보냈던 것 같다.[58] 아마 이 무렵에 정길당도 외부로부터 러시아공사관으로 이송되었던 것으로 보인다.[59]

---

53) 《구한국외교문서》 제18권 아안 2, 1693. '동상정길당을 지체없이 압송해 달라는 요구' 1901년 4월 25일; 《교섭국일기》 1901년 4월 26일자에는 "俄館照會 女人貞吉堂確係俄國入籍 則請將該女 即爲押送帝國使署 不可延拖"라 하였다.

54) 이 점에 대해서는 현재 저자가 갖고 있는 문서에 의해서는 확인할 수 없다. 그러나 다음에서 볼, 5월 2일 이후의 한국측 문서에서 러시아공사관에 답하기 위해서 범죄의 구체적인 일시·장소·경위 등을 조사하고 있는 것으로 보아 그렇게 추측할 수 있다.

55) 《경부내문》 외부조회 28호 문서번호 17805, V.2(1901년 5월 2일); 《교섭국일기》(앞의 책 소수) 1901년 5월 2일자.

56) 《경부거래문》 경부조복 제1호 문서번호 17805, V.2(1901년 5월 2일).

57) 《경부내문》 문서번호 17805, V.2 '정길당죄안'.

58) 《구한국외교문서》 제18권 아안 2, 1696. 정길당의 罪狀錄送(1901년 5월 8일); 《교섭국일기》(앞의 책 소수) 1901년 5월 8일.

59) 정길당은 4월 24일까지는 외부에 감금되어 있었는데, 언제 러시아공사관으로 이송

이제 한국 정부에서는 정길당사건이 이로써 끝난 것으로 생각하고, 충청남도 관찰사를 통해 다음과 같이 훈령하여 정길당사건으로 미혹되었던 민심을 안온시키려고 했다.

> 飭使安業：內部에서 忠南觀察使에게 訓令하되 所謂 貞吉堂이라 爲名女子가 藉托希臘教하고 無前佐擧가 不一其端이라. 該徒之作魁者는 掘捉嚴懲할 意로 已爲訓飭하였거니와 貞吉堂은 亦自警部로 捉囚하였으니 此意로 管下各郡人民에게 布告하여 俾各滌心改圖에 得安其業케 하라 하였더라.[60]

그러나 정길당의 죄상이 송록(送錄)된 지 1삭(朔)이 훨씬 지난 6월 21일, 러시아공사관에서는 외부대신 박제순(朴齊純) 앞으로 조회를 보내어, 정길당 등의 죄상에 확증이 없다는 사유와 정길당은 현재 방사(放赦)되었음을 통보하였다. 전문은 이렇다.

> 大俄帝國欽命駐劄漢城辦事公使大臣兼總領事官巴禹路厚，爲照會事，照得，俄國入籍女人 베라高(則貞吉堂)在忠淸南道謂有各樣犯罪一事，已煩往復，而又此仰佈者，本公館接准三月二十三日貴第十四號照會，及四月二十五日第二十二號照會，詳細訊問于該罪犯及諸證人，則姑無確實之根由，該女人並無正犯之事情也，且該女內地往來與在京時行爲，諸證人十分稱善，至於此事，想必奸兇輩乘機偸得 베라高之名，任行兇悖，自知犯罪，反欲移禍，以高氏指揮行事之樣虛聲誣告者也，查該女人 베라高所犯之憑狀，干涉之根由，即本公館所要聞，而自貴部不能確實示明，照俄國法律，無所可據者矣，本公館的認該 베라高貞吉堂，以俄國入籍，不帶護照，往來內地，違例之由，已爲一朔囚禁，而現在該女人放赦，應遵已定之條約，大韓官員亦宜惠顧，與住京外他俄國入籍人一視爲好，且本公使所恃者，三月二十三日貴照會及四月二十五日照會中所載，不係俄國入籍之諸人員所犯狀，貴政府官員查究之際，理應從公無私，則虛誣無據，必不遵

되었는지는 분명치 않다. 5월 2일자 《황성신문》에는 “囚白押貞；藍浦郡儒生白成鎭氏가 希臘教人 梁奎泰等을 背斥하다가 白氏는 尙今警部에 被囚되고 貞吉堂은 俄館에 押交되얏더라”고 하여 5월 2일 현재 아관에 압교된 것처럼 알려져 있으나, 같은 《황성신문》 5월 18일자에 “……貞吉堂은 亦自警部로 捉囚하얏스니”라고 한 것으로 보면 당시의 所在가 분명치 않다. 참고로 같은 해 6월 21일자 노국공사관 조회 제19호에 “貞吉堂 以俄國入籍 不帶護照 往來內地違例之由 已爲一溯囚禁 而現在該女人放赦”라 한 내용이 보이는데, 그 방사된 일자를 6월 21일 전후로 보고 본문 중의 1개월간 수금된 곳이 노공사 관내라 한다면, 5월 20일경에 노공사관에 이송케 되었을 것으로도 추측할 수 있다. 정길당이 4월 24일 현재 이미 외부에 감금된 것을 근거로 본문 중의 수금을 해석한다면 그 기간이 거의 2개월이 되어서 본문의 내용과 일치되지 않는다.

60) 《황성신문》 4권 109호(1901년 5월 18일자, 토).

施，而高氏橫罹，旣有前驗，不可以高氏之親戚交舊，或歸罪於無據之地 爲此備是，則非但審理之不公，惟於俄國及俄國入籍人，露出不睦之意也矣，苟如文照會貴大臣，請煩查照可也，須至照會者.[61]

이 조회는 《교섭국일기》에 다음과 같은 내용으로 요약되어 있다. 즉 "러시아공사관 조회에, 정길당 등의 충남 등지에서의 범죄는 해죄(該罪)의 범인 및 증인을 신문해 보니 아직 확실한 증거가 없고, 정범(正犯)의 사정도 없다는 것, 그리고 호조(護照)를 휴대하지 않고 내지를 왕래한 위법행위도 이미 1개월이나 수금(囚禁)된 바 있으니 지금은 풀어주었다"는 것이다. 치외법권을 가진 그들이 영사재판을 통해, 단순히 확실한 증거가 없다는 이유로 무죄방면시켜 버린 것이다.

정길당이 영사재판을 통해 무죄방사된 사실에서 우리는 많은 것을 배운다. 즉 한말 치외법권·영사재판의 실태가 어떠하였으며, 그로 인한 국가주권행사의 허실이 어떠하였는가를 미루어볼 수 있다. 또 치외법권을 누리고 있던 한말 외국인들의 권세가 얼마나 막강한 것으로 한국인에게 비쳤을 것인가 하는 것을 상상하는 것도 어렵지 않다. 바로 이러한 점들이 정길당사건에서 보여준, 한국인들의 외세 의존과 외국교에 자세(藉勢)하려는 경향 및 외세·외국교에 의지하여 불법적인 행패를 부릴 수 있는 가능성을 만연시킬 수 있었다고 생각된다.

러시아공사관으로부터 정길당을 무죄방면했다는 통보를 받고 외부대신 박제순은 경무협판 이근택(李根澤) 앞으로, 정길당의 죄상에 확증이 없다는 러시아공사관의 조회를 그대로 이첩(移牒)하면서 "사조(査照)하심을 위요(爲要)"라는 한마디를 덧붙였을 뿐이다.[62] 직책상 이 사실을 알리지 않을 수 없었던 외부대신 박제순인들, 강대국의 치외법권적 횡포 앞에 무슨 적당한 변명거리를 발견할 수 있었겠는가.

---

61) 《구한국외교문서》 제18권 아안 2, 1708. 노적한녀 등의 죄상에 확증 없다는 사유(1901년 6월 21일).

62) 《경부내문 외부기안 조회》 제47호, 문서번호 17805, V.2(1901년 6월 26일자).

V. 정길당사건에 나타난 罪案

정길당사건이 처음 표면화되었을 때, 앞에서 이미 본 바와 같이, 충남 관찰사서리 심건택의 보고서와, 그 보고서에 인용된 한산군수 이교영(李喬永)의 보고서에서도 정길당과 그 일당의 범죄내용이 구체적으로 명시되지 않았다. 보고서는 정길당 일당이 임천에 내우(來寓)하며 희랍교를 전교한다고 하면서 무뢰지배(無賴之輩)를 모으고 교당의 분부라 하여 양민을 착거하고 시형(施刑) 구류한다는, 다소 막연한 내용만 써놓았다.

정길당 일당의 행패가 좀더 분명하게 보고된 것은, 1901년 2월(음)에 올린 충남 남포 유생 백하수(白河洙) 등의 소장(訴狀)에서이다. 이 소장에서는 정길당 일행이 "무기를 함부로 휘둘러 마을을 도륙하고 부녀를 겁탈하며 재물을 빼앗고 묘혈을 파헤치며 사채놀이를 다반사로 일삼았다"고 했는데, 이들의 폐해를 가장 많이 받는 자들이 사대부와 부민이라고 지적하고 있다.[63] 이 무렵의 《뎨국신문》의 표현을 빌리면, 이들의 행패는 "요부한 백성을 임의로 잡아 형벌하여 전문 몇천몇백을 특탈하며 아무아무집 부녀를 임의로 탈취하는" 것과, "그 당들이 각각 총창을 가지고 촌간에 돌입하여 인민 수십명을 구타하여 기지사경"에 이르게 한 것 등이었다.[64]

이에 비해서 1901년 음 3월에 충남 내포 유생 김광우·황유현 등이 법부대신 앞으로 청원서를 제출하였는데, 이 청원서는 백성진 등 유생이 경부에서 정길당과 대질한 뒤에 올렸다는 점에서 한층 신빙성이 있다고 할 것이다. 청원자들은 이 청원서에서 정길당의 죄가 사형에 해당된다고 하면서, ① 황제가 내 몸같이 대접하라고 했다고 거짓 칭하고, ② 러시아 복식을 하고 러시아 여인을 사칭하고, ③ 희랍정교 교사를 거짓 칭하고 무리를 불러모으며, ④ 적당(賊黨)을 모아 생령을 도륙하는 등의 네 가지 죄가 각각 사형에 해당된다고 하였다. 그런데 이 네 가지 가운데 앞의 세 가지는 백성들에게 직접적인 어떤 피해를 준 것으로는 볼 수 없고,

---

63) 《법부소장》 45책 문서번호 17281, V.25.
64) 《뎨국신문》 1901년 3월 30일자.

다만 네번째의 "적당(賊黨)을 모아 생령을 도륙(屠戮)한다"는 것만이 백성들에게 피해를 주었던 문제와 관련시킬 수 있겠는데, 이 또한 생각하기에 따라서는 다소 추상적이면서 유생이라면 구체적인 사실에 근거하지 않고서도 성언(聲言)할 수 있는 내용일 수도 있다는 것이다. 하여튼 여기서 우리는 지방관의 보고서를 통해서는 소략하기 짝이 없는 정길당 일행의 범죄행위가 지방 유생들의 소장·청원서에서는 다소 분명하게 드러났음을 알 수 있게 되었다. 그러나 그 진실 여부는 이 단계에서 가리기 힘든 것이라고 지적할 수밖에 없다.

정길당사건이 외교문제화되면서 일당(一黨)의 행위도 좀더 분명하게 규명되지 않을 수 없었다. 한국의 외부로부터 조회를 받은 러시아공사관에서는 적어도 2회에 걸쳐 정길당의 범죄가 소위 육하원칙(六何原則)에 따라 구체적으로 설명되기를 요구했다.

한국정부에서는 러시아공관에 보낸 첫번째 조복에서, 러시아공관의 구체적인 범죄행위적시 요구에도 불구하고 "무기를 휘둘러 사람을 해치며 재산을 약탈하기 그 수를 헤아릴 수 없으며 아울러 부녀자들을 겁탈 간음하고 묘를 파헤치고 해골을 버리는 등 여러 가지 불법"이라는, 예의 다소 막연한 표현을 나열하였다. 그러나 러시아공관에서는 이런 답변에 납득되지 않았던지 다시 범죄의 구체적인 일시·장소·내용 등을 요구했던 것 같다. 이렇게 되자 한국정부에서도 어찌할 수 없었던지, 이 사건에 거의 처음부터 고소자로 관여하였던 충남 유생들의 증언을 토대로 5월 5일 '정길당 죄안'이라는 것을 작성, 5월 8일 이것을 러시아공사관으로 송부했던 것이다.[65)]

충남 보령 유생 김광우(39세)와 남포 유생 백성진(42세)이 원고(原告)가 되어 경부에서 작성, 수결(手決)까지 놓은 이 '정길당죄안'은 뒤에 다시 언급되겠지만, '동학비류'(東學匪類)에 극단적인 대립 감정을 가졌던 유생들의 일방적인 진술에 의한 것이라는 점에서 어느 정도 신빙성이 있는 것인지는 의문이다. 더구나 이러한 구체적인 범죄행위 나열에도 불구하고, 노(露)국적을 가진 정길당이 처벌받지 않은 것은 그렇다 하더라도,

---

65) 《구한국외교문서》 제18권 아안 2, 1696. 정길당의 죄상록송(1901년 5월 8일) 참조.

그에게 부동(符同)했던 양규태(梁奎泰) 등이 전혀 처벌을 받은 것 같지 않다고 하는 것은 이 죄안의 신빙성을 의심케 하는 요소가 없지 않다고 하겠다.

이 죄안에는 처음에 경자(庚子, 1900)년 10월에 정길당이라고 이름하는 여자가 임천 송정리의 양규태 집에 와서[66] 유연(留連)할 때에 양규태·안종학이 정길당의 교도라고 모칭(冒稱)하고 동비여당(東匪餘黨)을 소취(嘯聚)하여 행악하게 되었다는바, 이 죄안에 기록된 순서대로 이들의 죄목들을 열거하면 다음과 같다.[67]

1. 1900년 11월 9일, 한산 축동에 거하는 朴百仲의 선총을 늑굴함.
2. 1900년 11월 10일, 한산 이씨 종답 9두락을 늑탈함.
3. 1900년 12월 11일, 한산 벽오동에 거하는 柳敬道의 엽전 70냥을 늑탈함.
4. 1900년 11월 10일, 임천 남당리에 거하는 李短尺의 전 400냥과 염 200석을 늑탈함.
5. 1900년 11월 5일, 임천 송정리에 거하는 金泰化의 아들 집 대답 2석락을 늑탈함.
6. 1900년 12월 8일, 남포 어은동에 거하는 朱來化의 처를 늑탈하여 東匪巨魁 李石甫에게 허급함.

'정길당 죄안'에서는 이후에 정길당이 상경하였다. 그러나 그 남편 안병태와 아들 광진(光鎭)이 정길당의 통변(通辯)이라 칭하고 가는 곳마다 위협했는데, 정길당 상경 후의 여중(餘衆)의 석독(螫毒)은 계속하여 이렇게 나열된다.

66) 임천 남포 지역에 희랍교의 시작과 관련, 두 가지 견해가 보인다. '貞吉堂 罪案'을 작성한 백성진 등은 양규태를 중심으로 하여 이해하고 있는데, 1901년 11월에 백성진·윤치구가 법부대신에게 올린 청원서에서 그들은 양규태·임여량 등을 '希臘敎徒而虐民之始也'로 보고 거기에다 나식경·오덕신·오성국·임유행 등을 符同한 인물로 보았다. 이 자료에는 그 작성시기가 11월이라서인지, 정길당·안병태·안종학은 보이지 않는다. 이에 비해서 1901년 8월에 남포 유생 박용화 등 28명이 법부대신에게 올린 청원서에는 임형준·오덕신·오성국을 중심으로 처음 희랍교가 교당을 설한 것처럼 기술하고 양규태는 제외되어 있다. 참고로 박용화는 청원서를 제출한 후에 곧 양규태에게 부동하게 되는바, 따라서 양규태와의 사전 약속하에 8월에 청원서를 올렸다면, 고의적으로 양규태의 이름과 행적을 빠뜨릴 수도 있었을 것이다.

67) 《경부내문》 문서번호 17805, V.2 '貞吉堂 罪案'.

7. 1901년 1월 20일, 남포 내동에 거하는 金安國의 전 800냥을 늑탈하고 또 남포 웅동에 거하는 李先順의 전 130냥을 늑탈함.

8. 1901년 1월 19일, 남포 정동의 白公弼의 전 130냥을 늑탈함.

9. 1900년 12월(日字不記), 남포 근전에 거하는 任允冠이 전 960냥을 견탈하고 홍산 괴목동에 거하는 金㲄根이 전 300냥을 견탈하며, 비인 수수에 거하는 金有賢이 전 400냥을 견탈함.[68]

10. 1901년 음력 1월(時日不記), 비인읍내에 거하는 羅德允이 전 200냥을 견탈하고, 朱哥는 전 200냥을 견탈함.

우리는 이 '정길당 죄안'에 나타난 유생 김광우·백성진의 원고 진술을 통해 앞에서 누차 되풀이된 "무기를 함부로 휘둘러 마을을 도륙하고 부녀를 겁탈하며 재물을 빼앗고 묘혈을 파헤치며 사채놀이를 다반사로 일삼았다"고 한 정길당 일당의 행패의 구체적인 사례에 접근하게 되었다.

진술자들도 위의 열거내용이 정길당의 소행이라고 단정하는 데에 자신이 없었던지 이 죄안의 말미에 이렇게 써놓았다.

> 彼貞吉堂爲名女 雖不躬行 然縱其敎徒 如是虐民 而上京後 該徒藉托俄婦人分付 到處威脅 搆捏誹謗 毆打奪財 不可枚擧 是豈非該女之作孽乎.[69]

'정길당 죄안'에 나타난 행패는, 불가매거분은 제외하고, ① 굴총(掘塚) 1건, ② 토지늑탈(土地勒奪) 2건, ③ 탈전(奪錢) 10건에 3,590량, ④ 탈염(奪鹽) 1건에 200석, ⑤ 탈처(奪妻) 1건으로 행패의 범위도 이 다섯 종류에 국한되어 있는 듯하다. 주목되는 것은 주래화의 처를 빼앗아 동비거괴(東匪巨魁) 이석보(李石甫)에게 허급(許給)했다는 것으로, 이는 이 사건의 성격을 이해하는 데에 시사하는 바가 크다.

정길당과 그 부동(符同)세력은 이러한 진술된 죄안에도 불구하고 이 죄안에 의해서는 처벌되지 않았다. 단지 정길당은 호조(護照)를 지참하지 않고 내왕했다고 해서 거기에 상응하는 1개월 수금(囚禁)의 처벌만 받았다. 그후 정길당은, 한국정부와의 하등의 상론함이 없이 러시아공사관의

---

68) 원문에는 이 기록에 이어 '是則庚子十一月五日也'라고 했는데 문맥으로 보아 앞 사실에 연결되는 것 같으나, 만약 그렇다면 김효근·김유현이 둘다 이 날짜에 해당되는지 후자에만 해당되는지 분명치 않다.

69) 《경부내문》 문서번호 17805, V.2 '貞吉堂 罪案'

일방적 결정에 의해 방사(放赦)되었다.

유생들의 소장에는 정길당은 가주(可誅, 사형)에 해당된다고 조목조목 열거하였다. 그럼에도 불구하고 정길당은 물론 그 부동세력이 어찌하여 방면될 수 있었을까. 그 이유는, 그 죄안이 사실이라는 측면에서 본다면, 한말 외국세력의 한국에서의 치외법권적 요소와 이 당시의 러시아세력이 아직도 건재했었다는 점에서 설명될 수밖에 없다. 정길당 일당의 무죄방면은 1901년 당시 러시아세력의 한국에서의 건재를 의미하는 것이었다.

그러나 우리는 그들의 방면을, 정길당 죄안이 무고일 수 있다는 측면에서 이해할 수는 없을까. 이 점에 대해서는 저자가 천착하려고 하는, 희랍교 이외의 이 방면에 관한 자료의 검토과정에서 밝혀질 수도 있겠기에, 여기에서는 일단 문제만 제기하는 선에서 그치고 후고를 기대할 수밖에 없다.

Ⅵ. '희랍교 교폐'문제의 일단면——동학과의 관련면에서

정길당사건에서 드러난 충청남도 지방의 희랍교의 교폐문제는, 정길당이 외교적 쟁점에서 사라진 6월 하순 이후에도 계속되었다. 우리의 제한된 자료에는 1901년 2월 이래 끈질기게 소장·청원서를 법부에 제출했던 충남 각군의 유생들이, 1901년 8월과 11월에 법부대신 앞으로 각각 올린 청원서 2통이 발견된다. 이 청원서에는, 이해 6월에 외교적인 문제로서는 일단 해결된 정길당과 그에 부동했던 안종학·안병태는 보이지 않는다. 그보다는, 정길당사건이 끝난 후에도 충남 각군에 잔존했던 희랍교도(希臘敎徒)라 칭하는 세력과 재지유생(在地儒生)들과의 갈등문제가 주제를 이루고 있다.

1901년 8월'충청남도 각군 유생 박용화(朴用和)등'이 법부대신 앞으로 청원서를 제출했다. 이 청원서에는 소위 정길당사건이 야기될 당시의 일과, 그후 지방에 잔존했던 교도들과 유생의 갈등, 이를 처리하는 관의 자세 등이 앞서의 여러 자료들과는 상이한 측면에서 보여지는, 다소 특이한 면을 지니고 있으므로 전문을 게재해 본다.

伏以生等 以希臘敎匪事로 累訴本部하와 至承秘訓于藍浦郡이온바 藍浦郡城洞 任衡準家에 設敎堂하고 吳德信·吳性國이 稱以會長하고 呼來捉去을 任意爲之하고 行官刑行官威하야 棍杖笞杖用刑之具을 自意盡用하온 故로 人稱城洞官家라 하옵고 初春에 儒生李鍾泰等이 捕安鍾學時에 吳漢等이 作黨百餘人하야 各持軍器하고 乘夜奪去하옵더니 貞吉堂·安鍾學·安炳泰을 捉囚京獄時에 行賂救活之計로 收歛於渠輩中하야 輸送于京하야 暗暗私通하야 終未歸化하야 以圖更起하옵고 任衡準은 各郡儒會訴告京部時에 稱以改心歸化하고 金民濟·李鍾泰兩人許에 所奪錢幾百兩을 自願出納于儒會中하야 以爲補助하와 實心歸化하온바 今者에 本部秘訓을 李鍾泰가 持付藍浦郡하와 捉囚吳漢하옵기 各郡士民이 俱望懲戢後日之慮矣러니 不意幾日에 未하여 旋即放送吳漢하고 反捉李鍾泰하야 托以任衡準事하야 杖囚本部하오니 兩吳之納囑脫身이 尤極痛念이라 吳德信은 乃上部罪人이어날 官自放送하오니 抑或有本部更飭乎잇가. 何不按律處辦하와 以爲懲戢하고 李鍾泰난 前後功勞을 言之하오면 兩胡之晏如가 專是一李鍾泰之擧義也어날 其在朝家에 宜以褒賞이거날 今以横捉이寧可以示民勸奬之道乎잇가 任衡準之歸化也에 以其所奪人之錢으로 自願補助하야 實心改遷이 容或無恠요 且非李鍾泰之相關也여날 以此執頉於無辜之人이乃非袒護兩吳之計耶잇가 緣由을 玆敢齊訴하오니 伏乞照亮後即發嚴訓하옵셔 李鍾泰난 即爲放釋하시고 吳德信·吳性國을 押上京部하시와 按律照懲하시와 以杜後日之患을 伏望흠

光武 五年 八月 日

法部大臣 閣下

藍浦儒生：朴用和 白南奎 李奎東 趙廷熙 白成鎭 白河洙 朴永冕 黃鍾韶 金民濟 任琦準 任鳳準 崔爀郁 李鍾斗 李秉濟

庇仁儒生：兪致鴻 安　楨 趙載亨 申勉求 李敏鶴

韓山儒生：李曦植 李承樂 朴範鍾 李東植 朴在鳳 權大圭

林川儒生：柳彰魯 趙東曦 李海潤 等[70]

이 청원서에서 우리는 ① 정길당사건이 표면화되기 전에 임형준(任衡準)·오덕신(吳德信)·오성국(吳性國) 등의 활동을 볼 수 있는데, 이는 다른 자료들에서 양규태가 부각되는 것과는 다른 점이며, ② 안종학을 포득(捕得)한 유생이 이종태이며, 이때 유생에 대항한 세력이 양 오씨를 중심한 백여 인이며, ③ 정길당과 양 안씨가 서울에 착수(捉囚)된 뒤에는 양 오씨를 중심하여 행뢰(行賂)하는 등 갱기(更起)를 도모하였고, ④ 임형

70)《법부소장》45책 문서번호 17281, V.25 청원서—충청남도 각군 유생 박용화 등(1901년 8월).

준이 유생에게 귀화하였으며, ⑤ 이종태 등이 본부비훈(本部秘訓)을 가지고 양 오씨를 착수(捉囚)하였으나 얼마 안 있어 그들은 석방되고 이종태가 반착(反捉)되었다는 것, ⑥ 그러므로 이종태를 풀어주고 양 오씨를 압상경부(押上京部)하여 응징해 달라는 내용 등을 읽을 수 있었다. 여기서 주목되는 것은, 정길당사건이 외교문제화되어 중앙으로 옮겨진 뒤에 충남지방에서는 희랍교도라 칭하는 무리들과 지방 유생 사이에 갈등이 더욱 심화되고 있었다는 점이다.

이러한 사태는 그후 몇 달이 지나는 동안 양상이 점차 바꾸어지고 있었다. "희랍교를 초토(剿討)할 사(事)로 3,4삭(朔)이나 경부(警部)에 체류"하였던 백성진 등이 이해(1901) 11월에 역시 법부대신 앞으로 낸 청원서에서[71] 변화되고 있는 양상이 몇 가지로 감지되고 있다. 첫째는 이해 8월 법부에 청원서를 냈던 유생 박용화가 "도리어 그 협잡배 등과 부동뇌화하여(反與該挾雜輩等符同) 마을을 함부로 돌아다니면서(肆行村閭) 양민을 토색질(討索良民)"하는 현상이요, 둘째는 "피양규태지변위활빈당(彼梁奎泰之變爲活貧黨)"하는 점이며, 셋째는 교당(教黨)으로 자칭하는 임여량(任汝良)·임유행(任裕行) 등의 불법은 "거익치만(去益熾蔓)하고 생령지도탄(生靈之塗炭)은 시각난내(時刻難耐)"의 지경에 이르렀을 뿐만 아니라, 이들 교당들이 유생들을 모해하는 등 유생 대 교당의 갈등이 더욱 치열해지고 있었다는 것이다.

위에서 본 이러한 변화들이 어떻게 진전되어 갔는가 하는 경위에 대해서는 추적할 자료의 결핍 등으로 저자가 당장 말할 위치에 있지 않다. 다만 여기서 우리가 눈여겨보아야 할 것은, 충남 각군에서 제기된 희랍교의 소위 교폐문제가 동학의 잔여세력과 깊이 관련되어 있다는 것이며, 이 글도 이 점을 지적하면서 희랍교 교폐문제의 한 단면을 이 점과 관련시키는 선에서 그치고자 한다.

앞에서 이미 지적한 바와 같이,[72] 충남지방에서 전날 동학에 투입했던 잔여들이 관의 화망을 피하고 성명을 보전코자 희랍교에 들어가는 자가

---

71) 《법부소장》 45 문서번호 17281, V.25 청원서—충청남도 남포군 유생 청원인 백성진 등(1901년 11월).

72) 주 30)참조. 《황성신문》 1901년 3월 28일자.

날로 심히 많아졌다는 것이다. 굳이 희랍교가 아니더라도, 동학세력이 기독교와 관계를 가짐으로써 성명을 보전하는 한편 흉패를 자행한 사례는 더러 보인다.[73] 다음의 경우도 그 한 예다.

> 供盖此趙鄭兩賊이 本以甲午東魁로 搶奪軍器와 言壇號令과 蕩殘民產과 致死人命等 諸般罪惡이 彌天難貸이온되 法網이 太濶하야 尙容於覆載之間이 鬱鬱弸中옵더니 至於再昨冬에 藉勢希臘教하고 恣行凶悖를 甚於甲午하고 又於今年에 外托耶蘇教하고 收聚東匪餘黨하여 謀逐官長에 預派房任하고 私捉平民에 惡刑奪財하고 并奪人妻에 仍作已妾하고 突入班家에 恐喝婦人하고 欒殺其女에 拔釼釼婿하오니 到此之頭하야 無辜殘氓이 無地容身이라 彼乃揚言 曰甲午仇怨이 都在儒會 則今當掃蕩一境이라 하야 民情이 恟恟하야……[74]

위의 자료는 그 장소가 분명치 않지만 "동학당 괴수 조(趙)·정(鄭) 양인이 1900년에는 희랍정교를 빙자하고 1902년에는 야소교를 가탁하여 동비여당(東匪餘黨)"을 수취(收聚)하였음을 잘 보여주고 있다.

정길당사건에서도 양규태·안종학·안병태·정길당이 희랍교사라 자칭하고 전도하는 체하면서 '건십자기(建十字旗) 취동비여당혹천혹백(聚東匪餘黨或千或百)'하였다는 것이다. 이종태 등 남포 유생이 안종학을 포득(捕得)했을 때 그 행구(行具)에 화적기계(火賊器械)와 문서 등이 있었다는 것은 안종학이 바로 동비여당이었을 것이기 때문이고, 그러기에 그들은 그 화적기계(火賊器械)로 "무기를 함부로 휘둘러 마을들을 도륙"(放砲橫鎗 屠戮閭里)할 수 있었을 것이다. 이들은 동비여당으로 관의 화망(禍網)을 피하고 성명(性命)을 보전하기 위해 당시 막강한 러시아세력과 관련있는 희랍교에 자세(藉勢)하게 되었던 것이다. 아마 이들도 앞의 조·정 등의 '갑오동괴'(甲午東魁)들처럼 희랍교에 자세하고서는 갑오년의 원한이 오로지 유림들에게 있으니 이제 마땅히 일경을 소탕해야 한다라고 양언(揚言)했을지도 모른다. 이런 상황에서 임천·남포·한산 등지의 유생이 이들을 상대로 소장(訴狀)을 내는 등 사단(事端)을 일으킨 것은 오히려 자연스런 일이었을 것이다.

여기서 또 하나 지적할 것은, 정길당사건에서 사실상의 주역을 담당했

73) 주 29)에서 열거한 자료 참조.
74) 광무 6년 10월 일 유준근 공안-《사법품보》 문서번호 17278, V.79.

다고 보여지는 양규태의 행적에 관해서이다. 그에 관해서 "본래 화적당의 괴수였는데 먼저 영학당에 들어갔다가 붙잡혔으나 영국인 선교사의 도움으로 빠져나왔으며 그후 영국선교사는 그가 화적당임을 알고 교적에서 빼버려 곧 축출된 자인데, 이제 러시아 국적을 가탁한 것은 역시 목숨을 부지하고자 하는 계략"(本以火賊之魁 先入於英學被捉 以英教師奪囚得脫 其後英教師知其賊而割名於教籍 即爲逐出者也今托入籍俄國者 亦圖生之詭計也)이라[75] 한 데서 우리는 그가, ① 화적, ② 영학(당), ③ 탁입적아국(托入籍俄國) 혹은 희랍교에 가탁한 행적을 볼 수 있고, 뒷날 그는 활빈당으로 변했다.[76] 아마도 그가 처음에 화적이었다고 한 것은 '동비'(東匪)임을 발견하지 못한 데서 온 오인이었을 것이다. 그는 영학당에도 가입했었는데, 영학(당)은 전북 고부(古阜)를 중심으로 형성된 일종의 농민운동체였다.[77] 영학이란 명칭도 영국 선교사의 전도와 관계있는 듯하다.[78] 영학에서 축출되자 그는 다시 도생(圖生)의 궤계로서 희랍교에 자탁케 되었다는 것이며, 정길당사건으로 그가 원하는 바가 여의치 않게 되자 활빈당에 들어갔던 것으로 보인다.

이제 우리는, 정길당과 관련된 희랍교의 교폐가 동학과 관계있음을 알게 되었다. 동학여당이 희랍교를 택한 것은 1890년대말에 한국에서 가장 막강했던 외세의 하나가 희랍교를 뒷받침하고 있는 러시아였기 때문이다. 또 우리는, 러시아의 세력이 우리나라에서 약화될 조짐을 보였을 때 혹은 희랍교에 의지하는 것이 도생에 더 이상 도움이 되지 않는다고 판단되었을 때, 희랍교에 들었던 무리 중에서는 활빈당 혹은 야소교(신교)로 변신해 가는 것도 볼 수 있다. 이것은 가렴주구에 시달린 민중이 자기의 생명과 재산을 보전하기 위해 발견한 지혜였는지도 모른다.[79]

---

75) 《법부소장》 45책 문서번호 17281, V.25 청원서-충청남도 내포 유생 등(1901년 음력 3월).
76) 주 71) 참조.
77) 박찬승, 〈활빈당의 활동과 그 성격〉, 《한국학보》 제35집, pp.151～152.
78) '光武三年一月十一日英學罪人金台書取招記'-《사법품보》 문서번호 17278, V.49.
79) 《독립신문》 4권 185호(1899년 8월 14일), 〈민정가긍〉 참조;《황성신문》 1902년 8월 16일자-'東西各國宗教源流;基督教' 自通商以來로 教禁이 始弛하여 頃年 領洗之數가 至四五萬人하여 年加而月增하니 盖 愚民이 苦於官吏之貧虐하여 相率入教하여 視教堂爲逋逃依賴之地故로 教徒之逐年添加者이 以此也니라.

이런 점에서 볼 때, 정길당사건이 엄격히 말해서 '희랍교를 믿는 신도'와 관련이 있었는가 하는 것은 검토해 볼 문제이다. 오히려 희랍교를 잠칭(僭稱)·가탁(假托)·자세(藉勢)한 '비교·불신'(非敎·不信)의 민중들의 소행으로 보는 것이 더 온당할 것으로 생각된다. 러시아공사관에서 정길당 일행을 두고 "그들을 조사해 본 바 (러시아) 제국의 선교사들과 전도자들과는 아무 관련이 없다"(査該人等 並無關於帝國宣敎師署及傳敎士) 라고 잘라 말한 것은 이 때문이었을 것이다.

Ⅶ. 맺는 말

우리는 지금까지 희랍교로 불린 러시아 정교의 입국에서 거론하여, 그 교폐사건이라 할 정길당사건의 발단과 처리과정, 그 사건의 동학과의 관련 등에 대해서 살펴보았다. 이 문제가 한말 기독교 전체의 외세의존과의 관련에서 보아야 했던 만큼, 이 사건만을 통해서 한말 기독교인의 외세 혹은 외국교 의존문제를 일반화하기는 어렵겠지만, 대체로 다음과 같은 결론에 이르게 되었다.

러시아 정교는 러시아의 세력이 한국에서 극도로 팽배했을 무렵인 1890년대말에 한국에 도입되었다. 정교가 도입되자, 그 중요행사에는 한국인 고위관리가 참석하였고 신임 선교 책임자는 고종을 알현하는 등, 처음부터 정치적인 성격을 드러내고 있었다. 새 교당을 건립할 부지를 고종이 하사할 정도로 러시아 정교는 한국의 정치권력과 유착(癒着)되어 있었다. 이 점은, 권력에 민감한 관리들에게는 물론 가렴주구에 시달리던 일반 민중에도 재빠른 반응을 일으켜 희랍교에 들어가는 자가 속출하게 되었다.

러시아 정교에 자세(藉勢)하여 일종의 교폐를 처음 일으킨 것은 서울이 아닌 지방에서였다. 충남 임천·한산·남포 지역에 정길당이라 이름한 노(露)국적의 한녀(韓女)가 나타나자, 그 지역에서 동학당원의 전력을 가진 듯한 안종학·양규태 등이 정길당을 업고 행패를 부린 듯하다. 정길당은 40여 년 전 그의 부친이 러시아에 입국, 러시아국적을 가진 인연으로, 그 자신 '고(高)베라'라는 이름의 러시아인이 되었고, 이 사건이 일어나기 6년 전에 한국에 입국, 호조(護照)를 분실한 채 그 남편 안병태와 그의 아들과 함께 어떤 경위를 거쳐서 왔는지는 분명치 않으나, 이곳 임천(林川)까지 왔던 것이다.

이 지역에는 소위 동비(東匪)들이 관(官)의 화망(禍網)을 피해 조용히 숨을 죽이고 있었다. 이때 노국적의 한녀가 나타나자 이것을 기화로 러시아 정교회의 선교사로 가칭시키고 그들은 신도인 체하면서 교당을 설하고 전도에 나서는 한편, 외세를 악용, 앞에서 거론한 바와 같은 행패를 부렸다. 특히 사대부와 부자에 대하여 압력을 가했던 모양이다.

동학운동 이후 부호유생과 동학여당 사이에는 여러 가지 갈등이 있었던 만큼 이곳에서 '동학잔당'들이 희랍정교에 자세하여 불법 비리를 행하게 되자 유생들은 분기하여 이들을 포득(捕得)하기도 하고, 혹은 법부에 소장을 내기도 하였다. 그리하여 지방의 교폐사건이 일약 러시아와의 사이에 외교문제로 비약하게 되었다.

이 문제는 러시아공사관에 의해서는 희랍교 선교사와는 아무런 관련이 없다고 결론지었고, 다만 정길당이 노국적을 가졌기 때문에 그녀가 집조(執照) 없이 한국을 왕래한 부분에 대해서만 1개월 감금 정도의 처벌로 이 사건은 마무리지어졌다. 우리는 여기서 한말 외세가 한국에서 누리고 있던 치외법권·영사재판권 행사의 실체를 엿볼 수 있다.

한편 이 문제는 비록 노국적 한녀와 희랍교의 이름을 빌어 야기된 것이긴 해도, 여기에 관여한 한국인들이 유생과 '전력동비'(前歷東匪)의 두 계층이라는 점에서 그후에도 심각한 갈등현상을 빚게 했다. 특히 정길당을 싸고 돈 인물들이 '동학여당'(東學餘黨)들이었다는 점에서 이 사건은 외세·외국교에 자탁(藉托)하여 성명(性命)을 보전하고 권세를 행사하고자 했던 그 당시 한국 민중들의 대외세관을 보여준다고 하겠다. 이러한 성격은 앞으로 계속될 천주교·야소교(耶蘇教)의 대외세관 연구를 통하여 좀더 분명하게 되고 일반화될 것으로 기대된다.

(《淑明女子大學校論文集》 제26집, 1985)

한국 기독교와 미국의 영향

Ⅰ. 머 릿 말

최근에 한 전직 선교사가 조사한 바에 의하면,[1] 1893년에서 1983년까지 한국에 종사했던 선교사는 1,952명으로 그중 약 1,710명이 미국인인 듯하며, 미국인 가운데 637명이 해방 전에 한국에 입국하였다고 한다. 미국인 선교사는 전체의 약 87.6퍼센트에 해당하는 것으로, 여기에서 우리는 한국 기독교의 미국과의 관계를 쉽게 엿볼 수 있다.

얼마 전 100주년을 맞았던 한국 기독교는 최근까지 자신의 역사를 정리하면서 그 인식의 폭을 확대할 겨를을 갖지 못해 이 땅에 복음을 전해 준 선교사들에 대한 본격적인 연구를 미처 시작하지 못하였다. 다만 각 선교부에서 발간한 교단적 선교역사가 있을 뿐이다.[2] 때문에 선교역사를 매체로 한 한·미관계의 연구는 물론, 한국 기독교를 형성시키는 데 중요한 몫을 담당했던 미국계 기독교와의 관계를 규명하는 문제도 아직 학문 밖에 방치된 채 이 방면에 관심 가진 자의 출현을 기다리고 있는 형편이다.

금번(1988) 경남대학교 극동문제연구소에서 한·미관계를 종합적으로 재조명하면서, 기독교 분야의 중요성을 인식하고 이 문제를 거론할 수 있도록 기회를 마련한 것은 시의적절한 조치였을 뿐만 아니라 평소 역사의식이 둔감했던 저자에게는 대단한 자극이 된 것이 사실이다. 우리는 비단 한국 기

---

1) Allen D. Clark, *Protestant Missionaries in Korea, 1893~1983*, C.L.S. of Korea, 1987.

2) 여기에는 H.A. Rhodes, *History of the Korean Mission*, P.C.U.S.A.(1884~1934)와 H.A. Rhodes, A. Campbell 공저의 속편(1935~1959); G.T. Brown, *Mission to Korea*(P.C.U.S.); C.D. Stokes의 *History of Methodist Missions in Korea*(1885~1930) 등이 있다.

독교와 미국과의 관계를 정확하게 인식하는 문제뿐만 아니라, 한국 기독교사를 세계사적인 차원에서 인식하려고 할 때 우리의 역사인식의 폭을 넓혀 구미제국의 기독교사는 물론 한국 주변의 기독교사 이해에도 먼저 꾸준한 노력을 기울여야 할 것이다.

이 글은 주어진 연구테마가 너무나 명확한 그만큼 연구의 방향과 내용이 명확하게 된 것은 아니다. 그 이유는 저자의 역량의 한계 때문이면서, 이 고찰에서 다루어야 할 분야가 너무 광범위했기 때문이다. 따라서 저자의 역량상 이 연구는 기독교적 분야에서 본 한·미관계의 일종의 시론 혹은 서설적 성격에 지나지 않을 것으로 생각된다.

저자는 이 연구를 진행하는 데 역사(시간)적인 접근을 피하면서 그것이 곧 한국 기독교와 미국이 만나는 접점이 되도록 장·절의 제목을 조정해 보았다. 그리하여 시대마다 미국(선교사)이 한국 교회에 어떻게 기능하였는가를 나름대로 정리해 보려고 하였다. 그러나 1930년대의 한국 교회의 시련과 해방 이후의 한국 교회의 분열에 미국의 영향력이 크게 작용하고 있었지만 이 글에서는 부득이 그 부분을 제외시켰다.

이 글이 일종의 시론인 만큼 편견과 오류가 없지 않을 것이다. 그리고 오늘날의 상황 속에서 배태된 대미관이 이 연구에 편향적으로 작용했을는지도 모른다. 모쪼록 이 글에서부터 시도될 저자의 이 방면에 대한 연구가 좀더 정확하고 폭넓은 역사인식이 되도록 동학들의 질정을 기대하는 바이다.

Ⅱ. 미국계 기독교 여러 교파의 한국 진출

1. 기독교 전파의 시도

오늘날 한국 개신교의 주종을 이루고 있는 교파는 미국계의 여러 교파들의 선교에 의해서 이루어졌다. 19세기말에 수용된 장로교·감리교를 비롯하여 해방 후에 도입된 군소 교단에 이르기까지 한국 기독교의 여러 교파는 미국의 다양한 교파교회를 그대로 옮겨놓은 듯 그 외형에서 복잡한 양상을 띠고 있다.

한국에 개신교를 전파하려는 노력은 1832년의 귀츨라프(K. Gützlaff)에 의해서 시도되었다고[3] 일반적으로 이해하고 있다. 그후 신미양요의 구실이

되기도 했던 소위 '제너럴 셔만(General Sherman)호 사건' 때는 그 배에 동승한 한 영국인 선교사 토머스(R. J. Thomas) 목사가 희생되었다. 그는 한국 최초의 선교사가 되려고 하여, 스코틀랜드 성서공회(The National Bible Society of Scotland)의 중국지부 선교사 윌리암슨(A. Williamson)의 지원하에 복음을 전파하고자 하였으나, 그가 가지고 온 성서의 일부를 전했을 뿐 소기의 목적은 이루지 못하였다.

미국계 교파교회의 선교가 이룩되기 전에 만주와 중국에서 활약하던 영국계 선교사들에 의해 성경이 한글로 번역되고, 전도문서가 한국인에게 뿌려진 것은 매우 주목할 만한 일로서 이 점에 대해서는 이미 앞에서 언급하였다. 로스(J. Ross)와 매킨타이어(J. Macintyre)의 성경번역과[4] 다우드웨이트(A. W. Douthwaite)의 문서선교가[5] 그것이다. 이들과 이들을 도왔던 한국인 신자들의 노력에 의해, 미국계 선교사들의 정착 전에 이미 한국에는 적어도 수십명의 한국인들이 복음을 듣고 기독교신앙을 고백하였던 것이다. 뒷날, "씨를 뿌리러 왔으나 열매를 거두게 되었다"고 고백한 선교사의 감격은 바로 이러한 정황을 두고 한 것이다.

이 땅에 선교사가 정착하기 전에 성경이 먼저 번역·출판되었다는 것은 그후의 한국 교회의 성립·발전을 가늠하는 데에 중요한 의미를 갖는다. 1882년과 그후에 계속하여 만주에서 번역된 성경은 한국인 협조자들에 의하여 한국에 보급되었다. 또 1882년 일본에 건너가 그 이듬해에 세례를 받은 이수정은 한문성경에 토(吐)를 다는 작업에 이어 〈마가복음〉을 한글로 번역하고 1885년초에는 그것을 출판하였다.[6] 이해 4월 5일 복음선교사로 한국에 도착한 언더우드(H. G. Underwood)와 아펜젤러(H. G. Appenzeller)는 일본에서 출판된 한글본 〈마가복음〉을 가지고 한국을 찾았다. 이러한 현상은 선교사상 그 유례가 드문 것이다. 그리고 이수정의 〈마가복음〉 번역·출판에는 당시 일본에서 선교하고 있던 미국계 선교사들과, 미국 성서교회 총무 루미스(H. Loomis)의 도움이 컸음을 지적하지 않을 수 없다. 미국은 선교사를

3) 백낙준, 《한국개신교사》, 연세대 출판부, 1973, pp. 40~44.
4) 이만열, 《한국기독교문화운동사》, 대한기독교서회, 1987, pp. 20~25.
5) 이만열, 〈로스본의 번역·출판·권서사업 Ⅲ〉, 《빛과 소금》, 1987. 10., pp. 197~198.
6) 백낙준, 앞의 책, pp. 91~95.

파견하기 전에 한국 교회성립과 관련하여 중요한 역할을 담당하고 있었던 것이다.

2. 미국계 각 교파의 선교

미국계 기독교의 각 교파에서 파견한 선교사가 공식적으로 입국절차를 거쳐 한국 땅을 밟은 것은 1884년이다. 이해 6월 24일에서 7월 8일까지 미 북감리교의 일본주재 선교사 매클레이(R.S. Maclay) 목사는 한국인 수세자 한 명을 통역인으로 대동하고 한국을 방문, 김옥균을 통하여 한국 정부로부터 미 북감리교가 한국에서 교육·의료사업을 시작해도 좋다는 허락을 받고 일본으로 돌아갔다. 그의 방문은, 그 전해(1883) 미국을 방문한 바 있는 한국 사절단과 접촉한 가우처(J.F. Goucher) 목사의 간절한 여망과, 일본에서의 이수정의 요청이 일본 현지의 매클레이 목사를 움직였기 때문이다. 매클레이 목사의 한국 방문은 그 이듬해 미 북감리교의 한국 선교사 파견을 가능케 했던 것이다.[7)]

한편, 북감리교의 매클레이가 한국을 방문했던 이해 9월에 미 북장로교에서는 의료선교사 알렌(H.N. Allen; 安連)을 파견하였다. 한국정부측에서는 그를, 그 전해에 개설된 미국공사관의 공의(公醫)로 인정하고 있었지만, 미 북장로교에서는 의료선교사로 그를 입국시켰던 것이다.

미국의 선교사들이 한국에 입국 정착할 1880년대에는 미국의 여러 교단들이 중국·인도 등 세계 각지에 해외선교사를 파견하고 있었다. 이렇게 그들의 해외선교가 활발하게 진행된 데에는 나름대로 몇 가지 배경이 있다.

우선 첫째로 18세기말부터 일어난 미국의 제2차 대각성(Great Awakening) 운동과 그와 더불어 일어난 일련의 종교적 열정으로서의 선교열을 들지 않을 수 없다. 제2차 대각성운동은 여러 선교회와 대학·신학교의 창립에 큰 자극을 주었다.[8)] 19세기에 들어와 장로교와 감리교총회 산하에 전국적인 규모의 선교회가 조직되었다. 이에 뒷받침되어 1880년대에는 선교지에 직접 나아갈 미국 신학교 학생들에게 '선교부흥운동'이 일어나 '전국신학교동맹'

---

7) 이만열, 《한국기독교문화운동사》, pp. 25~32 참조.
8) 케니스 래토레트, 《기독교사 下》, 생명의 말씀사, 1983, p. 112.

이 결성되었는데, 한국에 온 초대선교사들 가운데는 이 대회중 혹은 그후에 선교의 뜻을 세웠던 사람들이 많다.[9]

둘째로는 백인우월주의에 입각한 기독교문화의 전파라는 측면이다. 이것은 유색인종을 향한 백인들의 일종의 민족주의라고 할 수 있다. 이때 백인국가에서는 유색인종을 향해 탐험가·선교사·여행가·의사·예술가·시인·과학자들이 "각기 자기 나라의 기독교문화에 대한 해석을 퍼붓고" 있었다. 영국의 '백인의 짐'과 프랑스의 '개화사명', 독일의 비스마르크적 '문화'가 서로 맞서는 가운데 1880년대에 미국도 "인류를 자유롭게 하기 위하여 세계를 정복하고 있던 기독교국가"에 참가할 준비를 서두르고 있었다.[10] 여기서 백인우월주의와 기독교문화 전파는 선교라는 미명하에 구미 제국주의의 동양 진출을 합리화할 수 있게 되었던 것이다.

셋째로 미국의 선교사업의 배경에는 '대아메리카'의 구상에 의한 미국의 해외진출 기도가 깔려 있다는 것이다. 1860년대 남북전쟁을 겪은 미국은 1868년 알래스카 구입사업을 완결하는 한편, 산업화를 지향하는 각종 준비작업을 서둘렀다. 곡물과 쇠고기의 수출, 광대한 철도망의 건설과 광물자원의 개발 등이 뒤따랐다.[11] 산업화에 따른 대외팽창은 1898년의 미서(美西)전쟁으로 치닫게 되지만, 미국은 이에 앞서 세계 각지에 선교사를 파견하게 되었다.

미국의 선교사가 한미수호통상조약의 체결(1882) 이후에 내한할 수 있었다는 것은 흥미롭다. 영국 등 유럽의 선교사들이 그 이전에 입국하지 못했던 것과 비교해 보면 더욱 그렇다. 이것은 말하자면 미국 선교사의 한국 입국이 미국의 외교·통상문제와 깊은 관련이 있음을 시사하는 것이다. 앞서 말한 매클레이의 입국은, 1883년 주한 미국공사관 설치의 대응적인 형식으로 취해진 민영익 일행의 미국 방문과 깊은 관련이 있었다. 그 일행을 목격했던 가우처 목사의 주선이 미 북감리교 선교본부와 일본 선교부를 움직였기 때문에 매클레이의 예비방문이 이뤄졌던 것이다.

---

9) 백낙준, 앞의 책, pp. 101~102.
10) 윌리암 밀러 저, 이보형 외 2인 역, 《미국사 요론》, 시사영어사, 1969, pp. 387~390.
11) 위의 책, pp. 389~390.

1884년의 매클레이의 방문과 알렌의 정착 이후 그 이듬해에는 복음 및 의료선교사가 잇달아 한국에 도착하였다. 북감리교의 아펜젤러·스크랜튼(W. B. Scranton)·맥길(W. B. McGill) 등과 북장로교의 언더우드·헤론(J. W. Heron)·마펫(S. A. Moffett) 등이 도착하여 의료·교육사업과 복음전파사업을 진행시켜 나갔다.

미국 남장로교의 한국 선교는 열성있는 신학생들에 의해 추진되었다. 1892년 11월, 테이트(L. B. Tate) 남매와 전킨(W. M. Junkin) 부부, 레이놀즈(W. D. Reynolds) 부부 및 데이비스(L. Davis) 양 등 7명이 입국하여 호남지방 선교에 나서게 되었다. 한편 남감리교에서는 1896년 중국 선교사로 활약하던 리드(C. F. Reid)가 입국, 선교활동을 시작하였다. 남감리교가 선교활동을 개시하는 데에는 미국 밴더빌트와, 에모리대학에서 수학한 바 있는 윤치호의 공헌이 컸다.

침례교에서는 1889년 9월 펜위크(M. C. Fenwick)가 입국하였고, 그 뒤를 이어 폴링(E. C. Pauling) 부부, 스테드만(F. W. Steadman) 부부 등이 파송되었다. 이밖에도 미국의 선교사들이 1900년대초에, 앞서 언급한 교파들뿐만 아니라, 안식교·성결교 및 미국성서공회 등을 통하여 파송되고 있었다. 미국을 제외한 선교사 파송교단은 영국의 성공회와 구세군, 캐나다 장로교 및 호주 장로교 등이었다. 이들은 선교사 숫자에서나 선교지역 확보에서 미국계 선교사에 비교가 안될 정도였다. 이 정도로 한국은 미국계 기독교 교단들에 거의 독점적으로 개방되었던 것이다. 한국이 미국계 기독교회에 의해 거의 독점적으로 점유되어 갔던 이 사실은 그후 한국 기독교의 성격을 규정하는 중요한 요소가 되었다.

3. 초기의 선교정책

초기에 한국에 파송된 선교사들은 선교에 대한 고귀한 정열을 가졌으나 경험이 거의 없었던 젊은이들이었다. 그들은 건국 초기의 대외진출 이념이었던 프런티어정신으로 이 미지의 개척지에 도착하긴 하였으나 언어·풍속·환경의 불편·미적응에서 오는 곤란을 겪어야만 하였다. 이들은 한국에 대한 충분한 정보도 갖지 못하였으며, 따라서 선교 본국에서 필요한 훈련을 쌓지도 못한 채 입국을 서둘렀던 것이다.

경험이 적은 이들 선교사들에게는 비슷한 문화권에 속해 있는 중국·일본의 선교 현지의 경험과 충고가 요청되었다. 따라서 북장로교 선교사로서 일찍이 중국 산동반도에서 25년간 활동하고 있던 네비우스(J. L. Nevius; 1829~1893) 목사가 1890년 6월 한국에 초빙되어 2주간 머무르며, 선교에 관한 문제들을 협의하였다. 네비우스는, 상해에서 발간되는 *Chinese Recorder*에 선교에 관한 논설들을 발표한 바 있으며, 《선교사업의 방안》(*Methods of Mission Work*) 등의 저술을 통하여 중국에서의 선교사업의 실제문제를 연구하고 있었다. 마펫에 의하면, "25년간의 그의 풍부한 경험을 가지고 그는 우리들 젊은이들에게 말했으며, 우리들의 가슴속에 중요한 선교원리의 사상적 맹아(萌芽)를 심어주었던" 것이다.[12] 언더우드는 네비우스의 내한활동을 두고, "기도하고 신중히 고려한 후에 우리는 중요한 '네비우스 원리'(Nevius Principles)를 채택하였고, 그것은 그때부터 한국 선교정책으로 채택되었던 것이다"라고 언급하였다.[13]

네비우스방법은 일반적으로 자전(自傳; Self-Propagation), 자치(自治; Self-Government), 자급(自給; Self-Support)으로 간단하게 알려져 있지만,[14] 네비우스가 그의 저술들에서 소개한 방법은 선교사가 처음 사업을 시작하면서부터 선교현장에서 제기될 것으로 예상되는 문제들에 대하여 다각적으로 검토·처방한 내용들이다.[15] 단지 그 중심이 선교현장의 사회·경제·문화·전통 등의 정황을 충분히 고려하되 선교본국의 지원보다는 피선교지의 경제와 인력이 능동적으로 가동되어야 함을 강조하는 것이다.[16] 이것은 자립·자급·

12) Charles A. Clark, *The Korean Church and The Nevius Methods*, Fleming H. Revell Co., 1930, p. 74.
13) H. G. Underwood, *The Call of Korea*, Fleming H. Revell Co., 1908, pp. 109~110.
14) Nevius방법의 설명에 異說이 있으나, 정리하면 대략 다음과 같다. 첫째, 한 사람을 그리스도에게 인도하면 그를 떠나지 말고 끝까지 붙들어 그가 개인전도하는 일꾼이 될 때까지, 자기의 직업에 종사하면서 이웃에게 그리스도를 전할 수 있게 되기까지 인도한다. 둘째, 교회의 운영과 기구조직은 그 교회가 가지고 있는 능력범위 안에서 발전시킨다. 셋째, 교회가 인물과 재정을 공급할 수 있을 때에만 전도사업에 유자격자를 택립한다. 넷째, 교회당건축은 가급적 교인들 자신의 힘으로 짓도록 하되 건축양식은 한국 고유의 것으로 하고 그 규모는 교회가 유지할 수 있을 정도로 한다. 백낙준, 앞의 책, p. 498; 《기독교대백과사전》 3권, p. 498 참조.
15) Charles A. Clark, 앞의 책, pp. 75~143 참조.
16) 물론 네비우스방법의 이러한 강조점에 대하여 Dr. Calvin Mateer같이 비판적인

자전·자치라는 명분 위에서 선교사측의 인력과 경제력의 투입을 최대한으로 억제하면서 선교의 효과는 극대화하자는 것이었다. 주목되는 것은, 이 정책이 당시의 정치정황으로 보아 대규모의 선교사업이 불가능하다는 선교본부의 판단에 의해 1890년까지 인원과 사업비를 증액시키지 않았던 상황에서[17] 채택되었다는 점이다.

네비우스가 왔을 때 한국의 미 북장로교 선교사들은 12명이 채 안되는 소그룹이었지만, 그들은 '네비우스 원리'가 정당하다는 것을 확신하였다. 또 그들은 선교현장에서 이 원리를 실제로 적용하였을 뿐 아니라 뒤에 도착한 선교사들에게도 이를 주입하기 위하여, 도착 1년 후에 치루는 어학시험과 함께 '네비우스 원리'의 이해도 요구하였다.[18]

주한 미 북장로교 선교사들은 이 원리를 적용·확대하여 나갔다. 네비우스의 방문 1년 후(1891)에 개최된 연례회에서는 '북장로교 선교부 조례'(Presbyterian Northern Mission Rules and By-Laws)를 제정하였다. 7장으로 된 이 조례는 선교현장에서 나타난 종래의 조직상의 약점을 극복하기 위한 것으로, "거의 각장마다 '네비우스 원리'의 영향을, 어떤 경우에는 그의 '선교사업의 원리'를 직접 인용한 구절을 쉽게 볼 수 있었다."[19] 1896년과 1901년에 수정·보완된 조례에서도 그 원리를 더욱 발전시키고 있었다.[20] 이 원리는 서울의 소년학교(경신학교의 전신)를 폐쇄하는 데 적용되었고, 권서(勸書)와 조사(助事)의 채용, 성서의 소요리문답의 번역 및 사랑방 설교와 전도 등은 네비우스방법의 결과였다고 지적된다.[21]

4. 선교지역의 분할

1890년대를 맞으면서, 앞에서 이미 언급한 것처럼, 한국에는 구미의 여러 교단에서 선교사가 파송되었다. 파송된 선교사들은 일차적으로 서울을 찾았다. 미국 북장로교 선교부 총무 엘린우드(F.F. Ellinwood)가 언급한 것처

입장을 취한 분도 있었다. 위의 책, pp. 36~47.

17) 백낙준, 앞의 책, pp. 168~169.

18) Charles A. Clark, 앞의 책, p. 74.

19) 위의 책, p. 75.

20) 위의 책, p. 83.

21) 위의 책, pp. 85~87.

럼,[22] 이 무렵 한국에 파송된 선교사들은 특수지대에 과잉 집중하는 과오를 범하고 있어서, 지리적 분산과 복음의 광포(廣布)를 기하지 않을 수 없게 되었다. 따라서 여러 선교부에서는 협의과정을 거쳐 선교지역을 조정할 수밖에 없었다. 선교지 분할이란 바로 이를 두고 한 말이다.

선교지역 조정을 위해 협의기구가 필요하였다. 협의기구는 비교적 여러 나라에서 선교사를 파견했던 장로교단에서 먼저 발족되었다. 1889년 호주의 데이비스(M. T. Davies) 목사가 도착했을 때, 미 북장로교와의 사이에 '연합공의회'를 조직한 바 있었으나, 1890년 데이비스의 사망으로 더 이상 기능을 발휘하지 못하였다. 1892년 미 남장로교 선교사들이 내한하자, 그 이듬해 1월 미 남북장로교 선교부는 '장로교 치리기구보유(治理機構保有) 선교부공의회'(Council of Missions Holding the Presbyterian Form of Government)를 조직하여 한국에서 하나의 장로교회 조직을 목표로 협력하기로 하였다.

선교지역 조정문제는 이 공의회에서 먼저 논의되었다. 북장로교가 이미 점거한 지역에서 활동하는 반면, 남장로교는 충청·전라 두 도를 점유 개척하기로 하였다. 장로교는 이 기구를 중심으로 선교지를 협의 조정하였다. 장로교 각 교단은 미 남북감리교단과도 선교지를 구획하게 되었다. 선교지 분할·조정은 1910년대초까지 여러 차례에 걸쳐 진행되었는데 최종적인 내용은 다음과 같다.

미 북장로교는 서울·황해도·평안도·경북 그리고 충북 일부를 선교지역으로 하였다. 초기에는 부산과 원산도 포함하였으나, 뒷날 호주 선교부와 캐나다 선교부에 이양하였다. 선교거점(Mission Station)은 대구·안동·청주·서울·재령·평양·선천·강계의 8지역이었다.

북감리교는 서울·경기(수원·인천)·충남·황해도의 남부와 강원도 남부, 평안도의 평양·영변 등을 점유하였다. 1893년 북장로교와는 공동 점거한 지역내의 충돌을 없애기 위해, 5천 명 이상의 인구가 사는 도시에서는 공동점유하고 그 이하의 지역에서는 선점한 선교부에 양도하기로 합의하였다.

남장로교는 북장로교와의 협의로 처음 충청·전라도를 점유키로 했으나 뒷날 충청지역은 북감리교에 이양하고 호남지역만을 확보하였다. 선교거점

---

22) W. M. Baird, "Our Mission in Korea," *Woman and Mission*, Vol. 3, No. 2 (1927. 2.), p. 403; 백낙준, 앞의 책, p. 187.

주요 선교단체들의 선교구역 분계도

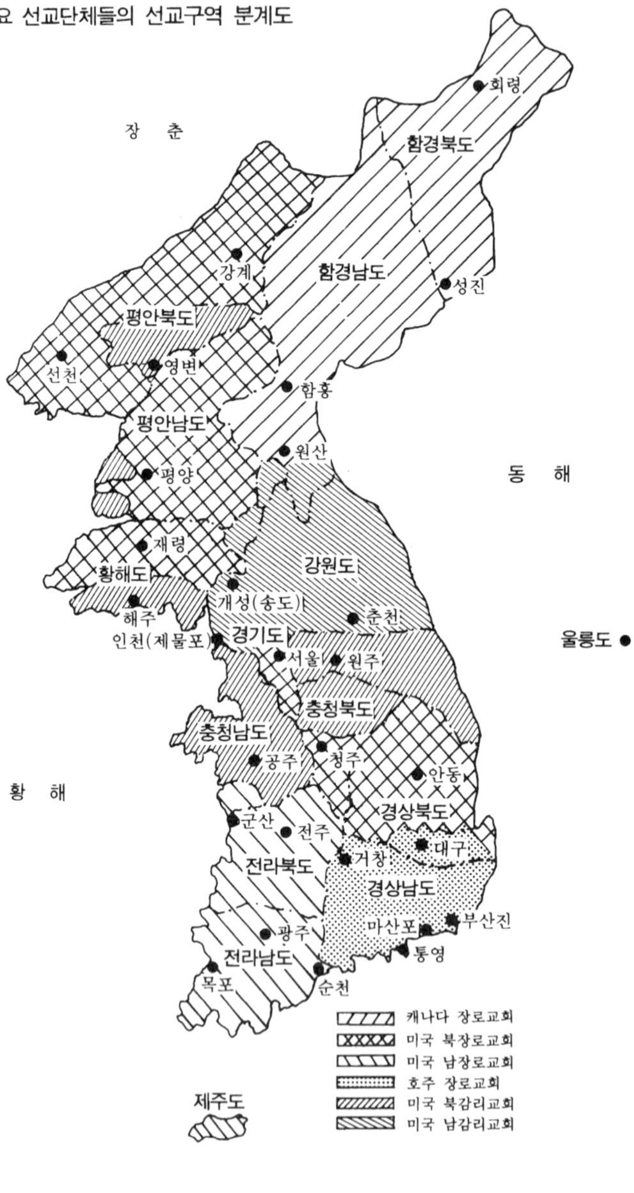

은 전주·군산·목포·광주·순천 등이었다.

미국 남북장감의 4개 교단 가운데 가장 늦게 들어온 남감리교는 서울에 선교부를 설치하고 처음에 황해도로 진출하였으나 얼마 안 있어 개성·한강 이북의 경기·강원도 중북부를 선교지역으로 확정하였다.

이밖에 호주 장로교가 부산과 낙동강 서쪽의 경남(마산·통영·진주·거창) 일대를, 캐나다 장로교가 함경도와 간도지역을 선교지역으로 삼았는데, 한국 장로교단의 경우 뒷날 비록 단일교단을 형성하였지만 이때의 선교지역과 그 인맥은 해방 후 장로교 분열의 중요한 원인이 되었다.[23]

여기서 우리는 미국계 선교사가, 앞의 지도에서 보이는 바와 같이, 한국의 영토 중에서 함경남북도와 경상남도를 제외한 전영토를 그들의 선교지역으로 분할해 갔음을 알 수 있다. 미국계 선교부들은, 선교본부 등지에서 더러 겹치는 경우도 있었지만 대체로 전국토의 71.2퍼센트에 해당하는 지역(함경남북도와 경상남도를 제외한 지역)을 그들의 선교지역으로 정했고, 다음 표에서 보이는 바와 같이 한국 인구의 약 77.1퍼센트(1907)와 79.6퍼센트(1910)를 차지하고 있었다.

1907, 1910년의 호구 및 인구[24]

연 도	호구와 인 구	(1) 전 국	(2) 경남과 함경남북도		(1)−(2)	
			숫 자	%	숫 자	%
1907	호 구	2,333,087	483,818	20.7	1,849,269	79.3
	인 구	9,781,671	2,242,766	22.9	7,538,905	77.1
1910	호 구	2,742,263	530,543	19.3	2,211,720	80.7
	인 구	12,935,282	2,644,037	20.4	10,291,245	79.6

선교지역의 교파별 점거는, 뒷날 한국 교회의 지역적 파벌을 조성한다는 점 외에도 주목할 점이 있다. 그것은 열강에 의한 한국의 이권 침탈이 강화되던 시기에 선교지역 분할이 이뤄졌다는 것이다. 그리고 일제가 청일·러일전쟁에서 승리하면서 영·미·러시아 등의 묵인 내지는 동의하에 정치적으로 한국을 강점하던 시기에 종교적으로는 국토와 인구의 7할 이상이 미국

23) 이만열, 《한국 기독교사특강》, 성경읽기사, 1987, pp. 63~64.
24) 〈民籍統計表〉, 內部警務局, 1910년 5월 10일 조사, 戶口調査比較表, pp. 1~2 참조.

계 기독교의 선교권 안에 들어갔고, 나머지도 캐나다·호주 등에 점거되어 온 국토와 국민이 영·미계의 선교부에 점거된 듯한 점도 주목되어야 할 것이다. 일본이 정치적으로 한국을 강점해 갈 때 미국이 종교(영)적으로 한국을 점거해 갔던 것은 통감부와 선교사들간에 치외법권이 준수되고 정교분리의 약속을 충실히 지키려고 했던 점에서 보였던 것처럼 또 하나의 '가쓰라(桂)－태프트(Taft)밀약'의 수행과정 그것이었다고 생각된다.

Ⅲ. 선교·문화이식 그리고 미국 세력의 부식

1. 의료선교

유럽계통의 선교사들이 한국 입국에 실패한 후, 주재선교사로서 한국에 온 최초의 사람은 미국 북장로교 소속의 알렌(H. N. Allen ; 安連)이다. 여기서 우리는 알렌이 의료선교사였음에 먼저 유의한다. 그것은 '복음'이라고 하는 이데올로기성의 전파보다는, '의술'이라고 하는 탈이데올로기적인 물질문화의 수용과 정착이 그를 통하여 쉽게 그리고 먼저 이뤄졌음을 의미하기 때문이다. 바꾸어 말하면, 미국인에 의한 선교는 교리나 신학에 의해서라기보다는 기술과 문화에 의해서 먼저 이뤄졌다는 것이다.

알렌이 미국공사관의 '공의'로 자신의 신분을 정확히 노출시키지 않은 채 부임한 지 얼마 안되어, 다행하게도 자신의 지위와 역할을 드러나게 만드는 사건이 그해(1884) 12월 4일에 일어났다. 이른바 갑신정변이다. 그는 묄렌도르프(P. G. Möllendorff ; 穆麟德)의 주선에 의해 수구파의 거물 민영익의 치료를 맡게 되었다. 이것은 미국의 기술을 선교에 적용, 그 효용을 극대화하는 결과를 가져오게 하였다.

갑신정변으로 알렌이 민영익을 만나게 된 것은 그 뒤 미국의 선교와 미국세력의 부식에 중대한 영향을 미치게 되었다. 이를 계기로 한국의 지배층이 미국인과 서양의술에 호의와 신뢰를 갖게 되었다. 그 이듬해 알렌은 민영익을 통해 서양식 병원인 제중원(처음은 광혜원)의 개설을 보게 되었다. 여기에는 물론 한국측의 개화의지의 방향도 고려되어야 한다. 이로 인해 수많은 의료선교사의 입국을 가능케 했을 뿐만 아니라 교육·복음 선교사의 한국 진출도 매우 용이하게 만들어갔던 것이다. 구체적인 사례의 하나로서 우리는 복음선교사 언더우드의 입국자격이 개설될 서양병원의 교사였음을 알고 있다.

여기서 잠시 언급하고 지나가야 할 것은, 갑신정변에서의 자신의 의술로 한국 정계에 돋보이기 시작한 알렌의 그후의 행적이다. 그의 행적은 이례적이긴 하지만, 미국 선교의 성격의 일면을 단적으로 보여주고 있다. 그는 의료선교사로서 출발했으나, 한국에서 정치권력과의 접촉을 통해 거기에 매력을 느낀 듯 한때는 새로 개설된 주미한국공사관의 관리가 되었다. 그는 외교관이 되려면 자국내에 머물러서는 안된다는 주위의 권고에 따라 1890년 다시 선교사 자격으로 한국에 나와 제중원에서 잠시 봉사하다가 이해 8월 주한미국공사관의 서기관으로 일하게 되었다. 알렌은 그후 주한미국공사로까지 승진하였으나, 루스벨트(T. Roosevelt)의 극동정책에 반대하여 한국을 두둔하다가 1905년에 물러났다. 그가 의료선교사 재직시는 물론 공사관에 근무했을 때에도 자신의 이권은 물론 미국의 국익을 위한 이권쟁탈에 개입한 것은 널리 알려진 일이다. 미국 선교사들의 이권개입 및 상(商)행위에 대해서는 이미 해링튼이 잘 지적한 바 있다.[25)]

알렌에 이어 입국한 의료선교사는 북감리교의 스크랜튼이다. 그도 처음에 국립병원인 제중원에서 알렌과 함께 봉사했으나, 뒤따라 들어온 북장로교의 헤론에게 자리를 물려주고, 자신은 뒷날 '시(施)병원'으로 더 알려진 민간병원을 1885년 9월 10일에 개설하였다. 따라서 제중원에는 주로 양반·지배층이 출입했다면, '시병원'은 피지배층인 민중들이 많이 출입하게 되어, 이 두 선교병원은 미국계 기독교에 대한 한국인의 호의적 반응을 불러일으키는 중요한 역할을 담당하였다.[26)] 그리고 1888년 무렵에는 시병원의 평균 환자수가 국립병원의 수준에 이르고 있었음을 보여준다.

의료선교사업은 짧은 기간에 한국의 모든 계층의 사람들을 만나게 해주었다. 제중원을 통해 선교사들은 한국의 고관들과 접촉하였고, 심지어는 왕실의 시의로서 활동할 수 있었다. 감리교 계통의 의료선교사 역시 고귀한 사람들과 천한 백성들을 접촉하였는데, 가난하고 의지할 곳 없는 사람들에게

---

25) F.H. Harrington, 이광린 역, 《개화기의 한미관계》, pp. 112~113 참조.
26) 이 점에 대하여는 이만열, 〈기독교 선교초기의 의료사업〉, 《동방학지》 46~48 합집, 《용재 백낙준선생추도논총》, pp. 514~526 참조.

는 병실과 약품이 무료로 제공되기도 하였다.

의료사업으로 시작된 한국의 선교사업은 그후 교육·복음사업을 무리없이 가능하게 만들었다. 그것은 의료선교가 '궁중으로부터 오막살이에 이르기까지' 한국인들과 접촉하여 외국인과 기독교에 대한 한국인의 편견을 제거하고 강력한 지지기반을 확보해 갔기 때문이다. 언더우드는 이 결과를 두고, "반복되고 계속된 정부의 선교단체에 보인 공식적인 호의표시는 위에서 언급한 것과 같이 거의 모두 의료선교에 기인한 것이고 이는 하나님의 복음을 촉진시킨 것이다"라고 지적하였다.[27]

그러니까 초기의 의료선교는, '의료'라는 비교적 탈이데올로기적인 방법을 이용하여 교조적인 성리학을 기반으로 한 한국 사회에 기독교 복음전파가 가져올 마찰을 미리 중화시키는 역할을 담당했던 것이다. 그 결과 1887년경에 와서 복음선교의 자유가 주어지게 되었던 것이다. 따라서 1887년까지는 북장로교와 북감리교의 한국 선교사로서는 언더우드와 아펜젤러를 제외하고 대부분 의료선교사였음을 상기할 필요가 있다.[28]

복음선교의 자유가 주어지고 각 선교부가 지방에 선교거점을 확보하였다. 선교거점 확보에는 무엇보다 지방민과의 마찰을 최소화해야 했다. 이때도 각 선교부에서는 의료를 방편으로 사용하였다. 그리하여 1890년대부터는 그동안 서울에서 활약하던 의료선교사들이 지방으로 내려갔다. 서울에서는 한국정부와 미 북장로교가 공동경영하던 제중원을 한국정부의 재정난을 계기로 미 북장로교가 인수하여 선교병원으로 단독 경영하게 되었다. 이 무렵 미국계 기독교 각파는 그들의 선교거점 지역에 병원 혹은 진료소사업을 개설하였는데 대강 다음과 같다.

A. 미 북장로교 : 서울의 제중원(J. B. Heron, C. C. Vinton, O. R. Avison, C. H. Irvin, Georgiana Whiting, Victoria Arburkle 등)과 부인진료소 및 The Walder 진료소.
- 부산의 진료소(H. Brown, C. H. Irvin)
- 평양(J. H. Wells, A. Fish, A. M. Sharroks)
- 대구(W. O. Johnson－제중원 및 Wright Memorial Hospital)

---

27) H. G. Underwood, 앞의 책, p. 102.

28) 언더우드와 아펜젤러는 처음에 한국측에 알려지기로는, 제중원의 교사(언더우드)로서 또 영어교육을 위한 교사(아펜젤러)로서 입국했던 것이다.

• 선천(A. M. Sharroks)

B. 미 북감리교 : 서울의 시병원(Wm. B. Scranton, Wm. J. Hall, I. Wiles, J. B. Busteed)과 보구녀관(M. Howard, R. Sherwood, M. M. Cutler, L. Harris, E. Ernsberger, Esther Kim Pak)

• 평양—기흘병원(E. Douglas Follwell)과 광혜여원(Esther Kim Pak)

• 원산(Wm. B. McGill)

C. 미 남장로교 : 전주(A. D. Drew, M. S. Tate, M. B. Ingold, W. B. Harrison)

• 군산(A. D. Drew, A. J. Alexander, 오긍선)

• 목포(C. C. Owen, G. Whiting)

D. 미 남감리교 : 송도(R. A. Hardie)와 원산

이밖의 지역으로 캐나다 장로회 구역의 원산·성진·함흥과, 호주 장로회 구역의 부산·진주, 그리고 성공회에서 서울·인천·강화도에 각각 병원 혹은 진료소를 설치했다. 이러한 의료선교는 다음에서 볼 교육기관의 확충과 함께 한국인의 서구세력 및 기독교에 대한 반발을 최소한으로 무마하면서 그들의 문화 내지는 세력을 전국적으로 이식시키는 작업이었다. 그리고 병원과 진료소의 확대는 곧 이들 기관을 전도기관화하는 정책으로 연결되어 교세의 확장으로 직결되었던 것이다.

지방의 선교거점이 확보되어 교회당과 학교가 설립되는 단계(20세기초)에 이르면 '의료'는 복음전파의 효과적인 방편으로서는 초기만큼 기능하지 못하게 된다. 여기서 의료사업의 독립이 가능하게 되었다. 종래 복음전도의 방편으로서 기능했던 의료선교는 이제 선교사와 의사를 분리시키는 것이 가능하게 되어 과거 의사를 겸했던 목사들이 선교에 전념하게 되었다. 의사이기도 했던 스크랜튼, 하디(Hardie), 오웬(C. C. Owen), 해리슨(W. B. Harrison), 루이스(E. A. Lewis) 등이 의료를 포기하고 선교에만 전념하게 되었던 것은 이 무렵이다. 또 하나 지적할 것은 이 무렵부터 '의료'에서는 자조(自助)정책이 강화되어 병원재정의 자립은 물론, 한국인 의사·간호원·조수의 양성이 촉진된다는 것이다. 이제 미국의 의료기술이 한국인에게 전수되는 첫단계에 이르렀던 것이다. 한국인들은 미국문화를 이식받을 정도로 성장해 갔던 것이다.

20세기에 들어서면서 의료선교정책에 대한 논란이 빚어진다. 의료선교가

선교병원현황(1900)

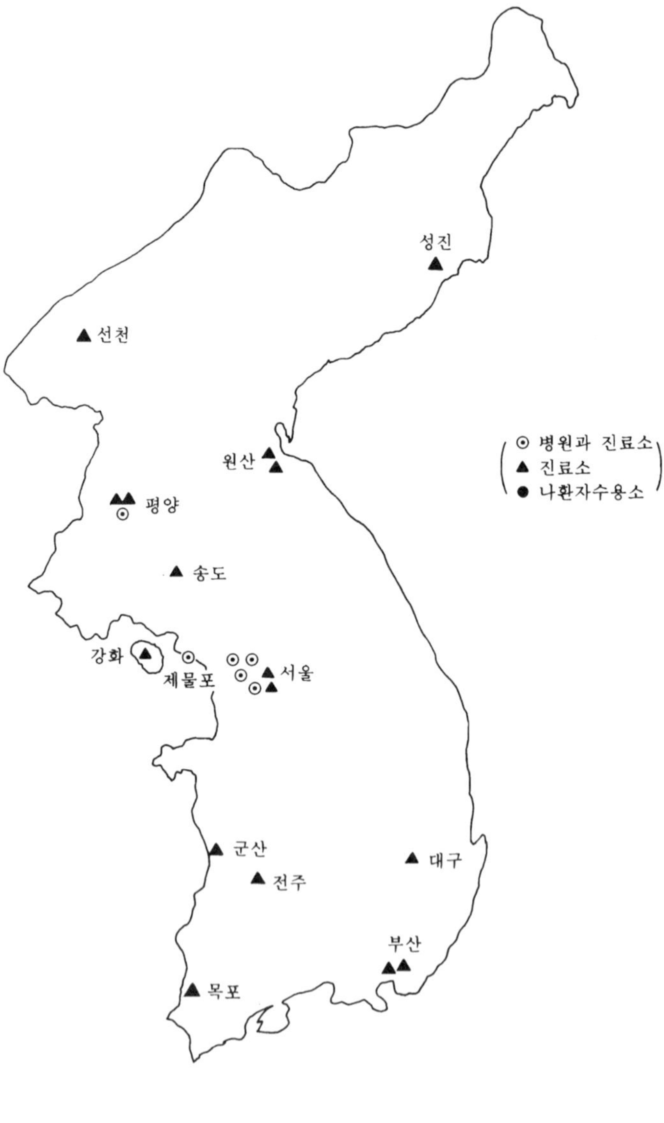

선교병원현황(1910)

강계
성진
선천
영변
함흥
순안
원산
평양
재령
송도
해주
춘천
강화
서울
제물포
진천
여주
청주
공주
안동
군산
전주
대구
부산
진주
광주
병원과 진료소
진료소
나환자수용소

복음선교의 전위로서의 기능을 점차 상실하고 있는 데다가 일제의 침략강화에 따라 일본인 의사의 진출이 활발하여 선교병원의 의미를 재검토해야 한

일제하 의료시설 통계

구분 / 연도	병원						의사			간호원		
	관립	도립	기타	사립			일본인	조선인	외국인	일본인	조선인	외국인
				일본인	조선인	외국인						
1910	14	3		85	14	9	345	1,342	25	220	17	3
1911	14	6		98	28	14	376	479	25	302	32	3
1912	19	3		88	15	20	353	72	32	402	32	8
1913	19	4		156	28	27	395	183	38	418	21	6
1914	19	4		98	19	24	464	144	33	175	9	2
1915	19	6		171	62	31	627	209	36	184	21	10
1916	20	5		180	47	31	667	233	32	416	41	8
1917	20	5		204	65	32	678	279	36	420	57	9
1918	20	5		211	95	31	648	351	35	416	52	9
1919	20	7		229	111	28	654	354	30	413	44	11
1920	20	7		71	18	23	604	402	29	462	47	10
1921	23	8		43	4	22	619	411	31	501	65	16
1922	25	7		41	7	20	659	468	32	532	73	14
1923	27	8		43	13	23	652	515	35	420	66	21
1924	27	10		37	11	22	666	577	32	543	87	16
1925	2	30	7	39	7	23	685	637	36	599	101	21
1926	3	26	9	37	6	22	708	703	39	668	99	19
1927	3	27	11	37	9	21	711	762	35	782	135	21
1928	4	29	10	42	9	20	786	806	30	798	150	24
1929	4	29	10	46	8	22	779	836	30	797	162	18
1930	4	30	10	47	8	24	796	921	32	919	182	19
1931	4	32	10	48	10	25	818	939	34	995	248	18
1932	4	33	9	51	11	23	885	1,001	23	939	210	22
1933	4	35	10	51	9	25	964	1,094	32	1,252	314	20
1934	4	35	11	53	10	23	1,054	1,218	30	1,293	359	20
1935	4	35	11	51	12	23	1,146	1,336	24	1,344	419	20
1936	4	38	8	51	15	24	1,129	1,413	23	1,294	434	15
1937	4	39	10	57	16	25	1,414	1,470	22	1,433	525	13
1938	4	41	9	54	15	26	1,245	1,668	18	1,261	573	9
1939	4	42	9	55	13	25	1,253	1,725	20	1,239	588	9
1940	4	43	9	63	20	22	1,269	1,918	10	1,311	780	7

자료 : 조선총독부, 《통계연보》, 1940, pp. 320~321.

다는 주장이 제기되었기 때문이다. 그럼에도 불구하고 1900년대 초기까지는 세브란스병원의 확충 등에서 보이는 바와 같이, 의료선교는 복음선교와 발맞춰 확대일로에 있었다. 그러나 1910년대말부터 의료선교정책을 재검토해야 한다는 논의가 비등해지면서 1920년대 중반부터는 축소하기 시작하여 그 이후 외적인 성장 없이 기존 병원을 유지하는 수준에 머무르고 말았다. 특히 1930년대에 이르러서는 미국의 경제공황으로 선교본부의 지원이 감소되어 의료사업에 직접적인 영향을 미치게 되었다. 여기에다, 일제하 의료시설 통계에서 보이는 바와 같이, 민심안무(民心按撫)를 목적으로 한 총독부의 계속된 의료사업의 확장 및 무료진료의 확충이[29] 의료선교정책을 변화시키는 중요한 요인이 되었음도 부인할 수 없다.

여기까지 보면 의료선교사업은 복음선교를 위한 선도적 역할을 담당한 것이면서 미국세력의 한국 부식에도 중요한 기능을 담당하였다. 일제의 한국 강점에 발맞춰 선교지역을 분담하는 등의 선교정책을 시행할 때에 의료선교는 기독교 및 미국세력의 지방거점화에 공헌한 것도 사실이다. 그러나 미국 국내의 사회·경제적 변화와 미·일간의 이해관계가 한국에서 상충되면서 의료사업 또한 갈등을 겪게 되었고 축소의 방향을 잡지 않을 수 없었다.

2. 기독교계 학교교육

1884년 6월에 입국했던 주일 미 북감리회 선교사 매클레이(R.S. Maclay)가 김옥균을 통하여 미 북감리교회가 한국에서 교육사업과 의료사업을 할 수 있다는 허락을 받아갔다는 것은 이미 언급한 바 있다. 그 이듬해 아펜젤러가 입국하여 배재학당을 건설할 수 있었던 것은 매클레이의 사전작업에 의한 것이었다. 아펜젤러와 같은 날 입국한 미국 북장로교의 언더우드도, 선교본부에서 파송한 복음선교사의 자격으로서보다는, 사실은 그해(1885) 4

29) R. Grierson, "The Medical Situation," *Christian Movement in Japan Empire*, 1924, p. 380에 의하면, 1924년 당시 총독부 산하에는 27개의 병원에 1,035명의 의사와 104명의 치과의사가 진료활동을 하고 있었다는 것이다. 여기에다 《총독부 통계연보》에 보이는 기타 병원 10개까지 추가하면 정부에 의해 운영되는 병원이 37개가 된다. 이에 비해 선교병원은 22개소에 약 32명의 외국인 의사가 있었다. 총독부 산하의 관리병원은 시설과 장비, 의료진과 재정적 지원을 가지고 있었고 또한 약 40%의 무료진료를 실시하고 있는 선교병원보다 높은 무료진료율을 보여주고 있었다.

월 10일에 개설될 서양식 병원인 제중원의 교사자격으로 들어올 수 있었다. 그만큼 조선이 개화를 지향하고 있었고, 선교사들 또한 교육기관을 통해 복음선교를 시도하고 있었다.

한국의 근대학교 효시는 한국인들에 의한 '원산학교'라는 주장이 있으나,[30] 교육의 내용과 추세, 그 영향력에서는 배재학당을 비롯한 선교계통의 근대교육에 비할 바가 못되었다. 북감리교 선교사 아펜젤러에 의해 1885년 배재학당이 설립된 이래 많은 수의 남·여학교가 미국 선교부에 의해 세워졌는데, 한말에 설립된 것 중 그 중요한 것을 교파별로 보면 다음과 같다.

교파별	학교명	설립연도	소재지	비고
북감리교	배재학당	1885	서울	
	이화학당	1886	서울	
	광성학교	1894	평양	
	숭덕학교	1894	평양	
	정진학교	1896	평양	
	공옥학교	1896	서울	
	맹아학교	1898	평양	
	영명학교	1905	공주	
북장로교	경신학교	1886	서울	
	정신학교	1887	서울	
	숭실학교	1897	평양	
	명신학교	1898	재령	
	숭의학교	1903	평양	
	계성학교	1906	대구	
	신성학교	1906	선천	
	보성학교	1906	선천	
	신명학교	1907	대구	
남장로교	정명학교	1903	목포	
	수피아여학교	1907	광주	
	기전여학교	1907	전주	
	신흥학교	1908	전주	
남감리교	배화학교	1898	서울	
	루씨학교	1903	원산	
	호수돈여학교	1904	개성	
	한영서원	1907	개성	

30) 신용하, 〈우리나라 최초의 근대학교〉, 《한국근대사와 사회변동》, 서울, 1980.

앞 표에서 거론된 학교들은 한말 일제하에 중등학교로 발전하여 한국 근대교육의 발전 및 인재양성에 지대한 공헌을 하였다.

외세의 침략이 강화되던 시기에, 아직도 선교사들의 전반적인 지휘 감독을 받던 한국 교회는 교회당을 중심으로 학당을 건립하는 운동을 전개하였다. 그리하여 을사조약(1905) 후에 기독교계 학교는 비약적으로 증가하게 되는데, 비록 장로교계의 초등학교의 것이지만 다음의 통계는 이를 잘 나타내준다.

장로교계 초등학교 통계[31]

연 도	학교수	학생수		교원수	
		남	여	남	여
1905	139	1,721	633	112	25
1906	238	3,560	1,093	229	35
1907	405	6,333	1,426	394	30
1908	542	10,563	2,634	631	77
1909	(694)	11,104	3,569		
1910	(684)	(합 계	14,863)		

기독교계 학교의 이러한 발전이, 통감부의 극심한 탄압하에서 주체적 교육을 제대로 시행할 수 없었던 시기에, 종교계 사립학교 발전에 중요한 몫을 차지하였다. 일제의 강점이 임박했던 1910년 조선정부(學部)의 인가를 받았던 2,250여 개의 사립학교 중에서 그 37퍼센트에 해당하는 829개교가 종교계 학교(그 대부분이 기독교계)라는 사실이 이를 잘 나타내준다고 하겠다.[32] 1911년 7월 1일 각 도장관 회의에서 총독이, "사립학교 중에는 조선인 설립도 있지마는 선교사들의 경영에 달려 있는 것이 많다. 현재 생도수가 약 20만 이상이니 정부에서 경영하는 보통학교 생도수보다 많은 것이다"라고[33] 언급한 것은 이 때문이다.

기독교계 학교 가운데 도시의 '미션스쿨'들은 선교부의 직접적인 경영하에서 대부분 중등학교로 발전하였다. 그러나 지방교회의 부속학교로 설립된[34]

---

31) 곽안련, 《장로교회사전휘집》, 1918, p. 211 참고. ( )의 것은 이만열, 《한국기독교문화운동사》, 대한기독교서회, 1987, p. 199에 의함.
32) 이만열, 《민족운동총서》, 종교교육투쟁 편, 민족문화협회, 1981, p. 56.
33) 위의 책, p. 222.
34) 이만열, 《한국기독교문화운동사》, p. 52의 주 26) 참조.

학교들은 한국인의 자치적 운영에 맡겨 초등학교 수준으로 유지되었다. 그러나 초등학교의 교사훈련을 선교부에서 관장하는[35] 등의 방법으로 선교부는 한국 기독교계의 초등교육에 간접적으로 관여하고 있었다. 여기에다 뒷날 주일학교까지 교단을 장악했던 선교사의 감독을 받고 있었다. 따라서 한국의 기독교학교는 선교사와 직·간접적인 관계를 맺고 있었던 것으로 보인다. 그리고 앞에서 이미 지적했듯이, 경남과 함경남북도를 제외하고는 한국의 전국토가 미국계 기독교 여러 교파의 선교지역이라는 점에서, 한국의 기독교학교 또한 미국 선교부와 전반적으로 관련을 맺고 있었다고 보아야 한다.

기독교계 학교설립의 일차적 목적은 '기독교 선교'에 있었다. 아펜젤러가 "우리는 이곳에 영혼을 구하기 위해서 있으며…… 우리는 이 학교가 어둡고 사악한 이 도시에서 횃불이 되기를 바라며, 또한 우리 교회의 커다란 영적인 힘이 되기를 원한다"고[36] 언급한 것이나, 1895년 북장로교 선교부의 연례회의에서 "서울의 남·여학교 초등교육을 엄격한 종교적 방향으로 이끈다"고[37] 결의한 데에서 우리는 기독교학교의 선교적 목적을 잘 엿볼 수 있다. 기독교학교의 선교는 성경공부와 채플 및 상담 등을 통해 학생들이 기독교적 이념과 신앙을 갖는 신자가 되도록 하였다. 특히 남·여의 내외법이 강했던 당시, 미션계 여학교는 복음선교의 가장 효과적인 장이었음을 부인할 수 없다. 기독교학교는 표면적으로 주체적인 한국인 양성을 목적으로 하고 있었다. 이화학당을 세운 스크랜튼 여사는 이렇게 말했다.

> 우리의 목표는 여아들로 하여금 우리 외국인들의 생활양식, 의복 및 환경에 맞추어 바꾸어지기를 바라는 데 있지 않다. 우리는 다만 한국인을 좀더 나은 한국인이 되게 하는 것으로 만족한다. 우리는 한국인이 한국적인 것에 대해 긍지를 갖기를 바라며, 나아가서는 그리스도와 그의 교훈을 통하여 완전한 한국인이 될 것을 바란다.[38]

---

35) 위의 책, p. 51의 주 22) 참조.
36) 이만열, 《아펜젤러》, 연세대출판부, 1985, pp. 392~393; 미감리회 선교부 1900년 연회록.
37) D. L. Gifford, Annual Meeting of the Presbyterian Mission, North, *The Korean Repository*, 1895. 11., p. 442.
38) "Notes from Korea," *The Gospel in All Lands*, 1888. 8., p. 373.

이 점은 아펜젤러가 학생들에게 자립과 자조를 강조하고, 교내에 산업부를 두어 이를 실재 교육에 적용하려고 노력한 데서도 보인다.

기독교학교는 기독교 이념과 서구의 근대적 가치관 및 박물적 지식과 새로운 기술을 전하는 데도 힘썼다. 배재학당의 경우, 때로는 정부의 위탁교육 요청에 의해 관료들을 교육하는 데에 협조하였다. 그리하여 한국의 근대교육에 끼친 기독교학교의 공헌은 과소평가할 수 없다.

그러나 대부분 미국계 선교사들에 의해 진행된 선교교육에는 한계 또한 없지 않았다. 그것은 우선 기독교교육을 강조함으로써 일반교과가 소홀하게 되었다는 점이다. 그것은 교과과목과 그 진행 및 교사의 구성에서도 엿보였다. 그 결과, 선교학교가 한국인의 근대지향적 욕구에 부응하는 데에 부족했을 뿐 아니라 포교활동의 순조로운 진행은 기독교계 학교설립의 필요성을 감소시켰다. 둘째, 기독교학교는 미국문화 이식의 가장 적절한 방편이 되었다. 선교학교의 설립을 전후한 시기에 존재했던 육영공원도 마찬가지였다. 앞서 언급한 스크랜튼 여사의 말과는 달리 미국계 선교학교는 미국화된 기독교적 가치관을 전파하고, 미국에 의하여 보증된 제도와 문화를 기독교와 함께 전수시켜 갔던 것이다. 따라서 당시 기독교학교의 개화는 곧 미국화 내지는 구미화를 의미하는 것이었다. 이런 상황에서 배재학당 등이 미국학교(American School)로 불리는 것은[39] 하등 이상한 일이 될 수 없었다. 그러므로 기독교교육은 "미국이 기독교라는 이름 아래 '자유 · 평등 · 박애'의 간판을 내걸고 교육을 통해 한국민에게 친미사상을 주입시켜 자신들에게 복종 또는 협력하는 기독교도의 양성에 힘을 쏟았다는 것을 의미한다"고[40] 지적된다. 기독교 학교교육이 단편적으로나마 미국화를 촉진하는 성격을 갖는 한에서는 "그 종교적 · 친미적 요소 때문에 민족적 주체성의 형성에 일정한 편향을 가져오는"[41] 취약점을 안고 있을 수밖에 없었다.

3. 선교와 미국세력의 부식

한국 기독교사의 이해에는 그 수용사적인 측면과 선교사적 측면의 두 가

39) 윤건차, 《한국 근대교육의 사상과 운동》, 청사, 1987, p. 195.
40) 위의 책, p. 194.
41) 위의 책, p. 197.

지가 있어왔다. 수용사적 측면에 비해 선교사적 측면은 기독교의 전파적인 면을 강조해 왔다. 이에 의하면, 기독교는 1882년 한미수호조약의 일종의 부산물로 전파된 것이다.

앞에서도 잠깐 언급했듯이 미국의 선교운동은 백인우월주의와 미 국력의 대외진출 의지가 결합되어 종교적 정열로 전개된 것이다. 더구나 유럽의 다른 제국주의국가보다 늦게 대외진출을 시작한 관계로 미국은 프랑스 등 다른 국가들이 선교사에 뒤이어 침략을 감행했던 전비(前非)를 아직 보이지 않고 있었다. 이것이 한미수호조약 체결 전후에 한국의 개화지식인이 가졌던 대미관의 일단을 형성하고 있었다. 이것은 또 선교사들의 입국에 즈음하여 미국계 프로테스탄트를 카톨릭과 구분하는 준거의 하나가 되었다. 따라서 미국의 한국 진출과 선교사들의 입국을 과거 프랑스와 카톨릭의 그것처럼, 경계의 눈초리로 대하지 않았던 것은 사실이다.

그러나 비판적인 학자들은 "선교가 미국혁명·프랑스혁명 및 산업혁명을 불러일으킨 서방 에너지의 폭발(outburst)의 한 모습"이며,[42] "기독교전도와 백인의 식민은 항상 어디에서나 나란히 실행된다. 통례상 양자는 목적과 활동양식을 달리함에도 불구하고 똑같은 정신과 똑같은 세계관을 가지고 행동한다.……기독교와 미국화는……서로 불가분한 상태에서 서로 이행한다"[43] 고 지적한다. 이런 의미에서 기독교의 해외선교는 미국의 자본주의정책과 불가분의 관계에 있다고 할 것이다.

한미수호통상조약 체결(1882) 후 그 이듬해에 서울에 공사관을 개설한 미국은, 이 미지의 은둔국에 서방국가로서는 최초로 전진기지를 마련한 국가답게, 그들의 문화·정치·경제적 세력을 부식하기에 노력했다. 그들은 먼저 탈이데올로기적인 기술·문화를 전파, 한국인의 양이(洋夷)에 대한 충격을 완화시키려고 하였다. 복음선교에 앞서서 병원사업과 교육사업이 시도된 것은 이 때문이다. 교육사업이 탈이데올로기성을 띠었다고는 단언할 수 없지만, 당시 한국이 개화·부국강병을 위해 언어와 기술 등을 습득하려는 욕

42) James A. Field, "Near East Notes and Far East Queries," in John K. Fairbank, ed., *The Missionary Enterprise in China and America*, Harvard University Press, 1974, p. 28.

43) H. T. Becker, *Die Kolonialpädagogik der Grossen Mächte*, Hamburg, 1939, 윤건차, 《앞의 책》, p. 188에서 재인용.

구가 강렬하였으므로 교육사업은 병원사업과 함께 쉽게 수용될 수 있었다. 이 병원·교육사업이 본국 선교부의 프로그램에 따라 현지 선교사들에 의해 진행되었다는 것은 놀랄 일이 아니다.

미국 세력의 부식은 언어훈련에서부터 시작되었다. 아펜젤러의 교육사업이 영어훈련에서 시작되었고, 배재학당에서는 영어교육이 가장 중요한 교과목이었다. 국립학교인 육영공원 교육 또한 초빙된 미국인 교사에 의해 영어로 진행되었다. 아펜젤러의 1886년도 연례보고서에서 지적된 "왜 영어를 공부하려고 합니까", "벼슬을 얻으려고"라는 대화의 구절은[44] 영어의 습득이 국가적 개화는 물론 개인적 출세에도 깊은 관계가 있었음을 보여준다.

영어훈련에 이어 다음 단계로는 1890년대에 한국 정부내에 미국인이 등용된다는 점이다. 갑오개혁 이후에는 정부 각 기관의 '고문'으로 미국인이 등장하였다. 워싱턴 주재 한국공사관에서 수차 발표한 대미우호 신뢰감과 한국의 광산개발을 위한 미국 기술자들의 채용, 또 뒤에서 언급될 미국인 의사들의 왕실시의 임명 등은 미국에 대한 한국의 우호와 신뢰를 나타내는 것이었다.[45] 이 무렵 미국 국적을 가진 한국인 서재필이 중추원 고문으로 귀국하여 독립협회운동을 전개했음은 주지하는 바이다. 이러한 상황을 고려한다면, 독립협회가 친미그룹인 '정동구락부'에서 출발하였다는 것과, 그 때문에도 독립협회의 운동에는 대미관계에 대한 일정한 한계가 있을 것이라는 주장에[46] 유념할 필요가 있다. 아펜젤러 등의 선교사들이 독립협회운동에 비교적 관심을 표시한 것도[47] 독립협회의 대미적 성격과 무관하지 않을 것이다.

한편 이러한 미국 세력의 부식은 경제면에서도 전개되었다. 언더우드는 한국의 수입품에 영국과 미국의 셔츠·면직물·면사·모사·석유·의복·식량·목재·비누 및 설탕이 있음을 주목한다. 그는 1904년 한국의 수입이 880만 달러로 대폭 증가한 것은 새로운 철도부설을 위해 미국으로부터 200

---

44) *Annual Report of the Missionary Society of the Methodist Episcopal Church for* 1886, p. 267.
45) 백낙준, 앞의 책, p. 172.
46) 주진오, 〈독립협회의 대외문제에 대한 인식과 대응〉, 연세대 대학원 석사논문, 1984 참조.
47) 이만열, 《아펜젤러》, pp. 383~388, 403~409.

만 달러의 자재를 수입했기 때문이라고 하면서 이를 두고 국가적 긍지감(feelings of national pride)을 느낀다고 하였다. 이어서 그는 "그리하여 통상과 교회가 손에 손을 잡고 하나님의 나라를 진전시키고 평화의 왕자이신 그리스도의 교훈을 확장해 간다"고 의기양양하게 설파했다.[48] 선교사들의 이러한 사고는 백인우월주의에 의한 미개민족의 문명화가 곧 기독교화이며, 나아가서는 미국화로 진전되어야 한다는 논리에 입각한 것이었다.

선교사들이 한국의 기독교화와 식민지화를 꾀하고[49] 있었던 만큼, 그들은 선교활동 중에서도 상행위로 무역의 이득을 취하고 이권을 탐했다. 언더우드는 석유·설탕·농기구 등을 수입했고, 다른 선교사들도 이같은 일을 따라 했다. 이들은 자신의 행위를 옹호하기 위해 자기들이 하는 일이 인류에게 봉사하는 것이라고 주장했다는 것이다.[50] 선교사들의 상업적 경향성 때문에 미국 공사와 선교사·상인 등 주한 미국인들 사이에 갈등이 빚어졌고, 무역상인 타운센드(W.D. Townsend)는 "하도 답답해서 본국의 어머니를 설득하여 선교단체에 기부하는 일을 중지하도록 했다"는 것이다.[51] 우리는 이러한 상황전개를 통해서도 미국인 선교의 실체를 단편적으로나마 인지할 수 있다고 본다.

선교사들은 갑신정변 이후 왕실과의 돈독한 우호관계를 유지했다. 왕실의 시의로 임명된 알렌은 3품의 참판직까지 제수받았고 다른 선교사들에게는 준관료직이 제수되기도 하였다. 거기에다 선교사들은 치외법권을 이용, 선교행위에 방해가 되거나 교민에게 간섭을 가하는 지방관들에게 군림하게끔 되었다. 이런 점에 대해서는 다음에 다시 언급하겠지만, 이 결과 미 선교사들은 선교지로 분할받은 한국의 각 지역에서 치외법권적 존재로 행세할 수 있게 되었던 것이다.

따라서 우리는 한말 개신교 선교를, 사회적인 관점에서만 본다면, 미국의 문화이식과 그 세력부식의 한 과정으로 파악할 수 있지 않을까 생각한다.

---

48) H.G. Underwood, 앞의 책, p. 24.
49) 윤건차, 앞의 책, p.189.
50) F.H. Harrington, 앞의 책, p. 112.
51) 위의 책, p. 113.

Ⅳ. 기독교 사회·민족운동과 미국 선교사

1. 선교사의 '洋大人化'

한말에 입국한 선교사들은, 처음 개화파의 호의와 도움을 받았음에도 불구하고, 갑신정변을 계기로 수구파 및 왕실의 지원을 받게 되었다. 알렌은 1885년 4월 10일 제중원의 개원을 계기로 하여 다른 동료 선교사들을 입국시키고 왕실 혹은 정부의 고용인으로 알선하였다. 선교사들 중에는 일정한 품계의 벼슬을 받기도 하였고, 개인적인 경사에 국왕의 하사품을 전달받기도 하였다. 선교사들과 왕실과의 친화관계는 동학혁명·청일전쟁·민비시해사건 등을 거치면서 신변의 위협을 느낀 국왕이 선교사들의 보호를 요청할 정도로 발전하였다. 민비시해사건 직후 신변에 불안을 느낀 고종은 자신의 신변보호를 미국인 선교사들에게 의뢰하였고, 이에 언더우드·아펜젤러·헐버트·에비슨·다이·존스·게일 등이 매일 밤 2명씩 교대로 국왕을 숙위하였다. 또 이 무렵 고종에게 제공되는 음식물 일체가 미국 선교사와 러시아 공사관에서 제공되었는데, 따라서 왕실 시의로 있던 에비슨과 언더우드 부인 그리고 러시아공사 웨베르의 부인에 의해 검열되고 제공되었다고 한다. 민비시해사건을 두고 선교사들은 일본을 비난하고 국왕을 위로하였으며, 반일적 인사들에게 피난처를 제공하기도 하였다. 이러한 분위기 속에서 고종을 궁궐 밖으로 이어(移御)하려다가 실패한 춘생문(春生門)사건이 1895년 11월 28일 미명(未明)에 일어나기도 했다.[52]

선교사들과 왕실의 이러한 유착된 관계로 선교사들에게 유리한 여러 가지 특권들이 부여되었다. 선교사들은 앞에서 이미 지적한 바와 같이, 미국 시민으로서 치외법권적 특권을 가지고 있었으며, 조선정부의 호조(護照)를 얻어 각 지방을 유력(遊歷)하면서 선교활동과 의료활동을 하는 한편 상행위와 각종 이권에도 개입하였다. 알렌은 그의 지위를 이용하여 여러 가지 이권을 미국인 사업가들에게 넘겨주고 뇌물을 받았으며,[53] 언더우드를 비롯한 선교

---

52) 윤경로, 〈춘생문사건과 기독교〉, 《한국 기독교사연구》 창간호(1985.4), pp. 10~11.

53) F.H. Harrington, 앞의 책, p. 112.

사들도 상행위를 하였다.

1887년경부터 선교사들은 선교의 지역확대를 위해 유력에 나서지만 이를 전후한 시기부터 선교사들과 한국인(관리) 사이에는 분쟁과 갈등이 끊이지 않고 일어났다. 서울에서는 선교사의 사택구입 및 그 건축문제로 분쟁이 일어났고, 미국 성서공회 철리(鐵籬) 훼파문제는 외교적 분쟁으로까지 확대되었다.[54] 1893년 4월 기포(奇包; D. L. Gifford)학당 및 조원시(趙元時; G. H. Jones)가(家)의 벽에는 노골적으로 선교사 배척의 벽보가 붙어 선교사들을 긴장시켰고, 이에 따라 양국간에는 외교적 항의각서가 왕복되었다.[55] 이럴 때마다 미국공사관은 선교사를 대리하여 국제법에 어두운 한국측을 궁지로 몰아넣고 선교의 자유를 획득하는 데로 상황을 유리하게 이끌어갔다.

당시 조약상으로 외국인의 거주는 개항장 10리 이내로 제한되어 있었으나, 선교사들은 이러한 규제를 무시하고 전국을 유력하며 부동산을 매입하고 건물을 축조하였다. 건물은 뒷날 선교거점의 교회당 혹은 병원으로 사용되었지만, 처음에는 유력을 위한 휴식소 같은 명목으로 축조되었다. 이러는 과정에서 지방관과의 충돌은 당연히 일어날 수밖에 없었다. 그중 대구사건과 수원·과천사건은 미국 선교사와 관련된, 해를 넘기면서 복잡하게 전개된 사건이다. 이 사건들은 으레 미국공사관을 통해 조선정부(外部)와의 외교적 분쟁으로 발전하였고, 선교사측의 일방적 승리로 끝나게 되었다.[56] 국제법상에 규정된 조약위반 사실이 선교행위를 통해 제기되었고, 선교사 뒤에 도사리고 있는 미공사관과 미 국력에 의해 조약상의 범죄행위가 정당화되었던 것이다. 선교사들은 가능한 한 지방관과의 문제를 부각시킴으로써 외교권이 개입하도록 유도하였고, 그들의 보호를 공사관에 의뢰하였다. 미국문화의 이식 및 미국 세력의 부식이라는 점에서 같은 입장을 취하고 있던 알렌도 표면적으로는 이러한 사실을 "선교사들이 조약의 조건을 악독하게 그리고 공공연하게 위반하고는 나에게 보호를 의뢰하는 사례가 여러 번 있었다"고 전하고 있다.[57] 지방관과의 문제해결을 통해 선교사들은 한국민에게

54) 美案 3, p. 311, 318, 333.
55) 美案 1, p. 718, 719.
56) 미국 성서공회 철리 훼파문제와 기포학당·조원시가의 벽보사건, 대구사건과 수원·과천사건 등에 대하여는 이만열, 〈韓末基督教와 관련된 外勢依存의 問題(1)〉, 《東方學志》 제61집, 1989. 3.에서 자세히 다루었다.

점차 양대인(洋大人)화되어 갔던 것이다. 실제 지방관과의 문제는 신도들의 문제도 끼어 있었기 때문에 한국민에게 더욱 세력 있는 '양대인'으로 인식되었던 것이다.

한편 선교사들은 이상과 같은 법제적 지위뿐만 아니라 일상생활에서도 사치스러울 만큼 윤택한 주거환경을 갖추고, 한국인 고용원들을 두는가 하면, 여행길에서도 반드시 가마꾼·짐꾼·마부 등을 고용하여 마치 고관대작이 행차하는 듯한 당당한 위세를 과시함으로써 한국 민중을 위압하였다. 이 또한 한국인들이 선교사를 '양대인'으로 인식하게 된 중요한 배경이었다.

그리하여 한국인 중에는 이러한 선교사들의 위세를 빌어 지방관들에게 대항하거나 교폐를 일으키는 경우도 있었다.[58] 한말 기독교인들의 대내적 민족운동이라 할 반봉건(反封建)운동의 경우, 지방관의 부정부패에 대결하여 투쟁했던 사례들 중에는 이들 '양대인'화한 선교사들을 자세(藉勢)하고 감행한 경우가 없지 않았다. 이런 점은 기독교인들의 외세의존적 자세로서 운동상의 한계로 지적되어야 할 것이다.

2. 독립협회운동과 선교사

1896년 7월에 발족한 독립협회는 그 간부들이 스스로 근대교육을 받고 기독교에 들어가거나 혹은 기독교에 호의를 나타내는 지식인들로 구성된 친기독교적 단체였다. 특히 서재필이나 윤치호는 미국인 선교사들의 힘을 빌어 구미세력에 의지하려 하였으며, 독립협회의 지방지부들도 대부분 기독교교회였다.[59] 독립협회의 이러한 기독교적 경향이 당시 선교활동을 확대하고 있던 미국인 선교사들의 지지를 받았던 것은 물론이다. 또한 이는 미국자본주의가 자신의 세력을 부식할 수 있는 절호의 기회이기도 하였다. 이런 가운데 의료선교사로 내한하여 서울 주재 미국 공사가 된 알렌은 배후에서 이를 열심히 지원하였고, 또한 아펜젤러를 비롯한 선교사들이나 미국 공사관원들도 《독립신문》이나 《협성회보》의 발간을 지원하였다.[60] 독립협회의 활동

---

57) F. H. Harrington, 앞의 책, p. 118.
58) 이만열, 〈한말 러시아종교의 교폐문제〉, 《한국 기독교사연구》 제6호, 7호 참조 및 앞의 〈한말 기독교와 관련된 외세의존의 문제(1)〉 참조.
59) 이만열, 〈한말 기독교인의 민족의식 형성과정〉, 《한국 기독교와 민족운동》, p. 38; 윤건차, 앞의 책, p. 126.

에 대한 이러한 미국의 지지는 필연적으로 한국의 기독교화와 미국화를 촉진하였으며, 동학혁명이나 의병투쟁에서 나타났던 민중에너지를 수렴하는 데에 소극적일 수밖에 없었다.

사실 독립협회에서 표방한 독립의 보장, 문명개화, 내정개혁 등은 바로 개화파와 미국·일본이 자국세력의 확장을 위하여 동시에 표방하였던 것으로 이들은 자연 협조관계에 있었다고 지적된다.[61] 특히 1897년 4월 이후 러시아가 한국에서 독점적인 지배권을 확립하려고 하자 일본 공사, 미국인 선교사, 미국 공사 등은 독립협회의 반러시아운동을 적극 지원하였다. 즉, 러시아의 한국 침투는 동아시아의 상권을 장악하고 있던 영·미·일에게 공통적인 위협으로 작용하게 되었으며, 따라서 영·미의 선교사들은 한국에서 러시아의 위협과 영·미의 독립보장을 선전함으로써 한국의 지식인들 사이에 반러시아 감정을 심어주는 데 기여하였다.[62] 그리하여 독립협회는 러시아에 의한 국권침탈을 막을 수 있었으나, 문명개화라는 미명하에 진행된 영·미·일의 제국주의적 침탈은 용인하고 말았다. 이런 점은 독립협회운동의 한계로 지적되고 있다.[63]

3. 1905년 전후의 선교사의 자세

앞서 언급한 바와 같이 1890년대 한국에서 활약하던 선교사들은 본국정부의 훈령을 어겨가면서까지 한국왕실과 깊이 유착하여 정치·경제·사회·문화 등 각 방면에 직접 뛰어들어 영향력을 행사하였다. 그러나 1900년대에 들어 한국에 대한 일제의 독점적 지배권이 확실시되자 급격히 친일적으로 되어 체제내에서 선교활동의 자유만을 보장받고자 하였다. 그리하여 사회질서와 권위에 대한 복종을 강조하는가 하면 한국인의 과격한 정치적 민족운동 내지 국권회복운동을 비난하고 한국 교회의 정교분리운동을 전개하였다. 이는 국제정치적으로는 일본이 영국과 미국의 지원으로 러일전쟁을 수행하였고, 그 대가로 한국에 대한 지배권을 확보하였으며, 일·미·영의 이

---

60) 윤건차, 위의 책, p. 127.
61) 주진오, 앞의 글, p. 33.
62) 위의 글, p. 59.
63) 주진오, 위의 글 및 〈독립협회의 경제체제 개혁구상과 그 성격〉, 《한국민족주의론 Ⅲ》, 창작사, 1986 참조.

와 같은 긴밀한 외교적 협조체제가 개신교의 선교정책에 일정하게 영향을 미쳤음을 말해 주는 것이다.[64)]

미국은 일본을 강제로 개항시키기는 하였으나, 전략상 외교적으로 일본과 친밀한 관계를 유지하고 있었다. 특히 1901년 미국 대통령에 취임한 루스벨트는 대단히 친일적인 인물로 위기에 처한 한국정부가 한미조약에 따라 일본의 침략으로부터 한국을 보호해 줄 것을 요구하는 호소에는 귀를 기울이지 않고, 오히려 일본의 한국 지배를 지지하였다.[65)] 미국 공사 알렌도 한국에서 러시아가 우위를 누리던 시기에는 일본 쪽을 지지하였으나, 일본의 한국 지배욕이 명백해지자 태도를 바꾸어 미국의 국익을 위하여 이를 저지해 줄 것을 본국 정부에 호소하였다. 그러나 이러한 반일적 태도가 화근이 되어 1905년 3월 공사직에서 해임되었다. 미국정부의 친일적 태도는 확고한 것이었다. 루스벨트는 같은 해 7월 미국의 필리핀에서의 독점적 지배와 일본의 한국에서의 독점적 지배를 상호 인정한 가쓰라-태프트(Katsura-Taft)회담에 전폭적인 지지를 표명함으로써 이른바 '가쓰라-태프트 밀약'을 성립시켰던 것이다. 그리고 일본이 을사조약을 강요하여 한국의 외교권을 박탈하고 보호국화하자 곧 미국공사관을 철수시켰던 것이다.[66)]

이상과 같은 미국의 친일적 대외정책과 궤를 같이하여 선교사들 중에도 한국에 대한 일제의 식민통치를 환영하는 경향이 나타났다.[67)] 이런 선교사들은 한국인이 '문명국' 일본의 통치를 받는 것이 부패한 한국정부의 통치를 받는 것보다 행복할 것이라고 생각하였다. 그리하여 일제의 회유와 정교분리정책에 순응하여 대부흥운동을 일으키고, 교회에서의 정치활동이나 민족운동을 단죄하고 금지시켰던 것이다. 따라서 이러한 대부흥운동은 교회의 성장을 가져오고 내적인 신앙을 심화시킨 긍정적인 면도 가지고 있었지만, 일본과 한국 사이에 존재하는 민족적 모순을 은폐하고, 일제에 의하여 자행된 구조적인 억압을 한국인 신도들이 수용하게 하는 역할을 담당함으로써 결국 제국주의의 침략을 정당화시켰다는 비난을 받고 있는 것이다.[68)]

64) 노대준, 〈1907년 개신교 대부흥운동의 역사적 성격〉, 《한국 기독교사연구》 제15·16 합집, p. 4.
65) Raymond A. Esthus, *Theodore Roosevelt and Japan*, pp. 97~111.
66) 위와 같음.
67) 노대준, 앞의 글, p. 7.
68) 위의 글 참조.

4. 1910~1920년대의 미국 선교사

러일전쟁을 전후한 미·일관계의 유착으로, 일제는 선교사들을 우대하고 이들을 회유·이용하여 밖으로는 그들의 한국 침략을 은폐하고 안으로는 반일세력의 약화를 획책하였다. 그러나 병합 후에는 헌병경찰에 의한 '무단정치'를 실시하고 105인사건을 조작하여 그들의 통치에 장애가 되는 기독교 민족운동가들을 구속하였으며, 총독정치에 비판적인 선교사들까지도 탄압하려 들었다. 이어 1915년에는 기독교계 학교에서 종교교육을 금지할 목적으로 사립학교령을 개정해 점차 기독교와 선교사에 대한 압력을 가중시켰다.

한편, 미·일관계에서도 일본인 이민에 대한 미국내의 반일감정의 격화와[69] 제1차 세계대전을 전후하여 만주를 에워싼 미·일의 이권대립으로 양국의 관계는 급격히 냉각되었다.[70]

이러한 가운데 1919년 한국에서 3·1운동이 일어나자 일제는 이를 선교사들의 사주에 의한 것으로 몰아붙여 탄압의 손길을 선교사들에게까지 뻗쳤고, 선교사들도 일제의 3·1운동 탄압과정에서 발생한 비인도적 만행을 규탄하고 나섬으로써 양자의 대립은 깊어져갔다. 그러나 이러한 대립이 결코 자신들에게 유익할 것이 없다고 판단한 일제는 곧 선교사 대책을 강경책에서 회유책으로 전환하였다. 이와 같은 일제의 회유정책이 본격화되자 선교사들의 대일협력은 급속히 촉진되었다.[71] 특히 새로 총독으로 부임한 사이토 마코토(齋藤實)는 '선교사담당'이라는 별명이 붙을 만큼 선교사 회유에 능란하였다.[72] 그는 선교사를 초빙한 연회를 자주 마련하고 선교사들의 건의를 적극적으로 수용하여 선교사들의 환심을 샀다. 즉 포교규칙을 개정하여 교회당·포교소의 건립을 허가제에서 신고제로 바꾸고, 사립학교 규칙을 개정하여 종교교육을 실시할 수 있도록 하였으며, 종래의 현안이 되어온 종교단체의 부동산 소유를 인정하여 줌으로써 선교사들을 친일 쪽으로 전환시키는 중요한 계기를 마련하였던 것이다. 물론 그 반대급부로서 선교사들에

---

69) R. A. Esthus, 앞의 책, pp. 287~297.
70) 강동진, 《일제의 한국 침략정책사》, p. 75.
71) 위의 책, p. 84.
72) 위의 책, p. 89.

게 요구되었던 것은 같은 제국주의 동맹자로서 3·1운동 이후 격앙되었던 한국 민족의 민족적 감정을 둔화시키는 역할이었던 것임은 두말 할 필요도 없다.

일제는 이와 같이 표면적으로는 선교사들을 회유·이용하면서도 이면에서는 교계의 일각에서 일고 있던 반선교사운동을 부추겨 교회와 선교사의 분열을 획책하기도 하였다. 이러한 대표적인 사건이 1925년에 일어나 1926년에 문제가 되었던 '허시모(許時模; C.A. Haysmer)사건'이었다.[73] 어떻든 외교적으로도 1910년대 미·일의 불편한 관계는 1920년대에 들어 워싱턴 군축회의에서 타협이 이루어졌으므로, 일제와 미 선교사들과의 표면적인 친화관계는 1930년대 일제의 대륙침략이 재개될 때까지 얼마 동안 지속될 수 있었던 것이다.

V. 신앙·신학형성과 미국의 선교사

1. 신앙고백의 채택

초기 한국 교회가 전수받은 신앙·신학의 내용이 어떠한 것이었는가 하는 것은, 선교 초기의 외국의 각 교단 선교사가 한국에 도착하여 전파한 복음의 내용이 어떠한 것이었는가 하는 문제와 상통할 것이다. 그것은 성경 번역과정에서 나타난 용어들의 개념과 초기의 전도문서 등을 검토하는 과정에서 정리될 수 있을 것이다. 그중 초기의 전도문서에 대해서는 이미 평면적인 소개 정도가 이뤄지고 있지만,[74] 평소 저자도 여기에 깊은 관심을 기울여왔던 만큼 뒷날 검토 정리할 기회가 있을 것으로 생각한다. 이와 아울러 신(神)의 호칭으로서의 '하ᄂᆞ님' 문제가 초기 선교사들간에 많은 논란이 있었다는 점에 대해서는 저자가 이미 지적한 바 있다.[75]

---

73) 《동아일보》 1926년 7월 3일~8일자, '허시모사건' 관련기사 참조.
74) 이진호, 〈초기 전도문서 연구〉, 《그리스도교와 겨레문화》, 기독교문사, 1987, pp. 377~404.
75) 이만열, 《한국 기독교문화운동사》, pp. 125~130, 359~360. 최근 이 문제에 관한 주목할 만한 논문으로 玉聖得, 〈用語 '하ᄂᆞ님'의 歷史 小考 — 해방 이전 한글 성경번역자들의 '하ᄂᆞ님' 이해를 중심으로〉, 장로회신학대학 신학대학원(牧會學) 석사논문, 1991을 참조.

초기의 한국 기독교의 신앙이 어떠했던가 하는 것을 미국계의 개신교와 관련하여 이해하려면 미국계 개신교가 논의 채택했던 신앙고백(신경)의 내용을 살펴보면 쉽게 알 수 있을 것이다. 앞에서 지적한 바와 같이, 미국계의 개신교가 깊이 관여했던 교단은 감리교와 장로교로서 그 신앙고백 제정에 미국계 선교사가 주도적인 역할을 한 것은 사실이다.

감리교의 경우, 일찍부터 한국인을 위한 성경공부반을 체계적으로 운영한 바 있고, 1900년부터는 선교사 존스(G.H. Jones;趙元時)가 중심이 되어 《신학월보》를 간행, 교육과 신학의 문제를 다루기도 하였다. 또 1905년에는 협성신학교를 설립하고 목회자 양성에 주력하는 한편 한국 감리교 신학수립에도 노력하였다. 1916년부터 협성신학교에서 《신학세계》를 간행한 것은 세계의 신학을 소개하고 한국 감리교회의 신학적 기반을 수립하는 데에 크게 기여하였다. 1901년에 설립된 장로교단의 평양신학교가 1918년에 가서야 《신학지남》(神學指南)을 간행할 수 있었던 것으로 보아, 《신학세계》를 먼저 간행한 감리교계의 신학수립에의 노력이 얼마나 전진적이고 진지했나를 엿볼 수 있다.

그러나 감리교계의 경우, 그들의 신앙고백을 담은 '기독교조선감리회 교리적 선언'(基督敎朝鮮監理會 敎理的 宣言)이 제정된 것은 미국 남북감리교단 산하에 있는 한국 감리교회가 1930년 12월 '기독교조선감리회'를 조직하던 때였다. 하나님·예수 그리스도·성신·은혜·성경·교회·천국·영생의 8개의 내용을 중심으로 하여 제정된 이 '교리적 선언'은 복음의 기본핵심을 망라한 것으로, 1785년 미국에서 만들어진 25강령으로 된 미국 감리교회 교리를 많이 참고하였던 것이다.

감리교회의 '교리적 선언'은 장로교의 신앙고백보다 무려 20여 년 뒤에 채택된 것이다. 저자는 형편상 이 글에서 그 교단성립과 함께 채택된 장로교의 신앙고백 문제를 중점적으로 언급하려고 한다.

앞에서 언급한 바와 같이 1893년 1월 미국의 남북장로교에서 파견된 선교사들이 모여 '장로교 치리기구보유 선교부공의회'를 조직했는데, 그 목적은 '조선 땅에 개신교 신경과 장로회 정치를 사용하는 연합교회를 설립하는 것'이었다.[76] 여기서 '개신교 신경'이란 말이 처음 보인다.

76) 곽안련, 앞의 책, p. 15.

1901년 선교부공의회는 영어회와 한국어회로 나누어졌다. 1907년 노회가 조직되기까지 한국어회는 중요한 결정권을 갖지 못하였다. 그것은 한국인 신자들이 "아직 교회사에 미숙하고 또 조선인 목사가 없고 장로 된 자도 희소한 고로 치리권은 계속하여 영어로 의사하는 회에 있었고, 조선어를 쓰는 회에는 각처 총대의 친목하는 것과 교회사를 처리하는 규칙과 어떻게 처리할 것을 실습도 하고 토론도 하는"[77] 단계였기 때문이다. 이러한 정황에서 '신경문제' 같은 중요한 안건은 자연히 선교사들 특히 미국 남북장로교 소속 목사들에 의해 처리될 수밖에 없었다.

1901년 신학생(김종섭·방기창)이 선발되어 신학을 공부하게 되었는데, 영어공의회에서는 신학위원을 선정, 신학생의 예비과정을 준비하였다. 이것이 평양신학교의 출발이다. 이해에 공의회(영어)에서는 만국장로회헌법 번역위원을 선택하였다는데, 여기서 만국장로회헌법이란 웨스트민스터 표준서들을 중심으로 한 것으로 보인다. 그리하여 1904년 공의회(영어)의 결정에 의해 "소요리문답 5천 부를 처음으로 간행하기로 작정하였는데, 이는 웨스트민스터 헌법 중에 일부를 역간하는 것"이었다.[78] 우리는 여기에서 한국 장로교의 신앙의 기본구조가, 만국장로교회가 채용하였고 특히 미국의 남북장로교회가 신조로 하고 있는 웨스트민스터 소요리문답과 일련의 신경·규칙에 두고 있음을 알 수 있다.

한편 공의회에서는 1902년에 헌법준비위원을 선택, 헌법을 준비하여 공의회가 이를 채용토록 하고 뒷날 노회가 제의하도록 결정하였다. 이에 따라 1904년 공의회는 헌법과 규칙을 처음으로 채용하였는데 여기에는 신경이 포함되지 않았다. 1905년에 교회신경이 공의회(영어)에 의해 의정·채용되었는데, 이 내용은 1907년 노회설립 당시에 제의되어 일년간 임시 채용되었고, 그 이듬해에 정식채용되었다. 1905년, 교회신경을 채용할 때에 선교사들은 한국 교회를 위하여 새로이 신경을 제정하지 아니하고, 만국장로교회에서 전부터 사용하는 신경과 또 각 선교부에서 통용하는 신경을 비교하여 한국 장로교회 형편에 적합한 것을 택하는 것이 좋겠다고 생각하였다. 한국인이

77) 위의 책, p. 18.
78) 위의 책, p. 38.

한국 교회의 정책 및 한국 신경제정작업에 참여하지 못하는 한 어차피 그 결과야 마찬가지겠지만, 한국 장로교단의 신경 채용은 처음부터 외래의 완제품을 그대로 복사하는 과정에 지나지 않게 되었다. 그리하여 채택된 것이 그 몇 개월 전에 새로 조직된 인도(印度) 자유장로회에서 채용한(1904) 신경과 동일한 것이었다. 이를 채택하던 선교사들의 희망은, "이 신경이 조선과 인도, 양국 장로회의 신경이 될 뿐 아니라 아세아 각국 장로회의 신경이 되어 각 교회가 서로 연락하는 기관이 되는 것"이라고 하였다.[79]

인도 자유장로회가 신경을 채택한 경위와 신생 민족교회가 그 창립총회에서 채택한 신앙고백의 내용을[80] 그 전문을 제외하고는 인도 장로교회에서 따온 저의 등에 대해서는 뒷날 언급할 기회를 갖겠다. 단지 여기서 지적해야 할 것은 그것이 한국인 신자의 의견이 개입될 여지가 없이 채택되었다는 것과, 같은 장로교이면서 한국·인도 및 아시아 각국 장로교의 신경과 구미 장로교의 신경이 다르다는 것, 그리고 이 신경이 한국 예수교장로회 형편에 적합한 신경을 택한다는 그럴 듯한 명분 위에서 추진되었다는 점 등이다.

12개조의 이 신앙고백은 칼빈주의(Calvinism)적 경향이 강력하게 나타나 있는데, 그 내용은 하나님의 주권, 그리스도의 신성, 동정녀 탄생, 죄의 대속, 성령의 이원시발(二元始發), 인간예정, 은총의 저항 불가능성, 성례 전의 신앙, 육신의 부활과 최후의 심판 등을 포함하고 있다.[81] 한편 이것은 초기 선교사들의 신앙적 성격을 반영하는 것으로, "그들은 19세기말에 미국에서 대두하기 시작한 근본주의(Fundamentalism)의 세례를 받은 사람들로서 술과 담배는 물론 댄스나 카드놀이도 죄악시하였던"[82] 보수적인 인물이었다.

이 신경은 오늘날까지 전수되면서 한국 장로교의 핵심적인 신앙내용을 형성하고 있다. 그런데 이 핵심적인 신앙고백은 한국인 신자들이 "자기의 신

---

79) 위의 책, p. 42.

80) 백낙준, 앞의 책, p. 407. 한국장로교회의 신앙고백 채택문제와 관련된 논문으로는 林沅澤, 〈韓國長老敎會의 信仰告白 硏究〉, 總神大學 神學大學院 석사논문, 1989를 참조.

81) 위의 책, p. 408. 이 신앙고백의 원문은 《대한예수교장로회회록》, 1908, pp. 24~30 참조.

82) S. J. Palmer, *Korea and Christianity*, p. 26; 주명훈, 〈한국 장로교조직의 확립과정〉, 《한국사연구》 제2집, p. 169.

앙체험의 표현을 기다릴 것도 없이"[83] 외국 선교사들이 제정해 준 것을 받아들인 것이다. 초기부터 한국인 신자들은 자신의 고백적인 신앙을 갖지 못한 채 수십년간, 그것도 이런 문제에 대한 의식조차 없이 지내왔던 것이다.

채택된 신앙고백이 칼빈주의적인 성격이 강하다는 점에서 그것이 미국 남북장로교회의 강력한 입김 위에서 그 채용의 과정을 밟았을 것으로 생각된다. 미국의 장로교회가 청교도적인 전통을 강력히 받은 데다가, 공의회 및 노회·총회 때에 미국 남북장로교 선교사들이 가장 강력한 영향력을 행사할 수 있었기 때문이다. 그리고 뒷날 신사참배문제와 관련, 교조주의적인 성향을 가장 강력하게 나타낸 것 또한 미국의 남북장로교였다는 점도 이러한 이해를 뒷받침한다고 하겠다.

2. 주한 선교사들의 신앙·신학적 배경

한국 교회의 신앙 및 신학형성에 미국 교회가 끼친 영향은 대단하다고 볼 수 있다. 한국 개신교 선교의 주체가 미국 교회 특히 남북장로교와 감리교였으며, 그외에 캐나다와 호주에서 장로교 선교사들을 보냈고, 영국에서 구세군·성공회 선교사들을 파송했으니 거의 모든 선교사들은 영어권에서 왔다고 볼 수 있다.[84] 따라서 한국 개신교의 신앙 및 신학형성은 이들 영어사용권 문화에서 형성된 신학에 많은 영향을 받을 수밖에 없었다.

이제 한국에서 한국인들을 대상으로 신학교육에 종사했던 선교사들을 분석해 봄으로써 그들의 신앙·신학적 배경이 무엇이었는지를 규명하고 그들이 한국 교회에 끼친 영향에 대해 살펴보기로 하겠다.

엄밀한 의미에서 한국에서 활약했던 모든 선교사들이 한국 교회의 신앙 및 신학형성에 나름대로 중요한 영향을 끼쳤다고 말할 수 있으나 여기에서

83) 백낙준, 앞의 책, p. 408.

84) 참고로 1919년 6월에 통감부에서 조사한 자료에 의하면 당시 한국에 나와 있던 외국인 총수가 13,109명에 이르는데 그중 선교를 목적으로 하여 내한한 외국인 478명을 국적별로 정리하면 다음과 같다.

미 국	영 국	프랑스	독 일	기 타	계
338	84	50	2	4	478

여기에서 프랑스와 독일 국적을 가진 선교사는 천주교 선교사이므로 개신교 선교사들은 모두가 미국과 영국 출신뿐임을 알 수 있다(캐나다와 호주 선교사들도 영국으로 분류되었다). 〈朝鮮在留外國宣教師表〉(朝鮮在留歐美人調査錄 1907~1942, 한국학연구소, 1981), p. 59 참조.

는 개신교의 두 큰 교파, 장로교와 감리교의 신학교를 중심으로 그 신학교에서 교육을 맡았던 선교사들만을 분석 대상으로 삼았다.

장로교는 1901년에, 감리교는 1905년에 각각 본격적인 한국인 목회자 양성을 위한 신학교를 설립하였다.[85] 그러나 신학교육은 그 이전으로 거슬러 올라간다. 즉 1889년부터 장로교회는 겨울마다 한달 반씩 전도인을 대상으로 신학반(theological class)을, 감리교회도 1896년부터 역시 신학반을 운영하면서 신학교육을 시작했다.

이제 신학반 시절부터 장·감 양교파 신학교의 신학교수로 활약한 인물들을 정리하면 다음과 같다.[86] 참고로 한국인 교수들도 포함시켰다.

장 로 교		감 리 교	
신학반 (1889~1900)	H.G. Underwood D.L. Gifford J.S. Gale W.M. Junkin W.M. Baird S.A. Moffett	신학반 (1896~1900)	H.G. Appenzeller W.B. Scranton G.H. Jones W.C. Swearer W.A. Noble
평 양 신학교 (1901~1940)	S.A. Moffett, G. Lee, C.A. Clark, J.S. Gale, G.O. Engel, W.C. Erdman, N.D. Reynolds, R.C. Robert, E. Bell, W.R. Foote, A.F. Robb, W.N. Blair, W.L. Swallen, A.D. Clark, J.C. Crain, F.W. Cunningham, F. Kinsler, C.E. Sharp, 남궁혁, 이성휘 김선두, 박형룡	협 성 신학교 (1907~1940)	G.H. Jones, W.A. Noble, W.B. Scranton, W.C. Swearer, W.G. Cram, H.B. Hulbert, E.M. Cable, W.A. Wasson, C.S. Deming, R.A. Hardie, F.K. Gamble, B.W. Billings, A.B. Chaffin, M. Tinsley, J.M. Cherry, G.L. Gerdine, 최병헌, 변성옥, 김인영, 양주삼, 김종만, 한치진, 변홍규, 김창준, 정경옥, 황애덕, 홍에스터, 장정심

85) 장로교는 평양에 장로회신학교를, 감리교는 서울에 협성신학교를 각각 세웠다. 이후 두 신학교는 양 교파 목회자 양성기관이 되었다.

86) 신학교 교수명단은 김광수·안광국 편, 《長老會神學大學 七○年史》, 장로회신학대학, 1971 ; 이성삼, 《감리교와 신학대학사》, 한국 교육도서출판사, 1977을 주

이제 이들을 국적별로 분류하면 다음과 같다.

장로교		감리교	
미 국 (17명)	H.G. Underwood, D.L. Gifford, W.M. Baird, W.M. Junkin, S.A. Moffett, G. Lee, C.A. Clark, W.C. Erdman, W.D. Reynolds, R.C. Roberts, E. Bell, W.N. Blair, W.L. Swallen, A.D. Clark, J.C. Crain, F. Kinsler, C.E. Sharp	미 국 (16명)	H.A. Appenzeller, W.B. Scranton, G.H. Jones, W.C. Swearer, W.A. Noble, W.G. Cram, H.B. Hulbert, E.M. Cable, W.A. Wasson, C.S. Deming, F.K. Gamble, B.W. Billings, A.B. Chaffin, M. Tinsley, G.L. Gerdine, J.M. Cherry
캐나다 (3명)	J.S. Gale, A.F. Robb, W.R. Foote	캐나다 (1명)	R.A. Hardie
호 주 (2명)	G.O. Engel, F.W. Cunningham	한 국 (12명)	최병헌, 변성옥, 김인영, 양주삼, 김종만, 한치진, 변홍규, 김창준, 정경옥, 홍에스터, 황애덕, 장정심
한 국 (4명)	남궁혁, 이성휘, 김선두, 박형룡		
계	26명	계	29명

장로교와 감리교를 통틀어 55명의 신학교 교수 가운데 한국인 16명을 제외한 39명의 외국인을 국적별로 정리해 보면 미국이 33명으로 절대다수를 차지하고 있음을 알 수 있고, 나머지 6명도 캐나다와 호주 출신으로 모두가 영어 사용국가 출신임을 알 수 있다. 따라서 신학교육은 전적으로 영어문화권 교수들에 의해 이루어졌음을 알 수 있다. 한국인 교수의 참여비율은 장로교가 15퍼센트인 반면, 감리교가 42퍼센트로 한국인 참여의 폭은 감리교가 장로교보다 넓었음을 알 수 있다. 그리고 여성의 참여는 장로교의 경우 한 명도 없는 반면 감리교는 5명(A.B. Chaffin, M. Tinsley, J.M. Cherry, 홍에스더, 장정심)으로 여성신학교육 및 신학교육에서 여성의 참여면에도 감리교가 앞서고 있음을 알 수 있다.[87] 이것은 장로교의 보수적인 신학적 분위

로 참고하였고, 두 신학교 기관지였던 《신학지남》, 《신학세계》를 참조하여 정리하였다.

87) 감리교는 이미 1905년부터 별도의 여자 전도인 양성을 위한 성경학원을 운영하였고, 이것이 1920년에 협성여자신학교로 발전하였으며, 1929년 남녀공학의 협성신학교가 되었다. 이미 감리교회는 1931년에 여자목사를 배출하게 된다. 이성

기를 대변하는 것으로 특히 장로교의 경우는 신학교육이 남성들에 의해, 미국 출신 선교사들에 의해 전적으로 이루어졌음을 알 수 있다.

이제 신학교수들을 자료가 밝혀지는 대로 출신 신학교별로 정리하면 다음과 같다.[88)]

1) 장로교

국 가	신 학 교	출 신 학 교
미 국 (16명)	매코믹신학교(4명)	S.A. Moffett, G.Lee, C.A. Clark, W.M. Baird
	프린스턴신학교(7명)	W.C. Erdman, R.C. Roberts, A.D. Clark, F. Kinsler, 남궁혁, 이성휘, 박형룡
	유니언신학교 (리치몬드)(2명)	W.M. Junkin, W.D. Reynolds
	뉴브런스윅신학교(1명)	H.G. Underwood
	켄터키신학교(1명)	E. Bell
	루이스빌신학교(1명)	J.C. Crain
캐나다 (3명)	파인힐신학교(2명)	A.F. Robb, W.R. Foote
	토론토대학(1명)	J.S. Gale
스위스 (1명)	바젤대학(1명)	G.O. Engel
한 국 (1명)	평양신학교(1명)	김선두

2) 감리교

국 가	신 학 교	출 신 학 교
미 국 (21명)	드루신학교(5명)	H.G. Appenzeller, W.C. Swearer, W.A. Noble, C.S. Deming, 변홍규
	밴더빌트대학교(3명)	W.A. Wasson, F.K. Gamble, 양주삼
	컬럼비아대학교(2명)	A.B. Chaffin, 황애덕
	에모리대학(2명)	김인영, 김종만
	웨슬리안대학(1명)	G.H. Jones
	커넬대학(1명)	E.M. Cable
	유니언신학교(1명)	B.W. Billings
	앤드루대학(1명)	M. Tinsley
	메이컨대학(1명)	J.L. Gerdine

삼, 《감리교와 신학대학사》, pp. 160~164.

88) 출신 신학교 자료는 주로 《기독교대백과사전》(전16권, 기독교문사, 1980~1985)의 선교사 개인 항목을 참조하여 조사하였다. 개인이 둘 이상의 신학교 및 대학원을 나온 경우도 있으나 여기에서는 대표적인 것으로 하나만 선택했다.

	개릿신학교(1명)	정경옥
	스카릿대학(1명)	홍에스터
	사우드캘리포니아대학(1명)	한치진
	시카고대학(1명)	변성옥
캐나다 (1명)	토론토대학(1명)	R. A. Hardie
일 본 (1명)	아오야마학원(1명)	김창준
한 국 (1명)	신학반	최병헌

장로교와 감리교를 통해서 살펴보면 우선 미국 신학교 출신이 37명으로 가장 많고, 그 다음에 캐나다 신학교 4명, 스위스 1명, 일본 1명, 한국 2명 정도이다. 미국 신학교의 경우 장로교에서는 프린스턴신학교 출신이 7명으로 가장 많고 그 다음에 매코믹신학교, 유니언신학교의 순이며, 감리교에서는 드루신학교가 5명, 밴더빌트대학 3명, 에모리대학 및 컬럼비아대학 2명의 순이다. 캐나다 신학교의 경우 파인힐신학교에서 2명, 토론토대학에서 2명이 왔다. 정리하자면 장로교의 경우 프린스턴신학교 출신과 매코믹신학교 출신들이, 감리교의 경우 드루신학교와 밴더빌트대학 출신들이 주류를 이루었다고 할 수 있다.

이들 신학교들은 보수주의 신학 전통을 고수하고 있었다. 특히 프린스턴의 경우, 1929년에 보수주의 신학자 매첸(J. G. Machen)이 필라델피아로 가서 웨스트민스터신학교를 따로 세웠다. 그는 나가기 전까지 23년간 프린스턴신학교의 교수로 있으면서 보수·정통주의 신학의 보루로서 활약하였다. 점차 밀려드는 자유주의 신학조류에 저항하며, 보수·정통주의 신학을 파수한 매첸의 신학에 가장 큰 영향을 받은 인물이 박형룡(朴亨龍)으로서 그는 금욕적 청교도 신앙을 바탕으로 근본주의 신앙전통을 평양신학교에 심는 데 주도적 역할을 담당하였다.[89]

근본주의운동은 1870년대에 강화되기 시작한 천년왕국운동을 기초로 하여 1920년대에 절정에 달한 미국내의 신앙운동으로, 성경의 축자영감설과 무오

89) 유동식, 〈박형룡과 근본주의 신학〉, 《한국신학의 광맥》, 전망사, 1982, pp. 186~199.

설, 삼위일체설과 그리스도의 동정녀 탄생, 인간의 전적 타락과 그리스도의 속죄·구원, 그리스도의 부활과 재림 등을 그 중요한 신앙적 교리로 하고 있다.[90]

미국에서는 배타적 보수주의 신학이 열세에 몰려 1929년 미국 북장로회 총회에서 프린스턴신학교의 자유주의 신학노선을 인정하는 결정을 내림으로써 매첸을 비롯한 보수주의 신학자들은 프린스턴을 떠나 웨스트민스터신학교를 따로 세웠고, 나중에는 정통장로교회라는 별도의 총회 조직을 구성하였다. 자유주의 신학이 주류를 이루고 있던 미국의 상황과는 달리 한국에서는 보수주의 신학이 주류를 이루었다. 그리하여 송창근·김재준·한경직 등 후기 프린스턴신학교 출신들에 의해 자유주의·급진주의 신학이 조심스럽게 제기되고 있었지만 보수주의 신학이 이를 강력하게 막고 나섰다.[91]

이같은 의미에서 한국 교회의 보수주의적 신학 및 신앙형성은 이들 미국의 보수주의 신학교 출신 선교사와 이들에 영향받은 한국인 신학자들에 의해 이루어졌다고 말할 수 있다. 이같은 현상으로 한국 신학의 경우 지나칠 정도로 미국 의존적인 경향을 띠게 되었고 반면에 한국 교회 자생력에 의한 신학형성이 부진할 수밖에 없었던 원인을 여기에서 찾아볼 수 있다.[92]

3. 선교사들의 신학교육정책

앞서 살펴본 대로 선교사들은 입국하여 얼마 되지 않아서 한국인 목회자

---

90) '근본주의'라는 말은 미국의 천년왕국론자들이 다윈의 진화론과 자유주의자들의 성서고등비판 등에 대항하기 위해, 1909년부터 1915년까지 시리즈로 된 12권의 《근본주의》(*The Fundamentals*)를 간행하여 각권 25만부씩 총 300만부를 목사·평신도들에게 무료로 배부한 데서 유래된 것이다.

91) 대표적인 사건이 '아빙돈성경주석사건', '김영주 목사의 창세기 모세저작 부인사건', '김춘배 목사의 여권문제' 등에 나타난 장로교단측의 반응이라고 하겠다. 문희석, 《한국교회 구약성서해석사 1900~1977》, 대한기독교출판사 1978, pp. 62~76 참조.

92) 여기서 우리가 잠깐 짚고 넘어가야 할 것은 20세기초에 형성된 한국의 보수주의신학의 역사적 의의를 가볍게 평가할 수 없다는 것이다. 그것은 이러한 보수신학이 교조적인 성격의 한국 성리학에 강력히 저항하며, 기독교적 기반을 한국 사회에 구축할 수 있었을 뿐 아니라, 1930년대 이후에는 일제의 신사참배강요에 강력하게 맞서서 신앙의 순수성을 파지하고 신사참배를 우상숭배로 규정하였고, 그것이 민족의식과 결합되면서부터는 항일적인 신사참배반대투쟁을 전개하여 한국 교회에 순교자를 많이 배출시킬 수 있었기 때문이다.

양성을 위한 신학반을 운영하였고 이것을 발전시켜 평양신학교와 협성신학교를 설립하였던 것이다. 이제 이 신학교의 교육과정을 분석해 봄으로써 신학교육의 내용을 알아보자.[93)]

장로교(1920년)				감리교(1916년)			
학 년	학기	과 목	시간	학년	학기	과 목	시간
하 학 년	춘기	신약/공관복음	36	1학년	1학기	성경/구약총론	30
(下學年)		구약/창세기	24			마서(摩西)제도	30
		구약총론	24			공관복음	60
		신학총론/성경	36			조직신학/윤리학	60
		요리문답 변증론	24			증거론, 심리학	
		교회사기/구약사기	24			교회사기/히브리인의	
		설교학	24			역사(上)	60
	추기	신약/사도행전	24			실용신학/강도학	60
		구약/출애굽기	24			음악	
		신약총론/신성론	36			국어	60
		교회사기/사도시대부터	36		2학기	성경/신약총론	
		니케아공의회				예언서론	60
		그리스도교상도덕학	24			사도행전	30
		설교학	24			소선지서초집	30
		실제신학	24			조직신학/자연신교론	60
중 학 년	춘기	신약/요한복음	30			유신론, 심리학	60
(中學年)		에베소인서	24			교회사기/히브리인의	
		신약총론	24			역사(下)	60
		구약/시편	12			실용신학/음악	
		구약지지	12			석의학	60
		신학총론/인성론	24			국어	60
		교회사기/니케아공의회	36	2학년	1학기	성경/갈라디아	20
		이후				히브리	40
		설교학	24			이사야	60
		심리학상 교수법	24			조직신학/인류학	60
	추기	신약/고린도전서	24			교회사기/구약사기	60
		신약지지	12			상고시대로	
		구약/이사야	36			개신교 시대사	
		신학총론/구원론	48			실용신학/강도학	60
		교회사기/갱정	26			음악	

93) 이 자료는 평양신학교 기관지인 《신학지남》 제3권 1호(1920.3)에 수록된 〈신학과정(교정)〉; 《신학세계》 제1호(1916.2), pp. 168~172에 수록된 〈감리교회협성신학교 일람표〉를 기초로 하여 작성한 것이다.

학년	학기	과목	시간	학년	학기	과목	시간
		전 시대				국어	60
		교회정치/교회헌법	24		2학기	성경/로마인서	50
		실제신학/주일학교내 교역	12			베드로 후서	10
상 학 년 (上學年)	춘기	신약/히브리서	30			시편・룻기	60
		구약/구약총론	24			조직신학/그리스도론 속죄론	60
		다니엘서	12			교회사기/상고시대로 개신교시대사(속)	60
		신학총론/말세론	24			실용신학/목회학 음악	60
		성례론	12			국어	60
		교회사기/갱정시대	24	3학년	1학기	성경/빌립보	12
		교회정치/권징조례	24			에베소	22
		예배모범	12			골노새	25
		실제신학/목회학	24			빌네몬	2
	추기	신학/로마인서	24			디도	8
		묵시록	24			에스겔	51
		구약/예레미야	24			조직신학/성신론 구세론, 말세론	60
		신약총론/영혼론과 성신의 사업	36			교회사기/개신교 시대 이후	60
		교회사기/갱정 후 시대	36			실용신학/기독교 재산론, 음악, 문답시교법	60
		근세선교사기	12			국어	60
		실제신학/목회학	24		2학기	성경/다니엘	32
		사회학	12			세가리야	24
						유다	4
						요한복음	30
						요한일서	
						묵시록	30
						조직신학/변증론	60
						교회사기/각교파의 역사	60
						실용신학/주일학교 교수법, 음악	60
						국어	60
계		47과목	1154	계		64과목	2260

학제의 구성은 장로교나 감리교 모두 1년 2학기제, 3학년 과정으로 같다. 교과과목도 성경·조직신학·실용(실제)신학·교회사기 등 네 부분으로 대별할 수 있다. 그러나 감리교는 장로교에 비하여 국어과목이 전학년에 걸쳐 개설되어 있는 점이 다르며, 음악이란 과목도 매 학기마다 있는 것도 다르다.

위의 교과과정을 신학분야별로 구분하여 정리하면 다음과 같다.

장로교				감리교			
분 야	과목	시간	%	분 야	과목	시간	%
성서신학	19	444	38.4	성서신학	25	820	36.2
조직신학	9	266	23.0	조직신학	12	360	15.9
역사신학	6	168	14.5	역사신학	9	360	15.9
실천신학	13	276	23.9	실천신학	12	360	15.9
				국 어	6	360	15.9
계	47	1,154		계	64	2,260	

신학분야별로 볼 때 장로교·감리교 모두 성경신학 분야의 과목과 시간이 가장 많다. 전 3학년 과정을 통해 성경 66권을 한번씩 읽고 공부할 수 있도록 교과과정이 짜여 있음을 알 수 있다. 그러나 엄밀히 분석하면 성경신학도 성경해석(주석)을 위주로 한 것이지 현대적인 의미의 성경신학을 교수했다고는 볼 수 없다. 성경 원어(히브리어·헬라어)를 가르치는 교과과목은 전혀 찾아볼 수 없으며, 영어시간조차도 할당되어 있지 못한 실정이다.[94] 이것은 한국인 신학생이나 목회자들이 성경 원어를 해독하거나 신학 원서를 읽을 수 있는 능력을 배제시킨 결과를 가져왔다. 즉, 한국인 학자들의 신학적 능력을 제한하려는 선교사들의 의도가 담겨져 있다고 하겠다.

이같은 선교사들의 신학교육정책, 즉 한국인들의 신학교육 수준을 제한시키려는 시도는 이미 1890년대 선교사들이 채택한 선교정책, 네비우스 선교정책에 담겨져 있었다. 1896년에 이미 레이놀즈는 네비우스 선교정책에 의거, 한국인 목회자 양성원칙을 발표한 바 있다. 이는 1893년 재한 장로회선교부공의회가 채택한 10가지 선교정책 중 "교육받은 교역자를 배출하는 희

94) 1921년도 협성신학교 교과과정(《신학세계》 1922년 1월호)에 의하면 성경원어와 영어시간이 이때 배당되었고, 평양의 장로회신학교에도 1930년대에는 성경원어가 교수되었다.

망도 우리 교육기관에 실현될 것이니, 이 점에 항상 관심을 두어야 한다"[95] 고 애매하게 표현된 제14항에 대한 구체안으로 여겨진다.[96] 레이놀즈의 한국인 교역자 양성책은 7개항으로서 우선 그 소극적인 정책 세 가지를 들어보면 다음과 같다.

> 1. 어떤 특정한 한국인 신자에 대하여 그를 교역자로 양성할 저의를 가지고 있더라도 본인에게는 그 사실을 오랫동안 알리지 말 것.
> 2. 외국의 돈으로 그를 강도사나 전도사로 채용하지 않도록 최선을 다할 것. 그가 설교한 대가로 돈을 받는다는 생각을 갖지 않도록 하고 그가 설교를 잘해서 개종자를 많이 내면 그의 봉급도 올라갈 것이라고 생각지 않도록 할것.
> 3. 선교사업의 초창기에는 어떠한 경우든지 그를 교육시키기 위해 미국에 보내지 말 것. 또 그의 교육정도를 일반교인들의 수준보다 월등히 높게 되도록 결코 훈련하지 말 것.[97]

그리고 그는 적극적인 면에서 네 가지 원칙을 말하였는데, 그 마지막 네 번째의 것은 그 앞의 세 개와는[98] 달리,

> 한국 기독교인의 교양 및 근대문명에 대한 진보에 따라 한국인 교역자의 교육정도를 높일 것. 교역자의 교육은 일반에게 존경을 받고 권위가 설 수 있도록 한국인의 평균 교육수준보다 약간 높게 하되, 너무 지나쳐서 일반의 시기심이나 위화감을 사지 않도록 할 것.[99]

이라고 규정하여 한국인 목회자의 교육수준을 의도적으로 제한할 것을 명시하고 있다.

레이놀즈의 이 제안은 요약하면, 교역자의 지적 수준을 일반교인들의 수준보다 현저히 높게 해서는 안된다는 것을 주장하는 반면 교역자들의 영적

---

95) C.C. Vinton, "Presbyterian Mission Work in Korea," *The Missionary Review of the World*, Vol.6, No.9(1893. 9.), p. 671; 백낙준, 앞의 책, p. 212.

96) 주명훈, 앞의 글, p. 155.

97) W.D. Reynolds, "The Native Ministry," *The Korean Repository*, 1896. 5., pp. 199~200.

98) 그 세 개의 내용은, 1) 그로 하여금 고도의 영적인 체험을 인식시켜 '성령이 충만한 사람'이 되게 할 것, 2) 그를 말씀과 기독교의 기본적인 사실 및 진리에 굳게 서도록 할 것, 3) 젊은 사람으로 목사가 될 만한 사람을 예수 그리스도의 강한 역군으로서 고난에 이길 수 있도록 훈련시킬 것 등이다.

99) W.D. Reynolds, 앞의 글, p. 201.

인 체험과 강인한 고난 극복을 강조하는 것이었다. 이것은 지적인 문제라기보다는 어쩌면 감성적인 과제이기도 했다. 1893년에 채택된 선교정책에서 선교대상 가운데 노동자계급과 부녀자들에게 역점을 두자는 정책이 한국 교회를 질적으로 저하시키게 되었다는 지적과 함께,[100] 레이놀즈의 이같은 제안은 교회지도자들의 지적 수준도 일반교인들과 별반 다를 게 없도록 만들어버렸다고 지적된다.[101] 이 지적에 의하면, 이러한 양성책으로 말미암아 한국 교회를 지도자 없는 집단으로 만들어버렸고, 심하게는 세계 교회 중에서 한국 교회를 고립시키고 낙후시키는 요인으로까지 되었다는 것이다.[102]

하여튼 '일반 한국인의 평균 교육수준보다 약간 높게'라고 설정한 이같은 교역자 양성책으로 말미암아 상대적으로 선교사들의 지적·교육적 수준은 한국인 목회자나 신학을 공부하려는 사람들에게는 뛰어넘기 힘든 저지선이 되어버렸다. 이 선을 넘기 위해서는 선교사들로부터 반역자라는 누명을, 때로는 총회나 노회로부터 이단으로 정죄되는 아픔을 겪어야 했다.

선교사들은 이처럼 신학교 및 신학교육을 장악함으로써 한국 교회의 창조적인 신학형성을 저해하였고, 그 결과 한국 기독교의 신학과 신앙은 그 형성 초기부터 선교사 의존적, 특히 선교사 대부분의 출신국인 미국 의존적인 성향을 갖게 되었다.

한국 교회는 해방 이후 최근까지도 자체의 성장에 비례하는 주체적인 신학을 갖지 못했다. 그리하여 기존의 보수신학에 근거하여 창조적인 신학운동에의 모색을 폐쇄하였거나, 해방 후 일부 진보주의자들에 의해서 해외의 선진적인 신학을 수입 전달하는 것 등이 고작 한국 신학계의 풍토이었다. 그 이유의 하나는 한국 신학수립을 위한 학문적 바탕이 조성되지 않았기 때문이었고, 그 책임의 중요한 부분은 선교사의 신학교육정책에 돌아가야 한

100) 장하구, 〈한국선교 70년사〉, 《사상계》 1962년 2월호 ; 주명훈, 앞의 글, p. 155.
101) 주명훈, 앞의 글, p. 155.
102) 이 점과 관련, 전성천의 *Schism and Unity in the Protestant Churches of Korea*, pp. 83~86에는 '네비우스방법'의 체계 위에서 이루어진 '한국 교역자 양성책' 및 한국 교회의 지적인 상황에 대해 A. J. Brown, C. B. McAfee 및 남궁혁 박사의 비판적인 지적을 소개하였다. Brown은 한국 교회에 자격 있는 지도자가 결핍되어 있다고 지적했고, McAfee 는 영어교육을 제대로 받은 기독교 지도자의 결핍을, 남궁혁은 한국 교회가 감성적이긴 해도 지적이지 못한 경향을 갖고 있음을 각각 지적하였다.

다. 그러나 최근에 이르러 한국의 신학계는 해방 이후 30여 년간 온축한 자체의 학문적 기반 위에서, 한국이 당면한 역사적 현실적 고난과 고민을 문제의식으로 삼아, 세계 학계의 동정에 유의하면서 자체의 피땀과 역량에 의해 구체적 신학수립에 몸부림치고 있다. 그 몸부림의 하나가 1970년대말부터 소개되기 시작했고 아직도 그 정립을 위해 노력하고 있는 '민중신학'이다.

Ⅵ. 맺는 말

지금까지 우리는 한국 기독교에 끼친 미국(선교사)의 영향을 역사적인 몇 단계로 나누어 살펴보았다. 그 결과 다음과 같은 대체적인 결론에 다다를 수 있었다.

첫째는 한국에 파견된 개신교 선교사(영국 성공회 포함)의 87퍼센트 정도가 미국인이며, 선교 초기에 미국의 남북감리교·장로교단의 선교부가 분할받은 선교지는 전국토의 70퍼센트에, 전인구의 거의 80퍼센트를 차지하게 되었다.

둘째, 그들의 한국 선교는 다분히 백인우월주의를 기독교 문화전파와 결합시키고 거기에다 대아메리카주의에 의한 대외확장(침략)정책을 '기독교화=미국화'라고 논리화시키면서 출발 진행되었다.

셋째, 초기의 선교는 의료와 영어교육 등 미국의 탈이데올로기적인 기술·도구문화를 소개하는 데서 시작되었다. 이는 의료와 교육으로 미국과 기독교에 대한 한국인의 편견을 쉽게 제거할 수 있었고, 따라서 그 뒤를 이어 전국적인 지방거점화에도 한국인과의 마찰을 최소화시킬 수 있었기 때문이다. 그러한 작업은 또한 미국문화의 이식 및 미국 세력의 부식이라는 결과를 가져오게 되었는데, 이는 선교가 본래 의도한 것은 아니지만, 항상 부수적으로 뒤따라온 효과였던 것이다.

넷째, 선교사들은 한국왕실과의 관계와 지방거점화 과정에서 보여준 위세로, 한국 관원들에게도 군림하는 듯한 '양대인'으로 인식되었다. 따라서 선교사의 이러한 위력을 가탁하여, 교폐문제를 일으키는 한국인이 속출하였는가 하면 관료들의 부정부패에 항거하는 반봉건적인 성격을 띤 운동도 일어날 수 있었다. 그러나 독립협회운동과 1905년 이후 및 3·1운동에서 보여준 바와 같이 한국 기독교의 사회·민족운동에 대한 미국 선교사의 입장은 미국의 국익과 대부분 관련되어 있었던 것이다.

다섯째, 초기 미국 선교사의 대부분은 당시 근본주의적인 보수주의 신학에 입각하여 그들의 신앙·신학을 형성시키고 있었다. 때문에 한국에서는 1930년대까지도 이를 비판하는 진보주의적 신학형성이 거의 불가능하였다. 그것은 그들의 신학교육 및 교역자 양성책이 일종의 우민정책과 같아서 한국인 신학자 및 교역자를 세계수준에 맞게 양육하지 않았고 따라서 그들이 물러날 때까지 거의 신학을 장악할 수 있었기 때문이었다. 이런 상황에서 선교사를 비판하는 주장이나 행위는 곧 이단으로 간주될 수밖에 없었다.

끝으로 '한국 교회의 분열과 미국'과의 관계다.[103] 우선 장로교의 경우, 장로교의 분열과 각 선교부의 선교분할지역간에는 밀접한 관계가 있음을 엿볼 수 있다. 거기에다 해방 후 미국 교회내의 W.C.C.와 I.C.C.C.의 대결이 옮겨져 한국 교회를 분열시켰을 뿐만 아니라, 미국내의 여러 교단들이 저질의 선교사들을 파견하고 선교달러를 투자하여 한국 교회를 사분오열시켰던 것이니 실로 한국 기독교계의 분열은 미국의 절대적인 영향하에 이뤄졌다고 해도 과언이 아니라 할 것이다.

(〈한국과 미국 3 : 사회문화관계〉, 경남대 극동문제연구소, 1988)

---

103) 원래 저자는 이 글에서 1930년대 이후의 시기를 '시련·분열과 미국의 선교사'라는 소제목으로 다루려고 구상하였으나 뜻대로 쓰지 못했다. 1930년대 신사참배문제는 미·일관계의 악화와 때를 같이하였다는 점에서 한국 교회의 시련에 큰 영향을 미쳤다. 해방 후 일제에 의해 추방되었던 선교사들이 다시 선교지로 부임되는 것은 또 한국 교회의 분열과 때를 같이하고 있다. 특히 분열 초기에 교회의 정화(신사참배 회개문제)와 신학이념상의 갈등현상이 빚어지고 있을 때 미국 선교사들의 작용은 컸다. 이 점에 대해서는 부분적으로 김양선의 《한국기독교 해방 10년사》, 대한예수교장로회 총회 종교교육부, 1956, pp. 231~264를 참고.

제언 : 한국 기독교의 반성과 과제

——한국 교회는 어디로——

Ⅰ. 한국 기독교에 대한 반성——문제의 제기

기독교가 이 땅에 수용된 지 한 세기가 넘었고 그 성장면에서도 우리 사회의 지도이념으로서의 위치를 넘보고 있는 형편이다. 이 성장은 복음을 위해 헌신한 선교사들과, 진리와 믿음을 파수하려고 피흘린 많은 선배 신앙인들의 희생의 터 위에서 이루어진 것이다.

선교 초기부터 한국 교회는 복음을 전한 선교사들에 의해 '경이'(驚異) 그것으로 표현될 정도로 놀라운 성장을 보여주었다. 언더우드(H.G. Underwood)나 게일(J.S. Gale) 같은 선교사들은 씨를 뿌리러 왔으나 오히려 추수하기에 바쁘다고 즐거운 비명을 질렀다. 최초의 복음선교사가 한국을 찾았던 1885년, 이미 그전부터 만주에서 파견되어 서울에서 전도활동을 펴고 있던 서상륜은 그 해 3월에 한국에는 당시 70여 명의 결신자가 있다고 보고하고 있었다.[1)]

우리는 선교사의 입국 전에 성경의 일부가 만주와 일본에서 한글로 번역·출판되어 말씀의 터 위에서 선교가 시작되었음을 알고 있다. 한국인들의 거듭된 요구에 의해 성경의 번역과 그 보급이 촉진되었다. 말씀을 순전함으로 받아들이려는 진지한 노력이 사경회의 열심과 성경의 개역작업 등으로 나타났고, 나아가서는 오랜 동안 성경의 고등비판을 용납하려는 신학사조를 거부하는 한편, 말씀을 순수하게 파수하기 위해 신사참배 같은 우상세

---

1) 이만열, 〈徐相崙의 행적에 관한 몇 가지 문제〉, 《韓國基督教史硏究》 19호, p. 13.

력을 용납하지 않겠다는 결연한 의지를 보여 많은 신자들이 옥에 갇히고 순교하는 등 수난을 겪기도 하였다.

한국 교회는 일찍부터 사회개혁과 민족독립에 깊은 관심을 가지고 적극적으로 사회·민족문제에 대처하였다. 한말 기독교인들이 관료사회의 부정부패에 적극 항거하였고, 일제의 노골적 침략에 종교의식 혹은 행동적인 항거로, 경제적 및 정치적인 방법으로 맞서서 민족의 자주성과 나라의 주권을 수호하려고 했던 것은 이 때문이다. 일제하에서도 안으로는 우리 사회의 봉건적 폐습과 밖으로는 일제의 통치에 가능한 여러 방법으로 대결할 수 있었다. 따라서 한국 교회는 민족의 아픔에 동참하였고, 어느 정도 성장하여 때가 이르러서는 민족을 대신하여 십자가를 지기도 하였다.

이렇게 보면 우리는 한국 교회의 과거와 현재를 긍정적인 측면에서 얼마든지 논의할 수 있을 것이다. 실로 한국 근대의 100여 년의 역사에서 기독교만큼 한국 민족의 종교적 및 사회적 관심사에 깊이 개입한 종교는 없었다고 할 정도로 기독교는 한국 근대사의 전개에 중요한 역할을 맡고 있었던 것이다. 한국 근대사에서 기독교가 긍정적으로 평가되어야 할 점은 앞으로도 계속될 것으로 보이며, 이 점은 한국 교회의 미래에의 설계를 위해서도 좋은 귀감이 될 것으로 본다.

그러나 한국 교회에는 지금까지의 성장 추세로 볼 때 긍정적 측면 못지않게 비판적인 측면도 나타나고 있다. 이 점은 우리에게 반성과 개혁의 의지를 갖게 한다. 최근 기독교 이념의 실천적 현장이라 할 교회에 대해 뜻있는 분들의 우려의 소리가 높아가고 있는 것도 이 때문이다. 그 우려는 한국 교회가 그리스도의 몸으로서의 자기 존재의 참의미를 체득하고 있는가 하는 소박한 원론적 질문에서부터 시작하여, 한국 기독교가 한국의 여러 가지 상황에서 가져야 할 자기의 사회적 사명을 충실히 수행하고 있는가 하는 좀더 구체적인 논의에까지 이르고 있다. 다시 말하면 그리스도께서 성육신하셔서 이 땅에 오심으로써 그 몸으로서의 교회가 성립될 수 있었다면, 인간과 사회의 구체적인 현장 속의 존재로서의 한국 교회는 그 구체적인 현장과의 관계에서 어떤 위상을 지니고 있으며, 어떻게 도전·반응하고 있는가 하는 물음이 최근에 기독교계 내외에서 점차 높아가고 있음도 부인할 수 없다는 뜻이다.

최근 한국 기독교의 지도자들은 한국 교회가 안고 있는 안팎의 문제들과 이 문제들의 올바른 해결이 곧 한국 교회의 미래에의 방향을 새롭게 설정하는 것과 깊이 관련되어 있음을 인식하게 되었다. 그리하여 한국 교회의 개혁을 외치는 소리들이 보수와 진보의 입장에 관계없이 강단과 언론매체를 통하여 자주 나타나고 있음은 한국 기독교의 미래를 위해 크게 고무적이다. 특히 1982년경부터 강남의 복음주의적인 몇몇 교회들이, 한국 교회가 당면한 문제점들을 두고, 연합신앙강좌를 가지고 거기에서 발표된 내용들을 단행본으로 묶어 일련의 시리즈로 간행하고 있는 것은[2] 종래 한국의 보수적인 교회들이 체질적으로 취해 왔던 자세에 비추어볼 때 괄목할 만한 변화가 아닐 수 없다.

한국 교회가 과거를 반성하면서 미래를 향해 나아가야 할 길을, 개혁이라는 차원에서 다루고자 할 때 고려해야 할 점이 있다.

우선 한국 교회의 나아가야 할 방향은 다음 몇 가지 전제 위에서 결정될 것이라는 사실이다. 그것은 한국 교회의 현존(A), 주변상황의 전개과정(B), 성경과 개혁자들이 말하는 교회의 원모형(C)에 의해서일 것이다. 즉 A는 C에 비추어서 개혁되어야 하겠지만 개혁의 방향 및 진행에는 B가 변수로 작용할 것이다.

주변상황의 전개과정(B)은 한국 교회가 어떤 형태로든 관련 맺어야 할 사회의 진행과정을 말한다. 예상되는 주변상황은 정치·경제·사회의 격변을 몰고 올 것은 물론 이데올로기의 극단화와 거기에 따른 진통, 계층간·지역간의 갈등현상의 심화 및 정보사회화·국제화의 추세로 전개될 것이다. 이러한 상황의 전개는 현존하는 교회의 존재양태에 변화를 요구할 것이다. 그 요구는 반드시 외부에서 밀어닥치는 형태로서가 아니라 오히려 내부로부터 분출될 가능성도 없지 않다. 특히 최근의 소위 보수주의 교단 젊은이들의 움직임에서도 이런 점이 시사되고 있다. 1987년 5월경의 보수주의 신학교

2) 그 시리즈는 현재 10여 권이며, 이 논제와 관련된 것으로 저자가 접한 것은 다음과 같다.
金明赫 편, 《현대 크리스챤의 삶》, 1982; 손봉호 편, 《현대와 크리스챤의 신앙》, 1984; 홍정길 편, 《현대와 크리스챤의 사명》, 1986; 이종윤 편, 《한국교회의 종교개혁》, 1983; 옥한흠 편, 《바람직한 교회형태》, 1985; 홍정길 편, 《현대와 크리스챤의 윤리》, 1987.

학생들 751명이 연대하여 발표한 시국선언이나, 같은 해 6월과 12월에 활동한 복음주의 청년연합(복청)이나 복음주의 청년대학생협의회(복협)의 결성 등은 그러한 징조의 하나라고 생각된다.

한국 교회의 진로방향을 교회의 개혁에 둔다면, 그것은 하나님 나라 백성들의 순수성을 회복할 뿐만 아니라 그들이 몸담고 있는 사회를 변화시킬 수 있을 것이다. 속단할 수는 없지만, 한국 교회가 자신을 개혁하는 데 노력하지 않는다면, 선진 기독교 국가들의 교회가 밟았던 전철을 밟지 않으리라는 보장이 없다. 얼마간의 예외는 있지만 그들은 공산주의하의 교회로 전락되어 갔던가, 서유럽의 경우처럼 기독교 신앙과 이념이 사회의 제도·학문 등의 문화 속에 침투하는 반면 그 생명력을 상실해 버렸던가, 미국의 경우처럼 상업화되던가의 길을 걸었던 것이다.

현존 한국 교회의 형태를 걱정하며 참다운 교회개혁의 방향을 모색하려는 뜻에서 저자는 감히 이 글을 초한다. 논지의 초점은, 한국 교회의 현재적 위치를 비판적으로 검토하는 한편, 당위론적인 관점에서 미래를 설정해 보려는 데에 두었다. 따라서 현재적 위치를 검토하는 것 자체가 곧 그 점에 대한 개혁을 주장하는 셈이 된다.

우리가 이런 논의를 통하여 시도하려는 한국 교회의 상이 있다. 결론부터 말하면, 그것은 성경의 보편적 사상에 근거한 주체적 개혁적 한국 교회의 건립이다. 그런 의미에서 '선교 2세기'로 불리는 한국 교회사는 '한국 기독교 2세기'로 정립해 가야 한다. 이러한 '한국 기독교회'는 세계 교회와 어깨를 나란히 하면서 한국 사회를 변혁시키고 하나님 나라를 확장시키는 데에 적극적으로 동참할 것이라고 생각한다.

관심 있는 분들의 깨우침을 바란다.

Ⅱ. 비주체적 기반과 그 극복

한 세기를 경과한 한국 기독교를 돌아보면서 가슴 아픈 현상의 하나는 한국 교회가 아직도 자기의 정체성을 확립하지 못하고 있다는 점이다. 아니, 그 정체성의 기반조차 제대로 조성하지 못하고 있는 실정이 아닌가 생각될 정도이다. 주체성이 확립되지 못한다면 엄밀한 의미에서 '한국 기독교' 혹은 '한국 교회'라는 말 자체가 성립되지 않는다고 보아야 한다.

한국 기독교의 주체성 성립 여부의 문제는 다음 몇 가지 점에서 논의될 수 있을 것이다.

첫째, 한국 기독교는 의미전달과 개념규정에서 원래의 정확성을 그대로 지닌, 자국어로 번역된 성경을 가지고 있는가 하는 점이다. 본래적인 정확성을 지닌 성경의 소유 여부는 개신교에서는 무엇보다 중요한 문제이다. 그러나 몇 번에 걸친 시도에도 불구하고 한국어로 정확하게 번역된 성경을 갖고 있지 못한 실정이다.

한국어로 성경을 번역하려는 노력은 1882년 만주에서 로스(J. Ross)에 의해 〈누가복음〉·〈요한복음〉이 출간된 이래 줄기차게 계속되었다. 1885년 이수정이 일본에서 〈마가복음〉을 번역 출간한 바 있고, 1887년에는 만주에서 신약전서인 《예수성교젼서》가 간행되었다. 국내에서는 1900년에 신약성경이 번역·간행된 이래, 1911년에는 구약의 초역이 이루어졌고, 1936년에서 1938년에는 구약·신약의 개역 또한 완성되었으며, 1952년의 한글맞춤법 통일안에 의한 개정이 이루어져 오늘날 공인역으로 사용되는 성서가 완간되었던 것이다. 그러나 현행 한국 교회 공인의 성경은 이미 50여 년 전에 그 번역이 이루어졌기 때문에 현재의 입장에서 보면 적지 않은 사어(死語)가 발견될 뿐 아니라 문체·문장·감각 또한 현행 언어생활과 거리가 멀다. 현대인과 젊은이들을 위한 성경번역이 다각적으로 시도되고 있지만, 그 노력들이 일정한 권위를 가진 것도 아니어서, 그 노력의 열매들을 공인받은 성경으로 수용 또는 권장하기에는 문제점 또한 없지 않다.

따라서 한국에서 성경 원어 혹은 몇몇 외국어에 능통한 특수한 집단들을 제외하고는, 현행 번역된 성경을 가지고 기독교의 진수에 접한다는 것이 거의 불가능하다고 해도 과언이 아니다. 개신교가 성경지상주의(聖經至上主義)를 고수하고 있는 한, 현재 한국에서의 성경번역의 실태로써 한국 기독교가 자기정체성을 확립한다는 것은 거의 무리가 아닌가 생각된다. 정확한 번역에 의해 그 개념규정과 의미 전달이 본래의 기독교에 접근되지 않는 한, 어떠한 노력도 한국 기독교 주체성 확립을 위한 기반으로서의 의미는 갖지 못할 것이라 생각된다.

한국 기독교계는 일반적으로 성경의 새 번역이 필요하다는 데 대해 절박한 관심을 갖고 있지 않다. 우리의 믿음의 선조들은 한국 선교 초기에 성경의 번역을 재촉하였다. 복음선교사의 도착 6년 만인 1891년에 한 선교보고서는, 한국에는 가능한 한 빨리 성경을 번역해 달라는 절박한 요청(crying need)이 있다고 써놓았다. 믿음의 선조들은 하나님의 말씀을 가뭄에 비 기다리듯이, 배고픈 자와 목마른 자가 먹을 것과 마실 것을 찾듯이 사모한다고 그들의 절박한 심정을 교회신문 등에 기고하였다. 그러나 오늘날의 기독교계는 성경의 정확한 새 번역에 관심도 거의 없고 그 번역을 위해 시간과 물질을 투자하지 않는다. 그나마 애써 번역해 놓으면, 그것이 종래의 것보다는 훨씬 원어(原語)에 접근된 것임에도 불구하고, 그 사용을 꺼린다. 타성에 젖은 자세는 이런 저런 트집을 잡는다. 그 태도는 결국 기성세대의 안주를 위해 새 세대에게는 말씀의 정확성에 접근치 못하도록 하는 결과를 가져오게 했다.

한국 교회가 기독교적 이념 위에서 자기의 주체적 기반을 폭넓게 구축하려면 무엇보다 성경의 정확한 번역에 심혈을 기울여야 할 것이다. 그리고 기성세대는 그들이 안주하고 있는 언어적인 관행을 탈피하여 새 것에 용감히 도전하는 자세를 가져야 할 것이다. 뜻있는 젊은 세대 가운데 우리말 번역이 제대로 전달되지 않아 성경을 오히려 다른 언어로 이해하려고 하는 실정이라면 한국 기독교가 이런 실정을 더 이상 외면해서야 되겠는가.

둘째는 지금까지 한국 기독교회가 형성시켜 온 신앙의 기반문제이다. 우리는 물론 선지사도가 전승시켜 준, 성경과 사도신경을 비롯한 여러 신앙고백서의 내용을 믿는 자들이다. 저자는 그 내용에 문제를 제기하자는 것은 아니다. 오히려 종교개혁자들이 주창해 온, 카톨릭과 다른 개신교적 신앙의 근거로서의 교리와 관련된 문제들이다. 즉 카톨릭적인 이성 및 교회우선주의에 반대한 성경지상주의, 행위 위주의 구원관에 대한 이신득의(以信得義) 사상과 만인제사장설(萬人祭司長說) 등을 말한다.

한국 교회의 지나온 행태는 위에서 말한 개혁교회적 입장을 신앙의 근거로서 확고히 잡지 못하고 있는 형편이다. 이신득의의 사상 대신 물량주의적(物量主義的) 공덕주의적(功德主義的) 구원관이 팽배해지고 있다. 하나님의 전적인 은혜로써보다는 인간의 노력과 헌신이 자신의 구원을 이룩하는 것으로 유도되고 있다. 성경의 말씀보다는 교회의 전통과 인간 두뇌의 합리성이 기독교 신앙을 탈신앙화시키고 있는 형편이다. 만인제사장설은 카리스마적 교권주의 때문에 점차 퇴색해지고 있다. 한국의 기독교는 전반적으로 개혁교회적 이념을 벗어나서, 한국적 상황에 따른 교회형태를 형성해 가고 있다. 이런 점에서 한국의 기독교는 그 개신교적 기반을 상실하여 기독교적으로도 비주체화되어 가고 있는 실정이다.

여기서 문제되는 것은 개신교적 이념에 입각한 올바른 교회관의 정립이 시급히 요청된다는 것이다.

셋째, 한국 기독교는 한 세기를 넘는 역사에도 불구하고 자신의 문제를 문제의식으로 하여 성립시킨 자신의 신학을 갖고 있지 못하다. 이것은 한국교회를 주체적으로 성립시킬 신학적 기반이 없음을 의미한다. 자기 신학의 부재는 지금껏 한국 기독교가 한국내에서 자신의 입지를 분명히하지 못했음을 의미한다. 브라운(A. J. Brown)이 한국 신학을 두고, 신학과 성경적 비판에서 매우 보수적이고 전천년설(前千年說)을 굳게 믿으며 고등비판과 자유신학을 처음부터 대단히 위험한 이단으로 생각했다고 했듯이, 초기의 한국 기독교의 보수적 신학은 그 뒤 폐쇄적이고 반지성적인 신학교육으로 말미암아 더욱 경직화된 일면이 없지 않다. 1920년대를 전후하여, 천년왕국운동에 연결된 메시아 대망사상과 영적 무아경(無我境) 및 이원론사상(二元論思想) 등에 입각하여 형성된 근본주의(根本主義) 신학이[3] 미국에서 이입되어 한국의 그같은 사상풍토에 잘 접목되었고, 그것은 곧 일제 치하라고 하는 분위기와도 잘 어울려 한국에서 주류를 이루는 신학적 흐름으로 되었다.

한국의 근본주의 신학은 1920년대 이후의 한국 교회의 피안주의적 신앙노선을 형성하는 데 절대적인 공헌을 하였으며, 일제의 혹독한 기독교 박해의 시기에는 천년왕국으로 표현되는 오직 저 세상에 대한 소망으로 한국 교회를 이끌어 일제의 식민주의와 신사참배 강요에 항거하는 데 큰 용기를 주었다.[4] 1920년대, 3·1운동 이후 우리 사회에 국권회복에 대한 좌절감이 팽배해지고 있을 때, 길선주(吉善宙)·김익두(金益斗)·이용도(李龍道)의 부흥운동이 한국 교회를 휩쓸다시피 한 것은 이 근본주의 신앙운동과 깊이 관련되어

---

3) 김성건, 〈한국 개신교와 근본주의 문제(Ⅰ)〉, 《기독교사상》 1988년 5월호, pp. 160~163.

4) 이만열, 《한국기독교사특강》, 성경읽기사, 1985, p. 87.

있다.

한편 축자영감설(逐字靈感說)과 성경무오설(聖經無誤說)과도 결부되어 있던 근본주의 신학은 서구에서 발전되고 체계화된 개혁주의라기보다는 1900년에서 1920년대에 미국에서 논의되었던 일종의 변형된 정통주의(正統主義)였다. 그것이 한국에 들어와서는 오히려 서구의 정통적 개혁주의의 수용을 저지시키는 반면, 이미 서구에서 도래하기 시작한 성경의 고등비판을 한국에서는 용납지 못하도록 하는 수문장(守門將) 역할도 하였다. 1934년을 전후하여 신학계에서 일어났던 일련의 신학사건들은[5] 바로 근본주의 신학의 학문적 경직성과 한국내에서의 그 실세를 보여주는 것이었다. 이런 풍토하에서는 한국의 상황을 문제의식으로 한 신학은 물론 새로운 신학방법론조차 기대하기 힘들었다. 이 보수신학적 임무를 맡았던 이가 《근대신학난제선평》(近代神學難題選評)을 썼던 박형룡(朴亨龍)이었다.[6]

한국에서 근본주의 신학을 위주로 한 보수신학을 견지케 하고 새로운 신학운동을 불가능하게 만든 책임은 당시 문제의식에 소홀했던 한국 기독교인에게 있을 뿐만 아니라 그 못지않게 선교 초기부터 전승시켜 온 선교사들의 신학교육정책에도 있었다고 본다. 후자에 대해서는 저자가 이미 언급한 바가 있지만,[7] 이것은 결국 선교사들이 한국에서 그 교권적인 주도권을 계속 장악하려는 문제와도 관련된 것이다.

한말 일제하에서의 이러한 신학적 풍토는, 일부 자유주의적인 계열에서 토착화신학을 조성하려고 노력했음에도 불구하고, 해방 후 일정한 시기까지 한국인에 의한 신학을 시도조차 불가능하게 했다. 한국의 대부분의 교세를 차지하고 있는 보수계는 물론, 성경의 고등비판 등 비교적 새로운 신학방법론을 채택했던 진보주의 계열에서조차도 한국의 상황을 문제의식으로 수렴하여 신학화하려는 노력은 보이지 않고 오히려 외국의 신학을 수입하는 데에 급급하고 있었다. 그러면서 그들은 보수주의 신학을 고수하려는 보수주의자들을 비난만 하고 있었다.

---

5) 여기에는 金英珠 목사의 〈모세의 창세기 저작설 부인〉 문제, 金春培 목사의 〈女權說〉 문제 및 〈Abingdon 단권주석〉 사건 등이 있다.
6) 이만열, 앞의 책, p. 79.
7) 이만열, 〈한국 기독교와 미국 선교사〉, 《빛과 소금》 1987년 11월호, pp. 192~201.

한국에서 한국의 문제를 주제로 하고 한국인의 고민과 고난을 바탕으로 하여 새로운 신학운동이 일어나게 된 것은 1970년대에 이르러서였다. 민중신학운동이 그것이다. 민중신학은 보수파의 온갖 비난을 받고, 저자 또한 동의하지 못하는 여러 요소를 가졌음에도 불구하고, 그것이 한국인의 문제와 고민과 땀과 피를 쏟아 바쳐 신학화의 길을 모색한 최초의 작업이라는 의미에서 언젠가는 한국 기독교사에서 그 중요한 위치를 인정받을 수 있으리라고 생각한다.

한국 교회가 아직도 주체적인 기반을 갖지 못하였다면, 그것은 무엇보다 자신의 문제와 고민을 기반으로 한 신학을 확고히 갖지 못하였다는 점에서 가장 뚜렷이 드러난다. 그것은 또 아직도 한국인에 의한 신앙고백이 제정되지 못한 원인이기도 하다. 자체의 신학을 가진다는 것은 곧 한국 기독교인이 자신의 신앙고백을 가질 수 있다는 가능성을 의미하기 때문이다. 저자에게는 우리의 문제를 우리의 땀과 고민을 통해 성경적 기반 위에서 해결해 보려는 한국 신학의 창립운동이야말로 한국 기독교 주체화의 기반이자 궁극적 목표와도 상통하는 점이라고 강조하고 싶다.

넷째, 한국 기독교가 100여 년의 역사에도 불구하고 아직도 자체의 문화를 성립시키지 못하고 있다는 점이다. 이 점은 최근 한국 기독교 지성인들과 지도자들이 크게 우려하는 바로서 저자는 이미 이 문제의 심각성을 환기시킨 바 있다.[8)]

이 점에 대해서는 뒤에서 다시 논의하게 되겠기에 여기서는 언급하지 않겠다. 다만 100여 년의 한국 기독교의 역사에도 불구하고 기독교 문화가 성립되지 않았다고 진단되는 것은 한국의 기독교가 아직도 그 주체적인 기반을 확립하지 못했음을 의미한다는 것만 지적하고자 한다.

다섯째, 한국 기독교의 정체성(正體性)의 결여는 자신의 신학이 부재한 데다가 종교적 혼합주의로 말미암아 심화되어 갔다고 생각된다. 그것은 특히 하나님 나라에 대한 타계주의적 인식과 오복적(五福的) 관념을 벗어나지 못한 축복관(祝福觀) 등에서 뚜렷이 나타난다고 하겠는데, 이러한 관념에는 불교・도교・유교・무교적 요소가 혼재되어 있음을 볼 수 있다. 따라서 이렇

8) 이만열, 〈한국문화와 기독교〉, 《기독교사상》 1987년 1월호, pp. 49~60 참조.

게 혼합된 기독교 신앙에는 기독교적 정체성이 많이 결여되고 있다는 의미에서 한국 기독교의 주체적 기반이 문제시된다고 생각된다.

하나님 나라에 대한 타계주의적 인식은 다음에서 거론할 이원론적 신앙과도 관련되기 때문에 여기서는 그러한 인식의 혼합주의적 요소만 지적하고자 한다. 종래 하나님의 절대주권사상에 기반했던 개혁교회는 하나님 나라를 하나님의 통치와 관련하여 이해하였다. 그런 점에서 본다면, 한국에 전래된 장로교를 비롯한 개신교는 청교도적 신앙을 기반으로 하고 있었다는 의미에서 하나님의 나라 이해를 개혁교리적 하나님의 통치와 관련시켰을 것이 분명하다. 그럼에도 불구하고 한국에서의 하나님 나라 이해는 특히 1920년대에 와서 피안주의적인 영토개념으로 거의 굳어가고 있었다. 여기에는 3·1 운동의 후유증과 관련된 1920년대 특유의 신앙적 분위기와도 관계가 깊다.

그러나 그러한 관념에 영향을 미친 것은 1920년대의 신앙적 풍토 못지않게 기독교보다 선재(先在)했던 종교들의 내세관이라고 생각된다. 불교의 극락, 무교(巫教)의 생사관에는 일정하게 사후세계를 설정하고 혼이 왕생하는 곳으로서 막연하지만 저 피안의 하늘나라를 지칭했던 것이다. 초기의 기독교 교리를 선재종교(先在宗教)의 언어와 개념으로 이해시키려 하는 한에서는, 하나님의 통치로서의 기독교적인 하나님 나라는 한국의 선재종교에서 말하는 소위 '천당'에 영향을 받아 사후에나 갈 하늘나라로 쉽게 동일시하게 되었던 것이다. 하나님 나라의 타계주의적 인식은 곧 기독교로 하여금 현실성을 외면하는 종교로 변화시켜 갔고 사회 구제에 관심 갖는 대승적(大乘的) 입장보다는 개인의 구원에 안주하려는 소승적(小乘的) 신앙으로 매몰시켜 갔던 것이다.

한국 기독교의 축복관 또한 혼합주의적 요소와 강하게 유착되어 있다. 최근에 와서 기독교의 구원을 '삼박자구원'으로 표현하는 일파의 주장에서 강렬하게 보이듯이, 기독교인들은 구원의 현존적 의미에 솔깃하였다. 그리하여 예수 믿어 영혼구원 받음이 곧 물질적 축복과 건강의 축복을 가져온다는, 가시적인 축복으로 구원을 외연화(外延化)시켰다. 그들은 "사랑하는 자여 네 영혼이 잘됨같이 네가 범사에 잘되고 강건하기를 내가 간구하노라" (요한 3：2)라는 구절로 그들의 이 주장을 뒷받침한다.

3박자구원은 전통적 유교사회에서 손꼽는 수(壽)·부(富)·귀(貴)·강녕(康

寧)·자손중다(子孫衆多)의 오복에서 부와 강녕이 포함되어 있는 것이다. 오복은 유교사회에서 지상의 복으로 간주하고 있는 것이지만, 한국인들은 무당과 부처 앞에서 이를 기원하고 있었던 것이다. 따라서 한국의 기독교인들이 3박자구원에서 말하는 복은 성경에서 그 근거를 끄집어내어 편리하게 자기합리화시킨 것일 뿐, 사실은 한국의 전통적 신앙과 결부되어 나타난 것이다. 기독교에서 강조하는 축복은 〈마태복음〉 5장 등에서 보이는 것으로 오히려 의를 위하여 핍박과 고난을 당하는 것을 최고의 축복으로 간주하고 있는 것이다.

이렇게 한국의 기독교는 혼합주의의 영향으로 기독교 본래의 신앙적 기반을 뿌리 내리지 못한 실정이다. 그러한 점은 앞에서 언급한 '하나님의 나라' 사상과 축복관 외에도 많이 발견된다. 예를 들면 부흥회 등의 형태와, 연보를 축복의 통로로 생각하는 것 등도 역시 혼합주의의 산물로.본다. 따라서 이러한 혼합주의적 요소가 한국의 기독교를 기독교 본래의 모습에서 일탈시키게 했다는 점에서 아직도 한국의 기독교는 많은 점에서 비주체적이라고 지적하는 것이다.

혼합주의의 극복은 한국 기독교가 안고 있는 중요한 과제이다. 이를 위해 바른 성경관과 바른 신학, 바른 신앙을 가져야 함은 누구도 시인하는 바일 것이다. 여기에다 저자는 꼭 하나를 더 첨부하고 싶다. 그것은 한국학으로 통칭될 수 있는, 한국의 종교·사상 및 문화에 관한 연구이다. 이 연구가 있어야만 한국 교회내에 스며들어 있는 비기독교적 요소를 판별해낼 수 있을 것이다. 그러나 선교사시대 이래 한국 기독교계는 한국학에 관한 연구를 외면하였거나 등한시하였다. 여러 가지 이유가 있겠지만, 기독교와 함께 들어온 서구문화를 기독교문화로 간주한 나머지 한국 문화는 연구할 가치가 없다고 생각했거나 이방문화로 간주하였기 때문이다. 기독교에 앞서 한국사회에 자리 잡았던 불교·유교·도교·무교에 대해 정확한 연구를 수행했더라면 한국 교회는 혼합주의적인 수렁에 이렇게 깊이 빠지지는 않았을 것이다. 이러한 반성은 혼합주의 때문에 기독교적 정체성이 문제시되고 있는 오늘의 한국 교회를 향해서 같은 주문을 불러일으켜주고 있다.

Ⅲ. 二元論的 사상과 政教分離 문제

1. 한국 교회의 이원론적 현상

한국 교회의 현실을 비판적으로 규정하는 가장 중요한 요소로서 우리는 이원론적 사상과 정교분리문제를 동시에 거론하고 싶다. 정교분리이론은 또한 그것 자체로서 이원론적 사상에 근거해 있다. 한국 교회에서 발견되는 이원론적 사상은 정교분리이론 외에 인간관·사회관·노동관 등을 포함하고 있으며, 앞에서 언급한 타계주의적 하나님 나라 관념도 결국 같은 범주에 속한다. 저자는 이러한 이원론적 사상 때문에 한국에서 기독교문화의 성립이 불가능했다고 지적한 바 있다.[9)]

한국 기독교에 보이는 이원론적 사상은 먼저 그 인간관에서 뚜렷하다. 그 인간관은 일반적으로 인간을 영(靈;魂)과 육(肉;體)의 두 요소로 나누고, 인간이 생존해 있는 동안에도 이 두 요소는 각각 다른 영역과 기능을 수행하고 있다는 것이다. 이때 영은 종교적 기능을 감당하고 육은 영에 종속되어 영을 보존하는 구실을 한다. 영은 하나님과 대화하고 고상한 사상과 영원한 가치를 창출하는 존재이지만, 육은 썩어질 고깃덩어리에 불과한 것이며 무가치하고 시간적이다. 육이 존재하는 것은 그 자체의 목적에 의해서가 아니라 영을 담고 영이 인간 안에서 존재토록 하기 위함이라는 것이다.

이러한 이원론적 인간관은 희랍철학에서 보이는 요소일 뿐 아니라 초대교회사에서 보이는 영지주의(靈知主義;Gnosticism)의 인간관과 같은 것으로 한국에서는 무속적 요소에도 같은 것이 보인다. 그러나 성경에서도 두 요소를 분리하는 듯한 해석이 가능한 부분이 없지 않지만, 기독교적 인간관은 생존하는 인간을 둘로 나누어 인식하는 이원론적 인간관이 아니다. 표현상 인간을 영(Soul)과 육(Body)으로 일컫고는 있지만, 이때 영은 눈에 보이지 않는 인간을 가리키고 육은 눈으로 볼 수 있는 인간을 지칭하는 데에 불과하며 거기에 선악의 가치관이 부여된 것도 아니다. 기독교적 인간 이해는 인간을 이원적으로 구분하는 것이 아니라 통일적으로 파악한다. 구분이 있

---

9) 위의 책, pp. 53~55.

을 수 있다면, 영과 육의 이원적 요소로서가 아니라 영적인 것(Spirit)과 육적인 것(Flesh)으로서이다. 한 인간이 그리스도를 통하여 하나님 안에서 새로운 피조물로 되었으면 그것은 영적인 존재이지만, 옛 사람 그대로 있으면 아직도 세상에 속한 육적인 존재라는 것이다. 따라서 영적인 것과 육적인 것은, 그것들이 각각 우리의 몸 어느 곳에 있는가 하는 존재론적인 구분을 할 수 있는 것이 아니고, 예수 그리스도를 통하여 구속받았느냐 않았느냐 하는 구속사적인 기준을 통해 구분될 수 있는 것이다. 존재론적인 관점이 아닌 구속사적인 관점에서 볼 때 영적인 인간은 하나님을 기쁘게 할 수 있고 영원한 생명을 얻었으나, 구속함을 받지 못한 옛 사람 그대로인 육적인 존재는 하나님과 원수되어 영원한 저주 아래 있는 존재이다. 기독교적 인간관은 인간을 영·육의 존재론적으로 구분해서 보는 것이 아니라 영·육의 구분 없이 구성된 한 인간존재가 하나님과 어떤 관계에 있는가 하는, 구속사적으로 존재의 성격을 규명하는 데에 그 특색이 있다고 하겠다. 따라서 한국 교회에서 보이는 이원론적 인간관은 기독교가 본래부터 갖고 있던 것이 아니라, 이교와의 접촉에서 형성된 것이요, 그것이 같은 성격을 가진 한국 풍토에 적응하면서 재빨리 흡수되었기 때문에 마치 본래의 기독교 인간관에 그런 요소가 있는 것처럼 보이게 되었던 것이다.

이원론적 인간관은 인간생활을, 영혼이 하는 하나님의 일과, 육체가 하는 인간의 일로 나누는 이원론적 노동관을 가져왔다. 영혼이 하는 일은 하나님을 예배하는 일로서 찬송·기도·묵상·전도·말씀 경청의 일과, 선교·목회·구제사업 등의 일이며 이는 하나님이 기뻐하시는 일이다. 그 일은 축복받는 일이요, 영원한 가치를 남기는 것이다. 그러나 그밖의 세상에 속한 일은 육체가 하는 일로서 육신의 생명연장을 목적으로 한, 궁극적으로는 무가치한 일이라는 것이다. 학업과 노동, 온갖 기술적인 일과 전문직까지도 하나님 나라와 관련하여서는 그 참다운 의미가 발견될 수 없었다. 이 세상에서의 가정생활이나 사회생활은 하나님의 일로서 간주될 수 없었고 오히려 악마적인 것으로 간주되었다.[10)]

노동은 창조시에 하나님께서 내리신 축복의 하나이다. 범죄 후 인간은 땀

10) 이종윤, 〈한국교회 성장과 그 문제점〉, 《한국교회의 종교개혁》, p. 114.

흘려 노력하도록 섭리되었다. 노동 자체에 선악의 개념이나, 영의 것과 육의 것, 하나님의 일과 인간의 일 등의 구분이 처음부터 주어진 것이 아니었다. 그렇다고 인간이 타락한 이후 만물의 부패과정에서 인간의 일 자체에도 그 타락성이 스며들지 않았다고 단언할 수는 없지만, 그러나 노동 자체는 계속 신성한 것으로 강조되어 왔다. 따라서 기독교적 노동관은 일 자체를 이원적으로 파악할 것이 아니라, 일의 수행방법을 기독교적 인간관과 가치관에 의해 판별해야 할 것이다. 그 일이 새로운 피조물(구원받는 인간)에 의해 수행되고 있으며, 또 하나님이 기뻐하시는 방법으로 수행되고 있는가가 노동관의 초점이 되어야 한다는 것이다. 그러기에 하나님 나라의 국민된 그리스도인들은 지상에서 각자에게 맡겨진 일이 하나님이 명하신 일(召命)이며, 그 일을 기독교적인 방법에 따라 수행해야 할 책임을 지고 있는 것이다. 노동에 대한 기독교적 이해가 전제되지 않고서는, 삶의 현장에서 기독교적 가치를 실현하며 이 사회 속에서 기독교문화를 건설한다는 것은 불가능하다. 소위 세속적 노동으로 간주되어 왔던 가정생활, 직업·사회생활, 전문직생활 등 신자가 이 땅에서 종사하고 있는 그 일이 하나님의 부르심(召命)과 관련없는 것이라면, 그 일은 단순히 인간의 목숨을 부지하기 위한 생활수단에 지나지 않는 것이며, 따라서 그 일에 적극성을 띠고 종사하여 하나님께 영광 돌린다는 삶의 철학이 도출될 수 없기 때문이다.

이원론적 사고는 성(聖)과 속(俗)을 엄격하게 구분하는 태도에서도 자주 나타난다. 성과 속은 단절되어 있으며, 두 영역은 전혀 대화를 가질 수 없는 것으로까지 간주하는 극단적인 보수파도 있다. 성과 속을 엄격히 구분하는 자세가, 세속적 통치권과 하나님의 통치권을 구분하여 피안주의적 인식을 초래시켰으며, 나아가서는 거룩한 하나님의 나라가 이 지상에 설정될 수 없고 하늘나라의 저 거룩한 곳에 예비되어야 한다고까지 생각하게 되었다. 성과 속의 구분은, 앞에서 지적한 하나님의 일과 인간의 일을 구분하여 성직에 속하는 하나님의 일의 의미를 강조하는 신앙질서를 가져오게 되었다.

한편 이 구분은 교회의 직분에 성직성(聖職性)을 부여하게 되었고, 성직과 평신도직의 구분을 통해 성직의 카리스마화를 촉진시켜 왔다. 밑으로부터의 민주적 합의를 통해 의사결정을 꾀해 오는 것으로 제도화된 장로교 체제가 한국 교회에서 가장 유력한 교단으로 성장되었음에도 불구하고, 그 장로교마저도 교회의 민주화가 제대로 수행되지 않는 것은 성직의 카리스마화와 무관하지 않다. 앞으로 성·속의 이원론적 관념이 깊어질수록 교회는 한국 사회의 민주화에 역행하는 도정을 걷지 않을까 염려된다.

이와 같이 인간관, 노동관, 하나님의 나라 관념 및 사물의 성·속 관념 등에서 뚜렷이 나타나는 이원론적 관념은 한국 교회의 갱신과, 그 갱신된 한국 교회를 통해 이룩될 새로운 한국 사회를 위해서 극복되지 않으면 안된다. 이미 앞에서 제시된 기독교적 인간관과 노동관 등이 재확인되고 생활의 현장에서 그 의미가 실천되어야 할 것이다. '하나님의 나라' 관념이 통치개념으로 관념이 바뀌게 될 때, 이때까지 의미 없던 지상에서의 우리의 삶은 가치와 의미로 채워질 것이며, 거기에는 기쁨과 희생과 봉사 그리고 충성이 풍요하게 될 것이다. 이러한 삶이 곧 생활의 현장에서 기독교문화를 이룩하는 작업으로 연결될 것이다.

2. 정교분리 문제

정교분리 문제는[11] 한말 이래의 기독교가 그 이원론적 관념을 정치문제에 도입하면서 나타난 현상의 하나이다.

정교분리의 개념은 한국에서 광의의 의미로 정치와 종교의 분리로 이해되어 왔다. 정치와 종교는 그 관심의 영역뿐 아니라 그것을 맡은 기구들의 기능까지도 분리되어야 한다는 것이었다. 그 성경적 근거는 〈마가복음〉 12장 13절부터 17절(마가 22 : 15~32, 눅 20 : 20~38 참조)까지이다.

이 성구들에는 '가이사의 것과 하나님의 것'이 구분되고 있는데, 여기서 가이사는 세속의 정치권, 즉 정부나 국가를 상징하고 있다는 것이다. 한국의 보수주의자들은 또 〈로마서〉 13장 1절에서 7절까지를 문자적으로 받아들여 그것을 교회가 정치(정부)에 순종해야 할 확실한 근거로서 이해하고 있다. 그러나 최근에는 앞서의 '가이사의 것과 하나님의 것'의 구분과 관련, 이 우주의 피조세계에 어느 것 하나 하나님의 것 아닌 것이 없고 하나님의 통치가 미치지 않은 곳이 없기 때문에 그 구절로써 정교분리의 근거를 삼을

11) 이 점에 대하여는 최근 '韓國基督敎文化振興院'에서 편집한 《敎會와 國家》(1988) 라고 한 논문집이 주목된다.

수가 없다고 주장하게 되었다.[12)]

〈로마서〉 13장도 위에 있는 권세가 정의실현의 도구임을 강조하는 데에 역점이 있으므로 이것으로써 교회의 정권에 대한 정당한 저항권을 제한할 수 없다고 생각된다. 원래 정교분리의 주장은 중세 카톨릭의 세속정치에의 지나친 간섭에 대한 반성에서 나타난 것이다. 이것이 종교개혁 때에 루터에 의해서 이왕국설(二王國說)로 나타났다.[13)] 그 뒤 세속국가권이 강대해짐에 따라 이 주장은 오히려 종교를 국가로부터 보호하기 위한 의도에서 강조되었던 것이다. 정교분리는 원래 정치와 종교가 서로 상대방으로부터 간섭받는 것을 배제하고 제 영역과 기능을 회복시키려는 데 그 목적이 있었다.

한국의 경우 정교분리의 주장은 1901년 9월의 장로회 공의회의 결의에 의해 제창되었다.[14)] 독립협회운동으로 당시 막 성장하기 시작한 한국 교회를 한국의 정치적 소용돌이에 더 이상 휩쓸리지 않도록 하려는 배려에서였다. 공의회의 결의는 정치와 교회의 관심 영역의 분리가 아니라, 그 기능상의 구분을 뚜렷이 하고 있었다. 때문에 교인들이 정치에 간여하는 것은 그 분리의 대상에 넣지 않고 다만 교회당이 정치하는 장소로 기능될 수 없다는 극히 제한적인 분리를 강조했던 것이다.[15)] 기독교나 기독교인들이 정치문제에 개입할 수는 있으나, 그렇다고 기독교회가 정치를 위한 광장이 될 수 없다는 것이었다.

원론적인 의미에서 어느 정도 정당성을 갖고 있다고 보여진 장로회 공의회의 정교분리 결의는 민족주의자들의 비판을 받기는 하였으나 당시 어려운 처지에 있던 교회를 보호하는 구실을 감당하였다. 그러나 1905년 을사조약 후에 설치된 통감부가 당시의 지도급 선교사 및 기독교회를 상대로 역설한 정교분리론은, 그들의 반인권적(反人權的) 식민수탈정책에 대하여 기독교계의 여론의 화살을 피하려는 데 그 목적이 있었다. 통감부 및 그후의 총독부의 정교분리정책은 그들의 침략·수탈정책에 대한 기독교계의 정당한 간섭

12) 나학진, 〈정교분리에 대한 신학적 고찰〉, 《敎會와 國家》 所收, pp. 185~189 참조.
13) 金明赫, 〈종교개혁자 루터의 국가관〉, 《敎會史硏究 및 神學思想》, 합동신학원, 1982. 3, pp. 217~220
14) 《그리스도 신문》 1901년 10월 3일자. 이 점에 대하여는 이만열, 〈韓末 기독교인의 민족의식 형성과정〉, 《韓國史論》 1, 1973, pp. 372~376 참조.
15) 위의 신문 1901년 10월 3일자. 이 점에 대하여는 이만열, 위의 글, pp. 372~376 참조.

을 합법적으로 막으려는 것이었다. 이 점은 뒷날 유신정권과 제5공화국에서도 마찬가지였다.

여기서 우리는 정교분리의 기독교적 의미를 다시 정리할 필요가 있다.[16] 정치와 종교는 인간의 도덕과 가치관과 질서의 문제를 다루는 데서는 분리될 수 없다. 가령 경제문제를 예로 들어보자. 경제정책이 정치의 소관인 것 같이 보이지만 경제적 평등과 배분, 경제 윤리나 그 질서에 관해서는 종교가 얼마든지 자기 주장을 펼 수 있는 것이며, 정권에 의해 저질러지는 경제적 불평등과 비윤리성에 대해서는 비판하고 그 대안을 제시할 수 있다는 것이다. 다시 입법의 예를 들어보자. 법 제정의 절차와 집행은 정치의 고유한 영역처럼 보이지만, 그 법정신과 윤리, 집행상의 불공정성 등에 대해서는 종교가 자신의 양심을 가지고 얼마든지 관여할 수 있다. 더구나 기독교의 경우, 성경의 하나님의 정의사상에 비추어 '그 법'의 개폐 및 시행과정상에 나타난 문제점에 대하여 자기 주장을 펼 수 있는 것이다. 그것은 선교의 차원에서도 그 자유가 충분히 보장되어 있다.

정교분리의 엄밀한 실천은 정치를 맡은 정부(state)나 종교의 영역을 전담한 교회(church)간의 기능상의 분리에서 찾아야 할 것이다. 앞에서 말한 대로, 정치나 종교가 도덕과 질서, 윤리와 가치관의 관점에서 볼 때 고유한 영역을 갖고 있지 않다 하더라도 기능상으로 볼 때 전담기구는 분리되어 있다. 정치적 기능은 정부가, 종교적 행위는 교회가 맡아 있다. 그런데 정치적 기능을 맡은 정부가 자신의 기능을 제대로 수행하지 못한다 할 경우 교회가 그 점에 대해 비판하거나 조력할 수는 있을지는 몰라도 그 기능을 스스로 떠맡을 수는 없다는 것이다. 그 반대로 교회가 종교적 행위를 제대로 맡아서 수행하지 못한다고 해서 정부가 교회의 기능을 대신 떠맡을 수 없다는 것이다. 이런 의미에서 정교분리론은 중세 이래 군주권과 교황권, 세속적 통치와 기독교적 질서 사이에서 오랜 세월 동안 갈등과 고민을 겪어온 서구에서 먼저 차분히 정리되었던 것이다.

정부와 교회의 분리를 의미하는 협의의 정교분리론이 한국 교회에서는 앞서 말한 이원론적 사상의 영향으로 성과 속, 하나님의 나라와 세상의 나라

16) 손봉호, 《敎會와 國家》, 서문, pp. 12~19 참조.

의 문제로 확대 해석되어 하나님의 말씀의 적용범위를 정치·사회문제에서 제외시키는 결과를 가져오게 되었다. 그리하여 기독교는 초정치적이거나 비정치적이어야 한다는 것으로 그 당위성이 강요되어 왔던 것이다. 이렇게 볼 때 정교분리론의 본래 의도는 광야의 소리로 등장한 기독교를 재갈물리려는 데 있었다. 기독교는 한국의 독제체제하에서 어설픈 정교분리론을 통해 스스로를 재갈물림으로써 체제와의 예상되는 마찰과 갈등을 회피하고 그 체제 속에 안주해 갔던 것이다. 따라서 그동안 한국에서 논란된 정교분리론은 그것이 어느 측에서 주창되었던간에 한국 교회의 예언자적 외침을 저지하기 위하여 안출되었던, 부정직하고 때로는 위선적이기도 한 자기기만의 소리에 불과했던 것이다. 한국 교회는 그 속에서 안주하면서 자신의 용기 없음과 독재체제와의 타협행위를 은폐할 수 있었다.

이제 한국 교회는, 과거의 정교분리론이 가졌던 허구성을 파악한 이상, 그동안 스스로를 속여왔던 기만적 행위에 안주해서는 안된다. 국가(state)와 교회(church)가 상대적으로 지니고 있는 위상과 기능을 이해하는 바탕 위에서 국가의 부도덕성과 정부의 부패에 대하여 끊임없이 경고를 발하여야 한다. 이 점에 대해서는 뒤에서 다시 언급될 것이다. 그런 의미에서 과거 일제시대는 물론 해방 후 자유당정권 이후 한국의 보수주의 교단과 보수주의적 지도자들이 취해 왔던 자세는 개혁되어야 한다. 오히려 정교분리론이 정권에 협조했던 결과를 가져왔음을 회개해야 한다.

정교분리론을 주창하던 자들의 대부분이 정부의 요청에 따라 박수치는 일에 동원될 때는 정교분리의 신념에 입각하여 그 요청을 거부하지 않다가, 정부의 부도덕성을 하나님의 말씀의 근거 위에서 비판해야만 했을 경우에는 정교분리를 내세워 입을 다물었기 때문이다. 이런 행위야말로 정교분리론을 편의적으로 적용하여, 스스로의 행위에 이율배반적 모순을 나타낸, 자기기만적 행위였던 것이다. 따라서 한국 기독교계는 정교분리론 위에서 자신들의 죄과를 은폐하기까지 했던 것을 하나님과 민족 앞에 회개·청산해야 할 것이다.

Ⅳ. 교회성장의 그늘과 교회개혁의 모색

1. 교회성장의 문제점

한국은 세계 기독교의 메카라고 할 정도로 외관상 그 양적 성장을 과시하고 있다.[17] 1986년 12월의 전국표본조사에 의하면, 한국의 기독교 인구는 개신교 21퍼센트, 천주교 10퍼센트, 합 31퍼센트에 이르렀을 정도이다. 거기에다 기독교인은 농촌보다는 도시에 편중되어 살고 있고, 교육받은 중·상류층에 상대적으로 높은 비율을 보여준다고 한다. 들리는 바에 의하면, 한국의 정치 1번지로 새로 등장했던 서울 강남구(서초구로 분리되지 않았을 때)는 그 가구수의 45퍼센트가 기독교라는데, 이러한 미확인 정보는 기독교인이 신흥 중·상류층에 그 세력을 확대해 가고 있음을 보여주는 증좌의 하나일 것이다.

기독교의 성장요인으로는, 분단상황이 몰고 온 불안심리와 산업화에 따른 중산층 의식 등을 우선 지적할 수 있다. 6·25사변 이후 조국의 분단은 남·북 계속 집권자들의 정치적 목적에 의해 계속 긴장상태를 고조하는 쪽으로 주도되어 왔다. 긴장상태가 고조될수록 해외이민이 급증하였고, 기독교는 이들의 불안한 심리에 파고들어 하나님으로부터 오는 평화와 안전을 강조하였다. 뿐만 아니라 1970년대 이래 급격한 산업화가 중산층을 대량 형성시켰는데, 어느 정도의 생활기반을 확보한 중산층은 분단상황으로 인한 불안심리와 더 나은 계층으로의 향상을 목표로 한 욕구심리 등을 그들의 종교적 심리와 결합시켜 나갔던 것이다. 여기서 하나님은 안전과 평화뿐만 아니라 신체적 건강과 물질적 번영을 축복해 주는 존재로 그들에게 다가왔던 것이다.

한편 이러한 사회 심리적 바탕 위에서 전개한 교회의 적극적 선교전략은 오늘날의 성장을 가져온 중요한 요인임에 틀림없다. 1970년대 이후 산업화의 현상과 함께, 이를 종교적으로 뒷받침하듯, 성령운동에 입각한 교회성장 이론이 풍미하여 한국 교회를 휩쓸고 있다. 교회성장을 위한 각종 프로그램

17) *Christianity Today*, 1987년 11월호 참조.

이 마련되었다. 부흥회의 개최는, 반드시 긍정적인 효과만 가져온 것이 아니지만, 한국 교회를 일시적으로나마 뜨겁게 하였다. 아파트군의 건립에 따라 교회의 전도방향은 중산층 부녀들의 여가를 공략하여 그들의 공허하고 안정되지 않은 심리에 복음을 조직적으로 심어나갔다. 강남지구의 아파트군 사이의 신흥교회들은 부녀층의 조직적인 성경공부를 통해 열매 맺어진 것이다. 부녀자들의 복음수용은 곧 그 가정을 변화시켜 나갔던 것이다.

한편 교회성장의 배경에는 인간적인 경쟁심리와 성취동기를 자극한 각 교단의 전도정책을 배제할 수 없다. 목사안수를 받기 위해서는 몇 년간의 단독 목회의 경험을 쌓아야 한다는 자격요건도 이런 정책과 무관할 수 없었다. 특히 이러한 자격요건 문제는 도시의 신흥 아파트군의 경우, 한 상가에 몇 개의 개척교회의 간판이 붙게끔 개척교회 난립의 현상까지 가져왔던 것이다.

교인의 증가와 교세의 확장에는 명암이 교체되는 현상을 가져왔다. 반드시 긍정적이라고만 평가할 수 없는 다음에서 거론될 현상도 나타났다.

교회 지도자의 자질이 크게 문제되었다. 자격 없는 지도자가 교회를 가르치고 운영하는 경우가 비일비재하게 되었다. 이는, 대교단의 경우에는 신학교육을 제대로 강화하지 못하고 교역자를 양산하지 않을 수 없었던 다급한 상황과 관련시킬 수도 있고, 또 다른 경우에는 소명감 없는 사람들이 생활의 수단으로 목회의 길에 나서고 있었기 때문이기도 하다. 한국 교회의 성장의 이면에 나타나고 있는 병리현상의 대부분은 교회 지도자들의 자질문제와 관련되어 있다는 의미에서 심각한 반성을 불러일으키고 있다.

교회 지도자들의 자질의 저하는 해당 교회는 물론 한국 기독교계 전체의 수준을 떨어뜨리는 결과를 가져오게 되었다. 일찍이 한국의 무속주의의 관행에서 벗어나지 못했던 교회는 이제 자본주의적 유혹을 뿌리치지 못하고, 점차 물신주의(物神主義)를 선도적으로 용납하는 교회 지도자들을 증가시키게 되었다. 헌금과 관계된 각종 행태와 비리는 이를 웅변하고 있다. 이러한 추세 속에서 신앙공동체인 교회가 이익공동체로 변모하는 것은 자연스러운 경향으로, 굳이 누구의 탓 때문이라고 비난할 수도 없게 되어가고 있다. 교회 직분의 계급주의적 요소는 직분의 평등성을 나타내는 성경의 정신에 어긋나는 것이지만, 유교적 본분(本分)주의와 관료주의에 물든 한국 교회에서는 자연스럽게 왜곡 수용되고 있는 실정이다.

교회성장은 개척교회의 열심을 통하여 나타나기도 하였지만, 대형화의 현상을 유발하기도 했다. 후자의 경우는 대부분 대도시에서 나타났는데, 이는 지도자의 메시지의 호소력과 전도에의 열심 및 관리능력 등 긍정적인 요인이 작용한 것이 사실이다. 그러나 도시가 갖는 대중성과 무책임성이라는 부정적인 요인도 없지 않다. 즉 교회에는 출석하되 책임은 지기 싫어하는 신자들에게 출석과 함께 자신이 노출되는 개척교회나 소교회보다는 대교회를 선호하는 경향이 생겼고 이런 사회심리적 요인이 개교회의 대형화를 이룩했던 것이다.

개교회의 대형화에 대한 장단점은 이미 많은 분들이 지적한 바가 있다.[18] 대형화는 교회의 사명인 선교·구제·교육에서 집중적으로 거창한 사업을 수행할 수 있다는 바람직한 점이 있다. 그러나 대형화는 교회 구성원의 공동체의식을 결여시키고 교회를 사업장화시키는 등의 문제를 야기시키고 있음도 사실이다. 저자는, 교회의 대형화 현상을, 한국 사회의 물질만능주의 풍조가 변용된 형태로 교회에 수용되는 한 과정이면서 마치 현대 경영학의 조직이론이 종교적인 실험단계에서 성립시킨 한 형태로 파악하고 싶다. 이러한 생각이 근거가 있는 것이라면, 대형화는 현대사회가 이룩해 놓은 시대적 산물이라 하여도 과언이 아니다. 한국의 산업화 추세와 함께 교회의 대형화 현상이 나타났다는 것도 보충적 설명이 된다. 따라서 대형화된 교회는 어느 시점에 가서는 현대사회가 안고 있는 병리현상을 더 재빨리 노출할 수 있을 것으로 추측된다.

교회의 대형화는 필연적으로 개교회주의를 추구하게 된다. 이것은 한국교회의 실제적 현상으로, 교단소속교회 혹은 독립교회를 막론하고 나타나는 점이다. 개교회의 구성원의 증가와 경제능력 향상이 교단의 통제를 불필요한 것으로 간주하고, 이웃의 소교회와 동렬시(同列視)되는 것을 노골적으로 싫어하게 된다. 여기서는 그리스도의 한 몸이라는 교회론에 근거해 발전된, 교회의 연합화·일치화·평등화의 노력은 거의 무시될 수밖에 없게 된다.

교회의 대형화와 개교회주의는 교회 지도자의 카리스마화와 종교귀족화를

18) 주 2)에서 소개한 시리즈 중 옥한흠 편, 《바람직한 교회형태》는 전반적으로 이런 문제를 다루고 있다.

촉진시켰다. 그 선후와 원인·결과는 뒤바뀔 수도 있다. 카리스마화와 귀족화는 대중화된 숫자와 경제력의 뒷받침 없이는 불가능한 만큼 대형화와의 관련성은 필연적이다. 이러한 현상들은 민주적 지도자상과 교회의 민주화에 많은 문제점을 던져주었고, 또 교회가 보여주어야 할 리더십의 근거로서의 근면·인내·봉사·훈련에도 많은 장애요인을 안겨주었다.[19]

한편, 교회의 성장은 개교회의 대형화 못지않게 교단의 분열을 촉진시켰고 개교단주의의 폐쇄적인 경향을 점차 강화시켜 가고 있다. 저자는 한국의 교단적 분열이 이미 선교 초기부터 배태되었으며 특히 선교지역 분할이 그 중요한 요인이 되었음을 지적한 바 있다.[20] 여기에다 1970년대 소위 교회성장이 본격화되면서 교단분열도 급격하게 진행되어 최근의 한 발표에 의하면 한국의 개신교회는 80여 개의 교단이며 그중 장로교파가 45개 교단이라고 한다.[21]

교단의 분열은, 기독교의 양적 성장과 관련시켜 긍정적으로 봄직도 하겠지만 조국분단과 지역분열의 고통 속에서 헤매는 한국의 현실에서는 어떠한 구실로도 변호의 여지가 있을 것 같지는 않다. 오히려 지탄의 대상일 수밖에 없다. 최근 기독교가 한국의 분단과 그 고착화에 심대한 영향을 미쳤고 지역감정과 분파의식이 일반사회에 선행하여 기독교계에서 조장되고 있었다는, 기독교 지성인들의 일반적 주장은 그 타당성 여부에 관계없이 깊이 음미해 볼 내용이다. 분단과 분열문제에서 기독교가 치유의 역할을 하지 못하고 반대로 그것들을 조장하였다고 한다면, 기독교는 한국 민족 앞에서도 범죄한 꼴이 된다. 최근 NCC가 분단과 통일의 문제를 두고 고백적 선언을 선포한 것도 이러한 교회의 자성(自省)이 전제되었기 때문일 것이다.

교회성장의 그늘은 여기에서 그치지 않는다. 성장에 정비례하여 최근 독립교회가 늘어나고 젊은 지성인들에 의한 패러처치운동이[22] 성행하는 것

19) John Stott는 *Issues Facing Christians Today* (박영호 역, 《현대 사회문제와 기독교적 답변》, 기독교문서선교회, 1985)의 결론으로 그리스도인 리더십으로서 근면·인내·봉사·훈련을 들고 있다.

20) 이만열, 앞의 책, pp. 63~64. 여기서는 주로 한국에 선교사를 파견한 미국의 북장로교와 남장로교, 호주 장로교와 캐나다 장로교의 선교지역 분할과 그것이 어떻게 해방 후의 장로교의 분열로 연결되었는지를 언급했다.

21) 탁명환, 〈한국의 교회상과 그 진로〉, 《현대종교》 1987년 12월호, pp. 163~164.

은 교단분열과 개교단주의, 그리고 교회의 일치화를 외면하는 풍조와 무관하지 않을 것으로 생각된다.

2. 교회개혁의 모색

한국 교회는 그 양적 성장에 비례하여 그 문제점을 노출시키고 있다. 한국 기독교를 염려하는 분들은 이제 그 문제점 비판에 인색하지 않고, 저자 또한 이미 이 점에 관해 여러 차례 언급한 바 있다.[23] 비판의 소리는 이제 한국 교회에서 종교개혁이 필요하게 되었다고 할 정도까지 이르고 있다.[24]

교회개혁은 올바른 교회관과 교회상을 정립하는 데서 시작될 것이다.[25] 이 과제 수행의 시급함은 선지후행적(先知後行的)인 지행(知行)분리보다는 지행합일적(知行合一的) 실천성을 강력하게 요구하고 있다. 교회개혁은 그만큼 운동성을 필요로 하고 있다는 뜻이다. 한국 기독교의 경우, 그리스도의 몸이요 믿는 이들의 공동체인 교회가 그 3대 지표인 말씀·성례·권징을 우선 회복하는 데서부터 그 운동이 시작되어야 한다. 말씀의 선포를 강조하고 있는 한국 교회는 상대적으로 성례의 거행은 약하며, 권징의 시행은 거의 무시되고 있다. 권징이 무시된 것은 언약과 법의식이 약한 한국 사회의 관행에다 교회의 난립과 개교회주의가 가져온 무질서, 사랑과 용서를 혼동하는 어설픈 관용주의 등이 복합적으로 얽혔기 때문이라고 생각한다. 교회의 개혁은 공동체적 일체감을 회복하는 데서 시작되어야 하는 만큼 성례와 권징의 적절한 시행이 필수불가결하다. 권징은 선포된 말씀을 토대로 하여 교회의 교회다움을 보존하고 교회의 세속화를 예방하는 데 크게 기여해 왔던 것이다.

한국 기독교는 교회의 규모·직제·직분 등 제도적 측면에 대해서도 성경적 원리로써 재점검하고 그 원리를 준용하도록 노력해야 할 것이다. 앞에서

---

22) 홍정길, 〈교회 외 각 선교단체 운동의 장단점〉, 《바람직한 교회형태》 所收, pp. 109~130 참조.

23) 이만열, 《韓國基督教와 歷史意義》, 지식산업사, 1981 참조.

24) 이종윤 편, 《한국교회의 종교개혁》은 한국의 보수주의 계통에서 이 문제를 얼마나 심각하게 다루고 있는가를 잘 보여준 것이다.

25) 신성종, 〈한국 교회의 문제점과 전망〉, 총신대학 부설 한국교회문제연구소 편, 《한국교회의 현실과 전망》, 1987에서 다룬 교회관의 문제와 신앙관의 문제(pp. 64~72) 참조.

언급한 교회의 대형화와 개교회화 경향에 대해서는 초대교회에서 보여주는 원리의 창조적인 재해석을 기반으로 하여 정리해야 할 것이다. 가령 초대교회의 두 형태로서 예루살렘 교회와 안디옥교회를 거론할 수 있는데, 오늘날 한국 교회는 어느 형태를 어떤 방법으로 취해야 할 것인가. 목사직과 장로직의 원리가 제대로 제도로서 준용되고 있으며, 그 사이의 갈등과 마찰은 어떻게 해소될 수 있는가. 집사직의 원래의 의미와 오늘날의 시행상에는 문제점은 없으며, 또 다른 직분들과의 관계는 어떠해야 할 것인가. 주한 외국 선교사들은 한국 교회의 '직분'이 '직위'로 변하고 있다고 지적한다.[26] 초기에 각 직분이 교회에서 수평적인 평등성을 유지한 반면 한국에서는 권위주의적이고 계급적인 사회환경 때문에 수직적인 상하관계로 바꾸어지고 있는데, 그 치유책은 어떠한 것인가. 이렇게 문제를 제기하면 한이 없는 것이 한국 교회의 실태이다. 이 짧은 글에서는 문제의 제기와 그 원론적인 방향 제시밖에는 할 수 없지만, 한국 교회는 각 분야에 걸쳐 개혁의 기치를 높이 들지 않을 수 없는 시점에까지 와 있다고 생각한다.

한국 교회가 전도(선교)와 구제를 그 사명으로 인식한 지는 오래다. 그런 만큼 그 성과 또한 놀라운 면도 없지 않다. 그래서 뜻있는 교회에서는 예산의 60퍼센트 이상을 전도와 구제에 바치겠다는 목표를 세우고 노력하고 있는 것도 사실이다. 그러나 한국 교회의 전반적인 추세는 눈에 드러나는 분야에는 정력을 쏟으려 하나, 남의 이목을 끌지 못하고 비효과적 비생산적인 분야에는 관심을 두지 않으려 한다. 교회가 관심을 가져야 할 구제는 바로 사회의 눈길이 닿지 않는 그곳이어야 한다. 특히 한국 교회의 대부분은 권력과 대결하면서까지 그들의 전도와 구제의 시야를 확대시키려 하지 않으려 한다. 그 체제는 이미 역사와 민족 앞에서 심판받은 것인데도 그 체제하에서 핍박받는 인사들을 외면하는 그러한 한국 교회의 자세를 우리는 어떻게 보아야 할 것인가.

특히 오늘날 한국 교회가 해외선교에 지나칠 정도로 열심을 기울이고 있는데 그 점과 관련, 몇 가지 짚고 넘어가야 할 점이 있다고 생각한다. 우선 우리는 해외선교에 앞서 우리 자신에 대한 정리가 앞서야 한다. 우리 사회

26) 특별대담 〈韓國敎會를 어떻게 보는가〉, 《月刊牧會》 1986년 5월호, pp. 24~37.

안에 수행해야 할 선교적 과제가 많음을 주한외국선교사들은 지적하고 있다.[27] 그중 사회변혁에의 요구로 열기를 내뿜고 있는 대학사회와 노동현장을, 우리는 종래와 같이 단순한 선교의 대상으로만 파악할 것이 아니라 하나의 '유기체적인 구조'로 인식하고, 교회갱신과 사회변혁 등의 하나님의 나라를 확장해야 하는 주체들을 양성한다는 사명으로 선교에 임해야 할 것이다.

우리는 아직도 100여 년간 우리나라에서 진행되어 온 외국선교에 대해 학문적으로 조금도 정리하지 않은 채 해외선교를 서두르고 있다. 거의 2천여 명에 가까운 선교사들에 대한 학문적인 정리가 되어 있지 않으므로 한국 교회는 자신이 경험한 중요한 과정을 선교에 원용치 못하게 되었다.[28] 따라서 해외선교를 위한 이론적 바탕이나 실천적 방법론은 다시 다른 경험들에 의존할 수밖에 없게 되었거나, 그것들 없이 선교현장에 뛰어들 수밖에 없게 되었다. 여기에서 다시 100여 년 전에 우리 사회에서 저질러졌던 과오들이 지금은 다른 민족에게서 되풀이되지 않는다는 보장은 없게 된다.

미국 각 교단의 한국 선교도, 서구제국의 아시아·아프리카 선교와 같이, 자국 국력의 해외팽창과 깊이 관련되어 있었다.[29] 오늘날의 한국 교회의 해외선교도 따지고 보면 한국 국력의 해외진출과 깊은 관련이 있다. 거기에다 단정할 수는 없지만, 해외선교열이 한국 교회의 자기 모순과 부패를 은폐하는 방편으로 오도되는 듯한 느낌마저 없지 않다. 해외선교는 피선교국에 대한 철저한 예비연구와 파견선교사들을 위한 훈련이 조직적으로 좀더 강화된 바탕 위에서 시행되어야 함은 물론이다.

한국 교회가 선교(전도)와 구제사업을 중요한 목표로 설정하면서 상대적으로 등한시하기 쉬운 점은 교회교육이다. 개화기에 기독교교육은 한국의 근대교육을 선도하는 위치였지만, 이제는 그렇지 않다. 오히려 낙후된 느낌이다. 특히 주일학교 교육의 경우, 시간, 장소, 자격 있는 교사 등 교육조건의 열악함은 거론할 필요가 없다. 평신도교육 등 다각적인 프로그램이 시도되고는 있으나 더 심층적인 기독교교육이 요청된다. 이를 위해서는 교회

27) 위의 글.
28) 이만열, 〈한국기독교와 미국선교사〉, 《빛과 소금》 1987년 11월호 참조.
29) 위의 글.

예산의 과감한 교육비 투자가 선교적인 차원에서 이뤄져야 한다.

앞서 우리는 한국 기독교계의 개교회(단)주의의 극복이 시급함을 지적하였다. 상가 건물 하나에 4, 5개의 교회가 난립하는 현상과, 기반이 동일한 장로교회가 40개가 넘는 교단으로 나누어진 현상은 화해와 일치를 강조하고 있는 주님의 몸된 교회로서는 변명의 여지가 없다. 교단의 분열이 심화된 시기가 1970년대로서, 이때 정치적으로 독재화, 경제적으로 산업화의 경향이 심화되고 있었던 점을 감안한다면 기독교계는 이러한 사회변화에 능동적으로 대처하지 못하고 오히려 그동안 특히 정치권력의 음모에 말려들어 분열의 진통을 겪게 되었다. 우리는 기독교단의 분열이 사회분열에 선행되고 있었음을 통감한다. 우리 사회의 도시와 농촌, 중산층 동네와 달동네, 남북, 영호남, 노사관계와 남녀관계 등 지역간·계층간·성별간에 심화되고 있는 분열상이 기독교단의 분열과 무관하지 않다면, 그리고 한 사회의 분열과 갈등이 그 정신적 기저의 동태와 깊은 관련이 있다면, 한국 교회는 이러한 분열을 치유할 책임을 또한 통감해야 한다. 이를 위해서라도 기독교계는 먼저 자신들의 교제의 회복과 일치화운동을 적극 수행해 가야 할 것이다. 한국 교회는 사회통합기능 수행자로서의 역할을 수행해 왔다는 지적도 있다.[30] 교단의 이념과 신앙의 내용, 제도적인 차이 때문에 일치화운동이 단시일내에 효과를 거둘 수 없다면, 공동의 사업을 통해서라도 그 기반을 확대해 가야 할 것이다. 교회의 화해·일치화운동은 우리 사회의 계층간·지역간 이데올로기적 갈등을 해소시키는 데에 자극을 줄 뿐만 아니라 조국의 통일문제에 대하여도 긍정적으로 역할할 수 있게 될 것이다. 이제 한국 교회는 분열의 추태를 보여왔던 부정적 이미지를 일신할 때가 되었다. 이것은 사랑과 평화를 말로써가 아니라 실천적으로 보여주어야 한다.

교회개혁은 지도자의 자세문제 및 교회내의 민주화의 문제와도 밀접하게 관련된다. 우리는 희생과 봉사, 섬김을 통해 인간을 통치하고 왕노릇하시는, 예수께서 보여주신 그 지도자상을 기독교적 지도자상으로 생각한다. 그런 지도자의 자세를 바탕으로 하여 교회(단)내의 민주화는 좀더 적극적으로 실현될 것이다. 오늘날 교육받은 평신도의 주장이 수용될 수 있는 통로가

---

30) 양참상, 〈한국 교회에 대한 사회학적 이해〉, 《한국교회의 현실과 전망》所收, p. 127.

자유스럽지 못한 한국 교회에서, 총회·노회 등에 직능별 대표제 등을 신설하여 평신도의 교단 참여의 기회를 확대하는 것도 교단(교회)의 민주화를 위한 한 방안이 될 수 있을 것이다.

V. 기독교문화의 건설문제

한국 기독교의 양적 성장에도 불구하고 기독교적 이념과 가치관에 입각한 문화가 그 연륜과 성장에 걸맞게 성립되지 않았다는 지적은[31] 심각한 고민거리이다. 한 사회에 종교가 전파되면, 그 종교의 목적에 알맞는 이념과 가치관이 형성되고 거기에 따라 문화가 성립되게 마련이다. 그것은 동서양 제국의 역사에서 뚜렷이 보이는 바이고, 우리나라에서도 그랬다. 삼국시대부터 통일신라를 거쳐 고려조에 이르기까지는 불교가, 조선조에는 유교가 자신의 이념에 따른 예술과 문화를 그런대로 꽃피웠다고 생각된다.

그러나 기독교의 경우, 그 수용의 기간이 불교·유교만큼 길지 않아서인지, 그 이념을 소화한 바탕 위에서 창출한 자체의 기독교문화를 성립시키지 못하고 있는 형편이다. 여기서 우리가 지적하고자 하는 것은, 기독교와 함께 이식된 문화가 곧 기독교문화일 것이라고 하는 인식이다. 그러한 인식에 의하면, 구미문화가 곧 기독교문화라고 하는 결론에 이르게 된다. 그 결론에 따르면 한국에는 풍부한 기독교문화가 존재하는 것으로 착각하기 쉽다. 저자가 아직 한국에서 성립되지 않았다고 지적하는 기독교문화는, 기독교를 수용한 후 한국인이 기독교적 바탕 위에서 성립시킨 문화를 의미한다. 그 문화는 기독교의 보편적 이념성과 한국적인 문화적 독자성이 조화된 문화이어야 한다는 것이다.

한국에서 기독교문화가 아직 성립되지 않았다는 것은 여러 분야에서 지적될 수 있겠지만, 앞에서 지적한 개념과 관련하여, 우리는 특히 표현문화로서의 찬송가와 세계관·인생관·가치체계 등의 가치문화로서의 기독교문화에 대하여 언급하고자 한다.

우선 한국의 기독교문화와 관련, 표현문화로서 손쉽게 거론할 수 있는 것

31) 이만열, 〈한국문화와 기독교〉, 《기독교사상》 1987년 1월호, p. 49.

은 음악이다. 음악 중에서도 찬송가에 국한하여 언급해 보자.[32]

한국에서 찬송가가 도입되어 책으로 출판된 것은 거의 100년이 되어가는 1892년 미국 북감리교의 찬미가였다. 찬미가는 곡조 없는 찬송가였으나, 그 이듬해 장로교의 언더우드는 곡조 있는 〈찬양가〉를 간행하였다. 이때 출판된 내용의 대부분이 외국의 것을 번역한 것이다. 때문에 한국인의 예술적 표현과 거리가 있었을 뿐 아니라 가사와 멜로디간의 조화에도 문제가 드러나고 있었다. 1897년경 게일 목사는 이같은 번역찬송가의 실태를 비판하면서 한국인이 찬송가를 만들어야 한다고 주장하게 되었다.[33] 그 뒤 한국인이 쓴 가사와 한국의 전통적인 곡조가 찬송가에 삽입되어 불려지긴 하였으나, 일제하에 들어오면서 그 찬송들은 점차 사라지게 되었다. 찬송가문화에 관한 한, 주체적인 방향과는 반대의 길을 걸어온 것이 저간의 상황이었다.

해방 후에도 번역찬송가의 보급 추세는 좀처럼 변화되지 않았다. 일반사회와 문화계 일반은 물론 심지어 기독교계 안에도 일제의 식민주의적 잔재가 청산되지 않은 분위기에서, 기독교문화의 한국적 독자성을 의미할 수도 있는, 찬송가의 한국화를 이룩한다는 것은 기대하기 어려운 것이었다. 현행의 소위 통일찬송가는 550여 곡 중 18개의 가사와 17개의 곡이 한국인에 의해 만들어진 것이다. 이는 '통일'되기 전, 가사 1개만이 한국인에 의한 것이었고 그것마저 외국의 곡에 맞춰 불러야 했던 《새찬송가》에 비교해 보면 장족의 발전을 기한 것이지만, 한국인에 의한 거의 30개에 가까운 가사·곡들이 포함된 《개편찬송가》에 비하면 후퇴된 것이 아닐 수 없다. 물론 한국인이 가사를 짓고 곡을 붙인다고 해서 찬송가의 예술성이 한국적으로 된다고 단정할 수는 없을 것이다. 더구나 서구의 음계체제를 그대로 유지하면서 한국적인 내용을 풍부히 담기는 어려울 것이다. 그러나 우리나라 사람이 부르는 찬송이 가사의 시적인 감흥이나 노래의 음악적인 예술성에서 '한국적'으로 되어야 좀더 바람직할 것이라는 데는 이론의 여지가 없을 것이다. 이런 점을 감안한다면, 찬송가의 가사와 곡 제작이 한국인에 의해 심혈을 기

32) 민경배, 〈韓國敎會 讚頌歌의 變遷過程〉, 《敎會와 民族》 所收, pp. 198~199; 이만열, 〈讚頌歌의 編纂〉, 《韓國基督敎文化運動史》, 대한기독교출판사, 1987, pp. 345~362 참조.

33) J. S. Gale, "Korean Hymns—Some Observation," *The Korean Repository*, 1897. 5., pp. 184~186.

울인 것이야말로 번역된 것보다는 더 한국적일 것임에는 틀림없다고 본다.

한국적인 찬송가의 제작에는 몇 가지 문제들이 예상된다. 그동안 한국의 음악이 주로 이교적 신앙에 봉사했거나, 세속적 희로애락의 표현으로서 사용되어 왔다. 때문에 한국적인 가락으로 나타나는 찬송이 얼마나 이교적인 때를 씻어버릴 수가 있겠는가 하는 점이 우려된다. 여기에서 이러한 방식으로 하나님을 찬양하는 것이 지금까지의 세속성과의 단절을 결단하지 못하고 자칫하면 혼합주의적인 현상으로 떨어질 수도 있게 된다는 것이다. 때문에 그 근본을 제대로 알지 못한다 하더라도 해외의 것을 수용하는 것이 바람직한 것이 아니겠는가 하는 어설픈 결론에 도달할 수도 있다. 그러나 따지고 보면 외국에서 들어온 곡도 그 나라의 이교적 세속적 전통과 전혀 무관한 것이 아니다. 심지어 우리 찬송가에는 외국의 민요곡이 많이 삽입되어 있다. 중요한 것은 세속적인 음악을 가지고서도 얼마나 하나님을 마음으로부터 찬양할 수 있느냐 하는 것이다. 그것은 세속적인 음악을 하나님의 음악으로 바꾸는 것이기 때문이다. 찬송가에서 '한국적' 음악을 살려야 하는 이유가 여기에 있다.

찬송가 문제 외에도 우리는 교회음악의 전반적 경향이 한국적 정서에 더 친근감을 갖는 방향으로 발전되어야 한다고 강조하고 싶다. 이것은 교회음악의 전체적인 수준이 아직도 수입·번역 단계를 벗어나지 못하였다는 반성에 의한 것이다. 그 이면에는 수입·번역된 서구음악이 좀더 기독교적일 것이라는 피상적이고도 안일한 통념이 우리를 사로잡고 있음을 본다. 이것이 한국의 독특한 기독교문화의 성립을 저해하는 중요한 요인임에 틀림없다.

음악을 비롯한 표현문화에서 개성화를 저해하는 이러한 요소들을 극복하기 위해서는 일반은총론에 입각하여 한국문화의 기독교적 의미를 재발견해야 한다. 즉 세계 다른 나라와 구별되는 한국의 개성적 음악문화는 하나님이 친히 선물로 주신 것이요, 그것이 하나님의 역사지배의 섭리 속에서 민족을 보존하기 위한 은총의 하나라는 것이다. 이 의미를 되새기게 되면, 교회음악의 한국적 개성화는 곧 하나님이 주신 개성적인 한국음악을 가지고 하나님께 영광 돌린다는, 한국의 기독교인으로서의 긍지심을 자각하게 될 것이다. 이것은 한국에서 기독교문화의 성립을 가능하게 하는 출발점이면서 기독교문화 창조에 대한 새로운 사명을 부여하는 계기로서의 자각이기도 하다.

한국의 기독교문화를 논의하자면, 표현문화의 분야만 하더라도 음악 외에 문학・미술・연극・영화 등 다양할 뿐 아니라 자유・평등・정의・평화의 기독교적 가치관의 사회화 문제는 더욱 소중하게 다루어야 할 것이다.[34] 이 점에 대해서도 저자가 이미 언급한 바 있기 때문에[35] 여기서는 간단히 그것을 요약, 되풀이하는 데에 그치고자 한다.

문화에는 물질문화・행동문화 및 정신문화가 있는데, 한국문화와의 접촉에서 기독교와 함께 들어온 물질문화는 적응하였고, 행동문화는 충돌하였으며, 정신문화 특히 기독교의 가치관은 한국문화에 타협 혹은 몰입되어 버렸다고 저자는 생각한다. 언뜻 보면 기독교가 한국의 정신문화를 변혁시킨 것으로 보이지만, 앞서의 이원론의 문제에서 살핀 바와 같이 오히려 그 반대이다. 한국에서 기독교적 문화의 창건과 가치문화의 기독교화가 지금까지 불가능했던 것은 이 때문이다. 한국 기독교의 성장에도 불구하고 기독교문화가 성립되지 않은 현상을 직시하면서, 한국 교회는 기독교의 가치관을 사회화하는 작업을 통해 변혁적인 기독교문화를 창조해 가야 할 것이다.

이 땅에 기독교문화를 성립시켜야 할 근거는, 저자의 경우, 일반은총론과 현존적 하나님의 나라 이해에서 찾으려고 하였다. 신자가 하나님 나라를 확장하는 사명을 가진 만큼, 하나님의 뜻이 성취되는, 그리고 하나님이 통치하는 그 사회를 우리 삶의 구체적 현실 속에서 이룩하는 것은 곧 기독교적 가치관인 자유・평등・정의・평화를 실현하는 것이다. 그리고 이 가치관은 기독교적 정신문화를 매몰시킨 한국의 그 가치관이 아니다. 기독교와 더불어 생성・발전된 것이다. 그런 의미에서 그 가치관은 보편적 성격을 띠고 있다. 따라서 한국의 기독교문화는 예술・음악 등 표현문화를 좀더 개성화시켜야 할 것이요, 정신문화는 좀더 기독교적인 것으로 보편화시켜 나가야 할 것이다.

---

34) 특별대담 〈韓國敎會를 어떻게 보는가〉, 앞의 책, pp. 27~28.
35) 이만열, 〈한국문화와 기독교〉, 앞의 책 참조.

Ⅵ. 제사장적 그리고 예언자적 사명

교회가 갖는 이중적인 시대적 사명은 제사장적 연민·동참과 예언자적 선포와 비판이다. 이 두 가지 상반된 듯한 사명은 시대를 달리하면서 나타난 기독교회의 존재양태이면서 기독교사상의 2대 흐름의 저류를 이루기도 하였다. 전자가 기독교의 모성적 모습이어야 한다면, 후자는 부성적 성격을 강하게 띤다고 할 것이다. 전자가 체제에 동참하는 여(與)의 모습이라면, 후자는 반체제적 야(野)의 자태를 갖는다. 양자는 때로는 갈등하면서도 그 원초적인 행태는 상호 보완적이다.

제사장은 초기 신정(神政)사회에서는 정치지도자에 앞서는 지배계층이었고, 제정(祭政)분리시대에도 정치지배자와 함께 지배계층으로 존재하였다. 그런 의미에서 제사장은 체제에 참여하면서 체제와 더불어 공존하고 있었다. 그러나 그의 사명은 백성의 죄를 대신하여 하나님께 나아가 용서와 자비를 구하는 것이었다. 그는 백성을 대표하여 하나님 앞에 나아가는 자였다. 예언자가 하나님의 명령과 말씀을 백성에게 선포하는 사명을 가졌다면, 제사장은 백성의 허물과 죄를 가지고 사람의 소리를 하나님께 전달하는 역할을 맡고 있었다. 제사장이 사람을 대신하여 하나님께 나아가는 가교적 역할을 잘 수행하기 위해서는 백성의 아픔과 고통에 참여하지 않으면 안되었다. 인간의 고통을 체험하지 않으면 인간의 정확한 상태를 하나님께 호소할 수 없었다. 그는 죄악된 사회에서 인간의 고통과 슬픔에 직접 뛰어들어 같이 울어주고 위로하는 자여야 하였다.

제사장의 참모습은 예수 그리스도에게서 발견된다. "그는 근본 하나님의 본체시나 하나님과 동등됨을 취할 것으로 여기지 아니하시고 오히려 자기를 비워 종의 형체를 가져 사람들과 같이 되었고 사람의 모양으로 나타나셨으매 자기를 낮추시고 죽기까지 복종하셨으니 곧 십자가에 죽으심이라."(빌 2: 6~8) 그는 하나님 자신으로서, 죄의 결과로 죽음에 이르렀던 인간의 삶에 친히 참여하셔서 인간의 죄와 고통과 슬픔을 친히 담당하시고 십자가에 돌아가심으로써 단순히 대언자·도고자로서의 직분이 아니라 제사장으로의 참 헌신의 사명을 완수했던 것이다.

한국 교회가 시대적 사명으로서의 제사장의 직분을 제대로 감당하였는가를 검토하는 것은 참으로 중요한 문제다. 이 점은 두 가지 측면에서 검토될 수 있다. 하나는 제사장의 성격이 갖는 체제참여적 측면이 어떻게 한국 교회에 적용되었느냐는 것이다. 한국의 대부분의 교회들은 그동안 지배체제를 옹호하는 입장에서 체제참여적이었다. 그 체제가 민중적 기반에 의하지 아니하고 민중억압적 성격을 갖고 있다는 의미에서 한국 기독교회의 지배체제 옹호는 제사장의 연민과 고통동참의 사명과는 거리가 먼 것이었다. 그것은 예언자적 지성과는 대응관계에 있는, 제사장적 지성의 한계였다.

또 하나는 제사장이 갖는 연민과 고통동참의 성격이 한국 교회에 어떻게 실천되었는가 하는 점이다. 극히 일부를 제외하고는 고난에 동참하는 한국 교회상을 보여주지 못했다는 것이다. 한국 교회의 대부분은 우는 자와 함께 울거나 옥에 갇힌 자와 함께 옥에 갇히지 않았다. 교회는 거룩해야 한다는 이유로, 세상의 멸시받는 자, 눌린 자, 죄지은 자로부터 스스로 눈을 돌려 버렸다. 압박받는 민중의 고통을 나누어 가지기보다는 체제를 옹호함으로써 민중에게 고통이 가해지도록 방관하는 등 간접적으로 역할하고 있었다. 예레미야는 이런 모습을 두고 "제사장들은 자기 권력으로 다스린다"(렘 5：31)라고 표현하였던 것일까. 제사장이 권력의 편에 설 뿐만 아니라 스스로도 권력을 휘두르려고 하는 모습이 한국 교회의 한 단면이 아니었을까. 한국 교회가 구제와 자선사업 등을 통해 외관상 소외된 계층을 돕는 것 같았지만 그것은 체제 쪽에서 행하는 시혜적 성격을 크게 벗어난 것이 아니었다.

그러나 한국 교회에서 극히 일부이기는 하였지만 소외된 계층의 고난에 동참하려 한 무리들이 없지 않았다. 그들은 힘없고 고통받는 민중과 슬픔을 같이 나누기 위해 같이 울었고, 고난에 동참하기 위해 감옥문을 드나들었다. 그리하여 그들은 거기에서 "병들고 나그네되어 지치고 굶주리며 옥에 갇히신"(마태 25：31~46) 그 '주님'을 만났던 것이다. 민중의 고통에 참여하려 했던 제사장적 연민이 민중신학으로 표출되었다면 지나친 표현일까.

한국 교회는 제사장적 사명을 깨닫고 실천해야 할 중요한 기로에 서 있다. 교회는 죄악된 세상에서 그 죄악에 시달리고 지친 하나님 백성의 아픔에 동참해야 한다. 최근에 이르러 한국의 지성인과 민중들이 천주교를 찾는 경향이 부쩍 늘어났는데 그것은, 천주교가 정의평화구현사제단의 활동 등에서 보이는 바와 같이, 고난받는 자의 편에 서서 활동하는 것으로 이들에게 비쳐졌기 때문이었다. 아픔과 슬픔에 동참하되 십자가를 지기까지 수행해야 하는 것이 예수 그리스도가 보여주신 모범이라면 한국 교회는 과거의 자세를 고쳐 마땅히 이 모범을 준용하는 데 심혈을 기울여야 할 것이다.

교회가 갖는 시대적 사명의 더 생동적인 면은 그 예언자적 사명이다. 앞서의 제사장이 체제내에서 동참하는 존재라 한다면, 예언자는 체제 밖의 비판적 존재였다. 예언자적 직분은 같이 울고 상처를 감싸주는 모성적 직분이 아니고, 꾸지람하고 매를 드는 부성적 직분이다. 그것은 백성들의 실수와 죄악에 대해 하나님 앞에 고요히 나아가 이 백성의 죄를 용서해 달라고 눈물 흘리는 자세가 아니라, 오히려 하나님의 추상 같은 심판의 명령을 선포하고 회개를 외치는 사명이었다.

예언자들은 당시의 정치권력이나 체제와는 항상 일정한 거리를 두고 있었다. 그들은 하나님의 말씀으로 그것들을 상대화시키고 있었다. 예언자들의 관심은 종교적 부패와 정치 사회적 불의에 집중되어 있었다. 종교적 부패가 정치 사회적 타락을 유발하였기 때문에 예언자들의 존재는 항상 종교적 긴장관계 속에서 유지되고 있었다.

예언자들의 선포가 정치 사회적 불의를 규탄하는 것과 관련하여서는 제사장들의 연민과 때때로 일치되고 있었다. 다음 구절에서도 그 점이 보인다. "그러므로 너희가 창대하고 거부가 되어 살지고 윤택하며 또 행위가 심히 악하여 자기 이익을 얻으려고 송사 곧 고아의 송사를 공정히 하지 아니하며 빈민의 송사를 공평히 판결치 아니하니 내가 이 일들을 인하여 벌하지 아니하겠으며 내 마음이 이같은 나라에 보수하지 않겠느냐 여호와의 말이니라." (렘 5 : 27~29) 정치 사회적 불의가 곧 고아와 빈민을 소외시켰는데, 고아와 빈민은 여기에서 제사장과 예언자의 공동의 관심이 되고 있음을 본다. 제사장의 연민이 곧 예언자의 소리로 선포되었던 것이다.

한국 교회는 종래 예언자적 선포에 과감하지 못했다. 예언자적 선포가 정교분리 원칙에 어긋난다는 자기변명도 서슴지 않았다. 체제옹호를 위해 박수를 치고 '아멘'은 외쳤으나, 체제에 대한 비판의 소리는 극소수를 제외하고는 거의 발하지 못했다. 유신시대와 제5공화국 시절에 특히 그랬다. 이런 상황에서 정교분리론은 편의주의적으로 이용되었다. 이미 앞에서도 본 바와 같이 예언자의 비판의 소리가 필요할 때는 정교분리론을 내세워 침묵케 하려고 시도하였으나 불의한 정권을 옹호할 때에는 그 정교분리론이 결코 거론되지 않았던 예에서, 우리는 그 점을 충분히 보아왔던 것이다.

예언자의 소리가 끊어지면 권력은 무제한적으로 타락되고, 소외된 백성들의 신음은 가중될 수밖에 없다. 여기서 우리는 예언자의 외침의 강약 여부가 제사장의 연민의 정도를 결정한다고 감히 말할 수 있다. 예언자가 하나님의 말씀을 담대하게 그리고 정직하게 외치면 외칠수록 제사장의 고난 참여의 기회와 정도는 적어질 수 있기 때문이다. 그러나 반대로 "예언자가 거짓을 예언하거나"(렘 5 : 31) 예언자의 소리가 약해지면 약해질수록 제사장은 백성이 신음하는 소리를 더 들어야 했다. 그동안 한국 사회에서는 예언자가 하나님의 말씀을 담대하게 대언하다가 고난받는 일이 겨의 없게 되니까 젊은 학생들과 근로자들이 떼지어 감옥문을 드나들지 않을 수 없게 되었다. 예언자의 소리가 구조악의 문제를 솔직하게 건드리지 못하니 구조악은 인권을 유린하고 각종 대형사건을 야기시켰으며 한 시대를 유지했던 공화국 전체를 부패로 오염시켜 버렸다. 이런 정황 속에서 교회만이 고고하게 자신의 정결을 지킨다는 것이 진실로 가능한 것이었을까. 교회도 이때에 함께 가장 부패해졌던 것이다.

한국 교회는 에스겔 선지자가 외쳤던 "인자야 내가 너를 이스라엘 족속의 파수꾼으로 세웠으니 너는 내 입의 말을 듣고 나를 대신하여 그들을 깨우치라 가령 내가 악인에게 말하기를 너는 꼭 죽으리라 할 때에 네가 깨우치지 아니하거나 말로 악인에게 일러서 그 악한 길을 떠나 생명을 구원케 하지 아니하면 그 악인은 그 죄악 중에서 죽으려니와 내가 그 죄 값을 네 손에서 찾을 것이고 네가 악인을 깨우치되 그가 그 악한 마음과 악한 행위에서 돌이키지 아니하면 그는 그 죄악 중에서 죽으려니와 너는 네 생명을 보존하리라"(겔 3 : 17~19)는 말씀이 오늘날 예언자의 사명을 감당해야 할 한국 교회를 향한 선포임을 명심해야 한다. 우리 교회는 이왕국설을 내세워 보수적인 입장으로 선회했던 루터(M. Luther)마저도 말하지 않을 수 없었던, 설교자가 "통치자의 불의와 부패를 공개적으로 비판하지 않는 것은 치안방해의 죄와 같다"고[36] 한 내용을 음미하면서 자신의 현재까지의 자세를 점검·회개

36) 金明赫, 〈종교개혁과 루터의 국가관〉, 앞의 책, p. 220.

하지 않으면 안될 것이다.

교회의 예언자적 사명은 한국 교회의 부패에서부터 위정자들과 현존 가치관에 이르기까지 매우 광범위한 범위로 전개되어야 할 것이다. 특히 자본주의적 생활방식에 젖은 한국 사회에 그 소비성향과 향락주의 풍조를 엄숙히 경고해야 할 뿐만 아니라 땀흘림 없이 재화를 획득하겠다는 일확천금식의 축복사상에도 제동을 걸어 오늘날의 자본주의·향락주의 풍조 속에서도 기독교적 윤리성을 회복하는 일에 더욱 심혈을 기울여야 할 것이다. 이를 위해서도 교회는 근검·절약·청빈의 생활화를 강조 실천하는 등 예언자 스스로의 자기갱신운동을 전개하여야 할 것이다. 이 자기갱신운동이야말로 "교회가 사회변혁을 주도"하는[37] 지름길이 될 것이다.

교회의 예언자적 사명은, 이 시대의 민족사적 과제라 할 민주화와 자주화 및 민족통일에서 확인되어야 한다.[38] 이러한 고귀한 민족사적 과제를 수행하기 위한 교회의 예언자적 사명은 한국 교회의 앞으로의 방향성을 결정해 줄 뿐 아니라, 그 사명의 수행 여부가 한국 교회를 역사 앞에 영광스러운 혹은 부끄러운 존재로 만들어줄 것이다.

(《한국교회와 신학은 어디로》, 기독교학술원, 1988)

37) 홍근수, 〈사회변혁과 한국교회의 결단〉, 《교회와 세계》 1988년 2월호, p. 12.
38) 이만열, 〈한국교회와 통일의 과제〉, 《복음과 상황》 제2호, 1991. 3~4월, pp. 6~7. 통일문제와 관련된 한국 교회의 문제의식을 소개한 책자로는, 안부섭 《통일로 가는 길》, 생명의 샘터, 1988 ; 노정선 《통일신학을 향하여》, 한울, 1988 및 통일신학동지회 엮음, 《통일과 민족교회의 신학》, 한울, 1990 참조.

찾아보기

ㅁ

ㅂ

ㅈ